中国渔业年鉴

2009

农业部渔业局　主编

中国农业出版社

中国渔业年鉴理事单位

中国渔业年鉴编辑部

通讯地址　北京市朝阳区农展馆北路2号18号楼
邮政编码　100125
电　　话　(010) 59194985
传　　真　(010) 65061875
电子信箱　yynjcn@ccap.com.cn

中国渔业年鉴编辑委员会

中国渔业年鉴编辑部

2008年6月27日，农业部部长孙政才出席东海生物资源增殖放流活动。

2008年7月中旬，农业部部长孙政才对北京农产品市场进行调研。在水屯批发市场水产品交易大厅，孙政才详细了解水产品的进货渠道和检测情况。

2008年4月25－28日，农业部部长孙政才赴西沙群岛巡航调研渔业生产和渔政管理情况。孙政才要求广大渔政工作人员要弘扬中国渔政特别能吃苦、能战斗、能奉献、有作为的南沙精神，为保护渔民利益，维护渔业生产安全稳定，发展海洋渔业经济再立新功。

2008年5月中旬，农业部副部长牛盾、农业部渔业局局长李健华一行，到湖北考察调研渔业发展及雪灾后生产恢复情况。图为牛盾副部长和李健华局长在潜江积玉口镇调研小龙虾市场销售情况。

2008年4月20日是“世界地球日”。农业部在湖南、湖北、陕西、贵州、安徽、重庆、四川等地，同步组织开展主题为“保护水生动物，建设生态文明”的珍稀水生野生动物增殖放流活动。共放流各种规格的水生野生动物20多万尾。农业部副部长牛盾出席活动并讲话，农业部渔业局局长李健华主持放流仪式。

2008年3月18日，农业部副部长牛盾会见秘鲁渔业部副部长米兰达先生一行。农业部渔业局副局长柳正、中国水产科学研究院院长张显良参加会见。

2008年4月27日，农业部副部长牛盾（右一）在农业部南海区渔政渔港监督管理局局长吴壮（右二）陪同下对南海区渔政工作进行考察调研。

2008年1月31日，农业部副部长牛盾，在农业部渔业局局长李健华陪同下赴江苏连云港慰问渔民和基层渔政人员。

2008年5月26日，农业部渔业局局长、渔政指挥中心主任李健华会见阿根廷渔业代表团。农业部渔业局副局长柳正参加会见。

农业部东海区渔政局

2008年大事记

2008年6月，农业部部长孙政才(中)、全国人大常委、人大环资委副主任委员陈希明、浙江省副省长茅临生、农业部副部长牛盾、农业部渔业局局长李健华等领导在农业部东海区渔政局局长李富荣(前排左一)的陪同下，视察东海区伏季休渔工作。

2008年11月，中央学习实践科学发展观活动第22指导检查组郭汝琢副组长(右二)在农业部东海区渔政局局长李富荣(右三)陪同下视察中国渔政202船，了解东海区局学习实践活动进展情况。

2008年11月，农业部副部长牛盾(左)在农业部东海区渔政局作专题辅导报告。

2008年7月，农业部东海区渔政局局长李富荣(右)、上海市经济和信息化工作委员会党委书记潘志纯在"关爱蓝色海洋，修复生态环境——2008生态修复暨使者行动"实践活动中共同放流苗种。

东海区电脉冲捕捞渔具专项整治行动中，渔政、工商两部门对渔机销售商家开展联合执法检查。

2008年4月，东海区渔业资源、环境专家委员会正式组建成立。图为农业部东海区渔政局副局长张秋华(左二)向专家颁发聘书。

2008年5月，农业部东海区渔政局副局长宋志俊(右三)陪同农业部渔业局副局长崔利锋(右一)在福建开展百日安全督察。

2008年9月10日，在由农业部东海区渔政局、浙江省海洋与渔业局、舟山市人民政府共同主办的首届"东海渔业论坛"上，局长李富荣致辞。

2008年9月18日，农业部管理干部学院渔政分院揭牌仪式在农业部东海区渔政局隆重举行。

2008年3月，农业部东海区渔政局副局长马毅(右三)代表长江渔业资源管理委员会与大自然保护协会(TNC)在北京签署了未来5年的合作备忘录，共同推动长江水生生物多样性和水域生态环境保护。

中国水产科学研究院

全国政协副主席、科技部部长万钢在中国国际节能减排和新能源科技博览会上，听取专家介绍深水抗风浪网箱科研成果。

中国水产科学研究院作为国家级水产科研机构，担负着全国渔业重大基础、应用研究和高新技术产业开发研究的任务，在解决渔业及渔业经济建设中基础性、方向性、全局性、关键性重大科技问题，以及科技兴渔、培养高层次科研人才、开展国内外渔业科技交流与合作等方面发挥着重要的作用。

全院现有9个研究所(中心)和4个增殖实验站及院部共14个单位，与地方共建了5个研究机构。现有在职职工1992人，其中科技人员1378人，已基本形成了由院士、国家级专家、部级专家、院首席科学家以及中青年优秀人才组成的层次结构比较合理的科研团队。

全院拥有省部重点开放实验室9个、院级重点开放实验室12个，国家级、部级质量监督检测中心10个，部级野外观测台站9个，国际水产培训中心2个，科研实验及中试基地34处，拥有千吨级海洋科学调查船2艘。研究重点为渔业资源保护与利用、渔业生态环境、水产生物技术、水产遗传育种、水产病害防治、水产养殖技术、水产加工与产物资源利用、水产品质量安全、渔业工程与装备、渔业信息与发展战略等十大研究领域。

中国水产科学研究院领导班子成员

建院以来，我院科技工作者攻克了渔业发展中的一系列基础性、关键性技术难题，取得了一大批对产业发展有较大推动作用的成果。全院共取得各类科研成果3000多项，有500多项成果获国家和省部级奖励，其中国家奖52项，全院以占全国水产科研单位20%左右的科技人员，取得占全国水产行业50%以上的国家和农业部奖。

中国水产科学研究院功勋科学家表彰大会

牵头成立的全国渔业科技协作网，吸引全国60多家渔业科研、教学和龙头企业的广泛参与，有力地推动了全国渔业科技大联合、大协作。主办的水产科技论坛已发展成为渔业科技领域国际知名的学术交流平台。全院与60多个国家和国际组织建立了密切合作关系，为80多个国家和地区培训了1200多名高级水产人才。

与大连獐子岛集团共同设立并启动渔业科技奖励基金，面向社会奖励获得中国水产科学研究院科技进步奖的成果。

2008水产科技论坛

渔业科技抗灾救灾复产

山东东方海洋科技股份有限公司

中共中央政治局委员、国务院副总理王岐山，海关总署署长盛光祖，山东省省委书记姜异康，省长姜大明，烟台市市委书记孙永春、市长张江汀来公司视察。

山东东方海洋科技股份有限公司成立于2001年，主要从事海水苗种繁育、养殖、食品加工、保健品生产及保税仓储业务，是一家集海水养殖、冷藏加工、科研推广及国际贸易于一体的国家“火炬计划”重点高新技术企业、农业产业化国家重点龙头企业、国家级水产良种场。目前，公司开发的利用加工过的鱼皮生产的胶原蛋白保健品已经上市，市场前景看好。

淡干海参

几年来，公司坚持以市场为导向，以效益为中心，以发展创新为主线，大力推进体制创新、技术创新和管理创新，综合实力日益增强。目前，注册资本12192.5万，净资产16亿元，辖设烟台开发区分公司、莱州分公司、冷藏食品加工厂、名贵鱼养殖场、保税加工贸易基地、海阳分公司、牟平分公司、烟台山海食品有限公司，拥有控股子公司烟台得沣海珍品有限公司。

公司积极推行标准化生产和管理，先后通过欧盟卫生注册、HACCP认证、ISO9001认证、ISO14001认证、OHSMS18001认证、BRC认证、IFS认证、ETI社会责任认证，主要养殖产品均取得无公害产地认定和无公害产品认证，产品被评为山东省著名商标、中国名牌农产品和山东名牌产品。

胶原蛋白

公司始终坚持“科技兴业”的发展思路，拥有一流的自主研发团队和雄厚的科研基础设施，先后被认定为首批国家星火计划龙头企业创新中心、首批全国农产品加工企业技术创新中心和国家级企业研究开发中心、中国水产加工贸易25强企业，中国食品加工百强龙头企业，被海关评定为AA企业，是中科院海洋研究所海洋科技示范基地。2007年，公司被科技部批准为国家海藻工程技术研究中心建设单位。几年来，共完成科研推广课题45项，取得国家专利10项，获省(部)级以上科技进步奖10项。目前承担部、省、市各级在研项目13项，其中国家“十一五”科技计划项目4项。

上海海洋大学

2008年5月6日，上海海洋大学揭牌

上海海洋大学建立于1912年，是一所具有悠久历史和光荣传统的普通高等学校，现已发展成为一所以海洋、水产、食品学科为特色，教育体系完备，学科门类众多，农、理、工、经、文、管、法等学科协调发展的多科性大学。学校的校训是"勤朴忠实"。

2008年是学校发展史上极不平凡的一年。学校完成了三件大事:一是3月19日，经教育部批准，学校更名为上海海洋大学，江泽民同志题写校名。5月6日，学校举行了揭牌庆典。二是临港新校区建成并实现整体顺利搬迁，新校区占地面积1600余亩，规划总建筑面积58.6万平方米，一、二期工程38.2万平方米于2008年9月竣工，基本满足办学要求，10月12日，学校举行了新校区落成和新学期开学典礼。三是完成了学校中长期发展定位和学科布局调整规划，规划工作得到上海市教委充分肯定，使学校在上海市高校新一轮学科布局调整和上海高校"085"内涵建设工程的实施中赢得了有利条件。

2008年10月12日，新校区落成仪式。

2008年，学校内涵建设不断发展。新增社会工作本科专业，新增食品科学与工程、生物科学2个国家特色专业，新增5个上海市教育高地专业，新增2门上海市精品课程，新增《鱼类增养殖学》国家精品课程，以周应祺教授为带头人的"海洋渔业科学与技术专业教学团队"被评为国家级教学团队。水产养殖学继续列为国家重点学科，新增捕捞学、水生生物学列入2个市教委重点学科，新增教育部、农业部重点实验室各1个。科研工作发展良好，年科研经费达到7206万元，主持国家、上海市重大重点项目42项，其中新增主持"863"重大项目1项，参与2项;获得国家自然科学基金项目7项，主持科技支撑项目1项，参与1项;全年发表论文986篇，其中SCI、EI论文达到了107篇;李家乐教授主持的"淡水珍珠蚌新品种选育和养殖关键技术"项目获上海市科技进步奖一等奖，学校已连续3年获上海市科技进步一等奖，由潘迎捷教授主持的"香菇育种新技术的建立与新品种的选育"项目和陈新军教授参与的"北太平洋鱿鱼资源开发利用及其渔情信息应用服务系统"均获国家科技进步二等奖。新进专任教师40人，其中教授7人，副教授5人，专任教师中具有博士以上学位的占专任教师的比例达到了41.5%。师资队伍能力建设取得明显成绩，李思发教授获世界水产养殖学会终身成就奖，张俊彬、吕利群被评为上海高校特聘教授(东方学者)，陈新军教授、王成辉博士等8人分别入选教育部新世纪优秀人才支持计划、上海市领军人才等各类人才计划。

李家乐教授主持的"淡水珍珠蚌新品种选育和养殖关键技术"项目荣获2008年度上海市科技进步奖一等奖

德育工作不断加强，素质教育不断推进。思想政治理论课建设获上海市教委批准，进行中、小班化复合型教学试点，成为全市八个试点单位之一。心理健康教育突出特色，举办上海高校辅导员团体辅导训练专题培训班，辅导员专业化、专家化建设成效明显。举办第七届社团文化节、第三届食品安全节，举办第三届沪台两地大学生交流活动，开展"抗震救灾迎奥运，改革开放伴成长"为主题的系列社会实践活动，第四次获得由中宣部、教育部、团中央等联合授予的"大学生社会实践及大中专生志愿者暑期'三下乡'活动先进单位"荣誉称号。招生工作圆满完成，就业工作进展顺利，2008届毕业生就业率为97.8%。

上海海洋大学校旗在北极飘扬

上海水产（集团）总公司

马绍尔泛太食品厂

上海水产（集团）总公司是上海市唯一一家利用国际公海渔业资源，以远洋渔业及水产品精深加工为核心产业，以水产品批发市场经营与管理为培育业务的国有集团公司。集团下属有37家全资、控股和参股企业，在海外10个国家和地区投资建立18家合资合作企业或代表处。现拥有100余艘大型远洋拖网加工船、金枪鱼围网船、金枪鱼延绳钓船、大型鱿钓船和过洋作业渔轮等，年均产量逾16万吨，远洋公海捕捞规模、技术装备、效益规模居于国内领先水平，并连年获得上海市政府颁发的“走出去”贡献奖和“走出去”企业领头羊光荣称号，是上海市跨国经营20强企业之一，2005年已通过ISO9001：2000质量管理体系认证。

重大投资项目获得进展，助推集团经济三年实现“四个增长” 完成了阿根廷冷冻加工厂收购；开裕、开欣、斐济911、912轮技术改造；五艘超低温金枪鱼延绳钓船转为国内船籍；开创公司借壳上市等投资项目。总资产规模较2005年增长了75%，净利润较2005年增长28%；2008年主营业务利润较2005年增加3倍；在岗职工收入年平均增长10%以上；科技研发投入较2005年增长25%。

西非渔业基地

远洋渔业效益持续增长，海陆联动全面推进 2008年公海大型拖网、金枪鱼围网船队又分别在10月份和11月份双双提前完成了全年的经济考核指标。毛塔、摩洛哥项目在船只数减少和休渔期时间长的情况下，仍实现利润同比增长15.94%。鱿钓业产量创下历史新高。继续推进远洋渔业海陆联动战略布局。一是马绍尔加工厂7月1日正式进行出口产品的生产，取得了清真正教、美国客户BUMBLE BEE的认证和ELL海豚安全项目的检查，鱼柳出成率达到了38%。二是与马绍尔项目配套的金枪鱼围网船购建工作已进入启动阶段；三是阿根廷加工厂3月份完成投资，6月20日起试生产。四是毛塔项目按计划与SMFC公司（三毛）终止了合资关系。这些项目的成功推进，对集团通过投资陆上加工等项目的方式，建立捕捞、加工、营销、补给等于一体的海外基地，形成上海远洋渔业在中西太平洋地区的战略“经济圈”具有重要的意义。

远洋渔业优质资产实现上市，多元化改造取得突破 2008年6月25日集团与浙江华立科技股份有限公司签订了《资产置换及特定对象发行股票协议》，12月21日，上海远洋渔业有限公司成为华立科技第一大股东，集团远洋渔业优质资产成功实现借壳上市。

斐济办事处

东方国际水产中心交易量上升，市场成长势头良好 2008年是东方国际水产中心市场从建设期转到培育期的重要转折阶段，市场人气得到较大提升，在业内已形成一定的知名度和影响力，财务收支基本达到年初的预算目标，并通过国家商务部“双百市场工程”验收。

渔人码头项目取得重要进展，部分工程进入分段施工 2008年东方渔人码头一期项目开发建设的各项工作取得重要进展。项目已按建筑法规进行分段施工，维护工程有望提前完成。项目建成后将形成展现上海海派文化特征、中西文化交融的特色地区，形成吸引市民、游客、企业参与的全天候、不夜城式的集休闲、文化、娱乐、商务为一体的国际化滨水公共活动中心。

大型拖网加工船“开裕”号

大型金枪鱼围网船“金汇7号”

大型鱿鱼钓船“沪渔908轮”

通威
通威股份
TONGWEI CO., LTD.
股票代码:600438

品牌

g Quality Of Life And
g World-Class Of Aquatic Products

总部地址:成都市二环路南四段11号 邮编:610041
电话:028-85188888(总机) 传真:028-85199999
网址:www.tongwei.com

中国渔业互保协会

秘书长孙颖士(右)主持赔付渔民

农业部领导以及部渔业局领导和四方合作代表合影

中国渔业互保协会(原中国渔船船东互保协会)是由农业部主管、民政部批准的，全国范围内广大渔民以及其他从事渔业生产经营或为渔业生产经营服务的单位和个人自愿组成，实行互助保险的非营利性的社会团体，于1994年7月成立，总部设在北京，是第一家全国性农业互助合作保险组织。

中国渔业互保协会的宗旨是通过组织会员互助共济，为会员生命财产损失提供经济补偿，并向会员提供安全生产服务，提高会员的防灾和抗灾能力，维护会员的合法权益，促进渔业生产健康持续发展；业务范围为互助共济、业务培训、国际合作、咨询服务。

中国渔业互保协会自成立以来始终坚持“为渔业服务”的方针，渔业互助保险工作取得了快速发展，尤其是2008年中央财政出资1000万元启动渔业互助保险保费补贴项目，带动落实地方财政配套补贴资金8680万元，极大地调动了广大渔民群众参保的积极性和主动性，取得了“中央一小步、全国一大步”的显著成效。截至2008年底，全行业累计承保渔民近400万人(次)，承保渔船超过20万艘(次)，支付渔民群众经济补偿金近7亿元，对保障渔区社会稳定、提高渔业防灾抗灾能力、帮助渔民群众灾后及时恢复再生产发挥了重要作用。

中国渔业互保协会将按照2009年中央1号文件提出的“加快发展政策性农业保险，鼓励在农村发展互助合作保险”的要求，坚持“农业部主导、协会运作、渔民互助、财政补贴、行业支撑、全国一盘棋”的运作模式，力争通过不断地理论研究和扎实工作，为建设现代渔业和构建和谐渔区做出新的更大的贡献。

主要服务范围

渔民互保

渔船船东雇主责任互保

渔船船东雇主责任附加意外伤害医疗互保

渔船船东雇主责任附加南沙渔业生产涉外责任互保

渔船船东雇主责任附加北部湾渔业生产涉外责任互保

渔船互保

渔船全损互保

渔船全损附加第三者碰撞责任互保

渔船全损附加碰撞、第三者碰撞责任、风灾、火灾、搁浅和触礁互保

渔船全损附加南沙渔业生产涉外责任互保

渔船全损附加北部湾渔业生产涉外责任互保

渔业系统行政、事业及科研人员团体意外伤害互保

水产养殖设施和产品互保

渔港码头财产互保

涉韩渔船交付担保金服务

三届理事会、监事会和秘书处领导

理事长:王朝华

常务副理事长:孙颖士

副理事长:刘向东、王守信、卢江宁、陈剑峰

监事会主席:牛玉山

秘书长:孙颖士(兼)

地址:北京市丰台区丽泽路骆驼湾乙11号，邮编:100073

电话:010-63277339　传真:010-63276788

网址:www.cfpi.org.cn

第三次全国会员代表大会

中央财政渔业互助保险保费补贴试点工作座谈会

王朝华接受锦旗

深圳市联成远洋渔业有限公司

深圳市联成远洋渔业有限公司成立于2002年，是深圳市农业龙头企业，具有农业部远洋渔业企业资格并通过ISO 9001:2000质量管理体系认证。

公司业务涵盖远洋渔业捕捞、渔需物资、水产品购销、国内商业、物资供销业及进出口业务。公司现拥有冰鲜金枪鱼延绳钓渔船26艘。船队捕捞鱼类以大目、黄鳍金枪鱼为主，兼捕剑、旗鱼等，是国内主要从事冰鲜金枪鱼捕捞和供应的远洋渔业企业之一。公司优质冰鲜金枪鱼热销日、美、欧市场，并积极开拓金枪鱼国内批发及零售市场。

公司主要在中西太平洋的马绍尔群岛、密克罗尼西亚联邦、帕劳共和国等三个国家专属经济区海域经营金枪鱼延绳钓项目，并合作经营海外渔业基地、加工厂，提供补给及海、空运等服务。

在海外生产经营过程中，公司十分注重企业形象和社会责任。曾先后在马绍尔及密克罗尼西亚联邦进行两起海上救助事件，受到当地舆论的高度赞赏。2007-2008年，积极配合驻外使馆，协助处理我国渔船及船员的涉外事件，受到驻外使馆及上级有关部门的一致好评。

公司重视信息技术的开发和运用，自行研发远洋渔业管理信息系统。从2003年起，在行业中率先实施船位监测系统(VMS)，各船都安装渔船监测系统，并保障系统正常工作，及时、准确提供真实信息。

公司按《远洋渔业管理规定》的要求生产经营，对外派管理人员及船员在出境前对其进行外事纪律和法律知识教育，认真遵守所在国法律、法规和有关国际条约、协定的规定，尊重当地的风俗习惯。

地址:深圳市福田区金田路4028号荣超经贸中心42楼

邮编:518035

电话:0755-21513700　传真:0755-21513710

电邮:szlc@iszlc.com　网址:www.iszlc.com

总经理　金　烨

金枪鱼加工厂

玻璃钢冷海水金枪鱼延绳钓船

公司渔船捕捞的金枪鱼

云南省农业厅渔业处

全省渔业现场工作会议会场

全省渔业现场工作会议会场

2008年6月13日至14日，云南省政府在曲靖市罗平县召开全省渔业工作现场会议，回顾总结了近年来全省渔业工作情况，全面分析了渔业发展形势，研究并部署了今年和今后一个时期加快推进渔业发展的工作。

改革开放以来，在省委、省政府的高度重视和农业部的大力支持下，各级各有关部门紧紧围绕渔业增效、渔民增收和渔业可持续发展的目标，立足自身资源优势，积极发展生产、调整优化结构，加强渔业资源和产品质量管理，水产养殖、储运、加工、科研以及进出口贸易等都取得了巨大成就，全省渔业经济呈现出了持续稳定健康发展的良好态势。2007年，全省水产养殖面积达151万亩，水产品总产量达33.4万吨，渔业总产值35.7亿元，分别比2002年增长20%、73.5 %、135%;全省人均水产品占有量由2002年的4.5千克增加到2007年的7.4千克，增长61%;全省水产品出口创汇1200万美元。渔业已成为云南省农业农村经济的重要增长点，对满足人民生活需求、保障粮食安全和主要农产品供给发挥了重要作用。

当前和今后一个时期，加快全省渔业发展，要始终按照科学发展观的要求，充分发挥云南渔业具有生态优势明显、比较效益较好、鱼类品种丰富、宜渔水面广阔等优势，以资源为依托，以市场为导向，以体制机制创新为动力，牢牢把握发展现代渔业这一主线。围绕水产品安全供给和促进农渔民持续增收“两大目标”，突出基地建设、精深加工和出口创汇“三大重点”，实施科技兴渔、外向带动、可持续发展和依法治渔“四大战略”，推进良种繁育、品牌打造、疫病防控、质量安全、资源养护“五大建设”，着力优化产业结构，努力转变发展方式，不断开创渔业发展新领域和新途径。加快形成健康的养殖业、科学的捕捞业、高效的加工业、繁荣的流通业和兴旺的休闲渔业，使渔业在农业经济中的比重大幅提高，产业素质、效益水平和国际竞争力不断增强，为农民增收、财政增长和强省富民作出应有贡献。力争2012年全省水产品产量达到80万吨，总产值达到120亿元，出口量和出口额分别突破16万吨和10亿美元，水产品出口额占农产品出口总额的比重达到50%以上，渔业带动全省农民人均增收50元以上;到2015年全省水产品产量达到100万吨，总产值突破200亿元，出口量和出口额分别达到30万吨和20亿美元，渔业带动全省农民人均增收100元。

（云南省渔政渔港监督局）

参会人员参观加工厂

罗非鱼片加工车间

要实现以上目标，抓好八项工作：

调整优化结构 做强做大优势特色水产品养殖，突出罗非鱼和冷水性鱼类两个主导品种，大力发展创汇渔业。

转变发展方式 大力发展渔业产业化经营。着力提高水产品精深加工技术水平、建立完善水产品现代物流体系、健全完善利益联结机制。

强化科技支撑 提升渔业产业发展水平。积极推行水产健康养殖，大力推进良种工程，加快渔业科技创新。注重渔业科技人才培养。

下脚料车间

严格质量监管 确保水产品消费安全。重点抓好实行水产品养殖全程质量监控，严格水产品质量追溯和质量安全市场准入制度，健全水产品质量安全检测体系，开展水产品质量安全专项整治。

实施品牌战略 积极拓展水产品销售市场。致力于加快培育水产品名牌，开拓国内外市场，建立完善水产品市场体系。

抓好资源养护 促进渔业可持续发展。加强渔业资源增殖放流，加强水生野生动植物保护区建设和管理，加强渔业生态环境保护。还要高度重视渔业安全生产监督管理，提高预防和处理突发事件的能力，把渔业安全生产措施和责任制落到实处，努力构建“平安渔业”。

拓宽投入渠道 增强渔业生产发展活力。一是积极争取国家支持。二是加大财政投入力度。省级将在上年安排1000万元渔业发展专项资金的基础上，从2008年开始逐年增加预算投入。三是除省级财政安排的渔业发展专项资金外，按照“渠道不变、管理不乱、项目统筹、综合平衡”的原则，通过部门调整预算增加投入3000万元用于渔业发展。

理顺管理体制 加强对渔业工作的组织领导。全省的渔业管理统一由农业部门负责。

广东省海洋与渔业局

2008年11月，省委、省政府在汕头召开第六次海洋工作会议大会现场。

广东是海洋与渔业大省。省委、省政府高度重视海洋与渔业工作，1993年至今，连续六次召开全省海洋工作会议，出台了《关于促进海洋经济科学发展的决定》等一系列政策措施，专题部署渔业工作。近年来，广东省海洋与渔业局以"科学管理促进科学发展的理念，在基础管理领域要有新思路，新兴管理领域要开创新局面，难点管理领域要拿出新举措，自身管理领域要步上新台阶"的要求，不断开拓海洋与渔业事业新局面。多年来，广东省渔业经济居全国前列，2008年总产值达到1350亿元。

回顾改革开放30年历程，广东省现代渔业建设成效体现在以下方面：

渔业法规体系逐步健全 先后出台了《广东省渔业管理条例》、《广东省人工鱼礁管理规定》、《广东省休闲渔业管理试行办法》、《广东省渔港管理条例》等一系列政策法规。

渔业产业结构调整加快 落实《广东省优势水产品养殖发展规划》，对虾、罗非鱼、鳗鱼、珍珠等主导品种产量居全国首位。深入实施"一条鱼"工程，为社会创造财富近100亿元，解决50万渔业劳动力就业。海洋科技创新体系日益健全，整合力量，加快广东海洋与水产高科技园建设。全省培育渔业科技示范养殖户1280户，辐射带动养殖户2.36万户。

2008年9月12日，李珠江局长(左二)出席乌石中心渔港的开工典礼。

引导渔民转产转业 深入实施省人大渔民转产转业议案，2004年以来，全省安排拆解渔船4399艘，扶持渔业产业发展项目205个，带动1.3万渔民就业。培训渔民1.44万人，建成渔民安居房718户，在建房1572户。

水产品质量安全管理逐步完善 制定国家行业标准26项，省级渔业地方标准173项，居全国首位。在全国率先建设省市县海洋与渔业环境监测中心、水产品质量检验检测中心。执业渔医、水生动物病害精准监测工作居全国前列。

2005中马渔业合作论坛仪式现场

渔业生态建设日益增强 按照"高密度、多样性、生态型"的要求，在全国率先建设人工鱼礁，目前全省12个礁区施工建设，全年制作礁体4403个，完成总空方约11.43万立方米。海洋与水产自然保护区建设稳居全国首位，目前全省已建保护区80个，总面积61万公顷。

渔业执法体系逐步完善 2003年组建成副厅级的渔政执法总队，率先全国建立了海洋与渔业执法队伍督察机制。省财政加大投入，逐步提高装备质量，不断增强海上管理实力。

阳春市渔民安居工程二期落成及三期开工启动仪式

珍稀濒危水生动物中华白海豚在珠江口海域畅游。

投放在海底的人工鱼礁实际效果图

辽宁省海洋与渔业厅

辽宁省海洋与渔业厅厅长　赵兴武

辽宁濒临黄、渤两海，渔业资源丰富，渔业发展潜力巨大。近年来，辽宁省委、省政府高度重视渔业发展，进一步加大渔业发展投入，加快渔业经济发展，在2003-2007年实现渔业倍增发展的基础上，2008年制定并实施了渔业加快发展3年规划，全省渔业经济实现了又好又快发展。

渔业经济快速发展　2008年，辽宁省渔业经济总产值完成800.4亿元，同比增长19.5%。渔业经济增加值399.1亿元，同比增长18.1%;占全省农业增加值的30.7 %。渔业及水产品加工业增加值316.7亿元，同比增长23.6%。水产品总产量494.9万吨，同比增长8.9%。水产品出口创汇16亿美元，同比增长7.4%，占全省农业出口创汇的48%。

社会主义新渔村建设经验交流会

财政投入拉动作用明显　省财政新增投入9000万元，拉动投资32.4亿元，新建省级水产健康养殖示范区232个，新增养殖面积9.7万亩，改造池塘2万亩;新增水产品加工技改项目133个，同比增加1.1倍，新增加工能力70万吨，其中新增固定资产超亿元以上的加工企业10个。大连市八大水产品加工园区全部启动。

增殖面积、放流总量增加　全年底播增殖370万亩，产量77万吨，产值49.4亿元，同比分别增长15.6%、15 %和17%。近海增殖放流游动性品种8.25亿尾(头)，同比增长10.3%。内陆向开放水域增殖放流各种鱼类53.7亿尾(粒)，同比增长12.1%。

辽东湾海蜇放流

渔民人均纯收入大幅增长　全省渔民人均纯收入首次突破万元大关，达到10500元，同比增长10.5%。渔民人均纯收入为全省农民人均纯收入的1.88倍。

伏季休渔秩序井然

盘锦河蟹争霸赛

大连海珍品

福建省海洋与渔业厅

福建省委书记卢展工(左一)、省长黄小晶(右二)参观海洋与渔业展览

珍惜荣誉　再创佳绩

增殖放流活动

远洋渔业

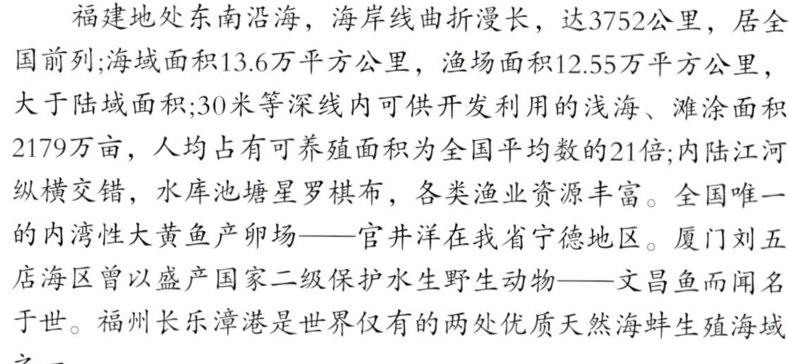

福建地处东南沿海，海岸线曲折漫长，达3752公里，居全国前列;海域面积13.6万平方公里，渔场面积12.55万平方公里，大于陆域面积;30米等深线内可供开发利用的浅海、滩涂面积2179万亩，人均占有可养殖面积为全国平均数的21倍;内陆江河纵横交错，水库池塘星罗棋布，各类渔业资源丰富。全国唯一的内湾性大黄鱼产卵场——官井洋在我省宁德地区。厦门刘五店海区曾以盛产国家二级保护水生野生动物——文昌鱼而闻名于世。福州长乐漳港是世界仅有的两处优质天然海蚌生殖海域之一。

改革开放以来，我省认真贯彻落实"以养为主"的渔业发展方针，从实行包干到船、以船核算，突破统购统销、放开水产品价格入手，改革生产经营、流通体制;凭借中央确定的率先对外开放省份的优势，大力拓展国内国外两种资源、两个市场，构建了全面对外开放的渔业新格局。2007年，全省渔业经济总产值已突破1000亿元，2008年达1147.39亿元，是1978年的580倍, 成为国民经济的重要支柱。

2008年水产品总产量达554.2万吨，是1978年的10倍，居全国第三位;水产品人均占有量154公斤，多年雄居全国首位。三十年来，全省水产养殖面积由4.8万公顷增加到20.7万公顷，渔业人口由125万增加到168万，渔民人均年收入7759元，高于全国平均水平，是1978年的108倍，大量的农村劳动力从事渔业生产走上了富裕之路，渔业日益成为农村产业结构调整的重要方向。

回首30年，福建渔业改革开放取得辉煌成就;放眼未来，福建现代渔业发展前景无限美好。今后，我省将切实把解决渔业、渔区、渔民问题放到统筹城乡发展和建设社会主义新农村的大格局中去谋划，把确保水产品安全有效供给放到保障食物安全的大战略中加以高度重视，把加强水生生物资源养护作为我省生态文明建设的重要方面去积极推进，进一步推动福建现代渔业建设又好又快发展，促进渔业在海峡西岸经济区建设中发挥更加重要的作用。

石斑鱼工厂化育苗

建设现代水产养殖业

捕捞渔业船队整装待发

江西省

水产品出口连续3年创外汇1亿元。2008年，在进出口形势严峻的情况下，全省水产品出口量达18000吨，出口额达1.3亿美元。烤鳗和小龙虾加工产品继续保持出口增长态势。

重庆市

生态渔业取得了突破性发展。从事生态渔业养殖、科研示范、水产品销售、保鲜加工、生态旅游为一体的程文农业开发(集团)有限公司，年产绿色水产品近3000吨。图为长寿湖自然生态景观。

编辑说明

一、《中国渔业年鉴》由农业部主管，农业部渔业局主持编撰，中国农业出版社渔业年鉴编辑部负责编辑、出版。

二、本年鉴是一部反映中国渔业年度基本情况的权威性资料工具书，每年出版一卷。

三、本年鉴所载资料全部截止到2008年底。

四、年鉴文稿主要由各级渔业行政机构、企事业和科研单位、水产院校等部门的管理人员和专业技术人员撰写。全部文稿由中国渔业年鉴编辑部负责编辑修改或删节，由农业部渔业局审定后发表。

五、各省、自治区、直辖市及计划单列市，按全国行政区划顺序排列。

六、各类资料数据均未包括台湾省和港澳地区。

七、本年鉴在编撰过程中，得到全国各级渔业行政主管部门和有关单位的大力支持，在此表示衷心感谢。

目 录

专 文

发 展 综 述

渔 业 管 理

渔业科技与推广

各 地 渔 业

全国渔业重点事业单位

社　会　团　体

法律　法规　文献

渔业经济统计

领 导 讲 话

专 题 论 坛

渔业大事记

中国渔业改革开放30年纪实

索 引

Table of Contents

Special Article

Records of Chinese Fisheries Reforming and Opening Up in the Past 30 Years

专　　文

中国渔业改革开放30年回顾与展望

农业部渔业局

渔业作为我国农业农村经济的重要组成部分,在改革开放初期虽然所占比重不高,但是产业体系比较完整,因此在中国农村改革中,中央决定将其作为农业市场化改革的"试验田",改革生产经营体制,率先放开水产品购销体制,实行市场调节。在党中央、国务院的领导下,渔业成功实行了市场化改革,为全国农业和农村改革探索了路子,积累了经验。同时,根据我国国情和资源状况,渔业确立了"以养为主"的发展道路,并率先走出国门走向世界,实现了产业的持续快速发展,用短短20多年的时间发展成为世界渔业生产大国、水产品出口大国和主要远洋渔业国家,创造了世界渔业发展史上的奇迹。改革开放的30年,是中国渔业持续快速发展的30年,是产业结构和素质不断优化、提升的30年,是渔业发展方式不断转变的30年,是市场化和国际化程度不断提高的30年。在改革开放30周年之际,回顾过去,总结经验,展望未来,对深入贯彻落实科学发展观,发展现代渔业,繁荣农村经济,促进渔业健康协调可持续发展,具有十分重大的意义。

一、30年渔业改革发展的历史进程

(一)第一阶段:改革探索期(1978—1984年)

经历"文化大革命"后,我国渔业问题重重,发展缓慢,市场供应严重不足,城乡居民"吃鱼难"的问题十分突出。渔业集体经济薄弱,社队负债累累,渔民生活十分困难。1978年10月18日《人民日报》发表社论《千方百计解决吃鱼问题》,传出了党中央、国务院对渔业问题十分关注的信号。此后3年多时间里,中央主要领导在各种公开和内部报刊上专门对水产问题做了20多次批示,批示的领导同志有邓小平、胡耀邦、李先念、万里等,渔业问题得到党和政府的高度重视。1979年4月国务院在批转国家水产总局《关于全国水产工作会议情况的报告》中明确指出:"水产是国民经济中不可缺少的一个重要组成部分。""但是,它的重要性,至今还没有被一些同志所认识。这些年来,水产品产量和质量,都远远不能满足人民生活和社会主义建设的需要。这种状况必须尽快改变过来"。要求各地、各有关部门要积极支持渔业生产,努力把水产事业搞上去。1980年4月,邓小平同志在《关于编制长期规划的意见》时谈到,要发展多种副业,发展渔业、养殖业。渔业发展有个方针问题。究竟是以发展捕捞为主,还是以发展养殖为主呢?看起来应该以养殖为主,把各种水面包括水塘都利用起来。在渔业经营体制方面,邓小平同志指出,这也涉及责任制问题,有的就是要实行包工包产。政策要放宽,使每家每户都自己想办法,多找门路,增加生产,增加收入。有的可包给组,有的可包给个人。

根据中央的精神,当时的国家水产总局召开了一系列全国性的渔业工作会议,深入贯彻党的十一届三中全会精神,不断探索创新,推进渔业的改革开放。

1. 捕捞业经营体制改革的探索　党的十一届三中全会后,部分渔区恢复"几包"、"几定"生产责任制。1981年,根据中央《关于进一步加强和完善农业生产责任制的几个问题》,国家水产总局强调要加强和完善"几定奖赔"、"比例分成"和"大包干"等生产责任制。1982年下半年,中央制定了《当前农业经济政策若干问题》,肯定了联产承包制是社会主义集体所有制经济中"分散经营和统一经营相结合的经营方式",对沿海渔区推行"大包干"责任制起着积极的推动作用。到1983年,海洋捕捞业实行"大包干"责任制的社队,由1982年占社队总数19.2%上升到84%,成为当时的主要生产形式。这种形式对广大渔民有巨大的吸引力,大大激发了渔民生产积极性。但是"大包干"在实际操作中普遍产生"包不足、交不齐"的情况,作为"大包干"生产责任制的进一步完善,出现了以作业渔船为基本核算单位的"以船核算"的生产经营体制,并普遍推广开来。

2. 水产养殖经营体制改革的探索 1979年国家鼓励开展群众性养鱼，凡是社队不便经营的零星水面，由社员开展家庭副业养鱼。1980年12月，全国水产工作会议认为实行养殖生产责任制要从实际出发，采取灵活多样的形式，集中产区的专业场、队，一般可实行作业组专业承包，几定奖赔、联产计酬。1982年10月，中共中央、国务院批转农牧渔业部《关于加速发展淡水渔业的报告》，要求要落实水面使用权，长期不变；国家只对国营渔业生产单位和商品鱼基地的产品实行派购政策，其他社队养鱼和社员家庭养鱼一般不派购。并且首次规定，由养鱼能手承包较大面积的水面，经过批准可以吸收3~5个学徒或帮手搞小业主式的经营。1982年全国海水养殖工作会议确定，凡是适合几家几户或一家一户分散经营的养殖项目，实行"双包"（即包产或包干），可以包到组、户、劳。随后全国主要渔区掀起水域滩涂确权发证的热潮，广大群众发展水产养殖生产的积极性高涨，全国各地水产养殖业蓬勃发展。随着承包经营的不断扩大和深入，水产养殖业生产责任制基本建立起来。

3. 水产品流通体制改革的探索 改革开放之初，国家对水产品实行统一定价、统一收购制度，到1979年起逐步实行派购和议购相结合（按照国家牌价收购一部分，按产购双方议定的价格收购一部分），开放水产集市贸易的"双轨制"。此后逐步放宽购销政策，减少派购品种、派购数量。1981年国务院确定把原来全部水产品划为二类产品的范围，缩小到只限于21个品种，派购比例，除对虾全额收购外，二类海产品派购60%，养殖商品基地和淡水鱼集中产区专业社队派购不低于50%。1983年，国务院又进一步将派购范围减为8种，派购比例除对虾外一般为50%，重点产区不超过60%，并实行鱼物挂钩政策，允许国营商业企业议价销售议价购入的水产品（之前只准议价购进，不准议价销出）。1984年1月，全国城市水产品产销工作会议提出只保留对虾、带鱼，其余水产品都放开。至此，水产品在农产品中率先实现基本放开，为以后更多的农副产品及其他产品购销体制改革提供了具体而有益的经验。

经过这一时期的调整和探索性改革，不仅使渔业生产逐渐恢复，并且为下一步渔业综合改革和快速发展打下了坚实基础。1984年水产品总产量619万吨，比1978年增长33%（其中水产养殖产量244万吨，比1978年翻一番），城乡居民"吃鱼难"问题得到一定缓解。

（二）第二阶段：快速发展期（1985—1994年）

在前期渔业改革探索实践的基础上，1985年3月11日，中共中央、国务院发出《关于放宽政策、加速发展水产业的指示》（中发[1985]5号），明确提出了发展渔业的方针和政策措施。这是我国改革开放以来指导渔业发展的一个纲领性文件。

1. 确立了"以养为主"的发展方针 《指示》明确了水产工作的指导思想，要求像重视耕地一样重视水域的开发利用，把加速发展水产业作为调整农村产业结构，促进粮食转化的一个战略措施来部署；明确了渔业发展"以养殖为主，养殖、捕捞、加工并举，因地制宜，各有侧重"的方针，坚持国营、集体、个人一起上，产供销、渔工商、内外贸综合经营，加快速度，提高质量，讲求效益。

2. 明确了渔业"两个放开" 《指示》在体制上的重大突破就是明确了渔业"两个放开"：一是经营体制放开，明确养殖生产可以承包到户，并可请帮工、带学徒经营；捕捞生产可以以船为基本核算单位，船网工具还可以折价归船上渔民所有。二是水产品一律不派购，价格放开，实行市场调节。

3. 开启了渔业"走出去"的大门 《指示》要求"尽快组建我国的远洋渔业船队，放眼世界渔业资源，发展远洋渔业"。1985年3月，由中国水产联合总公司13艘渔船组成的第一支远洋船队，从福建省马尾港出发，奔赴塞内加尔、几内亚比绍、塞拉里昂等国家，实施已经签署的6个渔业合作项目。这次远征拉开了我国渔业"走出去"的序幕，使我国渔业在大农业中率先"走出去"，标志着我国渔业从此走向世界。

1986年1月20日，第六届全国人大常委会第十四次会议通过《中华人民共和国渔业法》，将中央关于渔业发展的方针政策以法律的形式固定下来。这是新中国建立以来制定的第一部渔业基本法，体现了"放宽、搞活、管好"的精神，标志着我国进入了"依法治渔、依法兴渔"的历史时期。

1985年中央5号文件的贯彻落实，1986年《渔业法》的颁布实施，有力地推动着我国渔业快速增长。1985至1994年10年间，渔业快速发展，不仅成功解决了城乡居民"吃鱼难"的问题，而且一些优质鱼、虾、蟹等高档水产品进入寻常百姓家，成为群众喜爱的"菜篮子"产品。同时，渔业也成为农业农村经济结构调整的重要产业，渔业劳动力从595万人增加到1 084万人，成为农民脱贫致富的重要产业。渔民收入大幅增加，渔民人均纯收入从626元增加到2 936元，增加3.7倍，成为农民中率先富起来的群体，渔村面貌发生了翻天覆地的变化。这10年也是我国渔业国际地位发生重大变化的10年，我国渔业创造了世界渔业发展史上的奇迹，10年间水产品总产量从705万吨增加到

2 146 万吨，增加 2 倍，全国水产品人均占有量从 6.8 千克提高到 17.9 千克，远远高于世界水产品产量的增长速度；1989 年我国水产品产量跃居世界第一位，成为世界主要渔业国家；远洋渔业从零起步，到 1994 年产量达 68.8 万吨，成为世界主要远洋渔业国家；水产品出口额从 2.7 亿美元增加到 25.1 亿美元，10 年增加 8 倍多；同时，水产养殖产量在 1988 年超过捕捞产量，成功走出了具有中国特色的以养为主的渔业发展道路。

（三）第三阶段：战略转型期（1995—2001 年）

20 世纪 80 年代以来持续快速发展也带来了一些问题，突出表现在资源、环境矛盾日益突出，渔业生态环境恶化和资源严重衰退。为了解决发展中的问题，实现渔业可持续发展，从 1995 年渔业发展开始致力于产业结构调整，先后出台一系列政策措施强化资源环境保护，发展理念由单纯注重经济增长向经济与环境协调发展转变。

1. 推进渔业结构战略性调整　这一时期继续将水产养殖业作为渔业结构战略性调整的主攻方向；稳定和控制近海捕捞，积极稳妥发展远洋渔业，以扩大大洋性公海渔业为重点，实现从过洋性渔业为主向大洋性渔业为主的战略性结构调整。1996 年初全国渔业专业会议提出要落实“快速发展养殖，稳定近海捕捞，积极扩大远洋，狠抓流通加工，强化法制管理”的渔业发展方针，着力提高我国渔业整体素质和发展质量。1997 年 1 月国务院《关于进一步加快渔业发展的意见》（国发［1997］3 号）明确提出：要推动水产养殖业向深度和广度发展，控制近海和内陆水域捕捞，养护和合理利用渔业资源，积极发展远洋渔业，大力发展水产品保鲜加工，健全渔业法规，加强渔业执法工作。

2. 注重保护渔业资源环境　1995 年国务院进一步完善海洋伏季休渔制度，批准首次在东、黄海实行伏季全面休渔，1999 年休渔范围扩大到渤海、黄海、东海、南海等我国管辖的全部 4 个海区，涉及沿海 11 个省（自治区、直辖市）和香港、澳门特别行政区，休渔渔船达 12.4 万艘，休渔渔民上百万人。伏季休渔制度是我国在渔业资源管理方面实施的覆盖面最广、影响面最大、涉及渔船渔民最多、管理任务最重的一项保护管理措施，在国际上产生了积极反响并得到高度评价。1999 年开始实施海洋捕捞产量“零增长”计划，2002 年初确立“十五”期间捕捞产量“负增长”目标。这些制度和措施的贯彻落实对保护渔业资源、保护生态环境、保持可持续发展发挥了积极的作用。

3. 融入国际渔业管理体系　1996 年 5 月 15 日，全国人民代表大会常务委员会批准《联合国海洋法公约》，标志我国纳入国际海洋管理新体制。根据《联合国海洋法公约》的原则，1997 年 11 月、1998 年 11 月、2000 年 12 月分别与日本、韩国、越南签订渔业协定，我国周边海域新的渔业管理制度框架基本形成，海洋渔业管理开始向专属经济区制度过渡。在正确处理双边渔业关系的同时，积极参与多边渔业合作，发挥我国在多边渔业管理机制中的作用。2000 年 10 月，第三次世界渔业大会在北京成功举办，来自世界近 50 个国家和地区的约 800 名渔业专家、学者、行政官员和企业家参加了大会。2002 年又成功举办世界水产养殖大会，进一步将中国渔业推向世界。

（四）第四阶段：协调发展期（2002 年至今）

党的十六大报告提出科学发展观，要求统筹城乡发展、统筹区域发展、统筹经济社会发展、统筹人与自然和谐发展、统筹国内发展和对外开放，对渔业发展提出了更高的要求。这一时期渔业政策调整充分体现了“以人为本，全面、协调、可持续”的发展观，主要特点是：

1. 渔业的支持保护力度加大　中央财政对渔业的投入不断增加，支持范围逐步扩大。2002—2008 年中央财政专项用于支持渔业的财政资金达 273.15 亿元，其中 2008 年 131.8 亿元，比 2002 年增加 126.8 亿元。重点加强了水产良种繁育、病害防治、水产品质量管理、渔业资源养护、水产科研、渔港和渔业安全、渔业执法装备体系建设和渔业柴油补贴等方面的力度，解决了行业发展中亟待解决的一些难题。这些政策和项目的实施，发挥了重要的调控、引导和支撑作用，促进了渔业各项工作的开展，渔业公共服务和渔政执法装备水平有了一定提高，一些重要渔业资源得到保护和恢复，渔民生产生活得到一定改善。

2. 更加注重发展质量和产品安全　这一时期渔业经济发展逐步从主要依赖投入、扩大对自然资源的消耗转向依靠科技进步和提高劳动者素质，从注重数量增长转向注重发展质量和效益。编制实施了《出口水产品优势养殖区域发展规划（2003—2007 年）》，基本实现了从“分散、个体规模扩张”为主的发展阶段向“相对集中、规模化、产业化开发为主”的整合阶段的跨越。实施水产健康养殖推进行动，通过开展水产健康养殖示范场创建活动、渔业科技入户工程等措施，健康养殖模式和技术大范围推广应用，推进了水产养殖标准化、规模化和产业化进程。积极调整远洋渔业结构，大洋性渔业产值比重从 2002 年的 49% 上升到 2007 年的 61%。加强水产品质量安全管理，积极推广以“危害分析与关键控制点”（HACCP）为核心的科学质量管理规范，加强水产品质量检测，切实抓好“从鱼塘到餐桌”的全过程质量管理，为国内和国际市场提供更加丰富、优质的水产品。

3. 更加注重资源环境养护 国务院批准印发了《2003—2010年海洋捕捞渔船控制制度实施意见》，形成捕捞渔船"双控"制度。2002—2007年，中央财政安排13亿元在沿海地区实施海洋捕捞渔民转产转业工程，报废拆解渔船26 253艘。这些措施的实施，有效控制了捕捞强度的盲目增长。2002年开始实施长江禁渔期制度，全国性的水生生物资源增殖放流也逐渐形成热潮，增殖放流各类水生动物苗种累计772亿尾（粒），放流中华鲟等国家重点保护水生野生动物3 816万尾（头），新建各级、各类自然保护区140多个，促进了渔业资源恢复和生态环境改善。2006年2月，国务院颁布《中国水生生物资源养护行动纲要》，从国家层面和战略高度提出了我国水生生物资源养护工作的指导思想、基本原则、奋斗目标以及需要开展的重大行动和保障措施，标志着水生生物资源养护工作由部门工作上升为国家行为，使我国水生生物资源养护工作步入一个崭新的历史阶段。

4. 更加关注渔民的民生问题 坚持以人为本，注重发展和保护渔业生产者的权益。从2002年开始，国家进行农村税费改革，取消农业特产税，减轻了渔民负担。2006年，针对柴油价格大幅上涨、严重影响捕捞渔民生产生活的情况，中央实施柴油补贴政策，2006年至2008年，补贴资金分别为31.7亿元、54.3亿元、126.4亿元，在很大程度上缓解了广大渔民生产生活压力。为渔船配备救生设备和通信设备，对渔民投保实行保费补贴，提高渔民的安全生产能力。2007年《物权法》用益物权编规定了"使用水域、滩涂从事养殖和捕捞的权利"，为保护渔民水域滩涂使用权提供了法律依据。

二、30年改革发展的辉煌成就

30年来，在改革开放的推动下，在中央"三农"方针政策指引下，我国渔业取得了举世瞩目的成就。

（一）渔业在农业农村经济中的地位日益增强，为保障粮食安全做出了重要贡献

1. 渔业经济快速增长，成为大农业发展最快的产业之一 渔业生产和渔业经济快速发展，从一个"可有可无"的副业迅速成长为繁荣农业农村经济的重要产业。2007年全国渔业总产值达到4 458亿元，比1978年的22.1亿元增长200倍；渔民人均纯收入6 937元，比1978年的93元增加73倍，年均增加229元。渔业在大农业产值中的份额，从1978年的1.6%提高到2007年的9.1%，增加近5倍。

2. 水产品产量持续增长，有效保障了我国食物安全 水产品产量的增加，拓宽了食物生产途径，增加了食物来源和优质高蛋白食物供给，为保障我国粮食安全做出了重大贡献。2007年全国水产品总产量达到4 747万吨，是1978年的10倍，自1989年起连续19年位居世界首位；水产品人均占有量36千克，水产蛋白消费占我国动物蛋白消费的1/3左右，成为重要的优质蛋白来源。

3. 促进了农业农村经济结构调整，有力地推动了社会主义新农村建设 渔业日益成为农村产业结构调整中重要目标或首选方向，尤其是在农业资源相对匮乏的地区，水产养殖业日益成为农业和农村经济发展中的支柱产业和新的经济增长点。30年来，全国水产养殖面积由282.3万公顷增加到574.5万公顷，渔业人口由394万增加到2 111万，面积翻一番，人口翻两番，活跃了农村经济，吸纳了大量的农村剩余劳动力。同时，渔业发展带动了饲料加工、渔船渔机修造、水产品运销及旅游、休闲、餐饮等相关产业的发展，对渔区经济社会发展和建设社会主义新农村发挥了重要作用。

（二）产业素质大幅度提升，可持续发展能力不断增强

1. 产业结构不断优化，增长方式不断转变 一是实现了从"以捕为主"向"以养为主"的转变，促进了资源利用方式的根本转变。1978年全国水产品总产量中，养殖、捕捞产量的比例为26:74；到2007年调整为69:31，是世界主要渔业国家中唯一养殖产量超过捕捞产量的国家。二是初步实现渔业发展的区域化布局。形成了以黄渤海、东南沿海出口水产品优势养殖带、长江中下游河蟹优势养殖区为主体的出口主导型优势水产品生产"两带一区"的格局，逐步实现由数量扩张型向质量效益增长型、粗放型生产向集约化生产的转变。三是渔业发展空间不断扩大，功能不断拓展。我国目前已经形成湖泊水库、稻田河沟、浅海滩涂等多种国土资源开发利用，池塘养殖、稻田养殖、大水面养殖、集约化养殖等多种养殖模式推广，食用、休闲、旅游、工业全面发展，水生动植物增养殖生产和合理利用的新格局。目前，休闲渔业正以势不可挡的态势包围着城市，成为居民旅游休闲的理想选择；水族业的发展逐渐成为我国现代家庭消费的新时尚，一些地方观赏鱼已游进居民小区、庭院、宾馆、饭店，成为美化生活、美化环境一道亮丽风景线。

2. 产业素质不断提升，综合生产能力不断提高 主要表现在：一是渔业基础设施和生产条件明显改善。水产原种良种场体系逐步完善，水产选育种能力明显增强，改革开放初期全国水产苗种场不足3 000家，到目前拥有16 000多家，增加4倍多，其中国家级水产原(良)种场51家，淡水育苗生产量由1978年的417亿尾发展到2007年的7 893亿尾，增加18倍。精养鱼池、虾池和商品鱼基地集中连片开发，深水网箱、工厂化养殖已形成规模。2007年全国深水网箱604万立方米，工厂化养殖达2 992万立方米，水产养殖集约化程度明显提高。水产冷藏保鲜能力大幅提升，2007年全国有水产冷库6 857座，年制冰873万吨，是1978年115万吨的7倍多。渔港基础设施建设不断加强，仅近10年就建设中心渔港47个，一级渔港78个，内陆重点渔港22个，建设速度、规模前所未有。渔业信息化程度大大提高，覆盖面不断扩大。二是渔业产业化水平大幅提高。一大批生产、加工、运销、服务相配套的综合性水产龙头企业发展壮大，水产加工能力大幅提升。2007年全国有各类水产加工企业9 796家，加工能力达到2 124万吨/年，水产加工品总量1 338万吨，而1 978年仅有60万吨，增加了21倍。以企业为龙头，产加销、贸工农一体化的产业化组织不断壮大，辐射带动能力不断增强；"一条鱼工程"深入发展，如鳗鱼、罗非鱼、对虾、河蟹等品种已经形成"一条鱼一个产业、带动一方发展"的格局。三是渔业科技支撑能力大幅提升。建立了一支从基础研究、应用开发到技术推广的学科门类比较齐全的渔业科技创新推广队伍。全国现有县级以上的水产科研机构215个，直接从事科研的人员7 900多人；有推广机构1.3万多个，从业人员3.6万人。目前，我国每年渔业科技成果有数百项，大部分都得到了推广应用，取得较好的效果。我国渔业科技进步贡献率从1978年的不到30%到目前超过50%。我国水产养殖业的应用技术处于世界先进水平，水产品加工技术总体上与世界先进水平保持同步。

(三)渔业的国际化程度明显提高，参与国际渔业事务的能力显著增强

1. 远洋渔业长足发展，成为世界主要远洋渔业国家　经过20多年的艰苦努力，我国远洋渔业获得长足发展，2007年我国远洋渔船1 496艘，水产品总产量107万吨，总产值84亿元，入渔国家从最初的几个西非国家发展到全世界30多个国家以及大西洋、印度洋和太平洋公海，作业方式从初期的以拖网为主发展到拖网、围网、钓业相结合，拥有现代化的远洋渔业船队(如超低温金枪鱼延绳钓船和围网渔船)。在境外设立了100多个代表处、合资企业和后勤补给基地。我国已经跻身世界主要远洋渔业国家之列，在维护我国海洋权益、争取公海渔业份额、带动入渔国经济发展和劳动力就业、稳定发展双边关系等方面发挥了重要作用。

2. 水产品出口快速增长，在国际贸易中占据举足轻重的地位　1978年我国水产品出口额只有2.6亿美元，2007年达到97.4亿美元，30年增加30多倍，从2002年开始，我国水产品出口额居世界首位。目前我国以出口为导向的水产加工园区蓬勃发展，初步形成大连、青岛、湛江等一批水产品加工中心，聚集了一批资本雄厚、加工技术先进、市场信誉良好的水产品龙头企业。我国已经成为世界水产品来(进)料加工贸易的主要基地，在国际市场分工中占据重要地位。同时，我国积极投入国际水产品贸易事务，积极参与WTO谈判，参加贸易规则的磋商制定，努力维护公平的水产品国际贸易秩序，发挥渔业大国应有的作用。

3. 对外交流合作日益广泛，在国际渔业事务中的影响力显著增强　伴随着我国对外开放的步伐，渔业的对外合作交流日益深入，先后与有关国家签署了13个双边政府间渔业合作协定、6个部门间渔业合作协议，加入了8个政府间国际渔业组织，同时还参与了12个多边国际组织有关渔业的活动。合作内容包括水产养殖、水生生物资源保护、渔业执法、水产品贸易规则制定等多方面内容。近年来，我国先后与美国、俄罗斯、韩国、越南在北太平洋公海、黑龙江和乌苏里江边境水域、中韩过渡水域、中越共同渔区开展联合执法，有效维护了区域渔业生产秩序，促进了区域渔业管理，树立了我国负责任渔业大国形象。

(四)渔业管理体制不断完善，依法治渔成效明显

1. 法律体系日渐完备　改革开放以来，是我国渔业法制建设发展最快的阶段。以1986年《渔业法》颁布实施为标志，渔业法律体系逐步建立，形成了以《渔业法》及其实施细则为基础，相关涉渔法律法规为补充，辅以其他配套法规规章的渔业法律体系。2000年《渔业法》重新修订实施后，仅国家层面先后出台了《渔业船舶检验条例》、《渔业捕捞许可管理规定》、《远洋渔业管理规定》、《水产养殖质量安全管理规定》等法规、规章，各地也出台了一系列地方性法规、规章，渔业法律体系和管理制度进一步完善。据统计，目前全国共颁布出台涉及渔业的法律法规、规章和规范性文件600多部，覆盖了渔业领域各个方面，渔业经济活动与管理基本实现了有法可依。

2. 渔政管理队伍和机构已成体系　改革开放以来，我国渔政执法队伍建设逐步加强，从南到北、从东到西，从海洋到内陆，形成了一支覆盖全国的统一领导、分级管理、初具规模的渔政执法队伍。自1999年农业部根据改革和发展的要求，推进渔业统一综合执法以来，渔政队伍建设进一步加快。目前，全国县级以上行政区域基本都设立渔政机构，共有渔政执法机构2 743个，纳入或参照公务员法管理的机构达28%；渔政执法及相关人员3.3万人，渔政执法船艇1 943艘，渔政执法车1 266辆，无线通信电台713台，成为我国海洋和内陆水域一支重要行政执法力量。中国渔政自1994年驻守南沙，15年如一日，树立了"特别能吃苦、特别能战斗、特别能奉献、特别有作为"的南沙精神。

3. 水生生物资源养护工作不断加强 为了加强渔业资源的有效保护和合理利用，我国积极实施了渔业资源保护和增殖并重的措施，建立并严格执行捕捞许可制度，控制近海捕捞强度，对养殖水面、滩涂实行确权发证；成功实施伏季休渔和长江禁渔制度，加强对禁渔区、禁渔期、封湖期的管理，严厉打击电、毒、炸鱼等破坏渔业资源的违法行为；不断加大水生生物资源增殖放流投入力度和规模，使增殖放流从改革开放初期零星的、小规模的发展到目前全国性的、大规模的行动。2007年全国共计投入资金2.64亿元，增殖鱼、虾、贝等苗种计194.6亿尾(粒)。加大水生生物自然保护区和渔业生态环境监测体系建设力度，目前已建立了200多个各类水生生物自然保护区，建成了覆盖我国重要渔业水域的环境监测网络体系，渔业生态环境监测的机构已达100多个，渔业水域污染事故应急调处能力不断提高。

三、30年改革发展的宝贵经验

回顾我国渔业改革发展的历程，基本经验和体会主要集中在以下几点：

(一)必须坚持从国情出发，实行以养为主的渔业发展方针，走中国特色渔业发展道路

我国是传统的渔业大国，过去主要依靠天然渔业资源满足人民对鱼类蛋白的需求，这种生产方式对近海和内陆渔业资源造成了很大压力，也不能持续满足人民不断增长的消费需求。"吃鱼难"问题表明以捕捞为主的渔业生产方式在我国行不通。要解决中国"吃鱼"的问题，必须从我国渔业的实际出发，充分利用宜渔资源，大力发展养殖。经过几年的探索、试验，确立"以养为主"的发展方针，使沉睡千年的浅海滩涂、低洼荒地等适宜养殖的资源得到合理的开发和利用，使中国渔业走上了快速发展的轨道，仅用3年的时间就基本解决了城乡居民"吃鱼难"的问题。到2007年养殖产量占我国水产品总产量的69%，成为我国水产品供应的主要来源。

随着养殖业规模的逐步扩大，我国渔业又根据资源优势和市场需求，主动进行养殖结构调整，推广优良品种、普及健康养殖技术，实施优势区域布局规划，促进水产养殖业从大到强，为市场提供充足、优质的水产品，为水产品加工提供了优质的原材料，为水产品国际贸易提供优质产品。同时也推动了农业产业结构调整，为提高增加农民收入做出了突出贡献。从"吃鱼难"到"有鱼吃"、到"吃好鱼"的实践证明，"以养为主"的发展方针适应我国渔业实际，是我国渔业发展的重要特色。

(二)必须坚持以市场为导向，充分调动和发挥各方面的积极性，促进渔业经济持续协调发展

渔业"两个放开"的改革坚持市场化原则，充分发挥了市场的主导作用，使渔业生产要素按市场规则流通和组合，为渔业经济发展创造了良好的体制环境和激励机制，调动和发挥了渔业生产流通各个环节参与者的积极性和创造性，促进了渔业的快速发展。进入新世纪，按照中央"多予少取放活"的方针，从制度建设和政策制定上注重调动渔民发展生产、保护资源环境的积极性，积极落实各项支渔惠渔政策，完善养殖权、捕捞权，实施渔民转产转业工程、大力开展资源增殖放流，深化农业税费改革，争取和落实柴油补贴等，得到了渔民群众的支持和拥护，进一步促进了渔业的协调持续发展和渔区社会的和谐稳定。实践证明，在改革和发展中注重发挥市场配置资源的基础性作用，引导资源的合理配置，最大限度地发展、维护广大生产经营者的利益，调动各方面的积极性和创造性，就能够实现改革和发展的各项目标，实现渔业持续发展、渔民稳定增收和渔区的和谐安定。

(三)必须坚持"走出去"，扩大对外开放，拓展渔业发展空间

渔业是资源性产业，也是国际化、市场化程度较高的产业。改革开放为渔业"走出去"敞开了大门，30年来，渔业坚持"走出去"，利用"两种资源"，面向"两个市场"，在平等互利、共同发展渔业经济和合理利用渔业资源的基础上，与有关国家开展远洋渔业合作，实现了远洋渔业从无到有到强。按国际贸易规则，积极开展水产品进出口贸易，实现了水产品国际贸易从小到大。通过引进技术、资金和管理，带动我国渔业产业素质的整体提升，充分参与国际渔业资源的养护与管理，争取到应有的公海渔业资源份额，实现了在国际渔业经济技术合作及国际事务管理中参与、获利的权利。实践证明，坚持"走出去"，不断扩大对外开放，充分利用国际国内"两个市场、两种资源"，是提升我国渔业竞争力，提高渔业国际化程度，拓展渔业发展空间的必由之路。

(四)必须坚持在发展中支持和保护渔业，健全渔业支持保护体系，提高渔业持续健康发展能力

改革开放初期，在解决"吃鱼难"问题中，中央和地方加大对渔业发展的投入，掀起商品鱼基地建设高潮，建设了一批水产养殖基地和水产原（良）种场，使水产养殖生产能力迅速提高。加强渔业科研与技术推广体系建设，完善渔政渔港监督管理和渔船检验体系，为以后的迅猛发展打下了坚实的基础。党的十六大以来，中央进一步加大了对“三农”的支持保护力度，出台了一系列强农惠农政策措施，支渔惠渔政策不断加强，加强了渔业基础设施和支撑保护体系建设，促进了渔业的持续健康发展。实践证明，虽然渔业在农业中最早实行市场化改革，但整体而言仍是风险较高的弱质产业，需要国家政策的支持。要深入贯彻“以工哺农、以城带乡”的方针，在发展中不断加强对渔业的支持和保护，多做打基础、增后劲、管长远的工作，健全渔业支持保护体系，才能保持渔业的持续健康发展。

（五）必须坚持依靠科技进步，发挥科技的支撑引领作用，实现产业又好又快发展

科学技术是第一生产力，渔业发展的巨大成就都是伴随着渔业科技的不断进步而取得的。20 世纪 70 年代，栉孔扇贝人工繁殖技术的突破，使得海水贝类养殖迅速兴起；80 年代，中国对虾人工育苗技术的突破，催生了甲壳类养殖产业；90 年代，网箱、流水养殖、工厂化养殖等集约化养殖技术的确立，推动了水产养殖业进入现代化的发展阶段。进入 21 世纪，随着水产养殖技术的集成创新，海洋抗风浪深水网箱养殖技术试验与推广，生态健康养殖技术的推广，使我国渔业发展进入到生态、安全、高效的新阶段。同时，随着科技推广的日渐深入，大量先进适用技术为广大渔（农）民掌握和采用，使每一次技术上的突破都能够较快转变为生产力。实践证明，必须加快渔业科技创新步伐，加速渔业科技成果的转化与推广，将经济增长转到依靠科技进步和劳动者素质提高上来，促进渔业又好又快发展。

（六）必须坚持依法治渔、依法兴渔，加强渔业法制建设，确保渔业可持续发展

我国是渔业大国，渔民多、渔船多，但资源相对有限。因此，制度化、法制化是实现渔业资源可持续利用的重要保障，不能完全放任市场调节。改革开放以来，在实行市场化改革的同时，确立了“依法治渔、依法兴渔”的现代渔业管理理念，建立健全渔业法律和制度体系，加强渔业执法队伍建设，使全国渔业系统广大干部、群众的法制观念逐步树立和加强，依法从事渔业生产、保护渔业资源和生态环境的思想日益深入人心。长期致力于渔业的可持续发展，从 1986 年《渔业法》实施到 2006 年《中国水生生物资源养护行动纲要》的发布，都体现了养护资源、实现可持续发展的理念，坚持依法治渔，实现渔业发展和资源环境保护的协调统一。实践证明，只有坚持“依法治渔、依法兴渔”，走渔业法制化道路，才能使各项制度措施顺利有效实施，更好地协调产业发展和资源环境保护，确保渔业持续健康发展。

四、继续深化改革开放走中国特色渔业现代化道路

（一）渔业发展面临新的重大历史机遇

1. 新世纪“三农”工作方针政策为渔业发展提供了有利的宏观环境　进入新世纪，党中央提出科学发展观的战略指导思想，把解决好“三农”问题作为全党工作的重中之重，从 2004 年起，中央连续 5 年出台 1 号文件部署“三农”工作，出台了一系列强农惠农政策，大幅度增加对“三农”的投入，使农业农村经济持续快速发展，农村各项事业取得重大进展。渔业、渔区、渔民是“三农”的有机组成部分，近年来支持保护政策也逐渐强化，《中华人民共和国国民经济和社会发展第十一个五年规划纲要》明确要求“积极发展水产业，保护和合理利用渔业资源”，这些都为渔业科学发展创造了有利的宏观环境。

2. 保障食物安全为渔业发展拓展了广阔的空间　渔业是农业的重要产业之一，对保障人们食品的安全供给有着重要作用。据对 1990—2006 年我国居民食品消费情况的调查，城镇居民家庭水产品人均年消费由 1990 年的 7.69 千克增加到 2006 年的 12.95 千克；水产品在改善人们膳食和营养结构中发挥了明显的作用。我国有 2.8 亿公顷（42 亿亩）大陆架渔场和 1 733 万多公顷（2.6 亿亩）内陆水域滩涂，合理利用这些资源，发展渔业生产特别是水产养殖业，是开拓新的农业资源、增加食物总量的重要举措。同时，水产动物具有饲料转换率高、水产养殖占用耕地少、而海洋生物资源具有可再生的优势，在我国未来大粮食安全体系的构建中可以发挥更加重要的作用。从全球角度看，据预测，到 2030 年全球人均水产品消费量也将由目前的 16 千克增加到 19～21 千克。而在世界范围内海洋渔业资源呈衰退趋势，捕捞生产将较长时间维持在现有水平上，未来国际水产品消费市场的缺口将主要依赖养殖产品补充，这对以养为主的中国渔业将提供广阔的发展空间。

3. 生态文明建设为渔业全面可持续发展提供了重要契机　党的十七大明确提出要建设生态文明。渔业是资源型产业，渔业资源环境是自然生态系统的重要组成部分，以水生生态为主体的水域生态系统在维

系自然界物质循环、净化环境、维持生态平衡以及保障国家生态安全方面具有无可替代的作用。同时,渔业的产业特点决定渔业在我国生态文明建设及循环经济发展中将大有可为。2006年,我国将水生生物资源养护工作纳入国家生态安全建设的总体部署,要求对水生生物资源和水域生态环境进行整体性保护,这将促进各级政府和渔业部门加快转变观念,创新管理方式,加大投入,推进市场经济体制下资源保护管理机制的形成,为建设资源节约、环境友好型渔业奠定基础。

(二)渔业发展仍面临许多严峻挑战

1. 渔业经营制度和水域滩涂使用问题制约渔业经济发展和渔民权益保障 我国渔业生产规模小、经营方式分散,渔业的组织化和产业化程度比较低,在资源管理、安全生产和产品质量管理等方面的难度较大。同时,城市化和工业化的发展占用海域、水面,渔民"失海"、"失水"现象严重,渔民合法权益得不到保障,严重影响到渔业的持续稳定发展和渔区社会稳定。

2. 资源环境的刚性约束与渔业可持续发展之间的矛盾日益突出 随着工业的发展和城市扩容,渔业水域、滩涂被大量占用,传统的养殖区域受到挤压;部分宜渔水域受到污染,珍稀水生野生动植物濒危程度加剧。新的海洋制度建立后,国际社会对公海渔业资源管理日趋严格,对专属经济区资源的管理更加重视。资源与环境的刚性约束将成为今后较长时期制约我国渔业可持续发展的主要因素。

3. 和谐渔业建设要求与当前薄弱的渔业支撑保障体系不相适应 我国渔业由于公共基础设施建设投入长期不足,抵御各种风险能力较差,每年因自然灾害和生产安全事故给渔业造成重大损失。同时,渔业水域滩涂确权、水生动物疫病防治、水产品质量管理等法制建设滞后,渔业科技创新能力不足,技术支撑体系不健全,渔业执法管理手段不强,这些问题均不同程度地影响着渔业健康发展,与新形势下和谐渔区和社会主义新农村建设的要求不适应。

(三)进一步推进渔业改革发展的任务和重点

今后一个时期,渔业的改革发展要紧紧围绕全面建设小康社会目标,努力完成"两确保、两促进"基本任务:一是确保水产品有效供给。适应国民经济发展和城乡居民生活水平不断提高的需要,不断提高水产品质量安全水平,有效保障水产品供给安全和质量安全。二是确保渔民持续增收。提高渔业综合效益,拓宽渔民就业渠道,减轻渔民负担,落实渔业扶持政策,使渔民的收入保持逐年增加。三是促进渔业可持续发展。通过转变发展方式,大力发展资源节约型、环境友好型渔业,促进资源、环境和生产要素的优化配置。全面实施水生生物资源养护行动,遏制渔业资源衰退和水域环境质量下降的趋势,保障渔业生态安全,为渔业可持续发展创造条件。四是促进渔区社会和谐发展。通过加强渔港等渔业基础设施建设、开展渔民培训、优化渔区经济结构、构建平安渔业、维护渔民合法权益等具体工作措施,努力保障渔业生产安全,建设社会主义新农村新渔区。

实现上述战略任务,要求渔业要进一步深化改革,扩大开放,深入贯彻落实科学发展观,加快建设现代渔业,推进社会主义新渔区建设,走中国特色渔业现代化道路。重点要抓好以下几个方面:

1. 要继续深化改革,创新完善渔业经营管理体制机制 加强渔业基本经营制度研究,促进渔业经营方式转变,不断完善有利于渔业渔区发展的体制机制。加快制订水域滩涂养殖规划,稳定和完善养殖证制度和捕捞许可证制度,建设中国特色的渔业养殖权和捕捞权制度。按照"生活水平不降低、长远生计有保障"的总体要求,建立健全渔业水域滩涂占用补偿制度。加快渔区社会保障制度建设,健全完善渔民医疗保障、最低生活保障以及困难救助等制度。推进渔民专业合作社和专业协会发展,提高渔业、渔民的组织化程度。创新渔业管理和服务体制机制,切实提高渔业公共服务与管理水平。

2. 加快建设现代渔业,走中国特色渔业现代化道路 继续坚持"以养为主"的发展方针,组织实施水产健康养殖推进行动,开展养殖池塘标准化改造,加强水产原(良)种体系和病害防治体系建设,完善养殖配套管理制度和运行机制,努力做到资源配置市场化、区域布局科学化、生产手段现代化、产业经营一体化,提高水产养殖集约化发展水平,打造现代水产养殖业。严格实施捕捞"双控"制度,加强渔船节能改造,引导发展对资源环境损害较小、能源消耗低的捕捞方式和技术;加快推进产业化经营和区域化布局,按照优势水产品区域布局,确定重点发展的主导品种,建设一批高水平的水产养殖出口示范基地或加工出口园区,不断提高精深加工比重,建设现代水产品加工业。

3. 进一步扩大对外开放,提高渔业的国际竞争力 进一步加强与有关国际组织和国家的双边、多边合作,提升我国渔业对外开放水平。继续落实《渔业"走出去"行动计划》,按照"大洋过洋两手抓、两个轮子一起转"的思路,统筹规划,科学布局,加强分类指导,巩固提高和积极发展过洋性渔业,继续加快开拓大洋性渔业,抓住机遇,积极开发新的公海资源,推动渔业"走出去"战略实施取得新的进展。督促、帮助企业建立严格的质量安全管理制度,实施品牌战略,引导加工产品结构调整，增强我国水产品国际竞争力。积极发展水产品来（进）料加工，充分利用国外资源，努力把我国打造成国际水产品加工出口基地。积极参与 WTO 渔业谈判及自贸区谈判，促进水产品进出口贸易健康发展。

4. 继续加强水生生物资源和生态环境养护工作 全面贯彻实施《中国水生生物资源养护行动纲要》，继续执行好海洋伏季休渔、长江禁渔制度，切实强化渔船“双控”制度和捕捞许可制度，推动海洋渔船捕捞许可实时动态管理。扩大水生生物资源增殖放流规模，推进海洋牧场建设，促进渔业资源恢复和渔民增收。加强水产种质资源保护，加大各级水产种质资源保护区建设力度。加强渔业生态环境监测网络建设，努力提高渔业水域污染事故的反应和应急能力。

5. 争取加大对渔业的政策扶持 积极协调有关部门加大对渔业的投入力度，争取在池塘健康养殖条件修缮、水产保种选育和亲本更新、南极海洋生物资源开发利用、水生生物资源增殖以及休渔渔民生活补贴等方面中央财政给予支持。积极争取扩大渔政渔港建设资金规模，继续完善海洋渔业安全通信网建设，全面配备渔船救生设备和实行渔业保险保费补贴，确保渔业持续稳定发展。

发 展 综 述

全国渔业发展概况

2008年，在党中央、国务院的正确领导下，全国渔业系统和广大渔民群众积极应对历史罕见的自然灾害和国际金融危机的冲击，坚持一手抓抗灾救灾，一手抓发展生产，渔业经济保持了平稳发展，水产品供应充足，市场价格较为平稳，为保障主要农产品供给发挥了积极作用。

（1）财政对渔业的补贴、投资大幅增加。2008年中央投入渔业133.7亿元，其中，柴油补贴资金126.4亿元，比上年增长133%，在降低渔业生产成本、减轻渔民负担、保持社会稳定、促进远洋渔业平稳发展等方面发挥了重要作用。中央财政首次安排渔业政策性保险专项经费1 000万元，在7个省（直辖市）开展渔业政策性保险试点工作，调动地方投入8 000万元，渔民参保积极性和主动性普遍提高。中央财政安排1.35亿元沿海渔民减船和转产转业资金，将减船补贴标准由每千瓦1 000元提高到2 500元，有关省级财政还安排了相应配套资金，渔民减船意愿普遍增强。渔业科研、推广投入也有较大幅度增加，仅农业行业科研专项和现代农业产业技术体系的渔业项目资金就达1.2亿元。各级政府也加强了对渔业的投入，如浙江省渔船安全救助信息系统建设工程全面启动，总投资约3.4亿元；山东、广东、四川、上海、宁波等地安排专项资金用于平安渔业、渔船节能、标准化养殖、新农村示范和水产良种直补；辽宁省安排财政资金扶持水产健康养殖和精深加工；浙江、广东、福建、大连等地财政都加大渔政渔港项目建设的资金配套力度。

（2）渔业生产保持稳定发展。受价格、政策等因素影响，养殖渔民生产积极性比较高，水产养殖业保持了较快增长，特别是南方受低温雨雪冰冻灾害地区，灾后生产恢复比预想的要快要好，捕捞生产总体稳定。2008年全国水产品总产量4 895.6万吨，同比增加148.1万吨，增长3.1%。其中，海洋捕捞产量1 149.6万吨，同比负增长1.2%；远洋渔业产量108.3万吨，同比增长0.75%；海水养殖产量1 340.3万吨，同比增加33.0万吨，增长2.5%；淡水捕捞产量224.8万吨，同比负增长0.36%；淡水养殖产量2 072.5万吨，同比增加101.5万吨，增长5.15%。在总产量中，捕捞产量1 482.8万吨，占总产量的30.3%，养殖产量3 412.8万吨，占总产量的69.7%；海水产品产量2 598.3万吨，占总产量的53.1%，淡水产品产量2 297.3万吨，占总产量的46.9%。全国水产品人均占有量36.86千克，同比增加0.55千克。渔民人均纯收入7 575元，比2007年增加638元，增幅9.2%。按现行价格计算，全社会渔业经济总产值10 397.5亿元，其中渔业产值5 520.64亿元，同比增长11.4%。

（3）水产品市场供应充足，进出口继续保持增长。2008年我国水产品市场整体运行平稳，供给充足，农业部39家水产品市场信息采集定点批发市场成交量和成交额同比分别增长5.7%和13.6%。在多种因素综合影响下，上半年水产品价格上升比较明显，下半年逐月回落，全国55家定点批发市场水产品综合平均交易价格15元/千克，同比上涨12.1%左右，成交价格及涨幅均创1997年以来高点。水产品进出口贸易在比较困难的形势下，总体比较稳定，全年进出口总量684.8万吨，总额160.2亿美元，同比分别增长4.9%和10.7%。其中出口量296.5万吨，同比下降3.2%；出口额106.1亿美元，继续位居大宗农产品出口首位，同比增长8.9%。进口量388.4万吨，进口额54亿美元，同比分别增加12.1%和14%。贸易顺差52.1亿美元，同比增加1.9亿美元。

（4）水产健康养殖行动和水产品质量安全监管扎实推进。养殖水域滩涂规划编制和养殖证发放工作进度加快，沿海县和内陆养殖重点县的《规划》编制发布率达到60%以上。水产健康养殖示范场创建工作深入开展，有343家创建单位获得部级示范场称号，面积13万多公顷。养殖池塘标准化改造得到更多地方的重视，浙江、江苏、上海、广东、山东、辽宁、江西、湖北等地都加大了投入，新建或改建高标准鱼池达6.6万多公顷。渔业科技入户示范工程继续深入实施，先后在

14省共18个县(区)组织科技入户行动。有关省也在200多个县自行组织开展了科技入户试点，投入近3 000万元，示范面积达24万公顷。全国水产技术推广系统组织实施了水产主导品种和主推技术推广联合行动，重点推广了20个主导品种和20项主推技术。重大水生动物疫病专项监控和养殖病害防治指导工作继续加强，水产原(良)种体系和水生动物防疫体系建设有新的进展，水产原(良)种供种能力和水生动物疫病防控能力进一步提高。水产品质量安全抽检和监管执法明显加强，无公害水产品认证(产地认定)、贝类产品有毒有害物质监控和养殖海区划型、水产品质量安全标准制(修)订等管理工作稳步推进。扎实开展了助奥水产品质量安全特殊监管，圆满完成了助奥运、保质量、保安全的目标任务。妥善应对涉及水产品质量安全的突发事件，特别是"三鹿奶粉事件"发生后，各级渔业部门高度重视，举一反三，积极应对。总体看，2008年水产品质量安全管理工作力度加大，水平提高，质量安全状况保持稳定，全年农业部开展的产地和市场水产品综合检测合格率达到95.7%。

(5)渔业抗灾救灾和安全生产工作取得显著成效。2008年初南方地区低温雨雪冰冻灾害发生后，灾区各级渔业部门迅速行动，组织企业和群众积极应对，采取应急防冻、种苗调剂、疫病防控和科技服务等措施，减少冻害损失，灾后生产得到较快恢复。5·12汶川大地震后，灾区渔业部门按照党中央、国务院的部署，在地方党委、政府的领导下积极开展抗震救灾工作。全国渔业系统高度关注灾区抗震救灾和恢复生产工作，纷纷捐款捐物，支持灾区救灾和重建。农业部在地震发生后，及时启动应急预案，落实渔业救灾资金1 140万元，协助编制完成四川省渔业灾后重建与恢复生产规划，帮助抗震救灾和恢复生产工作。目前国家已批准四川省渔业恢复重建规划总投资10.5亿元。

2008年登陆和影响我国的台风数量多、登陆时间早、影响集中、强度大，对东南沿海和部分内陆地区渔业造成严重影响。在防御台风工作中，各级渔业部门高度重视、行动迅速、部署周密，组织工作及时到位，防御措施得力，特别是组织动员渔船回港和养殖人员上岸方面成效显著，最大限度地减少了渔民伤亡和经济损失。农业部派出16个工作组，深入一线协助防御台风工作。为了加强部门协调，农业部与中国气象局签署了合作备忘录，与交通运输部建立了海上搜救联动机制，对灾害预警预报和海上救援工作程序进行了规范。海上渔业抢险救助工作成效明显，2008年全国各级渔业行政主管部门及其渔政渔港监督管理机构共调度、派遣渔业行政执法船艇和渔船2 329艘(次)，参与渔业海难救助825起，救助渔船849艘，救助渔民4 341人，挽回经济损失2.53亿元。渔港、通讯等安全基础设施建设继续加强，对渔船配备救生设施和政策性渔业保险予以补贴，开展了安全生产百日督察及隐患排查等专项行动，平安渔业建设稳步推进。

(6)渔政执法工作全面深入推进。执法能力继续提高，渔政管理指挥系统的推广应用取得明显进展，初步建立起全国集中式数据库，第一批推广应用的8个管理软件已全面运行，初步发挥了规范工作程序、改进管理方式的作用，提高了工作效率。渔业文明执法窗口单位创建活动继续深入开展，全年命名41个窗口单位，目前命名"全国渔业文明执法窗口单位"达到117个。各地努力推进渔政人员参照公务员管理工作，全国省一级已基本解决渔政机构的参公管理问题。

海洋渔政执法以"护渔2008"为重点，声势大、重点突出，保障了海洋伏季休渔制度的实施和海上正常渔业作业秩序。港口行动共检查港口、码头及其他渔船停泊点2 726个，检查渔船14.9万艘(次)，同比提高42.5%，共查处"三无"、"三证不齐"渔船7 789艘(次)。海上行动共检查作业渔船8.1万艘(次)，同比提高5%，其中"三无"、"三证不齐"渔船1 575艘(次)，从事电、毒、炸鱼作业的渔船240艘(次)，使用不符合网目尺寸规定网具作业的渔船1 013艘(次)，共扣押回港2 601艘(次)，没收渔船97艘。以双边渔业协定水域和重点海域监管、海洋伏季休渔管理、整治禁用渔具、中外渔业联合执法、北太平洋公海渔政巡航执法为重点，安排79艘巡航渔政船开展巡航执法工作，全年共巡航319航次，登临检查渔船6 703艘(其中外国渔船111艘)，比上年增长26.1%，平均每航次登临渔船21艘(次)，比上年增长44.8%，查处违规渔船1 734艘(次)。中韩、中日、中越渔业协定水域管理正常开展，中美、中韩、中越联合巡航执法继续举行。北太平洋公海作业秩序明显好于往年，公海流网非法作业得到有效遏制。农业部联合工商行政管理部门在东海区开展了电脉冲捕捞作业专项整治行动，共检查生产企业40多家、拖虾渔船8 584艘(次)，依法查处了违规渔船，遏制了电脉冲作业蔓延的势头。进一步推动水产养殖执法，全国共出动渔政执法人员3.6万人(次)，检查苗种场6 000家、养殖场3.8万家，责令整改4 549家，行政处罚407起，罚款共计80.5万元。

(农业部渔业局　张　成)

渔 业 投 入

【概况】 2008 年,中央财政对渔业的投入达到 133.64 亿元,比 2007 年增长 118%。其中,基本建设投入 4.16 亿元,比 2007 年减少 6%;财政专项投入(包括转移支付)129.48 亿元,比 2007 年增加 124%。中央财政加大渔业投入力度,为提高渔业综合生产能力,加快转变渔业发展方式,推进现代渔业建设,增加渔民收入创造了有利条件。

【基本建设项目】

(1)安排水产原(良)种场建设项目 27 个、遗传育种中心项目 10 个,中央资金 6 150 万元。

(2)安排县级水生动物防疫站项目 17 个、水生动物疫病重点实验室 3 个,续建水生动物病原库 1 个,中央资金 3 482 万元。

(3)安排渔政渔港类中央资金 20 000 万元。其中,渔港项目 11 600 万元,安排中心渔港 4 个、一级渔港 8 个、内陆重点渔港 7 个;渔政项目 8 400 万元,安排沿海渔政基地 1 个,沿海渔政执法船艇 18 艘,内陆渔政船 11 艘,内陆渔政执法快艇 83 艘。

(4)安排水生野生动物保护区项目 8 个,中央资金 1 800 万元;安排水生动物湿地保护区项目 10 个,中央资金 4 540 万元。

(5)加强直属单位自身能力建设,安排中国水产科学研究院和全国水产技术推广总站渔业科研技术推广体系建设项目 8 个,中央资金 3 191 万元。

(6)安排农业综合开发项目 15 个,中央资金 2 470 万元。

【财政项目】

(1)安排财政预算内专项资金 17 687 万元,主要用于资源保护、渔政管理和海难救助三方面。其中:新增渔船节能项目经费 300 万元,伏休期间地方渔政船燃油补助经费 100 万元,渔业政策性保险试点项目经费 1 000 万元;动物疫情监测与防治经费项目 862 万元(同比增加 162 万元),农产品质量安全监管贝类监测项目 1 000 万元(同比增加 400 万元),渔政管理项目 3 500 万元(同比增加 500 万元),西沙海域专项护渔行动经费 1 676 万元(同比增加 832 万元),海洋渔业资源调查与探捕项目 2 200 万元(同比增加 200 万元),水生野生动物资源保护费项目 70 万元(同比增加 20 万元),物种资源保护费项目 3 800 万元(同比增加 300 万元),渔业统计 250 万元,渔业海难救助补助项目 1 800 万元,渔港及渔用航标维修和养护项目 1 000万元,其他农业支出 129 万元。

(2)转产转业专项资金 13 500 万元,其中安排资金 6 899 万元用于补助 621 艘拆解报废渔船;安排资金 621 万元用于培训 6 210 名转产渔民;安排资金 5 980万元用于渔业资源增殖放流和海洋牧场建设。

(3)安排全国机动渔船柴油补贴资金 1 175 418 万元,落实远洋渔船柴油补助资金 88 346 万元。

(农业部渔业局 丁祥勇)

水 产 养 殖

【概况】 2008 年,水产养殖业虽然遭遇了历史罕见的自然灾害和国际金融危机的冲击,但由于受市场价格调节和政策引导等因素影响,水产养殖业保持了较快增长,水产品市场呈现量增价涨的态势,有效保障了水产品供给。

【主要特点】

(1)水产养殖生产积极性较高。2008 年上半年农产品价格整体上涨幅度较大,鱼种、饲料、柴油、工人工资等水产养殖生产成本大幅增加,加上年初的冰冻雨雪灾害导致渔业生产严重受损,4—5 月份水产品价格出现较大幅度上涨。受水产品价格上涨等因素带动,养殖渔民生产积极性较高。全年水产养殖面积、投苗量和产量都比上年有较明显增长。其中,淡水养殖成为 2008 年水产品产量的主要增长点。

(2)水产健康养殖扎实推进。养殖水域滩涂规划编制和养殖证发放工作进度加快,沿海县和内陆养殖重点县的《规划》编制发布率达到 60% 以上。水产健康养殖示范场创建工作深入开展,有 343 家创建单位获得部级示范场称号,面积超过 13 万公顷。养殖池塘标准化改造得到更多地方的重视,浙江、江苏、上海、广东、山东、辽宁、江西、湖北等地都加大了投入,新建或改建高标准鱼池 6 万多公顷。重大水生动物疫病专项监控和养殖病害防治指导工作继续加强,水产原(良)种体系和水生动物防疫体系建设有新的进展,水产原(良)种供种能力和水生动物疫病防控能力进一步提高。

(3)水产养殖抗灾救灾工作成效显著。2008 年,水产养殖尽管遭遇了罕见的低温雨雪冰冻灾害、特大地震灾害以及多次超强台风灾害的影响,但是由于全国渔业系统广大干部职工和渔民群众的团结一致、共同努力,灾害对水产养殖造成的影响得到降低,水产养殖灾后恢复生产迅速。年初南方地区低温雨雪冰冻灾害发生后，灾区各级渔业部门迅速行动，组织企业和群众积极应对，采取应急防冻、种苗调剂、疫病防控和科技服务等措施，减少冻害损失，灾后生产得到较快恢复。5·12汶川大地震后，灾区渔业部门按照党中央、国务院的部署，在地方党委、政府的领导下积极开展抗震救灾工作。全国渔业系统高度关注灾区抗震救灾和恢复生产工作，纷纷捐款捐物，支持灾区救灾和重建。地震灾区水产养殖灾后重建与恢复生产进展顺利。

（4）水产养殖监管进一步加强。2008年水产养殖产品质量安全抽检和监管执法明显加强，水产养殖监管的任务目标和工作重点更加明确。各地初步建立了渔业行政主管部门领导下的以渔政机构为主导、水产品质量检验检测机构和水产技术推广部门为技术支撑的水产养殖业执法机制。水产养殖监管的重点包括水产品药物残留抽检，养殖证、苗种生产许可证检查，以及养殖过程中渔药使用和生产记录、用药记录、销售记录检查。对水产养殖监管中发现的违法违规行为加大了处罚力度。根据违法违规性质和情节轻重分别给予了责令整改、行政处罚和罚款等处罚。2008年全国共出动渔政执法人员3.6万人（次），检查苗种场6 000家、养殖场3.8万家，责令整改4 549家。行政处罚407起，罚款共计80.5万元。通过加强水产养殖执法监管，规范了水产养殖生产行为，促进了水产养殖健康有序发展，提高了水产品质量安全水平。

【养殖水域滩涂规划和养殖权制度建设】 2008年，农业部继续组织30个县开展了养殖证制度建设示范县创建活动。各地认真组织实施示范工作，指导示范单位加快编制本县养殖水域滩涂规划和养殖证核发工作。到2008年底，30个县全部完成养殖水域滩涂规划编制和颁布，养殖证发证率均达到90%以上。各地养殖证建设工作正在稳步推进，全国大部分渔业大省的水产养殖重点县有望在2009年完成养殖水域滩涂规划编制工作。2008年养殖证信息管理系统正式投入运行，针对地方部分人员在操作上遇到的问题，2008年9月，农业部举办了养殖证信息管理软件培训班，对部分问题进行了集中解答，推动了地方养殖证信息输入的工作进程。根据农业部的统一部署，大部分地区已陆续开展软件的推广应用培训和数据录入工作。2008年底前全国共录入养殖证信息已达61 000多条。

按照《物权法》和《渔业法》的精神和要求，为做好养殖权的落实工作，明确养殖权登记和养殖证发证程序，农业部开始组织起草了《水域滩涂养殖权登记管理暂行办法（征求意见稿）》（以下简称《办法》），并于2008年上半年将《办法》草案发各省级渔业行政主管部门广泛征求意见。8月底，共有24家单位书面回复了意见。根据反馈意见，9月，农业部又组织有关养殖主产地渔业主管部门有关同志进行了集中研究和修改，拟在2009年将《办法》征求有关部门意见后，面向社会公开征求意见，争取2009年内出台。

【苗种管理和水产原（良）种体系建设】

（1）加强水产原（良）种体系建设。《全国水产原（良）种工程建设规划》（2008—2012年）编制完成后，根据规划的安排，2008年农业部重点加强了水产遗传育种中心建设。共建设遗传育种中心5个，涉及罗非鱼、鲫鱼、南美白对虾、海水鲆类、海藻5个重点水产养殖品种。

（2）继续组织开展水产原（良）种保种选育工作。2008年农业部共安排水产原（良）种保种选育项目27个，涉及重要水产养殖品种近30个。项目承担单位在完成保种选育任务的同时，还积极为受灾地区恢复生产提供优良亲本和苗种支援。

（3）加强水产苗种管理。针对水产苗种质量安全水平不高的情况，农业部组织部分水产苗种重点产区渔业主管部门有关同志对完善水产苗种生产许可制度，加强水产苗种监管进行了研究，为2009年开展水产苗种专项整治行动做好准备。为加强对水产原（良）种场的管理，组织水产原（良）种审定委员会开展了水产原（良）种场管理制度培训，并对2008年验收合格证到期的国家级水产原（良）种场进行了复查。

【水生动物防疫体系和制度建设】

（1）理顺了水生动植物病害防控职责。《动物防疫法》重新修订后，农业部渔业局通过积极与兽医局等有关部门沟通协调，将组织水生动植物病害防控工作纳入渔业局的职责范围，为地方渔业主管部门开展此项工作提供了参照。同时，还组织研究制定了《一、二、三类水生动物疫病名录》，已由农业部发布。

（2）积极组织开展水生动物防疫试点工作。2008年农业部重点组织开展了渔业执业兽医制度建设、草鱼出血病免疫预防、水产养殖动植物病情精准监测、水生动物及其产品检疫等试点工作，取得了较好的效果和丰富的实践经验，为全国开展水生动物疫病防控工作奠定了基础。

（3）继续组织做好水产养殖病害监测和重大水生动物疫病专项监控工作。农业部继续组织17省（自治区、直辖市）对鲤春病毒血症和白斑综合征等重大水生动物疫病开展了专项监测工作，了解疫病发生的地区分布，及时应对处置，防止疫病流行扩散。另外，

2008年10月，福建省罗源湾海上养殖鱼类因疫病出现大量死亡的情况，农业部及时组织专家组赴罗源湾开展了疫病调查和防控指导工作，及时控制疫情，减少了养殖渔民的损失。

（4）完善水生动物防疫体系建设规划。在实施水生动物防疫体系一期规划建设的基础上，组织编制了水生动物防疫二期规划，在组织对规划编制思路、体系框架设计和建设内容等方面进行了认真研究和修改后，形成了《全国水生动物防疫体系建设二期规划》（2009—2015年），已报送国家发改委，争取早日实施。

【争取水产养殖业相关支持政策】 针对水产养殖种质资源退化、病害防控难度大、基础设施老化等问题，农业部积极开展了产业发展相关重大问题的调研工作。一是研究起草了池塘改造转移支付项目的研究报告，对池塘老化的原因进行了分析，研究了中央财政支持池塘改造项目的必要性和可行性；二是研究完成了水产保种选育和亲本更新项目研究报告，研究了项目的主要实施方式。另外，农业部渔业局还针对我国南珠产业和鳗鱼产业所面临的困难开展了专题调研，提出了扶持产业发展的对策和建议。

（农业部渔业局 曾 昊）

远 洋 渔 业

2008年是极不平凡的一年。在国际渔业资源争夺日趋激烈、全年大部分时间油价高涨、世界经济形势复杂多变的严峻形势下，我国远洋渔业在逆势中保持了稳定发展，实现了过洋性和大洋性渔业产量、产值双增长的目标。据统计，2008年获得农业部远洋渔业企业资格的企业105家，在33个国家专属经济区及印度洋、大西洋、太平洋公海从事远洋渔业生产的渔船共1 457艘，比上年减少38艘，总产量116万吨，比上年增长8%，总产值102亿元，比上年增长21.4%。其中，大洋性公海作业渔船702艘，产量67万吨，产值60亿元，分别占远洋渔业总船数、总产量和总产值的48%、58%和59%。与上年相比，大洋性渔业的船数、产量、产值均有所增长。

各远洋渔业重点区域简要情况：

（1）周边国家海域。印尼远洋渔业项目增长迅速，入渔渔船121艘，产量、产值分别为11万吨和6.6亿元，比上年分别增长181%、214%和313%。朝鲜以东项目入渔船数48艘，比上年减少了88艘，但产量、产值好于上年。阿曼、也门、缅甸、印度、斯里兰卡、巴基斯坦、马来西亚项目与上年持平或略有下降。新增泰国项目，派出渔船10艘。

（2）西非等传统远洋渔业海域。入渔船数达393艘，与上年持平，产量、产值分别为21万吨和24亿元，比上年分别增长10%和20%。其中，毛里塔尼亚、摩洛哥、塞拉利昂、加蓬、喀麦隆项目产量、产值比上年有明显增长，几内亚、加纳项目下降幅度较大。因项目调整，我国渔船撤出科特迪瓦。

（3）太平洋和印度洋岛国海域。我国渔船在太平洋和印度洋岛国海域主要以购买捕捞许可证的方式从事冰鲜金枪鱼延绳钓生产。在太平洋岛国中，新开发了图瓦卢海域金枪鱼延绳钓生产。2008年入渔船数93艘，产量、产值分别为1.7万吨和4.5亿元，入渔船数和产量比上年略有下降，但产值有所增长。在印度洋岛国中，由于近两年印度洋海域金枪鱼资源持续不佳，我国在马尔代夫和斯里兰卡海域全年作业渔船仅为6艘，产量160吨，产值607万元，比上年大幅下降，至年底我国渔船已全部撤出。

（4）公海。公海渔业继续保持上升势头，作业船数702艘，比上年增加20艘，产量、产值分别增长了5%和15%。金枪鱼作业船数比上年增加15艘，总产量、产值为12.8万吨、23.5亿元，分别比上年增长8%和14%。鱿鱼作业船数378艘，比上年增加5艘，总产量、产值为40万吨、26亿元，分别比上年增长6%和10%。竹荚鱼作业船数仍维持11艘，产量13万吨，比上年减少1万吨，产值8.9亿元，比上年增长31%。

（农业部渔业局 赵丽玲）

水产品市场

【概况】 2008年我国水产品市场整体运行平稳，供给充足，但在多种因素综合影响下，也出现价格高位运行，波动较大的情况。据对39家农业部渔业局水产品市场信息采集定点批发市场成交情况统计，2008年水产品市场成交量536.5万吨，成交额795.1亿元，分别比上年同期增长5.73%和13.6%。另据对全国55家定点批发市场监测价格统计，2008年水产品市场综合平均交易价格15元/千克，同比上涨12.11%，成交价格及涨幅均创1997年以来的新高。监测的八大类水产品除淡水甲壳类和淡水其他类综合平均价格与上年同期持平外，其他六大类水产品综合平均价格全部高于上年。

【主要特点】

（1）月度成交价格先扬后抑。2008年初水产品价格延续了2007年小幅上涨趋势，随着春节的到来，2

月份价格快速上涨。4月份开始在淡水鱼价格大幅上涨的带动下,水产品综合平均价格连续两个月涨幅超过17%。6月份涨幅有所回落,但价格继续攀高(16.2元/千克)。下半年起价格逐月下降,12月份水产品市场综合平均价格已跌至全年最低水平(13.83元/千克)。

(2)淡水产品价格上涨明显,淡水鱼涨幅最大。全年淡水产品价格同比上涨18.65%,涨幅较上年提高了14个百分点。其中淡水鱼涨幅最高,达22.75%,一年中有4个月涨幅超过30%,5月份高达41.67%。监测的12个淡水鱼品种,除黄颡鱼涨幅只有1.67%外,其他11个品种涨幅均超过9%。涨幅最高的5个品种分别是:鲤鱼涨32.54%,草鱼涨29.43%,鲢鱼涨23.02%,鲫鱼涨21.35%,鳙鱼涨19.97%。

【影响因素】

(1)居民消费者物价指数(CPI)上涨。水产品价格受国内消费者物价指数(CPI),尤其是肉禽及其制品价格指数的影响较大。据国家统计局数据,2008年全年CPI同比上涨5.9%,比上年提高1.1个百分点。从2007年下半年开始,我国CPI涨幅一路走高,2008年2月份达到8.7%的顶峰,创1997年来新高。其中,肉禽及其制品价格涨幅自2007年下半年以来一直保持高位运行,2008年1—5月平均涨幅超过40%。作为同类产品,在肉禽及其制品价格大幅上涨的带动下,水产品价格在上半年也一度攀高,5月份开始CPI涨幅逐月回落,水产品价格也随之下降。

(2)生产成本提高。据统计,2007年下半年以来渔业生产成本大幅提高,直接推动了2008年上半年水产品价格的上涨。以江西省为例,2007—2008年,鱼种价格上涨了30%,渔用饲料价格上涨了32.5%,渔药价格上涨了25%。另外,用工成本,柴油、汽油价格也大幅上涨。2008年下半年,随着各种生产资料价格下降,水产品价格也逐步回落。

(3)自然灾害影响。受年初低温雨雪冰冻灾害影响,南方大部分地区水产品生产损失惨重,导致4—5月份广州、南京、上海等地水产品市场一度出现草鱼等大宗淡水鱼货源供应偏紧的现象,市场供应量不足直接推动了水产品尤其是大宗淡水鱼价格持续走高。5月12日汶川发生特大地震,震区渔业遭受重大打击,渔业直接经济损失达15.5亿元。灾害过后需要大量物资补给和调配,运输费用的增加进一步拉高了水产品价格。

(4)水产品生产的季节性制约。生产的季节性一直是制约水产品价格的重要因素,虽然近年来水产品结构调整取得了一定成效,但大宗淡水鱼生产的季节性矛盾仍较为突出,春季投苗、秋季收获的生产方式使常规淡水鱼清塘期(4月份)市场货源偏紧、价格上涨,秋季养成期产品集中上市、价格下滑。年初淡水鱼价格较高,又发生低温雨雪冰冻灾害,许多生产者为规避风险提前清塘,使得4—5月份市场淡水鱼供应偏紧,价格连续大幅走高。

(5)国际金融危机冲击。2008年下半年起,国际金融危机对水产品价格的影响逐步显现。一是国际水产品价格普遍走低,间接影响国内价格;二是部分水产品出口受阻,不得不转销国内,市场供应量的增加直接导致价格下滑。三是受金融危机影响,国内居民消费意愿下降,致使水产品尤其是中高档水产品价格下滑。

【趋势分析】 当前,全球金融危机影响仍不断加深,主要发达国家经济全面衰退,实体经济增速大幅下滑,全球经济形势变化对我国国内水产品消费市场的影响将进一步显现,2009年水产品价格下行压力仍将继续。一方面国际燃油和粮食价格大幅下降,PPI(国内生产者物价指数)和CPI继续回落,使得高成本推动下的高价格格局已暂时解除;另一方面,世界经济衰退,主要发达国家消费需求下降,使得我国水产品出口压力继续增大,国内市场竞争也更加激烈,势必带动国内水产品价格走低。但我国水产品市场经过近20年的发展,已经比较成熟,具备了较强的自我调节和自我稳定能力。国家近期出台的一系列扩大内需的政策措施,也将有力地拉动包括水产品在内的国内市场消费。当前我国渔业发展基本面良好,支渔惠渔政策逐步落实,渔业发展素质不断提高,渔业总产量有望继续稳定增加。预计2009年水产品市场仍将继续保持较为平稳的发展态势,交易量(额)有望继续增加,总体价格将继续保持稳中有降的态势,不会出现特别大的波动。

(农业部渔业局 朱亚平 中国水产学会 张志强)

水产品进出口贸易

【概况】 2008年我国水产品进出口贸易在困境中稳步发展,全年进出口总量684.8万吨,总额160.2亿美元,同比分别增长4.9%和10.7%。其中出口量296.5万吨,同比下降3.2%;出口额106.1亿美元,同比增长8.9%,增幅较上年提高4.8个百分点。进口量388.4万吨,进口额54亿美元,同比分别增加12.1%和14%。贸易顺差52.1亿美元,比上年同期增加1.9亿美元。水产品出口额继续位居大宗农产品出口首位,占农产品出口总额(405亿美元)的26.2%,与上年基本持平。

(1)贸易方式。2008年我国水产品来进料加工贸易遭遇上半年国际原料价格持续走高，人民币加速升值，饲料、燃油、工人工资等生产成本不断增加，中小型企业融资难度加大以及下半年全球金融危机蔓延，主要发达国家经济衰退，消费需求下降等多重困难，结束了连续多年快速增长的态势，转为下滑。而一般贸易则部分摆脱了美国限制进口措施以及日本媒体大肆炒作"毒饺子事件"等影响，形势较上年略有好转。

表1 贸易方式

数量:万吨,金额:亿美元

贸易方式	2008年		2007年		同比增减(%)		占出口总额(%)	同比(%)
	金额	数量	金额	数量	金额	数量		
一般贸易	188.8	66.6	196.7	59.5	-4	12	62.8	1.7
来进料加工贸易	107.7	39.5	109.7	37.9	-1.9	4.1	37.2	-1.7

(2)出口品种。对虾、贝类、罗非鱼、鳗鱼、淡水小龙虾、大黄鱼和斑点叉尾鮰等名优养殖水产品仍是主要出口品种。其中斑点叉尾鮰出口量、出口额同比分别增加216.6%和204.9%，成为2008年水产品出口最大的亮点。罗非鱼出口量22.4万吨，出口额7.3亿美元，同比分别增长4.2%和49.4%，超过鳗鱼成为第三大主要出口品种。鳗鱼出口遭遇较大挫折，出口量及出口额均大幅下降。

表2 一般贸易主要出口品种

数量:万吨,金额:亿美元

出口品种	占一般贸易出口额比例(%)	2008年		2007年		同比增减(%)	
		数量	金额	数量	金额	数量	金额
对虾	17.9	19.4	11.9	21.6	11.4	-10.1	4.1
贝类	14.6	26.5	9.7	29.7	9.4	-10.4	4.5
罗非鱼	10.9	22.4	7.3	21.5	4.9	4.2	49.4
鳗鱼	9.1	4.3	5.4	5.9	6.7	-26.5	-18.6
淡水小龙虾	2.3	2.4	1.5	2.5	1.5	-2.8	-1.7
大黄鱼	2.1	4.4	1.4	4.8	1.54	-9.2	-7.1
斑点叉尾鮰	1.1	1.9	0.7	0.6	0.2	216.6	204.9
合计	58	81.3	37.9	86.6	35.8	-6.1	6.3

(3)加工方式。各大类产品出口基本保持了上年的格局，深加工产品和初级冻鱼及鱼片仍是水产品最主要的出口类型，占出口总额的77.2%。活鱼出口量和上年持平，出口额大幅增长。

表3 出口大类对比

数量:万吨,金额:亿美元

出口大类	数量	同比增减(%)	占出口总量(%)	金额	同比增减(%)	占出口总额(%)
深加工产品	109.3	-1.7	36.9	49.3	9.6	46.5
初级冻鱼及鱼片	120.5	-3.1	40.6	32.5	5.9	30.7
初级软体类	24.9	-10.4	8.4	6.5	4.8	6.1
初级甲壳类	8.6	-17.3	2.9	3.8	2.7	3.6
活鱼	9.7		3.3	4.9	44.1	4.6
干熏及盐渍鱼	5.9	3.5	2	2.8	16.7	2.6
海藻及其制品	4.3	-23.2	1.5	1.8	0	1.7
冰鲜鱼	4.6		1.6	1.3	8.3	1.2

(4)出口市场。主要出口市场基本格局没有发生大的变化,日美欧韩依然是我国最重要的出口市场,但日、韩市场进一步萎缩,占我国水产品出口总额的比重为36.5%,比上年下降了5.4个百分点。东盟市场表现抢眼,出口量和出口额均大幅增加。

表4 主要出口市场

数量:万吨,金额:亿美元

出口市场	数量	同比增减(%)	金额	同比增减(%)	占出口总额比重(%)	比重同比增减(%)
日本	64.7	-10.4	27.7	-5.8	26.1	-4
美国	48.7	-1.5	20.2	15.8	19	1
欧盟	49.7	6.5	17.8	13.6	16.8	0.7
韩国	44.1	-21.3	11	-3.5	10.4	-1.3
中国香港	12.3	-8.9	6.4	10	6	
东盟	27.1	42.7	6.4	65.8	6	2

(5)出口省份。山东、广东、辽宁、浙江、福建、海南仍居出口前6位,6个省出口额占我国水产品出口总额的91.9%。其中山东、广东、辽宁出口均呈现量减额增态势,浙江、福建、海南出口量、出口额双双增加,海南增幅较大。广东省出口额涨幅较大,反超辽宁省,再次成为出口第二大省。湖北、江西、吉林继续位居内陆出口前3位,其中湖北和江西出口额分别达到1亿美元和0.9亿美元,同比分别增长29%和27.2%。

表5 主要出口省份

数量:万吨,金额:亿美元

沿海省前6位	数量	同比增减(%)	占出口总量(%)	金额	同比增减(%)	占出口总额(%)
山东	100.3	-6.7	33.8	34.9	2.8	32.9
广东	38.2	-7.9	12.9	16.3	11.2	15.4
辽宁	53.9	-6.5	18.2	16	7.4	15.1
浙江	44.6	4.7	15	14.3	9.7	13.5
福建	29.5	5.4	9.9	11.8	15.1	11.1
海南	11	17.7	3.7	4.1	28.5	3.9
内陆省前3位	数量	同比增减(%)	占出口总量(%)	金额	同比增减(%)	占出口总额(%)
湖北	1.9	31.8	0.64	1	29	0.94
江西	1	34.7	0.34	0.9	27.2	0.85
吉林	1.2	-28.3	0.4	0.58	8.8	0.55

(6)进口情况。可食用水产品进口量112.9万吨,进口额17亿美元,同比分别增长31.3%和50.8%,继续为满足国内不同消费需求,丰富国内水产品市场发挥着重要作用。来进料加工原料进口量140.6万吨,进口额23.1亿美元,同比分别下降14.1%和10.6%。俄罗斯、美国、东盟、智利等国是我国可食用水产品和来进料加工原料主要进口国。鱼粉进口量大幅增加,达134.9万吨,总价值14亿美元,同比分别增长39.6%和38.2%,为满足国内养殖业的持续发展起到了重要作用。秘鲁和智利依然是我国最重要的鱼粉进口国,且进口量和进口额均快速增加,仅从秘鲁进口的鱼粉就达到87.6万吨,价值8.6亿美元,同比分别增长69.7%和63.7%,分别占到我国鱼粉进口总量和进口总额的65%和61.7%。

表6　主要进口国家和地区

数量：万吨；金额：亿美元

地　区	占进口总额比例(%)	2008年		2007年		同比增减(%)	
		数量	金额	数量	金额	数量	金额
俄罗斯	24.1	78	13	78.6	13.9	-0.8	-6.8
秘鲁	18.3	99.9	9.9	60.8	6	64.2	64.3
美国	11.8	33.5	6.4	33.1	5.6	1.2	14.3
智利	7.6	29.7	4.1	24.6	3.2	20.9	25.7
东盟	7.2	33.8	3.9	35	3.4	-3.4	13.6
日本	3.5	11.5	1.9	14.6	2.2	-21.4	-12

(7)进出口价格。"量减额增"成为2008年水产品出口的最大特点，出口价格普遍上扬。全年综合平均价格(简单算术平均，下同)3 580.3美元/吨，比上年同期涨12.6%。各类出口产品价格全部上涨，涨幅在9.2%～42%之间，其中活鱼涨幅最大；几大养殖出口品种除斑点叉尾鮰价格小幅下跌3.7%外，其余全部上涨，罗非鱼价格涨幅最高，达43.4%，其次为贝类涨16.6%、对虾涨15.9%、鳗鱼涨10.8%、大黄鱼涨2.3%、淡水小龙虾涨1.1%。进口水产品综合平均价格1 391.3美元/吨，比上年涨2.1%。其中鱼粉价格1 036.2美元/吨，同比下降9.2%；来进料加工原料进口价格1 643美元/吨，同比涨4.1%；供国内食用的进口水产品价格1 502.1美元/吨，同比涨14.9%。

【趋势分析】　当前，全球金融危机持续蔓延，世界经济下行的趋势更加明显，经济环境中的不确定性增多。2009年我国水产品出口将面临更多挑战：一是国际市场总体需求下降，主要水产品出口国之间为抢占市场份额必然展开更为激烈的同构竞争，巩固传统市场和开拓新市场的压力都进一步增大；二是水产品主要消费国经济普遍低迷，为缓解国内压力，贸易保护主义将进一步抬头，贸易壁垒将更加隐蔽，应对国际贸易争端会更加困难。三是作为典型的劳动密集型产业，我国的水产品出口企业中有相当一部分是中小企业，在资金、人才和技术上处于劣势，难以自行完成转型和升级。为保持我国水产品出口贸易健康发展，需要政府、社会团体和企业继续在提高产品质量安全水平、推动产业升级、增强贸易研究、拓展市场空间等方面共同努力。

(农业部渔业局　刘新中　朱亚平)

国际交流与合作

【概况】　为积极发展渔业领域的对外交流与合作，执行我与相关国家签署的渔业协定，参与各国际或区域组织的渔业管理及其规则制订，履行相应国际义务，维护并争取国家渔业利益，扩大我国在世界渔业领域的影响力，为我国渔业发展创造良好的外部环境，2008年，我国在渔业国际合作领域开展了大量工作。

(1)在多边领域，随着国际渔业管理从政策指导咨询性转为强制实施性的步伐加快，巩固和扩大远洋渔业发展成果的任务艰巨。为此，我国加大了在公海渔业管理方面的投入，积极参与国际渔业管理和规则制订，派出多个团组出席涉及南极海域、大西洋、印度洋、太平洋公海的渔业资源管理问题谈判，取得了积极成果。

同时，还组织力量，完成了对国际主要渔业组织运行机制的研究，较为系统地研究了30多个有一定影响力的多边渔业组织、机制，提出了开展合作及交流的决策参考意见。

(2)在双边领域，继续强化与周边国家的渔业合作关系，为稳定国家周边局势、保持沿海渔区社会稳定和内陆边境水域渔业经济的发展有效开展工作。2008年，我国分别与越南、日本、韩国、俄罗斯和蒙古等国开展谈判，就北部湾、东海、黄海以及内陆边境水域的渔业资源管理等问题进行协商，强化了与周边国家的渔业合作关系，维护我国渔业权益。

此外，为顺应国际上对于打击非法捕鱼活动的关注和要求，我国与俄罗斯、英国等国家进行了协商，在打击非法捕捞和控制非法捕捞水产品进入我国市场方面积极寻求解决途径。

【重要事件】

(1)中日渔业联合委员会第九届年会召开。1月17日，以农业部渔业局局长李健华为团长的中国代表团和以日本水产厅次长中前明为团长的日本代表团在中国上海举行了中日渔业联合委员会第九届年会。双方就2007年《中日渔业协定》执行情况进行了回顾和评价，并就2008年两国水域内对方渔船入渔安排、暂定措施水域资源管理等有关问题达成了一致，并签署了会议纪要。此前，双方先后举行了两次筹备会议，以农业部渔业局副局长陈毅德为团长的中方代表团与日方就上述事项进行了磋商。

(2)秘鲁生产部渔业副部长率团访华并与我举行渔业合作会谈。3月19日下午，农业部副部长牛盾在农业部会见了来访的秘鲁生产部渔业副部长米兰达一行，双方就加强两国渔业合作、农渔产品质量安全和两国贸易平衡等问题交换了意见。

(3)中英海洋渔业可持续发展研讨会在深圳举行。4月16—17日，中英两国渔业部门在深圳联合举行了中英海洋渔业可持续发展研讨会。这次研讨会是在中英可持续发展对话框架下，双方就渔业资源养护和增殖、打击不管制(IUU)渔业等问题进行交流。农业部渔业局副局长柳正、英国环境食品与农村事务部海洋与渔业司司长罗德尼·安德森等出席会议并讲话。

(4)中国与阿根廷政府渔业主管部门首次举行渔业合作会谈。5月26—30日，阿根廷经济生产部农牧渔业和食品秘书处渔业副秘书长翰拉尔道·尼耶道率阿根廷渔业代表团访华。5月26日下午，农业部渔业局局长李健华会见阿方代表团，双方交流了渔业管理和发展情况，并就加强西南大西洋鱿鱼渔业管理、捕捞和水产养殖领域合作等问题达成共识。本次会谈是两国渔业主管部门的首次直接交流。会后，阿根廷代表团还到浙江省参观访问，实地了解我国渔业发展情况。

(5)农业部渔业局副局长柳正会见印度西孟加拉邦渔业代表团。6月30日上午，柳正会见了来访的印度西孟加拉邦渔业部长率领的代表团，双方在友好的气氛中进行了交流。

(6)农业部渔业局副局长柳正会见孟加拉国渔业与畜牧部国务秘书一行。7月14日上午，柳正会见了由孟加拉国渔业与畜牧部国务秘书拉赫曼率领的代表团，双方就两国渔业发展和进一步加强两国在渔业领域的合作等问题进行了坦诚热烈的交流。

(7)中越北部湾渔业联合委员会第五届年会召开。2008年8月27—29日，以农业部渔业局局长李健华为团长的中国代表团与以越南农业与农村发展部水产资源开发保护局局长朱进永为团长的越南代表团在越南胡志明市举行了中越北部湾渔业联合委员会第五届年会。双方回顾总结了协定执行情况，并就2008—2009年度协定水域渔业安排、渔政执法联合检查和渔业资源联合调查等事项达成一致，双方同意北部湾过渡性安排水域的2008年度捕捞许可证有效期延期两个月。此前，以农业部渔业局副局长柳正与以越南农业与农村发展部水产资源开发和保护局副局长黄庭安分率代表团举行了两次筹备会议，就各项议题充分交换意见。8月6日，农业部副部长牛盾在北京接见了到北京出席中越渔委会第一次筹备会的越南代表团。

(8)中俄渔业合作混合委员会第18次会议。2008年9月15—18日，以农业部渔业局副局长柳正为团长的中方代表团和以俄罗斯联邦渔业署副署长耶夫斯特拉基科夫为团长的俄方代表团在莫斯科举行中俄渔业合作混合委员会第18次会议。会议回顾总结了2007—2008年度中俄渔业合作情况，讨论确定了2008—2009年度中俄渔业合作内容，双方签署了会谈纪要。

(9)农业部副部长牛盾会见挪威渔业和沿海事务部国务秘书。10月4日，牛盾在青岛会见了前来参加中国渔业及海产品博览会的挪威渔业和沿海事务部国务秘书维达·奥里克森先生一行，双方就深化中挪渔业合作交换了意见。

(10)中韩渔业联合委员会第八届年会。12月4日，以农业部渔业局局长李健华为团长的中国代表团与以韩国农林水产食品部水产政策室长裴锺河为团长的韩国代表团在韩国京畿道果川市举行了中韩渔业联合委员会第八届年会。双方回顾了《中韩渔业协定》执行情况，就2009年两国专属经济区管理水域入渔船数和作业条件、暂定措施水域资源研究及维护海上作业秩序等问题达成一致。此前，以农业部渔业局副局长崔利锋为团长的中国代表团与以韩国农林水产食品部国际水产官河泳孝为团长的韩国代表团举行了两次筹备会议就有关事项进行磋商。

(农业部渔业局　朱宝颖)

渔 业 管 理

渔业法制建设

【概况】 2008年,全国各级渔业行政主管部门以完善渔业法律法规体系、保护水域生态环境与渔业资源、维护渔民权益为重点,坚持加强渔业法律理论研究和立法工作,强化渔业行政执法,继续深入开展渔业普法,渔业法制建设水平得到进一步加强。

【渔业立法活动】

(1)继续深化捕捞和养殖权利制度研究。2007年实施的《物权法》规定依法取得的使用水域滩涂从事养殖和捕捞的权利受法律保护,近两年来中央在保护农民权益特别是土地承包经营权及其相关权益方面又提出了更高的要求。为完善渔业水域滩涂使用制度,加强渔民权益维护,农业部渔业局组织开展了养殖和捕捞渔民基本经营制度课题研究,深入了解当前我国养殖和捕捞生产者构成情况、水域滩涂使用和经营方式、养殖和捕捞生产中的产权关系的历史沿革等问题,探索在法律上建立分类管理和保护办法,并组织研究起草水域滩涂养殖权登记办法。

(2)进一步完善渔业法律法规。为充分体现和有效落实《物权法》有关法律原则和中央"三农"政策精神,修改完善渔业法律法规规章和规范性文件,使其转变为可操作的法律规定。2008年农业部在此前工作基础上,结合全国人大和国务院部署的法律法规清理工作,研究提出了《渔业法》修改若干建议,经部常务会议审议通过后报国务院,同时对《渔业法实施细则》修订草案做了进一步补充完善。同时,为进一步加强水产健康养殖、渔业安全生产管理、渔业资源养护及生态环境保护和渔民权益维护等工作,农业部以部令形式公布了《渔业航标管理办法》,并启动研究起草《水生生物增殖放流管理规定》等规章及其他规范性文件,以实现立法工作与具体工作相互推进的良性互动。

(3)加强立法协调工作。为维护渔民合法权益,保证各级渔业部门依法行使监督管理和行政执法职能,农业部在《水污染防治法》、《食品安全法》、《湿地保护条例》、《太湖管理条例》、《防治船舶污染海洋环境管理条例》、《海洋观测预报管理条例》和《污染源限期治理管理办法》等法律、法规的起草和征求意见过程中,做了大量协调工作,争取相关立法充分体现国务院"三定"方案确立的职责分工。特别是在《水污染防治法》立法过程中,农业部积极协调全国人大法工委和农委,并与有关全国人大常委会委员沟通,提出修改建议,争取理解和支持,得到原则采纳,最终通过的法律将渔业部门增列为法定监督管理部门并强化了有关职责。

(4)各地积极完善地方配套渔业法规规章体系。山东省政府出台了《山东省渔业养殖与增殖管理办法》,为全面规范增养殖管理、提高水产品质量安全水平奠定基础。北京市根据《实施〈中华人民共和国渔业法〉办法》,制订了《水产养殖场(户)备案管理办法》、《渔业资源增殖放流管理办法》、《制造销售使用渔具管理办法》和《关于划定禁渔区、禁渔期的通告》等地方性规范性文件。福建省出台《小型渔船管理办法》,增强可操作性,突出便民的特点。广东省出台了《广东省水产品质量安全监控工作规范》,在全国率先建立起水产品质量安全监控和执法工作一体化的长效工作机制。这一系列地方性渔业法规、规章和规范性文件的制(修)订,为各地规范生产行为、推进管理法制化和保障渔业健康发展提供了法律保障。

【渔业行政执法】

(1)加强捕捞许可管理和船网工具指标审查。农业部组织研发并启用了渔业船网工具指标管理与渔业捕捞许可证管理软件,完成了渔船管理数据库整合和数据导入工作,逐步实现海洋捕捞渔船船网工具指标和捕捞许可证管理的相互衔接,也为新一轮捕捞许可证换证做好准备。

(2)加强渔业安全生产管理。为了全面推进平安渔业建设,提高渔业安全管理水平,2008年10月14

日,国务院办公厅正式印发了《关于加强渔业安全生产工作的通知》(国办发[2008]113号),农业部随后下发了《农业部关于贯彻落实〈国务院办公厅关于加强渔业安全生产工作的通知〉的通知》,指导各地开展工作。

(3)组织实施"护渔2008"海洋渔业执法行动。为保障海洋伏季休渔顺利进行,推进渔船规范化管理,各海区局和沿海各省级渔政渔港监督机构根据农业部部署,调动渔业执法力量较好地完成了各项工作,取得了明显成效。

(4)加大专属经济区渔政巡航执法的力度,开展巡航渔政船登临考核活动,提高巡航效率,维护了协定水域的作业秩序和国家海洋权益。全年共安排55艘巡航渔政船执行专属经济区渔政巡航任务,共巡航265航次,累计航行3 024天。另外,还安排24艘辅助巡航渔政船作为巡航补充力量,安排巡航55航次,航行450天。

(5)开展水产养殖执法行动,保障水产品质量安全。根据农业部关于继续推进发展现代农业重点行动的意见,农业部办公厅印发了《关于开展2008年水产养殖专项执法行动的通知》,要求规范养殖生产秩序,强化养殖用药管理,推进水产健康养殖,提高水产品质量安全水平,对专项执法行动的重点检查范围、内容及行动组织方式等进行了部署。各级渔政执法机构结合当地实际制定了方案,开展了执法行动。

【执法队伍建设】

(1)继续推进渔业文明执法窗口创建活动。2008年在原有工作基础上,进一步提高要求和标准,评选出第三批41个文明执法窗口单位。自2005年开展创建活动以来,农业部已命名117个"全国渔业文明执法窗口单位"。通过开展渔业文明执法窗口单位创建活动,涌现了一批渔业执法工作先进典型,带动了渔政行业的行风建设。

(2)开展渔业行政执法督察工作。为推进建立渔业行政执法督察机制,农业部渔政指挥中心组织开展了《渔业行政执法督察规定》起草工作,向全国渔业主管部门和执法单位征求意见,以进一步推进渔政执法的规范化和督察的制度化。同时,受理群众来信、来电举报案件10余件,及时纠正渔政人员不依法办事或执法不及时、不到位的问题,规范渔政执法行为。

(3)举办水产养殖执法师资培训班,编写养殖执法培训教材。为推进水产养殖执法工作,农业部渔政指挥中心和全国水产技术推广总站举办水产养殖执法师资培训班,培训水产养殖法律法规、执法实务、案例分析及有关业务知识等方面内容,累计培训学员107人。编写了《水产养殖执法培训教材》,内容包括水产养殖和水产品质量安全管理的主要法律法规、执法实务、典型案例分析及养殖执法有关知识等部分,为执法培训工作高效开展提供了便利。

(4)积极推进执法统计工作。进一步推广信息员网络,将试点工作范围由辽宁、浙江、广东、湖南、青海、黑龙江等6省和3个海区局,扩大到包括全国沿海各级渔政机构在内的300多个用户。执法统计工作为下一步有针对性地制定专项整治等执法行动方案提供了重要依据。

【渔业普法活动】 2008年,各级渔业主管部门认真贯彻"五五"普法要求,深入基层,普及渔业法律法规,宣传保护渔业资源和生态环境,提高渔民依法生产意识,不断推进依法治渔、依法护渔、依法兴渔。农业部组织、邀请新闻媒体对大型渔业执法行动、水产增殖放流活动和重要渔业制度等进行了大范围、深层次、高频率的宣传报道,在渔区渔民和社会民众中产生了良好的反响。安徽省各级渔业主管部门和渔业科技部门通过举办培训班、发放宣传材料、现场咨询等方法广泛宣传《渔业法》、《安徽省实施〈渔业法〉办法》、《农产品质量安全法》、《兽药管理条例》等法律规章。天津市对渔业生产安全管理加强宣传及培训,提高应急能力,通过天津渔业网、天津渔政网、水产信息、安全简报、举办安全消防知识竞赛等多种形式加大宣传力度。共印制各种安全宣传材料600份,组织活动6次,完成海洋捕捞渔民职业安全培训共1 492人,涉外安全培训760人。内蒙古以养护渔业资源、保护水生生物多样性为主题,开展《渔业法》宣传月专题活动,全区发放宣传材料1万多份,并利用电视台、广播电台、报纸进行广泛宣传。各地各级渔业部门开展了形式多样的渔业法制宣传活动,有效提高了广大渔业管理人员和生产经营者的法制观念。

(农业部渔业局　衣艳荣)

水产标准化

【基础性工作】

(1)完善机制,加强渔业标准化队伍建设。一是全国水产标准化技术委员会和渔船标准化技术委员会确立了吸收和培养精通业务、事业心强、外语水平高的人才从事水产标准化和质量检验工作,着力培养国际水产品安全和标准化方面的"领军人才"的工作思路,并在启动研究和建立在职称评聘、工作条件等方面建立吸引人才的机制。二是在全国水产标准化技术委员会下新成立了观赏鱼和珍珠两个分技术委员会，经国家标准化管理委员会批复同意，农业部负责筹建全国水产标准化技术委员会渔业资源分技术委员会和全国湿地保护标准化技术委员会水生生物湿地保护管理分技术委员会。目前两个委员会的筹建工作正在进行中，预计2009年上半年可完成筹建工作。三是筹备开展了全国水产标准化技术委员会换届工作。征集了新一届的标委会委员，一批精通业务、事业心强的专业人才，进入新一届标委会。

(2)明确思路，加强制度建设。一是完善了中长期渔业标准化发展规划。在多次征求意见和讨论的基础上，进一步完善了中长期渔业标准化发展规划，基本明确了今后一段时期渔业标准化工作的目标和思路、重点，拟再进一步修改后发布实施。二是完成《水产标准制(修)订管理办法》征求意见稿。在小范围研讨的基础上，形成了《水产标准制(修)订管理办法》(征求意见稿)，并已正式向有关方面征求意见，拟在汇总意见基础上完善后，正式发布实施。三是起草了《水产品检测方法标准制(修)订规范》。为进一步规范和完善水产品检测方法标准的制(修)订工作，组织专家起草了《水产品检测方法标准制(修)订规范》，并专门举行了研讨会，听取了专家和有关方面的意见。四是完善了水产品质量安全标准体系。为切实提高水产品质量安全水平，做好水产品质量安全工作，同全国水产标准化技术委员会组织专家对水产品质量安全标准体系进行了完善，提出了水产品质量安全标准体系框架。五是举办水产品检测方法标准培训班。为提高水产品检测方法标准起草人员水平，邀请国家水产品质检中心、农业部农药检定所和中国兽药监察所的专家为有关起草人员进行了专题讲解，取得了良好效果。

(3)加大宣传，营造渔业标准化的良好氛围。为切实提高社会对渔业标准的认知度和使用标准的自觉性，营造渔业标准化工作的良好氛围，会同全国水产标准化技术委员会加强了宣传工作。截至2008年底，共出版了《标准化简报》10期，在《中国水产》杂志、农业信息网和中国渔业政务信息网及《中国渔业报》上刊登有关宣传信息和报道多篇。

【水产标准制定修订】 2008年，新安排水产行业标准制定修订项目77项。其中奥运应急标准计划12项，国标委下达国标计划9项，共安排标准制定经费300万元。为及时完成标准制定修订计划，农业部渔业局组织召开了3次水产标准审查会，分别是渔船标准审查会、加工标准审查会、淡水和海水养殖标准及混合标准审查会，共审查63项，其中国家标准58项。2008年共发布渔业相关标准65项，其中国家标准46项，行业标准19项。

【技术性贸易措施官方评议】 2008年共收到WTO/TBT—SPS国家咨询中心农业部联系点转来的技术性贸易措施通报35项。由于语言和评议人员缺乏等原因，2008年官方评议完成率较低，仅完成通报数量的30%。

针对官方评议完成率低的问题，农业部渔业局专门进行了专题研究，提出了近期工作目标和工作重点：一是要尽快建立有效的初评机制。初评主要是正确分类和辨别收到来自农业部联系点的通报件，以确定是否进行评议和正确选择评议专家，提高工作效率。二是要建立水产品技术性贸易措施官方评议专家组。三是建立评议信息数据库。掌握充足的信息是做好初评的基础，也是做好官方评议的基础。根据评议工作需要，建立国际标准、有关国家标准、水产品贸易信息、国内相关标准的信息数据库。四是建立信息预警机制。利用WTO通报渠道，将获得的有关国家即将采取的技术性贸易措施的信息及时反馈给企业，建立这样的信息预警机制有助于企业提前做好应对，减少和降低损失。五是前瞻性的开展实施我国水产品技术性贸易措施的研究。随着贸易形势的发展，我国进口的水产品也越来越多，应针对某些进口量大又对我国产业影响大的水产品研究针对性强的技术性贸易措施。

【国际交流与合作】 2008年，组团参加了在挪威召开的国际食品法典委员会鱼和渔产品委员会(CAC－CCFFP)第29届会议。中方代表团在鲟鱼子酱标准适用范围、食品添加剂使用、埃希氏大肠杆菌作为水质和贝类污染指示菌、贝类毒素检测方法的程序等问题上，表明了我国的立场和观点，基本上被会议采纳和接受，取得了预期效果。会议期间，中方代表团还积极与会议主席、有关成员代表团进行沟通和交流，了解发达国家在国际标准方面的做法和经验。会后，组织人员翻译大会标准草案文本，并继续跟踪有关标准。开展国内相关产业状况的调查研究，为下届会议积极做好准备工作。部署了对下届继续讨论标准的研究和跟踪工作，并计划召开鲟鱼子酱和贝类标准的国内专家和企业界参加的研讨会。

【国家标准和行业标准目录】

2008 年发布国家标准和行业标准目录

序号	标准代号	标准名称
		一、国家标准
1	GB/T 21678 -2008	渔业污染事故经济损失计算方法
2	GB/T 21444 -2008	青海湖裸鲤
3	GB/T 21673 -2008	海水虾类育苗水质要求
4	GB/T 18654. 1 -2008	养殖鱼类种质检验·第 1 部分:检验规则
5	GB/T 18654. 2 -2008	养殖鱼类种质检验·第 2 部分:抽样方法
6	GB/T 18654. 3 -2008	养殖鱼类种质检验·第 3 部分:性状测定
7	GB/T 18654. 4 -2008	养殖鱼类种质检验·第 4 部分:年龄与生长的测定
8	GB/T 18654. 5 -2008	养殖鱼类种质检验·第 5 部分:食性分析
9	GB/T 18654. 6 -2008	养殖鱼类种质检验·第 6 部分:繁殖性能的测定
10	GB/T 18654. 7 -2008	养殖鱼类种质检验·第 7 部分:生态特性分析
11	GB/T 18654. 8 -2008	养殖鱼类种质检验·第 8 部分:耗氧率与临界窒息点的测定
12	GB/T 18654. 9 -2008	养殖鱼类种质检验·第 9 部分:含肉率测定
13	GB/T 18654. 10 -2008	养殖鱼类种质检验·第 10 部分:肌肉营养成分的测定
14	GB/T 18654. 11 -2008	养殖鱼类种质检验·第 11 部分:肌肉中主要氨基酸含量的测定
15	GB/T 18654. 12 -2008	养殖鱼类种质检验·第 12 部分:染色体组型分析
16	GB/T 18654. 13 -2008	养殖鱼类种质检验·第 13 部分:同工酶电泳分析
17	GB/T 18654. 14 -2008	养殖鱼类种质检验·第 14 部分:DNA 含量的测定
18	GB/T 18654. 15 -2008	养殖鱼类种质检验·第 15 部分:RAPD 分析
19	CB/T 5055 -2008	青鱼、草鱼、鲢、鳙·亲鱼
20	GB/T 21441 -2008	牙鲆
21	GB/T 21442 -2008	栉孔扇贝
22	GB/T 21443 -2008	海湾扇贝
23	GB/T 21438 -2008	栉孔扇贝·亲贝
24	GB/T 15101. 1 -2008	中国对虾养殖·亲虾
25	GB/T 15101. 2 -2008	中国对虾养殖·苗种
26	GB/T 21672 -2008	冻裹面包屑虾
27	GB/T 4925 -2008	合成纤维渔网片断裂强力与断裂伸长率试验方法
28	GB/T 18673 -2008	渔用机织网片
29	GB/T 15805. 1 -2008	鱼类检疫方法·第 1 部分:传染性胰脏坏死病毒(IPNV)
30	GB/T 15805. 2 -2008	鱼类检疫方法·第 2 部分:传染性造血器官坏死病毒(IHNV)
31	GB/T 15805. 3 -2008	鱼类检疫方法·第 3 部分:病毒性出血性败血症病毒(VHSV)
32	GB/T 15805. 4 -2008	鱼类检疫方法·第 4 部分:斑点叉尾鮰病毒(CCV)
33	GB/T 15805. 5 -2008	鱼类检疫方法·第 5 部分:鲤春病毒血症病毒(SVCV)
34	GB/T 15805. 6 -2008	鱼类检疫方法·第 6 部分:杀鲑气单胞菌
35	GB/T 15805. 7 -2008	鱼类检疫方法·第 7 部分:脑粘体虫
36	GB/T 22331 -2008	水产品中多氯联苯残留量的测定·气相色谱法
37	GB/T 22213 -2008	水产养殖术语
38	GB/T 18781 -2008	珍珠分级
39	GB/T 22180 -2008	冻裹面包屑鱼
40	农业部 1077 号公告 1 -2008	水产品中 17 种磺胺类及 15 种喹诺酮类药物残留量的测定·液相色谱-串联质谱法

（续）

序号	标准代号	标准名称
41	农业部1077号公告2－2008	水产品中硝基呋喃类代谢物残留量的测定·高效液相色谱法
42	农业部1077号公告3－2008	水产品中链霉素残留量的测定·高效液相色谱法
43	农业部1077号公告4－2008	水产品中喹烯酮残留量的测定·高效液相色谱法
44	农业部1077号公告5－2008	水产品中喹乙醇代谢物残留量的测定·高效液相色谱法
45	农业部1077号公告6－2008	水产品中玉米赤霉醇类残留量的测定·液相色谱－串联质谱法
46	农业部1077号公告7－2008	水产品中恩诺沙星、诺氟沙星和环丙沙星残留的快速筛选测定·胶体金免疫渗滤法
二、水产行业标准		
1	SC/T 1101－2008	湖泊渔业生态类型参数
2	SC/T 1010－2008	中华鳖池塘繁殖技术规范
3	SC/T 7012－2008	水产养殖动物病害经济损失计算方法
4	SC/T 7103－2008	水生动物产地检疫采样技术规范
5	SC/T 3039－2008	水产品中硫丹残留量的测定·气相色谱法
6	SC/T 3040－2008	水产品中三氯杀螨醇残留量的测定·气相色谱法
7	SC/T 3041－2008	水产品中苯并(a)芘的测定·高效液相色谱法
8	SC/T 3042－2008	水产品中16种多环芳烃的测定·气相色谱-质谱法
9	SC/T 2010－2008	杂色鲍养殖技术规范
10	SC/T 2029－2008	鲈鱼配合饲料
11	SC/T 1103－2008	松浦鲤
12	SC/T 1102－2008	虾类性状测定
三、农业行业标准		
1	NY 5062－2008	无公害食品·扇贝
2	NY 5068－2008	无公害食品·鳗鲡
3	NY 5154－2008	无公害食品·牡蛎
4	NY 5164－2008	无公害食品·乌鳢
5	NY 5166－2008	无公害食品·鳜
6	NY 5272－2008	无公害食品·鲈
7	NY 5162－2008	无公害食品·海水蟹

（农业部渔业局　王雪光）

水产品质量监管

【概况】 2008年初，低温雨雪冰冻灾害对我国水产养殖业造成严重影响，水产养殖病害多发，禁用药使用有所抬头，水产品质量安全形势严峻。面对北京奥运会即将召开的紧迫形势，渔业系统围绕“保质量、保安全、助奥运”的中心任务，大力推进水产健康养殖行动，落实监管责任，强化监督指导，加强药物残留监测和执法，全面加强了水产品质量安全监管工作，取得明显成效。

【主要工作】

（1）实施助奥运特殊监管，确保供奥水产品消费安全。农业部渔业局成立渔业助奥行动领导小组，制订水产品质量安全特殊监管工作方案，明确工作目标，细化监管任务，将责任落实到岗、到人。推进水产健康养殖行动，加强水产品产地监测、监管，实施产销衔接，促进养殖场完善各项生产及用药记录制度。设立应急工作组，制定突发事件应急预案，定期开展水产品质量安全舆情监测。根据农业部统一部署，北京、天津、河北、上海、福建、山东等15个重点省级渔业行政主管部门根据农业部统一部署，制订了本地水产品质量安全特殊监管方案，加强重点基地监管，实施产地准出，并将各项监管措施规范化、制度化。从4月下旬开始，农业部渔业局陆续派出10多个工作组对各地水产品质量安全特殊监管工作开展督导和检查，对个别工作不到位的地区提出整改要求。由于工作力度大、责任落实到位、监管严密扎实，供奥运水产品没有发生任何质量安全问题。

(2)完善、规范抽检程序，加强药物残留监督抽查。产地水产品质量安全监督抽查是渔业部门加强产地管理、强化执法的重要手段。为保证检测结果的科学性、有效性，农业部拟订了《产地水产品质量安全监督抽查工作暂行规定》，明确抽样、检测各环节的责任，重点规范抽样工作程序；开展质检机构能力比对，强化实验室内部管理，提高检测能力。先后安排4次产地水产品质量安全监督抽查，抽检样品4 567个，涉及全国31个省(自治区、直辖市)的87种水产品，其中，112个检出禁用药物，检出率2.5%，合格率97.5%。硝基呋喃类代谢物、孔雀石绿、氯霉素等3种禁用药物的检出率分别为1.9%、2.0%、0.6%。监测范围既包括重点渔业省份，也包括非渔业主产区；监测品种既有主要出口品种，也有国内市场大宗产品；监测环节上既涉及成鱼养殖环节，也涉及苗种孵化及市场环节；从监测指标看，既加大了对硝基呋喃类、孔雀石绿等重点禁用药物的监测力度，也对危害物质及其隐患进行了摸底调查。此外，农业部全年还对批发市场上的14种水产品、7 280个样品进行了例行监测。综合来看，2008年的监测是历年来监测规模最大、范围最广、监测环节和物质最多的一次。综合产地、市场两方面的数据，全年检测综合合格率达95.7%，同比基本持平。

(3)继续实施贝类卫生监控，强化养殖海区划型管理。根据历年贝类产品卫生监控结果，制订并实施2008年度贝类产品有毒有害物质残留监控计划，对贝类产品中的重金属、致病微生物和贝类毒素开展实时监控，获得指标近万个并据此对危害严重的贝类产品提出消费预警。同时，根据国际贝类卫生监控体系的基本原则，结合我国贝类生产实际情况，农业部修订了海水贝类养殖区域划型要求，明确产品监测、危害评估及信息发布等职责和处理程序，规范划型抽样选点布局原则、密度，加强了划型后续管理。辽宁、河北、山东、江苏、浙江、福建、广东、广西以及大连、青岛和宁波市等地依照农业部划型要求开展了贝类养殖水域划型工作。在开展划型的47.7万公顷(不含浙江省)中，一类养殖区15.1万公顷，占31.7%；二类养殖区28.8万公顷，占60.3%；三类养殖区3.8万公顷，占8%。

(4)强化水产品质量安全执法，提高综合监管效能。在确保检测有效性的基础上，农业部以健康养殖示范场、标准化养殖示范场、无公害水产养殖基地、水产原(良)种场和苗种场及其他集约化水产养殖企业为重点，在全国范围内部署并开展了水产品质量安全执法，加大对阳性样品的立案追查和处罚。在案件查处过程中，各地按照法律法规及农业部要求，对药物残留抽检中发现的违规企业依法处理并建立黑名单制度，严格禁止销售药物残留阳性产品，部分地区还对无法消除有毒有害物质的水产品进行无害化处理，确保阳性样品追溯结案率达到100%。据不完全统计，2008年全国共出动渔政执法人员3.6万人(次)，检查苗种场6 000家、养殖场3.8万家，责令整改4 549家，行政处罚407起，罚款共计80.5万元。特别是对农业部监督抽查发现的112个阳性样品，各地渔政执法力量及时开展查处，查处结案率达到了99%，为保障水产品消费安全起到了重要作用。农业部渔业局和渔政指挥中心3次派出督察组赴4个省、市进行重点督察，分析问题产品产生原因，研究提高水产品质量安全的措施和办法，指导各地加大执法力度，纠正监管执法工作中的不当行为，对各地水产品质量安全工作的开展起到了积极的推动作用，成为2008年水产品质量安全监管工作的亮点之一。此外，对于获得无公害认证的水产品，农业部渔业局协调农业部农产品质量安全中心，并商山东、天津等地渔业主管部门，撤销了超标生产基地无公害水产品产地认定证书、无公害水产品认证证书及标志使用权。

(5)及时应对非主流媒体恶意炒作，科学引导市场消费。由于水产品质量安全日益受到国际、国内社会的高度关注，2008年先后发生多起部分非主流媒体恶意炒作水产品质量安全的状况，如炒作水产品中含霍乱弧菌、河蟹产品含禁用药物、太湖银鱼含甲醛等等。针对此种情况，农业部渔业局完善水产品质量安全突发事件处理应急机制，健全处理程序，依靠全国水产技术推广总站、中国水产科学研究院专家，及时对社会公开辟谣，以正视听，并告知水产品正确消费方法。由于处理得当，有效防止了事件的进一步扩散，避免了不正当舆论误导消费和引起市场混乱，没有发生群体性、严重负面影响的水产品质量安全事件。“三鹿奶粉事件”发生后，密切跟踪报纸、网络等媒体有关三聚氰胺事件的报道，及时采取摸底调查、专家分析论证等措施，消除“三鹿奶粉事件”可能对渔业带来的负面影响。10月，农业部渔业局召开水产品质量安全监管工作会议，要求各级渔业主管部门从“三鹿奶粉事件”中吸取教训，完善监管制度，落实监管责任，加大投入力度，强化执法监管，不折不扣地履行法律赋予的职责。

(6)加强对外协调，促进合格水产品出口。配合国家质检总局、商务部等有关部门，积极开展贸易措施官方评议，加强对美国、日本、欧盟等主要贸易伙伴的谈判和协调工作，打破不合理的贸易限制措施。针对2007年下半年以来水产品出口增幅快速下滑的形势，召开水产品国际贸易发展工作座谈会，分析了水产品出口面临的形势及存在的质量安全、成本上升和恶性竞争问题，并提出了促进水产品出口的七大措施，为促进我国水产品出口平稳发展提供了有力支撑。同时，根据我国贝类产品卫生监控和产地划型工作进展，按照"全面监管、重点突破"和"成熟一片，放开一片"的原则，提请国家质检总局启动恢复对欧盟出口贝类产品的谈判，帮助合格贝类产品重返欧盟市场。

【存在问题】 2008年虽然没有发生大范围的水产品质量安全事件，但有些地区、有些品种禁用药依然屡禁不止，部分样品检出率、检出值还相当高；水产苗种的药物残留状况也不容乐观；零星的水产品质量安全事件仍时有发生；各省级单位之间工作进展很不平衡。仍有一部分地区没有建立本辖区内的产地水产品质量安全监控计划，没有投入专门的资金用于水产品质量安全监管；质检机构内部管理不完善、基本功不扎实的情况还或多或少存在。农业部取消了部分渔业质检中心承担监督抽查任务的资格，主要原因是质检中心连续两项(次)没有通过农业部组织的实验室能力验证，而且在后续检查中没有得到明显的改善；养殖业执法工作刚刚起步不久，部分地方虽然启动了执法工作，但有畏难情绪，走过场、敷衍应付的情况还比较严重。此外，执法机制没有理顺，渔政执法人员水平不高，案件查处结果的信息报送不及时等问题也普遍存在。

(农业部渔业局　郭云峰)

渔业安全与渔港监督管理

【概况】

(1)渔业安全生产总体情况。2008年年，我国共发生渔业船舶水上事故446起，死亡(失踪)399人，同比分别下降13.7%和2.4%。碰撞和风灾依然是主要的事故类型，其中碰撞事故162起，同比减少22.9%，占事故总数的36.3%；风灾事故70起，同比减少41.7%，占事故总数的15.7%。全年的渔业安全生产形势总体呈稳定好转态势。

(2)渔业安全生产与渔港监督重点工作。一是以科学发展观为指导，认真贯彻落实国办文件精神。为扎实推进"平安渔业"建设，加快建立安全生产长效机制，农业部会同国家安监总局，在认真研究、充分论证和广泛征求意见的基础上，向国务院上报了《关于以国务院名义印发〈关于加强安全生产构建平安渔业的意见〉的请示》。10月14日，国务院办公厅正式印发了《关于加强渔业安全生产工作的通知》(国办发[2008]113号，以下简称《通知》)。10月17日，农业部在山东省日照市召开了全国渔业安全生产工作会议，对渔业安全生产工作进行了全面部署。会后农业部及时起草并下发了《农业部关于贯彻落实〈国务院办公厅关于加强渔业安全生产工作的通知〉的通知》，以进一步指导各地开展工作。同时，为了将《通知》要求切实落到实处，农业部渔业局将"加强渔业安全生产、提高防灾减灾能力建设措施研究"作为深入学习实践科学发展观活动调研的重点课题，成立了调研组，制定了具体工作方案，开展了专题研讨，完成了调研报告，提出了贯彻落实国办文件精神，加强渔业安全生产工作的具体措施。二是积极应对极端天气，不断提高渔业防台风减灾能力。针对2008年影响我国的台风数量多、登陆时间早、影响时间集中、强度大，对东南沿海和部分内陆地区渔业造成严重影响的情况，渔业系统不断完善体制机制，先后制订完善了《渔业应对台风等极端天气事件工作制度》和《渔业防台风工作会商制度》，明确了各有关单位和人员的工作职责，确保措施落实到位。2008年汛期，农业部共派出16个渔业防台风工作组赴一线督导开展防台风减灾工作。沿海各级渔业部门按照农业部和当地政府要求，行动迅速、部署周密，防御措施得力到位，特别是组织动员渔船回港和养殖人员上岸方面成效显著，最大限度地减少了渔民伤亡和经济损失。为了加强防台风抗灾工作的部门协调，农业部与交通运输部建立了海上搜救联动机制，并联合举行了"救援大规模受困渔船渔民桌面演习"。2008年，渔业通信和应急救助工作也成效明显。全国海洋渔业安全通信网岸台共发布气象、航行警告等2万次以上，接收报警信号900余次；渔业部门组织救助渔业海难事故825起，救助渔民4 341人，挽回经济损失2.5亿元。三是加强专项监督检查，排查治理渔业安全生产隐患。针对2008年上半年渔业安全生产事件频发，渔业安全生产形势严峻的情况，农业部与国家安全监管总局、交通运输部共同组织召开了两次紧急电视电话会议。各级渔业部门紧紧围绕"治理隐患，防范事故"的主题，深入开展渔业安全生产百日督察、渔业安全生产隐患排查治理工作。农业部先后派出3个工作督导组，分别赴浙江、福建、山东、河北、广东、广西和天津等7个渔业重点地区，对当地开展渔业安全生产情况进行了检查，进一步强化了渔业安全管理措施。在“安全生产月”期间，农业部渔业局、3个海区渔政局及地方渔业行政主管部门开展了“保安全、助奥运，送安全知识下乡”活动，向渔民群众发送了安全生产知识“明白纸”6万张，与渔民代表进行了座谈，开展安全咨询服务。四是强化基础设施建设，保障渔民群众生命财产安全。2008年，中央和地方进一步加大了渔港、渔用航标、渔业安全救助通讯网、船位监测、渔业保险等安全设施建设和渔业安全生产的财政投入，渔业和渔民的风险保障能力明显增强。农业部自2007年启动海洋渔船救生设备补贴试点以来，共为近1.5万艘载员超过5人的海洋机动渔船配备了气胀式救生筏或救生浮等集体救生设备。2008年启动的政策性渔业保险试点项目，累计承保渔船12 700艘，渔民21 221人，为渔民船东提供风险保障48亿多元。2008年全国渔业安全生产工作会议召开期间，举行了以“送安全上船保渔民平安”为主题的渔船配备救生筏及政策性渔业保险补贴发放仪式。五是渔港法制建设得到加强。2008年4月，农业部常务会议审议通过了《渔业航标管理办法》，并以部令形式发布。《渔业航标管理办法》明确了渔业航标建设和管理主体，建立了相关的管理制度，规定了保护措施和监督管理责任，为进一步强化渔业航标的建设、维护和管理，保障船舶航行与作业安全提供了法律保障。同时，农业部渔业局组织开展对《渔业船舶登记办法》和《船舶进出渔港签证办法》的修订工作，完成了规章的征求意见稿。

（农业部渔业局　董少帅）

渔 船 管 理

【概况】

(1)稳步推进海洋渔船动态管理系统建设。按照用现代化的手段规范渔船管理要求，农业部渔业局完善了《渔业捕捞许可管理规定》，组织研发了渔业船网工具指标管理与渔业捕捞许可证动态管理软件，完成了渔船管理数据库整合和数据导入工作。2008年底启用了海洋渔船动态管理系统开始换发新版捕捞许可证，实现海洋捕捞渔船船网工具指标和捕捞许可证管理的相互衔接。动态管理系统中，渔船管理证书证件启用了渔船统一编码和条形码，作为渔船管理的终生编码，为统一渔船所有管理数据，实现渔船动态网络化管理奠定了基础，在提高渔船管理水平方面迈出了艰难的一步。

(2)全面部署新版渔业捕捞许可证换发。为认真贯彻落实《关于2003—2010年海洋捕捞渔船控制制度实施意见》和《渔业捕捞许可管理规定》，农业部组织开展了新版海洋捕捞许可证换发专题调研，研究制定换证工作方案，并在征求各地意见的基础上，起草印发农业部公告，对捕捞许可证书证件和渔船主机功率凭证样式进行修改完善，组织确定了印制企业和印制价格，下发《农业部办公厅关于做好新版海洋渔业捕捞许可证书证件换发有关工作的通知》和《关于换发新版海洋渔业捕捞许可证的通告》。同时，组织召开渔业捕捞许可管理暨换发新版捕捞许可证工作会议，总结交流近年来渔业捕捞许可管理工作，研究部署新一轮换发海洋渔业捕捞许可证工作并进行业务培训。

(3)集中销毁回收的渔船主机功率凭证。按照《关于2003—2010年海洋捕捞渔船控制制度实施意见》和《农业部办公厅关于集中销毁回收的海洋捕捞渔船主机功率凭证有关问题的通知》精神，农业部渔业局组织各海区渔政局和各省级渔业行政主管部门对2008年回收的渔船主机功率凭证进行了审核、登记造册和集中销毁。截至2008年底，全国共集中销毁回收的渔船主机功率凭证2 370 469千瓦，其中实际核减渔船功率凭证1 217 457千瓦，换发证书等回收的功率凭证1 153 012千瓦。

(4)全面实施海洋捕捞渔船“双控”制度。按照《关于2003—2010年海洋捕捞渔船控制制度实施意见》要求，沿海各地人民政府对这项工作高度重视，逐级下达“双控”任务，出台相关政策措施，建立健全渔船管理制度，强化渔业执法管理，使海洋捕捞强度上升势头得到一定控制。特别是2002年在中央财政支持下启动的沿海捕捞渔民转产转业项目，有力地促进了“双控”工作的开展。截至2008年12月31日，全国海洋捕捞渔船178 987艘、11 304 258千瓦。但地区间“双控”制度执行情况不平衡，黄渤海区、东海区进展情况较好。

(5)大力推进减船转产计划执行进度。2002—2007年度，中央财政共下达减船转产资金13.05亿元，其中安排减船资金10.03亿元，计划压减渔船27 268艘。截至2008年12月31日，共压减2002—2006年度减船计划渔船21 762艘、功率126.95万千瓦。2008年度计划压减渔船700艘，功率2.76万千瓦，减船补助资金由2007年的持基本证渔船每千瓦1 000元、持临时证渔船500元分别调整为每千瓦2 500元和1 250元，目前正在执行。

(6)严格审批船网工具指标和专项捕捞许可。2008年，农业部共受理渔业船网工具指标等渔船管理行政审批申请700多份、涉及渔船近1 000艘。这项工作任务繁重、涉及面宽、政策性强。农业部渔业局在审批中,认真审核、严格把关,确保按时无误。对渔船跨省买卖、长江专项捕捞、资源调查特许捕捞等审批中遇到的矛盾和问题,及时与有关方面沟通协调,予以妥善解决。

(7)认真开展渔业捕捞权和“双控”制度改革研究。按照农业部学习实践科学发展观要求,农业部渔业局组织调研组赴重点渔区开展调研。召开各种形式的座谈会,广泛听取各地渔业主管部门、基层管理单位、专家们的意见,收集整理了国外渔业权和捕捞许可管理制度建设情况,完成了研究报告,提出完善捕捞许可和“双控”管理制度的思路和意见。

(农业部渔业局　张信安)

渔业船舶水上安全事故及救助情况

【概况】

2008 年发生渔业船舶水上安全事故 446 起(不含生产性事故),死亡 399 人,分别比 2007 年减少 71 起和 10 人。其中,发生较大事故 42 起,死亡 220 人,同比分别增加 3 起和 16 人;发生重大事故 4 起,死亡 48 人,同比分别减少 1 起和 25 人。

从事故的类型看,碰撞事故发生 162 起,死亡 152 人,同比分别减少 48 起和增加 1 人;风损事故发生 70 起,死亡 137 人,同比分别减少 50 起和增加 35 人;触碰事故发生 54 起,死亡 6 人,同比分别增加 12 起和 3 人;自沉事故发生 39 起,死亡 13 人,同比分别增加 2 起和减少 61 人;火灾事故发生 25 起,死亡 7 人,同比分别减少 13 起和增加 3 人;其他类事故发生 96 起,死亡 84 人,同比分别增加 26 起和 9 人。

从事故的特点看,一是事故总数和死亡人数有所下降,但较大以上事故多发,人员伤亡严重,全年共发生较大以上事故 46 起、死亡 268 人,占全部死亡人数的 67%。二是碰撞、风损事故仍是主要事故类型,事故起数分别占总数的 35% 和 16%,死亡人数分别占总数的 38% 和 34%。三是风损事故造成的死亡人数大幅增加,同比增加 35 人,增幅达 52%。四是自沉事故造成的死亡人数大幅减少,同比减少 61 人,减幅达 82%。五是第四季度仍是事故多发期,事故起数和死亡人数均占全年的 41%。

【救助概况】 2008 年全国各级渔业行政主管部门及其渔政渔港监督管理机构共调度、派遣渔业行政执法船艇和渔船 2 329 艘(次),参与渔业海难救助 825 起,救助渔船 849 艘,救助渔民 4 341 人。实际投入救助费用 2 568 万元,挽回经济损失 2.53 亿元。

一年来,各级渔业行政主管部门及其渔政渔港监督管理机构坚持以人为本,积极组织渔业力量参与救助,参与救助的渔业船舶不计得失、不惧风险,全力开展救助,为保护渔民群众的生命财产安全做出了突出贡献。2008 年 3 月 11 日,中国渔政 46012 船经过 20 多个小时的紧张搜救,成功救起琼儋州 13086 渔船上的 19 名遇险船员。9 月 24 日,受 14 号强台风“黑格比”影响,11 艘避风渔船因走锚漂出港外,97 名渔民遇险。险情发生后,农业部渔政指挥中心立即通报中国海上搜救中心,并指导南海区渔政局及广东、广西渔业部门紧急调派中国渔政 44221、44224、44225 三艘渔政船艇和粤阳江 06079、桂合渔 00038 两艘渔船顶着大风巨浪展开救助,将遇险渔民全部救起并安全转移。中国渔政 37219 船多次克服恶劣海况积极救助遇险渔船,先后救助渔船 10 艘(次)、救助渔民 47 人。

(农业部渔政指挥中心　赵俊杰)

渔业防灾减灾

【概况】 2008 年是重大自然灾害频发的一年,年初的雨雪冰冻灾害、“5·12”汶川特大地震和汛期的台风暴雨灾害给渔业生产造成重大损失。2008 年各类自然灾害造成水产品损失 154 万吨,受灾面积 122 万公顷,直接经济损失 170 亿元,伤亡 52 人。其中,冰冻雨雪灾害造成水产品损失 87 万吨,直接经济损失 56 亿元;地震灾害造成水产品损失 3.4 万吨,伤亡 26 人,直接经济损失 15.5 亿元;台风灾害造成水产品损失 63.5 万吨,死亡、失踪 26 人,直接经济损失 98 亿元。针对这些自然灾害,农业部渔业局、渔政指挥中心在贯彻落实《农业重大自然灾害突发事件应急预案》、《渔业船舶水上安全突发事件应急预案》基础上,加强自身能力建设,切实落实责任制,进一步完善防御重大自然灾害的工作机制,突出靠前指挥、一线协调。加强与有关部门的合作,与中国气象局签订了合作备忘录,并将海洋渔业气象灾害预报预警列为其中的一项重要合作内容;与交通运输部建立了海上搜救联动机制,共同做好海上突发事件的应急处置工作。

【抗击低温冰冻雨雪灾害】 年初发生低温冰冻雨雪灾害后,1 月 31 日,温家宝总理批示“要千方百计保渔业生产和供应,这对稳定市场极为重要”。为贯彻落实温总理批示精神,减小灾害对渔业生产的影响,农业部渔业局主要做好以下工作:一是及时汇总上报渔业灾情。2月1日紧急召开电话会议,与湖北、湖南、广东等12个省级渔业主管部门共同研究做好抗灾减灾和稳定水产品市场工作,要求各地密切掌握并及时反映灾情,及时指导养殖户采取有效措施减少灾害损失。组织大型骨干水产企业做好市场供应,保持水产品市场价格稳定。同时,建立了领导带班和灾情日报制度,春节期间安排人员24小时值班,及时掌握灾情动态,随时上报,及时应对。二是深入灾区指导抗灾减灾工作。2月1日,陈毅德副局长带领工作组连夜赶赴受灾较严重的四川省,调研渔业受灾情况,指导渔业抗灾救灾工作。2月2日,牛盾副部长和李健华局长赶赴广东指导渔业抗灾救灾工作。三是抓好灾后重建恢复生产工作。以农业部办公厅文件印发《关于切实抓好水产养殖灾后重建恢复生产工作的紧急通知》,发布了水产养殖灾后恢复生产工作方案,要求各地尽快恢复生产,保障水产品质量安全和有效供给,力争大灾之年"不减产、不减收"。2月20—27日,李健华局长和陈毅德、崔利锋副局长分赴湖北、湖南和安徽等地,深入灾区具体指导渔业灾后重建恢复生产工作。四是启动渔业科技救灾活动。2月15日,农业部办公厅印发了《关于深入做好渔业科技救灾工作的通知》,渔业局组成6个专家组、24个科技小分队分赴渔业受灾最严重的湖南、湖北、广东、江西、安徽和广西,调研分析需要重点解决的主要技术问题。同时,利用电视、报纸、网络等宣传平台,广泛宣传渔业防寒和疫病防治知识。

【抗震救灾工作】 "5·12"汶川特大地震发生后,农业部渔业局全力做好以下工作:一是做好灾情统计上报。立即启动应急预案,成立抗震救灾和灾后重建应急工作小组,由李健华局长担任组长,公布24小时应急值班电话,与四川省水产局及重庆、云南、陕西等省级渔业部门保持密切联系。同时,加大渔业抗震救灾重建信息收集及报送工作力度,及时报送灾情,并在中国渔业政务网设置《渔业抗震救灾专栏》,在《中国渔业报》刊登有关技术措施,指导灾区渔业抗震救灾工作。二是落实救灾和防疫资金。根据渔业灾情,农业部渔业局积极申请并落实渔业救灾资金1 200万元,其中,落实转移支付资金1 120万元用于开展死鱼无害化处理和养殖池塘消毒。从农业部渔业局、渔政指挥中心资金中调剂80万元支持四川省水产局开展抗震救灾工作。5月15日,发布《受地震灾害影响死鱼无害化处理技术指导措施》,指导受灾省份渔业主管部门抓紧组织对有条件的地区开展死鱼无害化处理,防止造成环境和水源污染。三是深入一线调研指导。6月初,陈毅德副局长带队赴四川灾区调研指导渔业灾后重建和恢复生产工作,实地察看了彭州市、什邡市、绵竹市、德阳市的水产养殖场、苗种场、水产技术推广站和水生动物防疫检疫站等受灾情况,检查指导死鱼无害化处理工作,了解灾后渔业恢复生产准备情况,慰问一线受灾渔业干部职工,并带去帐篷等救灾物资。四是协助编制灾后重建规划。转入重建和恢复生产阶段后,加强与四川等受灾省份渔业行政主管部门的联系沟通,筹划渔业抗震救灾和恢复生产的统筹方案,为受灾各省渔业灾后重建和恢复生产规划的制定统一了思路,提供了依据。5月底,派员参加农业部派驻四川灾区抗震救灾前线工作组,协调推动各项渔业救灾工作,并协助编制渔业灾后重建与恢复生产规划。7月初,派员赴四川参加《四川汶川地震灾后农村重建规划》协调会,落实渔业基础设施重建内容。

【渔业防汛防台风工作】 2008年影响我国沿海的台风有13个,风力超过12级以上的强台风、超强台风就有4个。其中,第1号台风"浣熊"4月中旬就在我国登陆,比往年第一个台风平均登陆时间早两个多月,并造成17人失踪;第7号"海鸥"、第8号"凤凰"、第9号"北冕"、第12号"鹦鹉"4场台风在不到2个月时间内对我国造成严重影响。第13号"森拉克"、第14号"黑格比"、第15号"蔷薇"更是在一个月内连续影响我国。针对2008年台风生成数量多、强度大、登陆时间早、影响范围广的特点,农业部高度重视,要求沿海各级渔业行政主管部门进一步完善防台风预案,制订人员、船舶应急避风转移方案,认真部署落实各项安全管理措施。同时,为切实做好防御台风灾后应急处置工作,农业部渔业局、渔政指挥中心制订了《渔业应对台风等极端天气事件工作制度(试行)》,建立了防御台风工作会商制度,并及时组织有关部门开展渔业防汛抗台风工作。针对2008年汛期暴雨、洪水、泥石流灾害多发的特点,农业部办公厅下发《关于做好强降雨防范工作的紧急通知》,要求各地及时部署和落实防灾减灾措施,组织渔民群众加固渔业设施,做好防洪排涝准备。灾后迅速修复水毁工程,调运苗种,防治疫情,尽快恢复正常生产。

(农业部渔业局 丁祥勇)

渔业资源与生态环境保护

【渔业资源增殖】 按照党的十七届三中全会"加强水生生物资源养护,加大增殖放流力度"的要求和《中国水生生物资源养护行动纲要》确定的任务,农业部将渔业资源增殖放流作为"为农民办理的21件实事"之一，进行全面部署并大力推进。7月21日，回良玉副总理对《关于加强水生生物资源养护工作情况的报告》（农专报［2008］64号）采取“休渔、禁渔和水生生物资源增殖放流是促进渔业可持续发展、改善生态环境的重要措施，确有一举数得之效，应切实加强相应制度建设，完善有关政策措施。关于增殖放流节日，可以进一步征求意见”的重要批示。

2008年全国增殖放流各种鱼类、虾蟹类、贝类等197亿尾（粒），投入资金3.11亿元，分别比上年增长1%和17.8%。其中，近海海域增殖放流经济苗种57亿尾，内陆水域增殖放流经济苗种140亿尾。沿海省份投入资金1.21亿元，内陆省份投入资金1.90亿元。

在近海海域，放流水域覆盖黄渤海、东海、南海的重要渔业水域，增殖放流苗种主要包括中国对虾、竹节虾、长毛对虾、海蜇、梭子蟹、牙鲆、真鲷、黑鲷、大黄鱼、贝类等经济水生动物以及海龟等濒危水生野生动物。其中增殖放流中国对虾17.17亿尾、竹节虾11.37亿尾、长毛对虾2.24亿尾、海蜇10.1亿只、梭子蟹2.3亿只、鲆鲽类1 900万尾、鲷科鱼类1 200万尾、大黄鱼1 100万尾。

在内陆水域，放流水域覆盖长江、黄河、黑龙江、珠江、洞庭湖、鄱阳湖、青海湖、三峡水库等重要江河湖库，增殖放流苗种主要包括“四大家鱼”、鲤、鲫、鲂、鳊、黄颡鱼等经济水生动物以及胭脂鱼、大鲵等濒危水生野生动物和土著鱼类等。其中增殖放流“四大家鱼”14亿尾、鲤2.18亿尾、鲫8 000万尾、鳊鲂类9 500万尾、中华绒螯蟹1.51亿尾。

2008年，辽宁、山东、广东、福建和宁波等沿海地区及吉林、内蒙古、安徽等内陆地区分别在辖区海域和相关水域新建和续建各种增殖型、休闲型的人工鱼礁（巢）共59处。沿海累计投放报废渔船280艘改造船礁、钢筋混凝土构件礁和石块礁等3种主体类型的人工鱼礁共约151.82万空立方米，内陆建设人工鱼巢约11.82万束，分别比上年增长75.72%和278.85%。

【渔业资源保护】

（1）农业部公布了第二批63个国家级水产种质资源保护区，这些保护区分布于长江、黄河、黑龙江、珠江等水系的34条江河、20个湖库，以及渤海、黄海、东海和南海的9个海湾、岛礁、滩涂等水域。对保护《国家重点保护经济水生动植物资源名录》所列的“四大家鱼”、中华绒螯蟹、大麻哈鱼、带鱼、大黄鱼、对虾、海参、鲍鱼、梭子蟹、芡实等上百种国家重点保护经济水生动植物和地方珍稀特有水生物种及其主要栖息繁衍场所将发挥重要作用。

（2）农业部印发《关于加强2008年长江禁渔期管理工作的通知》，组织开展2008年长江禁渔期执法检查行动。禁渔期间，沿江10省（自治区、直辖市）共组织了4 712次检查行动，出动7 085次船（艇），派出6.5万人（次），共查获违禁捕捞渔船2 330艘，没收违法捕捞渔获28.2吨，确保了良好的春禁秩序。

（3）农业部印发《关于2008年海洋伏季休渔管理工作的通知》，要求各级渔业行政主管部门继续执行海洋伏季休渔制度，加强和完善管理措施。渤海、黄海、东海和南海应休渔渔船87 854艘在规定时间内全部回港休渔。农业部组织实施伏季休渔管理专项行动及北纬35°线附近海域、台浅渔场等海域跨海区联合执法行动，共查获各类违反休渔规定的捕捞渔船1 819艘（次）、辅助渔船200艘（次），确保海洋休渔制度顺利实施。同时农业部和国家工商行政管理总局联合开展了电脉冲捕捞作业专项整治行动，有效保护了海洋渔业资源和生态环境，维护了广大渔民的合法权益。

【渔业水域污染事故处理】 2008年全国共发生渔业水域污染事故1 025次，污染面积约10.97万公顷，造成直接经济损失约1.65亿元。共获得各类渔业污染事故经济损失赔偿约5 515.80万元，比上年增加648.80万元。

全国共发生海洋渔业水域污染事故88次，污染面积约1 813.79公顷，造成直接经济损失约3 680.50万元。2008年，全国海洋渔业水域没有发生特大渔业污染事故（经济损失超过1 000万元以上）。从区域分布看，浙江省污染事故发生次数最多，达70次；福建省经济损失最大，达1 017.00万元。

全国共发生内陆渔业水域污染事故937次，污染面积约10.79万公顷，造成直接经济损失约1.28亿元。其中，内陆水域发生特大渔业污染事故（经济损失超过1 000万元以上）1次，重大渔业污染事故（经济损失超过100万元以上）15次。从区域分布看，江苏省污染事故发生次数最多，达355次；浙江省经济损失最大，达2 506.00万元。

农业部对全国渔业污染事故调查鉴定技术人员进行了培训考核，为其中1 459名考核合格的技术人员颁发了《渔业污染事故调查鉴定上岗证》。对82家持有《渔业污染事故调查鉴定资格证书》的单位进行了资格审查，为其中72家符合换证条件的单位换发了《渔业污染事故调查鉴定资格证书》。

【渔业生态环境保护】

（1）2008年全国渔业生态环境监测网对黄渤海、

东海、南海、黑龙江流域、黄河流域、长江流域和珠江流域的鱼、虾、贝、藻类的产卵场、索饵场、洄游通道、水生生物保护区和重要养殖水体等105个重要渔业水域进行了监测。监测指标包括水质、沉积物、生物等共18项,监测水域总面积3 198万公顷。

(2)2008年农业部直接参与审查涉渔工程建设环境影响评价项目37项,落实项目补偿资金2.05亿元;地方各级渔业行政主管部门参与各类环境影响评价工作278项,其中渔业生态环境监测机构直接参加项目75项。

【重大事件】

(1)6月12日,农业部与广西壮族自治区人民政府在北海市联合举办以“增殖海洋渔业资源,促进渔业持续发展”为主题的渔业资源增殖放流活动。农业部副部长牛盾和广西壮族自治区副主席陈章良出席。

(2)6月27日,农业部与浙江省人民政府在浙江省舟山市联合举办主题为“增殖生物资源,养护海洋生态”的东海生物资源增殖放流活动,农业部部长孙政才、副部长牛盾,全国人大环资委副主任陈希明委员和浙江省副省长茅临生出席。

(3)7月21日,国务院副总理回良玉对《关于加强水生生物资源养护工作情况的报告》(农专报[2008]64号)采取“休渔、禁渔和水生生物资源增殖放流是促进渔业可持续发展、改善生态环境的重要措施,确有一举数得之效,应切实加强相应制度建设,完善有关政策措施。关于增殖放流节日,可以进一步征求意见”的重要批示。

(4)9月12日,温家宝总理,回良玉、李克强副总理分别对《关于“三河三湖”渔业资源环境保护工作有关情况的报告》(农专报[2008]76号)做出批示。

(5)11月12—18日,农业部总经济师杨坚和渔业局副局长崔利锋带队赴山东、江苏、福建和海南省就农业部学习实践科学发展观重大问题——“渔业资源养护和生态环境修复问题”进行调研。杨坚总经济师就水生生物资源养护工作向全国人大常委会副委员长、民盟中央主席蒋树声和全国人大常委、农业与农村委员会副主任委员、民盟中央副主席索丽生做了专题汇报。

(6)12月2日,农业部在北京召开以“增殖水生生物资源、促进渔业科学发展”为主题的水生生物资源增殖放流专题研讨会,农业部副部长牛盾和全国人大农委副主任委员尹成杰出席会议并做重要讲话。

(7)11月24日,唐启升等13位院士联名向国务院提出的《设立水生生物增殖放流节日》建议信。

(8)12月30日,民盟中央主席蒋树声、第一副主席索丽生联名向胡锦涛总书记和温家宝总理提出《关于加强水生资源保护、促进水域生态平衡的建议》。

(农业部渔业局 刘立明)

水生野生动植物保护与管理

【自然保护区建设与管理】 2008年,向国务院申报2个国家级自然保护区,新建2个地方级自然保护区。完善了自然保护区管理制度,加强了自然保护区的建设与管理工作,为进一步推进自然保护区的建设奠定了坚实的基础。

(1)2008年2月,完成了农业部水生野生动植物自然保护区评审委员会调整。新的审委会由农业部副部长牛盾担任主任委员,农业部渔业局局长李健华、中科院水生所曹文宣院士和复旦大学教授陈家宽担任副主任委员,农业部渔政指挥中心副主任李彦亮担任秘书长。评审委员会于2008年5月6日在北京召开了第一次会议。会议评审通过了2个拟上报国务院批准的国家级自然保护区。会议还讨论研究了《建设项目对水生生物国家级自然保护区影响专题评价管理规范》、研究了今后审委会工作及水生生物自然保护区建设和管理工作。

(2)2008年4月,就重庆小南海水电站对长江上游自然保护区影响问题进行认真研究,就有关问题提出意见报告部领导。

(3)2008年5月,以国家渔政渔港监督管理局名义发文督促广东省海洋与渔业局,撤销在水生生物国家级自然保护区管理局设立海监支队的做法,并推动广东省海洋与渔业局在国家级和省级水生生物自然保护区内加挂渔政支队的牌子,使广东省自然保护区的执法能力得到进一步增强。

(4)2008年7月,成立了长江豚类保护网络,并于9月24日组织在江西九江召开长江豚类保护网络会议。会议就网络运行机制、豚类监测救护难题等进行了专题讨论,并组织各保护区、监测站技术负责人赴湖口进行了长江江豚种群实地监测。

(5)2008年10月14—19日,农业部渔政指挥中心副主任李彦亮带队赴广西、广东、海南,对水生生物自然保护区建设与管理情况进行了调研,针对目前存在的主要问题,对进一步推进水生生物自然保护区建设与管理工作提出了建议。

(6)2008 年 12 月,经与三峡总公司协调,就 3.82 亿元生态补偿项目使用达成总体协议。目前已落实项目资金 1 亿多元,保护区管理设施和界碑、界牌、界桩等建设已基本完工。

(7)截至 2008 年底,组织有关专家对《大连长兴岛港航道和锚地工程对斑海豹的影响报告书》、《中国葛洲坝集团股份有限公司水泥厂嘉鱼码头工程水生生态调查与评价专题研究报告》、《广州港出海航道三期工程对珠江口中华白海豚的影响论证报告》等 6 个涉及水生生物自然保护区工程专题影响报告进行了评审,出具了评审意见,落实补偿资金近亿元,最大限度地保护了濒危物种及其生态环境。

【水生动物增殖放流】 组织开展了一系列珍稀濒危水生动物放流活动。全国共放流大鲵、中华鲟、胭脂鱼、大头鲤、青海裸鲤等珍稀濒危水生动物 1 000 多万尾(只)。

(1)2008 年 4 月 13 日,以农业部水生野生动植物保护办公室名义在辽宁大连斑海豹国家级自然保护区举行斑海豹放生活动。放生的斑海豹采用卫星标记方法追踪斑海豹群体迁移路线,开展斑海豹洄游路线及行为习性等方面的研究。

(2)2008 年 4 月 22 日,农业部组织在湖南、广东、湖北、陕西、贵州、安徽、重庆、四川等地同步开展主题为"保护水生动物、建设生态文明"的 2008 年珍稀水生动物增殖放流活动。共放流各种规格的国家一、二级重点保护水生野生动物 206 610 尾,其中包括中华鲟 12 万尾、胭脂鱼 8 万尾、大鲵 6 610 尾。农业部副部长牛盾出席张家界大鲵国家级自然保护区主会场放流活动并讲话。湖南张家界主会场放流不同规格大鲵 2 010尾。

(3)2008 年 11 月 26—27 日,与国务院三峡工程建设委员会办公室水库司共同在云南昆明组织召开 2007 年度三峡工程珍稀鱼类保护生态补偿项目增殖放流工作会议,全面总结了 2008 年项目实施情况,并对 2009 年工作进行了部署。

【合作与交流】

(1)为进一步推进内地和香港间水生野生动物保护合作和交流,5—8 月,分两批向香港海洋公园赠送 10 尾不同规格中华鲟。香港海洋公园设立专门的中华鲟馆对外进行展示。

(2)2008 年 10 月 27—28 日,在湖北省武汉市组织召开了海峡两岸鲸类研究和保护研讨会。鲸类研究和保护专家、相关研究、管理机构交流了各自在鲸类种群生态学、保护遗传学、行为和声学等方面的研究进展,为进一步开展鲸豚类保护工作打下了基础。组织参加世界鲟鱼保护学会的理事年会暨会员代表大会。参加《濒危野生动植物种国际贸易公约》第 23 届动物委员会会议、第 57 届常委会。

(3)根据 2007 年中日白鳍豚保护合作协调会议精神,落实了相关驯养救护设施建设,并与湖北省水产局共同拟制项目建设基本内容,签订《老湾故道豚类驯养救护设施建设项目合同》。2008 年 10 月,根据中美《关于自然保护交流与合作议定书》确定的合作计划,应农业部邀请,美国内政部鱼和野生动物局组织的水生野生动物保护与自然保护区管理代表团一行 10 人,对我国进行了为期两周的工作访问。双方就自然保护区管理、鱼类栖息地保护、鱼类洄游通道管理、水生野生动物标记和资源监测、濒危水生野生动物繁育救护等主题与我方相关人员进行广泛研讨和交流。

【水生野生动物经营利用管理】

(1)2008 年 5 月 7 日,召开了农业部水生野生动植物濒危物种科学委员会会议。会议听取了关于《水生野生动物及其产品标记管理方法研究》的报告,对水生野生动物及其产品标记管理有关问题进行了充分讨论。会议还听取了《濒危野生动植物种国际贸易公约》(CITES)第 14 届缔约国大会及第 23 届动物委员会有关水生生物保护管理方面的情况汇报,会议分析了 CITES 公约近年来的发展趋势,重点就今后如何加强我国水生物种保护及履约工作展开讨论。

(2)2008 年 4 月,我国有分布的红珊瑚属四个物种被列入濒危野生动植物国际贸易公约(CITES)附录Ⅲ,并于 2008 年 7 月 1 日起正式生效。2008 年 7 月,下发关于加强红珊瑚保护管理的通知,为规范国内红珊瑚经营利用行为,加强对国内红珊瑚市场监管打下基础。

(3)10 月 24—26 日,在西安召开了全国水生野生动物经营利用管理工作会。总结交流了近年来我国水生野生动物经营利用情况,分析探讨了当前存在问题,提出今后加强水生野生动物经营利用管理工作的具体措施。

(4)通过实地考察、听取汇报、审查报告等形式,通过了湖南润孚生物工程有限公司、张家界金鲵生物科技有限公司、陕西汉水大鲵开发有限公司经营利用大鲵子二代的资格申请,进一步完善了经营利用管理制度,规范经营利用行为。

(5)组织开展了对欧洲鳗鲡列入CITES附录Ⅱ后对我国鳗鱼产业的影响研究,提出今后管理对策。起草了报财政部请求免除列入附录Ⅱ管理后欧洲鳗鲡及其产品的资源保护费和进出口管理费的建议报告。

(农业部渔业局 宗民庆)

双边渔业协定执行情况

【中日渔业协定实施情况】 2008年是《中日渔业协定》实施的第九年。在中日双方的共同努力下,《中日渔业协定》得到较好的实施,海上作业秩序相对稳定,总体上协定执行情况良好。双方主管部门继续保持着紧密磋商的合作关系,资源专家组、民间安全议定书的会谈工作分别取得不同程度的进展,相互入渔工作越来越规范,各项保护管理措施逐步得到强化。

2008年1月17日,中日双方代表签署了中日渔业联合委员会第九次会议会谈纪要,确定了2008年两国水域内对方渔船的渔获配额以及其他作业条件。2008年我国允许日方在中方管辖水域入渔的总船数为508艘、配额12 141吨,日方提出申请入渔的渔船总数为103艘,全部得到了中方颁发的许可证,实际未有日方渔船到我国水域作业。同时,日方允许我国在日本水域入渔的总船数也为508艘、配额12 141吨,其中拖网船450艘、8 000吨,鱿钓船58艘(运输船3艘)、4 141吨。中方提出申请的渔船总数189艘(拖网船131艘,鱿钓船58艘),日方如数颁发了入渔许可证。截至12月,中方实际有77艘拖网船入渔,产量337.854吨,共有58艘鱿钓船入渔,产量652.656吨。

2008年8月,双方根据管理规定通报了2008年各自许可进入暂定措施水域的船名册及2007年在暂定措施水域的渔获量。中方通报2008年许可作业渔船18 800艘、辅助船1 474艘,2007年在暂定措施水域渔获量为178.83万吨;日方通报2007年在暂定措施水域渔获量为1 110吨。双方还相互通报了在暂定措施水域许可渔船的主要作业规定。

(农业部渔业局 李 彦)

【中韩渔业协定实施情况】 2008年是《中韩渔业协定》实施的第八年。在中韩双方的共同努力下,《中韩渔业协定》得到较好的实施,海上作业秩序稳定,总体执行情况良好。

(1)相互入渔情况。2008年1月1日至12月31日,韩方允许中方进入韩国专属经济区管理水域作业船数为1 927艘(含一般渔获物运输船68艘)、配额7.1万吨。我国实际入渔渔船1 847艘,入渔率为96%,累计渔获物5.56万吨,完成总配额的78%。与2007年相比,入渔率和配额完成率均有所提高。同期,我方允许韩方进入中国专属经济区水域作业船数为1 600艘(另有渔获物运输船13艘)、配额6.8万吨。2008年,共有167艘韩国渔船进入我国专属经济区管理水域作业,入渔率为10%,累计渔获物0.42万吨,完成总配额的6.2%。

(2)协定执行情况。一是开展宣传培训工作。农业部组织编印了统一的培训教材和画册,黄渤海区渔政局根据中韩渔业联合委员会第七届年会要求,针对2008年入渔作业条件和作业程序安排对流刺网渔船网目尺寸和一般渔获运输船每日报告的新要求,专门编制培训和宣传材料,对中韩渔业协定有关的渔业管理人员和渔业船员进行法律法规和知识培训。东海区渔政局继续聘请有关科研和管理人员培训渔民的入渔实际操作,同时帮助指导有关涉外渔业协会开展渔民生产知识培训。黄渤海区渔政局继续在伏季休渔期间组织开展入渔知识和相关法律规定培训,对扩大影响、提高认识、减少违规起了积极作用。二是加强入渔管理和服务。黄渤海区渔政局和东海区渔政局按照公平、公正、公开和按需分配的原则,将入渔指标和渔获配额一次性分配至各地,再由各地逐级分配到渔船。同时严把申报审核关,对发生涉外违规事件的渔船一律取消入渔资格。积极组织办理、制作、发放协定水域作业许可证件,确保渔船及时入渔。两海区渔政局还认真做好入渔信息通报工作,建立了信息通报确认制度,及时向韩方通报中方入渔情况,并对入渔情况进行汇总和分析。黄渤海区渔政局积极做好入渔服务工作,编报了6期中国渔船入渔韩国管辖水域情况简报,向各级通报情况,传达信息,指导入渔正常进行。三是加强海上渔政执法。中方渔政执法部门强化了对韩方特定禁止水域西侧海域的巡航监管,防止中国渔船违规作业,同时对韩方通报的违规渔船进行严肃处理。中方与韩方积极开展渔业执法合作,继续实施了中韩两国渔业执法公务员互换乘船执法活动。在沈阳召开了2008年度中韩渔业执法工作会谈,讨论了两国渔船作业秩序和海上渔业执法情况,通报了2008年双方渔业执法部门交流合作情况,并就2009年双方执法交流合作计划达成一致。四是海洋生物资源专家组活动如期举行。2008年9月2—4日,第五次中韩海洋生物资源专家组会议在中国大连召开,双方回顾了一年来资源专家组的工作,进一步协商选定了两国专属经济区管理水域渔获物日报和季报鱼种,并就资源调查方式和方法进行了交流。五是对2009年实施《中韩渔业协定》有关问题进行部署。中韩渔业联合委员会于2008

年12月4日在韩国果川召开第八届年会，中韩两国就2009年执行《中韩渔业协定》有关问题达成一致。

(3)存在问题。一是随着中方入渔韩国专属经济区管理水域作业渔船规模的逐年减少，受流刺网、双拖网渔船"同时最高作业船数"等作业条件限制，中方入渔管理难度加大；二是中方渔船因渔捞日志填写等问题被韩方处罚的现象仍然存在，担保金、处罚金缴款渠道不畅；三是渔民素质有待进一步提高。

(农业部渔业局 董少帅)

【中越北部湾渔业合作协定执行情况】 2008年是《中越北部湾渔业合作协定》(以下简称《协定》)实施的第五年，经过中越双方监督机关的共同努力，北部湾协定水域渔船管理和联合监督等机制已经建立，渔业生产秩序基本平稳。

(1)《协定》执行情况。一是双方作业渔船基本遵守《协定》规定，悬挂有效标志牌，凭捕捞许可证生产，北部湾渔业作业秩序良好；二是根据《协定》规定，两国继续开展共同渔区资源联合调查，完成了第一阶段的共同渔区渔业资源评估工作，正在开展第二阶段渔业资源联合调查工作，为合理利用共同渔区渔业资源提供科学依据；三是2008—2009年度双方海上执法机关继续开展共同渔区联合巡航检查，进一步完善海上联合执法应急机制，在执法检查中认真记录渔船船名号，必要时可登临检查渔船标识、持证和渔具等相关情况。

(2)渔船入渔情况。按照中越北部湾渔业联合委员会达成的共识，2008年度进入共同渔区对方一侧的船数和功率数均保持上年度的1 543艘和155 372千瓦，执行时间为2008年9月1日至2009年8月31日。我渔民实际申请进入共同渔区对方一侧船数804艘，共计功率155 885千瓦。

(3)过渡性安排水域到期后安排。根据《协定》规定，北部湾过渡性安排水域于2008年6月30日到期，鉴于双方于2007年10月中旬才交换2007—2008年的过渡性安排水域捕捞许可证，双方同意将有效期延长至2008年10月31日。同时，双方同意开展过渡性安排水域结束后专属经济区两国渔船相互入渔问题的谈判。

(农业部渔业局 郑 超)

渔政执法

【海洋专属经济区渔政巡航】 2008年，农业部渔政指挥中心组织各海区渔政局和沿海各地渔业主管部门及其渔政监督管理机构，安排79艘巡航渔政船(含辅助巡航渔政船24艘)开展巡航执法工作。全年共巡航319航次，累计巡航3 454天，登临检查渔船6 703艘(其中外国渔船111艘)，查处违规渔船1 734艘(次)。

(1)双边渔业协定水域渔政管理。各海区组织渔政力量，在韩方特定禁止水域西侧海域巡航39航次，403天，登临检查渔船932艘(次)，查处违规渔船220艘(次)；在中韩暂定措施水域巡航41航次，441天，登临检查渔船578艘(次)，查处违规渔船119艘(次)；在中日暂定措施水域巡航51航次，439天，登临检查渔船824艘(次)，查处违规渔船467艘(次)；在中越北部湾渔业协定水域巡航23航次，211天，登临检查渔船1 411艘(次)，其中外国渔船6艘(次)，查处违规渔船274艘(次)。为加强管理，东海区渔政局启动了渔船专项标识试点工作，对2 237艘入渔中日暂定措施水域的渔船进行了油漆喷涂标识，促进了暂定措施水域渔船管理工作。

(2)海洋伏季休渔管理。2008年，三个海区应休渔船87 854艘，在规定时间内全部回港休渔，其中异地休渔1 678艘。为确保休渔制度顺利实施，各级渔业行政主管部门、渔政执法机构周密部署，广泛宣传，充分借用公安、边防、工商等部门的力量，开展了伏休管理专项行动及北纬35°线附近海域、台浅渔场等海域跨海区联合执法行动。共查获各类违反伏休规定的捕捞渔船1 819艘(次)、辅助渔船200艘(次)。伏休期间，一些地方因地制宜，采取休渔渔船泊位首报制度、"带头船"渔民自律管理制度、对重点港口实施视频监控、将渔船柴油补贴与遵守伏休规定相挂钩等新的管理措施，在督促渔船进港休渔、保证安全生产管理等方面取得了良好效果。

(3)开展整治电脉冲作业专项行动。为查处电脉冲作业渔船，农业部联合国家工商行政管理总局在东海区开展了专项执法行动，对生产、制造、贮藏、销售电脉冲渔具的非法窝点进行严密监控，依法取缔，并对重点地区进行交叉蹲点督察。全年共出动渔政执法人员4 004人(次)，工商执法人员153人(次)，检查生产企业40多家，检查拖虾渔船8 584艘(次)。其中港口检查渔船6 582艘(次)，海上检查渔船2 002艘(次)。共查处违规携带使用电脉冲渔船28艘(次)，没收电脉冲渔具19套，查处违规销售店家3家。非法使用电脉冲渔具作业势头得到有效遏制。

(4)开展中外渔业联合执法和北太平洋公海渔政巡航管理。一是派遣中国渔政118、202船赴北太公海开展中美联合执法，共查获2艘公海非法流网渔船，均已被我渔政部门依法没收拍卖。为储备人才，举办一期中美北太平洋渔业联合执法英语及业务强化培训班。二是组织开展中韩互换渔政执法人员执法交流活动。三是组织实施中越北部湾共同渔区联合执法检查,首次实现中越执法人员共同登临检查两国渔船。

【"护渔2008"渔业专项执法行动】 2008年是农业部组织实施"护渔"系列执法行动的第三年,沿海各级渔政部门以加强渔船规范化管理和维护正常生产秩序为重点,开展了港口行动和海上行动。主要对渔船持证情况、渔船安全设施配备和船名号标识情况,以及使用禁用渔具生产、违反伏休制度、违反双边渔业协定规定情况开展执法检查。

港口行动共检查港口、码头及其他渔船停泊点2 726个,检查渔船14.88万艘(次),共查处"三无"、"三证不齐"渔船7 789艘(次),套牌、涂改、假冒船名号渔船216艘(次)。海上行动共检查作业渔船8.07万艘(次),其中"三无"、"三证不齐"渔船1 575艘(次),从事电、毒、炸鱼作业的渔船240艘(次),使用不符合网目尺寸规定网具作业的渔船1 013艘(次),共扣押回港2 601艘(次),没收渔船97艘。各海区共组织22次专项行动,其中黄渤海区6次,东海区7次,南海区9次。广东、福建省渔政总队按照农业部要求开展了"3·10"专项行动,圆满完成了渔船监管和作业海域管理任务。

为保障护渔行动取得实效,农业部派出督导组对执法行动情况进行了督促检查。各地结合实际情况,也分别组织力量采取多种形式对辖区内行动情况进行了督察。其中黄渤海区结合受理渔民举报开展督察工作,突出了针对性;东海区每2个月印发一期执法简报,总结、交流执法情况,还对执法文书进行了抽查;南海区局采取向有关地方休渔管理办公室发送督察情况简报的方式,及时发现并解决护渔行动存在的问题。

【水产养殖业专项执法】

(1)专项执法行动。根据农业部的统一部署,为规范养殖生产秩序,强化养殖用药管理,推进水产健康养殖,提高水产品质量安全水平,农业部在全国范围内开展2008年水产养殖业专项执法行动。主要对养殖证、苗种生产许可证,生产记录、用药记录和销售记录,违法使用禁用药物情况进行检查。按照行动要求,各级渔政执法机构结合当地实际制订方案,并认真组织实施。行动期间,全国共出动渔政执法人员3.6万人(次),检查苗种场6 000家、养殖场3.8万家,责令整改4 549家,行政处罚407起,罚款共计80.5万元。各地通过采取媒体宣传、举行水产养殖和水产品质量安全专项执法启动仪式、将检查阳性样品单位列入黑名单等措施,尤其是利用对供奥运会水产品实施特殊监管的有利时机,加大宣传,严厉查处各种水产养殖违法行为。

(2)执法人员培训。为推进水产养殖执法工作,培训养殖执法师资力量,2008年,农业部渔政指挥中心和全国水产技术推广总站举办了两期水产养殖执法师资培训班。邀请来自高校、科研单位的专家和渔政执法一线人员担任教师,采用教师讲授、学员交流、观看教学录像片、研讨答疑等形式,就水产养殖法律法规、执法实务、案例分析及有关业务知识等四个方面的内容进行培训。累计培训学员107人。农业部还组织编写了《水产养殖执法实务》和《水产养殖执法问答与法规手册》,印发各地。

(3)开展水产品养殖执法行动督察。为进一步推进各地专项执法行动的开展,确保行动取得实效,农业部渔业局和渔政指挥中心派出3个督察组,对天津、山东、河南、辽宁等地的水产养殖业专项执法行动进行督察。各地渔业行政主管部门对本辖区内执法行动情况进行督察。经过努力,在2008年农业部开展的两次水产品药物残留监督抽查中检出的80例使用违禁药物或违规使用药物案件,结案率达到97.5%。

【渔业执法国际合作与交流】

(1)中韩渔业执法合作交流。根据《中韩渔业联合委员会第七届年会会议纪要》,2008年5月20—24日,中韩两国渔业执法部门开展了执法公务员互换乘船交流活动。我国农业部黄渤海区渔政局和韩国海洋水产部西海渔业指导事务所各派出3名渔业执法公务员,互乘对方国的渔业执法船到指定海域进行巡航检查。中方渔政员乘船巡航观察的水域为韩方特定禁区水域,韩方渔业执法公务员乘船巡航观察的水域为中韩暂定措施水域及其以西的部分中方管辖水域。巡航期间,双方均未发现对方国渔船违规的情况。

10月21—22日,2008年度中韩渔业执法工作会谈在辽宁沈阳举行。双方就维护《中韩渔业协定》水域作业秩序和两国渔业执法交流合作等内容进行了讨论,回顾和评价了2008年两国渔船在《中韩渔业协定》水域的作业秩序。双方表示将继续为维护海上作业秩序而努力,并着重防止群体性违规和暴力抗拒执法检查的事件发生。双方对2009年度的两国渔业执法交流事项达成一致。双方同意加强中韩暂定措施水域管理,必要时,在该水域开展执法合作。双方签署了会谈纪要。

(2)中美渔业执法合作交流。一是美国海岸警备队代表团访华。2008年5月29—30日,美国海岸警备队代表团访华，与农业部渔政指挥中心举行了2008年中美渔业海上联合执法工作会谈，并签署了会谈纪要。二是中美海上联合执法。2008年7月至11月，中方共派出4批7人（次）渔政员赴美国海岸警备队参加海上联合执法。双方密切配合，在北太平洋公海先后联合查获了两艘非法流网渔船。三是中方渔政船与美方飞机配合开展北太平洋巡航。2008年7月16日至8月21日，中国渔政118、202船前往北太平洋公海开展了编队巡航，共巡航37天，总航程14 800多海里。巡航期间，救助了一艘失火运输船。美国海岸警备队为我巡航渔政船提供了飞机巡航支持。

（3）北太平洋地区海岸警备执法机构论坛。2008年，农业部作为我国参加北太平洋地区海岸警备执法机构论坛渔业执法工作组的负责单位，积极参与该论坛的相关活动，参加了2008年在美国举行的论坛专家会和高官会，并派遣执行北太平洋渔政巡航任务的渔政船同时参加论坛组织的打击不管制（IUU）渔业联合执法行动。论坛各成员国对中方为查处公海流网作业所采取的有效措施表示高度赞赏和肯定，认为中方在打击公海IUU行为方面发挥了重要作用。

（4）中越渔业执法合作交流。按照《2007年中越北部湾共同渔区联合检查会议纪要》，2008年中越双方继续在北部湾共同渔区开展渔业联合检查。双方各派出2艘执法船艇，按计划在海上进行了52小时、380海里的联合编队巡航检查。巡航中共观察记录渔船67艘（次），并首次联合登临检查中越渔船各一艘。在联合检查中，中越双方执法人员克服了风浪较大的困难，圆满完成了任务。通过联检，进一步增进了中越两国渔政执法部门之间的了解和互信，促进了双方的沟通与协作。

（农业部渔政指挥中心　李　彦　吕　威）

渔业通信管理

【概况】

（1）积极推进海洋渔业安全通信网建设，确保网络正常运转。2008年，各地积极开展海洋渔业安全通信网建设，浙江、福建、广东、山东等地都积极争取到地方投资，开展安全通信网络建设和渔船通信设备配备工作。其中，浙江省投资3.4亿元，建设海洋渔船安全救助信息系统，计划在3年的时间内，完成省、市、县共30个监控中心和20座沿海AIS基站建设，并在全省2万多艘44千瓦以上的大中型海洋渔船上安装渔船AIS船载终端和卫星定位设备。全国海洋渔业安全通信网岸台管理得到进一步加强。2008年，全国海洋渔业安全通信网共发布气象、航行警告等2.5万次，接收报警信号1 000多次，参与遇险和海难救助210余次，救助渔船130余艘，救助渔民近700人。在播发安全信息、防台风、接收紧急遇险报警、指挥搜救、服务渔民等方面发挥了重要作用。

2008年，在辽宁、河北、天津、山东、江苏、上海、宁波、青岛等地为3 200艘海洋机动渔船提供新型船载渔用对讲机提供配备补贴，地方财政也加大配备补贴力度。新型对讲机配备补贴受到渔民群众的欢迎，有效提高了配备渔船的通信水平和岸台安全救助功能。

（2）开展渔业自动识别系统（AIS）研究工作。为解决渔船与商船碰撞事故不断发生问题，农业部和交通运输部相关专家组成了研究组，开展了AIS系统在渔业领域应用的研究工作。研究组在深入开展调查研究的基础上，对AIS系统在渔业广泛应用可能带来的基站建设、设备标准、识别码管理以及统筹运作等问题进行了深入分析，研究了AIS系统在渔业领域应用的必要性和可行性，并提出了推广应用的建议。

（3）参加国际、国内无线电专业会议，积极协调渔业无线电频率资源。为争取和保护渔业频率资源，积极参加国家无线电办公室组织的国际、国内无线电会议，同时承担2011年世界无线电大会1.15议题的研究，开展对3～50兆赫频率范围内定位业务的划分工作，积极争取和保护渔业频率资源。为合理使用渔业短波频率，在充分测试的基础上，对15个渔业无线电频率进行了分配。

【渔政管理指挥系统】　2008年中国渔政管理指挥系统在全国全面推广使用。成立了由农业部渔业局、渔政指挥中心、渔船检验局领导以及有关业务处长组成的系统推广应用领导小组，明确各地指挥系统推广应用厅（局）级负责人和具体管理联络员，初步建立系统应用与维护体制。对全国5 000多个渔业机构和用户进行了用户名、操作权限和密码设置；在全国开展培训，共组织各级培训100余期，受训人员5 000余人。

2008年，系统共有有效数据17万余条。初步实现了渔船捕捞许可证和船网工具指标批准书、水域滩涂养殖证书、外国渔船捕捞许可证书、渔业行政执法证件、水生野生动物管理有关证书的统一动态管理。系统的使用改变了渔船管理、养殖证管理、水生野生动物信息管理、执法检查与处罚信息管理等渔业管理方式，进一步规范了相关渔业管理程序和管理行为，提高了基础数据统计的准确性和及时性，有效提高了各级渔业部门工作效率，推动了各级渔业部门管理信息化建设。

（农业部渔政指挥中心　郭　毅）

全国渔业执法队伍建设

【概况】 2008年,全国各级渔业执法机构认真落实2007年底全国渔政工作会议的工作部署,把规范机构名称和推进渔政机构参照公务员法管理作为推进队伍建设的基础性工作抓落实,以深入开展渔业文明执法窗口单位创建活动为抓手,促进此项工作的深入开展。

2008年各地继续开展了渔业文明执法窗口单位创建活动,按期制定并报送了实施方案,评选出第三批窗口单位41个,组织3批窗口单位按照规定步骤做好创建工作,并组织了辖区内考核评选。2008年的创建活动,更注重窗口单位的典型示范经验的推广,采用多种形式宣传窗口单位的先进经验;窗口单位更加珍惜荣誉,进一步加强执法文书的规范化管理,创新服务渔民的方式方法,推动了当地渔业经济发展以及保障了渔业生产安全。各地在申报窗口单位的推荐函中,大部分都表示窗口单位作为渔政工作的旗帜,带动了渔政队伍作风建设,有力推动了渔政机构纳入参公管理工作的开展。与前两年开展创建活动比较,2008年创建活动参与面更广,各地参与积极性更高,面向基层、服务渔民的针对性更强。渔业文明执法窗口单位创建活动得到广大基层渔政队伍积极响应,成为推动全国渔业执法队伍建设工作的重要抓手,有效促进了执法人员增强服务意识,转变执法理念,从渔民根本利益出发开展工作;创建活动要求只有获得合法授权或委托并具备独立渔政名称的单位才能评为窗口单位,促进了渔业行政执法主体资格进一步规范,推动渔政队伍纳入或参照公务员法管理。

2008年全国省级渔政单位全部完成纳入参公管理的申报工作,截至年底除贵州省外全部获批准参照公务员法管理;多个省份的地市级单位的此项工作也取得突破进展,提前达到纳入参公管理的工作目标。

2008年还完成了统一渔政服饰品种、工作服、防寒服和大衣式样工作;完成了对渔政制服定点制作厂家的重新招标工作,通过公开招标确定了2008—2012年渔业行政执法制服定点制作厂家。

(农业部渔政指挥中心 杨 靖)

渔业科技与推广

国家科技支撑计划

【概况】 国家科技支撑计划“优质高效淡水养殖技术研究与示范”项目(编号:2006BAD03B00)完成了技术研究和示范的实施工作,农业部和科技部分别对所属全部9个课题及整个项目进行了专家验收。项目实施3年来,在科技部、农业部和项目实施所在地渔业行政主管部门的领导下,经过广大科技工作者、科技管理人员和技术推广人员的共同努力,各项研究内容均按计划开展,圆满完成了各项研究任务和考核指标,取得了一批重大技术突破和阶段性技术成果。主要包括:一是建立了水质高效调控、污染物减排和生物净化技术,开发了池塘底质改良、养殖废水再利用和无害化生态处理技术,构建了渔农复合、渔农轮作等生态工程系统,集成池塘升级改造、药物安全使用和质量安全管理等配套技术,建立了池塘养殖小区高效生产技术体系。二是构建了湖泊生态系统营养网络模型,初步探讨了模型在湖泊多种群渔业资源管理中的应用;提出了湖泊河蟹、鳜鱼等水产种类放养容量评估技术;通过放养和增殖试验,初步确定了长江中游湖泊5种(河蟹、鳜、蒙古鲌、黄颡鱼、黄尾鲴)水产种类适宜的放养技术指标;建立了不同生态位水产种类混养的优质高效复合渔业模式。三是研究了7种鱼蟹的营养需求,系统探明了必需氨基酸、必需脂肪酸、微量元素和维生素的定量需要技术、低鱼粉配制技术,首次突破了高效环保饲料配方技术,构建了我国水产饲料生产良好操作规范(GMP)技术管理体系。四是在药物代谢动力学、禁用药物替代制剂、渔药新型制剂和渔药快速检测技术等领域开展了较为系统研究,获取了新霉素等15种渔药在主要水产动物体内代谢的参数,筛选了孔雀石绿等3种禁用药物的高效、安全的替代制剂,开发出恩诺沙星-壳聚糖纳米粒等2种渔药新剂型和呋喃西林等5种药物的快速检测试剂盒。五是应用现代生物技术和材料科学的新成果,研制开发出高效、经济、实用化程度高的拥有自主知识产权的商品化渔用疫苗产品,实现规模化生产和应用,降低病害发生率,带动疫苗GMP中试基地、无公害养殖示范基地的建设,推进疫苗的商品化进程,促进我国水产养殖业的健康持续发展。六是初步建立了基于物质平衡的工厂化循环水养殖系统的设计理论,建立主要针对氨氮和溶解氧的平衡方程式,可导出这些物质的消耗速率,为工厂化循环水养殖系统设计奠定了理论基础;优化了工厂化循环水养殖系统的设计方法,研发了一批工厂化循环水养殖关键装备,为循环水养殖推广奠定了物质基础。七是解决了优质河蟹生态养殖技术,进一步建立完善了河蟹湖泊网围轮牧式养殖技术模式;发明了一种青虾种内杂交育种方法,研究建立了提高青虾养殖商品率的技术,形成了青虾规模化育苗技术和青虾高产高效生态养殖技术;研究了翘嘴红鲌不同夏片放养密度培育冬片技术,建立了翘嘴红鲌主养和套养高效生态养殖技术;进行了黄颡鱼精子的超低温冷冻保存技术研究,形成了黄颡鱼主养和套养高效生态养殖技术。八是研究了哲罗鱼、细鳞鱼、大鲵、尖塘鳢、黄斑篮子鱼、星突江鲽、锯缘青蟹等名优养殖动物和珍稀水生动物的生殖生理、繁殖生态需求,解决其亲鱼培育、生殖调控、人工繁殖、苗种培育等关键技术,实现规模化繁育;研究了鲟幼鱼的性别调控和性别早期鉴定技术,实现了鲟鱼的规模化全雌养殖。九是建立了一整套大型水库渔业资源动态监测、资源量估算方法,解决了三峡库区土著珍稀鱼类岩原鲤、华鲮、中华倒刺鲃和白甲鱼人工繁殖技术问题,建立了非投饵网箱生态养殖滤食性鱼类技术方法,为三峡库区水生生物资源保护、生态环境生物治理、渔业经济发展提供科学依据。

项目实施期间,农业部渔业局组织全国30多个渔业科研、教学单位和相关企业共494名科技人员参与攻关,其中高级职称184人、中级职称107人、初级职称81人、其他人员122人。项目总投入4 999.6万元,其中国家科技支撑拨款2 260万元,承担单位自筹经费2 739.6万元。项目共取得新产品、新技术和新材料等26项;申请专利共64项,其中获得授权专利15项;制定行业、地方标准28项;出版专著5部;撰写科技论文共447篇,其中,已公开发表论文292篇(国外发表57篇,其中SCI收录46篇);建成试验基地31个,示范点121个,中试线20条;培养博士后7名、博士57名(已取得博士学位44名)、硕士169名(取得硕士学位129名),锻炼和培养了一大批中青年科技人才;获得省(部)级奖励8项;成果应用23项,成果转让4项,成果转让获得收入25万元。

项目研发内容主要包括养殖模式和投入品两个方面,涉及淡水池塘养殖、湖泊水库养殖和工厂化养殖,以及高效养殖、苗种繁育、疫苗、药品和饲料等9个课题研究。

【池塘优质高效养殖技术研究与示范课题】 突破了池塘水质调控、底质改良及养殖管理和产品质量控制等关键技术,构建了池塘生态异位调控技术,将人工湿地、生物塘、生态沟等生态工程技术通过创新与集成,适应性应用到池塘水质调控,创造性构建了复合池塘生态养殖系统,形成池塘实用生态工程技术要求规范,研发了一种通风强化人工湿地构建技术;构建了池塘生态原位调控技术,筛选出适用于草鱼和罗非鱼健康养殖的有益菌3种,研发高效水质调控微生物强化技术1套,研发池塘水质固定化微生物修复技术1套,确定了生物浮筏在池塘养殖水质调控中的设置方法;研发池塘底质改良技术,建立底质生态环境修复技术1套;建立了“渔—农”、“渔—稻”等健康养殖复合生态系统构建工艺模式;构建池塘养殖动态投喂管理模型,建立了优化的投喂管理技术和鱼类品质改良技术;集成以上关键技术以养殖小区方式进行了推广示范800公顷。

【湖泊优质高效增养殖技术研究与示范课题】 针对湖泊水库过度放养、渔业资源严重衰退和水体污染等问题,以恢复鱼类原始群落、提高资源利用效率、保障水产品质量安全和保护湖泊、水库生态系统健康为目标,开展试验湖区和水库水体理化特性与饵料生物资源调查;分析湖泊和水库食物网及营养动力学特征,建立定量模型,比较渔业开发程度不同的湖区鱼类群落多样性;分析湖泊鳜、河蟹等放养的生物动力学作用、湖泊重要放养鱼类种群对天然同种群体的遗传效应、评估渔业生产的环境承载能力;开展湖泊鳜、蒙古鲌和黄尾鲴放流增殖试验和湖泊河蟹合理放养技术试验,建立优质高效复合渔业模式;建立湖泊和水库有机渔业模式,4个试验区的河蟹、鳜、鲌等8个主要水产品获得了有机食品认证,直接经济效益超过1亿元;成果在10多个湖泊水库得到了应用,总面积超过3万多公顷。部分技术已被我国的湖泊、水库水环境治理工程应用,实现了湖泊渔业资源可持续发展利用。

【高效环保渔用饲料配制技术开发与产业化示范课题】 以我国具有重要经济价值的水产养殖代表动物(草鱼、异育银鲫、大黄鱼、鲈鱼、军曹鱼、石斑鱼和河蟹)为实验对象,在已有研究基础上,继续完善代表种大量营养素需要量参数;开展代表种必需氨基酸、维生素和微量元素需要量的系统研究;构建代表种营养需要参数和饲料原料生物利用率数据库平台;研究了饲料中潜在有毒有害物质对水产动物生长代谢及其体内残留的影响;研发了代表种超低鱼粉饲料配制技术;在此基础上进行了高效环保饲料配方筛选与产业化推广;进行了水产饲料生产良好操作规程的构建与示范。应用本课题的7项关键性技术成果在2006年初步实现产业化,所生产的饲料,其饲料系数在1.5以下,氮磷排放率比现有商品饲料分别降低15%以上。至2008年,在指定生产线产生的新增产值为48.91亿元;创造利税5.31亿元,并建立了11个实验基地,13条中试线和生产线。

【渔药安全使用技术和新型渔药制剂开发课题】 针对我国目前水产养殖生产过程急需解决的问题,特别是公众媒体关注的由水产品药物残留引起的水产品安全问题,重点在药物代谢动力学、禁用药物替代制剂、渔药新型制剂和渔药快速检测技术等领域开展了较为系统的研究,获取了新霉素等15种渔药在主要水产动物体内代谢的参数,制定了相应的渔药安全使用技术规范,制定了相关的渔药物残留留检测标准;筛选了孔雀石绿等3种禁用药物的高效、安全的替代制剂;开发出恩诺沙星-壳聚糖纳米粒等2种渔药新剂型;开发出呋喃西林等5种药物的快速检测试剂盒。形成罗非鱼、对虾和中华绒螯蟹等水产动物的安全用药示范基地34个,示范面积1 600多公顷,辐射面积2 800多公顷,示范区养殖水产品符合无公害水产品的质量要求,效益比对照区域提高30%以上。

【商品化渔用疫苗研制和规模化应用示范课题】 针对草鱼出血病、鳜鱼虹彩病毒病、斑点叉尾鮰疱疹病毒病、大菱鲆弹状病毒病及鲢鳙鲫细菌性败血症、鱼类柱状曲挠杆菌(细菌性烂鳃病)、罗非鱼链球菌病、鳗鲡爱德华氏菌病、鲆鲽类弧菌病、中华鳖疖疮病、鲟鱼细菌性败血综合征等海淡水经济养殖动物疫病,开展病原抗原特性分析,筛选疫苗重要抗原25种,初步筛选出IMS1312、壳聚糖-海藻酸钠(CS-SA)等浸泡、口服免疫佐剂5种，研制出高效实用疫苗制品11种，其中包括多价、多联等疫苗，疫苗注射免疫保护率为81.4%～100%，浸泡、口服免疫保护率61.1%～82.6%。研制的6种疫苗在广东、浙江等地的14个示范基地应用，示范辐射面积达1.66万公顷，平均降低病害发生率24.14%，池塘养鱼亩效益提高100元以上，累计社会经济效益提高2 490万元以上。建立疫苗中试生产线5条，其中通过GMP认证的"水产疫苗中试基地"具备4条中试生产线，可年生产灭活疫苗81万升，活疫苗210万升。已申请新兽药证书1个，拟申请新药证书2个，拟申报生产批准文号1个，计划申报生产批准文号1个。

【淡水鱼工厂化养殖关键设备集成与高效养殖技术开发课题】 建立了基于物质平衡的工厂化循环水养殖系统的设计理论，优化了工厂化循环水养殖系统的设计方法。突破了水质净化关键技术上的主要难点，包括微细悬浮颗粒物去除技术、生物反应器效率及稳定性技术和增氧节能技术等，创制出低能耗纯氧溶氧装置(LHO)、浮粒式生物过滤器、生物絮凝式净化装置、一体式物化/生化装置、鱼池颗粒收集装置、水力旋流分离装置等多种高效水质净化设备。开展了智能模糊控制技术、水质控制数学模型、信息远程通信系统、实时在线监控技术在工厂化循环水养殖系统中的应用研究，优化集成出智能型多参数水质在线监测与控制系统，并在2个示范基地进行了集成应用。优化集成了2种标准型工厂化循环水养殖系统和一种经济型工厂化循环水养殖系统。并在广东、新疆、福建、江苏、重庆等地共建立了7个工厂化循环水养殖示范基地，示范面积达到1.41万平方米。进行了澳洲宝石鲈、鳗鱼等名特优水产养殖品种的高密度循环水养殖生产运行试验，系统单产可达到50千克/立方米以上，养殖成活率95%以上，饲料系数低于1.5，产品达到绿色食品安全要求。运行能耗降低20%以上，产出1千克鱼耗电在1.9～2.8千瓦时。

【水产名优品种优质高效养殖技术研究与示范课题】 针对河蟹、青虾、翘嘴红鲌、黄颡鱼等名优水产品养殖生产中存在的主要问题，重点解决了优质河蟹生态养殖技术。进一步建立完善了河蟹湖泊网围轮牧式养殖技术模式；深入研究了不同养殖环境、不同养殖模式及不同规格河蟹的营养指标，初步构建了优质河蟹的分级分类标准；系统研究了河蟹养殖方式与环境的关系，形成了环保型河蟹池塘养殖技术模式；建立了优质幼蟹标准化养殖技术。发明了一种青虾种内杂交育种方法，开发了抱卵虾脱卵液及利用其快速脱卵的方法；研究建立了提高青虾养殖商品率的技术，形成了青虾规模化育苗技术和青虾高产高效生态养殖技术；初步解决了青虾均衡上市技术。研究了翘嘴红鲌不同夏片放养密度培育冬片技术，建立了翘嘴红鲌主养和套养高效生态养殖技术。进行了黄颡鱼精子的超低温冷冻保存技术研究，开展了转基因黄颡鱼的初步研究，形成了黄颡鱼主养和套养高效生态养殖技术。3年来课题共建成河蟹、青虾、翘嘴红鲌、黄颡鱼标准化生态养殖示范区1.7万公顷。

【名优鱼类苗种规模化繁育技术研究课题】 解决了哲罗鱼、细鳞鱼、大鲵、尖塘鳢、黄斑篮子鱼、星突江鲽等人工繁育和养殖的关键技术问题，实现了规模化繁育生产，加速了名优水产养殖品种的开发和推广。完善哲罗鱼苗种繁育技术，催产成功率达96%，受精卵发眼率达到87%，孵化率达到83%；年生产发眼卵70万粒，培育苗种50万尾。系统研究了细鳞鱼性腺Ⅰ～Ⅵ期的发育规律和生殖生理特点，建立了亲鱼培育技术和规模化人工繁殖技术，累计总产卵数约125万粒，发眼率约65%，发眼卵上浮率85%，驯化率98%。突破了星突江鲽亲鱼繁殖的人工调控关键技术，建立了星突江鲽苗种规模化培育技术，培育亲鱼群体3 000尾，培育商品苗种200多万尾，创造直接经济效益1 000多万元。建立了尖塘鳢生态调控亲鱼自然产卵技术，催产率、受精率和孵化率均达到85%以上，年产2～3厘米规格鱼苗达700万尾以上。基本解决了大鲵全人工繁育的关键技术，大鲵人工育苗技术可以达到生产应用能力，育成6龄以上子一代亲本1 600余尾，4～5龄后备亲本4 400尾，繁育大鲵幼苗38.1万尾。建立了长鳍篮子鱼和点篮子鱼人工繁育技术，驯养1～2龄长鳍篮子鱼亲本和后备亲本3 000余尾，繁殖长鳍篮子鱼初孵仔鱼77万尾，点篮子鱼仔鱼342万余尾，催产率最高可达80%、受精率65%～90%、孵化率46%～76%、苗种成活率16.60%。大幅提高了锯缘青蟹繁殖效率，实现了规模化养殖生产，苗种生产稳定性由项目实施前的50%提高到75%～80%，生产青蟹种苗350万只(规格仔蟹2、3期)。建立了适用于鲟鱼性别鉴定的夹心ELISA免疫化学方法，对5～6龄史氏鲟的性别鉴别率可达100%。建立实验推广基地28处；产生直接经济效益2 222万元，间接效益超过8亿元。

【三峡生态渔业开发技术研究课题】 基本探明三峡水库等经济鱼类主要产卵场分布、鱼类密度空间分布格局及资源变化趋势。2007年三峡库区天然捕捞产量2 410吨，比2006年增加14%；库区的主要经济鱼类为铜鱼、鲢、鲤、鲶、黄颡鱼、圆口铜鱼、草鱼等，这些鱼类占渔获物总量的78.5%。开发出三峡库区大型珍珠生产技术，建立了400立方米的贝类养殖示范区，年产珠量131.84千克。已建立非投饵网箱生态养殖滤食性鱼类技术体系，包括滤食性鱼类的优化养殖流程、放养模式和操作技术，达到网箱生态养殖产量17.91千克/立方米。建立胭脂鱼、南方鲇、长吻鮠、岩原鲤、华鲮、中华倒刺鲃、白甲鱼等土著鱼类规模化人工繁殖与苗种生产技术，形成了一整套土著鱼类迁地保护技术和就地保护技术。通过生物控藻模式的研究，对不同渔业模式与库区水资源环境关系提出定量评价和优化度量，初步确立三峡库区水华的生物控制技术模式。围绕放流标记技术和放流鱼群的监测技术，初步建立了三峡库区鱼类放养关键技术和操作规程。建立了三峡水库土著鱼类繁育保护示范基地。

（农业部渔业局　黄建光）

公益性行业科研专项

【概况】 第二批农业公益性行业科研专项共安排了2个渔业项目，分别为“养殖对虾病毒病控制技术创新与集成示范”项目（编号：200803012）、“淡水鱼类出血性疾病综合防治技术集成与示范”项目（编号：200803013）。牵头承担单位分别为中国水产科学研究院黄海水产研究所、珠江水产研究所。项目总经费5 309万元，实施期限为2008—2010年。

【养殖对虾病毒病控制技术创新与集成示范项目】 项目经费2 920万元。项目针对当前对虾，特别是中国对虾和日本对虾、斑节对虾等本地种养殖中病毒病威胁大、防病能力弱、技术针对性差等问题，研发病害系统监控、精确诊断和快速反应的技术产品，建立病害流行监控和风险分析技术体系；构筑具备持续创新、高效研发和产业化能力的对虾病毒病控制药剂的创制技术通路；建立抗病毒对虾选育和高健康种苗大规模培育技术；建立生物絮团利用和亚健康群体数量控制防病技术；通过高健康抗病种苗、养殖健康管理、病控药剂、环境生态调节等一系列关键技术的创新、集成与示范，建立对虾病毒病控制的技术方案，实现示范区病毒病的有效控制。为对虾养殖产业的健康、安全和均衡发展提供重要保障，为扩大我国高值、优质对虾养殖种类的规模提供技术支撑。

【淡水鱼类出血性疾病综合防治技术集成与示范项目】 项目总投资2 389万元。项目选择我国主要淡水养殖种类（草鱼和鲢、鳙、鲫鱼），针对草鱼出血病（由草鱼出血病病毒引起）和细菌性鲢、鳙、鲫鱼暴发性出血病（由嗜水气单胞菌引起）在我国的发病现状，特别是现有养殖模式下出血性疾病持续暴发、有效控制技术缺少等问题，通过疾病发生规律、影响疾病发生的主要环境因子等突出问题的调查和相互关系分析，系统比较我国华南、华东、华中及华北主养区草鱼出血病和鲢、鳙、鲫鱼暴发性出血病的流行情况及发病规律；制定简便、实用的病原检测技术和诊断规程，建立病害发生的预警预报技术；应用免疫防治、生态调控和药物安全使用等防控技术开展病害防治。通过上述关键技术的系统研究和有机集成，建立包括环境因素、病原类群、主要保护性抗原类型及漂变规律、鱼体健康状况评估、新型疫苗研制、病原体快速简便诊断试剂或试纸条在内的全面综合发病风险评估和控制措施体系。通过本项目的实施，全面提升我国水产养殖病害的综合防治能力和防控体系建设。通过试验示范、技术培训和推广展示等技术途径，使淡水养殖鱼类出血性疾病死亡率降低50%，从技术上保障我国主要淡水养殖鱼类的安全生产，最终达到农业增效、农民增收和农业发展的目标。

（农业部渔业局　黄建光）

“948”计划

【概况】 自2006年起，“948”引进计划设立了水产分子标记辅助育种和罗非鱼、鱿鱼、金枪鱼、贝类、海带5种主要水产品加工行业重大项目。牵头承担单位分别为中国水产科学研究院黑龙江水产研究所、南海水产研究所、中国海洋大学、上海海洋大学、广东海洋大学和大连水产学院。通过从国外引进先进技术，到国内进行消化、吸收、创新及示范推广，大幅度提升我国水产分子育种和水产品加工的技术水平，提高我国主要水产品的国际竞争力和出口创汇能力。2008年各承担单位按照年度目标，认真开展技术引进、消化、创新和示范工作，完成了规定的各项指标，取得了良好的阶段性重大成果，为实现项目最终目标奠定了坚实基础。

【水产主导品种分子标记辅助育种技术引进与水产育种技术平台的建立项目】

（1）构建了鲤鱼等主导水产品种分子育种的基础工作平台和服务平台。通过技术引进和系统集成，建立了鲤鱼等水产动物分子标记公共信息平台，包括我国主导养殖品种的多态性标记超过2 000个，SNP多态性标记1 500多个，Unique cDNA sequences 21 000

多个(其中,注释基因10 700多个),鲤鱼中等密度连锁图谱,与体重、体长和饲料转化率等24个性状紧密连锁的分子标记78个,可直接应用于育种研究的重要经济性状基础5~10个。分子育种公共信息平台为水产分子提供了丰富的标记资源,为广泛开展水产分子标记辅助育种奠定了技术基础。通过引进核酸工作站,并结合现有设备,构建了一个能够为武艺水产分子标记辅助育种提供关键技术指标检测服务的公共服务平台,可在较短时间内获得上万个性状和基因型分析数据。

(2)初步建立了实用化的鲤鱼分子育种技术和预测育种技术。在世界上首次提出了鲤鱼分子标记指导的群体选育技术和育种品种的遗传结构优化技术,解决了控制鱼类近交比例高、经济性状下降和遗传衰退等育种难题。建立了分子标记指导的家系育种技术,解决了水产动物初生子代个体小无法进行物理标记、分池饲养工作繁杂且造成较大环境差异等育种技术难题。在技术引进基础上,设计了鲤鱼大规模、高强度的选择育种技术,有效实现了传统群体选育和分子标记辅助选育的有机结合,用简单的育种手段获得了最大的选择强度和育种效果。新的育种技术已在镜鲤育种上开展应用,取得了良好效果,现已生产鱼苗45万尾。开展了预测育种技术研究,利用分子标记对亲本个体遗传差异进行分析,预测能够产生优良子代的家系。利用预测育种技术,建立了100个鲤鱼家系,确定了亲本最佳配组的遗传距离。目前,牙鲆育种也开始采用此项新技术。

(3)建立了对虾等水产动物多性状复合育种技术体系。利用引进的BLUP技术,建立了适合中国对虾育种的多性状选择指数制定方法,实现了对虾多性状复合育种,提高了育种选择效率和准确性。现已建立中国对虾全同胞家系185个,利用BLUP技术预测育种值,结合家系标记和个体标记,制定了以对虾系谱关系为基础的育种配组方案,有效避免了近亲交配和种质退化。在此基础上,开发完成了“水产动物育种分析与管理系统”软件。项目组在中国对虾、罗氏沼虾和大菱鲆育种中开展了新技术应用示范,扩繁中国对虾优质苗种458万尾,养殖面积80公顷,养殖单产达1 087千克/公顷。

(4)建立了罗非鱼和虾夷扇贝分子标记辅助育种技术。引进了美国Quantity One分析软件和配套成像设备,为分析物种间亲缘关系提供了关键技术。筛选出了罗非鱼微卫星标记103个,构建了尼罗罗非鱼、奥利亚罗非鱼和莫桑比克罗非鱼的DNA指纹图谱,筛选出生长相关的SSR标记位点3个、SNP标记位点17个。建立了罗非鱼指纹图谱数字化平台,开发出了鱼类种质鉴定软件,种质鉴定准确率达98%以上。应用此项新技术开展罗非鱼群体选育,已获得第四代群体。通过筛选分子标记,初步构建了虾夷扇贝遗传连锁图谱,在引进基础上,建立了虾夷扇贝“象牙白”品系,生长速度比对照提高了13.1%。现已繁育贝苗7 600万粒,示范养殖35公顷。现已申请7项发明专利、3项实用新型专利。

【罗非鱼高值化加工关键技术的引进、创新与示范项目】

(1)2008年项目组邀请日本京都大学、美国佐治亚大学4位专家来华开展技术指导,并派出4个赴日本京都大学学习水产品气调冰温保鲜等技术。通过从日本引进并创新的罗非鱼片冰温气调保鲜技术,解决鲜罗非鱼片加工过程中冷杀菌和冰温气调保鲜关键技术,提高鲜罗非鱼片产品的货架期。自主创新了罗非鱼系列罐头节能加工技术、罗非鱼鱼头、鱼排中蛋白质回收加工技术和罗非鱼内脏中鱼油提取技术、罗非鱼加工产品溯源技术。

(2)通过引进并创新研究,建立了罗非鱼鱼片冰温气调保鲜技术。从日本引进水产品冷杀菌和冰温气调保鲜关键技术,结合我国罗非鱼加工生产实际情况,集成一氧化碳活体发色技术,开展创新研究,提出了罗非鱼鱼片冰温气调保鲜技术。通过用臭氧冰处理、用二氧化碳和氮气混合气体包装,开发了罗非鱼鱼片冷杀菌及冰温气调保鲜最佳工艺条件,有效提高了保藏产品品质,鱼片产品保鲜期达15天以上。

(3)提出了罗非鱼系列罐头节能加工技术。开发了番茄汁罗非鱼硬罐头和风干罗非鱼软罐头两种罐头产品,研究了辅料和配料对罐头口味、风味的影响,并采用罐头杀菌条件自动计算系统研究了罗非鱼硬罐头的杀菌条件,在减少能源损耗的基础上,产品达到了商业无菌要求。确定了番茄汁罗非鱼硬罐头加工技术和风干罗非鱼软罐头加工工艺条件和参数,产品经检测符合国家标准要求,通过SPSS软件程序分析及保质期模拟实验,罗非鱼硬罐头产品保质期可达1年,罗非鱼软罐头产品保质期可达9个月。

(4)开发了罗非鱼鱼头、鱼排中蛋白质回收加工技术。采用生物工程技术和食品化学处理相结合的方法,通过自溶酶解、微生物发酵、美拉德增香处理相结合的集成新技术,将罗非鱼加工副产物(鱼头、鱼排)制备为调味基料,蛋白利用率>70%,产品富含18种氨基酸,特别是鲜味氨基酸含量高,氨基酸转化率为88%。该产品为液体状或粉状。产品各项指标均符合国家调味品标准的质量卫生要求。

(5)建立了罗非鱼内脏中鱼油提取技术。罗非鱼内脏中鱼油含量超过30%,罗非鱼内脏通过压榨、碱水解、萃取、水提取和酶解等方法处理后,获得粗鱼油,经过脱胶、脱酸、脱色、脱臭处理后,鱼油质量有了明显改善,鱼油色泽变为澄清透明的淡黄色,酸值和过氧化值达到一级鱼油标准。精制鱼油回收率为69.59%。

(6)建立了罗非鱼加工产品溯源技术。项目组继续在罗非鱼养殖企业进行罗非鱼养殖管理信息系统和追溯系统应用示范;进一步完善罗非鱼养殖产品质量管理系统和质量追溯系统;开展罗非鱼加工产品溯源技术研究,开发完成涵盖加工环节的罗非鱼产品质量追溯系统。在罗非鱼养殖产品溯源技术研究的基础上,开展罗非鱼加工产品溯源技术研究,提出了罗非鱼加工产品溯源技术研究方案。通过深入开展调研,详细分析罗非鱼加工流程,在前一阶段罗非鱼养殖质量追溯系统的基础上,开发完成涵盖加工环节的罗非鱼产品质量追溯系统,建立了“从池塘到餐桌”全方位的罗非鱼产品供应链跟踪与追溯体系。在引进、消化吸收和创新的基础上,项目对取得的研究成果进行了中试推广示范。在广东省中山食品水产进出口集团有限公司对罗非鱼片冰温气调保鲜进行了推广;在广东兴亿海洋生物工程有限公司建立了罗非鱼海洋调味料生产线并建立了生产示范基地,提高了罗非鱼加工企业的经济效益;在广州鹭业水产有限公司建立了罗非鱼加工产品溯源系统,确保了罗非鱼产品的质量安全。项目在实施期间,获得2007年广东省科技进步三等奖,发表论文11篇,标准3项,参编专著1本,申请专利4项。

【鱿鱼高值化加工关键技术的引进、创新与示范项目】

(1)引进了利用鱿鱼加工废弃物制备鱼酱油技术,经消化吸收建立了低盐度优质鱼酱油生产技术。项目组与东京海洋大学、东海大学合作,引进了鱼酱油制备技术。该技术利用鱿鱼加工废弃物的内源蛋白酶,催化酶解自身蛋白生成多肽和氨基酸,经发酵生产出优质鱼酱油。项目研发了鱿鱼加工废弃物鱼酱油的速酿工艺,确定了自溶水解、发酵的最佳工艺条件。通过技术引进和创新研究,建立了电解法和生物法鱼酱油中重金属镉脱除技术,解决了鱼酱油中重金属镉含量超标问题,开发了两种生物吸附材料,脱镉率可达90%以上,镉含量最低可降至0.3毫升/升。该技术为鱿鱼加工废弃物高值化利用提供了有效途径,解决了鱼酱油生产周期长、产品含盐量高的缺点,生产周期由9~18个月缩短到约1个月,每100毫升低盐鱼酱油中α-氨基态氮、可溶性总氮、TVB-N、无盐固形物、食盐含量分别为1.37±0.04克、2.24±0.04克、147.18±4.02毫克、19.35±0.57克、10.16±0.23克,均符合或优于相关国家标准,为水产品发酵提供了新的技术思路。项目单位与舟山海洋渔业公司联合开展了鱼酱油中试生产,形成了200千克/批的生产能力,并进行了产品试销。

(2)研制了高水分含量鱼肉蛋白挤压机样机。在日本水产株式会社专家的指导下,对国产双螺杆挤压设备的进料系统、温度控制系统、冷却系统进行了改进,并进行了系统稳定化试验;对秘鲁鱿鱼鱼糜、竹荚鱼鱼糜和带鱼鱼糜的挤压特性进行了系统研究,挤压组织化原料的水分含量大于65%,鱼肉蛋白含量大于70%。挤压加工后鱼肉蛋白产品组织化程度良好,具有明显的纤维状结构。

(3)自主研发了鱿鱼墨可溶性黑色素和鱿鱼墨多糖的制备技术。鱿鱼墨含有多肽片断、酸性多糖、黑色素和酪氨酸酶(能明显抑制肿瘤细胞)等多种有效成分。项目组利用鱿鱼加工废弃物鱿鱼墨囊,建立了3种鱿鱼墨可溶性黑色素高效提取技术,分别为高速离心法、碱法和酸法提取工艺,产品得率分别为19.2%、8.7%和0.39%。研究了鱿鱼墨黑色素在螯合重金属、消除自由基、增强免疫力等方面的生物学功能,根据水溶性黑色素铁的吸附特性,制备了具有促进造血功能的黑色素铁。建立了鱿鱼墨多糖物质提取方法,包括酶法提取、乙醇沉淀和三氯乙酸去除杂蛋白等步骤,并对鱿鱼墨多糖的成分进行了初步鉴定。

(4)开发了鱿鱼丝的冷杀菌工艺。利用3~6千戈剂量电子束处理即食鱿鱼丝,有效抑制了贮藏期间鱿鱼丝产品中微生物的生长,降低总挥发性盐基氮、过氧化值、酸价的上升速度,且对感官品质不产生不良影响,产品保质期延长了3个月以上。

(5)初步开发了鱿鱼透明质酸提取技术。以鱿鱼加工下脚料鱿鱼眼为原料,酶法提取其中的透明质酸,并进一步纯化分离得到了分子量高于5万、纯度达到98.87%的透明质酸。在单因素和正交实验基础上,确定了酶法制备透明质酸的工艺条件:温度60℃,酶解时间1小时,枯草杆菌蛋白酶添加量3.5%,酶解后上清液进一步利用三氯乙酸、乙醇、溴化十六烷基吡啶等处理,得到白色的透明质酸制品。目前,正进行下一步优化透明质酸的降解工艺,对透明质酸及其降解产物的功能进行研究。另外,项目组2008年共6次聘请日本和美国的6名专家学者来访,同时派遣3名项目组成员到澳大利亚进行学习和交流。发表学术论文8篇,其中SCI收录论文5篇,申请发明专利1项。

【金枪鱼繁养及加工技术引进与产业化项目】

（1）建立了金枪鱼鱼苗捕捞、活体运输技术，初步提出了金枪鱼鱼苗人工养殖技术。完成了金枪鱼鱼苗分布等相关资料的收集和实地考察，确定了黄鳍金枪鱼和青干金枪鱼为主要研究对象。通过改进钓具，完善了金枪鱼鱼苗活体钓捕技术，填补了国内空白。在马来西亚 Sipadan 岛捕获黄鳍金枪鱼 201 尾，存活 146 尾，存活率 72.6%，在海南捕获青干金枪鱼共 525 尾。开展了金枪鱼鱼苗活体运输试验，利用大型活鱼运输船进行长距离运输，成活率达到 52.1%。利用带有循环水和增氧设备的活鱼运输车，开展陆地长途运输试验，成活率最高可达 87.5%。开展了金枪鱼鱼苗人工养殖试验，初步建立了金枪鱼人工养殖技术，其中，水泥池养殖青干金枪鱼，经过 91 天的驯养，成活率为 50%，网箱养殖 87 天，成活率 30.9%。摸清了青干金枪鱼和黄鳍金枪鱼的生活习性，初步探明了青干金枪鱼和黄鳍金枪鱼养殖环境条件，为开展金枪鱼人工养殖提供了技术条件。

（2）建立金枪鱼冰鲜保藏、气调保鲜包装、均温解冻和综合加工技术。研究了金枪鱼肌红蛋白稳定性及贮藏条件，确定了氧分压、温度、湿度、pH 等因素对金枪鱼肌红蛋白稳定性的影响，以及不同贮藏温度对肌红蛋白稳定性的影响。完成了黄鳍金枪鱼肉 T.－T.T. 曲线的研究；从 pH、挥发性盐基氮（TVB－N）、K 值、菌落总数、肉色变化、汁液流失情况和感官评价等多方面对冰鲜保藏对黄鳍金枪鱼片品质的影响进行了全面的研究。设计开发了金枪鱼均温解冻装备，制定了《生食金枪鱼均温解冻技术规范》。开发了金枪鱼鱼头综合加工技术，采用脂肪酶 Novo 435 在正己烷体系中催化合成的方法，制备富含 EPA 和 DHA 的甘油酯，优化了工艺参数，产品的酯化度和 EPA、DHA 含量均达到 85% 以上，甘油酯外观澄清透明，色泽为亮黄色，理化指标均达到食用油脂的要求。项目共派出 6 人赴日本学习金枪鱼养殖和加工技术，与上海小野食品机械有限公司合作，开展我国金枪鱼保鲜与加工技术的培训，并进行了金枪鱼肉真空冷却红外线脱水保鲜技术的现场观摩，培训专业技术人员 60 名。发表论文 3 篇，申请专利 2 项。

【主要经济贝类加工技术引进及产业化项目】

（1）通过技术引进和创新，建立了贝类生态冰温保活流通技术。研究了牡蛎和蛤类等贝类在生态冰温条件下营养成分变化规律，确定了四角蛤蜊、牡蛎等贝类的生态冰温保活工艺条件，运用无水保活方式，四角蛤蜊保活流通 11 天，存活率达 96% 以上，牡蛎保活流通 10 天，存活率达 98% 以上。对引进的贝类生态冰温保活流通技术和贝类低温流通管理体系开展了消化创新和集成应用，分别在江苏南通和福建厦门建立了 2 条贝类生态冰温保活流通示范生产线。

（2）研制了贝类生态冰温保活流通关键机械设备。通过研究分析国外先进的生态冰温保活流通关键机械设备的工艺参数，改进了蛤类清洗分级设备，研制了 1 台设备样机，并在山东龙威实业有限公司开展了生产示范，日加工贝类 30 吨。设计完成了牡蛎清洗设备，确定了设备结构型式和主要技术参数，处理能力达到 10 吨/小时。

（3）通过技术引进和集成配套，开发了贝类高值化加工综合利用技术。开展了贝类（珍珠贝、蛤类、牡蛎等）可控酶解技术和温和贝类加工量化栅栏技术关键技术研究和产业化集成。研究了太平洋牡蛎冷藏过程细菌菌相变化情况，建立了冷藏过程中牡蛎品质变化及货架期模型。利用牡蛎、波纹巴非蛤、马氏珠母贝等贝类，开发了高水分半干调味牡蛎食品、豆豉牡蛎软罐头、牡蛎酶解蛋白调味基料、马氏珠母贝酶解蛋白调味料以及“海洋牛奶”牡蛎蛋白饮料等 5 种贝类加工新产品。

（4）开发了牡蛎中诺瓦克样病毒的免疫学检测技术。研究建立了一套简便的从贝类中提纯诺瓦克样病毒的方法，并成功用 RT－PCR 技术在山东胶州湾海区的牡蛎中检测到了 6 株病毒，通过克隆和测序，对病毒进行了分型。利用大肠杆菌表达系统建立了一种快速的诺瓦克病毒衣壳蛋白表达系统，并制备了抗血清。利用 RT－LAMP 技术，建立了快速检测牡蛎中诺瓦克病毒的新方法。研发了牡蛎中诺瓦克病毒的超高压灭活技术，在 4℃、400 兆帕、5 分钟条件下，可对牡蛎中的诺瓦克病毒进行消毒，达到无检出水平。

（5）开展了贝类保活流通和综合加工技术产业化示范推广。根据我国贝类主产区不同养殖种类，建立了 3 个贝类生态冰温保活流通产业化示范基地。其中，在福建厦门建立了花蛤、蛏子生态冰温保活流通示范生产线；在广东湛江建立了波纹巴非蛤生态冰温保活流通示范生产线；在江苏南通建立了文蛤生态冰温保活流通示范生产线。各示范基地采用项目研发出的适合我国贝类产业的贝类加工流通关键设备专利产品（蛤类清洗分级设备），共加工贝类 7 000 多吨，加工贝类产值达到 1.23 亿元。

（6）开展了贝类综合加工产品产业化示范推广，应用消化引进技术和自主创新研究后形成的贝类可控酶解技术生产贝类固体调味品基料和富含呈味肽调味品，分别在广州兴亿海洋生物工程有限公司和广西北海味莱鲜海洋生物科技有限公司建立了2条贝类精深加工技术产业化示范生产线,加工贝类调味品2 200吨,产值达到1.1亿元。在山东龙威实业有限公司建立了四角蛤蜊生态冰温无水活运示范生产线,年可加工贝类3 000吨,年产值约8 000万元。制作了贝类保活流通多媒体资料(光盘1个、手册1种),举办了贝类精深加工技术培训班2期(合计120人)。发表学术论文10篇,申请了4项发明专利。

【海带综合利用加工关键技术引进、创新与示范项目】 项目组通过与日本高桥株式会社、健康食品公司合作研究,创新地研究开发了海带加工新型营养食品,解决了我国海带产品存在腥味的瓶颈问题。通过引进消化吸收建立了高质规范海带原料加工处理关键技术,并在海带加工企业开展示范,提高了海带加工产品的质量,取得初步成效。通过引进消化吸收纯化分离了海带褐藻酸钠生物降解酶,筛选出含岩藻聚糖硫酸酯降解酶的微生物。从日本引进了荒布和真海带2种海带新品种,并在大连沿海成功进行了驯化、培育。创新建立了2种海带即食产品的生产关键技术,建立了高质海带一条链加工处理技术,提出了海带加工工艺技术操作规程。项目成果获得2008年辽宁省科技进步一等奖。发表论文17篇,申报发明专利4项。

(农业部渔业局 黄建光)

现代农业产业技术体系

【概况】 2008年,在前期10个大宗农产品试点基础上,农业部和财政部启动了40个农产品的现代农业产业技术体系建设工作。其中,水产品有5个,分别为大宗淡水鱼、对虾、贝类、罗非鱼、鲆鲽鱼。现代农业产业技术体系首轮建设期限为5年。渔业的5个产业技术体系共设立5个国家产业技术研发中心和76个综合试验站,国家产业技术研发中心共设置5个首席科学家岗位、20个功能研究室、73个科学家岗位,每个综合试验站设置1个站长岗位。5个体系的财政经费支持每年7 540万元。

【基本目标】 现代农业产业技术体系,是建设现代农业的重要组成部分,是国家农业科技创新体系建设的重要组成部分,也是在我国目前体制下提高农业科技创新能力和创新效率的新思路、新机制。具体做法就是一个一个地梳理每个农产品产业链条的技术需求,一个一个环节地解决生产技术难题。通过产业主线,建立科技与经济相结合长效机制,促进从立项开始直到验收的各个环节,都紧紧围绕国家需求、产业需求、农民需求,形成需求与研究互为因果的良性循环。现代农业产业技术体系建设的基本目标是,按照优势农产品区域布局规划,依托具有创新优势的现有中央和地方科研机构、基地和基础资源,围绕产业发展需求,以农产品为单元,以产业为主线,建设从产地到餐桌、从生产到消费、从研发到市场各个环节紧密衔接、环环相扣、服务国家目标的现代农业产业技术体系,提升农业科技创新能力,增强我国农业竞争力。

【基本架构】 现代农业产业技术体系的结构由产业技术研发中心和综合试验站二个层级构成。首先,针对每一个农产品,设置一个国家产业技术研发中心和一个首席科学家岗位。每个国家产业技术研发中心由6个左右的功能研究室组成,每个功能研究室设1个研究室主任岗位和若干个研究岗位。研发中心的主要职能是:从事产业技术发展需要的基础性工作;开展关键和共性技术攻关与集成,解决国家和区域的产业技术发展的重要问题;开展产业技术人员培训;收集、监测和分析产业发展动态与信息;开展产业政策的研究与咨询;组织相关学术活动;连接基础研究部门和基础研究队伍。其次,根据每一个农产品的区域生态特征、市场特色等因素,在主产区设立若干综合试验站,每个综合试验站设1个试验站站长岗位。综合试验站的主要职能是:开展产业综合集成技术的试验、示范;培训技术推广人员和科技示范户,开展技术服务;调查、收集生产实际问题与技术需求信息,监测分析疫情、灾情等动态变化并协助处理相关问题;连接推广部门和推广队伍。

【管理体制】 现代农业产业技术体系建设每5年为一个实施周期,实行决策咨询、执行和监督评估3个层面权责明晰的管理体制。农业部负责成立现代农业产业技术体系管理咨询委员会、执行专家组和监督评估委员会。各组成部分人员不相互兼任。管理咨询委员会负责审议现代农业产业技术体系发展规划和计划,统筹不同产业、不同区域的协调发展,综合评估现代农业产业技术体系发展状况及其贡献。管理咨询委员会由相关政府部门、产业界、农民专业合作组织代表及有关专家组成。管理咨询委员会下设办公室,负责日常工作。各产业技术体系执行专家组负责实施现代农业产业技术体系发展规划和计划中的相关任务,组织开展相关科技活动,指导、协调和监督各功能研究室和综合试验站的业务活动。执行专家组由各产业技术研发中心首席科学家、功能研究室主任、部分研究岗位以及综合试验站代表共同组成。按产品(领域)分别成立监督评估委员会。负责对各产业技术研发中心、综合试验站进行监督和评估,以及对体系中有关主体职责履行情况进行评估。监督评估委员会由行业管理部门、主产区政府主管部门、相关学术团体、推广机构、行业协会、产业界、农民合作组织代表以及财务和管理专家组成。目前,农业部已成立种植业、畜牧业和渔业3个监督评估委员会。

【运行机制】 现代农业产业技术体系实行“开放、流动、协作、竞争”的运行机制。具体分为任务确定、执行和考核3个环节。

(1)任务确定。首先,由体系专家全面调查本产业技术需求,包括中央和主产区政府部门、推广部门、行业协会、学术团体、进出口商会、龙头企业、农民专业合作组织等,经整理形成5年任务规划和分年度计划,报管理咨询委员会审议,由农业部和财政部审批后下达;然后,体系专家根据下达的任务,制订本体系5年研究和试验示范任务分解方案,并以任务书形式分解落实到体系的每个岗位。

(2)执行。体系的产业技术研发中心、功能研究室和综合试验站按照下达任务开展相关研究和试验示范工作。执行过程中,产业技术研发中心可针对产业发展中的重要问题,向相关部门提出立项建议。

(3)考核。监督评估委员会根据任务书内容指标,对体系进行年度考核和五年综合考核,并将考核结果报管理咨询委员会。综合考核不合格的,农业部将对体系相关岗位和人员进行调整。

【大宗淡水鱼产业技术体系】 首席科学家:戈贤平。育种研究室主任:邹桂伟,岗位聘用人员:白俊杰、李家乐、王卫民、董在杰、石连玉、桂建芳。养殖与工程设施研究室主任:戈贤平,岗位聘用人员:谢从新、尹家胜、李谷、徐皓、谢骏。病害防控与质量安全研究室主任:吴淑勤,岗位聘用人员:谢骏、王桂堂、曾令兵、杨先乐。营养与饲料研究室主任:解绶启,岗位聘用人员:叶金云、刘文斌。加工研究室主任:夏文水,岗位聘用人员:罗永康、熊善柏。产业经济研究室主任:陈洁。国家大宗淡水鱼类产业技术综合试验站:武汉综合试验站站长汪亮,南京综合试验站站长夏爱军,长沙综合试验站站长伍远安,南昌综合试验站站长戴银根,合肥综合试验站站长丁凤琴,济南综合试验站站长张建东,成都综合试验站站长杜军,沈阳综合试验站站长刘刚,郑州综合试验站站长王忠民,西安综合试验站站长管薇,长春综合试验站站长李国强,天津综合试验站站长缴建华,乌鲁木齐综合试验站站长郭焱,重庆综合试验站站长范首君,白银综合试验站站长李勤慎,呼和浩特综合试验站站长彭本初,银川综合试验站站长吴旭东,郫县综合试验站站长权可艳,广州综合试验站站长邹记兴,上海综合试验站站长史建华,北京综合试验站站长朱华,贵阳综合试验站站长杨兴,扬州综合试验站站长唐明虎,昆明综合试验站站长田树魁,南宁综合试验站站长龙光华,石首综合试验站站长易泶。

【对虾产业技术体系】 首席科学家:何建国。遗传育种研究室主任:王清印,岗位聘用人员:陈晓汉、江世贵、徐洵。病害控制研究室主任:何建国,岗位聘用人员:杨丰、相建海、黄倢。健康养殖研究室主任:李卓佳,岗位聘用人员:李健、刘永坚、胡超群。加工与综合研究室主任:薛长湖、陈军、李新春。国家对虾产业技术综合试验站:琼海综合试验站站长李丙顺,昌江综合试验站站长李义军,防城港综合试验站站长谢达祥,北海综合试验站站长杨伯华,湛江综合试验站站长李色东,阳江综合试验站站长钟世翔,茂名综合试验站站长余招龙,漳州综合试验站站长周昭彬,福清综合试验站站长张明华,温州综合试验站站长谢起浪,日照综合试验站站长牟乃海,青岛综合试验站站长王勇强,汉沽综合试验站站长刘宝金,沧州综合试验站站长夏金树,唐山综合试验站站长刘宝珍,连云港综合试验站站长陈百尧,廉江综合试验站站长陈晨曦。

【贝类产业技术体系】 首席科学家:张国范。育种与繁育研究室主任:张国范,岗位聘用人员:包振民、柯才换、喻子牛。病害控制研究室主任:宋林生,岗位聘用人员:王江勇、王崇明。健康养殖与环境控制研究室主任:方建光,岗位聘用人员:沈新强、林志华、郑永允、闫喜武。加工与综合研究室主任:章超桦,岗位聘用人员:慕永通。国家贝类产业技术综合试验站:长岛综合实验站站长林建国,秦皇岛综合试验站站长张福崇,宁德综合试验站站长张聿钦,青岛综合试验站站长林治术,福建综合试验站站长曾志南,湛江综合试验站站长杜晓东,辽宁综合试验站站长谭克非,浙江综合试验站站长李尚鲁,广西综合试验站站长李琼珍,江苏综合试验站站长吉红九,海南综合试验站站长吴开畅,厦门综合试验站站长张雅芝,獐子岛综合试验站站长吴厚刚,桑沟湾综合试验站站长张新军。

【罗非鱼产业技术体系】 首席科学家:杨弘。育种与繁殖研究室主任:杨弘,岗位聘用人员:甘西、李思发。养殖与病害研究室主任:卢迈新,岗位聘用人员:宋怿、陈家长。加工与综合研究室主任:李来好,岗位聘用人员:李文笙、文华。国家罗非鱼产业技术综合试验站:北京综合试验站站长苏建通,南宁综合试验站站长罗永巨,琼海综合试验站站长王德强,茂名综合试验站站长李瑞伟,福州综合试验站站长李金秋,北海综合试验站站长孙忠义,广州综合试验站站长叶卫,佛山综合试验站站长唐礼良,柳州综合试验站站长杨军,昆明综合试验站站长邱家荣。

【鲆鲽鱼产业技术体系】 首席科学家:雷霁霖。育种与繁育研究室主任:马爱军,岗位聘用人员:李军、刘海金。工程与装备研究室主任:倪琦,岗位聘用人员:杨正勇、关长涛。健康养殖与综合研究室主任:麦康森,岗位聘用人员:林洪、柳学周、张元兴。国家鲆鲽鱼产业技术综合试验站:北戴河综合试验站站长杨立更,烟台综合试验站站长杨志,葫芦岛综合试验站站长王宝义,青岛综合试验站站长张和森,莱州综合试验站站长翟介明,山东综合试验站站长张利民,河北综合试验站站长赵振良,辽宁综合试验站站长赫崇波,天津综合试验站站长宋文平。

(农业部渔业局　黄建光)

渔业科技入户

【概况】 2008年,渔业科技入户工作坚持以科学发展观为指导,以“一村一品”和完善农村新型合作经济组织的工作为重点,配合农业部水产健康养殖行动,继续在全国14个省18个县开展科技入户示范工程。认真开展“春季行动”、“夏季行动”、“秋季行动”,带动有关省在近200个县开展省级示范工程。据统计,2008年全国共遴选7 407个示范户,带动养殖户达15.15万户,示范总面积达16万公顷,主要推广和示范了16个主导品种和6项主推技术,技术入户率达95%以上,户均增收8 105元。累计培训了81 973人(次);技术指导员平均入户80天以上;免费发放各类养殖技术资料266 949份,平均每个科技示范户36份。渔业科技入户工作总体上呈现入户工作日趋成熟、灾害应对能力增强、生态养殖深入人心、放大效应日趋明显的特征,深受广大养殖户的欢迎。

【主要特点】

(1)科技救灾,成效突出。针对2008年年初罕见低温雨雪冰冻灾害给南方的水产养殖造成了重大损失的特殊情况,各级专家组立即行动起来,调整“春季行动”技术服务内容,一是针对不同养殖特点,制定了不同的救灾对策。根据各地不同养殖对象和养殖方式,编写了各类实用技术手册和明白纸4万余份,及时送到渔民手中。二是把防灾减灾作为春季行动的重要内容。各示范县利用科技入户网络系统,建立健全渔业生产防灾减灾安全保障体系,充分发挥科技入户技术指导员的作用,帮助灾区的每一个村、每一个养殖户进行灾后生产自救工作。

(2)调整结构,效益明显。各示范县根据本地条件和特色筛选合适的养殖对象,引进和发展新的养殖品种。通过调整养殖品种,发展特种水产品养殖,提高了水产养殖综合效益,增加了农民收入。例如山东省乳山市的海参养殖、黑龙江省五大连池市怀头鲶、葛氏鲈塘鳢、四川威远县和河南虞城县泥鳅;湖北武汉新洲区小龙虾。这些养殖对象均适合当地自然生态条件,且是当地市场认可度高的养殖种类,大幅度提高了示范户的效益。

(3)加强培训,提升水平。各示范县根据生产季节和各生产阶段的关键问题,制订培训计划,包括培训内容、时间、培训对象、主讲专家等。培训内容紧扣当地的主推品种和主推技术。首先,是抓好技术指导员培训。技术指导员直接面向养殖户是最关键环节之一,技术指导能力成为科技入户效果的关键因素,因此提升技术指导员的能力便成为培训的首要任务。其次,做好科技示范户和养殖户培训。养殖户是先进生产技术的实践者,他们应用能力和接受能力的高低直接影响生产效果,加强养殖户的培训,提高其对新技术的接受能力,至关重要。第三,是编好教材。培训对象的特殊性决定了传统的教科书难以适用,为此,专家组与当地技术指导员自编针对性强的教材,通俗易懂。如高淳县的《高淳县河蟹养殖示范户典型实例介绍》,当涂县的《河蟹生态养殖经验汇编》等。

(4)注重创新,提高质量。为提高科技入户工作效果,多年来,渔业科技入户工作在制度和机制创新上不断探索,一是创新出专家组“五个一”工作方法。农业部渔业科技入户专家组在《农业部科技入户工程专家组工作制度》基础上,结合多年实践经验,提出了专家组工作督导要做到“找一批示范户、看一片养殖现场、开一个座谈会、上一堂课、反馈一份督导意见”的“五个一”工作方法,进一步规范和丰富了专家组督导工作内容,提高了督导工作质量。二是引入了技术指导员竞争机制。各示范县主管部门不仅对示范户进行优胜劣汰的动态管理,而且对技术指导员2007年的工作实效进行了评估,引入竞争机制,按渔业科技入户工作要求调整技术指导员,重新签订了技术服务合同,使技术指导员的工作积极性和主动性有较大提高。

(5)抓好总结,推广示范。渔业科技入户领导小组先后总结提升出“种草、投螺、稀放、混养、控水”为核心的“当涂模式”和“大垄双行、早放精养、种养结合、稻蟹双赢”为核心的“盘山模式”。2008 年,专家组在不断总结提升的基础上,重点抓好典型经验和模式的推广,在内陆大水面推广和示范“当涂模式”,建立核心示范区;在辽宁地区重点推广和示范的稻田种养新技术新模式,提出了建立稻田蟹种和稻田成蟹种养新技术核心示范园区,制定最佳稻田蟹种、成蟹标准化种养新技术操作规程的建议。目前,该养殖模式在盘山县已扩大到 580 多公顷,其中蟹种种养示范园区 180 多公顷,成蟹种养示范园区 400 公顷。

(农业部渔业局　王雪光)

各 地 渔 业

北京市渔业

【概况】 2008年,全市渔业水域共计面积2万公顷,与2007年基本持平。其中,淡水养殖面积5 833公顷(包括池塘养殖面积4 800公顷,水库养殖面积933公顷,湖泊养殖面积100公顷);增殖放流面积1.4万公顷。全市水产品产量6.076万吨,均与2007年持平。其中,郊区淡水鱼产量5.361万吨,远洋捕捞产量0.715万吨,观赏鱼产量2.98亿尾。全年鱼苗产量5.81亿尾,鱼种产量1.177万吨。全年渔业总产值18.5亿元。

【增殖放流、生态净水】 各级渔业行政丰管部门在全市13个区(县)的72个水库、湖泊、河流和景观地区的近1.6万公顷渔业水域,累计投放鲢、鳙、草、鲂等鱼类共2 330.813万尾。从三个环节对增殖放流活动进行了规范。一是资金管理规范化;二是验收程序规范化;三是苗种供应渠道规范化。同时,全年共出动执法人员14 269余人(次),查处渔业违法案件187起,没收非法捕捞船只12条,没收不合格网具6.71万米,罚款7.488万余元。

【水产品质量安全】 一是组织对奥运会核心区水产品供应和质量监管。向供奥基地派出驻点监管员进行24小时监管;制订各项监管方案并实施;制订专门的抽检计划,保障水产品质量安全;车辆运输全程监控;外埠的水产品必须附带产地检测报告,并进行“同种产品同一批”检测后集中进货入库;加大检测频次。二是开展奥运期间保证水产品质量安全特别行动。从2008年4月1日至9月30日,北京市农业局组织了“奥运期间水产品质量安全特别行动”。主要包括:开展孔雀石绿残留的快速检测;对重点水产养殖场和水产品批发市场进行监测;开展渔用药物、水环境的抽查检测;加强无公害水产品认证工作;开展水产养殖业专项执法行动;推广水产品可追溯技术。三是对水产养殖场(户)和水产品批发市场的监测。对本市水产养殖场(户),共抽检了11个区(县)的387个水产养殖场(户),检测结果全都合格;对本市主要批发市场的水产品进行抽检,共抽取样本107份。四是对水产养殖场(户)实施覆盖式孔雀石绿快速检测。对4 802户水产养殖场(户)进行了孔雀石绿现场快速检测,检测结果全部合格。对全市7家大型水产品批发市场的水产品质量进行了孔雀石绿快速检测。

【落实支渔惠渔政策】 支持了4个水产养殖“一村一品”项目。支持建设观赏鱼、斑点叉尾鮰鱼和流水养鱼专业村建设项目;二是探索养殖用水净化方法,促进节水型渔业发展。在密云县等7个区(县),建设15个排水净化处理设施示范点;三是支持顺义和延庆两个高效渔业示范点建设;四是支持昌平、朝阳和通州3个水产良种场建设;五是在丰台等3个区(县)建设水产绿色养殖区;六是开展渔机采购项目招标。全市共采购渔机51台(套),总投资65.4万元。

【水产品专项整治】 9月8日,农业局召开了全市水产品专项整治大会,部署了水产品质量安全专项整治工作。农业部渔业局、北京市工商局有关同志应邀出席了会议,并作了指导。各区(县)成立了水产品专项整治行动领导小组,召开了动员大会,制订了本区(县)的整治工作计划,并立即予以实施。

【渔业兽医制度试点】 依据农业部渔业执业兽医制度试点范围,选定通州、房山两区,作为北京市渔业执业兽医制度试点区县。并制定了《北京市渔业执业兽医试点工作方案》、《北京市渔业执业兽医及助理兽医培训、考试大纲》和《北京市渔业执业兽医管理暂行办法》等文件,并组织专家进行论证。10月份组织开展了首批(第一期)北京市渔业执业兽医及助理兽医的培训和考试,并组织试点区县赴江苏、广西等地学习考察。

【水产品质量安全监管培训】 农业局邀请中国检验检疫科学研究院的技术人员，对市、区（县）两级水产技术推广人员和渔政检查人员进行了孔雀石绿残留快速检测方法的培训，共举办培训班2期，150人受训。北京市水产技术推广站举办了水产品质量安全控制技术培训班1期81人。市渔政站举办了水产品质量安全执法技能训练班，14个区（县）的渔政业务骨干40余人参加了培训，提高了渔政执法人员办理水产品质量安全案件的能力，为开展专项整治行动做好了准备和铺垫。

【水生动物疫病防治站建设】 2008年，完成了怀柔、密云和大兴3个区（县）水生动物疫病防疫站建设工作。利用市财政拨付资金共138.770 3万元，用于购买3区（县）水生动物疫病防治站实验的专项仪器设备，由3区（县）财政配套对实验室用房进行新建或装修，每个实验室建设面积200平方米以上。

【水生动物疫病检测】 2008年，共检测133个样品，其中SVC抽检样品95个；IHN抽检样品11个；KHV检测5个，霍乱样品18个。常规鱼病监测点84个，监测面积930多公顷，临床诊断及寄生虫检测1 000余例。

【水产苗种管理】 2008年，8家进口鱼卵生产单位申领了苗种许可证。完成农业部水产原（良）种保种选育任务。开展了鲟鱼保种及选育工作，共培育1 000组7～10龄亲鱼和4 000尾3～7龄的后备亲鱼。

【渔业法制】 制定了《北京市实施〈中华人民共和国渔业法〉办法》配套规范性文件。保护和开发水生野生动物经营利用并举。共依法受理水生野生动物行政许可145件。共征收水生野生动物资源保护费65万元。

【大事记】

［1］1月15日，下发《北京市农业局关于开展2008年水产养殖机械补贴选型工作的通知（京农发〔2008〕11号）》，标志着北京首次开展水产养殖机械补贴采购工作。2008年水产养殖机械补贴主要采购内容为增氧机、清淤机、旋转蒸发仪和真空泵等。

［2］1月17日，北京市农业局与巴东县政府和农业局签订"北京市援建巴东县虹鳟鱼项目"合同书，北京市农业局沙松平副局长参加签字仪式。

［3］1月，北京市水产技术推广站水生动物疫病实验室通过北京市技术监督局认证。

［4］2月，下发了《关于加强对引进水产苗种管理的通知》，进一步加强了对苗种生产企业进口鱼卵和引进外埠水产苗种业务的监管，规范引种行为，防止违法现象出现。

［5］3月3日，在北京市通州区农干中心召开全市水产工作会，重点部署2008年全市水产工作。

［6］4月1日至9月30日，北京市农业局组织了为期6个月的"奥运期间水产品质量安全特别行动"。围绕三大重点，完成五大目标，开展水产品质量安全特别行动，以保证奥运期间水产品质量安全。

［7］7月29日，北京市农业局发布《北京市水产养殖场（户）备案管理办法》、《北京市渔业资源增殖放流管理办法》、《北京市制造销售使用渔具管理办法》和《北京市农业局关于划定本市其他重要渔业水域的通知》。

［8］8月24日，第二十九届奥林匹克运动会在北京圆满闭幕。奥运期间，北京市共向奥运核心区直接供应大黄鱼、真鲷、斗鲳、虾类、罗非鱼片等品种，共计1.6万吨，所有产品检测合格率为100%，为北京奥运会的成功举办做出了贡献。

［9］9月8日，北京市农业局召开了全市水产品专项整治大会，部署水产品质量安全专项整治工作。

［10］9月18日，北京市农业局、水务局、环保局联合发布《关于制定本市重要渔业水域从事捕捞作业的渔船控制指标的通知》（京农发［2008］179号）和《关于划定禁止垂钓的增殖放流水域的通告》（京农发［2008］180号）

［11］9月23日，在农业部办公厅召开的全国渔业政务信息与宣传工作会议上北京市水产管理办公室被评为2007—2008年渔业政务信息工作先进单位。

［12］10月7—13日，北京市农业局组织开展了首批（第一期）北京市渔业执业兽医及助理兽医的培训和考试。

【重点渔业市(县)基本情况】

北京市重点渔业县(区)基本情况

区(县)	区(县)总人口(万人)	渔业总产值(万元)	水产品总产量(吨)	内陆养殖(吨)	内陆养殖面积(公顷)
平谷区	39.21	3 3247.7	14 383	13 831	935
通州区	61.04	32 855.6	9 600	9 600	1 133
怀柔区	27.1	26 729.3	3 764	3 664	247
密云县	42.9	26 685	3 880	2 880	167
顺义区	54.75	16 500	10 485	10 485	797
房山区	74.9	13 699.3	2 600	15 526	369
朝阳区	259	7 558.7	633	633	367
昌平区	45.68	3 709.9	2 101	2 095	224
延庆县	27.4	3 269.8	2 770	1 520	258
大兴区	54.5	3 269.8	2 425	2 425	178

(北京市水产管理办公室　张　清　杜英杰)

天津市渔业

【概况】 2008年,天津渔业以科学发展观为统领,加快转变渔业发展方式,坚持一手抓渔业经济健康发展,一手抓渔业生态持续改善,扎实推进现代渔业建设,渔业经济继续呈现平稳的发展态势。全市水产养殖面积4.08万公顷,比上年减少2.63%,水产品总产量32.25万吨,比上年减少5.4%。名特优水产品养殖产量13.87万吨,增长18.04%,占全市水产养殖产量的45.7%。全市投入海洋捕捞生产船688艘。苗种繁育量达到149.69亿尾,比上年增长49.7%。增殖放流各种水产苗种6.1亿尾(只),比上年增长8.93%。全市渔业总产值44.14亿元,比上年增长19.62%;渔民人均纯收入1.28万元,比上年增长3.23%。

【现代渔业】 通过3年优势水产品产业带建设为全市渔业结构调整打下了坚实的基础,为贯彻落实市委、市政府《关于推进城乡一体化发展战略,加快社会主义新农村建设的实施意见》的精神,按照科学发展观的新要求,提高了认识,达成了共识,优势水产品养殖示范园区在现代渔业建设中的示范带动作用不断显现。2008年启动14个优势水产品养殖示范园区的建设,其中海珍品养殖示范园区4个,规模达到4.28万平方米;淡水养殖示范园区10个,规模达到800公顷。14个园区建设政府共投资1 850万元,带动投资1.48亿元。为保证园区建设,成立了领导小组,制定了管理办法和建设标准,组织召开了全市现代渔业建设现场推动会和3次区(县)主管局长的专题会议。围绕京津两大城市的区域特点和在“三北”地区的地理优势,积极培育渔业新兴产业。在水产品经济价值增加的基础上,积极鼓励引导观赏、垂钓、休闲渔业发展,不断增加产品附加值。目前观赏鱼进出口已经在天津形成北方的交易中心,观赏鱼的规模养殖和经济效益日趋明显。至2008年底,观赏鱼养殖规模已达120余万平方米,年产观赏鱼3亿余尾。全市各种不同规模和形式的垂钓园区面积600多公顷。

【资源养护】 为加大增殖放流力度,营造全社会共同关爱水生生物的良好氛围,组织了由市政府主办的“2008年天津市水域生态环境修复暨水生生物增殖放流活动仪式”及团员青年“关爱母亲河”和奥运火炬手“奉献绿色关爱,保护母亲河”增殖放流。全市累计向渤海湾、内陆水域投放各类水生生物苗种6.1亿余尾(只)。其中,渤海渔业资源增殖放流15次,淡水渔业资源增殖放流8次。天津市立达集团和汉沽区盛亿养殖有限公司分别捐赠半滑舌鳎苗种10万尾,标志着天津市涉海企业对海洋环境的保护意识逐步增强。截至目前,共接受社会捐款近10万元。为保护海洋生态环境和养护渔业水域资源,2008年加大了对污染事故的调查处理力度,开展了水产养殖业污染源普查工作。编写了《天津市浅海人工鱼礁及增殖工程项目建设可行性研究报告》,提出用10年时间建设3个生态鱼礁群的规划。加大了涉海工程项目对渔业资源损害的执法检查和对污染事故的调查处理力度,积极协调涉海工程项目对渔业资源的损害补偿。

【科技兴渔】 2008年,全市实施各级各类科技创新和技术推广项目70余项。获天津市科技进步二等奖2项,中国水产科学研究院科技进步奖2项。搭建产学研科技合作平台,促进渔业科技创新与成果转化。围绕影响天津渔业发展的制约技术联合攻关,目前,与中国水产科学研究院、中国海洋大学等机构紧密合作,共开展科技合作项目22项,2项通过了结题验收和成果鉴定。积极参加国家现代农业产业技术体系建设,建立了鲆鲽鱼类养殖、大宗淡水鱼养殖和对虾养殖3个综合实验站。渤海水产研究所筹建工作经多方协调,已完成立项、选址、土地使用、环评等工作。

【水产品质量安全】 围绕加强全程质量监控,提供优质水产品,重点强化了四方面工作:一是强化行政执法检查。落实《农产品质量安全法》,召开了水产养殖执法检查工作会,研究部署水产品质量安全执法检查工作,在全市范围内开展"2008水产养殖专项执法行动",对全市12个农业区(县)30多个水产养殖单位的水产养殖投入品进行执法检查。二是强化水产品质量抽测。较好地完成农业部和本市安排的水产品质量安全监测12批(次),抽样1 031个。开展了"天津市水产品生产质量安全监管及产地准出示范项目",对全市水产品质量整体水平的提高起到了示范作用。三是强化检疫和测报工作。共检疫水生动物种苗品种20种,检疫数量170.3亿尾。其中,区(县)检疫118.4亿尾,较上年增长13.9%。起草了《天津市重大水生生物疫病应急预案》和《天津市水生生物疫病防控体系发展规划》。四是强化奥运期间水产品质量监管。按照《农业部办公厅关于加强奥运期间水产品质量安全特殊监管的通知》的要求,制订了实施方案,成立了领导小组。实施产地监管,加强市场巡查监测;强化属地管理,建立调出检测备案制度、巡查制度及责任追究制度,对奥运期间水产品主销北京的67家生产基地进行重新筛选,确定20家生产基地。经生产基地为北京奥运提供的水产品,无一例不合格产品。

【渔政管理】 开展依法行政考核工作,梳理了新增法律依据,划分行政处罚自由裁量基准,规范执法行为。落实《行政许可法》,提高办事效率。全市共审批许可事项1 097件,当天办结率达到100%。按照市委、市政府的要求,在全市率先完成取消调整审批事项大提速工作任务,行政审批事项由原来的21项减少到14项,减少比例达到34%。开展政府信息公开工作,开通了天津渔业网。加大渔政执法检查力度,完善执法责任制。市、区(县)层层签订执法责任书,首年完成执法检查计划5 000次以上。组织实施了天津市"护渔2008"海洋渔业执法行动,与山东、河北两省联合开展了休渔期间海陆大检查,并完成了专属经济区的渔业执法任务。全市海上检查出动渔政船76航次,航行检查8 370海里,陆地检查车程11 086公里,没收渔船3艘。加强了对全市内陆水域渔政管理工作的指导,共组织督察16次,与市海河管理处联合执法4次。加强了水生野生动物利用情况监督检查,采取对非法经营行为实行三步式执法,突出人性化管理。加强涉外渔业管理。完成海洋捕捞渔民职业安全培训共1 492人,涉外安全培训760人。建立内陆小型机动渔船管理制度,健全和完善本级渔业船舶水上安全突发事件应急预案,为渔业安全生产保驾护航。

【存在的问题】 一是根据京津两大城市的地理位置要求,都市型渔业特色还没得到充分的发挥,特别是设施渔业和垂钓、观赏、观光等休闲渔业发展缓慢。二是水产品质量安全水平有待进一步提高。虽然采取了监管措施,但一些外地不能准入北京的水产品流入天津市场,造成天津市水产品市场检测合格率压力增大;一些生产企业不按规范要求滥用违禁药品现象时有发生。三是产业化龙头企业带动力薄弱,大的龙头企业少,与城乡一体化发展不相协调。四是科技创新能力提高较慢,产业技术支撑较弱,科技投入不足。

【重点渔业市(县)基本情况】

天津市重点渔业区(县)基本情况

区(县)	总人口(万人)	水产品总产量(吨)	其中				养殖面积(公顷)
			海洋捕捞	海水养殖	内陆捕捞	内陆养殖	
武清区	83.11	53 343				53 343	6 443
西青区	34.00	49 554				49 554	5 069
宝坻区	66.12	37 295			1 674	35 621	3 512

(续)

区(县)	总人口(万人)	水产品总产量(吨)	其中				养殖面积(公顷)
			海洋捕捞	海水养殖	内陆捕捞	内陆养殖	
汉沽区	17.19	27 728	7 994	9 606	750	9 378	1 289
蓟　县	81.84	25 606			4 439	21 167	1 472
宁河县	37.32	22 012		500		21 512	3 739
津南区	39.79	20 908				20 908	3 732
静海县	53.59	20 497			337	20 160	2 225

注:总人口为2007年数据。

【大事记】

[1]2月28日,召开了天津市渔政工作会议。会议传达了全国渔政工作会议精神,总结了5年来全市渔政工作成绩、经验,部署了新时期渔政工作任务;表彰了全市渔政工作先进集体5个,先进个人28名。

[2]3月3日,召开了2008年天津市水产工作会议。会议对2007年全市水产发展情况进行总结交流,对2008年水产工作进行安排部署;对全市2006—2007年度水产工作中做出突出贡献的21个先进集体和58名先进个人进行了表彰。

[3]4月28日,天津渔业门户网站天津渔业网(网址:www.tjfishery.gov.cn)正式开通。

[4]5月26日,市机构编制委员会津编事字[2008]90号,批准农业部渔业环境及水产品质量监督检验测试中心(天津)(天津市质量监督检验站第23站)的等级规格由副处级调整为处级,并加挂天津市渔业环境及水产品质量监督检验测试中心的牌子。

[5]6月16日,举行了"天津市2008年伏季休渔管理工作启动仪式",拉开了海洋伏季休渔管理工作的序幕。6月16日12时至9月1日12时,在渤海区组织伏季休渔。

[6]7月6日,天津市委书记张高丽率领市委理论学习中心组读书会的领导到宁河县天津市天祥水产有限责任公司视察。市长黄兴国、市人大常委主任刘胜玉、市委副书记、市政协主席邢元敏等一同前往。

[7]7月7日,天津市政府主办,天津市水产局、天津市滨海新区管理委员会、天津市海洋局共同承办了"2008年天津市水域生态环境修复暨水生生物增殖放流活动",天津副市长李文喜出席并作重要讲话。此次放流活动共向海河不同河段投放鲢鱼、鳙鱼、草鱼、鲈鱼、梭鱼等共计604万尾。

[8]7月26日,农业部渔业局在天津市塘沽区北塘渔港举办了"促安全、助奥运、送安全知识下乡"活动启动仪式暨渔业安全生产座谈会。

[9]7月30日,召开了"解放思想,开拓创新,科学发展,水产健康养殖现场推动会"。

[10]9月9日,农业部总经济师、发展计划司司长杨坚、农业部渔业局副局长柳正等一行4人来津考察渔业工作。天津副市长李文喜及市人大副主任李亚力先后会见了杨坚一行,并介绍了天津渔业经济发展情况。

[11]10月30日,天津市人民政府在宁河县召开了天津市现代渔业建设现场推动会。天津市副市长李文喜出席并讲话。

[12]11月14日,天津远洋渔业公司所属的"天裕8号"渔船在肯尼亚海域被索马里海盗劫持,船上共有16名中国船员(含1名台湾船员)和8名外国船员。在外交部、农业部和天津市政府的多方努力下,2009年2月8日,全体船员和该船安全获救。

[13]在11月19日召开的全国渔业文明执法窗口单位座谈会上,天津市渔政船12001船获得第三批"全国渔业文明执法窗口单位"称号。

[14]12月3日,市机构编制委员会津编秘字[2008]56号,增拨天津市水产局行政编制2名,行政编制由原来的20名调整为22名。

(天津市水产局　刘金全　陈　莹)

河北省渔业

【概况】　2008年,河北省渔业以增强区域特色,促进生态平衡、渔民增收,建设和谐渔区为目标,结合奥运年的特殊工作要求,加快渔业发展方式转变,全面提高渔业依法行政能力,实现了渔业经济的持续、较快发展。2008年全省水产品产量达到96.6万吨,较上年同期增长6.6%。其中海洋捕捞25.3万吨,增加105吨;海水养殖29.6吨,增产9.2%;淡水捕捞8.1万吨,较上年同期增长9.2%;淡水养殖33.6万吨,同比增长9.2%。渔业总产值130亿元,同比增长11.9%。渔民人均纯收入达8 100元,同比增长4.9%。

【产业结构调整】　一是海洋捕捞业克服柴油涨价、雇工支出增加、海洋渔业资源持续衰退等多重影响,积极调整生产结构,推行海洋捕捞专业合作社,努力提高捕捞生产能力和效率,取得稳步发展。二是水产养殖业继续推进优势产品、产区建设。全省水产养殖面积达到17.8万多公顷,比上年增长14%。南美白对虾、海湾扇贝、梭子蟹等海水主养品种春放面积稳定。淡水养殖在发展大宗产品的同时,俄罗斯鲟、西伯利亚鲟、白斑狗鱼、青海湖裸鲤、勃氏雅罗名优鱼类苗种实现了自繁自育,进一步优化了养殖品种结构。三是渔业第二、三产业加快发展,省级龙头企业达到7家,水产品出口接近1亿美元。

【基础建设】 一是渔港建设取得重大进展。目前规划的渔港有国家级中心渔港3个,一级渔港5个。其中南排河中心渔港项目总投资3 555万元,新村一级渔港项目总投资3 347万元。二是良种场建设取得明显成效。2008年,农业部批准建设河北省天合扇贝良种场和河北省鲟鳇鱼良种场。河北省涞源虹鳟鱼良种场(涞源)、河北省毛蚶良种场(黄骅)已通过验收。建成的良种场已经投入使用并发挥效益。三是防疫体系建设已具雏形。全年验收通过了河北省水产局水产监测检验站,建成7个县级水生动物疫病防治站(未验收)。四是渔政执法手段进一步提高。秦皇岛市100吨级渔政执法船建成验收,整体上,秦、唐、沧3个沿海市都已配备一条100吨级渔政执法船。

【养殖证制度建设】 积极推进养殖证制度实施,促进渔业水域的确权和有效、合理开发利用。经河北省政府同意,2008年初由河北省农业厅发布了《河北省养殖水域滩涂规划》和《河北省水产养(增)殖业发展规划》。7个设区(市)(邯郸、廊坊、承德、衡水、张家口、邢台、保定)和65个渔业重点县(灵寿、任丘、永年、宽城、冀州等)的《养殖水域滩涂规划》经当地人民政府批准实施,其他4个设区(市)的规划也已完成初稿,实现了省、市、县三级工作的有效衔接。

【渔业资源增殖放流】 按照省级预算和农业部渔业局项目任务的要求,及时下达了《河北省2008年渔业资源增殖放流项目实施方案》和《关于下达2008年渔业资源人工增殖放流项目追加任务的通知》,并按新修订的《河北省渔业资源人工增殖放流管理办法》严密组织项目实施。3月中旬至11月下旬,在省渔业资源增殖放流指挥部监督组的现场监管下,在秦、唐、沧沿海和内陆9处大型水域放流中国对虾、梭子蟹、海蜇、牙鲆、河蟹、池沼公鱼、大银鱼等10个品类水产苗种近34亿尾(粒),均超额完成了放流任务。为加强现场放流的监管,各市(局)和省渔业资源增殖放流监督组人员严格按照规定程序严把水域环境清理、苗种检验检疫、计重计数、包装运输等技术关口,测量、抽样、过秤、计数公平、公正,装袋、装船、放苗等环节操作规范,特别邀请放流所在地渔村人大代表、政协委员、村干部、渔民协会等渔民代表以及新闻媒体进行全程监督。项目实施规范严格、公开透明,资金使用科学合理,有效带动了地方政府、渔业企业和渔民自主投资增殖渔业的发展。据不完全统计,秦皇岛、衡水、丰南等地财政配套增殖放流项目资金200多万元,企业和渔民自筹达500多万元,对恢复渔业资源、改善水域生态环境、促进捕捞渔民增收起到了积极的促进作用。

【水产苗种管理】 加强水产苗种管理,狠抓良繁体系建设。修订完善了《河北省省级水产原(良)种场认定和管理办法》等系列规范性文件;新认定了毛蚶、南美白对虾、优质鲫鱼3个省级水产良种场;任丘市"四大家鱼"国家级良种场顺利通过农业部的复验换证。以水产良繁体系为依托,组织开展苗种选育、良种扩繁。"黄海1号"中国对虾推广面积达到5 700多公顷,引进了46个家系。强化对水产原(良)种场人员的选育种及质量管理技术培训,举办了培训班,培训水产原(良)种场场长和技术骨干55人。认真部署水产苗种生产监管工作,严肃查处违规生产和违法经营行为。

【水产技术推广】 一是以全省渔业"三大产业带"、"八大基地"为中心,推广实施了"对虾养殖管理信息系统研究与建立"、"海水封闭式全循环养殖及生态型养殖技术研究与产业化"和"多类型盐碱水质健康养殖技术集成示范推广"等20余项重大项目,引进"黄海1号"、"黄海2号"中国对虾、条斑星鲽等新品种3个,制定河北省渔业技术和水质标准5项,取得渔业科技成果5项。2008年全省共推广水产养殖面积3万多公顷,增加效益10多亿元,培训渔民52 701人(次),鉴定高技能渔民30人,发放技术资料106 406份,受益渔户19 991户,提高了渔民增收能力,推动了全省渔业科技进步。二是完成了125个涉渔县的基层农技推广体系改革,并在6个县进行了"五大联合行动"试点,制定了基层站建设规划,开展了3个涉渔县推广设施建设资金试点,增强了基层站服务手段。

【渔业标准化】 一是积极推进渔业标准制(修)订工作,健全渔业标准化体系。几年来,制定国家行业标准

1项，制定省渔业地方标准65项。到2008年底全省已经制定发布省级渔业地方标准70多项，省级渔业地方标准体系初步建立。二是不断加大渔业标准的宣传贯彻工作，积极推进全省渔业标准化示范区建设。建设国家渔业标准化示范县2个，省级渔业标准化示范区21个，示范区实施总面积达到0.8万多公顷。以示范区建设为载体，积极开展渔业技术和标准化知识培训。全省共开展渔业标准化技术培训超过1万多人（次），印刷标准及技术宣传册8万余份。截至2008年底，5个标准化示范区通过省级验收。

【水产品质量安全】 全省渔业系统以保证奥运水产品质量安全为重点，进一步加强水产品质量安全监管工作，确保水产品食用安全。一是加强基地监管，确保供京、供奥产品安全。全年共出动检查人员3 086人（次），拉网式检查供奥供京产品基地327个（次）。秦皇岛2个供奥产品基地提供大菱鲆、三文鱼等2 599千克；20个基地供北京对虾、鲤鱼、草鱼等900吨。供奥供京水产品做到了批批检测，全部合格。二是组织开展水产品药物残留监督抽查工作。共组织开展20批次药物残留抽样检测，从基地和市场抽样789个。基地水产品抽样合格率为97%。三是认真落实阳性样品追溯制度，对问题产品进行无害化处理，销毁不合格水产品747.1千克，对相关企业进行了处罚。在全省首次开展了水产品药物残留快速检测工作，组织了两期水产品药物残留速测培训班。7月、10月分两批购置药物残留速测盒754个分发各市。各市相继开展了水产品速测工作，共计速测1 073个样品，合格率100%。四是推进无公害水产品产地认定和产品认证工作。全省共有13万公顷、136个生产基地通过了省级无公害水产品产地认定，有63个产品获得农业部的无公害水产品认证。

【水生动物疫病防治】 一是河北省渔业病害防治环境监测和质量检测中心已通过省级实验室资质认证并投入运行，17个县级水生动物疫病防治站已经竣工。二是认真贯彻落实《河北省水生动物疫病应急预案》，加强了重大水生动物疫病专项监测工作，抽检样品30个。全省设立监测点108个，落实测报人员131名，测报20个品种、52种病害，覆盖了1万多公顷养殖水面。病害测报员对养殖区域密切监测，定期通报病害发生情况。同时围绕“保质量、保安全、助奥运”中心任务，在短时间内顺利通过了水产养殖用水、底质、渔用饲料等124个参数的扩项检测认可，开展了900余个水产品15个参数共3 000多项（次）质量检验，监测水产养殖品种18个，检测病害37种，认证无公害产品63个，认证产量82 517吨。

【渔业资源与环境保护】 继续坚持“以法兴渔、强化管理、公正严明、服务渔业”的工作方针，开展渔业资源、渔业水域环境保护等工作。一是广泛开展宣传工作，利用各种宣传媒体和途径，多渠道、多形式，开展了丰富多彩的宣传教育活动，共计散发宣传材料、张贴通告等共12 000多张。二是进一步加大执法力度，以查处“三无”渔船、检查休渔期执行情况以及鲈鱼苗、鲅鱼亲鱼、对虾亲虾保护管理等为重点，共出动检查员13 410人（次），检查了大小河口、渔港、码头及其他渔船停泊点2 012个（次），出动渔政检查船906艘（次），检查车1 135辆（次），检查渔船128艘（次），依法查处违规渔船63艘。同时加大了对内陆水域的渔业资源和环境保护力度，在官厅水库与北京市相关部门开展了省、市、县三级联合执法行动，共出动执法检查艇2艘，渔政执法人员25名。行动中共查获违规作业渔船2艘，清理并销毁流刺网、地笼网、陷阱等网具20余条。三是依法保护渔业资源和渔业水域环境。对渔业污染事故进行调查处理，积极参加涉海工程项目评估。全年共计参加了24个涉海工程项目的环境影响评价，完成了10个工程项目的渔业补偿协议签订工作，共计有301.43万元的补偿资金已经全部到账并拨付各有关市（县）。四是按照《捕捞许可管理》的要求，严格了捕捞许可制度。规范捕捞渔船买卖、更新改造、制造等，杜绝私自买卖、更新改造、制造渔船等行为，完成了农业部下达的“双控”指标。

【水生野生动物保护】 水生野生动物保护工作，从起步阶段逐步趋于规范，管理范围逐步加大，管理力度逐步加强，管理手段和措施逐步完善。一是开展了省级保护的水生野生动物资源调查工作，为今后水生野生动物的保护以及制定相关的法规、政策提供了依据。根据资源分布情况，确定了河北省水生野生动物保护的重要品种和重点区域，提出了建设细鳞鱼保护区的建议，做出了保护区建设规划。二是坚持水生野生动物经营利用特许制度。全省共计新发放水生野生动物经营利用许可证99份，驯养繁殖证21份，特许运输证15份，进出口批件5份，共计收缴资源费85.926万元。三是加强水生野生动物的救治工作。充分发挥依托山海关乐岛海洋公园为基地的水生野生动物救治中心的作用，建立联合，完善机制。救助了斑海豹2头，进行了人工放生，邀请多家媒体进行了跟踪报道，强化社会保护水生野生动物的意识。为扩大水生野生动物资源种群,在承德市围场满族蒙古族自治县坝上小滦河流域放流细鳞鱼20 292尾,以解决单纯自然养护不能更大程度增加资源量的问题。四是加强对水生野生动物经营利用情况的执法检查力度,全年开展了2次全省水生野生动物经营利用情况执法检查,重点对各经营个人和单位进行了宣传和督促,对一些不法经营单位和个人移交工商行政主管部门进行处理。

【渔船事故和海难救助】 全省渔船水上安全事故和海难救助工作以"有难必帮、有险必出"为宗旨,坚持"安全第一,预防为主"的工作方针,采取加强应急制度建设、坚持24小时安全值班制度、大力提倡和引导渔民编队生产作业、开展渔业船员应急技能培训、加强安检排隐患等有效措施全力应对海上突发事件的发生。在台风多于往年的情况下,由于预防工作及时,预防措施得力,救助工作及时有效,海洋渔业船舶安全生产的形势明显好于往年。全年共发生一般性海损海难事故52起,失踪、死亡渔民18人,伤6人,死伤人数创历史最低。实施救助47起,救助遇险渔船48艘,救助遇险渔民115人,有效避免了重大海损海难事故的发生。从事故的原因分析看,均为作业时渔民不慎落水导致死亡,受伤渔民均为设备操作不当而引起的。

【渔业船舶安全管理】 一是把检验工作的重点放在海洋渔业船舶的营运检验上来,在保证不漏检的前提下,重点抓安全航行设备配备的检验,强调验船人员就检验责任、检验数据、检验程序等方面进行检查对照,保障了检验质量。全省共检验各类渔业船舶15 568艘(次)。其中海洋渔船检验工作进展顺利,完成检验9 488艘(次),渔业船舶受检率达到98%。内陆渔船的检验管理也取得重大突破,共检验内陆水域渔船6 080艘(次)。二是船员培训工作成效突出。提前制订培训计划,重点加强渔业船员应急技能的培训,进一步提高了防止和应对海上突发事件的处理能力。全年共培训、考试、发证四等以上职务船员3 192(含涉外培训2 134人)人(次)(其中三等职务船员159名,四等职务船员2 340名,五等职务船员693名)。普通船员培训4 665人(次);三是认真贯彻落实《国务院办公厅关于开展安全生产百日督察专项行动的通知》文件精神和省委、省政府认真抓好奥运期间的安全生产工作和"四个坚决防止"的指示精神,海上安全检查工作得到有关部门的肯定。改变每年上半年进行一次全省安全联查的工作方式,于3月17—27日和5月20—28日分两次对全省海洋渔业船舶生产安全工作进行联合检查。先后实地检查了渔港24座,渔船186艘。中国渔政13801于5月19—31日赴沿海各地联合当地渔政执法船进行海上安全检查,克服大风大雾等恶劣天气,历时13天、航行400多海里,海上检查组共检查渔船18艘,并对检查中发现的安全隐患进行了及时的纠正。

【渔政执法】 一是扎实开展"护渔2008"行动。省渔政处、船港处联合成立了海洋、陆地联合检查组,分别于3月、5月和10月3次对全省海洋渔业船舶生产安全工作进行检查,并对检查中发现的安全隐患进行了及时的纠正。二是完成渔业行政执法机构调研工作。2008年底全省有各级渔业行政执法机构132个,共有渔业行政执法人员1 044人,其中省直执法人员97人,市级以下执法人员907人;海域执法人员576人,内陆执法人员428人。以上所属渔业行政执法人员全部经省级以上法律法规培训合格后持证上岗执法。三是渔业行政执法监督工作成效明显。在省农业厅开展的农业行政执法规范化建设活动中,省渔政处、渔船检验渔港监督管理处被省农业厅评为2008年度"渔业行政执法规范化建设先进单位"。在农业厅开展的农业行政执法案卷评查活动中,组织各级渔业行政主管部门开展了渔业行政执法案卷评查。抚宁县农牧水产局、乐亭县渔政站、邯郸市峰峰矿区渔政管理站被省农业厅评为2008年度"渔业行政执法案卷优秀单位"。结合国家渔政局开展的"全国渔业文明执法窗口单位"创建活动,石家庄市渔政管理处、昌黎县新开口渔政船检港监站被农业部评为"全国渔业文明执法窗口单位"。

【存在的问题】 一是基础设施建设亟待加强。渔港、渔港航标建设相对落后,许多渔港港池、航道淤积严重,消防设施配备也不齐全,存在极大的安全隐患。二是水产技术推广工作经费少,编制少,尤其是水产基层站人员编制少,与当前繁重的工作形式不相适应。三是急需加大资金投入解决应急保障问题。渔业水域污染现象日趋严重、损失很大,水产品质量安全形势严峻、任务艰巨,而污染事故和质量安全的应急响应、处理体系亟须进一步完善和健全。四是由于涉海工程大量增加,沿海渔民"失滩"、"失海"现象严重,渔民的合法权益得不到保障,惠农政策又很少惠及渔业和渔民。五是制约渔业健康发展的良种、病害两大瓶颈因素仍然没有消除,水产良种繁育和水生动物疫病防治体系建设亟须引起重视并得到加强。

【重点渔业市(县)基本情况】

河北省重点渔业市(县、区)基本情况

市(县、区)	水产品总产量(吨)	其中				养殖面积(公顷)	其中	
		海洋捕捞	海水养殖	内陆捕捞	内陆养殖		海水	内陆
乐亭县	134 132	55 239	73 208	692	4 993	20 478	19 763	715
滦南县	119 328	64 494	35 115	1 128	18 591	20 897	19 192	1 705
昌黎县	111 600	11 745	99 645	23	187	30 547	30 347	200
黄骅市	75 337	62 598	6 917		5 822	5 909	4 552	1 357
丰南区	68 250	28 888	8 560	2 930	27 872	11 057	8 059	2 998
抚宁县	60 824	7 881	51 305	916	722	11 655	9 967	1 688
唐海县	59 988		3 919	5 056	51 013	11 663	4 243	7 420
磁　县	26 583			7 918	18 665	648		648
安新县	25 332			19 655	5 677	2 680		2 680
迁西县	25 130			1 500	23 630	1 115		1 115

【大事记】

[1]1月1日,修改后的《河北省渔业条例》正式实施。

[2]1月1日起,利用一年时间完成全省渔船第二次全面普查。

[3]1月17日,第二届河北省水产原(良)种审定委员会工作会议在石家庄市召开。会议主要讨论了水产苗种管理工作,修改了《河北省水产原(良)种审定委员会章程》、《河北省水产原(良)种场审定和管理办法》、《河北省水产原(良)种场建设要点》等有关水产原(良)种管理工作文件,并形成《河北省水产原(良)种审定委员会工作会议纪要》。

[4]1月25日,经省政府同意,《河北省养殖水域滩涂规划》由省农业厅发布实施。

[5]3月10日,《河北省水产养(增)殖业发展规划》由省农业厅发布实施。

[6]3月12—14日,河北省渔业安全工作会议在唐山市召开。会议主要内容是贯彻全国和全省农业工作会议精神,总结近年来河北省渔业生态安全、水产品质量安全和渔业生产安全管理工作的成效与经验,研究部署2008年工作,推动全省渔业"三大安全"管理再上新水平,为现代渔业发展做出新贡献。

[7]3月20—21日,农业部渔业局副局长柳正等一行3人到沧州市黄骅南排河调研渔业船只柴油补贴情况。

[8]6月3—4日,农业部副部长陈晓华一行到河北省秦皇岛、唐山两市考察部分供奥、供京水产品生产基地、水产品批发市场和加工企业,并进行了座谈。

[9]6月11日,河北省伏季休渔暨奥运海域防控工作会议在北戴河召开。会议回顾了2007年全省伏季休渔管理工作情况,肯定了成绩,指出了工作中存在的问题,并分析了当前的形势,对2008年全省伏季休渔管理和奥运安保海域防控工作做了具体部署。省公安边防总队马秋风副参谋长代表省奥运安保工作海空域防控领导小组讲话,对渔业部门开展奥运安保工作、维护海上秩序提出了指导意见。

[10]6月11—12日,农业部渔业局副局长陈毅德一行3人到河北省检查供奥供京水产品基地监管工作。

[11]6月18—19日,农业部渔政指挥中心巡视员张铭羽在农业部黄渤海区渔政渔港监督管理局副局长胡学东陪同下到唐山市调研渔业安全通讯网络建设和渔港自动化监测系统建设情况。

[12]6月19日,河北、天津在秦皇岛市召开伏季休渔联合执法座谈会。会上,河北、天津双方对几年来伏休联合执法工作进行了回顾总结,并对进一步的合作进行交流和探讨。

[13]7—9月,省水产局抽掉干部组成16个驻县督察组,进驻供奥供京基地所在县,对水产品质量安全监管工作进行督导。

[14]7月1—2日,河北省水产局局长王进率进驻供京供奥基地督导人员分别到唐山、秦皇岛两市对供

京供奥基地进行督导检查。

[15]7月9日,全省渔业柴油补贴工作调度会议在石家庄市召开。会议对全省渔业柴油补贴资金发放工作做了具体部署,并要求各地在充分调研的基础上,严格贯彻落实河北省财政厅和河北省农业厅联合下发的《关于落实2008年国家渔业成品油补贴政策的指导意见》。

[16]7月10—11日,农业部黄渤海区渔政渔港监督管理局副局长孙有恒到唐山市和秦皇岛市检查伏季休渔、奥运海上安全和奥运食品安全监管工作。

[17]10月24日,河北省机动渔船备案与渔业船舶安全生产工作会议在秦皇岛市召开。会议就进一步将机动渔船备案工作落到实处及认真贯彻落实《国务院办公厅关于加强渔业安全生产工作的通知》文件精神,提出了进一步加强全省渔业安全生产各项工作措施,并对下一步工作提出了具体要求。

[18]11月25日,河北省渔业政务信息与宣传工作座谈会在石家庄市召开。会议主要内容是传达全国渔业政务信息与宣传工作会议精神,对一年来的全省渔业政务信息与宣传工作进行交流和总结,对工作中存在的问题进行分析和探讨,研究部署当前和今后一个时期的渔业宣传工作重点。

[19]12月16日,河北省农业厅副厅长李大北和省水产局局长王进到石家庄市调研水产品市场准入工作。

(河北省水产局　王爱军　马志敏)

山西省渔业

【概况】 2008年,全省渔业工作者努力发扬"团结、求实、奉献"的行业精神,认真贯彻落实科学发展观,突出重点、狠抓落实,圆满完成了年度各项工作任务,渔业经济继续保持平稳发展态势。2008年,全省水产品总产量3.07万吨,渔业产值3.92亿元,分别比上年增长4.1%和5.7%。渔民人均纯收入5 111元,比上年增加464元,连续多年高于全省农民人均纯收入。

【水产养殖】 继续推进水产养殖业增长方式转变,主要表现出以下三个特点:一是继续调整和优化养殖品种结构,稳步扩大名优养殖品种和适销对路的养殖品种的比例。受市场需求和消费观念的影响,鲢、鳙、草鱼的大水面养殖和生态养鳖规模逐步扩大,增长率分别为6%、41%和113%。加州鲈和新吉富罗非鱼的示范推广面积比2007年扩大了3倍,达到20多公顷。继续引进和推广哲罗鲑、红点鲑、小龙虾、鮰鱼等名优养殖新品种。名优水产品产量达到3 533吨,比上年增加8.6个百分点。二是在全省范围内开展了水产健康养殖推进行动。根据农业部创建国家级健康养殖示范场的要求,结合山西省实际,制定印发了《山西省省级水产健康养殖示范场建设要求》、《省级水产健康养殖示范场考核验收标准》等一系列办法和标准,投入资金200余万元,开展省级健康养殖示范场创建活动。经考核验收,太原市鱼种场、大同市水产技术推广站示范场等5家单位被省水利厅授予"山西省水产健康养殖示范场"的称号。向农业部申报推荐的6个部级水产健康养殖示范场创建单位,经农业部考核验收,山西省名特优鱼种场等3个单位被农业部授予"农业部水产健康养殖示范场"的称号。为养殖场统一印制了2 000套共计6 000册《三项记录表》,发放了2 000套水产健康养殖宣传资料,一系列渔药用药指南和鱼病专家推荐表等宣传资料。派出技术人员深入基层,宣讲健康养殖知识,指导养殖户规范生产。为了加强市、县两级水产品质量安全监督队伍建设,举办了一期水产品质量安全监督员培训班,聘请农业部和外省知名专家进行授课。120余人参加了培训,并获得了省水利厅颁发的"水产品质量安全监督员证书"和劳动保障部颁发的"水产养殖质量安全管理员"资格证。三是合理利用优势水资源发展渔业生产,水产养殖业向着多元化的方向不断发展。除了传统的池塘养殖外,大水面增养殖、网箱养鱼、休闲渔业,淤地坝养殖的发展势头日渐迅猛。忻州、临汾等地的淤地坝养殖由前两年的几公顷发展到60多公顷;山西省中小型水库多、蓄水量大、水质条件好、水源充足,加之近年来兴水战略的大力实施和新水源工程项目的不断上马,各类型的水库逐步建成并投入使用,在一定程度上带动了群众发展网箱养殖的积极性。网箱养殖面积达到8.7公顷,比上年增长2.5%;以垂钓、观赏为主的休闲渔业渐成城乡居民的生活时尚和消费潮流,2008年全省观赏鱼产量达到2 465万条,观赏鱼养殖产业带由晋中延伸到了晋南一带,休闲渔业增加值达到512.73万元,同比增长14.7%。

【苗种专项整治】 水产苗种质量的好坏是开展健康养殖,保障质量安全的重要物质基础。在全省范围内开展了首次水产苗种专项整治行动。组织开展了苗种繁育场生产情况、外购水产苗种情况普查登记,遴选推荐了3个本省、14个外省苗种放心场供养殖单位采购苗种时参考,引导和规范养殖户从正规苗种场引进苗种,严把苗种入口关。对苗种生产许可证、苗种来源票据、水产苗种检疫、质量安全协议书等内容进行了监督检查。通过开展苗种专项整治行动，提高了养殖单位质量安全意识，使全省优质苗种覆盖率达到了70%，为确保在养水产品的质量安全奠定了基础。

【水产品质量安全监管】 经过积极争取，编制了《山西省水产品质量安全管理办法》，于2008年7月以省政府规范性文件发布实施，进一步明确了水产品质量安全的监管职责和监管部门，为规范生产经营和监管行为，全面有序推动水产品质量安全监管工作提供了政策保障和动力支持。

按照农业部渔业局的要求，配合河南省渔业监测中心和宁夏水产品质检中心完成了农业部渔业局安排的对山西省的2批62个样次在养水产品药物残留抽检任务，在养水产品药物残留抽检合格率均为100%。按照《2008年水产品质量安全监控计划》的安排部署，加大了水产品药物残留的抽检力度和抽检频次。全年共开展了5批、317个样(次)的水产品药物残留抽检，涉及136个养殖场、25个市场的26个品种，检测项目达到6项，是水产品质量安全监管工作开展以来，抽检范围最广、抽检频次最多、覆盖面最大的一年。通过加大水产品质量安全抽检力度，使水产品质量安全水平得到人幅提高。

作为农业部"助奥行动"协议省份之一，奥运会前期，对供京水产品和供省内旅游区水产品进行了彻底排查。规定奥运期间，往北京和赛区城市销售的水产品需具有由养殖场所在地渔业行政主管部门开具的产地证明和由有检验检测资质的机构开具的的产品检测合格证明方可销售，否则一律不准向北京及重点旅游区销售水产品。省、市、县三级渔业部门上下联动，对供京水产品和供旅游区水产品进行密切监控，发现情况及时通报，保障了关键时期不出问题。

【无公害水产品产地认定和产品认证】 围绕水产健康养殖示范场建设，加大无公害水产品产地认定和产品认证推进力度，对产地认定和产品认证的申报程序，省、市、县三级工作机构的工作职责和要求以山西省水利厅文件形式进行了进一步的明确和规范。从2008年开始，对无公害水产品产地认定和产品认证的检测费用实行补贴，不仅减轻了养殖单位的负担，而且提高了企业申报产地认定和产品认证的积极性。全省新认定无公害水产品产地11家，认定面积800公顷，新认证无公害水产品17个，产量1 351吨。2008年是无公害水产品产地认定工作开展5年来认定数量最多，认定面积最大的一年。全省累计认定无公害水产品产地16家，累计认定面积1 330多公顷；累计认证无公害水产品19个，累计认定产量2 000吨。完成了3家无公害水产品产地和2个无公害水产品的复查换证工作。

【渔业资源与环境保护】 2008年，开展了新一轮的渔业资源调查。调查的主要内容是河流、水库、湖泊、池塘和冷泉水资源。合计调查总养殖面积16 997.89公顷，冷泉101处。同时，对渔业发展现状和发展潜力进行了摸底调查。

在黄河芮城段举办了大型渔业资源增殖放流活动，放流鲤、鲫、鲢、鳙等各类鱼种400余万尾。对册田、后湾、漳泽3个水库进行了水质和生态环境监测，检测水样24个。完成了太原市鱼种场、省名特优鱼种场主养鲤鱼池塘污染源排污系数调查监测工作。组织申报了"圣天湖鲶鱼黄河鲤国家级水产种质资源保护区"项目，并获得农业部评审通过，列入农业部第二批水产种质资源保护区建设项目。

【渔政执法和执法队伍建设】 逐步转变传统的渔政执法理念，结合水产健康养殖推进行动的实施和水产品质量安全工作的开展，将渔政执法工作的重点转向水产养殖业执法，并开展了水产养殖业执法专项行动。抽调精兵强将，定期对养殖场进行执法检查，重点对使用和贮存违禁渔药、饲料的违法行为进行了执法检查，并现场查验了养殖证、苗种生产许可证，以及生产记录，对发现的问题进行了教育整改和严肃查处。对检查发现的阳性水产品进行了严肃处理。各市也按照部署，积极开展水产养殖业专项执法行动，取得了显著效果。仅长治市就销毁孔雀石绿超标的水产品共计1 876千克。

为了加强渔政执法机构建设，壮大渔政执法队伍，提高渔政执法工作的效能，有效缓解渔政执法人员不足的问题，省水利厅积极争取和协调省机构编制部门，于2008年年初经省编办批复在省水产技术推广站加挂了"省渔政执法总队"的牌子。

【渔业科技与推广】 开展了"新吉富罗非鱼养殖技术示范推广"、"加州鲈养殖技术示范推广"、"乌克兰鳞鲤健康养殖技术示范与推广"等产业化及推广项目11项，并完成了新吉富罗非鱼和加州鲈示范推广项目的结题和验收工作。实施"生物技术培育多倍体与单性虹鳟种苗"等科技攻关项目2项，开展科研试验项目3项。临汾市曲沃县、晋中市榆次区部省共建基层推广体系运行机制创新试点县和综合推广模式示范县工作有序推进。

【体系建设】 一是水产良种繁育体系建设如期进行。按照农业部的批复和建设进度，完成了芮城县黄河鲤鱼良种场项目和山西省冷水鱼良种繁育场项目的初步设计，并已开工建设。二是水产品检疫检测体系建设得到加强。长治、晋城两市经市编办批复，分别成立了市级水产品质量安全检疫检测站。2008 年省、市两级财政共计投入资金 80 万元支持长治市检疫检测站的建设。市级水产品检疫检测站的逐步建立，为水产品质量安全工作的顺利、有序开展奠定了坚实的基础。

【存在的问题】 一是受金融危机影响，市场需求萎缩，水产品市场销售价格下行压力增大，渔民持续增收难度在加大。二是一些市、县渔业发展理念和工作重心转变仍不到位，对水产品质量安全监管还重视不够，措施不力，存在一定的隐患。三是健康养殖等先进技术和先进养殖模式的推广和普及率不高，科研水平不高，研发能力不强。四是市、县水产品质量安全检验检测体系建设滞后，水产品质量安全经费不足甚至空白，人员不足、手段落后，给水产品质量安全管理工作的开展带来了难度。五是产业发展仍然存在着基础薄弱，产业规模偏小，加工发展滞后，科技支撑能力不强，市场流通体系不完善，投融资环境较差等问题。

【重点渔业市(县)基本情况】

山西省重点渔业市(县、区)基本情况

市(县、区)	总人口(万人)	渔业总产值(万元)	水产品总产量(吨)	其中		养殖面积(公顷)
				内陆捕捞	内陆养殖	
永济市	34	8 120.5	8 000		8 000	316
垣曲县	22.7	1 340	1 297	762	535	42
曲沃县	23.2	1 211.5	1 263		1 263	235
清徐县	30.3	997.7	1 091		1 090	381
临汾市	76	902	998		998	177
襄汾县	49	789.8	745		745	180
晋源区	19.98	700	650		650	80
芮城县	39	669	604	18	586	234

【大事记】

[1]1 月 18 日，省水利厅渔业局召开渔业资源增殖放流工作座谈会，就《2008 年山西省水生生物资源增殖放流行动实施方案》广泛征求意见，并就重点水域的增殖放流工作进行安排部署。

[2]2 月 28 日，全省渔业工作会议在太原召开。会议传达了全国农业工作会议渔业专业会议、全国渔政工作会议及水产健康养殖工作会议精神。省水利厅副巡视员范晓兵出席会议并讲话。

[3]3 月 4 日，省水利厅召开渔业可利用资源调查方案及发展规划研讨会，就《山西省渔业可利用资源调查方案及发展规划大纲》广泛征求意见，研究确定了做好新一轮的渔业资源调查工作的思路和措施。

[4]7 月 7—9 日，全省健康养殖现场观摩推进会在临汾市召开，省水利厅副巡视员范晓兵出席会议并作重要讲话。会议对上半年水产健康养殖行动和苗种专项整治行动所取得的成绩进行了全面总结和充分肯定，深刻分析了山西省水产品质量安全管理工作中存在的不足与隐患，并对下半年工作进行了安排部署。

[5]7 月 31 日，山西省人民政府以晋政发[2008]20 号文发布了《山西省水产品质量安全管理办法》。该办法的出台进一步明确了全省各级水利行政主管部门对水产品质量安全的监管职能，增强了水产品质量安全监管工作的可操作性和实效性，为水产品质量安全监管工作的顺利有序开展提供了依据和支持。

[6]8 月 12 日，全省水产健康养殖技术培训班在运城市举行。培训班聘请美国大豆协会的周恩华教授和天津市鱼病防治中心的李秀梅研究员分别就健康养殖、用药技术和鱼类病害防治等内容进行了专题培训。

[7]11 月 3—5 日，全国水产技术推广体系运行机制创新联合行动情况交流会在太原召开。全国水产技术推广总站副站长李可心到会并讲话，省水利厅副巡视员范晓兵出席会议并致辞。会议期间，全国水产技术推广总站组织晋、冀、鲁、豫 4 省水产技术推广站召开专题研讨，对盐碱地开发示范项目进行了意见交流和任务部署。

[8]11月7日,全国船舶政务信息工作座谈会在太原召开。农业部渔业船舶检验局副局长沈建荣出席座谈并讲话,山西省水利厅副巡视员范晓兵出席座谈会。来自全国各省渔业政务信息工作的代表参加了座谈会。

[9]11月11日,农业部渔业局在四川成都举行了"向四川灾区捐赠种苗"的捐赠仪式,太原市国家级淡水鱼良种场向四川灾区捐赠团头鲂"浦江1号"乌仔100万尾,建鲤乌仔100万尾。

(山西省水利厅渔业局 邢有太 蓝天慧)

内蒙古自治区渔业

【概况】 2008年,内蒙古各级渔业部门深入贯彻落实科学发展观,以渔业增产、增效和渔民增收为目标,围绕三个产业带建设,以转变渔业增长方式、推进水产健康养殖、养护水生生物资源、建设平安渔业、强化水产品质量安全管理为重点,切实推进渔业规模化、标准化、名牌化、科技化、产业化。建设了一批特色明显、优势突出、发展潜力大的渔业生产基地。全区水产品总产量达到9.8万吨,比上年增长4.3%。养殖产量达到7万吨,同比增长9.4%。渔业产值11.8亿元,同比增长8.3%。渔民人均纯收入5 985元,同比增长9.8%。

【支渔惠渔政策】 一是落实国家燃油补贴政策。2008年国家为全区816艘机动渔船补贴燃油2 332吨,补贴资金397万元,是2007年的3.5倍;在农机补贴中,将增氧机、投饵机、清淤机等渔机纳入进来,补贴额达到渔机中标价的30%。在水产良种体系、渔政执法体系、渔港等基础设施建设和渔业资源养护等基础设施建设方面投入资金401.5万元,有力地支持了全区的渔业发展。二是自治区对渔业的扶持进一步加强。全区水产补助费已达到600万元,比上年增长了20%。其中落实水产良种补贴资金120万元,3个渔业产业带建设150万元,渔业资源增殖放流100万元,渔业技术推广、水产品质量安全管理100万元,渔政管理70万元。各盟(市)、旗(县)在天然水面渔业开发、水电供应、开发利用"三荒"发展养殖等方面也出台了一系列政策,争取财政投入850多万元。各级政府的支持,增强了社会投资者的信心,2008年全区渔业社会投资额达到4亿元。

【渔业产业带建设】 在湖泊、水库优质水产品增养殖产业带建设中,全区向天然水域投放鱼种4 192吨。在大中型水库发展以鲤、草、鲢、鳙、鲫等为主要品种的网箱养殖2.2万平方米,围栏养殖1 075万平方米,开展中小水面人工养殖11 200公顷。全区投放大银鱼受精卵10亿粒,移植增殖大银鱼面积50 667公顷,产量208吨;投放蟹种2 286万只,养殖河蟹10 000公顷,生产河蟹348吨;呼伦贝尔市发展高白鲑、凹目白鲑移殖133公顷,为利用天然水面发展冷水鱼养殖探索了新的途径。

池塘名特优鱼类养殖产业带建设以开展生态健康养殖、调整养殖品种结构、扩大名优特养殖规模为重点,探索多品种立体养殖模式和标准化生产。沿黄地区利用连片池塘1 000公顷,通过套养黄河鲶、大口鲶、乌鳢等肉食性鱼类,有效地清除了野杂鱼,减少了病害的发生和饲料浪费,充分利用了水体空间,促进了池塘生态系统的良性循环。赤峰市元宝山区发展虹鳟鱼集约化养殖1.5万平方米,2008年生产虹鳟鱼4万千克,在奥运期间供应北京奥运村20吨。鄂尔多斯市乌审旗养殖虹鳟鱼1 700平方米,均取得了良好成效。通辽市国家级"四大家鱼"良种场开展罗非鱼、淡水白鲳、花鲷等品种繁育,并在兴安盟、赤峰、锡林郭勒盟等周边盟市推广,为深化养殖品种结构调整进行了有益的探索。

在推进盐碱水域盐湖生物养殖加工产业带建设中,鄂尔多斯市螺旋藻规模化养殖达到94万平方米,生产螺旋藻粉680吨,占全国螺旋藻产量近三成,产值2 460万元。阿拉善盟盐藻工厂化养殖11万平方米,生产盐藻8吨,雨生红球藻80吨,产值2 900多万元;生产加工卤虫卵89吨,产值623万元;建设南美白对虾养殖池塘110公顷,投放虾苗5 000万只,生产加工商品虾125吨,产值600万元。盐碱水域的不断深入开发,对于充分利用渔业资源,拓展新的发展空间具有重要意义。

【水产健康养殖】 一是水产健康养殖示范场创建工作深入开展。五原县水产站民族渔场、正蓝旗金师苗木有限责任公司养殖场、通辽市早繁鱼苗试验场、准格尔旗巨合滩惠农渔业合作社、包头市黄河鲤鱼良种场等5家创建单位获2008年农业部"健康养殖示范场"称号,全区获得部级示范场称号的水产养殖单位已经达到12个。截至2008年,全区创建科技示范场28个,培育科技示范户259个,示范面积1 600公顷,带动渔户(场)1 280个,辐射带动面积80 000公顷,新增效益3 900多万元。二是水生动物防疫体系建设不断加强,病害测报网的监测站点继续增加,测报质量明显提高。2008年4月,举办了全区水生动物检疫员培训班,对各盟市水产站及6个县级水生动物疫病防治站的检疫员、化验员进行了培训,目前全区持证水产检疫员112名。

【水产苗种管理】 完善了苗种生产许可制度和质量监督机制,制定了苗种繁育操作规程、良种选育技术规范,苗种质量和繁育能力有了明显提高。全区自繁鱼苗6.3亿尾,苗种自给率75.9%。

【水产科技推广】 自治区水产技术推广站等单位结合本地气候、环境特点,自主开展了达里诺尔瓦氏雅罗鱼和鲫鱼耐盐碱机理研究、居延海大鳍鼓鳔鳅生物学与繁殖特性研究、高白鲑在北方高寒地区天然水面移植增殖研究,均取得了阶段性成果,为盐碱水域和冷水资源开发奠定了基础。全区举办渔业科技培训班61期,培养水产养殖能手125个,培训人员3 089人(次),渔民生产技术水平得到了明显提高。同时,在水产养殖、渔业资源养护、环境保护等多个领域开展了科技横向联合。与中国水产科学研究院合作,对放流鱼类种质进行鉴定,开展渔业资源增殖放流工作;与淡水研究中心、长江水产研究所、黑龙江流域渔业环境监测站、黄河水产研究所、上海水产大学等院所合作,开展渔业资源养护、开发、水域污染治理、水利工程对环境影响评估等工作。呼和浩特市水产站与中国水产科学研究院无锡淡水研究中心合作,开展建鲤、锦鲤、鳜鱼、河蟹养殖技术研究。鄂尔多斯市蒙健螺旋藻有限责任公司与北京林业大学螺旋藻研究所合作,开展螺旋藻种质资源保护、品系选育、生物学研究和开发利用研究。

【水产品质量安全管理】 按照农业部的要求,自治区农牧业厅渔业局制定了《内蒙古自治区2008年水产养殖专项执法行动方案》,对全区水产养殖业专项执法工作进行了部署。2008年8月,举办了全区水产养殖执法培训班,培训各级渔政站的领导和执法骨干70人。为了配合农业部开展的水产品抽检工作,组织有关部门,分4次共抽检了122个批(次)的水产品样本,合格率为99.2%(对检测中在通辽市绿丰渔业有限责任公司出现的1个不合格产品进行了调查,该产品是青鱼,主要是硝基呋喃代谢物呈阳性。经查,该公司并未使用违禁药物,超标原因是从外省购买的规格鱼种的残留药物所致,通辽市渔政站依法对本批不合格产品全部进行了无害化处理)。并对奥运期间供应北京市场的5个生产基地实施了驻点监管,保障了供奥水产品安全。在养殖业执法行动中,全区共出动执法人员110多人(次),检查水产养殖场(户)500多家,对不符合要求的50多家生产单位进行了整改。2008年12月,自治区水产品质量检测中心经农业部批准为农业部农产品地理标志产品品质鉴定检测机构和农业部无公害农产品定点检测机构,在"三聚氰胺"事件中承担了大量检测工作,并作为无公害水产品产地认定的技术依托机构,承担了全区无公害水产品产地的检测工作。全区新认定无公害产地16个,6 600公顷;新认证产品61个,产地复查换证3个,产品复查换证9个。

【水产品加工】 全区加工各类冰鲜、冷冻,腌、烤、熏等干制品、罐头食品、各类保健品等9 800多吨,占水产品总产量近一成,加工产值达到2.1亿元。其中呼伦湖渔业公司冷冻加工红鳍鲌、雅罗鱼、小白鱼(餐条)等3 500多吨,淡干小白鱼1 830吨,罐头469吨,产品大部分销往东北及南方地区。达里诺尔冷冻加工鲫鱼、雅罗鱼700多吨,全部采用精包装,产品在北京市场供不应求。鄂尔多斯市螺旋藻原粉产量的70%、8家加工企业生产的32吨螺旋藻片剂全部出口到国外。阿拉善盟兰太集团加工胡萝卜素胶丸等保健药品4亿粒,生产盐藻粉饲料添加剂2吨,冷冻加工南美白对虾60吨;居延海熏、烤制大头鱼、池沼公鱼100多吨。

【休闲渔业】 2008年,全区休闲渔业产值达到1.5亿元。鄂尔多斯市通过加强宣传,吸引亿利集团、大兴集团等大型企业投资建设以休闲渔业为主的渔业综合生产基地,新增投资6 502万元,年效益1 200万元。包头市把沿黄连片池塘规划为休闲渔业园区,创产值1 050万元。呼伦贝尔市休闲渔业基地已发展到35家,比上年新增7家,年产值700万元。

【渔政管理】 一是渔政队伍建设。全区12个盟市中,呼伦贝尔市、包头市、锡林郭勒盟、兴安盟、赤峰市、乌海市等6个盟市及呼伦贝尔市新巴尔虎左旗渔政站已经完成了参照公务员法管理。渔政管理指挥系统推广应用工作方面,建立了103人的操作人员队伍,全区培训360人(次),已录入信息1 419条,第一批推广应用的管理软件已经全面运行。在开展渔业文明执法窗口创建活动中,根河市渔政站被评为2008年度"全国渔业文明执法窗口单位"。全区举办渔政执法培训班9期,培训渔政人员325人。二是《渔业法》宣传。在《渔业法》宣传月期间,开展了以养护渔业资源,保护水生生物多样性为主题的宣传活动,全区发放宣传材料8万多份,制作播放电视宣传节目93期、广播节目89期、刊登报纸宣传稿件93件,标语1 614份。三是开展渔业资源保护。在5月1日至7月31日禁渔期间,自治区农牧业厅印发了《内蒙古自治区2008年禁渔期、禁渔区渔政管理通告》,对禁渔期、禁渔区渔政管理作了统一部署。自治区渔政渔港监督管理局组织有关盟(市),在黄河、边境水域额尔古纳河等自治区重要渔业水域开展了渔政综合执法行动。在渔政执法行动中,各盟(市)渔政部门之间统一行动、密切配合、协同执法,取得明显成效。2008 年全区出动执法人员 9 738 人(次),查处渔政案件 278 起,查获刺网 29.3 万米,渔获物 38.6 吨,罚没款 10.5 万元。四是开展水生野生动物保护。按照农业部的要求,渔政执法部门对批发市场、饭店、商场、公园等进行了检查,对其中 19 家非法经营的商户依法进行了处理。向农业部申报的呼伦湖红鳍鲌和达里诺尔湖雅罗鱼等两个国家级水产种质资源保护区项目已经通过评审,现国家级水产种质资源保护区总数已达 4 处。五是开展渔业环境保护。组织自治区渔业环境监测保护站在开展常规监测的基础上,把黄河、达里诺尔、贝尔湖作为重点,开展了渔业环境调查、监测工作。2008 年 6 月,乌梁素海大面积暴发水绵,引起温家宝总理的关注。为了抓好水绵治理工作,自治区农牧业厅渔业局与巴彦淖尔市政府、自治区渔业环境监测站共同对乌梁素海进行了调查,拿出了治理意见,为自治区政府及时处理此次突发事件提供了技术支持。9 月,自治区重点建设项目——海勃湾水利枢纽工程在申报过程中,由于缺少工程对水生生物影响评价及补偿措施而停滞。应乌海市政府的申请,渔业局组织自治区水产技术推广站编写了《海勃湾水利枢纽工程对黄河内蒙古段水生生物影响评估报告》,并邀请国内知名专家召开咨询会,对评估报告进行了修改,并及时申请农业部渔业局组织评审,为该工程的成功审批提供了支持,既保护了黄河水生生物资源,又扩大了渔业环境保护事业的社会影响。该工程建设已经列入国家扩大内需项目。

【渔业资源增殖放流】 渔业资源增殖放流工作由自治区农牧业厅统一组织,自治区农牧业厅渔业局与相关盟(市)渔业行政主管部门负责具体工作。其中举办自治区级放流行动 3 次,盟(市)级放流行动 22 次。黄河呼和浩特、包头、鄂尔多斯段渔业资源增殖放流行动中,共放流大规格黄河鲤鱼种 354 万尾。黄河巴彦淖尔、乌海、阿拉善段渔业资源增殖放流行动中,共放流大规格黄河鲤鱼种 190 万尾。中蒙界湖——贝尔湖渔业资源增殖放流行动中,放流大规格贝尔湖鲤鱼种 310 万尾。通过开展渔业资源增殖放流系列行动,使渔业资源养护工作引起社会各界的高度重视,广大群众不但积极参与放流活动,还自觉参与到渔业资源保护工作中来。

【渔业安全生产】 全区各级渔政部门都建立了安全生产制度,对渔民开展安全生产警示教育,在群众中树立了安全生产意识。一是开展渔业安全生产百日督促检查活动,二是按照农业部和自治区农牧业厅文件要求,自治区农牧业厅渔业局于 7 月份组织各盟(市)渔业行政主管部门开展了渔业“安全生产月”活动。2008 年,农业部渔业船舶检验局认可了内蒙古自治区 17 家旗县级船检机构,核定了各级检验机构的业务范围。自治区船检站制定了《采集、建立小型渔业船舶船型谱工作实施方案》、《内蒙古自治区 5~12 米无上层建筑或甲板室结构的小型机动渔业船舶、小型非机动渔业船舶的检验规范》,加强了对小型渔业船舶的监督检验管理。另外,全区 10 个盟(市)实施了《全国渔业系统行政、执法及科研人员综合保障计划》,投保人数 279 人,保险金额 4 万余元。

【渔业合作经济组织建设】 2008 年,内蒙古渔业协会新增单位会员 12 个,个人会员 37 个,单位会员总数达到 79 个,个人会员 221 人。截至 2008 年年底,全区已成立渔业协会 26 个,共有会员 1 191 户。各地渔业协会按照《内蒙古自治区农村专业合作经济组织示范章程》的规定,健全协会内部章程。在整合资金、保护品牌、采购渔需物资、苗种调配、技术指导与培训、病害防治、组织渔民经纪人队伍拓展流通渠道等方面,为广大会员提供服务。

【大事记】

[1]2 月 19—20 日,全区农牧业工作会议渔业专业会议召开。

[2]5 月 1 日至 7 月 31 日,自治区农牧业厅渔业局组织各盟市渔业主管部门及其所属的渔政执法机构,在全区开展禁渔期渔政执法检查行动。

[3]6 月 16—19 日,农业部渔业局副局长柳正、渔业局国际合作处处长刘小兵在内蒙古自治区呼伦贝尔市呼伦湖、贝尔湖调研。

[4]6 月 30 日,乌梁素海水绵大面积暴发,自治区农牧业厅渔业局局长孙晓文、巴彦淖尔市副市长苏远中、自治区渔业环境监测站站长刘海涛及相关科技人员共同对现场进行调查,拿出了治理意见,为自治区政府及时处理此次突发事件提供了技术支持。

[5]7 月 10 日,由自治区农牧业厅主办,自治区农牧业厅渔业局和呼和浩特市政府承办,鄂尔多斯市政府和包头市政府协办的“黄河呼和浩特、包头、鄂尔多斯段渔业资源增殖放流行动”在呼和浩特市托克托县举行,放流大规格黄河鲤鱼种 354 万尾。农业部黄河

流域渔业资源管理委员会副主任王守民、自治区人民政府副秘书长于清理、自治区农牧业厅厅长陶克、副厅长布仁等领导参加了放流仪式。

[6]7月15日，由自治区农牧业厅主办，自治区农牧业厅渔业局和乌海市政府承办，巴彦淖尔市政府、阿拉善盟行署协办的“黄河巴彦淖尔、乌海、阿拉善段渔业资源增殖放流行动”在乌海市举行，放流大规格黄河鲤鱼种190万尾。自治区农牧业厅、乌海市人大、市政府、政协，巴彦淖尔市政府，阿拉善盟人大工作委员会等领导参加了放流仪式。

[7]8月30日，由自治区农牧业厅主办，自治区农牧业厅渔业局和呼伦贝尔市农牧业局承办的“中蒙界湖贝尔湖渔业资源增殖放流行动”在贝尔湖举行，放流大规格贝尔湖鲤鱼种310万尾。农业部渔业局副局长崔利锋，黄渤海区渔政局局长牛玉山参加放流仪式。

[8]9月4日，自治区农牧业厅渔业局局长孙晓文主持召开自治区重点建设项目——海勃湾水利枢纽工程对黄河内蒙古段水生生物影响咨询会。邀请国内知名专家对《海勃湾水利枢纽工程对黄河内蒙古段水生生物影响评估报告》进行讨论、修改，并申请农业部渔业局组织评审。

[9]10月31日至11月3日，由自治区农牧业厅副厅长布仁、渔业局局长孙晓文带队，全区12个盟（市）水产（渔政）站（科）、自治区重要水域渔业企业、厅属水产二级单位负责人等27人组成学习考查团，到黄渤海区渔政局及烟台市、威海市就渔政管理、渔业生产、水产品加工、发展外向型渔业经济等情况进行参观学习。

[10]12月，自治区水产品质量检测中心经农业部批准为农业部农产品地理标志产品品质鉴定检测机构和农业部无公害农产品定点检测机构。

【重点渔业市（县）基本情况】

内蒙古自治区重点渔业旗（县、区）基本情况

旗（县、区）	总人口（万人）	渔业总产值（万元）	水产品总产量（吨）	其中		内陆养殖面积（公顷）
				内陆捕捞	内陆养殖	
鄂尔多斯市准格尔旗	27.1	8 853	1 992	1 952	40	643
鄂尔多斯市达拉特旗	33.6	8 274	3 390	50	3 340	1 242
呼和浩特市土左旗	35	5 507	3 696	0	3 696	3 021
包头市九原区	27.7	5 345	3 856	3 681	175	367
鄂尔多斯市鄂托克旗	94.7	4 539	1 116	1 076	40	942
巴彦淖尔市临河区	53.3	4 295	3 505	3 385	120	1 393
巴彦淖尔市杭锦后旗	31.2	4 093	3 270	2 940	330	1 864
呼和浩特市托克托县	19.6	3 992	2 538	1 985	553	440
阿拉善盟阿左旗	14	3 653	549	416	133	346
呼伦贝尔市新巴尔虎右旗	3.4	3 643	4 500	700	3 800	400

（内蒙古自治区农牧业厅渔业局　孙晓文　郑凤忠）

辽宁省渔业

【概况】

（1）渔业经济。全省渔业经济总产值完成800.4亿元，同比增长19.5%。渔业经济增加值399.1亿元，增长18.1%，占全省农林牧渔业增加值的30.7%。渔业及水产品加工业增加值316.7亿元，增长23.6%。水产品总产量494.9万吨，增长8.9%。水产品出口创汇16亿美元，增长7.4%，占全省农业出口创汇的48%。

省财政新增投入9 000万元，拉动投资32.4亿元，新建省级水产健康养殖示范区232个，新增养殖面积6 460公顷，改造池塘1 300多公顷；新增水产品加工技改项目133个，同比增加1.1倍，新增加工能力70万吨，其中新增固定资产超亿元以上的加工企业10个。大连市八大水产品加工园区全部启动。

全年底播增殖370万亩，产量77万吨，产值49.4亿元，同比分别增长15.6%、15%和17%。近海增殖放流游动性品种8.25亿尾（头），同比增长10.3%。内陆向开放水域增殖放流各种鱼类53.7亿尾（粒），同比增长12.1%。

全省渔民人均纯收入首次突破万元大关，达到

10 500元,同比增长10.5%。渔民人均纯收入为全省农民人均纯收入的1.88倍。

(2)发展特点

管理与服务并重

坚持以渔业资源保护管理为重点,以促进渔民增收为目标,全面加强水产苗种生产与养殖管理,严格海洋伏季休渔管理。海蜇资源保护管理中,沿海五市共同努力,渔业、公安、边防等有关部门齐抓共管,实现了连续六年统一开捕。黄海北部增殖对虾管理明显好于往年。整合了捕捞渔船数据库。省渔业船舶管理行政服务大厅被省文明委命名为"省直机关文明服务窗口创建活动示范单位"。基本查清了"三无"渔船底数,实行了严格监管。继续规范苗种生产行为,推行养殖生产日志制度,督促养殖生产企业,建立生产档案,严格投入品监管。认真落实惠渔政策,积极争取农业部和省财政的资金支持。全年争取农业部项目和柴油补贴资金10.8亿元,为上年的2倍。10.5亿元柴油补贴发放到船。争取省财政资金1.4亿元,为上年的3.2倍。渔业通信网建设加强,完成了海蜇管理雷达摄像监控系统扩面升级改造,免费为渔民配备了500台新型对讲机。"建设渔业安全救助网,保护渔民生命财产安全"被评为省直机关第一季度最佳实事。为10个县和部分企业配备了水产品药物残留快速检测设备。投入1 000万元为20个县级水生动物疫病防治站购置了检验检测设备。省、大连市、北海分局综合执法码头、盘山渔港、海星渔港开工建设。渔业互保展业完成4 200万元,同比增加800万元,赔付1 800万元。严格项目与资金管理,与省财政厅联合下发了财政资金管理办法。对近年来省级以上财政扶持的渔业建设项目进行了全面检查,建设进展和资金管理情况良好。

安全监管成效显著

2008年,各级海洋与渔业部门把渔业安全生产和水产品质量安全作为硬任务,摆上重要日程,实施严格监督管理,取得了明显的成效。

渔业安全生产控制指标全面实现。强化从源头到海上生产全过程安全监管,严格渔船检验和出港签证管理。通过开展经常性专项检查,加强安全事故隐患排查治理,积极组织抢险救助,减少了渔业安全生产事故的发生,有效地保障了渔民生命财产的安全。全年排查安全事故隐患4 787项,整改4 775项。组织渔业海难抢险救助78起,成功救助渔民412人、渔船77艘,挽回经济损失4 622.6万元。全省发生渔业安全事故69起,同比下降10.4%;死亡失踪88人,同比上升57.1%;沉毁渔船17艘,同比下降50%;直接经济损失1 633万元,同比上升4.2%。万吨水产品死亡失踪人数为省控指标的27.5%。各项指标均在省政府下达的控制指标内,被省安委会评为达标单位。

水产品质量奥运安保任务圆满完成。认真组织实施《辽宁省奥运水产品质量安全保障工作实施方案》、《水产品质量安全监控计划》。强化了监督检查、检测和无公害水产品认定。先后督察31次,抽检1 800多批次,平均合格率达93.6%。认定无公害水产品产地61处,认证无公害水产品47个。保证了水产品供给和水产品的质量安全,被评为省直机关第三季度最佳实事,还被农业部评为"保质量、保安全、助奥运"农产品质量安全保障行动先进集体。

科技支撑作用增强

全年争取省以上海洋与渔业科研项目22个,资金2 710万元,同比分别增长70%和360%。其中:落实省科技重大和重点项目2个。"海带综合利用技术研究"成果获得省政府科技进步一等奖。大力推进渔业科技入户工程,积极推广"盘山模式"。稻田种养新技术,已辐射到大洼、台安、新民等8个县市。培育科技示范户1 000户,带动农户3.22万户,示范面积3 000公顷。海参、鲍鱼等10个主导养殖品种,集成示范10项主推技术,得到了广泛推广,提高效益21.8%。投入145万元,扶持10个县开展了渔业标准化示范县建设。

行政执法力度加大

渔政执法,实行专项执法与日常执法相结合,不断加大执法力度,有效地维护了海上生产秩序。以"2008护渔执法"行动为重点,加大了港口和海上巡航检查力度。检查港口512个,暂扣渔船836艘次,没收渔船59艘。专属经济区渔政巡航检查任务圆满完成,丹东市渔政处巡航执法各项考核指标位居海区之首,得到黄渤海区渔政局表扬。斑海豹专项执法和鲅鱼资源专项执法,有效地保护了渔业资源。制止越界违法捕捞成效显著,涉韩越界、违规渔船同比下降39%。

渔政执法队伍建设进一步加强。省级和部分市、县(市、区)渔政机构完成了"参公"管理。通过开展各类执法培训,执法人员素质得到提高。营口市渔港监督处、铁岭市渔政站、大连市渔政监督局21101渔政船,在渔业文明执法窗口创建活动中,荣获全国渔业文明执法窗口单位称号。

(3)存在的问题

主要是:渔业安全生产、水产品质量安全监管工作亟须加强,推进水产品出口创汇的力度需要加大,渔业科技研发能力需要加强,执法能力和工作效率还须进一步提高,渔业基础设施欠账较多等等。所有这些,都需要在今后的工作中切实加以改进。

【重点渔业市(县)基本情况】

辽宁省重点渔业市(县、市)基本情况

市(县、区)	总人口(万人)	渔业总产值(万元)	水产品总产量(吨)	其中				养殖面积(公顷)	
				海洋捕捞	海水养殖	内陆捕捞	内陆养殖	海水	内陆
长海县	8	575 050	370 000	162 134	195 000			128 257	
庄河市	91	836 728	465 976	105 812	350 426		1 697	61 733	4 413
普兰店市	82	478 730	159 652	37 841	119 581		2 230	12 107	5 750
瓦房店市	102	300 099	170 955	81 058	88 567		1 330	15 927	1 400
金州区	47	404 003	238 047	72 019	164 978		1 050	15 933	290
旅顺口区	21	429 001	320 020	117 400	200 020			20 902	
甘井子区	59	343 299	130 208	90 014	35 780	215		4 566	
东港市	65	561 164	385 196	79 951	238 632		48 184	44 500	6 033
凌海市	57	165 643	153 015	26 199	118 790	805	8 026	47 488	641
大洼县	40	340 500	204 035	49 800	55 265		90 920	27 892	34 000

【大事记】

[1]1月7日,上报黄渤海区渔政渔港监督管理局2008年中韩渔业协定入渔渔船。

[2]1月9日,全国第一次污染源普查辽宁省水产养殖污染源普查会议暨普查培训会在沈阳召开。全省186名普查员参加培训。以此次会议为标志,辽宁省水产养殖污染源普查工作正式启动。

[3]1月16日,举办中韩入渔软件培训班。

[4]1月18日,组织召开全省海洋渔业资源监测总结会议。

[5]1月28日,组织召开全省人工鱼礁建设规划编制工作研讨会。

[6]2月15日,上报农业部渔业局2007年度辽宁省远洋渔业企业资格年审情况。下达2007年度海洋捕捞渔船报废计划。

[7]2月19日,下发《关于开展人工鱼礁建设的通知》。

[8]2月29日,下发《关于开展2008年省级水产原(良)种场认定工作的通知》。

[9]3月7日,组织召开集中研究渔船节能项目工作会议,启动全省渔船节能工作。

[10]3月12日,下发《关于开展渔船节能项目工作的通知》。

[11]3月21日,组织召开全省渔业生产工作座谈会。

[12]4月3日,下达2007年度海洋捕捞渔船报废船名册,下拨2007年度海洋捕捞渔船报废工作补助经费。

[13]4月15日,经严格审查,为全省1 648名渔政执法人员换发了新版《中华人民共和国渔业行政执法证》。同时,为全省渔政人员换发新式服装及标识。

[14]4月18日,组织召开全省人工鱼礁点选划评审会。

[15]4月30日,制定2008年社会主义新渔村建设计划。

[16]5月6日,上报黄渤海区渔政渔港监督管理局2008年中韩暂定措施水域入渔渔船。

[17]5月12日,全省渔业行政执法队伍以“渔业行政执法队伍示范建设”活动为主要形式,不断加强渔政执法队伍建设。

[18]5月15日至6月7日,在葫芦岛市、锦州市、盘锦市和大连金州区共放流车虾3.02亿尾。

[19]5月16日,组织召开辽宁省人工鱼礁建设论证会。

[20]5月19日,上报黄渤海区渔政渔港监督管理局2008年中日渔业协定相关水域入渔渔船。

[21]5月23日,在大连湾辽渔码头召开辽宁省渔船节能宣传现场会。

[22]6月,与省财政联合下拨了国家下达的渔用柴油补贴款10.5亿元,这是有史以来国家下达渔业最大金额的财政项目,该项目的实施有效地降低了柴油涨价给渔业生产带来的冲击,保障了广大渔民的利益。

[23]6月11日,组织召开辽宁省水产原种和良种审定委员会工作会议。

[24]6月16—25日,在辽东湾渔场组织放流海蜇幼体2.99亿头。

［25］6月17日，批准省级水产良种场14家。

［26］6月17—18日，在黄海北部海洋岛渔场组织放流入海平均体长28.6毫米的中国对虾2亿尾。

［27］7月22日，经过全省沿海辽东湾五市党政领导和渔业、公安、边防、工商、纪检监察及渔政执法机构共同努力，辽东湾海蜇管理实现统一开捕。也是全省连续六年实现全省海蜇统一开捕。在2008年北京奥运会的特殊年份，全省渔业战线全力管海蜇、保奥运，确保了2008年7月22日18时全省海蜇统一开捕，海蜇产量1.8万元，产值1.9亿元，均取得较好的效益。

［28］8月，与国家海洋局北海分局及大连市海洋与渔业局联合兴建的辽宁省大连棉花岛行政执法码头破土动工，工程总投资5 700万元，预计于2009年底前完工，该码头的投入使用将结束海洋与渔业行政执法船只无专门停泊码头的历史。

［29］8月4日，印发《辽宁省推进渔业加快发展三年规划》。

［30］8月7日，印发《关于实施辽宁省海洋牧场示范区项目辽西海域人工鱼礁建设的通知》。

［31］8月7日，制定下发了《辽宁省推进渔业加快发展三年规划》和《2008—2010年财政扶持水产养殖和加工项目建设实施方案》。

［32］8月8日，组织召开全省推进渔业加快发展工作会议。汇同省财政厅制定下发了《辽宁省2008—2010年水产健康养殖示范区建设项目和水产品加工业新增项目及财政扶持资金管理办法（试行）》。

［33］9月4日，组织召开全省中韩入渔管理工作座谈会。

［34］9月9日，组织召开全省社会主义新渔村建设试点单位经验交流会。

［35］10月6日，转发辽宁省人民政府办公厅加快水产健康养殖示范区建设实施意见。

［36］10月16日，《辽宁省水丰水库边境水域渔政渔港管理规定》。经2008年6月6日第39次厅务会审议通过，在再次修改征求意见的基础上，于2008年10月16日印发执行。

［37］11月，积极争取省财政配套资金1 000万元，用于国家下达的全省20个县级水生动物疫病防治站建设项目配套，为各站统一采购检验检测设备，初步建立全省水生动物疫病防治体系。

［38］11月6日，参加了全国渔业法制工作会议，并在会上交流了渔业工作30年成果和经验。

［39］11月17日，上报农业部、财政部《2008年度辽宁省海洋捕捞渔民转产转业项目实施方案》。

［40］11月20日，下发《关于2008年辽宁省水产健康养殖示范区和水产品加工业新增项目的预审意见》。

［41］11月20日，下拨2008年度海洋捕捞渔船报废拆解经费。

［42］12月1日，农业部办公厅批复辽宁省海洋牧场示范区项目实施方案。

［43］12月22日，农业部公布全国第二批国家级水产种质资源保护区63个。盘锦市双台子河口海蜇中华绒螯蟹国家级水产种质资源保护区被正式批准。

［44］12月23日，上报黄渤海区渔政局2009年中韩渔业协定水域入渔渔船。

［45］12月24日，农业部办公厅公布第三批农业部水产健康养殖示范场名单，全省共43家单位通过农业部考核验收，荣获第三批“农业部水产健康养殖场”称号。

［46］12月31日，全省渔业安全生产工作取得可喜成绩，辽宁省海洋与渔业厅被省政府安全生产监督管理委员会授予全省2008年度安全生产目标管理达标单位。

（辽宁省海洋与渔业厅　董泽江）

吉林省渔业

【概况】 全省紧紧围绕促进渔业发展、农渔民增收中心任务，不断加大渔业结构调整力度，进一步强化资源和质量安全管理，全面实现了渔业工作显成效、渔业经济快发展的阶段性目标。

（1）经济总量创历史新高。全省开展养殖面积32万公顷，繁育水产苗种8亿尾，完成水产品产量15.5万吨、产值24亿元。水产品出口2 500多万美元，连续7年位居全国内陆省份前3位。

（2）水生生物资源养护工作取得新进展。认真实施了国务院《中国水生生物资源养护行动纲要》，省政府出台了《吉林省人民政府关于实施水生生物资源养护行动的意见》，对全省水生生物资源养护工作进行了周密部署，为今后开展水生生物资源养护工作提供了政策保障。组织第二松花江、图们江等江河水域增殖放流活动13次，放流各类鱼苗44 00多万尾，移植鱼卵13亿粒。农业部与省政府首次共同举办了“2008年图们江生物资源增殖放流活动”，产生了积极的社会影响。

（3）水产养殖制度建设不断加强。编制完成了《吉林省养殖水域滩涂规划》，成为全国第一个由省政府批准实施的渔业水域滩涂规划；同时，全省有3个市（州）、16个县（市）的规划获得了当地政府批准；各地发放养殖证3 600多本,国有水域养殖证发放率超过90%,提前完成农业部的规划目标。

(4)支渔惠渔力度不断加大。全年发放渔业船舶柴油补贴1 273万元,创历史新高,使广大渔民得了实实在在的实惠;积极开展了以突出特色、发挥优势、树立典型、打造品牌为主要内容的"渔业重点突破行动",使一批渔业企业脱颖而出,一些县(市)渔业发展全面提速,企业实力不断发展壮大。前郭、镇赉、敦化、扶余、集安、梅河等县(市)成为新一轮渔业开发的重点,查干湖渔场、哈尔淖渔场、苏尔哈渔场、石头口门水库等生产的有机、绿色和无公害水产品供不应求,品牌效应显现。

(5)渔业基础设施建设有序推进。全年共建设无公害标准化养殖项目32个、水产良种工程5处、内陆重点渔港2个、执法船(艇)8艘,投入省级以上渔业基本建设资金约2 000万元,达到历史最高水平。

(6)水产品质量安全得到空前重视。开展了水产品药物残留抽检工作,先后抽检了16个养殖场所33个水产品样品,经检验全部合格;启动了健康养殖示范区创建活动,新增国家级标准化示范区2处、农业部健康养殖示范区4处,取得了良好的示范效果;开展了水产养殖业专项执法行动,对养殖户持证生产、投入品使用等情况进行了专项检查,全省共出动渔业执法人员1 356人(次),检查水产苗种场52家、养殖场592家。

(7)加强渔政管理,促进渔业可持续发展。开展了渔业行政执法人员培训,培训渔政人员890人(次);及时发布了2008年禁渔期、禁渔区规定,并组织了渔业执法检查活动,全年共查处各类渔业违法案件300余起;在渔业安全生产方面,共检验渔业船舶3 000余艘。组织对冬捕生产、涉外渔业等进行了专项检查,全年未发生重大渔业安全生产事故。

(8)水产养殖业污染源普查工作积极推进。根据农业部和省政府统一部署,全省水产养殖业污染源普查工作于2008年首次开展并全面铺开,全省共入户普查5 918户,填报普查表6 361份,普查成果填补了省内空白。

(9)渔业科技创新能力进一步提高。实施了水产品质量安全检验检测体系建设等重大渔业科技项目,组织开展了大宗淡水鱼产业技术体系建设;以实施国家级标准化示范区项目"网箱养殖框镜鲤"为依托,带动东部地区水产品养殖出口,取得良好效果;加速了科技成果推广应用,当年共实施20项省级水产技术推广及试验示范项目;组织渔业科技下乡、科技入户、技术咨询培训等活动40余次,发放各类技术资料7 000多份,受益渔民4 000余人;在水产养殖集中区开展了渔民职业技能鉴定工作,160余人参加培训并获得了资格证书。

【渔业重点市(县)基本情况】

吉林省重点渔业市(县)基本情况

市(县)	总人口(万人)	渔业总产值(万元)	水产品总产量(吨)	其中		养殖面积(公顷)
				养殖	捕捞	
前郭县	57.71	16 927.2	16 000	14 939	1 061	40 749
镇赉县	29.3	12 700	11 500	9 008	2 492	14 000
扶余县	77.49	11 000	11 000	7 550	3 450	6 800
舒兰市	65.94	5 188	7 235	6 595	640	4 663
磐石市	54.08	8 540	6 510	6 510	0	3 587
蛟河市	45.50	4 100.12	6 410	6 410	0	1 113
集安市	22.55	8 601.8	6 026	4 810	1 216	187
梅河口市	61.86	7 134.96	5 829	5 610	219	4 284
大安市	42.12	6 065	5 670	4 495	1 175	21 362
农安县	107.99	4 581.2	5 100	4 590	510	6 967

【大事记】

[1]7月8日,农业部和吉林省人民政府共同在延边州举办了图们江生物资源增殖放流活动,共放流大麻哈鱼等鱼苗610万尾,产生了较大的社会影响。

[2]7月9日,农业部副部长牛盾、农业部渔业局局长李建华考察鸭绿江网箱养殖出口基地。

[3]10月10日,农业部在长春召开全国水产品质量监管工作会议。

[4]11月24日,省政府批准实施《吉林省养殖水域滩涂规划》。

(吉林省渔业局　李洪弟)

黑龙江省渔业

【概况】 2008年,坚持以增加渔民收入、保障水产品质量安全为目标,全面推进水产健康养殖,克服了春季低温、干旱、渔需物资涨价和下半年水产品价格持续回落等不利因素的影响,全省渔业经济持续稳定增长。全省养鱼水面达到29万多公顷,比上年增加2万公顷;水产品总产量实现37万吨,比上年增长7.9%,其中养殖产量32万吨,比上年增长5.3%。渔业经济总产值实现51亿元,比上年增长27.5%。渔民人均纯收入达5 400元,比2007年增长8%。2008年全省渔业发展的主要特点:

(1)国家和省委、省政府对渔业的重视程度进一步提高,具有区域特色的水产养殖业发展势头强劲。党的十七届三中全会做出的《中共中央关于推进农村改革发展若干重大问题的决定》指出,要"推进水产健康养殖","加强水生生物资源养护,加大增殖放流力度","保护珍稀物种和种质资源"。吉炳轩书记在省委十届五次全会讲话中指出,要"以水富民,以水兴业","发展区域特色水产养殖","向集约化规模化要效益"。省委十届六次全会审议通过的《中共黑龙江省委关于贯彻落实〈中共中央关于推进农村改革发展若干重大问题的决定〉的意见》指出,"加快发展水产养殖业","建设优质江鱼生产基地"。省委十届五次全会后,省政府又召开了全省发展水产养殖业抚远现场会,进一步谋划和落实了加快水产养殖业发展的政策和措施。这些都极大地调动了水产战线干部职工的积极性,广大养鱼场户发展水产养殖业的积极性空前高涨,具有区域特色的水产养殖业迅速崛起。在水域开发利用过程中,广大农民引资开发、引智开发等多种承包开发形式不断涌现。辽宁省盘锦、东港等地的客商带蟹种、带技术来泰来、虎林、密山等地发展大中型水域河蟹养殖,推动了全省河蟹养殖生产的发展。江苏、内蒙古等地以投放大银鱼卵作为合作条件,同龙江、杜蒙等地多处大中型水域合作发展出口创汇型的大银鱼生产。全省发展水产养殖业抚远现场会后,各地认真贯彻落实会议精神,一些资源条件好、有一定基础的县(市),迅速对发展规划进行了认真研究和调整,大力发展具有地方特色的名特优水产品养殖。同江市积极落实会议精神,在哈鱼岛二道河水域设置网箱60个,面积1 800平方米,开始进行鲟鱼养殖。一个全省发展特色水产养殖的热潮正在掀起。

(2)养殖结构不断优化,地产名特优品种养殖发展较快。水产良种工程建设成效显著,全省繁育鲟鳇鱼、兴凯湖翘嘴红鲌(大白鱼)、六须鲶(怀头鲶)、方正银鲫等地产名贵特产优质鱼类苗种达2亿多尾,除了满足本地养殖生产需求外,已远销全国十几个地区。经过水产科研专家的努力,哲罗鱼、细鳞鱼和东北雅罗鱼等冷水性鱼类的苗种繁育及人工养殖技术取得了突破性进展,在宁安、讷河、延寿、尚志等地进行养殖生产获得了较高的经济效益。名优品种引进继续扩展。大银鱼、高白鲑、河蟹、丁鲅、彭泽鲫等品种的苗种引进数量不断增加。名特优鱼类规模化养殖快速推进,抚远县利用资源优势,创新思路,在大力加湖规模养殖鲟鳇鱼,取得了良好的经济效益,为高寒地区利用大水面开展网箱养殖开了先河,推动了全省大中水面的开发利用。同江、虎林也都在江、湖中利用网箱发展地产名贵鱼类养殖。杜蒙、龙江、哈尔滨等地从江苏、内蒙古引进大银鱼受精卵20亿粒,放养水面2.3万多公顷,生产大银鱼400多吨。省水产技术推广总站从新疆赛里木湖引进的高白鲑在五大连池市的山口水库试养成功后,2008年推广面积已达1万公顷。鸡西市连续几年发展兴凯湖大白鱼养殖,养殖面积近万公顷。各地积极引进推广河蟹生态养殖技术,全省河蟹养殖面积发展到3.9万余公顷,已成为农(渔)民致富的又一有效途径。杜尔伯特蒙古族自治县利用水草丰富的水域,牛态养殖河蟹1.3万公顷,投放扣蟹94.5吨(其中大闸蟹5吨),投放大眼幼体8 000万只,生产河蟹300多吨,赢利300多万元。856农场河蟹养殖面积已达2 000余公顷,农场已连续举办了4届河蟹节,每届河蟹节都邀请全国各地的养蟹大王、销售大王到农场签订河蟹销售合同,生产的"青山湖"牌河蟹供不应求,已经远销到香港、澳门等地。2008年,全省名特优水产品养殖面积已达12.4万多公顷,占全省养鱼水面的42.3%。

(3)健康养殖全面推进,水产品质量不断提高。在抓好已命名的8个农业部水产健康养殖示范区(场)的同时,创建了29个省级水产健康养殖示范区(场),并相继创建了一批市、县级水产健康养殖示范区(场)。巴彦县呈祥水产良种繁育基地、少凌鱼种场和北林区清涛渔业有限公司在建成农业部水产健康养殖示范区(场)的基础上,2008年又通过了国家质检总局黑龙江出入境检验检疫局组织的出境水生动物养殖基地认证和评审,并被授予《出境水生动物养殖场、中转场检验检疫注册登记证》,取得食用鱼类出口资格,开展对俄罗斯养殖鱼类出口。各地通过全面贯彻无公害水产品养殖各项标准,实施《无公害水产品养殖技术操作规程》,按照整市、县推进的工作思路,加大无公害水产品产地认定和产品认证工作力度。2008年,全省无公害水产品养殖面积已扩大到23.6万公顷，占养鱼水面的80.1%，全省无公害水产品产地认定面积已达13.7万公顷。高度重视加快生态健康养殖技术的推广工作，重点抓好饲料、渔药和苗种准入管理，落实各项管理制度，建立苗种场、养殖场登记备案制度，实行水产品可追溯管理。全省各地认真实行水产苗种许可证（生产许可证、运输许可证、质量合格证）制度，齐齐哈尔市专门召开了全市水产苗种工作会议，部署水产苗种生产和市场销售的清理整顿工作，对苗种生产场家进行了清查，对符合要求的核发了生产许可证；对不合乎要求的坚决予以清理整顿和取缔。还组织人员对外进苗种进行检查，发现问题依法处理。通过全省各地的努力，净化了全省苗种生产和销售环境，保护了渔民利益，保证了渔业生产的稳定健康发展和水产品质量的提高。在省财政厅的支持下，为省水产品质量检测中心配备完善了检验检测设备，全省的水产品质量检测体系得到了进一步强化。

（4）渔业生产结构不断优化，多元渔业快速发展。广大渔民群众打破单一养殖的渔业生产格局，大力发展多元渔业，做大做强渔业的第二、三产业。一是休闲渔业有新的拓展。养鱼场户充分发挥别具一格的湖光水色、历史悠久的渔猎文化等资源优势，将垂钓、餐饮、娱乐、旅游有机结合在一起，使休闲渔业的吸引力不断增强，已经成为产业增效和渔民增收的重要途径。2008年，全省游钓面积达3万公顷，游钓点3 939个。二是综合养鱼生产得到了进一步普及推广。各地积极发展鱼畜结合、鱼禽结合的循环经济型的综合养鱼生产，饲料喂畜禽，畜禽肥水养鱼，一料多用，降本增效，良性循环。2008年，全省综合养鱼面积达45万公顷。三是水产品加工水平不断提升。依托淡水鱼品种多的优势和毗邻俄罗斯的地缘优势，各地积极发展地产鱼类和俄罗斯进口鱼类加工。肇源县天源食品公司在原有产品的基础上，新开发了松花江鲢鱼、荷包鲤鱼等7个罐头新品种，出口罐头品种达到40个，增强了市场竞争力。抚远县正阳水产罐头联营有限公司十分注重品牌建设，在不断提高产品的营养、口味等内在品质的同时，还在产品的外观、包装上狠下功夫，所生产的“三江牌”鱼子酱、鱼筋、鱼骨、鱼翅、熏肉等鲟鳇鱼系列产品，营养丰富，口感鲜美，包装精致，进一步提升了产品的附加值和经济效益。

（5）水域滩涂养殖规划编制工作快速推进，养殖证发放管理日益规范。2008年，全省各地都把水域滩涂养殖规划编制、养殖证发放和数据库建设工作纳入了重要日程，全力推进。截至年末，全省已有9个市（地）、超过90%的县（市、区）完成了水域滩涂养殖规划编制工作。鹤岗市在水域滩涂规划早已完成的基础上，根据在这次水产养殖业污染源普查过程中对水域资源调查的结果，对已上报的水域滩涂规划和规划图进行了重新修订，并由土地部门进行制图。

（6）渔业资源养护水平进一步提升，渔业资源增殖放流效果明显体现。一是自然保护区基础设施建设步伐加快。重要渔业水域逊毕拉河和三江口自然保护区已基本建成，为加强自然保护区保护管理奠定了基础。二是在2007年申报批准两个国家级水产种质资源保护区的基础上，2008年又申报批准了3个国家级水产种质资源保护区，为营造鱼类天然种质资源库，促进渔业可持续发展创造条件。三是渔业资源增殖效果显现。2008年的渔业增殖放流工作本着统筹协调、坚持标准、提升水平、注重效果的原则，周密布置，精心组织，强化措施，重点推进，取得了明显效果。特别是在鲟鳇鱼增殖放流上，放流地点上移到黑河市，放流区域进一步扩展，并进行了种质鉴定、标记放流和数量规格公证，更加科学化和规范化。全省增殖放流各种鱼类苗种5 279.5万尾，其中体长8厘米以上的鲟鳇鱼22万尾，大麻哈鱼、哲罗鱼、滩头鱼、黑龙江野鲤等有较高经济价值的鱼类苗种1 000万尾。在各级渔业部门组织开展放流的同时，一些养鱼场户也自发地开始进行鱼类增殖放流，2008年，肇东市东发渔业有限公司向黑龙江、松花江放流黑龙江野鲤苗种600万尾。经过多年来的增殖放流，全省自然水域中的鱼类资源状况明显好转，抚远、同江等水域捕捞产量平稳回升。

（7）存在的主要问题。虽然全省渔业经济得到了长足发展，但渔业基础设施薄弱，抵御自然灾害能力差；产业化程度低、市场竞争力不强；名特优水产苗种供不应求；水产苗种繁育体系、水产技术推广服务体系、水生动物疫病防治体系不健全；水产品加工业发展缓慢；渔政执法装备和管理手段落后，无证捕鱼、使用违禁渔具捕鱼、在禁渔期间捕鱼、重要边境水域越界捕鱼的现象屡禁不止。

【水产品质量监管】 2008年，全省各地按照农业部要求，认真组织开展了水产品药物残留专项整治行动，加强了水产品质量安全监管工作，严格水产品养殖全过程监控，落实水产品质量安全监管责任，杜绝不合格水产品进入流通销售环节。在水产品质量安全管理方面做了大量工作，取得了一些成绩。一是抓住从鱼苗到商品鱼及水质、渔药、饲料等养殖生产全程监管，使水产品质量安全水平明显提高；二是抓住实施渔业标准化这一主攻方向不放，渔业标准化实施能力显著增强；

三是全面推进水产健康养殖、无公害水产品产地认定和产品认证,使品牌渔业快速发展。四是抓住水产品药物残留检测这一关键环节不放,使水产品质量安全监管、抽样检测体系框架基本形成;五是抓住管理机制和制度建设不放,统分结合、整体推进的监管工作格局初步建立,不断完善了水产品质量安全监管工作的长效机制,促进了构建资源节约、环境友好、质量安全有保障的现代水产养殖业进程。

【重点渔业市(县)基本情况】

黑龙江省重点渔业市(县、区)基本情况

市(县、区)	总人口(万人)	渔业总产值(万元)	水产品总产量(吨)	其中		内陆养殖面积(公顷)
				内陆捕捞	内陆养殖	
肇东市	90.6	16 800	23 700	300	23 400	10 265
绥化市北林区	87	14 960	19 000	58	18 942	6 000
肇源县	45.1	15 008	18 760	4 600	14 160	23 600
杜蒙自治县	25	17 000	17 500	7 000	10 500	27 000
密山市	43.9	25 000	17 000	2 000	15 000	16 801
哈尔滨市区	398.6	10 898	15 636	615	15 021	4 001
富锦市	45.1	6 560	10 310	210	10 100	1 900
安达市	51.6	7 100	10 104	1 404	8 700	12 667
齐齐哈尔市区	154	11 779	9 778	2 078	7 700	4 211
巴彦县	69.6	9 229	9 200	280	8 920	3 440

【大事记】

[1]1 月 19 日,全省水产养殖污染源普查培训班在哈尔滨市举办。各市(地)、县(市、区)渔业行政主管部门和水产技术推广部门负责人近 200 人参加培训,省水产局副局长刘振家作了重要讲话,标志着全省水产养殖业污染普查工作全面启动。

[2]1 月 23 日,全省渔业工作会议在哈尔滨市召开。全省 13 个市(地)和 20 个重点渔业县渔业行政主管部门负责人及中国水产科学研究院黑龙江水产研究所、省水利厅、省农垦总局、省直属水产事业单位负责人参加会议。省农委副主任白雪华作了重要讲话,省水产局局长陈志超作了《扎实推进现代渔业建设,促进渔业经济又好又快发展》的工作报告,总结了 2007 年全省渔业工作并部署了 2008 年渔业重点工作。

[3]4 月 3 日,省农业委员会下发《关于调整兴凯湖我国水域禁渔期的通知》(黑农委函[2008]56 号),将兴凯湖的禁渔期由原来每年的 15 天,调整为每年的 45 天,时间由原来每年的 7 月 6—20 日,调整为每年的 6 月 6 日至 7 月 20 日。

[4]5 月 26—29 日,省渔政渔港监督管理局在哈尔滨市举办了全省拟上岗渔政执法人员岗前培训班,请省政府法制办、省农委法规处有关领导讲解了综合法和程序法,省渔政渔港监督管理局领导讲解了专业法。共有 149 人参加学习,并进行了考试。本次培训是近 5 年来参加人数最多的一次。

[5]6 月 26 日,省农业委员会下发了《关于印发〈黑龙江省渔业船舶水上安全突发事件应急预案〉的通知》,要求各地认真组织学习,广泛宣传,严格遵照执行。

[6]6 月,省水产局组织专家通过评审验收了黑龙江省水产引育种中心、哈尔滨匙吻鲟良种场、宁安市虹鳟鱼良种场、鸡西市翘嘴红鲌良种场、黑龙江省农垦兴凯湖翘嘴红鲌良种场、大庆市德国镜鲤良种场、绥化市清涛水产良种场 7 个单位为省级水产良种场。

[7]7 月 9 日,黑龙江省农业委员会主办的增殖放流仪式在黑龙江黑河江段启动。全年共增殖放流各种鱼类苗种 5 279.5 万尾,其中,体长 8 厘米以上的鲟鳇鱼苗种 22 万尾,大麻哈鱼、哲罗鱼、滩头雅罗鱼、黑龙江野鲤等有较高经济价值的鱼类苗种 1 000 万尾。

[8]7 月 13—15 日,由中华人民共和国渔政渔港监督管理局主办、农业部渔政指挥中心和全国水产技术推广总站承办的水产养殖执法师资培训班在哈尔滨举办。农业部渔政指挥中心副主任彭晓华、全国水产技术推广总站副站长李可心到会并讲话。"三北"地区的各省、自治区、直辖市渔业行政主管部门 50 余人参加了培训。

[9]7 月 29 日,2008 上半年全省渔业工作会议在哈尔滨市召开。各市(地)和重点渔业县(市)渔业行

政主管部门负责人及省水利厅、省农垦总局、省直属水产事业单位50余人参加会议。各地汇报了上半年水产业工作开展情况。省水产局局长陈志超作了重要讲话，分析了全省上半年水产业发展态势，部署了下半年工作重点。会议由水产局副局长刘振家主持。

[10]8月28—29日，为贯彻《农业部办公厅关于推广应用中国渔政管理指挥系统的通知》，省渔政渔港监督管理局在哈尔滨市举办了推广应用中国渔政管理指挥系统培训班，共有83人参加了学习。

[11]9月2日，黑龙江省人民政府召开全省发展水产养殖业抚远现场会议。全省13个市(地)、12个渔业重点县(市)政府领导和渔业行政主管部门负责人，省政府有关厅(局)，新闻单位及中国水产科学研究院黑龙江水产研究所负责人参加会议。黑龙江省副省长吕维峰作了重要讲话。

[12]9月15—19日，中俄渔业合作混合委员会第十八次会议在俄罗斯莫斯科市举行，黑龙江省水产局局长陈志超和渔政处处长王志民参加了会议。

[13]11月18—20日，在哈尔滨市召开了中俄边境水域黑龙江鲟、达氏鳇、大麻哈鱼资源评估和资源保护专家会议。中方有7人参加了会议，黑龙江省水产局局长、代表团团长陈志超，在会谈纪要上签字。

[14]12月23日，农业部办公厅公布第三批农业部健康养殖示范场名单。海伦市东方红养鱼合作社、农垦总局红兴隆分局二九一农场鱼种场、农垦总局建三江分局勤德利农场水产公司养殖场、佳木斯市郊区西格木山水渔场渔业有限公司养殖场、讷河市老莱镇胜利渔场、双城市水产总站单城试验示范鱼种场等单位获得“农业部水产健康养殖示范场”称号。

[15]12月，黑龙江省水产健康养殖示范场(区)名单公布，哈尔滨市呼兰区富强鱼种场等29个单位获得“黑龙江省级健康养殖示范场(区)”称号。

(黑龙江省水产局　郭政学)

上海市渔业

【概况】 2008年，上海市水产品总产量36.9万吨，全市渔业总产值59.14亿元，同比增长5.46%。渔民人均纯收入达12 700元，同比增长13%。2008年上海市渔业主管部门开展了如下主要工作：

(1)标准化水产养殖场建设全面展开。标准化水产养殖场建设在前两年试点的基础上，进入全面建设阶段，完成43个项目立项批复，其中3个项目已完成施工，21个项目已经开工，4个项目处在招投标阶段，11个项目正处于招投标准备阶段，4个项目尚未开始招投标。

(2)嘉定望新水产良种场已全面建成并投入生产，共生产7.89亿尾鱼苗供应本市和服务全国；奉贤海南南美白对虾良种场一期工程建成后，生产了优质虾苗15亿尾供应本市。

(3)市外养殖基地分布在海南、江苏、安徽、湖南等13个省、市，主要养殖品种有河蟹、南美白对虾、罗氏沼虾等。特别是崇明县在安徽等9个省、市建立了6.4万公顷河蟹养殖基地，河蟹产量达0.86万吨，产值达5.8亿元。

(4)淡水养殖面积达1.02万公顷，同比增长20%，占全市池塘养殖面积的44.1%。

(5)在建立市、区(县)、镇三级水产品质量安全监管网络的同时，将监管重心延伸至村级，选择了有1 200公顷养殖面积的奉贤区奉城镇和有1 000公顷养殖面积的青浦区练塘镇两个水产重点养殖乡镇，以购买服务的形式试点建立了村级监管员队伍，指导和监督养殖户建立完整的档案渔业和用药记录制度，解决了水产品质量安全监管上的“最后一公里”问题。

(6)全年共组织14次地产养殖水产品质量抽检，出动执法检查人员200余人(次)，抽检样品399件，检测指标258项。其中，本市自行组织抽检11次，农业部组织抽检3次，平均合格率为97.2%。

(7)在渔业科技入户活动中，全市共有63名技术人员直接与240个科技示范户结对入户指导，做到技术服务到池、技术成果到户、技术要领到位。

(8)开展渔资打假和放心渔资推介活动。共出动人员910人(次)，检查175次，检查养殖场和苗种场773家，抽检养殖产品78件，抽检饲料样品43件，处理违规案件13起，罚款7 450元，没收违禁物品折价款1 150元。

(9)培训科技入户指导员72名，档案渔业管理员及村级监管员94名，水产病害防治员24名，还举办了61期健康养殖技术培训班，培训渔民3 010人；举办船长(船东)安全知识培训班4期，培训渔民241名；涉外渔业知识培训班1期，培训渔民45名；转产转业训练班4期，培训渔民178名；职务船员培训班3期，培训渔民83名；安全信息员培训班1期，培训渔民90名。

(10)确定了崇明、南汇10艘群众海洋渔船标准化更新改造先行试点。改造定置张网渔船2艘，近海桁杆拖虾渔船8艘，渔民与中标船厂均已签订了建造合同，进入正式建造阶段。

(11)继续实施近海捕捞渔船减船拆解工作，全市已拆解渔船160艘，共发放财政补助资金2 038.34万元,超额完成农业部下达给上海至2010年减船98艘的目标。

(12)完成渔业船舶检验677艘,船用产品检验4 318件(套),图纸审查9套,受理300多份监测业务申请,共发放各类证书1 108份,进出港签证1 508艘(次)(不含拒签);渔港监督部门共出航30航次,巡航110天,参加执法431人(次),登船检查2 042艘(次),处罚船只102艘(次),执法警告整改69次。

(13)加快了休闲垂钓场所的建设。以西部渔村为代表的大型垂钓中心,2008年接待垂钓人数超过7万,举办各类钓鱼比赛30多场,总收入达700多万元。在市水产行业协会内设立了观赏鱼专业委员会;成功举办了第三届国际休闲水族展览会。

(14)完成了长江口鳗苗捕捞管理,发放鳗苗捕捞许可证2 408张,发放刀鲚特许专项捕捞许可证136张,凤鲚特许专项捕捞许可证135张,发放海蜇专项捕捞许可证28张,并组织了3次鳗苗管理联合执法检查行动。在长江禁渔期间,共组织了2次长江禁渔期管理联合执法行动。在贯彻农业部、国家工商总局部署的打击电脉冲违法捕鱼专项整治行动中,共出动执法人员131人(次),港口检查渔船364艘,海上检查渔船5艘,检查生产企业1家,处罚企业1家,罚款3 000元,收缴223组电脉冲渔具。

(15)认真做好伏季休渔工作,本市桁杆拖虾作业应休渔船333艘,实际休渔284艘,私自拆解、出售、参加渔业资源监测和列入拆解计划等共49艘,沿海定置渔业休渔渔船为150艘。

(16)市、区二级政府共投入增殖放流资金1 000万元,其中市级财政资金500万元,在淀山湖、黄浦江、长江口和杭州湾等水域共放流鲢、鳙、鲤、鲫等鱼种63吨,鲢、鳙、鲤、鲫、鳜夏片约5 000余万尾,中华绒螯蟹、长江鮠鱼、黄颡鱼、翘嘴鲌、东方鲀等特色鱼(蟹)种100万尾(只)。

(17)发放水生野生动物许可证12张,其中经营利用许可证9张,运输证3张;年审许可证81张,其中经营利用许可证62张,驯养繁殖许可证19张,进出口管理中审核审批各类进出口手续20起,出具非《濒危野生动植物商品目录》物种证明16件。同时还成功营救了江豚、海豚、蠵龟等一些遇险的水生野生保护动物。

(18)全年共发生渔业生产安全事故11起,发生事故的渔船总数11艘(次),死亡(失踪)3人,伤残2人,沉毁船1艘,事故直接经济损失41万元。同比事故数减少58%,死亡(失踪)人数减少73%。

【重点渔业市(县)基本情况】

上海市重点渔业县(区)基本情况

县(区)	总人口(万人)	渔业总产(万元)	水产品总产量(吨)	其中				养殖面积(公顷)		
				海洋捕捞	远洋捕捞	内陆捕捞	内陆养殖	海水	内陆	市外基地养殖
崇明县	69.7	146 220	74 765	20 026		1 048	53 691	333.33	5 884.5	63 353.3
奉贤区	80.84	88 409	32 657	437		106	32 114		5 949.7	1 315
青浦区	45.8	44 022.9	26 027			1 441	24 586		4 179.5	286.4
南汇区	70.77	45 018.4	21 564	3 390			18 174		3 666.7	2 214.4
金山区	58.17	38 687.4	22 398	456	6 787	666	14 489		1 419.3	
松江区	54.86	17 045.1	9 003			859	8 144		1 561.7	80

【大事记】

[1]2月2日,在第12个"世界湿地日",上海市长江口中华鲟自然保护区被列为国际重要湿地,成为我国第一块被列入国际重要湿地的水生野生动物保护区。

[2]5月6日,在上海水产大学举行上海海洋大学换牌仪式。经教育部批准,上海水产大学更名为上海海洋大学,并整体搬迁至南汇临港新城新校区。江泽民同志为上海海洋大学题写校名。

[3]6月3日,举办2008年第3届上海国际休闲水族展览会。据统计,展览会有95家国内外展商参展,共197个展位,有2万多人观展,达成贸易合作意向约2 000万元,现场交易71.06万元。

[4]10月9日,上海500吨级渔政执法船交船仪

式在武汉举行,新建渔政执法船全长66.53米,满载排水量858.22吨,型深4.3米,型宽8.5米,设计吃水3.3米,航速18节。该船的建造,对于提升上海渔业执法能力和水平,推动上海渔业发展具有重要意义。

[5]11月,上海市水产研究所(市水产技术推广站)启东科研基地揭牌仪式在启东市举行。该基地于2006年10月8日开工,历时2余年,完成所有建设内容。

[6]11月,第20届上海市市长国际企业家咨询会议(IBLAC)户外活动(暨中华鲟放流)在上海滨江森林公园举行。上海市市长韩正、副市长唐登杰、市府秘书长姜平等中方领导陪同本届IBLAC主席沈德培先生(Mr. Samuel A Dipiazza)等来自世界500强中著名公司的CEO亲手放流人工繁殖仔Ⅰ代9龄中华鲟(体长2米左右)。此次放流活动,使IBLAC、生态保护及参与者有机融合在一起,凸显本次会议主题的深刻内涵,给参与者留下美好回忆,是体现上海人文关怀、人与自然和谐相处的典型,在国际上树立生态与经济平衡发展的良好形象。

(上海市水产管理办公室　高雪祥)

江苏省渔业

【概况】 2008年,江苏省渔业经济继续保持良好发展态势。全省水产品总量425万吨,实现渔业总产值665亿元,同比分别增长3.91%和14.85%。水产品价格比上年上涨10%以上,效益提高,全省渔民人均纯收入达8 960元,同比增长9.67%。渔业在大农业中地位和作用凸显,全省有30个县(市)的渔业产值占大农业的比重超过20%,15个县(市)超过30%,比重最高的昆山市达到56%。

(1)渔业结构不断优化。螃蟹、青虾、罗氏沼虾、黄颡、黄鳝、乌鳢、泥鳅、沙鳢、鳜鱼等的养殖面积有所扩大,贻贝养殖已形成规模,工厂化海参养殖获得突破。全省重点推广的淡水小龙虾养殖面积达到2.68万公顷,比上年翻了一番多,观赏鱼养殖面积达到680万平方米,优势主导产业特色更加明显,名特优水产品产值超过360亿元。

(2)渔业产业化经营快速推进。全省累计高效渔业面积达到23万多公顷,占水产养殖总面积的33.7%。渔民合作经济组织蓬勃发展,达到705家,入社成员10.52万人。全省新增国家级渔业产业化龙头企业5家。

(3)水产品质量保持优良。大力推进水产品质量安全工程建设,全省已建成26个国家级、44个省级渔业标准化示范区、40万公顷无公害水产品基地,认证无公害、绿色、有机水产品1 000多个。加强水产品质量监控,全省水产品质量抽检合格率保持在95%以上,质量安全状况保持高水平。

(4)渔业生态建设取得新进展。太湖流域渔业养殖综合治理有力推进,太湖、阳澄湖网围整治任务按期完成。在全国率先试行了《太湖流域池塘养殖水排放标准》,投入1 400万元资金在苏州、无锡和常州三市的8个养殖场试点实施池塘水循环清洁工程,减排效果明显。

【惠渔政策】 2008年,国家和省对渔业的投入大幅增加,仅中央对江苏机动渔船柴油补贴达到10.2亿元,是江苏渔业历史上数量最多的专项资金。柴油补贴发放工作政策性强、涉及范围广、时间紧、任务重,江苏省海洋与渔业局会同省财政厅认真制订分配方案,及时下达补贴资金。组织力量对各地发放情况进行了专项督察,顺利完成了发放工作。

【高效渔业规模化工程】 以组织实施省级财政支持的高效设施渔业项目为载体,继续推进高效渔业规模化工程建设。省海洋与渔业局与省财政厅、省农林厅共同制定了《全省高效高效设施农(渔)业项目管理办法》,从项目申报、立项、实施、检查、验收、奖励等方面规范管理。对重点地区重点品种高效项目进行重点扶持,以点带面,促进发展。年终统计,全省新增高效渔业面积6万公顷,超额完成省政府下达的4万公顷任务。

【池塘改造】 《中共江苏省委关于贯彻落实党的十七届三中全会〈决定〉加快推进农村改革发展的意见》将"加大鱼池改造力度,实施百万亩池塘生态改造工程"列为重点工作之一。省财政首次专项安排2 000万元扩大内需项目资金,在全省33个县实施高标准鱼池改造项目2 500多公顷,带动其他投入,全省新建及改建鱼池等基础设施面积1.3万公顷。

【水产良种工程】 2008年江苏省级财政投入1 500万元,首次设立水产良种工程专项,重点对一批省级以上水产原(良)种场和良种繁育场基础设施进行扶持,对相关原(良)种场的亲本保种给予补贴、对已认定的省级良种繁育场亲本组织更新。

【渔业科技"三新"工程】 2008年,围绕渔业结构调整,突出优质高效安全生态水产品生产关键技术的研发和优势特色水产品产业化技术的集成创新，强化渔业种质资源保藏与保护利用研究和省级现代渔业示范园建设，江苏组织实施“三新”（新品种、新技术、新模式）科技工程项目46项，项目区实施总面积2万多公顷，产生直接经济效益151 813万元。其中“克氏原螯虾苗种繁育与养殖技术研究及推广”项目获得2008年度江苏省农业技术推广奖一等奖。

【渔业科技入户工程】 在总结前3年工作的基础上，进一步加大渔业科技入户实施力度，示范县扩大到42个（其中两个部级示范县）。示范推广虾蟹等主导品种20个，高效安全生态养殖等主推技术25项，培育科技示范户1.77万户，示范养殖面积5万多公顷，辐射带动养殖面积25万公顷。示范户单位面积均收入比前3年平均水平增长10%以上。江苏的渔业科技入户工作在全国渔业科技入户工作交流会上作了典型交流。

【休闲渔业】 拓展渔业发展内涵，积极发展休闲观赏渔业，全省休闲渔业场所个数和经营规模均较上年增长20%以上。组建了省渔业协会休闲渔业分会，组织开展了省级休闲渔业乐园评选活动，首批39家规模较大、环境优美、品牌响亮、经营效益较好的省级休闲渔业乐园正式挂牌。

【渔业质量安全管理】 一是健全标准化体系，组织制（修）订40多项方标准，新建5个国家级、5个省级标准化示范区。二是加强无公害水产品建设，增设了江苏省水产品地理标志管理办公室，2008年新认定无公害基地5 000公顷、推荐认证无公害水产品92个，新认证江苏名牌农（水）产品6个。三是完善水产品质量检测体系，组织开展了全省水产品质量检测机构能力验证，12家机构通过考核。四是开展了贝类禁止生产区域划定与调整工作，为今后开展水产品生产区域划型奠定基础。五是加强水产品质量检测，全年共抽检了1 300多个样品，总体合格率保持在95%以上。六是扎实开展水产品质量安全专项执法，各地发现各类违法行为934起，立案537起。

【水产品出口】 积极应对金融危机，努力促进水产品出口，全省水产品出口额达到1.94亿美元（海关口径），同比增长了20.6%，创造了历史最高水平。紫菜、大闸蟹、贝类3个品种出口增长，出口额达1.06亿美元，占出口总额的54.6%。鱼及鱼制品、小龙虾、珍珠、梭子蟹、鳗鱼等5个品种出口下降，出口额为8 630万美元，占出口总额的44.4%；出口的国家和地区增加到65个。出口的主要市场为日本、韩国、美国、欧盟、东南亚地区。

【长江禁渔】 2008年是开展长江禁渔工作的第七年，江苏渔业主管部门周密部署、广泛宣传、强化管理，基本实现预期目标。禁渔期间，全省共组织执法检查694次，出动检查车辆789辆（次），出动渔政船（艇）925艘（次），渔政人员6 133人（次），查获违禁捕捞渔船182艘（次），取缔迷魂阵24 551米、深水张网15口，查处电捕器具54套（台），没收非法捕捞渔获物911千克。沿江各地妥善解决禁渔期困难渔民生活问题，禁渔期间共落实财政补助324.65万元，享受低保或受补助渔民5 097人。

【海洋伏季休渔】 江苏海洋伏季休渔的作业类型和时间为：桁杆拖虾作业休渔时间6月1日12时至8月1日12时；拖网和帆张网休渔时间6月16日12时至9月16日12时；定置作业休渔时间为6月16日12时至8月31日12时。伏休期间，全省渔政机构加强海上执法和港口检查力度，参加东海区渔政局组织的联合“护渔2008”7次，省组织海上执法行动6次，各地组织的海上执法行动89次，共出动渔政船16艘，出海152航次，参加人员1 902人（次）。查处各类违规渔船944艘，处罚总额749.519万元，没收非法渔获物207.5吨，扣港渔船94艘。港口检查方面，省集中组织3次港口检查，各地自行组织125次，检查港口总数52个，发出整改通知书369项，收缴罚款11.29万元。由于监管到位，保障有力，基本实现了“船进港、人上岸、网入库、证集中”和“渔船首报制度”的预期管理目标。

【渔业生态环境状况】 2008年，江苏省海洋与渔业局组织江苏省渔业生态环境监测站等单位对省内五大湖泊、长江干流江苏段、吕泗渔场、海州湾渔场、启东贝类增养殖区、如东紫菜增养殖区、苏北浅滩生态监控区等12个重要渔业水域进行了渔业生态和资源状况监测，共设监测站位198个。结果显示，2008年渔业生态环境总体状况稳定。

【渔业资源增殖放流】 2008年江苏各级渔业行政主管部门大力组织实施渔业增殖放流活动，投入资金2 400多万元，共放流各种苗种7亿多尾（只、颗）。其中，海洋生物资源增殖放流投入资金623.4万元，放流黑鲷、海蜇、文蛤、中国对虾等苗种45 241.55万尾

(粒、只);淡水生物资源增殖放流投入资金 1 760.48 万元,放流"四大家鱼"、银鱼卵、中华绒螯蟹蟹种等 26 051万尾(粒);珍稀濒危水生野生动物增殖放流投入资金 10 万元,放流误捕救助中华鲟 24 尾,胭脂鱼 3 龄亲鱼 20 尾。

【渔业捕捞许可】 在全国率先完成并启用海洋捕捞渔船信息管理系统,印发了《关于规范海洋渔业捕捞许可管理工作有关问题的通知》,进一步加强和规范海洋捕捞许可工作。在全国率先实施了内陆渔船双控制度,下发了《江苏省海洋与渔业局关于加强内陆水域机动捕捞渔船管理工作的通知》(苏海管[2008]40 号)。组织 2008 年中日中韩暂定措施水域及帆式张网渔船专项捕捞许可证申请工作,申报中韩专属经济区专项证 96 艘,申报中日、中韩专属经济区暂定措施水域及帆式张网专项证 720 艘。

【渔业污染源普查】 渔业污染源普查是摸清渔业污染底数最直接、最有效的途径,是做好渔业环境管理的重要基础。根据国家和省的统一部署,2008 年渔业污染源普查工作在全省 13 个市 92 个县(市、区)全面展开。江苏严格按照普查技术规程和方案,精心组织全省普查数据的汇总、审核,所有普查任务按在规定的时间节点内完成。在国家普查办对江苏的两次检查中,渔业污染源普查入户调查和数据处理的合格率达到 99.7%。

【渔业安全生产】 2008 年,全省各级渔业行政主管部门认真贯彻落实国家和省委、省政府关于安全生产工作的指示精神,坚持"安全第一、预防为主、综合治理"的方针,强化安全生产手段。组织开展了专项整治、隐患排查、百日督察、打非行动等一系列专项行动,切实履行监管职责,有效遏制了重特大渔业安全生产伤亡事故的发生。2008 年全省共发生各类渔业安全生产事故 8 起,死亡(失踪)19 人,事故起数与上年持平,死亡人数较上年下降 5%。事故起数、死亡人数和经济损失 3 项指标不仅是历史最低水平,也是东海区各省、直辖市中最低水平。

【重点渔业市(县)基本情况】

江苏省重点渔业市(县、区)基本情况

市(县、区)	水产品总产量(吨)	其中				养殖面积(公顷)	
		海洋捕捞	海水养殖	内陆捕捞	内陆养殖	海水	内陆
赣榆县	352 536	111 648	162 522	1 474	76 892	11 962	5 188
启东市	319 892.4	197 449.6	91 152	5 149.8	26 141	23 976	10 310
如东县	243 303.7	58 148.7	131 777	7 384	45 994	45 000	7 079.7
兴化市	18 5697.7			12 753.6	172 944.1		30 728
射阳县	157 625.1	39 427	46 217.6	7 240.5	64 740	5 024	11 188
东台市	149 207	26 958	55 484	14 975	51 790	25 289	6 451
高邮市	147 706			6 500	141 206		23 541
宝应县	139 335			17 714	121 621		23 315
大丰市	134 527.3	13 175	49 131.6	15 397.7	57 822	154 756	9 176
盐都区	83 144.7	810		8 988	73 345.7		

【大事记】

[1]1 月 4—5 日,江苏省海洋与渔业局在南京举办局系统处级干部学习贯彻党的十七大精神培训班,80 余名处级以上干部参加了培训。

[2]1 月 23 日,农业部副部长牛盾、办公厅巡视员王辅捷、渔业局局长李健华一行到江苏考察渔业发展及渔政执法管理情况,并亲切慰问连云港市渔民和渔政执法队员。

[3]1 月中下旬,江苏各地连降大暴雪,给渔业生产和水产品供应造成影响。据统计,全省水产养殖受灾面积约 3 000 多公顷,损失鱼、虾、蟹等水产品约 1.2 万吨,倒塌看护棚 143 座、越冬温室 1.5 万平方米,造成经济损失 2 亿元。

[4]3 月 4—5 日,江苏省海洋与渔业局在南通市召开全省渔政工作会议。总结部署新时期全省渔政工作,同时对 2007 年度渔政管理工作先进单位和个人进行了表彰。江苏省海洋与渔业局局长宋家新到会并讲话。

[5]3 月 6 日,江苏省委常委、副省长黄莉新带领省有关部门负责人到盱眙县满江红龙虾产业园有限公

司考察。该项目已在官滩镇甘泉圩、圣山圩开发龙虾养殖面积266公顷,引进澳大利亚先进技术与人才,计划开发龙虾核心养殖区规模600公顷,辐射养殖面积达5 000公顷。

[6]3月25日,江苏省太湖渔业管理委员会办公室在吴中区光福镇主办的"美丽太湖·生态太湖·和谐太湖"增殖放流仪式,当天放流花、白鲢,白鱼和细鳞斜颌鲴等鱼种约150吨,价值约150余万元。

[7]3月31—4月1日,江苏省海洋与渔业局在高邮市召开全省渔业产业化工作推进会。省海洋与渔业局副局长唐庆宁、汤建鸣、沈毅等出席会议。

[8]4月22日,《农民日报》发表《江苏建设水产品质量安全三道岗》文章,全面解析江苏省水产品质量管理工作。

[9]4月22日,江苏省海洋与渔业局在建湖县举行仪式,启动开展水产养殖及水产品质量安全专项执法行动。

[10]5月4日,江苏省洪泽湖渔业发展专家顾问组在淮安市成立。中共中央候补委员、中国农业科学院院长翟虎渠研究员受聘为专家顾问组组长。

[11]6月3—6日,农业部副部长牛盾率渔业局局长李健华一行,深入江苏扬州、淮安、徐州等地,实地考察高邮湖、洪泽湖等湖区生态养护及水产健康养殖情况。

[12]6月28日,江苏省海洋与渔业局在南通市举办"迎奥运、保平安、展风采"为主题的全省海洋渔民职业安全技能比赛。举办海洋渔民职业安全技能比赛,在全国尚属首次。

[13]8月1日,江苏省海洋与渔业局召开各市海洋与渔业局长座谈会,总结交流上半年情况,分析当前形势,研究部署下半年工作。

[14]4月下旬至9月上旬,围绕"推动科学发展、建设美好江苏",江苏省海洋与渔业局开展了为期4个月的深入学习实践科学发展观活动,取得显著成效。

[15]9月22—23日,江苏省海洋与渔业局在南京组织召开克氏原螯虾产业发展研讨会,就克氏原螯虾产业现状与发展前景、基础理论、繁育技术、质量管理与品牌创建、加工营销等开展研究探讨。

[16]11月21—23日,江苏省委常委、副省长黄莉新率团专程考察山东烟台、青岛海洋渔业,江苏省委副秘书长胥爱贵、省海洋与渔业局唐庆宁、沈毅等陪同考察。

[17]11月25日,中共江苏省委组织部在省海洋与渔业局召开全局机关干部大会,省委常委、副省长黄莉新宣布省委决定,唐庆宁任省海洋与渔业局局长、党组书记。

[18]12月18日,江苏省渔业互助保险协会成立大会在南京举行。江苏省委常委、副省长黄莉新、农业部总经济师杨坚出席会议并讲话。江苏省海洋与渔业局局长唐庆宁主持会议。

(江苏省海洋与渔业局 张建军 钱林峰)

浙江省渔业

【概况】 2008年,全省水产品总产量418.79万吨,比上年增产3.66万吨(增长0.88%)。渔业经济总产值1 273.83亿元,比上年增加20.91亿元(增幅1.67%)。渔民人均纯收入11 029元,年度增长13.44%。

通过进一步推进和强化渔业安全管理、初级水产品质量安全管理和渔业资源保护管理,渔业产业内涵实现了新提升:渔业一产得到调整优化,涉渔二、三产业稳中有升,渔业龙头企业和合作经济组织培育力度加大,渔业科技创新和标准化建设进展顺利。全省标准渔港、标准鱼塘和渔船安全救助信息系统三大工程建设顺利推进,渔业支撑体系建设取得了新突破,渔业科技带动服务水平进一步提高,渔民培训等服务工作进一步深化,渔业行业协会的行业管理、协调、服务作用进一步显现,渔业风险保障服务能力进一步增强。

尽管渔业经济总体态势向好,但是发展中一些结构性、体制性矛盾并未从根本上得到缓解。特别是随着下半年国际金融危机对出口、就业、收入、消费、投资等方面的影响,使得新老问题相互交错,情况更为复杂。一是渔业发展方式相对粗放,组织化、产业化水平有待提高;二是渔业生产与水产品质量"两大安全"仍存在较大隐患;三是国际金融危机对渔业经济的影响正在逐步加剧;四是渔业发展空间不断受到挤压,部分渔区渔民民生问题较为突出。

【水产养殖】 加快养殖设施建设改造,大力引导发展仿生态养殖和鱼虾鳖生态混养,加快温室养殖向外塘生态型养殖的转变,扶持发展了一批生态循环、节能节水型设施养殖项目。组织实施了水质综合调控技术、池塘底部增氧技术推广等一批关键技术示范推广项目。在全省建立了399个病害监测点,组织开展全年水产养殖病害测报监测工作。全省水产养殖业继续保持良好的发展势头,主导品种发展稳定,养殖产值稳步上升。南美白对虾、龟鳖、海水蟹、淡水珍珠等四大主要品种产业规模、效益和集聚度大幅提升,产量约占养殖总产量的18%,产值则占到42%以上。

【海洋捕捞】 2008年,全省投入海洋捕捞生产的机动渔船25 829艘(比上年减少1 478艘)、359.12万千瓦(比上年减少5.88万千瓦)。海洋捕捞254.52万吨,比上年增产3.03万吨,增长1.2%。拖网是全省第一大海洋捕捞作业,产量占全省海洋捕捞产量的56%。全部渔获物中,捕自东海区的占全部捕捞产量的88.32%。2008年全省远洋渔业生产继续保持平稳发展态势,远洋渔业产量20.2万吨,继续保持全国领先。

【渔业第二、三产业】 包括以水产品精深加工和综合利用为重点的第二产业和以水产品市场流通及休闲渔业为重点的第三产业发展迅猛,年度同比增长率均超过9%;全省水产品加工率已提高到56%以上。至2008年底,全省共有水产加工企业2 641个(比上年增加201个),年水产品加工能力226.57万吨(比上年增长6.17%)。全年共加工各类水产品201.77万吨,产值488.31亿元,比上年增长8.44%,水产加工总产出首次超过渔业产值(一产)。全省拥有水产品专业水产交易市场78个,2008年交易量311.89万吨,交易额355.54亿元。水产品出口在困难中实现"量减值增":水产品出口总量43.39万吨,出口额17.08亿美元,分别减3.86%、增6.92%。到2008年底,全省有休闲渔业经营主体1 120个,从业人员11 763人,全年接待游客781.29万人,分别比上年增长9.27%、13.24%和19.3%;休闲渔业直接产出9.04亿元,年度增长15.06%。

【标准渔港建设】 经浙江省政府同意,《浙江省沿海标准渔港布局与建设规划》于8月11日正式发布。根据《规划》,至2012年底将投入29.69亿元,建设69个标准渔港,其中包括8个国家级中心渔港。届时,将形成以国家级中心渔港为龙头,一、二级渔港为骨干,三级渔港为基础,天然避风岙口为补充的标准渔港体系,可满足机动渔船停泊避风的比例将由目前的43.6%提高到95.5%。2008年,全省续建了7个、新开工3个渔港建设项目,开展了20个项目的前期准备工作。

【鱼塘标准化改造】 2008年是实施鱼塘标准化改造的第3年。鱼塘标准化改造后,有效提高了渔业生产能力和养殖产品品质,增加了农村集体经济和渔(农)民收入,改善了养殖渔区生态环境和发展条件,有力促进新农村建设和现代渔业发展。2008年,11个市及建设改造计划超300公顷的29个重点县建立起了标准鱼塘重点市(县)联系制度;投入省级专项资金3 750万元,建设省级示范项目270多个,同时结合中央财政现代农业发展专项资金的使用,安排资金1 600多万元,组织实施高标准鱼塘建设。完成了1.54万公顷标准鱼塘建设改造,超额完成了1.3万公顷的年度目标任务。

【渔船安全救助信息系统建设】 5月30日,浙江省人民政府办公厅印发《关于建设浙江省海洋渔业船舶安全救助信息系统的通知》(浙政办函〔2008〕26号),标志着海洋渔船安全救助信息系统建设正式全面启动,也使浙江省成为全国第一个利用AIS和卫星通信技术提高渔船的海上防碰撞和有效救助能力的省份。至2008年底,全省共完成安装AIS防碰撞船用终端设备11 680台,卫星通信船载终端设备4 108台。省、市、县三级监控中心平台建设已经完成,已建成14个基站,信号基本覆盖了浙江沿海,渔船的防范海上碰撞事故等突发事件应急处置能力有了实质性提高。该系统自9月试运行以来,已显示出良好的实际效益,成功避免了多起重大事故的发生,成功组织了10余次海上搜救行动。2008年以来,运用系统监控指挥平台的轨迹回放功能,为受害渔民挽回了可观的经济损失,仅舟山市就查获8艘碰撞渔船的肇事逃逸船舶,为受害渔民挽回经济损失4 000多万元。

【初级水产品质量管理】 继续深入推进无公害行动计划,修订印发了《浙江省无公害水产品养殖产地认定办法》,组织实施渔船卫生设施示范改造工程。2008年新认定无公害产地258个、产品348个、面积1.577万公顷(全省累计已认定无公害产地803个、产品994个、面积6.88万公顷)。对省内重点水产品养殖基地、出口水产品原料供应船、无公害水产品生产单位养殖的鱼、鳖、虾、贝类及主要养殖水产品苗种、渔用饲料等实施监控抽查,年度共完成2 745批(次)产品、7 946个样品质量安全抽样监控检测。抽检总合格率为99.4%,产品批(次)合格率为98.3%(其中,鱼类、虾类、蟹类、龟鳖类、贝类的抽检总合格率分别为99.2%、99.3%、100%、99.6%和99.2%,已获证无公害水产品的抽检总合格率为100%)。按照"三不放过"的要求,对在水产品和养殖生产投入品的质量安全监控中发现的不合格产品,进行了严格的追溯和查处。

【渔业安全生产监管】 探索渔业安全生产长效机制建设,贯彻"安全第一、预防为主、综合治理"方针,以开展"安全生产隐患排查治理年"活动和"安全生产百日督察专项行动"为抓手,深化渔船救生设备有效配备专项治理,突出抓好渔业安全生产社会化管理机制、海上渔船安全救助联动机制、渔业安全事故定期分析与通报机制建设。加强组织领导，强化执法监督，严格渔船检验，渔业安全生产形势继续好转。2008年，全省共发生渔船水上交通及捕捞作业事故187起，比上年下降25.2%；死亡（失踪）155人，比上年下降21.3%；沉船40艘，比上年上升5.26%；直接经济损失1 375.8万元，比上年下降27.4%，各项指标均在考核控制范围之内，被省安委考核为优秀。

在加强渔业安全生产监管工作的同时，全面推行渔船编组生产作业，安排100万元渔船海难救助奖励专项资金，积极倡导渔船海难互救。2008年，全省共组织渔船海难救助276起，其中公务船救助45起、渔船互救231起；共救回遇险渔民1 060人，其中公务船救起60人、渔船互救救起1 000人，挽回经济损失9 052万元。

【渔业资源增殖放流】 认真贯彻落实《中国水生生物资源养护行动纲要》，加大增殖放流工作力度，成功承办了"2008东海生物资源增殖放流活动启动仪式"。活动期间，共放流大黄鱼、黑鲷、乌贼等各类水生生物资源苗种500余万尾。全年确定36个省级增殖放流项目，实行奖惩机制，加强监管、注重放流效果和工作质量评估，着力推进渔业资源增殖放流工作。2008年浙江水域共投入增殖放流资金4 000余万元，共增殖放流各类渔业苗种2.5亿尾（只、粒）。

【捕捞许可管理】 完成海洋捕捞渔船建造、更新改造和购置审批工作，办理11 438艘捕捞船、1 329艘捕捞辅助船入渔中日、中韩共管或对方管辖水域申请。制定印发了《关于下达2008—2012年浙江省帆式张网削减计划的通知》，计划2009年度削减5%，2010年度削减15%，2011年度削减30%，2012年度削减50%。经浙江省政府同意，配合有关部门出台了《关于规范和调整海洋渔业资源增殖保护费有关问题的通知》，大幅度提高帆式张网作业的渔业资源增殖保护费的征收标准并采用每年累进的做法，促使帆式张网作业渔船尽快调整作业方式，尽早退出帆式张网作业。以省政府办公厅名义出台了《关于禁止擅自购置省外海洋捕捞渔船的通知》，严格控制海洋新增船网工具指标，并明确2009年全省沿海各地暂停购置省外海洋捕捞渔船。据农业部办公厅通报，2008年浙江从省外购入渔船67艘、功率指标17 950.6千瓦，卖出渔船116艘、功率指标24 824千瓦，进出相抵，净减渔船49艘、功率指标6 873.4千瓦。多年来第一次出现负值。

【渔业执法管理】 开展"护渔2008"全省海洋渔业专项执法行动，针对不同时段的管理重点，组织渔政特编船队为主要成员单位的5次内容各有侧重的全省性海上执法护渔行动，严厉查处了各种违法现象，维护了渔场生产秩序，保护了海洋渔业资源。整个行动共参检人员487人（次），航时807小时，航程10 798海里，检查各类渔船652艘，处罚各类违法单位255个，罚款90多万元。切实贯彻执行伏休制度，组织开展3次海上联合执法行动，登临检查渔船108艘，查处各类违法单位52个。全省3 413艘桁杆拖虾、1 205艘帆张网、2 941艘单拖、3 564艘双拖渔船、10万多渔民都在规定的时间内，提前进港休渔，按时开捕生产，整个伏休期未发生明显违规现象。开展浙北渔场专项整治，加大执法力度，整治渔场秩序，共查获各类违规渔船30余艘并进行处罚；协调处理各类渔事纠纷8起，确保浙北"平安渔场"建设。

【渔业科技与推广】 组织制（修）订并发布实施11项水产省级地方标准，建立34个省级水产标准化示范区。核心示范区面积3 000多公顷，涉及17个水产养殖品种。启动渔船节能降耗工程，全年有近500艘大功率渔船进行节能技术改造。制订《浙江省水产种子种苗项目与资金管理办法（试行）》，编制印发《浙江省水产养殖良种化推进行动实施方案（2008—2010年）》。启动1个国家级遗传育种中心（罗氏沼虾）、1个国家级原种场（锯缘青蟹）、1个国家级良种场（中华鳖日本品系）和1个省级良种场（西伯利亚鲟鱼）建设。全省78个有渔业的县（区）均已出台有关建立农技推广责任制度、建设新型农技推广体系的文件。在普陀区等5个县（区）实施了"科技入户"示范工程，主导品种产量提高11.5%，效益增长13%。

【渔民技能培训与技术服务】 全年累计举办各类培训班938期，共培训渔民83 731人（次）。其中举办双转渔民培训班40期，培训转产转业3 853人。渔业实用新技术培训班681期，培训渔民46 987人（次）。职业技能培训班共举办216期，培训渔民32 891人（次）。有31 253位渔民培训后取得了相关技术证书。全省共组织70余次渔业科技下乡活动，发放3万余册水产养殖书籍资料。

【渔业专业合作组织建设】 制订完成《省级示范性渔业专业合作社认定办法》，在合作社中积极推行"基地+合作社+农户"发展模式，采用"五统一"生产经营方式，实现规模经营，提高水产养殖产业化、组织化水平。至2008年底，全省渔业系统有各类渔业专业合作组织690家，其中省级示范性渔业专业合作组织32家，市级示范性渔业专业合作组织58家，县级示范性专业合作组织 138 家。拥有省级以上渔业龙头企业 70 家,其中国家级农业产业化重点龙头企业 11 家。

【渔业政策性互助保险】 大力推进渔业政策性互助保险事业发展,省、市、县三级政策性渔业保险补贴体系已初步形成,全省渔业保险市场已实现统一归口管理。通过推行渔业互保小额信贷业务、实施"无理赔奖励政策"等措施,渔业互保业务继续得到快速拓展,协会的展业规模、业务发展速度、综合赔付率、互保费收入等 4 项主要指标均稳居全国首位。全年全省互保费超 1.8 亿元,同比增长 33%(其中参保渔船 1.33 万艘,占可保渔船总数的 93%;雇主责任互保 12.7 万人,占可保下海捕捞渔民总数的 96%),人均保额 17 万元;承载风险保额达 238 亿元。全省渔业生产风险保障能力得到进一步提高。省渔业互保面已覆盖到除宁波外(宁波市单设)的沿海全部 19 个市(县)和 3 个内陆县,并延伸到 127 个渔业乡镇、714 个渔业村和公司;互保种类已覆盖到渔船、渔民、渔业修造企业、渔业设施(渔港防浪堤)和水产养殖等渔业产业。

【重点渔业市(县)基本情况】

浙江省重点渔业市(县、区)基本情况

市(县、区)	总人口(万人)	渔业总产值(万元)	水产品总产量(吨)	其中					养殖面积(公顷)	
				海洋捕捞	海水养殖	内陆捕捞	内陆养殖	远洋渔业	海水	内陆
温岭市	116.56	438 703	509 607	432 972	68 274	460	7 889	12	6 044	2 216
象山县	53.18	428 850	568 610	448 800	109 200		10 610		10 908	2 768
普陀区	31.99	374 845	565 771	387 617	32 109		3 006	143 039	2 823	608
岱山县	19.24	241 165	319 769	307 942	9 409		758	1 660	1 414	183
玉环县	40.66	187 616	271 077	178 581	89 801	234	2 461		7 266	765
三门县	41.86	147 664	180 695	17 621	158 344	482	4 248		12 848	1 068
乐清市	119.59	112 296	85 497	9 326	65 498		4 498	6 175	8 593	2 467
苍南县	125.08	136 148	204 902	175 659	21 677	1 189	6 007	370	5 043	2 778
宁海县	59.52	128 354	130 698	8 510	118 332	238	3 618		15 177	1 943
嵊泗县	8.00	127 841	273 798	208 473	63 140			2 185	1 751	
临海市	113.82	99 807	121 110	98 475	14 337	2 632	5 666		2 811	2 760
慈溪市	102.72	89 391	42 263	4 748	15 891	1 605	20 019		5 322	6 001
瑞安市	116.05	67 260	110 357	102 502	5 017	776	2 062		1 571	1 167
洞头县	12.59	72 999	150 289	137 834	12 455				2 483	
定海区	37.46	65 667	95 841	60 094	9 139		4 891	21 717	1 821	1 385
奉化市	48.03	88 300	98 910	81 604	14 098	744	2 464		2 450	1 860
椒江区	49.51	77 737	209 845	206 925	2 543		377		906	141

【大事记】

[1]3 月 7 日,浙江省农业技术推广中心渔业分中心正式成立。分中心下设水产养殖、海洋捕捞两个专家组。渔业分中心的成立,标志着浙江省水产技术推广体系建设又迈出了新的步伐。

[2]5 月 30 日,浙江省人民政府办公厅印发《关于建设浙江省海洋渔业船舶安全救助信息系统的通知》(浙政办函〔2008〕26 号),正式全面启动浙江省海洋渔船安全救助信息系统项目建设。渔船安全救助信息系统是基于自动识别避碰、卫星定位监控以及通信等

技术的渔船救助信息系统,由3级共30个监控中心平台、20座自动识别避碰系统AIS基站、AIS船载终端设备、卫星监控和通信船载终端设备等构成,具有渔船避碰、定位监测、通信、海上航行、气象信息接收、开发渔船管理、进出港识别等多种功能。整个系统要求在2009年底前基本完成。

[3]6月27日,农业部与浙江省人民政府在舟山市沈家门渔政码头联合举办"增殖生物资源,养护海洋生态"2008年东海生物资源增殖放流活动仪式。农业部部长孙政才、全国人大环资委副主任委员陈希明、浙江省副省长茅临生及有关单位领导、渔政人员和渔民群众代表等500人出席了活动仪式。

[4]7月16日,浙江省副省长茅临生主持召开全省水产养殖产业发展座谈会。省内水产养殖领域9名资深专家和省级各有关部门负责人出席会议。会上,省海洋与渔业局就全省水产养殖发展情况作了汇报;各位专家就产业发展空间、培育重点、设施改造、科技攻关、服务体系建设、品牌建设与增殖放流等方面纷纷提出建设性的意见和建议。

[5]7月22日,"全省查禁电脉冲渔具销毁仪式"在舟山国际水产城举行。渔政执法人员用切割机等工具,现场销毁了60余台电脉冲惊虾仪及电瓶、电板等配套用品,数百名渔民群众围观了销毁过程。

[6]8月7日,浙江省海洋与渔业局在杭州萧山召开全省水产品质量安全工作会议。这是省渔业行政主管部门自承担初级水产品质量安全监管这一法定职能以来的首次全省性的工作会议。

[7]8月11日,经浙江省人民政府同意,浙江省发展和改革委员会与浙江省海洋与渔业局联合以浙发改规划〔2008〕571号文,正式公布实施《浙江省沿海标准渔港布局与建设规划》。根据《规划》,浙江省至2012年底将投入29.69亿元,建设69个标准渔港,其中包括8个国家级中心渔港。

[8]8月15日,浙江省(第二次)全省标准渔港建设工作会议在临海市召开。副省长茅临生作重要讲话,并代表省人民政府分别与宁波、温州、台州、舟山四市政府签订了《浙江省沿海标准渔港建设责任书》。

[9]11月11日,由浙江省人民政府组织的全省百万亩生态型水产养殖塘标准化建设工程现场会在湖州市召开。副省长茅临生作重要讲话。浙江省海洋与渔业局局长赵利民作工程建设主题报告。与会代表现场参观了湖州南浔区陈邑村、和孚镇荻港村徐缘渔庄等标准鱼塘改造示范点。

[10]11月19日,浙江省海洋与渔业局与浙江海事局共同组织的浙江省海上渔船安全救助联动机制协调会在杭州召开,并签订《海上渔船安全救助联动机制建设备忘录》。从渔船海难救助会商、海上救助与事故处置快速联动、双方船员安全知识互教三个方面予以落实。

[11]12月19日,浙江省海洋与渔业局以浙海渔业〔2008〕32号文发布《浙江省自然海域贝类生产区划型公告(第一批:三门湾、枸杞岛)》。这是浙江省首次发布贝类生产区划型公告。

(浙江省海洋与渔业局 纪志康 商玉坤)

安徽省渔业

【概况】 2008年全省各地克服雨雪冰冻灾害、局部地区洪涝水灾、生产资料价格全面上涨以及主导水产品出口受阻等不利因素的影响,认真组织实施渔业"三进工程",即鮰鱼进水库的网箱养殖、小龙虾(克氏螯虾)进稻田的虾稻连作和河蟹进湖泊的生态养殖,加快推进现代渔业发展,全省渔业经济继续保持健康快速发展的良好势头。

(1)主要渔业经济指标持续增长。全年完成水产品总量178万吨,比上年增长7.0%;名特优水产品产量64万吨,占总产量的36%,同比提高了5个百分点;实现渔业经济总产值314亿元,比上年增长11%;全省渔民人均纯收入7 212元,比上年增长3.5%。在巩固提高常规水产品养殖的基础上,积极调整养殖结构,大力发展名特优水产品,河蟹、龙虾、鮰鱼、黄鳝、青虾、鳜鱼、泥鳅等形成了一批初具规模的区域板块,产量、效益稳步提高。2008年,全省养殖面积47.5万公顷,比上年增长9.3%,水产养殖产量147万吨,比上年增长8.9%。其中河蟹、龙虾、鮰鱼、黄鳝养殖产量均居全国前列。渔业在农业和农村经济中的产业地位得到增强。

(2)渔业抗雪救灾取得实效。2008年初,遭遇罕见暴雪冰冻灾害,直接经济损失2.59亿元,4 800个专业渔民出现不同程度的生活生产困难。各级渔业部门一手抓抗灾减灾,一手抓灾后重建复产,采取切实措施,减轻灾害损失。加强技术服务,对12个重灾市安排省级专家对口服务,科学指导救灾和灾后重建;密切关注市场水产品变化动态,有计划地在生产基地开展科学捕捞,积极保障市场供应;及时抢修重建受损渔业设施,确保春季渔业生产的正常进行;切实抓好苗种投放和亲本培育,保障春投春放计划的完成;妥善安置连家渔船专业渔民的生产生活。渔业部门的积极应对受到各级党委、政府的充分肯定,受到广大渔民的称赞。

(3)良种规范化管理取得初步成效。上半年集中了3个月时间,全省就水产良种体系建设进行了广泛深入的专题调研。并组织考察了内陆渔业先进地区湖北省,形成了专题调研报告上报省政府。建议将水产苗种体系建设作为现代渔业发展的基础工程加以扶持,规范管理。建议得到省政府、省人大以及财政部门有关领导的认同,打破了10年来渔业省级预算没有调整的局面。2008年全省生产鱼苗260亿尾,同比增长19.3%;"四大家鱼"等常规苗种产量稳定,鮰鱼、鳜鱼、黄颡、细鳞斜颌鲴等苗种,在大批量生产技术上又有新突破,产量大幅提高。秋浦花鳜大规格鱼种突破5 000万尾,龙虾就地保种、就地繁育、就地养殖的"三就模式"得到成功示范、推广。

(4)水产生态健康养殖发展迅速。大力推广"种草、投螺、混养、稀放、控水"的"当涂模式"、"大湖面、原生态、稀放养、巧育肥、保品质"的宿松"泊湖模式"等以生物修复技术为核心的生态健康养殖模式,全省18.6万公顷湖泊、4万公顷池塘养蟹基本上实现了生态健康养殖,河蟹规格、品质明显提高。围绕良种、出口和优质水产品生产基地,建设了100个标准化健康养殖示范场(区),其中部级示范场28个。示范区核心面积5.3万公顷,辐射面积1万多公顷,示范区养殖水域的水质普遍好转。

(5)产业化水平不断提高。全省现代渔业向良种、加工、营销、出口和休闲旅游等方面延伸步伐加快,有力地促进了渔业经济的均衡发展。全省共有国家、省、市级渔业产业化龙头企业77家,其中国家级1家,省级23家,年加工鲜活水产品9万吨,带动近50万农户从事水产品苗种生产、养殖、加工和销售。二、三产业产值84.71亿元,同比增长6.8%。尤其是休闲渔业发展势头强劲,全省以鱼为特色的休闲、旅游场所近千家,年总产值7亿多元,较上年增长40%。在国外市场十分不利的形势下,安徽省水产品出口仍然实现1 400万美元,较上年增长26%。

(6)质量安全监管成效明显。按照农业部的统一部署,启动了养殖业执法行动,组织开展了水产健康养殖标准化推进年活动。以出口水产品质量控制体系建设为示范,以无公害、绿色和有机产品认证为推动,加快建立水产品质量安全监控机制,确保水产品质量安全。省农委和省出入境检验检疫局联合出台了《安徽省出境水生动物苗种场注册登记管理暂行办法》,严格规范了出境水生动物及产品的养殖行为。省渔业病害、环境监测、质量检测"三中心"通过了省质量技术监督局计量认证,并首次承担农业部例行抽检任务。依托市、县水产技术推广站建设的12个市级"三中心"、26个县级水生动物疫病防治站,发挥功能,强化监控。2008年农业部3次对安徽省水产品药物残留抽检合格率99.2%,省水产品质量检测中心抽检合格率99.8%。

(7)渔业资源养护效益初步显现。认真落实国务院《水生生物资源养护行动纲要》精神和安徽省政府实施意见,强化依法管理,在继续组织实施长江、巢湖以及大水面禁渔期管理的同时,争取国务院三峡办和农业部的支持,投入500多万元,在沿江、沿淮增殖放流鱼种、蟹种6 682万尾(只)。首次在具有较高经济价值和遗传育种价值的水产种质资源主要生长繁育区域建立了白荡湖翘嘴红鲌、泊湖秀丽白虾青虾、长江安庆段长吻鮠、大口鲶、鳜鱼等9处省级水产种质资源保护区,其中5处获得国家批准。建设了无为县长江胭脂鱼、安庆长江江豚保护区、黄山大鲵以及巢湖水生野生动植物资源保护区。

(8)养殖证制度建设步入规范。全省已有72个县(市、区)级、1个市级人民政府和2个市级跨界湖泊出台了《养殖水域滩涂规划》,占所辖县(区)的78.2%。发放养殖证8 600本,已核发养殖证养殖水域滩涂面积26万公顷,占应核发面积的52%。高塘湖、瓦埠湖(计2.16万公顷)两个跨市水域的养殖水域滩涂规划,经省政府同意,由省农委下文批准,为跨界水域养殖水域滩涂规划编制提供了经验。

(9)渔业安全生产。积极主动配合省安全生产监督管理局、交通海事等部门做好渔业船舶和安全生产的监督、管理工作,落实安全生产责任制,全面完成渔业生产事故总量、死亡人数和直接经济损失3个指标零增长的目标。积极争取省政府办公厅出台了《加强渔业安全生产工作的通知》。从安全生产责任制落实、加强安全生产基础建设和强化安全生产培训三个方面,明确了渔业安全生产实行行政首长负责制和责任追究制度;提出加快渔船检验机构建设,规范渔船监督管理,控制捕捞强度要求等,为指导全省渔业安全生产管理工作提供了有力的政策保障。

(10)提出了实施水产跨越工程的新构想。在3年实施渔业"三进工程"的基础上,借鉴兄弟省份现代渔业快速发展经验,创新提出了实施水产跨越工程的新构想,以创建水产大县为抓手,优化产业布局,发展板块经济,壮大主导产业、做强优势产业、做精特色产业,全面提高全省渔业经济总体素质和综合实力。这一构想建议,得到了省委、省政府的肯定,写进了省委贯彻《中共中央关于推进农村改革发展若干重大问题的决定》的实施意见,为安徽省现代渔业发展指明了方向。

【主要问题】 一是养殖池塘池堤垮塌、淤泥沉积严重,保水性差,排灌设施破损,水质保障困难,易发病害,单位产出效率低,严重影响养殖效益和质量安全。二是淡水产品深加工严重滞后,制约了渔业产业化的深入发展。三是龙头企业规模小、数量少,产业牵动能力不强。四是渔政执法体制不顺,装备不足,渔业资源养护机制不健全,影响了水生生物资源养护、水产养殖业执法和水产品质量安全的监管。

【重点渔业市(县)基本情况】

安徽省重点渔业县(市、区)基本情况表

县(市、区)	总人口(人)	渔业总产值(万元)	水产品总产量(吨)	其中		内陆养殖面积(公顷)
				养殖	捕捞	
寿县	1 346 936	101 608	81 220	59 120	22 100	24 400
枞阳县	965 167	197 045	72 266	65 766	6 500	21 874
宿松县	814 323	164 956	71 160	64 680	6 480	53 667
霍邱县	1 758 276	53 771	70 000	49 837	20 163	15 119
明光市	648 352	138 464	68 112	58 000	10 112	16 341
当涂县	648 886	158 142	65 115	57 876	7 239	12 963
无为县	1 413 196	107 329	55 066	45 842	9 224	13 888
望江县	615 249	104 331	54 996	45 307	9 689	23 000
天长市	624 042	103 799	51 200	45 100	6 100	11 484
宣州区	846 209	75 646	48 511	38 415	10 096	12 538

注:① 以产量取前10位;
② 渔业数据采集于2008年渔业统计年报;
③ 人口数(2007年末数)由省统计局提供。

【大事记】

[1]1月15日,省农委印发《关于加强巢湖水域渔业船舶登记、营运检验工作的通知》。要求在巢湖水域参加初次检验并继续从事渔业捕捞生产、水产运销、养殖等渔业活动的渔船进行换证登记、检验。

[2]1月22日,全省渔业安全生产及信息员工作会议在潜山县召开,各市、巢湖渔业管理局、部分重点县渔政、渔检、渔监站长参加会议。

[3]2月14日,巢湖开展为期半年的封湖禁渔。

[4]2月21日,农业部东海区渔政局副局长张秋华率全国渔业文明执法窗口考核验收工作小组,对宁国市渔政渔港监督管理站渔业文明执法窗口候选单位创建工作进行验收。

[5]2月25日,安徽省渔业科技救灾暨进村入户"春季行动"启动仪式在当涂县举行。

[6]2月26日,农业部渔业局副局长崔利峰率农业部抗灾减灾和春耕生产督导组来皖进行督察指导。

[7]3月1日,省农委对全省132处33.7万公顷水域实施2008年度禁渔制度。

[8]3月12日,省农委主办的安徽水库鮰鱼及其产品新春推介会在合肥举行。省政协副主席王鹤龄、原副主席卢家丰,省委副秘书长刘奇、省政府副秘书长张韶春,省农委主任毕美家、总农艺师王华等出席推介会。

[9]3月13日,安徽省渔业工作会议在合肥召开,省农委总农艺师王华作工作报告,省农委主任毕美家到会并作重要讲话。

[10]3月18日,安徽省农委和省出入境检验检疫局联合出台了《安徽省出境水生动物苗种场注册登记管理暂行办法》,进一步加强出口水产品的质量安全监管。

[11]4月1日,2008年安徽省长江禁渔暨同步执

法行动启动仪式在池州市举行。标志着为期3个月的长江中下游禁渔工作在安徽省全面展开。

[12]5月12日,全国河蟹健康养殖观摩交流会在明光市召开。来自全国河蟹主要养殖地区渔业主管部门和养殖、销售企业负责人参加会议。

[13]5月15日,省农委启动水产品健康养殖标准化建设推进年活动。

[14]5月28日,2008年中国·合肥第七届龙虾节隆重开幕,万余名市民现场参与。

[15]6月5日,安徽省渔业协会、合肥市畜牧水产局联合举办第二届(2008)中国·合肥龙虾经济论坛,省内外近200人参加会议,省农委总农艺师王华出席论坛并致辞。

[16]7月2日,省农委在长江无为段进行增殖放流,放流胭脂鱼苗13万尾、长吻鮠苗10万尾。

[17]7月2—3日,世界自然基金会长江水生生物保护与可持续利用示范项目交流会在安庆市举行。世界自然基金会代表、农业部长江渔业资源管理委员会、中国科学院水生生物研究所、长江水产研究所、湖北、安徽省渔业主管部门负责人出席会议。

[18]7月25日,淮南市渔政处对淮河进行增殖放流,放流鱼种11.2万尾。这是安徽省第一次对淮河进行大规模增殖放流。

[19]8月10日,《安徽日报》报道,全省各地积极组织实施渔业"三进工程",有力推动了渔业经济发展和农民增收。

[20]8月22—23日,安徽省长江水生动物保护研究中心建设工作座谈会在无为县召开。省人大财经委、省农委、省财政厅等有关负责人、专家共50余人参加会议。

[21]9月19日,省渔业协会公布60家单位为首批安徽省休闲渔业示范基地。

[22]9月26日,省农委批准建立白荡湖翘嘴红鲌等9处省级水产种质资源保护区。

[23]9月28日,经省政府同意,安徽省农委发布了《高塘湖、瓦埠湖养殖水域滩涂规划》。

[24]10月26日,第二届"丰收杯"全国河蟹大赛在上海海洋大学举行。安徽省企业选送的优质大闸蟹荣获"金蟹奖"、"最佳口感奖"和"蟹后"称号。

[25]12月22日,安徽省推荐上报的泊湖秀丽白虾、青虾水产种质资源保护区等5个保护区获批准为国家级水产种质资源保护区。

[26]12月24日,安庆市石塘湖渔业有限公司养殖场等13家单位获得"农业部水产健康养殖示范场"称号,至此,全省共有农业部水产健康养殖示范场28家。

[27]12月25日,安徽省政府办公厅发出明电通知加强渔业安全生产工作。

[28]12月25日,全国水产技术推广总站站长魏宝振到安徽省水产引育种中心和富煌巢湖三珍食品有限公司进行渔业调研。

[29]12月25—29日,全国水产技术推广总站在肥西县举办了基层水产技术推广人员研修班。

(安徽省渔业局 王建勋 李正荣)

福建省渔业

【概况】 2008年,深入落实科学发展观,以渔业增效渔民增收为目标,积极调整渔业结构,加强渔业资源保护,扎实推动现代渔业建设。全省渔业经济总产值达1 147.39亿元,同比增长10.23%;增加值611.16亿元,比增10.26%,占全省GDP5.65%。渔民人均纯收入7 759元,比增7.32%,比全省农民人均纯收入高出1 563元。全省水产品总产量554.2万吨,比增4.17%,居全国第三位,人均占有量居全国第一位。水产品出口创汇11.2亿美元,比增7.28%,占全省农产品出口创汇的37%,占全国水产品出口创汇的10.57%。

(1)水产养殖。大力发展优高养殖,调整优化养殖品种结构,重点推广曼氏乌贼、金头雕、刺参等一批海水新品种,形成一定的规模效益。如漳州市2008年累计引进推广优新品系罗非鱼良种覆盖率逾80%,宁德市厚壳贻贝育苗、曼氏乌贼育苗及养成获突破,福州市着力推广金头雕、刺参等海水新品种取得良好成效。海带养殖面积、产量、效益均创历史新高。开展农业部公益性行业科研专项"对虾养殖管理信息系统研究与建立",在福清等地5个示范点示范推广面积242公顷,辐射周边对虾养殖2 000公顷。全省养殖产量达343.23万吨。积极推动大中型水面开发,采取资金扶持等一系列措施鼓励发展淡水网箱养殖,并在清流召开淡水渔业发展现场会,推动淡水渔业发展的新突破。2008年淡水渔业产品产值达111.7亿元,比增5.47%,产量达67.35万吨,比增2.79%。2008年全省共放流鱼、虾、贝2.81亿尾(粒),总投资1 162.15万元。开展水产苗种生产专项整治,重点加强对水产苗种生产许可证以及养殖用药的监管。在病害防治方面,通过全省208个测报点,对22个养殖品种病害进行测报,及时发现病情,采取措施应对,减少灾害造成的损失。

(2)海洋捕捞。依靠科技进步和发展大功率渔船,大力推进轻型、节能、高效作业,提高抗灾能力和捕捞效率,使捕捞业进一步向外海渔业发展。在面临柴油价格上升压力的情况下,认真落实渔用燃油补贴政策,切实减轻捕捞渔民负担,捕捞生产保持健康发展态势,继续为全省提供20多万个的就业岗位,捕捞渔民收入有些提高。

(3)水产品加工。大力发展加工业。对省级以上龙头企业实施项目扶持和技术改造,开展精深加工,研发出一批特色优势新产品。如,东山海魁集团成功开发系列新产品,使东山县2008年水产新品出口货值比上年同期增加近4倍,占全县水产品出口值近1/3。2008年全省水产品加工产量达197.2万吨,与上年基本持平。实施项目、品牌"两个带动",促进水产加工企业产能升级。遴选推荐了晋江市阿一波食品工贸有限公司的"坛紫菜养殖及新型即食紫菜酥产品加工产业化"等15个项目作为水产品综合利用与质量安全的扶持重点。配合省财政制定《福建省现代渔业生产发展实施方案》,增强产业化发展后劲。大力实施品牌带动战略积极培育水产品牌,2008年已有19家水产加工企业产品通过省名牌产品评定委认定,14种水产品获得省著名商标认定。2008年水产品加工产值249.27亿元,比增26.04%

(4)水产品市场。加强闽台合作,拓展外向空间。积极构建闽台渔业合作平台,霞浦台湾水产品集散中心、海峡两岸(福建东山)水产品加工集散基地、漳浦台湾农民创业园区渔业产业区和连江海峡西岸水产品加工基地建设进展情况良好。2008年销往台湾水产品达2.57万吨,金额9 726.8万美元,比2007年增长156%;从台湾购进水产品3.49万吨,金额1 764.6万美元。至2008年,全省已累计兴办台资水产企业514家,实际利用台资6.7亿美元。适时调整水产品出口策略,发展对虾和蟹类加工产品等具有国际市场潜力和资源优势的地方名特优品种,形成出口创汇的主导产品。继续巩固发展日本、美国、韩国三大出口市场,并着力开拓欧盟、东南亚、拉美和澳大利亚、新西兰市场,逐步实现国际、国内两个市场同步发展、相得益彰。

(5)水产品质量监管。加大水产品药物残留监督抽查力度,全年完成1181批(次)检测任务,水产品合格率为96.9%。开展贝类有毒有害物质监督抽检290批(次),继续选择东山湾进行海水贝类养殖区划型监控工作。开展水产养殖违禁药成分分析检测,为进一步推动水产品质量安全控制提供技术支持。在福州市区陆续开办了"福建水产精品连锁店"10家,共抽检4次79个样品均合格。认真抓好供应奥运水产品生产基地的特殊监管工作,奥运期间,供应水产品50多吨,没有发生水产品重大质量安全问题。强化无公害水产品产地认定和产品认证工作,2008年认定无公害水产品产地52家、1.3万多公顷,认证无公害水产品77个、2.86万吨。加强渔业标准化建设,2008年新建国家和省级渔业标准化示范区11个,发布实施渔业地方标准8项。

(6)休闲渔业。积极发展休闲渔业。与厦门市人民政府、中国水产学会联合举办2008中国(厦门)国际休闲渔业博览会暨高层论坛,全面推进休闲渔业的交流合作。通过打造"水乡渔村"休闲渔业品牌,召开全省水乡渔村现场交流会,与省旅游局共同促进水乡渔村成果应用于休闲、旅游等,促进创建工作开展。短短的一年时间里,水乡渔村建设取得初步成果,共建立12个示范点,带动和兴起了休闲渔业的开发热潮。

(7)科技推广。在科研攻关方面,组织"耐高温海带良种选育及规模化繁育研究"等一批项目攻关,为产业发展提供有力技术支撑。在科研成果转化方面,借助"6·18"平台,促成海洋与渔业科研成果与企业技术需求成功对接98项,总投资6.9亿元。在科技入户方面,培育发展科技示范户1 320个,示范户水产品产量比前3年平均增长约12%,单位产量节约成本约8%。

(8)防灾减灾。积极实施海洋与渔业防灾减灾"百千万工程"建设。加快建设"百个渔港"。全省已有6个中心渔港、6个一级渔港以及14个二级渔港、56个三级渔港立项、在建或已建成,渔船就近避风率从"九五"末的30%提高到50%。着力提高海洋灾害的预警能力。已建立数据传输、接收、分发与管理系统;开展了海面风场—浪场—流场数值预报系统、风暴潮漫滩预警系统、赤潮预警系统、卫星遥感信息反演软件以及海上突发事件应急辅助决策系统等关键技术的研发;着手进行了全省沿海警戒潮位核定和岸线高程实测的前期工作。努力完善万艘渔船安全应急水平。目前,海上渔船安全应急指挥系统信息终端安装率已达61.4%。

(9)渔业安全管理。出台了《福建省小型渔船管理办法》,增强可操作性,有效加强渔船安全管理。制定实施《福建省沿海渔村渔船安全协管员管理办法》等10项渔业安全生产管理制度和措施。深入开展渔业安全生产"隐患治理年"活动,组织实施渔船安全生产百日督察行动。认真做好渔业防台风工作,组织生产渔船进港避风约20.6万艘(次),安全转移海上作业人员约107.2万人(次),没有发生人员伤亡情况,最大限度地保障了渔民群众的生命财产安全。积极推进政策性渔业保险工作,2008年渔工责任保险范围扩大到全省沿海市(县),渔船保险范围扩大到沿海14

个县(市、区),并增加补贴额度。全省政策性渔工保险率达 97.4%,14 个渔船保险试点县渔船保险率达 99.7%。

(10)渔政执法。着力整合执法力量、加强海上监管,进一步促进渔业管理走上法制化轨道。积极实施伏休制度,创新监管方式,伏休渔船实现“零违规”。强化水产养殖执法,2008 年全省先后出动人员 1.2 万人(次),检查企业 6 000 多家,查处各类违法违规案件 28 起。积极开展专属经济区巡航和日方通报违规渔船的协查工作。扎实开展“护渔行动”,2008 年共出动执法船艇 1 253 艘(次),执法人员 10 631 人(次),登临检查渔船 30 969 艘(次),责令整改 2 011 项,查获各类违规渔船 829 艘(次)。组织开展“平安奥运”、台海渔船安全大检查、渔政边防联合整治渔船违法犯罪等专项行动,取得了较好的效果。加强资源保护,调整鳗鲡苗种开捕时间,延长鳗鲡苗种禁渔期,提高鳗鲡苗种资源利用率。强化救生筏配置和检修监督管理。规范和扩大渔船签证站点。在沿海渔村、重点渔港设置渔船签证站,积极探索专管与协管相结合的执法方式,2008 年全省沿海新批准设立了 52 个签证站,全省渔船签证站总数达 100 个,基本满足基层安全执法监管的覆盖面。

【重点渔业市(县)基本情况】

福建省重点渔业市(县、区)基本情况

市(县、区)	渔业总产值(万元)	水产品总产量(吨)	其中				养殖面积(公顷)	
			海洋捕捞	海水养殖	内陆捕捞	内陆养殖	海水	内陆
福清市	419 957	286 016	21 202	192 888		71 926	10 042	5 034
平潭县	321 781	325 586	169 884	155 512		190	4 192	86
连江县	820 285	621 500	270 000	344 220	1 043	6 237	10 950	537
秀屿区	225 279	380 000	75 120	303 662	527	691	7 400	112
霞浦县	241 935	273 781	99 595	173 549	5	632	13 654	88
惠安县	221 711	266 021	121 227	140 965	1 371	2 458	4 790	511
石狮市	241 983	351 952	320 587	31 068		297	965	49
龙海市	241 879	330 197	108 793	141 313	5 985	74 106	4 481	4 452
漳浦县	319 794	332 160	56 187	236 365	4 741	34 867	11 935	3 050
东山县	258 889	280 525	145 498	127 554		7 473	6 074	463

【大事记】

[1]2 月,农业部向社会公布的 100 个 2007 年中国名牌农产品中,福建省 2 个水产品牌入选。

[2]9 月 23 日,农业部渔业局召开的全国渔业政务信息与宣传工作会议上,福建省海洋与渔业局被授予 2007—2008 年度全国渔业政务信息工作先进单位特等奖,成为全国渔业系统唯一获此殊荣的单位。

[3]10 月 12 日,首届福建省“水乡渔村杯”俱乐部钓鱼邀请赛在龙岩举行,来自全省 21 个钓鱼俱乐部近 130 名垂钓高手参赛。

[4]11 月 7 日,首届中国(厦门)国际休闲渔业博览会隆重开幕。本届博览会为期 3 天,主题为“发展休闲渔业,创建和谐生活”,包括新加坡、马来西亚等国家以及我国台湾省的近百家知名休闲渔业企业前来参展。

[5]11 月 18 日,2008 年福建省品牌农业金奖企业颁奖仪式在漳州第十届“花博会”上举行。20 家获奖的品牌农业企业中有 3 家水产加工企业。

[6]12 月,福建省人民政府发布 2008 年度福建省名牌产品名单,其中水产行业 19 家企业产品榜上有名。

(福建省海洋与渔业局　林旭东　刘　颖)

江 西 省 渔 业

【概况】　2008 年,是江西渔业发展进程中极不平凡的一年。这一年经历了历史罕见的冰冻灾害、遭遇了金融风暴对水产品出口的冲击、饱受了生产资料上涨给渔业养殖带来的不利影响。在困难中各级政府对渔业的支持力度空前,仅中央和省两级财政扶持就突破了1亿元。全省各级渔业部门积极开展渔业抗灾救灾、灾后恢复生产与重建工作。加大水面开发和标准化池塘改造力度,全面推进水产健康养殖。主攻水产品加工业和外向型渔业,推进渔业产业化经营。全省渔业经济保持了发展态势,实现了水产品总量与渔业总产值历史性的"双突破"、创出了水产品出口连续3年出口创汇1亿元新高、突破了渔民人均增收两位数的增长。水产品总产量达到204.6万吨,同比增加8.2万吨,增长4.2%。其中,特种水产品产量59.1万吨,同比增加5.8万吨,增长10.8%;养殖面积40.2万公顷,同比扩大4 860多公顷;渔业产值达到211.6亿元,同比增加29.4亿元,增长16.1%;水产品出口创汇1.3亿美元;全省水产品市场价格综合平均指数为117.95,同比上涨17.95个百分点;全省渔民人均纯收入6 394元,同比增加581元,增长10%。

(1)产业发展的主要特点。一是水产养殖业发展向基地化、规模化、集约化推进,渔业生产经营方式正在发生积极变化。二是渔业结构调整向"一条鱼一个产业"、"一县一品、数县一板块"的区域化推进,水产优势区域布局正在发生积极变化。三是水产品流通向专业化、大市场、跨区域推进,水产品市场流通体系正在发生积极变化。四是渔业产业向合作化、品牌化、标准化推进,渔业龙头企业带动农民致富的方式正在发生积极变化。五是渔业技术推广向新品种、新技术等现代渔业技术和现代渔业装备应用推进,渔业生产力的提高正在发生积极变化。六是渔业资源开发向环保型、节约型、可持续发展推进,市场合理配置资源要素正在发生积极变化。七是渔业管理逐步由行政渔业向法制渔业方向推进,渔业制度化、规范化、法制化管理正在发生积极变化。

(2)存在的主要问题。渔业基础设施建设落后,抵御自然灾害能力较弱;国内外市场对水产品质量的要求愈来愈高,水产品出口形势严峻;渔业生产资料价格涨幅较大,生产成本提高,渔民增收难度加大。

【水产养殖】 2008年,江西省水产养殖业呈现以下主要特点:

(1)继续推行水产健康养殖。一是制订了《2008年江西省水产养殖业专项执法行动实施方案》,重点对水域滩涂养殖证发放、苗种生产许可证持证、水产养殖兽药使用、水产养殖生产记录制度执行等情况进行专项执法。二是制定了《草鱼出血病免疫防疫试点项目实施方案》,确定了12个试点县(市、区),示范区面积达到6 660多公顷,其中建立核心区12个,面积1 460多公顷。通过核心区和辐射区带动1.55万养殖户进行草鱼免疫防疫。三是水产健康养殖进一步推广。2008年又有20家单位获得了"农业部水产健康养殖示范场"称号。四是积极开展水产养殖业安全生产百日督促检查专项行动,制定并印发了《水产养殖业安全生产百日专项行动方案》,明确了百日督察的范围。

(2)启动标准化池塘改造和水产苗种繁殖场改扩建一期工程。2008年,利用中央财政支持现代农业生产发展专项资金2 900万元,在南昌、新建、进贤、鄱阳、余干、万年、永修、都昌、九江、彭泽县及樟树市和丰城市等12个县(市)改造标准化池塘1 600公顷,改扩建年繁苗能力达5亿尾以上的规模化苗种繁殖场4个及新品种研发基地1个。项目总投资10 531万元。其中,中央资金2 900万元,项目县(市、区)整合配套资金4 431万元,经营者自筹资金3 200万元。项目从2008年8月开始组织申报,经过项目设计、审批、招投标等前期工作,在2008年11月份正式开工。总体来看,工程进展比较顺利,预计在2009年5月份全面完工。

(3)加强水产养殖基本养殖制度建设。为了贯彻实施好《物权法》,确保渔民合法权益,加快水域滩涂养殖规划的编制和养殖证发证,实行一票否决制。全省有80多个县(市、区)完成了水域滩涂规划的编制,并报政府审批颁布。全省共发放养殖证面积29.68万公顷,占全省水产养殖面积的74.7%。

【水产品流通与出口贸易】 2008年,全省水产品商品率达到93.7%,水产品市场零售价格指数达117.95个百分点;全省水产品省外销售量达68万吨,同比增长18%,占全年水产总产量的32.47%,销售价格比省内的市场平均价格高18.3%,销售额达80.7亿元。主要销售市场为上海、广东、福建和浙江等地。

据江西出入境检验检疫局提供的数据,2008年,全省水产品出口量达18 000吨。其中,鲜活水产品5 000吨、加工水产品13 000吨,出口额达1.3亿美元。在出口产品中,鳗鱼、鮰鱼、小龙虾等加工产品继续保持增长,而泥鳅、鳜鱼、黄颡鱼等鲜活水产品出口势头强劲,泥鳅出口韩国的出口额达800万美元。

【渔业产业化】 一是加工企业增加,加工率稳步增长。全省加工企业达到165家,同比增加14家;全省水产品加工产品产量达19.84万吨,同比增加7.54万吨,增长61.3%,水产品加工率达16%,同比增加2个百分点。二是水产龙头企业不断发展壮大，产业化经营程度不断提高。全省有以江西鄱阳湖四海水产集团（省级农业“双十”龙头企业）和江西瑞金红都水产食品有限公司（国家农业产生化重点龙头企业）为龙头的省级以上农业产业化龙头企业34家，其销售额达32亿元（其中销售产值5 000万元以上的企业15家），同比增长60%，辐射带动农户达到6.9万户，同比增长9.5%。三是渔业专业合作组织进一步发展壮大。全省拥有渔业合作经济组织620家，同比增加109家，联系农户5.6万户。四是渔业第二、三产业产值比重继续提高。第二产业产值达69.2亿元，同比增加17.7亿元，增长34.4%；第三产业产值达241.4亿元，同比增加22.6亿元，增长10.33%。

【水产品质量安全监管】 建立健全了水产品质量安全监管长效机制。一是积极开展苗种生产单位和水产养殖单位的安全用药督促检查。各级渔业行政主管部门共检查263个水产苗种生产单位、192个水产养殖单位。重点检查了这些单位落实水产品质量安全管理措施的情况，特别是饲料、渔药等投入品的使用情况，没有发现使用任何违禁药物情况。二是动员和组织全省各级渔政执法机构依法对违规违法使用禁用、限用渔药的水产养殖单位进行查处。三是积极配合农业部开展了水产品质量安全监督抽查工作。农业部渔业局委托的质检机构共在江西省开展了4次（1次是抽查苗种，3次是抽查产品）水产质量安全抽查，共抽查水产苗种15个批（次），产品117批（次），总合格率为99.1%。四是进一步加强全省水产品药物残留例行监测工作。全年开展水产品药物残留例行检测300批（次），涉及出口水产品及大众水产品，总合格率为97%。

【渔业船舶安全管理】 全面贯彻落实“安全第一、预防为主、综合治理”工作方针，切实将渔业船舶安全生产工作落到实处。一是加大宣传力度，营造安全生产氛围。编制《渔业安全技术手册》、在渔政网站开设渔业安全栏目，实施《江西省渔业行业安全生产百日督察方案》、开展形式多样的宣传活动，提高渔民群众的安全生产意识，营造良好的渔业安全生产氛围。二是加强监督检查，确保渔业生产安全。各渔政渔检机构深入开展隐患排查治理和低质量渔船的专项整治行动，重点查处渔船安全设施配备不到位，渔船非法载客、载货和超载行为。同时为渔民配备救生衣10 660件、救生圈2 419个、灭火器1 693件，为7个基层渔政机构免费配置执法快艇。三是认真抓好渔业互保工作。全年共吸收人保13 519份、船保1 097份、保费75.086 5万元，分别同比增长126%、260%、320%。并及时对4名死亡会员、3名意外伤残会员和8艘受损渔船进行了理赔，共发放理赔款2.65万元。

【冰冻灾害】 2008年1月中旬至2月初，我国南方经历了一场近50年来持续时间最长、冰冻程度最重的冰冻天气，给渔业造成重大损失。全省渔业冻害受灾面积4.8万公顷，受灾区涉及74个县、400多个养殖场和5 000多户渔民，直接经济损失11.79亿元。其中，亲本损失16.45万组，冬片鱼种损失3万吨，渔业基础设施损坏5 166处，生产和管理用房损坏12.3万平方米，网箱损坏120万平方米，温室大棚损坏42. 6平方米等。灾情发生后，中央和省委、省政府对水产业救灾恢复生产非常重视，先后3次拨付3 000余万元用于水产救灾及灾后恢复重建。通过救灾及灾后重建，水产苗种生产恢复正常，水产基础设施基本得到修复，综合生产能力恢复到灾前水平。

【科研项目】 一是建立“产学研”合作平台，组织科研攻关。承担的农业部“948”“池蝶蚌繁育及育珠技术引进推广”项目通过农业部组织的专家验收；“乌鳢黄鳝规模化繁育技术研究”项目进展良好，基础研究有新突破，并通过农业部组织的阶段性验收；参与研究的农业部公益性行业专项（河蟹项目）及部农业行业标准《兴国红鲤》种质标准修订，通过农业部组织的专家鉴定；继续承担的国家标准《水产品中渔药物残留量的测定・炔诺酮》的研究与起草制定工作；申请并获准农业部大宗淡水鱼产业体系南昌综合试验站项目；承担的“鮰鱼产业技术开发”项目获省科技进步三等奖。

【科技入户】 一是继续在万安和余干两县实施部级水产科技入户，举办科技入户春季启动仪式和培训班3期，培训640人（次）；在《中国水产》发专刊一期，与CCTV拍专题1次，宣传渔业科技入户工作；开展3次送科技下乡和技术培训工作，送发3 000册资料送至各县（市、区）和示范户。二是积极应对冰冻灾害，加强渔业科技救灾技术指导工作。编印下发了《渔业抗冻救灾技术措施》、《渔业低温冻害灾后恢复生产方案》、《水产“24”字防寒抗冻救灾技术措施》等资料2万余份；公布救灾技术人员电话，随时接受电话咨询；深入灾区一线指导抗灾救灾工作，春节后全省还组织了千名水产技术人员深入灾区送科技入户。

【重点渔业市(县)基本情况】

江西省重点渔业市(县、区)基本情况

市(区、县)	总人口(万人)	渔业总产值(万元)	水产品总产量(吨)	其中:捕捞	养殖面积(公顷)
鄱阳县	149.3	131 251	128 001	22 000	22 656
余干县	94.0	125 658	112 258	98 983	25 940
进贤县	78.8	133 596	104 022	19 026	30 693
南昌县	94	91 006	108 546	16 786	10 553
都昌县	78.3	64 536	67 004	15 436	11 775
新建县	70.1	99 124	72 600	11 145	8 059
永修县	37.2	44 348	42 025	4 080	8 745
彭泽县	36.0	45 389	37 800	2 953	7 500
九江县	33.6	32 898	40 616	2 152	11 171
丰城市	133.3	73 484	85 868	5 806	15 933

【大事记】

[1]1月8日,江西省副省长熊盛文深入江西鄱阳湖四海国际水产集团调研渔业产业化工作。

[2]4月3日,江西鄱阳湖四海国际水产集团组建成功。

[3]5月10—15日,江西省政府在香港举办了“2008”江西(香港)活动周。中国振乾坤投资集团有限公司与江西鄱湖水产股份有限公司共同投资建设的江西九江国际水产城项目、香港兴利国际投资有限公司计划在广丰县投资建设的淡水鱼综合加工利用项目等两个项目,在江西(香港)农业招商引资项目推介会上签订投资意向协议,两个项目总投资额为2.1亿元。

[4]6月19日,省农业厅和南昌市在南昌举行了以“保护水生动物,建设生态文明”为主题的渔业资源增殖放流行动启动仪式。江西省副省长熊盛文、副秘书长赵泽华,南昌市副市长刘建洋以及省财政、民政厅等省、市禁渔工作领导小组成员单位负责人、渔民、市民和新闻记者等共100余人参加放流仪式。

[5]7月18日,新建县渔政分局在赣江西河大堤渔政码头举行中国渔政36106船首航仪式。

[6]9月16日,中央财政支持现代农业生产发展专项资金水产项目在南昌顺利通过了专家评审,标志着现代渔业建设一期工程的序幕正式拉开。

[7]11月28—29日,泛珠三角区域渔业经济合作论坛第三次年会在南昌隆重召开。江西省副省长陈达恒到会讲话指出:全力推进水产生态健康养殖,加快发展水产品精深加工业,大力实施水产品牌化发展战略。

[8]11月28—29日,江西省水产学会、江西省渔业协会完成换届选举。

(江西省水产局 于向阳 易建平)

山东省渔业

【概况】 2008年面对国内外经济环境急剧变化、国际金融危机冲击以及严重浒苔灾害等重大不利因素,山东渔业系统以科学发展观为指导,迎难而上,奋力拼搏,渔业经济实现了平稳增长。全省水产品总产量达730.3万吨,比上年增长2.4%。渔业经济总产值达1 894.6亿元,比上年增长14.4 %;渔业经济增加值855.7亿元,增长20.1%。其中,水产品产值734.3亿元,比上年增长20.7%;水产品增加值447.2亿元,比上年增长21.2 %。水产品进出口总量223.7万吨,进出口总额56.2亿美元。渔民人均纯收入达8 816元,同比增长8.4%。

【水产养殖】 优势主导产业快速发展。海水养殖生产稳中有升,工厂化养殖走出“大菱鲆”一条鱼为主的格局,海参等优势主导养殖品种增产突出。海参、对虾、海带等十大优势品种名优品种养殖规模继续扩大,占海水养殖产量的70%以上。健康养殖业规模不断扩大,新建省级以上健康养殖示范区55处,总规模已达122处,面积4万多公顷。海水工厂化养殖规模达到550万平方米,养殖品种结构调整明显,以40%水体养殖大菱鲆、20%养殖牙鲆、20%养殖半滑舌鳎、20%养殖海参的养殖结构模式在较多养殖企业得到推行,取得了较好的效果。设施渔业进一步发展,新增抗风浪深水网箱 297 个，全省深水网箱已发展到 2 600 个，产量 1.5 万吨，产值 4.7 亿元。淡水养殖产量平稳增长，养殖面积 18 万公顷，产量达 110 余万吨，增长 7%。扎实推进标准化池塘整理改造工作，新修建标准化池塘 5 000 公顷，辐射带动新开发改造池塘 1.3 万多公顷。休闲渔业加快发展。建立了示范点等级认定制度，新申报省级休闲渔业示范点 17 处。休闲渔业示范点达 6 000 多处，从业人员 10 多万人，创造增加值 30 多亿元。

【捕捞加工】　海洋捕捞业稳步发展。全省海洋捕捞渔船 24 369 艘，总功率 134.9 万千瓦，捕捞产量 238.3 万吨。在外作业的远洋渔船 315 艘，总功率达 15 万千瓦，总吨位 11 万吨，产量 15 万吨，产值 14 亿元。近海地方性渔业资源相对稳定，小功率渔船作业生产较好。全省共有 552 艘渔船进入韩国专属经济区水域作业，入渔率达 98%，产量 5 100 多吨。新认定省级渔业产业化龙头企业 16 家，省级以上龙头企业达到 56 家。不断壮大渔业企业，规模以上企业达到 253 家，其中销售收入过亿元企业 84 家，过 10 亿元企业 9 家，过 20 亿元企业 3 家。水产品加工能力增强。加工企业 1 872个，年加工能力 654.8 万吨，水产加工总量 435.5 万吨。

【水产品质量安全】　狠抓质量监管重点，水产品质量安全水平不断提高。渔业标准体系进一步建立健全，完善水产品生产、加工、销售各个环节的地方标准和操作规程，组织制定了 10 项苗种繁育、健康养殖地方标准，全省已制定地方渔业标准 122 项，覆盖了主要养殖品种。新建海参、海带等 9 个品种 19 处省级标准化基地和 3 处水产品出口示范基地。认定无公害产地 515 个，认证无公害产品 822 个，无公害产地面积已达 24 万公顷。认真组织开展水产品质量监管。制定了全省水产品质量安全抽查和产地证明两项制度，组织实施了各项抽检计划。全省共监督抽查各类苗种、产品监督抽查样品 1 222 个，样品总体合格率达 91.6%。开展了“保质量，保安全，助奥运——农产品质量安全保障行动”，对全省 87 个进京无公害认证产品药物残留监控抽检，样品检测合格率 100%，确保了供应奥运水产品质量安全。

【渔业资源修复】　渔业资源修复力度不断加大，全省用于渔业资源修复行动计划的资金达 2 亿元，其中省级以上财政投入 7 080 万元，同比增长 25%；全社会增殖各类水产苗种 160 亿尾（粒），其中列入各级财政计划支持的 22 亿尾（粒），对虾、海蜇、梭子蟹、底栖贝类资源明显增长。扶持了 13 处人工鱼礁区建设，新建 7 处渔业资源保护区。全省增殖资源回捕总产量 4.84 万吨，产值 12.17 亿元，综合直接投入产出比达到1∶19.4。淡水大水体增殖放流成效显著。实施了南四湖、东平湖和潍坊市峡山水库和临沂市跋山水库淡水渔业增殖放流，全年投入放流资金 825 万元，放流鲢、鲂、草、河蟹等优质淡水水产苗种 3 800 万尾（只）。

【渔业科技与推广】　围绕水产品健康养殖，积极开展科技创新和实用技术推广，半滑舌鳎性别控制、鼠尾藻全人工养殖、刺参育种、中草药防病、黄河口海参生态养殖等技术实现了突破。全省在良种繁育、健康养殖、疫病防治等方面突破 20 多项新技术，有 17 项渔业科研成果获省（部）级以上奖励。渔业科技入户示范工程深入实施，全年共举办各类培训班 180 余期，培训人员万余人（次）；26 个示范县（市、区）组织开展科技入户行动，培育科技示范户 4 200 个，示范面积 0.5 万公顷，示范品种平均单产和产值，分别比 2007 年增长 12% 和 15%。开展了规范用药科普下乡活动，增强了渔民的健康养殖意识。养殖病害防治工作继续加强，水产原（良）种体系和水生动物防疫体系进一步完善，良种繁育能力和疫病防控能力有新的提高。

【外向型渔业】　在国际保护主义加剧、人民币升值、劳动力成本上升等不利因素影响下，水产品出口贸易呈现量减额增的态势。全省出口水产品 100 万吨，比上年下降 7%，创汇额达到 34.9 亿美元，增长 2.4%，其中除对欧盟出口实现稳定增长外，其他对美、日、韩出口都出现负增长。远洋渔业加快发展，全省远洋渔业项目达到 13 个，远洋渔业企业 18 家，新增远洋渔船 18 艘，在外作业渔船达 315 艘，吨位达 11 万总吨、15 万千瓦，产量和效益分别比上年增长 7% 和 9%。积极推动朝鲜东海域项目，有 98 艘渔船赴朝鲜以东海域生产。与菲律宾的渔业合作取得实质性进展。成功申办了东北亚地区地方政府联合会海洋与渔业专门委员会，为与东北亚各国的合作交流建立了新的平台。成功举办了中日友好饮食文化交流会，对于加强中日鱼文化交流起到了很好的促进作用。

【落实支渔惠渔政策】　2008 年中央及省财政对海洋与渔业的政策性补贴、投资有较大幅度增加，全行业共争取省级以上财政资金 18.77 亿元。其中，中央燃油补贴资金 13.49 亿元。省级以上财政用于海洋与渔业发展的资金达5.42亿元,比上年增长40.4%。其中省财政对渔业资源修复、标准化鱼塘整理改造、平安渔业建设、远洋渔业项目、水产品质量提升等扶持资金达1.1亿元,比上年增长39.7%。省海洋与渔业厅向各地安排省级留成海域使用金项目70多个,下达补助资金6 000多万元。各地加大资金配套力度,集中财力建设了一批重要基础工程。各级海洋与渔业部门把认真落实各项渔业政策,作为调动渔民生产积极性的重要措施来抓,深入调查研究,加强部门协调,制订实施方案,完善操作办法,加强项目监管,严格资金管理,切实发挥政策效应,增加了渔民收入,促进了全省海洋与渔业发展。

【渔业执法与管理】 山东省政府颁布实施了《山东省渔业养殖和增殖管理办法》,在养殖调查评估、渔用投入品管理、养殖水域占用补偿、渔业增殖管理等方面实现了管理制度创新。全省共发放养殖证7 000余本,规范养殖面积20多万公顷,发证率达到65%。组织开展了系列专项执法行动。扎实开展了"海盾2008"、养殖用海、水产品质量监管、"护渔2008"等海洋与渔业执法行动,切实维护了海洋开发与渔业生产秩序。加强执法队伍建设,省级渔政海监机构队伍纳入了国家公务员管理,各市(县)海洋与渔业执法队伍建设也取得新进展。积极开展渔业文明执法窗口单位创建活动,有6个单位荣获"全国渔业文明执法窗口单位"称号。提升渔政执法质量,渔船信息化、规范化管理取得新进展,专项资源保护、水生野生动物保护工作扎实推进。

【重点渔业市(县)基本情况】

山东省重点渔业市(区)基本情况

市(区)	渔业总产值(万元)	水产品总产量(吨)	其中			养殖面积(公顷)	
			海洋捕捞	海水养殖	内陆养殖	海水	内陆
荣成市	4 107 526	1 050 000	480 000	562 636	7 364	21 462	1 035
环翠区	464 380	320 330	121 860	198 470		7 400	
文登市	458 609	313 958	141 208	156 204	16 546	9 670	942
寿光市	292 600	208 000	162 230	41 760	4 010	17 566	237
乳山市	447 843	297 075	65 485	224 310	7 280	7 433	267
海阳市	615 196	320 220	122 026	194 286	3 905	10 485	999
莱州市	532 820	308 600	127 345	180 311	944	30 833	1 173

【大事记】

[1]2月29日至9月17日,根据农业部、山东省政府部署,在奥运期间组织开展了"保质量、保安全、助奥运——农产品质量安全保障行动"。严格供奥水产品企业和产品筛选,严格对企业和产品现场检查。组织完成了189个样品的监测,扎实开展助奥水产品质量安全特殊监管,确保了供京供奥水产品数量充足、质量安全万无一失,受到了山东省政府和农业部的表彰。

[2]4月8日,全国渔业船舶检验工作会议在山东济南召开。会议总结了近几年来全国船检工作情况,分析了当前面临的形势和任务,研究和部署了2008年全国船检工作。会议对继续推进船检机构和船检队伍建设,进一步健全和完善渔业船舶检验法规体系,切实加强渔船检验基础设施建设,强化渔船节能减排和渔船标准化等工作作了安排部署。

[3]6月5日,由山东省海洋与渔业厅主办,中国渔业协会、北京市农业局和北京市工商局协办的"保质量、保安全、助奥运——山东省十大渔业品牌推介会"在北京人民大会堂隆重举行。来自北京40余家大型超市、宾馆饭店及山东省30家农业产业化龙头企业的负责人和30家中央、省级新闻单位的记者共200余人参加本次活动。山东省副省长贾万志、北京市委常委牛有成和农业部有关方面领导出席推介会。展会上,山东企业展示的胶东刺参等十大山东渔业品牌深受欢迎。山东渔业龙头企业代表就确保奥运期间供京水产品质量和安全作出郑重承诺,北京市18家连锁超市、水产品批发市场现场与山东重点水产生产企业签署了供货协议。

[4]6月27日至9月17日,奥运会青岛帆船比赛前夕,赛区周围海域突发浒苔灾害。在山东省委、省政府的领导下,全省海洋与渔业系统上下有序组织,全力奋战,出色地完成了省委、省政府交给的任务,保障了奥运帆船比赛的顺利进行。据统计,全省共组织调集渔船2 000多艘,动员上万名渔民、干部职工,与驻鲁部队、社会各界一道,奋战3个月,累计架设围油栏4

万米，打捞浒苔140多万吨。同时，加强了海水水质监测和海底光缆巡护工作。中国海监山东省总队、烟台市、威海市和日照市海洋与渔业局被省委、省政府授予“山东省北京奥运会、残奥会先进集体”荣誉称号，山东渔业船舶检验局青岛分局等6个单位被省政府办公厅授予“山东省处置青岛奥帆赛海域浒苔暴发事件先进集体”荣誉称号，有10余名同志被山东省政府记一等功。

[5]7月29日，山东省政府在威海召开全省海洋综合管理工作会议。省委副书记、省长姜大明专门向会议发了贺信。副省长贾万志出席会议并做重要讲话。会议全面总结了当前海洋综合管理工作形势和海洋经济发展的阶段性特征，提出了“四位一体”的海洋综合管理思路和集中集约用海的重大决策。

[6]9月1—4日，东北亚地区地方政府联合会第七次全体会议在济南举行。在9月2日举行的全体会议上，山东省海洋与渔业厅副厅长刘元林代表山东省政府在会上对申请设立“海洋与渔业专门委员会”的议题作了陈述发言。此申请在会上获得高票通过。海洋与渔业专门委员会是山东省设立的联合会第一个专门委员会，也是联合会在中国设立的第一个专门委员会。

[7]10月10日，山东省政府206号令颁布了《山东省渔业养殖与增殖管理办法》，于2008年10月10日正式实施。《办法》在养殖调查评估制度、渔用投入品管理制度、占用养殖水域滩涂的补偿制度、渔业增殖规划制度、渔业增殖项目管理制度、渔业增殖经费保障制度等15项制度上进行了创新。

[8]10月17日，全国渔业安全生产工作会议在山东省日照市召开。会议总结了近年来全国渔业安全生产工作的成绩和经验，分析了存在的问题和面临的形势，对下一步加强和做好渔业安全工作进行了安排部署。农业部副部长牛盾出席会议并讲话。国务院办公厅、外交部、公安部、交通运输部、国家防汛抗旱总指挥部、国家安全生产监督管理总局、中国气象局及农业部计划司、应急办、防汛办等单位有关负责人参加了会议。山东省海洋与渔业厅厅长侯英民在会上做了典型发言。

（山东省海洋与渔业厅　崔爱民　刘　冰）

河南省渔业

【概况】 2008年，全省渔业广大干部职工迎难而上，奋力拼搏，坚持一手抓抗灾救灾，一手抓发展生产，渔业经济快速平稳发展，河南省渔业又迎来一个丰收年。2008年水产养殖面积达到24.9万公顷，比2007年增加0.5万公顷；名特优新养殖面积大幅度增加，达到12万公顷，占全省水产养殖总面积的一半；生产鱼苗47.6亿尾，同比增加6亿尾；培育鱼种27.5亿尾，同比增加1.4亿尾；投放鱼种27.1亿尾，同比增加3.1亿尾；新建鱼池2 200公顷，改造鱼池1.8万公顷。培训人员4.6万人（次）。2008年全省水产品总产量达到85.7万吨，比2007年增加10.9万吨，增长14.6%。2008年全省水产行业总产值达到130亿元，比2007年增加15亿元，增长13%。全省水产品加工生产量4万多吨，出口水产品8 000多吨，创汇5 000多万美元。2008年全省渔民人均纯收入达到5 700元，比2007年增加606元，增长11%。水产业为全省脱贫攻坚和增加农民收入做出了重要贡献。

【低温雨雪冰冻灾害】 2008年初，特大低温雨雪冰冻灾害的发生，给全省渔业生产造成了严重损失，受灾面积达2.3万多公顷，损失水产品2.6万吨，塌垮水产养殖管护房3万多平方米、温室大棚7万多平方米，造成直接经济损失1.2亿元。灾情发生后，各级渔业主管部门积极应对，深入到渔业受灾严重的单位和生产一线，了解灾情，采取应急防冻、种苗调剂、疾病防控和科技服务等措施，减少冻害损失。组织渔民开展生产自救和抢修损毁的渔业设施，保障水产品市场供应，灾后生产得到了较快恢复。

【水产品质量监管】 水产品质量安全抽检和监管执法力度明显加强，加大无公害水产品认证，妥善应对水产品质量安全事件。特别是“三鹿婴幼儿奶粉事件”发生后，各级水产部门积极行动，一是在全省范围内实施了水产品质量安全大检查，开展了水产品药物残留的专项整治，按农业部要求抽检重点渔区和主要养殖品种样品112个，抽检合格率92%。二是加大宣传，坚持引导，加强对水产养殖过程中渔药使用的监管，积极推广健康养殖技术，确保水产养殖用药科学和规范。三是继续狠抓无公害基地建设，大力发展无公害水产品、绿色水产品养殖。全省已认定无公害水产品产地125个，无公害水产养殖面积达到10.3万公顷，占全省养殖总水面的41%。四是加强水产养殖病害测报和疫病防控工作。全省参加水产养殖病害测报的有18个市、54个县（区），测报点118个，涵盖了全省主要养殖区域。同时加强水生动物疫病防控体系建设，国家批复的15个县级水生动物疫病防治站，8个已建成投入使用，7个正在有序建设。

【水生生物资源养护】 2008年全省增殖放流工作，自3月份起陆续展开。上半年相继有安阳、鹤壁、洛阳、永城等市(县)，由政府投资在淇河、洛河、沱河、浍河等水域放流苗种共计129万余尾。9月24日，由河南省政府批准，省农业厅和洛阳市人民政府共同举办的河南省2008年黄河渔业资源增殖放流启动仪式在洛阳市黄河小浪底水库举行，放流鱼种共400万尾。除认真完成国家安排的800万尾增殖放流任务外，还组织在洛河、淇河、沱河、丹江口水库、南湾水库等水域开展增殖放流活动，全省总计投放各种经济鱼类2 057.45万尾。

【渔政船检】 一是加大渔政执法力度。为全面贯彻农业部关于红珊瑚管理的要求，2008年7月在全省范围内开展了红珊瑚专项整治大检查，共检查了35处红珊瑚经营场所，杜绝了红珊瑚无证销售现象。二是继续督促各地尽快组建渔业船舶检验机构。郑州、洛阳、商丘、信阳、三门峡5市和固始县、嵩县2县渔船检验机构已通过国家渔业船舶检验局资质认可。三是加强渔业船舶验船师的培训。派出14人参加江苏渔业船舶检验局举办的初级验船师培训班。目前全省共有183人取得验船师资格，具备了开展渔船检验工作的基本条件。四是开展渔业安全隐患排查和渔业安全生产大检查。围绕渔业生产"三个亟待消除的隐患"和"四个亟待解决的问题"，多次转发农业部和省委、省政府的有关文件，制定周密的排查治理工作方案，明确工作目标和保障措施，积极开展渔业安全生产大检查，保证了渔民的生命财产安全。五是加强渔业行政执法资格管理，规范渔政执法。全年换发新版渔业行政执法证787份，新增人员288人。同时做好执法人员上岗前的培训，组织省级培训班3次，参训人员300余人。六是积极组织做好渔业柴油涨价补贴和石油价格财政补贴兑付工作，两次补贴共兑付813万元，让广大渔民享受到了党的强农惠渔政策。

【水产苗种繁育体系】 一是印发了《河南省水产苗种管理办法》，统一印制了水产苗种生产许可证。加强水产苗种的规范管理，进一步完善了水产苗种供应体系。兴建、改造了一批水产良种场和苗种繁育场，加大对已认定的河南省黄河鲤鱼良种场、河南省水产良种场、河南淇县淇河鲫鱼原种场等11个省级水产原(良)种场的监管。二是狠抓了农业部立项投资的国家水产良种基地建设，同时积极争取国家和省级项目投资。三是进一步改善市、县重点水产苗种繁育场的建设，提高供种能力。

【特色水产业】 为适应市场需求，在抓好传统大宗水产品的同时，大力发展名特优水产品，逐步形成并不断壮大具有地方特色的养殖品种和优势区域。2008年淇河鲫鱼养殖面积达1 300多公顷，产量2万多吨。以黄河甲鱼和固始泉河皇宴为代表的生态甲鱼养殖发展迅速，养殖面积超过6 000公顷，经济效益3亿多元。信阳市小龙虾养殖面积4 600多公顷。光山青虾养殖面积600公顷，孵化优质虾苗4亿尾，生产商品虾1 000多吨，产值3 000多万元。泥鳅养殖面积330多公顷，产量4 000余吨，出口日本、韩国和东南亚等国家2 000多吨，创汇700多万美元。镇平县金鱼养殖达450多公顷，远销日本、东南亚等国家。商丘市黄河故道河蟹养殖面积3 000公顷，潢川和光山河蟹养殖面积2 600多公顷，固始和罗山网箱养黄鳝发展到3万多箱。

【休闲观赏渔业】 2008年全省观赏鱼养殖生产量达1.4亿尾，建成大型观赏鱼市场2个，观赏品种500多个，年产值近亿元。全省各类涉渔休闲、观光、度假、垂钓企业3 000多家，经营利用水面4.6万多公顷，直接安置就业人员5万多人，年接待游客1 600多万人(次)，全省休闲渔业年产值13亿元，其中农(渔)民从中直接获益约5亿元。休闲渔业增添了水产业发展的新优势，开辟了渔业增效、渔民增收的新途径。

【水产品加工】 水产加工业的快速发展是拉动全省水产业发展的一大动力。2008年全省水产品加工企业发展到23家，生产品种50多种，加工能力达到4万吨，产值2亿多元。同时积极开拓国际市场，出口创汇能力进一步增强，2008年向美欧、日本、韩国、俄罗斯及东南亚国家和地区出口小龙虾、螺蛳、鲫鱼、银鱼、泥鳅、金鱼等20多个品种，全省水产品出口量8 000多吨，创汇5 000多万美元。

【渔业科技入户】 通过市场引导、项目带动，积极推广渔业主导品种与主推技术，逐步建立了科技人员直接到户、良种良法直接到塘、技术要领直接到人的科技成果快速转化机制。2008年重点在5个县实施了渔业科技入户工程，其中虞城县为农业部渔业科技入户示范县，光山县、罗山县、延津县、荥阳市为省渔业科技入户示范县。通过渔业科技示范工程，培育1 000多个渔业科技示范户，辐射带动1万多个养鱼户。

【重点渔业市(县)基本情况】

河南省重点渔业县(区)基本情况

县(区)	水产品产量(吨)	养殖面积(公顷)
中牟县	65 209	3 268
固始县	45 010	11 626
潢川县	31 000	8 120
汝南县	27 500	12 549
信阳市平桥区	25 100	6 750
商城县	24 767	6 955
郑州市金水区	24 041	1 490
淮阳县	22 616	5 590
罗山县	22 300	8 696
光山县	22 140	7 452

(河南省水产局　孙国勇)

湖北省渔业

【概况】 2008 年,湖北水产业经受住频发的自然灾害、食品质量安全和全球金融危机的冲击,水产业呈现出持续健康发展的良好势头,渔业经济指标全面增长。水产品产量达 313.39 万吨,同比增加 15.39 万吨,比上年增长 5.2%;放养面积 58.33 万公顷,比上年增加 3.33 万公顷;渔业总产值 370 亿元,比上年增长 40 亿元(不含苗种产值);孵化鱼苗 643 亿尾,增加 181 亿尾,增长 39%;投放鱼种 65.7 万吨,增 8.3 万吨,增长 14.5%;名优专养、套养面积 42.4 万公顷,增长 18%;小龙虾野生寄养及专养面积 15.73 万公顷,增 6.67 万公顷,增长 75%;生态健康养殖面积达 28.8 万公顷,同比增加 8.8 万公顷,增长 44%;专业渔民人均纯收入增加 1 100 元以上,达到 7 000 元,增长 18.6%,渔业为农民增收约 137 元。水产品价格先升后降,但与上年相比,仍有明显上涨,平均上涨 15% 左右。湖北省新增加工企业 15 家,国内首家内源水酶解氨基酸及废弃物高效利用项目投产,精深加工有新突破。

随着农业结构的深入调整和市场变化节奏的加快,全省各级党委、政府对水产业更加重视。省委书记罗清泉、省长李鸿忠、副省长汤涛多次对水产工作做出重要批示,强调要重视和支持水产业发展。一些县(市、区)恢复成立水产局,水产业发展的政策和体制环境不断优化。据统计,全省近 40 多个市(州、县)都专门针对水产业出台了支持发展的优惠扶持政策。全年争取中央、省级各项水产投资 2.91 亿元。其中,水产基本建设项目资金 1 131 万元;国家财政支农(渔)专项资金 19 191 万元;省级财政水产专项转移支付资金(转移支付)6 150 万元;省级水产部门预算拨款为 2 640万元。在这些资金的投入和引导下,各地渔业开发力度空前,仅荆州市就开挖精养鱼池 1.1 万公顷,改造鱼池 2.07 万公顷,并计划 彻底消灭冬闲田,现已完成秋冬开发面积 2.6 万公顷。洪湖、监利、公安等地政府分别拿出 200 万、640 万、700 万用于水产水、电、路、池的综合开发。石首在上年投入 30 万建设小龙虾基地的基础上,2008 年底又列支 800 万 ~ 1 000 万进行秋冬水产开发。

【水产养殖业】

(1)水产大县建设。2008 年,湖北省以水产板块建设为基础,积极推进水产大县大户创建,共 26 个县(市)创建水产大县,被省政府命名表彰的有 5 个,分别是:洪湖市、监利县、公安县、浠水县和江夏区。仅荆州市就重点创建了洪湖、监利、公安、石首和荆州区等 5 个水产大县。在大县建设的过程中,重点加强了对水产板块提档升级,建成既能抵御自然灾害,又具备现代渔业生产能力的高标准板块生产基地,提高水产大县创建标准和水平。

(2)水产板块建设。2008 年,湖北省共在建 43 个省级水产板块,总规模增加 6.67 万公顷,并建成 1 000 公顷以上高标准核心区累计达 79 个,600 公顷以上连片大基地 57 个,集中连片板块达 33.33 万公顷。省级板块实现了“集中连片规模化,鱼池鱼舍标准化、道路交通网络化、供水排水机电化、养殖生产专业化、养殖模式高效化、产地产品无害化、生产加工营销一体化”的“八化”格局。核心区已经实现“池成方、渠成网、路相通、林成行、出入畅通，排灌自如”的要求。

(3)一鱼一产业。继续发展以小龙虾为重点的“一鱼一产业”，继续实施“一块一品”、“一村一品”的专业化生产，促进产业化纵深发展。各地加大了产品结构调整力度，用“名特优新”代替常规品种成为全省品种结构调整的一大特点，全省名优品种比上年提高了3个百分点，达到72%。潜江市用名特优品种替换“四大家鱼”的养殖，增加渔业养殖比较效益，全市名特优放养面积增长62.9%，名特品种放(套)养比例达75%，增长5%。以小龙虾、河蟹、鮰鱼、黄鳝、黄颡、鲟鱼、武昌鱼、龟鳖等十大品种为龙头的优势产业进一步壮大，放养面积达到42.4万公顷。其中，小龙虾野生寄养面积达到15.73万公顷，仅小龙虾一项为全省农民平均增收达30元。

(4)山区、库区、丘岗渔业。继在襄樊召开市(州)水产局长会议暨丘岗渔业现场会以后，全省丘岗渔业发展速度加快，各地因地制宜制订发展规划。宜昌市以清江库区为重点的鮰鱼网箱养殖新增网箱面积2万平方米，产量达1.3万吨，清江鱼已成为全国知名的品牌。襄樊市积极挖掘山区、库区特色，重点突出“一冷一热”(一冷指虹鳟、金鳟、三文鱼、鲟鱼等，一热指罗非鱼、澳洲龙鱼等)，“一鱼二虾”(鮰鱼、小龙虾和南美白对虾)，使丘岗渔业的发展呈现出新的亮点。恩施、十堰、咸宁等地的大鲵人工驯养繁殖技术日益规范成熟，在当地政府的积极扶持和有效引导下，养殖规模不断扩大，已为大鲵的商品化、规模化、产业化发展奠定了坚实基础。京山县的龟鳖产业规模大、档次高。宜昌、黄冈等地的水库鲟鱼养殖渐成规模，并不断开发和引进新品种。长阳创造了大型多功能水库渔业利用优化模式、水库规模化网箱养殖等技术，创新了山区、库区特色渔业、高效生态渔业发展思路。

(5)中央财政支持现代水产业生产发展项目。2008年中央财政支持项目投入5 400万元，主要用于解决水产业发展的1~2个关键环节。通过中央财政资金的引导，全省整合各级财政资金1.5亿元、带动社会资金5亿多元投入水产业。

【水产品加工】 2008年，新建15家水产品加工企业，总数已达205家。加工能力达到75万吨，比上年增18万吨。加工能力在5 000吨以上的企业达10家。加工产值达70亿元。水产品精深加工取得重大突破，鄂州振源生物科技有限公司正式投产内源酶水解氨基酸及废弃物高效利用项目，首批生产的25吨氨基酸成功出口俄罗斯。潜江市华山水产食品有限公司将原来废弃的虾壳变成可利用的资源，发展甲壳素深加工项目，增加其附加值，11月份已正式投产。水产品加工出口实现了出口量与出口额双增长，出口创汇达2.6亿美元，比上年增加1 000万美元。

【休闲渔业】 近几年来，湖北省休闲渔业在农业产业结构调整中得到了较快的发展，形成了三大发展方向：从单一的垂钓观赏型向垂钓、观赏、品尝、休闲、示范等综合发展为内容的多元化方向发展；从单纯的休闲渔业生产向观光农业、旅游业、服务业和科普教育基地融为一体的都市型渔业新格局发展；从单项开发休闲渔业向与农业示范园区、无公害基地建设相结合，与旅游景区、休闲度假区相匹配的区域化方向发展。2008年有休闲渔业场所5 605个，垂钓场1 842个，食鱼美食城560家，度假村180个。年接待人数1 200万人(次)，吸纳就业5万多人，产值20亿元，为渔民人均年增收15元。已初步形成养殖垂钓型、休闲垂钓型、生态观光型、观赏鱼生产型、节庆旅游型五大类型的具有本省特色的休闲渔业新格局。

【科技与服务】

(1)渔业科技入户工程。湖北省水产局发布了《2008年湖北省渔业科技入户示范工程技术指导工作方案》，并与各市(州)签订了科技入户责任状。为宣传渔业科技入户工作，湖北省水产局和省专家组到仙桃、新洲、蔡甸、孝南、浠水、武穴、蕲春及黄州等8个县(市、区)开展了渔业科技入户启动仪式或科技下乡等活动。省级渔业科技入户示范县由12个扩充到14个，省级示范县增加到16个，部级示范县新洲区的项目已基本完成，并通过项目验收。渔业科技入户工作已在全省90多个县市全面展开，示范户已达2万户，基本形成一户带一片，一片带一村的实用技术普及局面。同时，加大了新品种新模式推广力度，实施投入品主推制，把主推的养殖品种、饲料和渔药等通过各种途径推广到养殖户手中。

【水产品质量管理】

(1)无公害水产品健康养殖。无公害水产健康养殖、标准化生产、生态健康养殖成为全省水产行业突出重点，健康养殖普及率达到70%以上。全省申报创建水产健康养殖示范场超70个，推荐上报30个，验收完成23个。各地抓住加强养殖环境控制、养殖过程管理、投入品使用和完善“三项记录”制度等关键环节，养殖单位和渔民的健康养殖水平进一步提高。全省水产健康养殖规模同比增加8.8万公顷，达到28.8万公顷。标准化生产示范有序开展，鄂州、潜江、长阳、江陵、大冶、嘉鱼、洪湖、丹江口等市(县)的省(部)级标准化生产示范整体推进,规模超过10万公顷。

(2)产地认定和产品认证。无公害水产品新增规模5.33万多公顷,达到43.33万公顷。目前,全省共通过产地认定111个,产品认证280个。

(3)水产品质量监管。采取企业申报、专家评审、公告公示的形式,向社会公示推介了14家渔药、渔肥企业,共54个品种。加大了水产品质量监控的频次和密度,各地开展产地自查100余次,85%的地(市)开展了交叉检查活动。全国水产品交叉抽检湖北119个样品,结果显示合格率98.5%。7月初美国FDA官员在对水产品质量考查中,充分肯定了湖北省出口水产品基地及加工企业的质量管理,并在10月份解除了对湖北鮰鱼产品的自动扣留贸易保护措施。

(4)渔业品牌建设。质量建设推进了水产品牌发展,继"清江鱼"夺得"湖北名牌产品"、"湖北十大名牌农产品"、"中国名牌农产品"称号之后。"洪湖清水大闸蟹"在2008年9月台湾地区第20届暨海峡两岸第一届优良食品评鉴会荣获金奖;11月在第五届中国武汉农业博览会获特色农产品和畅销农产品奖;2008年底成功进入全省十大农产品品牌行列。第六届中国国际农交会上,由中国水产流通与加工协会举办的全国名优水产品推介活动,湖北"清江鱼"、"武昌鱼"、"潜江小龙虾"、"洪湖清水大闸蟹"4个产品荣获"全国名优水产品推介奖"。襄樊华阳河水库和三道河水库养殖的鳙鱼、鲢鱼、鲤鱼、鲫鱼、鲌鱼获得有机产品认证。广水市的"花山鳙鱼"、蕲春的"赤东湖"成功申报国家有机品牌,荆门漳河水库的银鱼获得国家级绿色食品AA级证书。丹江口翘嘴鲌鱼经过一年多的申报、论证和评审,最终被国家质检总局纳入地理标志保护产品名录。

(5)鱼类病害测报、疫病监测。全省30个县级水生动物疫病防治站所在地全部纳入测报范围,较上年新增13个测报市、县(区)。完成了1—5月全省32个县(市)90多个测报点19个主要养殖品种的病害监测和预报,为病害预防和控制提供第一手材料。开展了重大水生动物疫病监测。继续实施鲤春病毒(SVC)和斑点叉尾鮰暴发性流行病等重大水生动物疫病专项监测工作。至12月10日前完成鲤鱼采样31个、斑点叉尾鮰采样400个。

【渔政管理】

(1)禁渔期制度。4月1日,全国长江禁渔统一执法行动在湖北省举行了启动仪式。湖北省在禁渔期渔民安置上支付低保、补助资金近400万元,享受补助人数10 310人,帮助了1 100多人短期务工或转产专业,形成了以渔业部门主导,其他相关部门协调配合的禁渔工作机制。

(2)渔政执法。在长江、汉江及其通江河流、湖泊、水库等天然水域开展查处电、毒、炸等违法作业的专项整治行动。全省共出动渔政船艇120多艘(含租借),出航600多航次,出动渔政执法人员3 000多人(次),查获违法捕捞渔船20多艘,没收电捕鱼器具(主要为背包式,电源为电瓶)100多台(套),所辖绝大部分江段的电、毒、炸鱼等违法捕捞行为得到了有效遏止。与交通运输部长江航务管理局联合印发《关于禁止三峡两坝部分水域捕鱼的联合通告》,对两坝水域捕捞秩序进行规范,并加大了三峡两坝水域捕鱼情况的监督执法。

(3)增殖放流。2008年,湖北省增殖放流活动共举行了56场(次),其中由地方政府主办的有13场(次)、渔业部门主办的有35场(次)、由科研和企业主办的有8场(次)。全省共放流青鱼、草鱼、鲢、鳙、鳊、鲂、黄颡鱼、细鳞斜颌鲴、青虾、鳜等十多个品种的经济鱼类4亿尾,放流经费近600万元;另放流大量国家一、二级保护物种,其中中华鲟12万余尾、胭脂鱼6万尾、大鲵660尾。

(4)设立水产种质资源保护区。成立了公安淤泥湖团头鲂、长湖鲌类、钟祥汉江鳡鳤鯮鱼、黄石"四大家鱼"、潜江段"四大家鱼"、沙洋长吻鮠瓦氏黄颡鱼、宣恩白水河大鲵等7个省级水产种质资源保护区。其中,公安淤泥湖团头鲂、长湖鲌类、黄石"四大家鱼"、沙洋长吻鮠瓦氏黄颡鱼、钟祥汉江鳡鳤鯮鱼等5个省级水产种质资源保护区晋升国家级水产种质资源保护区均已通过专家审查。

(5)梁子湖生态环境保护。稳步落实各项梁子湖生态环境保护措施,启动了梁子湖勘界工作,制定了《梁子湖生态环境保护规划(2008—2012)》(送审稿),开展了梁子湖第三批拆围,拆围611.6公顷,拆围总面积达到1 600公顷。开展了梁子湖生态修复和人工增殖放流活动,共投放"四大家鱼"、鳊、鲂寸片12.5万千克、江花近3亿尾,价值70多万元,并开展种草植莲,养护梁子湖渔业资源。

(6)三峡库区水生生物保护。2008年初湖北省水产局会商恩施州水利水产局、巴东县水利局、长江水产研究所等单位,确定了建立三峡库区恩施州水生生物自然保护区的组织分工。3月21日,湖北省水产局组织专家,对由长江水产研究所主持编制的申报材料进行评审。8月初,保护区得到恩施州政府批复,首次在湖北省大型水库建立了渔业自然保护区。

(7)养殖证办理。全省17个市、州(直管市、林区)、95个县(市、区),已有15个市州、71个县(市、区)完成了水域滩涂养殖规划工作,核发养殖证21 843本,发证面积28万公顷,其中国有养殖水域发证率达98%。完成了对省斧头湖、漳河水库、豹澥湖养殖证年审,推动豹澥湖养殖证发放,其中江夏片养殖证办证率达到100%。

(8)渔业资源保护国际合作。按照在2007年长江水生生物养护论坛上签订的《长江渔业资源管理委员会与世界自然基金会2007—2011年合作框架协议》,湖北省水产局与世界自然基金会(WWF)达成了《重建江湖联系,加强湖泊生态环境保护合作框架协议》,选定梁子湖、西凉湖、武湖作为联合开展湖泊生态渔业示范与推广"灌江纳苗"及江湖连通、长江珍稀鱼类保护的合作湖泊。WWF分别与三个试点湖泊管理机构签订第一期合同。三个湖泊启动了示范工作,西凉湖的"灌江纳苗"项目取得了突破性进展,与长江间断几十年的西凉湖又与长江重新联系,湖泊水体得到交换,渔业资源环境得到较好保护。这也是湖北省水产局首次与WWF等非政府组织开展资源环境保护方面的合作,为本省湖泊和长江渔业资源的保护赢得了新的资金来源,开启资源保护新方式。

【渔船检验和渔港监督】

(1)发放燃油补贴。2008年中央财政补贴湖北省渔用柴油51 663吨,补贴资金8 783万元。全省共有4万余艘机动渔船受惠。

(2)渔船检验。根据农业部渔业船舶检验局的要求,湖北省水产局重点配合农业部渔业局完成了武汉云鹤定宇制冷科技有限公司、大冶中海换热器公司、大冶华顺机械制造有限公司等3个单位的产品工厂(型式)认可工作。对武汉船用机械厂、武汉铸锻件有限公司、湖北登锋换热器公司等厂家600余件渔船产品进行了检验。

(3)渔业船舶统计数据核查。随着一系列惠渔政策的落实,购置渔船渔具数迅速增长。湖北省水产局加强了渔船统计数据的核查,在2007年渔船数的基础上由各地制定渔船中长期负增长计划并对社会公布。

【渔业灾情】 2008年,比较严重的渔业灾情主要有2次,分别是1月份的雨雪冰冻灾害和7—8月份孝感、襄樊、宜昌、荆门、黄冈等地市连续普降的暴雨灾害。这两次灾害合计造成全省水产业直接经济损失45亿元。

【重点渔业市(县)基本情况】

湖北省重点渔业市(市、县)基本情况

市(县)	总人口(万人)	渔业总产值(万元)	水产品总产量(吨)	其中		养殖面积(公顷)
				养殖	捕捞	
洪湖市	90.03	285 012	301 926	289 191	12 735	47 486
仙桃市	148.16	231 318	232 954	220 401	12 553	28 004
监利县	139.67	211 811	180 163	165 843	14 320	25 924
沙洋县	60.72	134 670	125 590	121 323	4 267	22 273
汉川市	109.09	126 222	120 351	106 066	14 285	17 175
钟祥市	102.80	10 037	105 222	94 210	11 012	17 462
天门市	162.14	121 429	98 605	96 138	2 467	12 573
公安县	102.20	116 264	96 970	87 255	9 715	16 562
石首市	62.62	76 972	88 178	79 523	8 655	13 977
潜江市	66.37	107 888	77 328	70 107	7 221	7 170

【大事记】

[1]2月19日,湖北省省委书记、省人大常委会主任罗清泉赴洪湖检查指导抗灾救灾工作。

[2]2月21日,农业部渔业局局长李健华一行3人到洪湖调研水产灾后重建和恢复生产工作。

[3]2月22日,全国渔业抗灾救灾暨科技入户春

季行动在湖北仙桃市排湖渔场举行。农业部渔业局局长李健华、科技司副司长杨雄年,湖北省农业厅总农艺师邓干生、湖北省水产局局长徐汉涛、长江水产研究所研究员邹桂伟等领导和专家参加了此次行动。

[4]3月20—23日,因连续冰雪,天鹅洲保护区故道内连续死亡6头江豚,在第一头死豚发现后,湖北省水产局迅速请中科院水生所组织5名豚类保护专家到保护区进行技术指导,分析研究死亡原因,责令保护区管理处加大巡查力度,严密观察江豚活动情况。同时,上报农业部请求技术支持。在初步确认死豚原因为冰块或碎冰严重划伤而感染后,立即组织科研人员及时制定救治救护措施,将江豚捕捉治疗,没有再出现江豚死亡情况。

[5]4月3日,经湖北省第十一届人民代表大会常务委员会第三次会议审议通过,《湖北省渔港渔船管理条例》正式颁布,并于6月1日起施行。湖北成为全国第一个出台渔港渔船管理条例的内陆省份。

[6]4月9—10日,农业部渔业局副局长崔利锋到湖北调研水产品健康养殖及水产加工。湖北省水产局局长徐汉涛、副局长郑国蓉,农业部渔业局调研员陈家勇陪同调研。

[7]4月9—11日,湖北省省委书记罗清泉深入洪湖各地调研水产。罗清泉走访了德炎水产等企业,实地考察了滨湖办事处新旗绿色水产板块蟹虾套养示范基地,详细了解了惠农政策落实情况以及水产发展亟待解决的难题。省委副秘书长朱忠华、荆州市委书记应代明、市长王祥喜等陪同调研。

[8]4月16—19日,全国渔业统计会在武汉召开。

[9]4月20—21日,湖北省水产局在荆州市召开全省水产工作会议。各市(州)水产局长、26个大县水产局长、机关有关处(室)和直属单位负责人参加了会议。会上表彰了一批抗雪救灾的先进单位和先进个人。与会代表还参观了洪湖市小港生态水产板块示范区、六合蟹苗养殖基地、德炎水产加工企业和新旗虾蟹套样板块核心区。

[10]4月21日,湖北省政府在荆州召开全省农业板块基地暨畜牧水产大县建设现场会议。省长李鸿忠出席会议并作重要讲话。各市州、直管市、有关重点县(市、区)分管领导、农业局局长、畜牧局局长、水产局局长、板块办主任及省直有关部门负责人参加了会议。

[11]4月24日,2008年全国水产养殖规范用药科普下乡活动在长阳土家族自治县隆重启动,正式拉开了全国水产养殖规范用药科普下乡宣传活动的序幕。

[12]5月6日,经4月28日省人民政府常务会议审议通过,《湖北省水产苗种管理办法》以第315号省人民政府令发布,6月10日起正式施行。

[13]5月11—14日,联合国粮农组织(FAO)官员 Grainger. Richard、贾建三、SUGIYAMA. Shunji 和 LYMER. Erik. David 、农业部渔业局国合处处长刘小兵、中国水产学会秘书长司徒建通等一行赴鄂州梁子湖、宜昌等地考察淡水渔业。

[14]5月12—15日,农业部副部长牛盾、渔业局局长李健华一行到湖北省开展为期4天的水产调研。调研组一行先后到汉南、洪湖、仙桃、钟祥、荆州、天门等地的水产板块基地、水产品交易市场、德炎、莱克等水产品加工龙头企业和中国水产科学院长江所,详细了解水产养殖、加工、销售和科研情况。湖北省委常委副省长汤涛、副秘书长梅祖恩、农业厅厅长陈柏槐、水产局局长徐汉涛等陪同考察。

[15]5月29日,湖北省水产局在武汉召开《湖北省渔港渔船管理条例》和《湖北省水产苗种管理办法》宣传贯彻会。会议由省水产局局长徐汉涛主持,副局长刘能玉作主题讲话。省人大农村委秘书长陈宏、省法制办经济法规处处长李次彬、各市(州)水产主管部门及渔政机构领导人、水产科长参加了会议。

[16]9月9日,湖北省水产局在武汉组织召开了2008年度中华鲟科学捕捞专家咨询会。

[17]10月23日,湖北省水产局在荆州市监利县召开了全省秋冬渔业开发现场会议,正确分析了全省秋冬渔业开发的形势,增强了各地秋冬渔业开发的责任感。各级水产部门掀起了全省秋冬渔业开发的新高潮。湖北省新增高标准板块基地6.67万公顷,新增优质水产品出口原料基地1.33万公顷,"三改一建"6.67万公顷,低湖田改造1.33万公顷,小龙虾野生寄养6.67万公顷。

[18]10月27—30日,海峡两岸50多名豚类保护专家齐聚湖北,深入天鹅洲保护区实地考察和交流经验。

[19]10月29日,美国鱼类野生生物管理局专家代表团作客湖北天鹅洲故道。省水产局副局长刘能玉、农业部水生野生动物管理处处长樊祥国和中科院水生生物研究所的专家和代表团一同对天鹅洲白鳍豚保护区进行了为期一天的实地考察与合作交流。

[20]11月19—22日 联合国粮农组织和农业部渔业局在武汉召开了湖北省梁子湖捕捞统计抽样调查项目研讨会。FAO官员格林、缪为民、格拉芙,中国水产学会秘书长司徒建通、湖北省水产局副局长刘能玉、中科院水生所副所长解绶启、中国水科院东海所副所长谢营梁、国家统计局湖北调查队舒振斌处长以及有关领导和专家与会。会议决定FAO和中国政府共同

出资在湖北省梁子湖组织开展内陆捕捞抽样调查项目,项目由农业部渔业局承担,中国水产学会、湖北省水产局、湖北省梁子湖管理局负责具体组织实施工作。

(湖北省水产局 林伟华 田厚孝)

湖南省渔业

【概况】 2008 年,湖南省水产养殖面积 36.2 万公顷,水产品总产量 178.59 万吨,渔业总产值 169.56 亿元,渔民人均纯收入 5 480 元,较上年分别增长 3.1%、5.05%、5%、17.9%。其主要特点:

(1)灾后渔业基础设施全面恢复。2008 年初的雨雪冰冻灾害给湖南水产养殖业造成了严重损失,渔业受灾较严重的水面面积达 24 万公顷,直接经济损失 15.24 亿元。灾后,各地积极开展抗冰救灾和灾后恢复重建,结合渔业基础设施修复,加大了标准化池塘改造力度。据统计,2008 年湖南各级财政共投入渔业救灾资金 5 000 多万元,修复重建被毁孵化设施和生产用房 10 多万平方米,网箱 28.5 万平方米,渔业生产输电线 5.5 万米,97.8% 的受灾鱼苗鱼种场恢复了正常生产,6.7 万公顷鱼池完成升级改造。

(2)渔业科学管理制度日趋规范。一是建立水产品监控月报制度。湖南全省各级组织专门力量,明确并固定专人,对水生动物疫病、水产品生产、水产品市场价格情况实行了监控月报制度。二是完善落实“三项登记制度”。全省统一记录格式,规范记录方法,完善登记制度,所有的水产健康养殖示范场、养殖企业、规模养殖户逐步建立健全了养殖生产档案、养殖用药档案和产品销售(标签)档案。明确规定各养殖企业和个人不得在不符合养殖水质标准的水域进行渔业生产。三是大力实施水域滩涂规划和养殖证制度。到 2008 年底,全省已发放养殖证 5.2 万本,占全省应发证面积的 70% 以上。有 50 多个县(市、区)发布了水域滩涂养殖规划。

(3)水产健康养殖加速推进。大力推广渔业生态健康养殖,成立了以曹英华局长为组长的健康养殖工作领导小组,推进水产养殖标准化、规模化和产业化进程,加快转变渔业发展方式。2008 年新创建了 9 个水产健康养殖示范场,全省累计建成水产健康养殖示范场 36 个,其中农业部已授牌的健康养殖示范场 23 个。36 个健康养殖示范场涵盖水面 4 万余公顷,惠及养殖户 1.5 万户。示范场年产水产品 20 万吨,产值 18 亿元,户均渔业收入 2.5 万元,社会效益、生态效益显著。认真组织开展水产养殖专项执法行动,制定了水产养殖业专项执法行动实施方案,成立了执法行动领导小组,督促养殖企业和养殖户特别是养殖大户按照水产养殖安全用药的有关规定标准用药;要求加工企业在加工过程中不得使用含有我国及美国、欧盟等主要进口国或地区明令禁止使用的药物及各种保鲜剂、防腐剂、消毒剂,水产品质量安全得到进一步提高。

(4)渔业科技推广明显加快。2008 年,湖南围绕优势渔业产业带建设和产业化发展,继续组织实施了“科技入户”和重大养殖技术推广行动。切实加强了对优新种苗、节本增效、加工转化、保鲜包装、检验检测等关键技术的攻关,促进规模化养殖、无公害养殖、集约化养殖、标准化养殖、水产品加工等先进适用技术的推广应用,加速科技成果向生产力的转化,不断完善渔业服务保障体系。积极鼓励和支持科研机构、水产苗种场、涉渔企业、经济合作组织等开展多元化的水产技术推广服务,逐步形成了以省、市、县水产技术推广部门为主体的多元化、社会化养殖技术推广体系。加快了省级水产原(良)种繁育基地建设,批准了岳阳市水产良种场、衡阳市酃湖渔场水产良种场 2 个良种场为省级水产良种场。4 月份,组织开展了全省水产苗种生产调查与调剂工作。全省共调剂水产种苗约 2 500 吨,其中亲本 7 320 组,鱼种 11 800 万尾。向边远山区赠送水产种苗 125 吨,其中亲本 3 800 组,鱼种 1 800 万尾。

(5)渔业资源养护不断加强。一是渔民生产生活困难逐步得到解决。省委、省政府对渔民生产生活情况高度关注,2008 年 11 月底,省委书记张春贤亲自深入洞庭湖实地调研,进行专题研究,提出了实施渔民安居工程、健全渔民社会保障制度、加强渔民及其子女教育、开展转产转业培训、清理涉渔收费、养护渔业资源等渔民解困措施。全省把解决渔民生产生活困难作为学习实践科学发展观的重大行动,取消了渔业资源增殖保护费等所有涉渔收费项目。组织开展了渔民转产转业专项培训,实施了渔民柴油补贴制度、生活困难救助制度、转产转业帮扶制度,等等。帮助 4 393 户渔民家庭办理了长期或短期低保,对 3 178 户特困渔民家庭安排了特困补助。二是资源与环境保护问题逐步得到解决。制定了《水生动物增殖放流技术规范》地方标准,在全省范围内积极开展渔业资源增殖放流,获得了较好的社会、经济和生态效益。全省全年发布有关禁渔文件通告 18 个,共解决禁渔工作经费 96.8 万元。全省春季统一禁渔范围由洞庭湖、长江水域扩大到了湘江水域。长株潭地区组织开展了“湘江流域渔业资源养护联合行动”。鱼类人工增殖放流力度加大,全省共投放各类鱼苗 9 972 万尾、大鲵 2 215 尾。水生生物保护区建设步伐加快,张家界大鲵自然保护区管理处正式挂牌成立。

(6)渔业行政执法管理不断加强。狠抓了渔业行政执法管理工作,渔政管理体制改革迈出可喜步伐。大部分市、县的渔政执法人员工资和工作经费纳入了全额财政预算,洞庭湖区渔政管理体制改革方案得到了省委、省政府的批准,着力构建洞庭湖统一管理的渔政管理体制。加强渔业安全管理,建立了渔船渔港重大安全救助机制,制定了《渔业船舶水上安全突发事件应急预案》。实行渔业安全值班制度,对事故多发期及节假日加大了安全检查的工作力度。结合春季禁渔,对沿江沿湖渔船渔港进行安全检查,发现安全隐患的,及时组织整改。组织开展非法捕捞作业专项整治行动,制定了专门的行动实施方案,联合公安、工商等部门执法人员加强对禁渔区水面和水产品市场等场所的执法管理,及时发现和查处了各种违法违规事件。

(7)湖南渔业发展存在的主要问题。一是渔业基础设施和支撑保障能力建设滞后,养殖池塘淤积老化现象严重,水生动物疫病防控能力薄弱,抵御灾害和风险的能力不强。二是养殖效益整体不高,部分名特优水产品还存在结构性、区域性短缺,渔民收入增长缓慢。三是渔业产业化、组织化程度低。四是渔业资源养护问题仍然比较突出。

【水产养殖专项执法行动】 2008 年 5 月开始,湖南组织开展水产养殖业专项执法行动。一是加大执法宣传。全省共出动了宣传车(船)855 辆(艘),出板报 1 367期,张贴标语,横幅 10 380 条,媒体宣传 322 次,印发宣传资料 22.7 万份,举办专项执法行动市(州)骨干培训班 172 期,培训人员 1 059 人(次),举办渔民培训班 703 期,培训人员 42 098 人(次)。通过开展广泛深入的宣传活动,在全省营造了依法养殖、杜绝违禁药物的良好氛围。二是强化质量抽检。全省抽检水产品药物残留 600 批(次),涵盖了全省主要养鱼区及各种养殖类型,其中无公害养殖基地类型占所有抽样数量的 50%,大湖、水库、山塘、网箱养殖各占 5% ~10% 左右;水产批发市场及农贸市场抽样数量占 25%。主要检测氯霉素、孔雀石绿、环丙沙星、恩诺沙星和己烯雌酚等的残留。样品经农业部渔业产品质量监督检验测试中心(长沙)检测,合格率为 100%。

【洞庭湖区渔民解困】 2008 年 12 月 10 日,湖南省委、省政府召开洞庭湖区捕捞渔民解困工作会议。省委常委、省委秘书长杨泰波,省长助理、省财政厅厅长李友志出席会议并作重要讲话。会议决定,湖南从六个方面做好洞庭湖区捕捞渔民解困工作:一是实施专业捕捞渔民安居工程。对专业捕捞渔民中的无房户,按照“自愿优先、政策支持”的原则进行集中安置或分散安置,帮助他们上岸定居。二是实施就业援助计划。将上岸定居渔民列为就业困难人员,通过职业指导、技术培训、自主择业、岗位援助、政策扶持等方式,开展上岸定居渔民就业援助活动。三是健全捕捞渔民社会保障制度。按照属地管理原则,将符合条件的困难捕捞渔民分别纳入城乡低保救助,做到应保尽保,对特别困难的捕捞渔民提高救助标准。四是帮助解决捕捞渔民子女教育问题,对渔民子女的九年制义务教育按政策全部纳入经费保障体系。五是支持捕捞渔民转产转业。六是清理涉渔收费减轻渔民负担,坚决禁止基层部门、乡镇、企业擅自向渔民收取码头费、埠头费、排污费、芦苇损失费、水面承包费等。六是加强洞庭湖渔业资源养护。

【湘江流域渔业资源养护联合行动】 2008 年,长沙、株洲、湘潭市三市人民政府围绕“保护湘江生态,建设两型社会”组织开展了湘江流域渔业资源养护联合行动,共同发表《长株潭湘江渔业资源养护行动联合宣言》。据调查统计,湘江流域范围内,有鱼虾蟹龟贝等品种达 267 种,高等水生植物 111 种。近些年来,湘江流域经济高速增长,生态环境压力与日俱增。人类活动的影响、过度捕捞、环境污染、江湖阻隔与围垦、外来物种入侵等,给湘江鱼类资源造成了严重的影响。鱼类生存环境恶化,天然捕捞产量、“四大家鱼”早期资源持续下降,鱼类种类结构和种群结构小型化,许多种类资源衰竭。为促进区域经济发展、维系流域生态平衡、保障生态安全和食品安全,长沙、株洲、湘潭三市人民政府正视这一状况,积极研究应对措施,联手采取有效措施保护湘江渔业资源:全面开展湘江生物资源调查,合理制定养护措施;建立健全相关法律法规,依法养护湘江生物资源;联合开展春季禁渔行动,促进渔业可持续发展;大力实施人工增殖放流,建立资源补偿机制;严厉打击电力捕鱼、毒鱼、炸鱼等非法捕捞行为,着力保护湘江渔业资源;开展湘江工程建设项目影响评估,维护湘江生态环境;优化水资源配置,统筹兼顾防洪、航运和生态效益,努力构建生态良好、经济繁荣的美好家园。

【水产健康养殖】 2008 年湖南省共向农业部申报新创建水产健康养殖示范场 11 个,其中 9 个示范场通过验收,被评为部级水产健康养殖示范场。这 9 个示范场实施水面 1 117.9 公顷,其中池塘 473.9 公顷、湖泊 553.3 公顷、水库 90.7 公顷,涉及养殖户 461 户。示范场水产品产量4 944吨,产值7 820.2万元,总利润2 250.1万元。

【禁渔工作】 2008年,湖南各级加大了禁渔工作力度。据不完全统计,全年在禁渔期间共出动宣传车船444次,发放宣传资料44 720份,利用报纸、电视、电台宣讲禁渔知识和有关规定251次(篇)。共有419人参加禁渔执法检查,出动船、艇(车)118艘(辆),组织较大规模的禁渔统一检查行动175次。查获违禁捕捞船只333艘(次),取缔迷魂阵40 748米、深水张网340部、鱼钩1 808颗,查处电捕鱼345台套、炸鱼案2件,没收违禁捕捞渔获物5 823千克、违禁销售渔获物1 096千克,没收"三无"船只4艘,行政处罚228人(次),刑事处罚3人(次)。

【珍珠养殖专项整治行动】 2008年,常德市开展珍珠养殖专项整治行动,对城市郊区、居民较集中、生活污水及"三废"污染相对较重等不适宜养殖珍珠的水域进行取缔或转产处理。经过整治,全市珍珠养殖面积为2.4万公顷,养殖户7 991户,吊养珍珠蚌3.4亿只。整治期间,取缔或转产处理的养殖户1 889户,面积1 513.33公顷。珍珠养殖专项整治行动的开展,较好地保护了水域生态环境,促进了水域资源合理利用和现代渔业可持续发展。

【重点渔业市(县)基本情况】

湖南省重点渔业市(县、区)基本情况

市(县、区)	渔业总产值(万元)	水产品总产量(吨)	其中		养殖面积(公顷)
			内陆养殖	内陆捕捞	
湘阴县	152 960	139 000	126 000	13 000	15 460
华容县	111 477	130 070	108 304	21 766	16 507
沅江县	113 520	111 020	82 410	28 610	6 360
安乡县	110 000	800 00	76 200	3 800	15 000
南　县	43 040	73 000	65 990	7 010	10 267
汉寿县	78 900	71 500	64 200	7 300	10 478
鼎城区	46 400	59 183	57 490	1 693	16 576
澧　县	40 000	53 200	51 900	1 300	14 533

【大事记】

[1]1月12日,湖南张家界大鲵国家级自然保护区管理处正式获得湖南省机构编制委员会的批复(湘编办函[2007]137号文件)成立,与湖南省大鲵救护中心合署办公。主要职能是:依法救护、保护、开发和利用大鲵自然资源,开展水生野生动物资源及其相关的生产保护、繁育养殖、展览培训、科普宣传等活动,以及促进保护区大鲵资源管理、救护、监测等工作的正常开展,加强保护区大鲵管理和执法工作的开展。

[2]2月21日,农业部渔业局副局长陈毅德率全国水产技术推广总站、长江水产研究所、珠江水产研究所5位水产专家一行到湘指导渔业灾后重建复产工作。

[3]2月26日,全省养殖业工作会议在长沙召开,省畜牧水产局局长曹英华作了主题报告。报告全面总结回顾了2007年养殖业工作,分析了养殖业发展形势,部署了2008年的工作。

[4]4月22日,农业部、湖南省人民政府在张家界武陵源区联合举办"2008张家界大鲵放流活动"。农业部副部长牛盾、农业部渔业局局长李健华及部分省、市领导、水生野生动物保护专家、渔政人员、小学生代表和游客等数百人参加了活动。这是首次在全国范围内开展的大鲵统一放流活动,共放流不同规格大鲵2 010尾,其中8龄以上的大鲵成体10尾。

[5]6月,由湖南古丈县畜牧水产局承担、以湖南师范大学生命科学院为技术依托的"蒙古红鲌网箱驯养和人工繁殖"水产科研项目,经过近1年的刻苦攻关,在古丈县栖凤湖取得成功。已培育出规格1厘米以上蒙古红鲌鱼苗250万尾。

[6]9月19日,湖南省畜牧水产局组织召开了解放思想大讨论渔业专家座谈会。邀请省内有关科研院所的水产知名专家、教授以及洞庭水殖、益华水产品等重点水产龙头企业代表等40余人参加。

[7]10月22日,湖南省畜牧水产局在常德市安乡

县召开了全省水产工作现场会。省农业厅党组书记、厅长程海波出席会议并作了重要讲话,省畜牧水产局党组书记、局长曹英华作了大会主题报告。会上提出了今后湖南水产发展的方向和重点,并对获得"全省水产健康养殖示范县和先进单位"称号的安乡县等17家单位进行了授牌表彰。

[8]11月30日,湖南省委书记张春贤乘船深入洞庭湖湖区,走进"水上人家",实地了解洞庭湖渔民生产生活困难状况。12月1日,张春贤召集省直有关部门负责人召开专门会议,围绕调研中反映的问题研究确定了洞庭湖区捕捞渔民解困工作措施。

(湖南省畜牧水产局 林益平 武深树)

广东省渔业

【概况】 2008年,全省渔业生产总产值达到1 350亿元,同比增长10.9%,水产品总产量680.4万吨,同比增长2.4%。全省水产品出口呈现量减额增态势,出口量39.5万吨,同比减少8.6%,出口额17亿美元,同比增长13.5%。渔民人均纯收入达到8 900元,同比增长4%。

(1)推进现代渔业建设。全年省财政安排渔民转产转业议案资金1.2亿元,安排拆解渔船1 400艘,扶持渔业产业发展项目78个,带动渔民就业5 000多人。举办转产转业渔民培训班80期,培训渔民4 500人,安排渔民子女职业教育200人。水上渔民安居工程稳步推进,落实渔民安居房715户。经过不懈努力,沿海渔港建设地方配套资金基本到位。在建项目全面加速,闸坡中心渔港完工并准备验收,硇州、乌石、三百门、海门、沙扒等渔港完成投资4 563.9万元。特呈岛避风塘主体工程建成,渔船"避风难"问题得到解决。全省投入资金近10亿元,整治改造鱼塘约3万公顷,其中珠江三角洲2万多公顷。全省养殖水域滩涂规划取得新进展,江门、湛江、潮州等8个地级市,台山、南澳等33个县(市、区)颁布实施。积极推动水产健康养殖示范区建设,先后创建广州、湛江等地17个农业部水产健康养殖示范区。加快良种体系建设,建成省级以上水产良种场31家。全省核发养殖使用证71 312本,面积33.09万公顷,占应发证面积的72.88%,比2007年提高15个百分点。全省水产品加工量140万吨、产值180亿元。水产品进出口总量和总额分别为80.1万吨和24.1亿美元。渔业企业在第六届中国国际农产品交易会上签约11.8亿元,占全省签约总额的24.1%,湛江国联签订对虾等购销合同3.24亿元。12家远洋渔业企业、26个远洋渔业项目、约98艘渔船继续稳步运作,远洋渔业年产量约8万吨,总产值达4.1亿元。广东广远渔业集团有限公司新造了钢质混合制冷延绳钓渔船,已开赴南太平洋地区投入生产。中英海洋渔业可持续发展研讨会取得圆满成功。中菲渔业项目进展顺利。

(2)加强质量安全管理。全省组织制订省级渔业地方标准44项、发布23项,新建省级渔业标准化示范区11个。迄今为止,制订国家行业标准26项,省级渔业地方标准173项。建设省级以上渔业标准化示范区34个,其中国家级示范区3个。无公害水产品认证再上新台阶。全省新认定无公害水产品产地148个,认证产品133个。出台《广东省水产品质量安全监控工作规范》。加强水产品质量安全执法力度,检查养殖场2 876个,抽样705个,查处违规案件207宗。贝类生产区域划型工作稳步推进,划出贝类生产区6个,面积5 000公顷。扎实开展助奥运水产品质量安全特殊监管工作,确保了奥运会、残奥会期间供京、供奥水产品质量安全,得到到农业部、省政府充分肯定。尤其是广州市、湛江市工作到位,广州市海洋与渔业局被农业部评为助奥先进单位。妥善应对水产品质量安全突发事件,水产品质量安全状况保持稳定,全年水产品抽样3 141个,检测合格率达93.4%。

(3)提供技术保障服务。实施科技兴海(渔)战略,5年来省海洋与渔业系统获得国家成果创新奖、全省科技进步奖和农业推广奖57项,36项技术获得国家专利,45项科技成果达到国内先进水平。贯彻落实省政府《关于推进基层农业技术推广体系改革与建设的指导意见》,全省水产技术推广乡镇站增加172个,编制增加174人,经费增加1 461.4万元。截至2009年3月2日,全省106个县制定机构改革与建设实施方案,其中,81个县(市、区)方案通过了当地政府审批,占上报总数的76%。正式成立省水生动物疫病预防控制中心,51个市(县)成立水生动物防疫站。率先在全国开展水生动物病害精准监测试点工作,建立了中山、清远、韶关和梅州草鱼免疫预防示范区。执业渔医试点工作继续稳步推进,试点范围扩大到湛江、肇庆、广州、佛山、珠海等5市,全年培训执业渔医60名。新增廉江市、徐闻县、博罗县、仁化县等4个省级渔业科技入户示范县。全省培育渔业科技示范养殖户900户,辐射带动养殖户18 000户。全年实施科技入户技术培训98期,培训技术人员、示范户超过9 800人,发放各种技术资料2.85万份。示范户水产品收入比2007年提高10.4%,节约成本10%。

(4)强化渔政执法管理。全年投资1.7亿元,建成内陆渔政船4艘、快艇13艘。全面推动渔业安全生产通信指挥系统建设,系统运营、监理、设计、集成招标以及船载终端测试工作顺利完成。出色完成"3·10"专项行动和涉外维权护渔任务。"护渔2008"执法行动查处渔船违规案件14 055宗,罚款1 300多万元。通过油补核船工作,清理空挂船7 723艘。打击非法捕捞行为,全年查处电鱼案件1 672宗,没收电鱼机1 125部、"三无"渔船411艘。

(5)解决渔业突出问题。2008年春,暴发极其罕见雨雪冰冻灾,全省海洋与渔业系统组织企业和群众积极应对,采取应急防冻、种苗调剂、疫病防控和科技服务等措施,争取中央和省财政渔业救灾资金4 700万元,各地落实渔业救灾复产资金2 975万元。广东省水产技术推广总站被省委、省政府评为"抗灾复产先进单位"。2008年国家对广东省渔业柴油补助资金达18.6亿元,占全国渔业柴油补助资金15%。全年影响广东台风次数多、强度大,各级渔业主管部门高度重视,组织到位,行动迅速,措施得力,全省执法队伍组织海上抢险救助220起,救助渔船110艘、渔民439人,挽回经济损失2.28亿元。全省6 735艘渔船、10.5万人(次)参加渔业互助保险,保费首次突破3 000万元,比2007年增长25.6%,为出险的1 033名渔民和315艘渔船理赔1 200万元。东莞市和江门市新会区的中央财政补贴试点工作开局良好,地方财政按照中央保费补贴资金1:1配套。全部赴南沙生产的渔船均安装监控系统,对赴南沙、北部湾生产的渔民普遍进行涉外渔业培训,到目前为止没有发生重大涉外安全事故。

【渔民转产转业】 2008年是实施省人大《扶持沿海渔民转产转业保持渔区稳定议案》的第五个年头,是承前启后的关键一年。省海洋与渔业局党组对实施渔民转产转业议案工作作了周密部署,李珠江局长、陈良尧副局长带队到渔业第一线调研,并多次向省人大、省政府汇报,与财政厅相关部门协调,着力推动渔民转产转业议案顺利过渡至第二个五年。

一是制订第二个五年计划。3月下旬省政府委托省海洋与渔业局组织省财厅、劳动保障厅等相关单位就渔民转产转业议案实施情况进行调研。通过全面调研和剖析,形成《扶持沿海渔民转产转业保持渔区稳定议案实施情况调研报告》。4月28日,省海洋与渔业局领导召开由省局相关处室领导参加的局务会,认真调研和分析第一阶段议案实施所取得得的成效,总结经验,吸取教训,分析原因,商讨对策,拓展思路,研究第二阶段议案实施方案。经过努力,最终研究制定出了《扶持沿海渔民转产转业保持渔区稳定议案的第二阶段方案报告》。第二阶段的工作重点:稳妥有序地淘汰渔船5 000艘、功率18万千瓦;重点扶持发展水产养殖业、加工流通业、外海远洋渔业、休闲渔业、船网修造业及相关行业项目150个,带动2万个转产渔民就业;扶持发展渔民专业合作组织350个;推动琼州海峡北岸420艘定置网作业渔民转业;分期分批对2万名渔民进行技术培训,安排5 000个渔民子女接受中等职业技能教育;解决5 000户"连家船"及特困户渔民安居。《方案报告》经征求财政厅等相关部门意见,并多次修改后,5月19日上报省政府办公厅。

二是做好议案管理监督工作。为了进一步让各级领导、各行各业和广大渔民群众,全面了解本议案,更加了解党和政府的惠民政策,达到宣传议案、推动议案、办好议案的目的,全省海洋与渔业部门做了大量卓有成效的工作。省海洋与渔业局委托湛江电视台制作《扶持沿海渔民转产转业保持渔区稳定议案专题电视片》;6—8月,专人赴粤东粤西等地对2007年下达的各类项目进行指导监督,特别对项目单位资金使用和规范财务制度进行检查,确保项目顺利实施;6月,组织开展2006年度省渔民转产转业议案和中央资金转产转业项目绩效评价;7月,根据省政府办公厅实行财政专项资金竞争性分配试点的要求,制定渔民转产转业议案渔业产业发展项目竞争性分配实施方案,报省财政厅,11月省财政厅做出批复;10月下旬至11月中旬,委托水产学会组织专家分片分组对2008年度渔业产业发展项目评审。

【科技推广专项管理】 科学合理安排科技推广专项,以保证科技兴渔战略的成功实施。编制出《2008年度广东省海洋渔业科技推广项目申报指南》,省海洋与渔业局与省财政厅联合印发《广东省海洋渔业科技推广专项申报指南的通知》,正式对外发布,向全社会以公开招标、邀请招标和专家评审等方式相结合开展申报工作。共收到申报项目219个,其中科研项目156个,推广项目63个。省海洋与渔业局召开专项专家评审会,对219个项目进行了认真的评审。项目评审采取会议的形式,实行公开、公平、公正的原则,采取打分、讨论等程序对项目进行审查和评议,并做出综合评价意见。经民主评议,最终确立35个科研项目、38个推广项目立项,已经上报财厅。

【水产品质量安全管理】 一是制定质量安全监测工

作计划和规范。制订了《广东省水产品质量安全监控计划》和《广东省海水贝类生产区域划型计划》;召开全省水产品质量安全监控工作会议和药物残留抽检座谈会;出台了《广东省水产品质量安全监控工作规范》。二是加大水产品质量安全监控力度。全年抽检样品3 100多个,比上一年增加近九成。抽检范围覆盖了全省所有县、区;品种扩展到所有常见品种,并逐步加大对网箱养殖鱼类等的监控份量;检测项目包括氯霉素、孔雀石绿、硝基呋喃类代谢物、甲基睾丸酮、己烯雌酚、喹乙醇等,总体抽检合格率约93%左右,比2007年度略有下降。三是开展渔业标准化和无公害水产品认证工作。组织制订省级渔业地方标准44项,获批准并发布的23项。到2008年底为止,已制订国家下达的行业标准26项、省级渔业地方标准173项。建设省级以上渔业标准化示范区34个,其中国家级示范区3个。共组织评审认定产地131个,初审推荐上报无公害认证水产品199个。全省已认定无公害水产品生产基地742个,获农业部无公害认证水产品290个。2008年申报获得省级名牌产品10个,到期复审省级名牌产品13个。同时积极参与省重点农业龙头企业考核工作,涉渔省级以上农业龙头企业41家,其中国家级重点农业产业化龙头企业9家。全省涉渔省级以上农业名牌产品达79个。四是为奥运提供水产品质质量安全保障。积极选择、推荐供京水产企业基地,对被确定的供京生产基地实行高频率的抽检制度和驻点监督制度,确保产品质量安全。

【渔业资源环境保护】 2008年全省海洋与渔业环境监测体系建设步伐加快,茂名市监测站、"三合一"项目建设走在全省前列。继续加强重点海域入海排污口监控,开展直接入海排污口调查工作。编制发布《广东省海洋环境质量公报》,通报污染严重的排污单位名单,在社会上引起了强烈反响。编制完成了部门应急预案体系,成功参与了环太平洋海啸演习。"908"专项工作扎实推进,数字海洋框架硬件环境建设基本完成。新建阳江浅海海洋生态等自然保护区4个。到2008年底全省拥有海洋与渔业类型自然保护区80个,保护区面积达61.8万公顷。雷州珍稀海洋生物自然保护区晋升为国家级,阳江南鹏列岛等3个保护区晋升为省级。海陵湾近江牡蛎等3个国家级水产种质资源保护区获农业部批准建立。广州、清远等市保护区工作取得较大进展。全省保护区管护能力有明显提升。《广东省开放型人工鱼礁管理办法》正式颁布实施。成立了人工鱼礁建设指导委员会,全年全省制作人工鱼礁礁体4 403个,完成总空方约11.43万立方米。投资500万元,在珠海、汕头、惠州等6市建设广东海洋牧场示范区。建成了涵盖拯救中心、自然保护区、海洋水族馆等40多个单位的广东省水生野生动物救助网络。"中国南部沿海生物多样性管理—东山/南澳示范区"国际项目经验,被联合国开发计划署和全球环境基金向全球推广。

举办广东"休渔放生节"、"拥抱绿色奥运,呵护蓝色海洋"珠江口大型放生,以及"保护水生动物,建设生态文明"大鲵增殖放流等主题活动。全省放流淡水鱼苗1.5亿尾,海水鱼苗922万尾,海水虾苗2 130万尾,以及大鲵、中华鲟、杂色鲍、鲎等名贵水生生物一批。

【大事记】

[1]1月24日开始,因北方冷空气和南方暖湿气流影响,广东省遭到一场极为罕见的雨雪低温冻害侵袭,对部分地区而言是几十年未遇甚至百年未遇,给渔业生产造成重大损失。根据统计,此次雨雪低温冻害共造成经济损失61.9亿元,其中水产养殖受灾面积17万公顷,损失水产品产量48.4万吨,冻死鱼虾种苗93.5亿尾,损失亲本298.3万组。另外,还有660万平方米温室大棚受损,250台渔机损坏。

[2]1月,省海洋与渔业局于1月在广州召开全省政策性渔业互助保险工作会议。会议就该项工作作了全面部署,要求全省各级渔业主管部门要加强领导,解放思想,大胆创新,把这项惠及广大渔农群众举措施落到实处。

[3]4月10日,广东省出台《关于推进基层农业技术推广体系改革与建设的指导意见》(粤府[2008]24号)。省海洋与渔业局立即行动起来,组织开展一系列贯彻落实工作,分别在湛江、梅州召开全省水产技术推广工作会议以及基层水产技术推广体系改革与建设工作座谈会,成立由局领导挂帅的督导组分赴全省各地开展督促检查工作。

(广东省海洋与渔业局 李福顺 钟小庆)

广西壮族自治区渔业

【概况】 2008年,国内外经济环境急剧变化,农产品市场剧烈波动,面对历史罕见的低温雨雪冰冻灾害和严重的台风、洪涝灾害等,广西各级渔业管理部门和有关单位沉着应对,保持了全区渔业的稳定发展。全区水产品总产量249.98万吨,同比增长1.59%。水产品总产值220.73亿元,同比增长15.78%。在确保水产品有效供给的同时,全区渔农民从渔业一产中获得人均纯收入 184.20 元。

【科研推广】 一是攻关项目有突破性进展。罗非鱼、南美白对虾、罗氏沼虾、江河名贵鱼类以及名特优品种的良种选育、人工繁殖、集约化苗种生产、健康养殖模式、病害防治研究均取得了显著成效。选育出 2 个生长速度快、抗病力强、杂交雄性率高、成鱼规格整齐、加工出肉率较高的罗非鱼新品系,解决了加工出口规格的问题;建立了南美白对虾选育技术体系,形成了南美白对虾集约化生产技术规范,选育出 2 个高产抗病的南美白对虾新品系,生长速度比引进品系分别提高 25% 以上。二是推广了一批先进适用的新技术和新品种。广西水产研究所生产罗非鱼苗种 1 亿多尾;生产高产抗病南美白对虾优质无节幼体 50 亿尾,种苗 3 亿尾,南美白对虾良种覆盖率提高了 11%。三是全年取得的 13 项科技成果中,广西水产研究所参加的凡纳滨对虾引种、育苗、养殖技术与研究获得国家科技进步奖二等奖;南美白对虾高产抗病新品系的选育与养殖示范获广西科技进步二等奖;文蛤生物净化与出口产品深加工技术研究与示范成果获广西科技进步奖三等奖。四是扎实开展了科技入户示范项目。在合浦县、钦南区等 5 县(市、区)组织实施了水产业科技入户示范工程项目,推行以示范户能力建设为核心,建立科技人员直接到户、良种良法直接到塘、技术要领直接到人的科技成果转化机制。全年推广应用 3 个主导品种和 7 项主推技术,建设科技示范户 2 325 个,辐射带动农户 5 000 个。技术指导员入户累计达 2.12 万人(次)。五是培养了一大批农民养殖技术骨干。按照"围绕主导产业、培训专业农民、进村办班指导、发展一村一品"的总体思路,在全区 45 个县(市、区)1 280 个村组织实施"新型农民科技培训工程项目",举办农民科技培训班 4 691 个,培训养殖人员 17.24 万人(次)。六是科技人才不断涌现。广西的甘西进入罗非鱼科学家岗位、陈晓汉进入对虾科学家岗位;罗永巨进入罗非鱼综合试验站站长岗位,谢达祥进入对虾综合试验站站长岗位,李琼珍进入贝类综合试验站站长岗位。在第五届(海口)国际罗非鱼产业发展论坛上,广西甘西被评为全国十大罗非鱼人物,罗永巨、林勇获得 2008 年度罗非鱼行业长期贡献奖。

【水产养殖】 全年养殖面积 20.94 公顷,同比增长 41.01%;养殖产量 172.94 万吨,同比增长 2.35%。全区"三网"(围网、围栏、网箱)大水面养殖产量 14.5 万吨,同比增加 1.2 万吨,增长 9.02%。百色市西林县马蚌乡鲁维村发展水库网箱养鱼,年人均纯收入超过 6 000元。在发展特色水产品庭院养殖方面,全区龟鳖庭院养殖户达 74 367 户,养殖产量 2.24 万吨,产值 14.84 亿元,同比分别增加 5 402 户、0.36 万吨、2.72 亿元。在贵港、钦州、玉林、崇左、桂林等市,出现了许多"一村一品"、"一品一产业"的典型。沿海的对虾养殖、内陆的罗非鱼养殖,是广西水产养殖的优势主导品种。水产品加工出口达 5 万吨,出口值超过 2 亿美元。同比分别增长 28% 和 30%,并为 80 多万人提供了就业岗位。

【渔政管理】 各级渔政机构共组织各种渔业执法专项行动 218 次,其中自治区全区性联合检查 3 次,出动渔政船、艇 2 836 艘次,出动渔政人员 25 664 人(次),检查渔船 13 180 艘,查处各类违规渔船 1 834 艘。开展水生野生动物管理执法检查 30 多次,出动渔政人员 100 多人(次),检查宾馆饭店 86 家,农贸市场 30 个,水族馆等展览场所 4 个,养殖场 40 多家(户)。派出 5 艘海洋渔政船参加农业部南海区渔政局组织的专属经济区巡航。累计执行巡航任务 11 航次,出航 110 天,航程 3 510 海里,圆满完成了上级部门下达的任务。抓好广西泗涧山大鲵、左江佛耳丽蚌自治区级自然保护区、红水河来宾段珍稀鱼类、凌云洞穴珍稀鱼类等自治区级自然保护区建设项目评审以及水生野生动物自然保护区和水产种质资源保护区建设。抓好钦州三娘湾中华白海豚、北海营盘马氏珠母贝级自然保护区、漓江光倒刺鲃、浦北合清绒毛蟹、资源大鲵、罗城珍稀鱼类水产种质资源保护区的科考调查规划编写。积极争取资金继续扩大人工增殖放流规模,全年共投入人工增殖放流资金 227 万元,投放各种苗种 4 968.7 万尾;完成 2007 年内陆人工增殖放流评估工作。继续保持对沿海和内陆重要江河渔业水域环境监测。全年广西共发生渔业污染事故 68 宗,经济损失约 500 多万元。其中,4 月下旬巴马县丰达酒精有限责任公司重大渔业污染事故造成经济损失约 273 万元,已赔偿 250 万元。直接参与调查处理的渔业污染事故 5 宗,案值约 280 多万元。

积极开展涉渔工程项目环境影响评价工作。广西渔业行政主管部门共配合有关单位做好相关工程项目的(生态)环境影响评价评审 11 次 18 项,参加政府、环保部门、海洋部门等环境保护(功能)区划及评审 5 次。

与海事部门共同建立海上安全信息和险情预警信息的交流制度、渔船海上搜救联动制度,着力推动建立广西海上搜救奖励制度。

坚持督促检查,治理安全隐患。先后6次到全区14个市和部分重点县听取汇报和现场检查,并将情况及时通报。一是进行两次百日安全督察行动,全区共检查渔船24 953艘,受检率达95.6%。二是全区签订安全生产责任书的渔船达21 537艘,占全区渔船总数的82.5%。三是狠抓治理整改,消除安全隐患,全区共新增配渔用救生设备9 000多件、消防器材1 500多件及信号器材一批。四是全区培训职务船员7 500多人。

加强执法队伍建设。全区已建立县级以上渔政机构98个、编制776名(实有人数821名)。各级渔政机构配备渔政执法船11艘、渔政执法艇140艘、渔政执法车123辆,以及一批渔政执法取证设备和渔政执法通信设备。按照农业部的部署,继续在全区渔业执法队伍中组织开展了渔业文明执法窗口单位创建活动。积极推进渔业执法机构人员纳入参照公务员管理序列。根据中组部、人事部《关于印发〈关于事业单位参照公务员法管理工作有关问题的意见〉的通知》和自治区组织部、人事厅《关于上报参照公务员法管理事业单位名单有关事项的通知》精神,全区已有69个渔政机构获批纳入参照公务员法管理,占全区渔政机构总数的70.4%。

【产品质量安全管理】 开展养殖水产品药物残留监测,对水产品质量安全进行全面监测。强化全自治区主要水产品养殖渔区的对虾、罗非鱼、草鱼、斑点叉尾鮰、鳜鱼、鲢鱼、鳙鱼、鲤鱼、乌鳢、鲫鱼、鲈鱼、巴西鲷等水产养殖品种的孔雀石绿、氯霉素、喹乙醇、甲基睾酮、硝基呋喃、环丙沙星等禁用渔药的检测。全年完成农业部下达160份和自治区下达抽样送检1 060份抽样送检的任务。全区水产畜牧产品质量安全监测合格率达到99.43%。全区已核发水域滩涂养殖证7 327本,核发养殖总面积5.3万公顷,发证率32.32%。核发水产苗种生产许可证1 413本,发证率81.89%。核发养殖面积4.76万公顷,发证率51.71%。积极推进县级水生动物疫病防治工作站建设,获批建设的28个县级水生动物疫病防治工作站已进入最后竣工验收阶段。开展常规水产养殖动物病情测报工作和水产养殖动物病情精准测报试点工作。共设测报点396个,遍及全自治区14个市的42个县(市、区)131个乡镇,重点对对虾、罗非鱼等17个养殖品种的养殖病害进行测报,测报面积980多公顷。此外,实施标准化示范和产品认证,大力推广无公害标准化养殖技术。组织实施标准化技术示范推广项目29项,建立标准化生产示范区382个;累计认定无公害水产品产地209个,获得认证的无公害水产产品187个;组织完成10项水产业广西地方标准的制(修)订。与农业部农产品质量安全中心在南宁联合举办广西水产标准化技术培训班,自治区、市、县三级水产部门248名技术和管理人员参加了培训;全区水产系统共举办质量标准技术培训班423期,共培训基层技术人员和养殖户31 619人(次)。全年共组织实施标准化技术示范推广项目14项,累计建立标准化生产示范区158个;全区共组织认定无公害产地53个,累计达228个。组织申报并获得认证的无公害产品75个,累计达215个。开展水产品质量安全专项整治行动,全自治区共组织出动执法检查人员2 200多人(次),检查养殖场3 700多家、水产苗种场900多家、渔药经销店233个。有效地提高了全区水产品质量安全的整体水平。

【渔业法制建设】 一是开展《广西动物防疫条例(修订)》调研工作。二是积极配合自治区人大对《广西壮族自治区实施〈中华人民共和国渔业法〉办法》的修改审议,积极配合自治区法制办对《广西壮族自治区海洋水产资源繁殖保护实施细则暂行规定》、《广西壮族自治区淡水水产资源繁殖保护暂行规定》两部规章的修订。三是《广西壮族自治区实施〈中华人民共和国渔业法〉办法》出台后,做好法规的宣传和培训工作。四是对国家支农惠农政策的贯彻落实情况开展调研。与此同时,上半年,还对《广西壮族自治区海洋水产资源繁殖保护实施细则暂行规定》和《广西壮族自治区淡水水产资源繁殖保护暂行规定》进行修订。

【重点渔业市(县)基本情况】

广西壮族自治区重点渔业市(县、区)基本情况

市(县、区)	总人口(万人)	水产品总产量(吨)	其中				养殖面积(公顷)	
			海洋捕捞	海水养殖	内陆捕捞	内陆养殖	海水	内陆
海城区		204 327	153 546	47 211		3 570	1 558	320
银海区		187 741	125 825	55 484		6 432	1 750	400
铁山港区	58.15	147 379	73 171	68 708		5 500	5 745	866

（续）

市(县、区)	总人口（万人）	水产品总产量（吨）	其中				养殖面积(公顷)	
			海洋捕捞	海水养殖	内陆捕捞	内陆养殖	海水	内陆
合浦县	98.17	326 364	87 713	187 366	4 182	47 103	12 808	4 971
港口区	49.85	158 086	63 659	91 680		2 747	5 142	552
防城区	38.26	105 757	29 306	62 492	1 995	11 964	3 319	2 034
东兴市	11.65	94 514	32 100	55 914	75	6 426	3 777	873
钦南区	59.61	310 020	86 186	203 261	2 912	17 661	12 758	3 902
平南县	134.50	53 850			53 850	4 118		5 189
桂平市	174.82	49 846			3 990	45 856		6 303

说明：表中总人口数为2007年统计数，来源：《广西统计年鉴2008》

【大事记】

[1]2月5日，地处百色阳圩镇香屯的百色水利枢纽库区发现一条雌性、体长150厘米、胸周长43厘米、重12.5千克的国家二级重点保护水生野生动物花鳗鲡。在当地群众和渔政检查人员的护送下，当日下午顺利放归百色水利枢纽库区。

[2]2月5—6日，中共中央总书记、国家主席胡锦涛在自治区党委书记郭声琨、人民政府主席马飚的陪同下到桂林深入灾情严重的山区农村和担负抗灾救灾重任的基层单位，实地了解保交通、保供电、保民生的落实情况。

[3]2月14—15日，农业部部长孙政才率18人组成的工作组到广西检查指导灾后农业恢复生产工作，与广西共商灾后农业恢复生产大计。

[4]2月28日，自治区党委、自治区人民政府在北京人民大会堂隆重举行中国第一个国际经济区域合作区广西北部湾经济区发展规划介绍会。

[5]4—9月，广西组织沿海渔政机构开展了广西“护渔2008”海洋渔业执法行动共82次，出动渔政船158艘(次)、出动渔政人员1 969人(次)，检查渔船844艘，查处非法捕捞渔船241艘。对非法捕捞渔船罚款13.8万元。

[6]6月1日12时起至8月1日12时止，中国南海海域正式进入第十个伏季休渔期。休渔期间全区应休渔渔船为3 371艘，功率共615 912.34千瓦。休渔渔船进港率100%。休渔期间，没有发生休渔渔船群体性违规事件。

[7]6月12日，农业部和自治区人民政府投入150万元联合举办北部湾增殖放流活动。农业部副部长牛盾、农业部渔业局局长李建华、自治区政府副主席陈章良、南海区渔政渔港监督管理局局长吴壮出席仪式并参加海上放流。

[8]6月27日，广西罗非鱼良种繁育示范基地在南宁东盟经济开发区开工建设。该基地占地面积13.87公顷，预算总投资1 200万元，建设工期24个月。

[9]7月，一种原产于大西洋的珍稀食用鱼类大西洋鲷在广西海洋研究所海水养殖试验基地试养成功。

[10]8月15日，广西水产畜牧兽医局编制的《广西水产畜牧产品重大质量安全突发事件应急预案》向全区水产畜牧系统印发实施。

[11]8月28日，在玉林市召开了全区促进养殖业农民专业合作社发展工作会议。到10月31日，仅10个月时间，全区农民养殖类专业合作组织(社)发展532家，其总数超过前10年459家的总数。

[12]9月12日，广西水产研究所与美国关岛大学自然科学和应用科学学院共同签订合作协议，这是自治区人事厅等部门开展的“2008外国专家广西行”的第一个重要成果。根据协议，两国研究人员将在对虾、鳕鱼和罗非鱼等几个项目开展合作；广西水产研究所每年将选派2名科技人员到美国关岛大学进行为期不少于一年的工作、学习和培训。

[13]11月6日，广西桂冠开发投资电力有限责任公司、南宁市水产畜牧兽医局和马山县人民政府在红水河畔马山县百龙滩库区下游乐滩水电站联合举行鱼类人工增殖放流活动。此次放流的10万尾大规格鱼种，以青鱼、草鱼、鲢鱼、鳙鱼为主，尚有斑点叉尾鮰、赤眼鳟等鱼种。全年共投入人工增殖放流资金227万元，投放各种苗种4 968.7万尾。

[14]12月18日，崇左市(扶绥、江州)龟鳖庭院养殖场、贵港市吉安特水产畜牧有限公司黄沙鳖养殖场、浦北县官垌镇官垌鱼养殖协会养殖场、农垦国有沙塘

农场水产养殖场、农垦东兴京岛海水养殖有限公司对虾养殖场荣获“农业部水产健康养殖示范场”称号。

（广西壮族自治区水产畜牧兽医局 黄庭军 余汉桂）

海南省渔业

【概况】 2008年，全省渔业经济呈现了良好的发展态势，主要有以下特点：

（1）渔业经济总量继续保持平稳增长。2008年海南省渔业产业全面发展，全年水产品产量达139.4万吨，比上年增长5.4%。全年渔业总产值199.27亿元，增长17.1%，全年渔业增加值124.28亿元，增长16.6%。

（2）渔业结构继续得以调整优化。渔业经济总产值中：渔业产值完成147.39亿元，比上年增长16.0%；渔业工业和建筑业完成45.26亿元，比上年增长20.6%；渔业流通和服务业完成6.62亿元，比上年增长19.9%。渔业经济一、二、三产业的比例调整为21:6:1。全年海洋捕捞产量93.88万吨，比上年增长3.5%；养殖产量43.54，比上年增长9.5%。海洋捕捞与养殖的比例由上年的57:25调整为54:25。

（3）水产品加工出口行情保持旺盛势头。海南省拥有水产品加工出口企业41家，水产品年加工能力51万吨。全年水产品出口量和出口额分别为12.6万吨和4.9亿美元，同比分别增长20.1%和34.35%。

（4）渔民收入明显提高。全省渔业人口47.65万人，比上年增加1 452人，渔业从业人数26.58万人，比上年增加1.74万人。渔民人均纯收入8 399元，比上年增加763元，增长10%。

（5）水产品质量安全水平提高。2008年海南省积极开展无公害水产品产地认定与产品认证工作，在临高、昌江、文昌三市（县）进行了11个水产养殖基地无公害产地认定和产品认证，提高了渔业标准化生产水平。海南省配合农业部在海口市开展了两次水产品质量安全例行检测抽样，分别在水产品批发市场、农贸市场及超市，抽取罗非鱼、对虾等样品107个，合格率99%。同时在三亚、保亭、陵水、万宁、琼海、文昌6个市（县）开展水产品药物残留抽查抽样，抽取罗非鱼、对虾、石斑鱼、海水鲷科鱼类样品43个，合格率95%。

（6）渔业生产环境不断优化。一是渔业安全生产形势不断好转。采取多渠道、多形式对渔民进行宣传教育与培训，提高渔民安全生产意识和职业技能；增加资金投入，维修渔港基础设施；坚持以人为本，提高渔业船舶水上安全突发事件应急处置工作效率。因此，渔业安全生产形势较好，没有出现大的安全事故。二是渔业资源得到有效增殖与保护。加强伏季休渔管理，实现了船进港、网封存、人上岸的休渔管理目标；积极实施渔业资源增殖放流，培育渔业资源；强化水生野生动物保护的监督管理，开展打击非法经营利用水生野生动物专项执法行动，组建水生野生动物救护中心。

【水产养殖】 2008年，海南省水产养殖业保持平稳的发展态势，全省水产养殖产量43.5万吨，占渔业总产量的31%。全省水产养殖产值58亿元，占渔业总产值的39%。水产养殖生产的主要特点：

（1）水产养殖业抵御自然风险的能力进一步增强。2008年初春，海南省出现了持续多日的低温阴雨天气，给渔业生产带来了不同程度的影响，10月13日前后，受热带气旋和冷空气共同影响下，全省普降大雨或暴雨，给渔业生产带来严重影响。灾情出现后，全省各级渔业主管部门积极应对，与养殖户一起抗灾救灾，做好灾后恢复生产工作。虽然灾情不断，但水产养殖生产依然保持平稳发展，凸现海南省水产养殖业抵御自然风险的能力进一步增强。

（2）罗非鱼养殖继续保持快速发展。在《海南省罗非鱼产业化行动计划》的指导下，全省大部分市县的罗非鱼养殖面积都有较快增长，特别是水库大水面精养已形成一定规模。全省罗非鱼养殖产量21.7万吨，产值17.8亿元，同比分别增长20%和50%。

（3）对虾养殖业发展放缓。在稳定对虾养殖面积的基础上，虾农继续对部分虾池进行改造，改养石斑鱼、鱼虾蟹轮养、混养等，全省改造旧低位虾池300公顷，改养海水鱼类面积233公顷。全省对虾养殖产量8.4万吨，产值20亿元，同比分别减少14%和9%。

（4）深水抗风浪网箱养殖稳定发展。2008年全省深水网箱新增21组84口，全省深水网箱共投放222组888口。

（5）水产苗种生产保持平稳发展。2008年，海南省有水产苗种场648家，其中淡水苗种场110家，海水苗种场538家。全省生产各种水产苗种349亿尾（粒），其中淡水鱼苗41亿尾，海水苗种308亿尾（粒）。除了满足本省养殖用苗外，还销往全国各地及越南、韩国等周边国家。

【海洋捕捞】 海南省管辖海洋面积约200多万平方公里，约占全国海洋总面积的2/3。全省海岸线总长1 928公里，沿海天然港湾84处，现有渔港42个，为发展海洋捕捞业提供了有力的保障。2008年，海洋捕捞生产渔船24 673艘、324 960吨位、1 034 820千瓦。作业方式有拖网、围网、刺网、钓业和张网等，海洋捕捞总产量93.88万吨,比上年增长3.5%。

(1)2008年海南省气象海况出现严重异常:先后遭遇了大风严寒天气、台风“浣熊”、17号热带风暴“海高斯”等。大灾之年,全省海洋捕捞生产持续增长。

(2)改革创新渔业经济体制,组织成立渔民专业合作社。以三亚市河西区榆港社区渔丰合作社为试点,积极开展调研和指导工作。渔民们体会到了走渔民专业合作路子的优越性,纷纷要求加入渔丰合作社。

(3)下放渔业捕捞许可管理权限,激活市(县)海洋经济发展。省海洋与渔业厅积极配合省委、省政府修改了《海南省实施〈中华人民共和国渔业法〉办法》,将海南省全部的渔业船网工具指标的审批权限和部分渔业捕捞许可证发放权限下放给沿海各有关市(县),并按照农业部渔业局的要求,组织开展了全省大中型和小型渔船数据库的整理及相关工作。待农业部新系统启动后,市(县)即能独立开展管理业务。

(4)建立渔船作业用油绿色通道,落实国家惠渔补贴政策。省海洋与渔业厅积极协调中国石油化工股份有限公司海南分公司建立海洋渔业渔船作业用油绿色通道,共同下发了《关于建立海洋渔业渔船作业用油绿色通道的通知》,指导各市(县)渔业主管部门认真做好海洋捕捞生产渔船柴油用量的统计工作,及时与该公司各零售点建立快速沟通渠道,确保渔用柴油的供应。

【加工与贸易】 2008年,海南省拥有水产品加工出口企业41家,水产品年加工能力51万吨。全省有23家水产加工企业通过HACCP验证,18家企业获欧盟注册,28家获得韩国备案。水产品加工出口企业始终把产品质量作为企业的生命线,不断加强企业内部管理,严格把好产品质量关,克服各种困难和国际技术壁垒,扩大出口。在寒灾和国际金融危机的双层影响下,海南省水产品加工出口仍然保持持续快速增长的势头。据海南出入境检验检疫局统计,海南省2008年水产品出口量和出口额分别为12.6万吨和4.9亿美元,同比分别增长20.1%和34.35%。

【渔业科技与培训】 2008年,海南省实施科技兴渔战略,不断提升渔业科技水平,坚持把科技进步作为渔业结构调整、转变增长方式的中心环节,重点在良种工程、健康养殖等方面组织攻关,渔业科技研究取得新进展。

(1)组织实施《近岸新型网箱研制及鱼类无公害健康养殖技术集成与示范》、《海南后水湾抗风浪深水网箱养殖产业化基地建设》、《西、中、南沙群岛上中层鱼类调查》、《后备养殖优良新品种选育》等一批国家和省级重点科研项目,积极参与“对虾养殖管理信息系统研究与建立”、“南海区主要海水养殖种类种质保存与评价技术”等国家层面的科技协作和攻关项目。海南省科研院所与中国科学院海洋研究所等单位联合申报的“凡纳滨对虾引种、育苗、养殖技术及应用”项目荣获2008年国家科技进步二等奖;“石斑鱼遗传多样性及其种质评价技术研究”获省科技进步奖一等奖。

(2)围绕渔业产业发展和渔民需求开展科技服务。根据海南省第四届科技活动月组织方案,积极组织渔业科研单位参与科技活动月各项科技服务活动。在科技活动月期间,派出多名科研人员深入基层开展科技培训、咨询活动,为渔民提供技术指导,发放技术资料5 000多份。

(3)大力推广南美白对虾、方斑东风螺、石斑鱼、卵形鲳鲹等健康养殖技术。组织科研、技术推广部门新制定省级水产地方标准3项。积极推进罗非鱼、南美白对虾、石斑鱼等优良品种健康养殖标准化基地建设。

(4)通过集中办班和分散授课相结合的方式,举办水产健康养殖培训班,全年办班50多次,共培训渔民5 000人(次),发放各种技术材料2万多份。

【渔业基础设施建设】

(1)渔港项目。新村中心渔港已于2008年11月18日全面竣工;潭门中心渔港、八所中心渔港、海尾一级渔港建设进展情况顺利。

(2)原(良)种场项目。2008年在建良种场项目4个,其中海南方斑东风螺良种场建设于9月完成竣工验收;海南斑节对虾原种场生产设施已建成投产,生产、生活管理用房及实验室建设工作已启动;文昌罗非鱼良种场建设进展顺利;国家级南美白对虾遗传育种中心项目的初步设计工作已通过专家评审。

(3)2005年立项建设的第一批文昌等7个县级水生动物疫病防治站除临高县外,其余6个已完成竣工验收并投入使用,临高站也已完成建设任务,将于近期进行竣工验收。2008年第二批东方等6市(县)防治站建设工作按程序顺利推进。

(4)新渔村渔港项目。琼海青葛新渔村渔港、文昌铺渔新渔村渔港建设已竣工;临高抱才新渔村渔港建设工作已全部完成。

(5)省海监总队海监船已于6月16日交付使用。东方渔政执法快艇、洋浦渔政执法快艇政府采购工作完成,正在建造中。琼海渔政执法快艇已完成初步设计审核和批复,正进行政府采购。

【水产品质量安全管理】 2008年,在全球金融危机和寒灾之年的双层压力下,海南省水产品加工出口仍然保持持续快速发展,水产品质量安全进一步加强,水产品检验检测合格率99%。海南省水产品质量安全仍然居于全国之前列。

(1)开展水产品药物残留监测。按照农业部的部署和要求,在全省15个市(县)开展水产品药物残留监督抽查,在7次抽查中共抽取水产品样品320个,其中对虾151个,罗非鱼153个,鲷科鱼类16个,送农业部指定的检验单位检测,检测结果合格率99%。

(2)开展无公害水产品产地认定与产品认证工作。海南省海洋与渔业厅在临高、昌江、文昌、定安4个市(县)进行了14个水产养殖基地无公害产地认定,有6个无公害产地认定的基地的金鲳鱼、东风螺、南美白对虾、斑节对虾产品通过农业部无公害产品认证。

(3)开展水产品质量安全监管工作。一是为确保海南省水产养殖业健康发展和水产品质量安全,海南省海洋与渔业厅下发了《关于加强水产养殖投入品监管的通知》,要求各市(县)加强水产养殖投入品的监管,特别是对渔药、饲料等水产养殖投入品的监管;二是为加强海南省对供京助奥水产品质量安全监管工作,海南省海洋与渔业厅召开了供京助奥水产品质量安全监管工作会议,传达农业部有关对供京助奥水产品质量安全监管工作精神,对供京助奥水产品质量安全监管进行工作部署;三是为农业部渔业局积极应对美国议会听证会关注我国海产品质量安全一事提供材料,向农业部渔业局报送海南省近3年来在加强水产品质量安全管理方面采取的措施及取得的成效的情况。

(4)开展水产品质量安全专项执法检查。海南省海洋与渔业厅分别在7月和8月组织了两次水产品质量安全执法行动,对7个重点市(县)的养殖场进行检查,并现场检查了罗非鱼、对虾、石斑鱼等25个养殖基地。

(5)开展水产品质量安全培训。在9月底和10月初分别在陵水县和儋州市举办两期水产品质量安全培训班,培训养殖人员200多人。

【渔业环境与资源保护】

(1)抓好伏季休渔管理。2008年海洋伏季休渔制度继续得到较为全面、有效的贯彻执行,伏季休渔的管理得到进一步加强。一是认真抓好休渔前的组织落实。重点落实应休渔船数,保证了海南省4 262艘应休渔船按规定实施休渔。实现了船进港、网封存、人上岸的休渔管理目标。二是强化休渔的执法管理,维护休渔秩序。休渔期间,沿海市(县)渔政执法部门,采取"海上巡、港口封、市场查、路上拦"等办法,加大执法监管力度,并实行24小时轮流值班监控制度。全省共出动渔政执法船艇456艘(次),检查渔船1 110艘(次),处理违规作业渔船61艘,有效地遏制了违规捕捞现象。

(2)渔业增殖放流。2008年,全省共投入资金60多万元,分别在海南省省临高海域投放30万尾的红笛鲷鱼苗和50万尾的鳍笛鲷等珍贵苗种;在三亚梅山海域投放鳍笛鲷苗10万尾,扇贝20万粒,大株母贝(白蝶贝)苗种10万粒。

(3)渔业资源保护执法。一是在全省范围内组织开展打击非法经营利用水生野生动物专项执法行动,全年参加专项执法行动检查的执法人员572人(次),检查各类场所121处,查获非法经营国家重点保护水生野生动物及其制品10家,没收活体珊瑚28千克、活体花鳗鲡19尾、绿海龟18只、玳瑁1只,玳瑁标本6个,冠螺制品165个,虎斑宝贝67个。二是针对鳄鱼养殖管理中出现的问题,以省渔业监察总队为主要执法力量,配合相关市(县)渔政部门,对鳄鱼养殖场进行了执法检查。三是与农业部联合举行为期3个月的以"珍爱海龟、保护海洋"为主题的南海保护海龟专项执法行动,联合边防海警,加大海上巡查力度,严厉查处非法捕捉海龟的不法行为。与此同时,组织渔政执法人员,对有重大嫌疑的酒楼、渔船等进行突击检查,查处没收海龟12只,并放归大海。四是组建省水生野生动物救护中心,购置一批专业救护船及医疗设备等救护器具;配有专门水野生动物驯养专业人员和兽医师,并开展对濒危物种的救护。成功救护搁浅的江豚2头,鲸鱼3头,绿海龟和玳瑁各4只。处理搁浅死亡的海豚、儒艮和鲸鱼5头,其中,1头儒艮由海南师范大学生物多样性博物馆制作标本,4头由省水生野生动物救护中心就地掩埋,待后制作标本。五是积极推进水生资源自然保护区建设。按照农业部的有关要求,组织相关科研单位专家,组成科考组,对西沙群岛海域的东岛周边海域进行水生资源调查,并在此基础上,组织申报了"西沙东岛热带海珍品种国家级水产种质资源保护区"项目,并获农业部批准建立。六是组织开展"护渔2008"渔业专项执法行动。全省共出动渔政执法船(艇)共164艘(次),渔政执法人员1 513人(次),检查海洋捕捞渔船10 000艘(次),查处违规渔船123艘。

(4)渔业水域环境保护。一是开展渔业水域环境监测工作。2008年,对文昌市清澜湾重点增养殖区、陵水县新村港鱼类、藻类重点养殖区、琼海市博鳌万泉河口重点增养殖区、海口市东寨港贝类养殖区、花场湾海水养殖区、昌化近岸海域马鲛、鱿鱼等主要经济鱼类索饵场、洋浦湾金色小沙丁等鱼类产卵场索饵场和后水湾白蝶贝保护区等8个重点渔业水域实施环境监测。实施监测内容主要包括水文气象项目、水质监测项目、沉积物监测项目和生物质量监测项目等,实施监测的总面积约16 700公顷。共设置水质站位48个,沉积物监测18个,采集样品416个,获取现场调查数据400个,分析测试数据711个,完成监测报表17份。二是对陵水新村港赤潮监控区进行专项监测。监测总面积约为21.97平方公里,实施了6项水文气象、12项水质环境、2项赤潮生物等监测项目。三是加强对生态监控区的环境监测。实施了西沙群岛珊瑚礁生态监控区的监测,分别实施了文昌、琼海、万宁、陵水、三亚等12个生态监控区的两个航次的监测任务。采集水质样品458个、底质样品42个,获取现场观测数据325个、测试分析数据2 318个。四是实施对水产养殖业污染排污系数测算。分别开展了淡水罗非鱼养殖、石斑鱼网箱养殖、罗非鱼池塘养殖排污系数的3次监测工作,共设6个监测点,采取样本37个,获取有效监测数据196个,顺利完成外业采样和室内分析检测等工作。

【渔业安全生产管理】 2008年,按照“安全第一、预防为主、综合治理”的方针,加大渔业安全生产管理力度,进一步推进了渔业安全生产形势稳定,并逐步趋向好转。

(1)一是组织落实。省厅成立渔业安全生产领导机构,厅长亲自抓,分管副厅长具体抓,下设办公室负责日常工作,制定年度安全生产工作计划,研究部署安全生产措施,定期召开安全生产工作会议,分析事故规律与特点,指导市(县)安全生产。市(县)渔业部门相应成立机构,制订方案,精心组织,认真实施。二是责任落实。将安全生产责任制落实到市(县)、乡镇、村(居)委会、船东(船长),一级抓一级,一级对一级负责,形成横到边、纵到底的管理网络,做到人员到位,责任到位,措施到位。三是制度落实。制定了《加强未登记渔船管理规定》、《加强渔船跟帮生产管理制度》、《海南省渔业安全生产隐患排查治理工作实施方案》、《海南省渔业安全生产百日督察方案》等7个规章制度和方案,强化了安全管理,促进了渔业安全生产。

(2)宣传教育、增强意识。一是采取多渠道、多形式对渔民进行宣传,印制《渔船安全生产须知》、《渔业安全生产必读》手册6万本发给渔民。充分利用节假日、渔船停港、休渔期间出动宣传车,悬挂横幅,营造“注重安全、关爱生命”的氛围。二是抓教育。以重大事故案例进行警示教育,用通俗易懂的方式向渔民剖析海上易发事故的原因和预防方法。三是抓培训。针对部分渔民航海、避碰、渔船机电等业务技术差、素质低的状况,聘请有经验的船长、轮机长、渔港监督长及有关专家、学者深入渔村、渔港,采取集中授课、上船讲解、现场实操等形式,对渔民进行培训。全年共举办职务船员培训班78期,培训职务船员4 000多人,举办安全生产知识培训班95期,受训人员达25 000多人。

(3)突出重点、强化管理。认真贯彻落实海南省政府和农业部关于安全生产隐患排查治理的工作部署,结合海南实际,制定了《海南省渔业安全生产专项整治方案》和《海南省渔业安全生产隐患排查治理工作实施方案》,以开展安全生产百日督促检查专项行动为契机,推进渔业安全生产工作的不断深入。一是强化管理。针对渔船作业范围广、流动性大、生产组织化程度低、管理难的特点,儋州、临高、东方、琼海等市(县)设立乡村渔业安全生产协管员,明确职责,将渔船安全管理关口前移到乡镇、村、船,把安全生产责任制落实到每一艘船,每一个渔民。二是监督检查。在各港口以渔政、渔监、船检和边防派出所多方联动,通力合作,以“治理隐患、防范事故”为主题,开展安全生产隐患排查治理活动,对进出港的渔船逐艘检查。全年开展渔业安全生产联检活动386次,现场检查渔船4 657艘,发现隐患1 570项,发出整改通知书1 570份,对不适航的93艘渔船,责令停航处理。三是增加资金投入,维修渔港基础设施。各市(县)加强港口设施的维修保养,认真检查导航设备和停泊区、锚泊区,及时消除安全隐患。省渔业主管部门投入300万元,分别对临高、儋州、东方、陵水等7个市(县)渔港防浪堤、护岸堤等基础设施进行了维修养护。同时还投入60万元,维修保养沿海各港口航标26处。四是加大救生、消防等安全设备的配备,为各类渔船新配发了救生衣3 525件、救生圈837件和其他设备318件。

(4)落实预案、快速反应。一是制定《海南省渔业船舶水上突发事件应急处置预案》、《海南省渔业防风工作应急预案》等,明确职责,落实责任,建立了科学防控、快速反应体系。省、市(县)渔业部门坚持24小时值班制度,切实做到信息传递及时,内容准确,处理顺畅。第1号台风“浣熊”形成后,迅速启动《海南省渔船防风工作预案》,及时通知渔船进港防风。省海洋与渔业厅防风值班室接到在西沙北礁避风的琼海

01027 等 3 艘渔船的求救紧急情况，及时报告中国渔政指挥中心、海南省海上搜救中心等部门，并获得迅速救助。二是互联互动，完善机制。水上安全突发事件应急处置中，着重强化渔船自救互救能力建设，进一步完善渔业船舶海上安全突发事件应急救援保障体系。制定《加强渔船跟帮生产管理制度》，要求出海渔船都要跟帮生产，同帮渔船负有互助互救的责任。第 15 号热带风暴"米克拉"影响海南，琼儋州 06039 号渔船在北部湾海域作业机器发生故障失去动力，当时海面风力6 ~7 级，阵风 8 级，船上 12 名渔民情况危急。同帮生产的琼儋州 06054 号渔船、琼儋州 06071 号渔船接到求救信息后，顶着狂风巨浪前往救助，把遇险渔船及船员安全拖回八所港。据统计，2008 年全省跟帮生产渔船海难自救互救 47 起，成功救助 266 人，分别占救助总起数、总人数的 61% 和 68%，挽回经济损失 1 236 万元。

【重点渔业市(县)基本情况】

海南省重点渔业市(县)基本情况

市(县)	总人口(万人)	渔业总产值(万元)	水产品总产量(吨)	其　中			养殖面积(公顷)	
				海洋捕捞	海水养殖	内陆捕捞	海水	内陆
临高县	35 614	332 920	323 602	327 741	25 330	835	1 268	1 337
儋州市	57 625	384 655	310 707	240 705	36 386	4 644	2 286	4 520
文昌市	29 575	202 755	145 067	26 519	20 513	776	1 355	2 865
陵水县	14 625	73 069	75 342	64 3148	310	83	460	214
三亚市	17 108	131 515	73 814	61 812	8 070	278	888	570
琼海市	10 923	115 105	72 926	39 310	5 763	2 434	516	2 344
昌江县	3 799	42 799	50 438	39 240	4 795	2 664	298	755
海口市	15 498	165 556	49 230	18 305	13 423	875	1 809	3 085
万宁市	18 765	86 941	49 130	20 081	17 723	1 066	1 143	1 495
澄迈县	9 281	85 207	44 586	28 483	7 313	1 025	608	1 372

【大记事】

[1]3 月 13 日，《海口市海域使用招标拍卖挂牌出让管理暂行办法》获海口市政府第 19 次常务会议审议并通过。该办法明确了海口市管辖海域的海域使用权可通过招标、拍卖或挂牌的方式出让，同时规定了出让海域使用权的具体操作方法、实施主体等内容。

[2]3 月 31 日下午，全省海洋与渔业工作会议在三亚市召开。会议的主要任务是深入贯彻落实中央农村工作会议、全国海洋厅(局)长会议和全省农村工作会议精神，总结 2007 年工作，研究加强海南省海洋与渔业管理、加快发展现代海洋渔业的思路和重点，部署 2008 年的工作。

[3]4 月 11 日下午，海南省海洋与渔业厅召开会议，研究部署在全系统范围内开展解放思想大讨论，大兴调查研究之风。并于 4 月 15 日下发了《海南省海洋与渔业厅关于开展 2008 年调研工作的通知》，着手开展重点课题调研。

[4]5 月 1 日，政策性渔业保险中央财政保费补贴在海南省开始实施。政策性渔业保险中央财政保费补贴将海南省列为试点省份，试点补贴的时间从 5 月 1 日起至 12 月 31 日止。

[5]5 月 14 日下午，举行支援灾区奉献爱心捐款仪式。参与捐款的厅直属各单位、厅机关在职职工和离退休人员 346 人共捐款 84 620 元。另有一名不留名的热心群众捐赠 1 000 元。

[6]5 月 12 日，海南省水生野生动物救护中心在海口正式挂牌。省水生野生动物救护中心以海口市金牛岭动物园为主体组建，属非营利性质的公益性建设项目，也是政府指定的水生野生动物保护专门机构。

[7]6 月 16 日上午，中国海监海南省总队在海口新港举行隆重的交接仪式，中国海监 2115 船交付使用。中国海监 2115 船是目前海南省最大的一艘海监执法船，该船的投入使用，将极大地提升近海海域的监管能力。

[8]6 月 25 日下午，在临高县新盈镇开展渔业资源增殖放流活动，共投放新盈港海域的鱼苗包括 50 万尾的红鳍笛鲷苗和 30 万尾的紫红笛鲷苗，体长约有 5 ~6 厘米。

[9]7 月 11 日，贯彻省委五届三次会议精神加快发展海洋经济专家座谈会在海口举行。来自省委政策研究室、省委党校、南海研究院、海南大学等单位的 15 名专家、学者出席了座谈会。

[10]7月18日,是我国首个"海洋宣传日"。全省12个沿海市(县)积极开展"海洋宣传日"的宣传活动。此次活动的主会场设在三亚市,在三亚市的大东海广场沙滩举行了开幕式,并进行了多种宣传活动。开幕式后,三亚市组织了蓝丝带海洋保护协会的会员单位进行了精彩的蓝丝带海洋运动会。

[11]7月31日,《海南省海洋环境保护规定》在海南省四届人大常委会第四次会议上高票获得通过,于2008年10月1日起正式施行。

[12]9月17—18日,在海口举办了全省海洋与渔业系统行政管理权限下放培训班。沿海各市(县)海洋与渔业局局长、分管副局长、分管领导、具体负责有关行政管理事项的同志约100人参加了培训。

[13]9月19日,由农业部南海渔政渔港监督管理局、省海洋与渔业厅、琼海市人民政府联合举办的以"珍爱海龟保护海洋"为主题的2008年南沙保护海龟专项行动动员大会暨启动仪式在琼海市潭门镇举行,正式拉开为期3个月的南海保护海龟专项行动的帷幕。

[14]11月3日,《海南省海洋渔船安全生产管理规定》经五届海南省人民政府第十七次常务会议审议通过,将于12月1日起施行。

[15]11月20日,海南省水产研究所成立50周年庆典在海口举行。省水产研究所建于1958年,50年来,该所立足独特的热带海洋资源优势,以科技创新和体制创新为动力,积极开展科学实验、转化成果和科技服务,先后承担了国家科技支撑、"863"计划、星火计划、现代农业项目及省重大科研项目100多项,取得了丰硕的科研成果。建省以来,该所先后获得36项科研成果和奖项,其中国家成果7项、省(部)级一等奖7项,并造就了一支具有较强创新能力的科技人才队伍,为海南水产业的迅猛发展做出了应有的贡献。

[16]11月16日、17日,2艘大型钢质渔船琼洋浦16027号和琼洋浦16028号先后在儋州天正船舶制造有限公司竣工下水。这2艘渔船由洋浦海业捕捞公司订造,是海南省民营船舶制造厂建成的吨位最大的钢质捕捞渔船。在儋州天正船舶制造有限公司发展成功的典型带动下,2008年又有三亚南海渔村造船厂等2家船厂获得了农业部与国家渔业船舶检验局建造钢质渔船的资格认证。

(海南省海洋与渔业厅 林 云)

重庆市渔业

【概况】 2008年,按照发展"四大渔业"(池塘、生态、土著渔业和观赏休闲渔业)、抓好"三大安全"的思路,加快转变渔业发展方式,继续推进水产健康养殖,战胜了冰冻雪雨灾害和地震灾害,全市渔业工作取得良好成绩。水产品总产量达到19.06万吨,比上年增加0.53万吨,增长2.86%;渔业总产值37.01亿元,比上年32.99亿元增加4.02亿元,增长12.19%;渔民人均纯收入5 218元,比上年4 917元增加301元,增长6.12%。圆满实现了渔业增产增效,渔民增收致富的工作目标。

2008年全市渔业发展的主要成就和特点是:"四大渔业"得到进一步发展;实施健康养殖行动取得明显成效;支持渔业发展的政策全面落实;水产品质量安全监管持续加强;渔业资源养护力度加大;渔业生产安全形势稳定。

全市渔业发展面临的主要问题是:投入水平仍然较低;基础设施较为薄弱;管理和服务能力有待提高;四是苗种质量严重制约生产发展;五是渔业安全生产形势依然严峻。

【淡水养殖业】 2008年淡水养殖产量18.07万吨,比上年增长3.02%;养殖面积49 386公顷,比上年增长32.97%。生产鱼苗54.92亿尾,比上年增长10.15%;生产鱼种46 091吨,比上年增长1.87%;投放鱼种51 447吨,比上年增长3.75%。

淡水养殖业发展的主要特点:一是池塘渔业持续发展。全市专业池塘养殖面积达到14 467公顷,同比增长10.2%,其中新增3.33公顷以上规模化池塘养殖大户200户,面积667公顷,全市3.33公顷以上的池塘规模化养殖总户数达到1 650户,水面7 333公顷;推广池塘"一改五化"成套技术1 467公顷,平均每公顷产鱼13.8吨,接近预期发展目标。二是生态渔业取得突破。全面取缔水库投饵施肥养鱼,推广大水面生态养殖技术7 667公顷;反复调研,争取支持,市政府分两次下拨450万元启动了铜梁冬水田泥鳅养殖示范和开县汉丰湖流域生态渔业基地建设项目,酝酿已久的冬水田水域生态开发和三峡水库特大水面综合开发课题开始破题。三是土著渔业和特色水产开发进展明显。黄颡鱼原种场建设项目已获农业部批准,裂腹鱼原种场建设项目也被列入农业部近期投资项目,土著泥鳅人工繁殖技术研究也有望纳入重庆市科技攻关项目;在南川等地建立冷水性鱼类流水养殖示范基地8.67公顷,裂腹鱼、三文鱼等冷水鱼类成鱼和苗种生产能力大幅提高;武隆、万州大鲵繁殖已突破难关,获苗种6 500尾,万州区胭吻鲟繁殖鱼苗28.8万尾,受精率、孵化率、暂养成活率均在98%以上。四是观赏休闲渔业稳步推进。全市观赏鱼产量4 656万尾,比上年4 338万尾增长9.32%。在南岸、沙坪坝、九龙坡等主城郊区建成相对集中成片的观赏鱼养殖示范基地33.33公顷,养殖品种涵盖了三大系列42个品种,完成年度工作目标;观赏鱼产业点、线、面协调发展,与休闲渔业有机结合,南岸区养殖面积达143.33公顷,年产观赏鱼2 300多万尾,成为该区农业的特色和主导产业之一。

【水产健康养殖行动】 2008年,实施水产健康养殖行动取得明显成效。16个渔业重点区县完成县级以上规划初稿的编撰。7个单位获得农业部示范场称号,比上一年增加6个。实施了4个水产原(良)种工程建设项目,对开县鱼种站申报市级水产良种场进行了资格验收。编制了水产健康养殖技术资料,开展了市、县、乡三级联动技术培训,组织了部分区(县)到江苏、浙江考察学习泥鳅养殖和大水面开发利用。全市共开展科技赶场活动71次,现场技术咨询3万多人(次),印发技术资料3.2万多份。在渔业重点区(县),主推了6个主导品种和2项实用技术,示范面积达2 000多公顷,科技入户率达90%以上,示范户水产品产量和收入比前三年提高10%以上。

【支渔惠渔政策】 2008年,共争取落实渔业投入3 300万元,其中水产养殖规模化补助770万元、渔用柴油补贴1 340万元。严格按照财政部、农业部和市政府有关文件精神和要求,结合实际,与财政部门积极协调,广泛征求意见,制订了实施方案。在补贴审核、领取和发放过程中坚持“两公开”、“四公示”,采取直补方式兑现到渔民和渔业企业;探索实行了对水产养殖大户给予燃油补贴的政策。

【水产品质量安全管理】 采取多种形式加强宣传指导,提高广大渔民食品安全意识。加强重大水生动物疫病监控工作,完成10个县级水生动物疫病防治站建设,对10个区县实验室人员进行了基本技能培训;在全市30个区(县)开展渔业病害测报工作,建立了测报站30个、测报点289个,测报面积9 600公顷;检疫水生动物及其产品4.9万吨,水产苗种1.3亿尾。组织开展市场水产品重金属污染和药物残留监测,市级例行抽检8批(次)120个样品,全部符合无公害水产品标准;配合农业部药物残留专项抽检共12批(次)364个样品,产地抽检全部合格,市场抽检氯霉素合格率为100%,孔雀石绿合格率为91.25%,硝基呋喃合格率为95%。组织开展水产养殖执法行动,共出动检查人员418人(次),检查生产单位176家。

【渔业资源养护】 一是认真开展水生生物资源增殖放流工作。全年共投入资金618.6万元,投放各类鱼种2 832.7万尾(其中胭脂鱼种苗8.5万尾)。放流总量与2007年基本持平,规格5厘米以上鱼种占了放流总量的90%以上,增加近1/3。二是继续强化禁渔管理。市政府办公厅下发了通知,首次在市政府层面对全市天然水域春季禁渔工作提出要求。全市各级财政共投入禁渔专项经费35.7万元,有9 720人(次)执法人员参加禁渔检查,基本实现了禁渔目标。三是继续推动水生生物保护区工作。长江上游珍稀特有鱼类国家级自然保护区管理机构经编制部门审批成立,基本完成了项目建设任务。北碚胭脂鱼和酉阳大鲵自然保护区建设即将竣工。长江重庆段“四大家鱼”国家级水产种质资源保护区项目申报成功。四是渔业水域生态保护与环境治理得到加强。全年投入资金近100万元,实施了长江5个涉渔工程的渔业资源修复工作。积极介入7个涉渔工程水生生态环评项目,落实资源补偿资金500余万元。对嘉陵江和乌江干流重庆段河道采砂规划提出的修改意见得到采纳。小江水体富营养化生物治理鱼类增殖放流示范项目纳入三峡工程生态环境建设与保护试点示范专项计划方案,投资规模由180万元增加到860万元。全面禁止在生活用水水域和水源保护区内投饵、施肥养鱼,取缔了三峡水库投饵性网箱养殖。

【渔业生产安全管理】 一是严格落实渔业船舶安全责任。与每个区县签订了安全生产目标责任书;与416个乡镇续签了执法委托书,充分发挥乡镇的日常管理和执法作用。二是抓从业人员教育培训。启动了《重庆市渔业船舶船员培训教材》编写工作;选调区(县)执法人员组织开展交叉执法大检查;召开了渔业船员培训考试现场会,交流学习工作经验和方法。加强了对重点水域、重点时段和重点对象的安全生产专题教育。三是广泛推行标准船型。严格按照国家规定实施检验,对违规修造的船舶一律不受理检验申请,确保新修建船舶符合标准化要求;积极探索小型渔业船舶修造企业管理措施,加大工厂认可和管理力度,严禁无图施工造船,严禁无资质修造渔业船舶。四是稳步推进保险工作。按照“政策支持、市场运作,投保自愿、退保自由,区别对待、稳步推进”的原则和“宣传动员、先易后难、区别对待、先启动后完善”的工作步骤,积极争取财政补贴，初步建立了符合渔民需要的保险制度，增强渔民风险化解能力。五是继续深化隐患整治。组织17个检查组，对全市40个区（县）进行了拉网式全面检查，排查治理事故隐患148处；组织开展了6次安全大检查，强化了重点时段的监督管理；对有效渔业船舶和渔民进行了普查登记，对"三无渔船"、"四无船员"进行了清理整顿，强化了渔业船舶牌照、船员档案管理和重点水域日常监管。六是推进渔业防灾减灾。面对冰冻雪雨灾害和地震灾害，及时制定落实抗灾救灾管理和技术措施，争取救灾资金230万元直补水产养殖大户。2008年，全市落实渔业安全生产管理专项经费136万元，共培训执法人员281人（次）、渔民12 381人（次），推荐使用渔业标准船型108艘，参加保险渔民8 371人。全年无较大及以上事故发生，仅发生一般事故3起，死亡4人，占全年控制指标的67%，完成了市政府安全生产目标任务。

【重点渔业市（县）基本情况】

重庆市重点渔业区（县）基本情况

区（县）	总人口（万人）	渔业总产值（万元）	总产量（吨）	其中		养殖面积（公顷）
				捕捞	养殖	
江津区	72 111	18 613	13 048	825	12 223	2 535
合川区	57 000	23 555	12 745	300	12 445	2 432
巴南区	11 673	19 410	11 363	858	10 505	1 273
永川区	43 775	49 300	10 538	281	10 257	3 642
万州区	38 351	19 386	10 396	310	10 086	2 830
长寿区	8 160	17 096	9 598	370	9 228	7 553
铜梁县	38 510	13 025	9 049	917	8 132	1 923
涪陵区	30 000	13 764	8 870	668	8 202	2 542
大足县	6 542	14 725	8 538	12	8 526	1 563
璧山县	9 651	12 535	8 299	102	8 197	2 041

【大事记】

[1]1月29日，重庆市人民政府办公厅下发通知（[2008]25号），首次在市政府层面对全市天然水域春季禁渔工作提出要求。

[2]2月27日，重庆市财政局以渝财农[2008]25号文下拨冰冻雪雨灾害渔业救灾资金200万元，主要用于受灾养殖大户补种和购买亲鱼。

[3]3月11日，重庆市渔业工作会议在渝通宾馆召开，会议明确了发展"四大渔业"、抓好"三大安全"的工作思路。

[4]3月23—26日，东海渔政局副局长马毅率长江禁渔检查组来渝检查长江禁渔工作。

[5]5月19日，重庆市财政局以渝财农[2008]141号文下拨渔业规模化养殖补助资金775万元。

[6]9月22日、10月13日、10月14日，重庆市委常委、副市长马正其先后对《重庆市农业委员会关于在铜梁县开展冬水田养鱼示范项目的请示》、《重庆市农业委员会关于加快重庆市渔业发展的报告》（渝农文[2008]91号）、《重庆市农业委员会关于启动开县汉丰湖流域商品生态渔业基地建设项目的请示》做出重要批示。

[7]9月23—24日，重庆市渔政业务工作会议在开县召开。

[8]9月24—25日，重庆市农业委员会副主任吴纯率队考察学习四川省渔业发展的成功经验。

[9]10月22日，重庆市农业委员会在市渔政渔港监督管理处召开渔业船舶安全生产专题座谈会。

[10]10月25日，美国鱼类和野生动物管理局考察团一行9人到重庆市万州区水产研究所考察交流。

[11]11月3日，重庆市农业委员会以渝农发[2008]556号文宣布成立重庆市水产良种场审定委员会。

[12]11月7—9日重庆市农业委员会副主任吴纯率队参加2008中国（厦门）国际休闲渔业博览会暨高层论坛。

[13]11月16日，中国水产学会纪念科协成立50周年暨中国科协首届会员日活动在西南大学荣昌校区隆重举行。

[14]11月17日，重庆市2008年渔业统计暨渔用柴油补贴工作会在渝通宾馆召开。

[15]12月12日，重庆市水产学会第三次会员代表大会暨2008年学术年会重庆蓝箭宾馆召开。

[16]12月26日，重庆市农业委员会副主任吴纯出席《重庆市开县商品生态渔业基地建设规划》座谈会。

（重庆市农业委员会渔业发展处　吴中华）

四 川 省 渔 业

【概况】 2008 年,全省水产行业深入贯彻落实科学发展观,紧紧围绕发展现代渔业、促进农民增收、推进新农村建设,深入实施渔业"转变、拓展、提升"三大战略,大力推进水产优势产业带、龙头企业、市场加工和质量安全执法保障建设四大工程,努力营造水产发展良好氛围,着力推进支撑体系建设,迅速有效应对低温雨雪冰冻和汶川特大地震灾害,扎实抓好各项措施的落实,水产经济保持了平稳较快发展的良好势头。为保障水产品有效供给、繁荣农村经济、促进农民持续增收和推进新农村建设做出了积极的贡献。

2008 年,全省水产品产量再上新台阶,产量达到 130.34 万吨,比上年增产 9.1 万吨,增长 7.51%。全省人均水产品占有量达到 14.79 千克,比上年增加 0.89 千克。

全省渔业经济平稳快速发展,总产值达到 217.43 亿元,比上年增加 26.07 亿元,增长 13.62%。全省农民人均水产业收入 319.75 元,比上年人均增收 38.34 元,增长 13.62%。全省渔民人均实现纯收入 6 364 元,比上年增加 1 269 元,增长 24.91%。

【水产养殖】

(1)水产养殖面积稳步增加。2008 年,全省水产养殖面积达到 21. 62 万公顷(不含稻田养鱼面积),比 2007 年增加 0.36 万公顷,增长 1.69%。稻田养殖面积 31.65 万公顷,比 2007 年增加 0.52 万公顷,增长 1.67%。

(2)各类水产养殖产量继续保持增长态势。全省水产养殖产量达到 121.38 万吨,比 2007 年增产 8.43 万吨,增长 7.46%,占总产量的 93.13%。

(3)传统常规品种(青鱼、草鱼、鲢鳙和鲤鱼)产量持续增长,占总产量的比重略有上升,名优鱼养殖和特色渔业平稳发展,比重略有下降。2008 年常规品种产量 82.44 万吨。比上年增加 6.43 万吨,增长 8.46%,占总产量比重 63.25%,比上年增长 0.55 个百分点;名特优水产品产量 47.9 万吨,比上年增加 2.68 万吨,增长 5.93%,占总产量比重达到 36.75%,比上年下降 0.55 个百分点。

(4)苗种生产能力稳步增强。2008 年,全省生产水花鱼苗 142.08 亿尾,比上年增加 2.66 亿尾,增长 1.91%。鱼苗鱼种的省际进出渠道畅通,从省外引进苗种约 50 亿尾,向省外输出苗种约 20 亿尾,保证了全省养殖生产需求。

【水产科技】 全省上下大抓科技兴渔取得显著成绩,科技对水产经济发展的贡献率持续提升。2008 年,水产养殖平均单产每公顷达到 5 619 千克,比上年增长 5.77%。稻田养鱼平均每公顷达到 829 千克,比上年提高 78.37 千克,增长 10.44%。水产技术推广体系进一步健全,全省水产技术推广机构达 887 个。

【水产品质量安全】 一是加强抽检,严控不合格水产品上市。在全省水产品养殖生产基地、批发市场和农贸市场开展了 10 余次药物残留质量监督抽查,共抽检各类水产品样品 434 个,平均合格率为 96.54%,对 15 个抽检不合格样品进行了追溯查处,销毁不合格产品 376 千克。二是大力推进无公害水产品生产基地建设和无公害水产品认证。新增无公害水产品生产基地 22 个、无公害水产品 98 个,全省无公害水产品生产基地已达 188 个、面积 5 万多公顷,无公害水产品达到 425 个。三是加大了对水产生产投入品使用的监管力度,特别是"三鹿"奶粉事件后,及时开展了全省性水产饲料三聚氰胺专项大检查,抽取了通威饲料、凤凰饲料等渔饲料产品 61 个,通过检测未发现三聚氰胺。

【水产产业化】 2008 年,全省水产龙头企业达到 196 个,比上年增加 115 个。其中:国家级 2 个,省级 4 个,市(州)级 30 个,县(区)级 160 个。全省有水产学会、协会等各类专业合作经济组织 220 个,比 2007 年增加 11 个。水产品加工和流通服务业获得新发展,全年流通服务业产值达到 48.34 亿元,比上年增长 6.69%;水产品加工产值达到 1.03 亿元,增长 49.67%。

【渔业资源保护】 一是春季禁渔工作效果明显,宣传和监管力度进一步加强,最大限度地降低了违规捕捞、销售和经营野生鱼现象。禁渔期内,全省组织统一检查行动 2 074 人(次),查处案件 664 起,没收违禁捕捞、销售渔获物 12.7 吨,没收"三无"船只 47 艘,行政处罚 694 人,刑事处罚 4 人,罚款 38.43 万元。二是积极推进鱼类自然保护区和水产种质资源保护区建设。长江上游珍稀特有鱼类自然保护区项目建设进展顺利,各地申报经省政府批准建立 9 个水产种质资源保护区。三是大力开展人工增殖放流,全省各级共争取筹措放流资金 700 多万元,累计向大小江河放流鱼苗鱼种 1 亿多尾。四是水电建设项目及水下工程作业对渔业资源影响评价及补偿工作成效突出,落实补偿资金达 2 400 多万元。

【惠民行动】 深入落实惠农政策,在 53 个县(市、区)

开展了水产良种直补，总补助金额629万元，受益农户1.36万户，每户增收达到1 000元以上。在威远县、隆昌县等16个县（市、区）启动了新农村水产示范村建设，共计落实资金1 000万元，起到了示范和带动作用。大力推进水产健康养殖，积极开展创建农业部健康养殖示范场活动，宜宾县王场乡渔业协会等20家养殖单位获得“农业部水产健康养殖示范场”称号。实施农业部高技能人才“金蓝领计划”，培训993人，培训合格941人；职业技能培训472人（次），合格447人（次）；对19.5万人（次）的农渔民进行了渔业技术培训。

【“5·12”地震】 “5·12”汶川特大地震，四川渔业遭受前所未有的大灾难。职工住房、办公和生产用房被毁，人员伤亡，大量鱼池池埂断裂，池底开裂严重渗漏，引水渠垮塌、断裂或堵塞，大量成鱼、苗种和亲鱼死亡，尤其是沿龙门山一带的冷水性鱼类养殖和主要的苗种繁育基地遭受毁灭性灾难。据统计，四川渔业系统人员伤16人，死亡6人。水产养殖受灾面积3.32万公顷（其中受损鱼池1.1万多公顷，网箱损毁面积21.7公顷）。损失成鱼2.75万吨、苗种2 937吨。生产用房受损22.24万平方米，各级水产站和水生动物防疫检疫站办公设施受损2.12万平方米。渔业直接经济损失14.41亿元。

【重点渔业市（县）基本情况】

四川省重点渔业市（县、区）基本情况

市（区、县）	总人口（万人）	渔业总产值（万元）	水产品总产量（吨）	其中		养殖面积（公顷）
				养殖	捕捞	
简阳市	143.1	46 443	41 100	38 798	2 302	5 447
仁寿县	157.1	80 141	32 000	31 940	60	7 303
泸　县	106.6	35 828	30 252	28 875	1 377	3 089
东坡区	84.1	130 628	28 200	27 983	217	2 826
安岳县	156.1	28 603	26 835	22 685	4 150	6 151
武胜县	83.8	33 150	25 059	24 403	656	2 976
资中县	131.5	31 632	22 316	20 948	1 368	3 242
巴州区	133.3	26 037.71	21 175	19 495	1 680	4 400
东兴区	86.8	30 405	20 835	19 517	1 318	2 461
宣汉县	123.1	21 501	20 380	15 896	4 484	2 487

【大事记】

[1]1月7日，省水产局组织干部职工学习省委九届四次全会精神，就贯彻会议精神做出了部署。一是加强学习，深化学习，联系实际学习；二是认清形势，把握形势，努力适应新形势；三是立足落实，狠抓落实，扎实工作促落实。

[2]1月中旬开始，四川省遭受罕见低温雨雪冰冻灾害，造成水产养殖大面积受灾，经济损失严重。全省渔业受灾面积达1.2万公顷，死亡成鱼1.2万吨、鱼种3万多吨，12 560处渔业设施受到不同程度破坏，直接经济损失2.86亿元，对全年渔业生产造成了诸多不利影响。

[3]1月16日，雅安市的“雅鱼牌”，都江堰的“虹口三文鳟鱼牌”，资中县的“球溪河张妈鲶鱼牌”，成都凤凰饲料有限公司的“凤凰山牌”，成都芳草药业有限公司的“芳草牌”，成都科邦药业有限公司的“科邦牌”，成都三友药业有限公司的“TRINITY三友牌”、“三友好运宝牌”、“康复王牌”，四川巨星企业集团有限公司的“巨星牌”等十个品牌获“四川省农产品知名品牌”称号。

[4]1月16—28日，成都、自贡、遂宁、内江、南充、广安六市和部分县（区）纷纷通过召开会议、下发通知等形式，全面部署春季禁渔工作。

[5]1月21—23日，四川省102个无公害水产品通过农业部农产品质量安全中心渔业认证分中心无公害水产品认证核查组的认证审查。

[6]1月29日，四川省春季禁渔动员大会在成都召开，依法宣布2月1日至4月30日为全省天然水域禁渔期。省水利厅副厅长刘俊舫出席会议并作了动员讲话，省水产局局长卿足平，党委书记、副局长陈方元等和有关部门负责人，渔政执法人员80余人参加了会议。

[7]2月22日，四川省副省长张作哈在《四川省水产局关于雨雪冰冻灾害对水产养殖生产的影响及救灾

措施的报告》上作重要批示："灾情重，损失大，水产局主动应对，抗灾救灾工作富有成效，望继续抓紧抓好"。

[8]3月1日，甘孜州依照《四川省〈中华人民共和国渔业法〉实施办法》的规定，宣布3月1日至6月30日为禁渔期。州水利局成立了州天然水域禁渔工作领导小组，下发了《关于做好2008年全州天然水域春季禁渔管理工作的通知》，对禁渔工作作了具体部署。

[9]3月3日，四川省省委副书记李崇禧在省水利厅副厅长刘俊舫、省水产局局长卿足平《关于2007年全省水产发展情况和2008年全省水产工作安排的汇报》上作了重要批示："抓好水产工作，调整农业种养结构，促进农业产业化和农民增收，力争今年取得更好成绩"。

[10]3月3日，省水产局召开专题会议，对全省水产业低温雨雪冰冻灾后恢复重建工作做出了安排。一是要进一步深入灾区、深入实际，准确掌握受灾状况和水产养殖企业、农户的需求情况，科学制定灾后恢复重建工作方案，确保重建工作迅速、有序开展。二是要组织力量及时清点本地区可繁亲本和留存苗种数量，测算全年苗种需求情况，切实抓好种苗生产和调运工作。三是要充分发挥技术服务和指导作用，帮助水产养殖企业和农户解决恢复生产所面临的技术难题，协助受灾养殖户联系苗种、饲料、药物等物资，为开展正常生产提供支持和保障。四是要加强病害防控工作。

[11]3月12日，省水产局在成都举行长江上游珍稀鱼类国家级保护区管理机构执法车发放仪式。省水利厅副厅长刘俊舫，省水产局党委书记、副局长陈方元等出席发放仪式。此次，共配发执法车16辆。

[12]3月12日，大英县启动"保护母亲河·绿色郪江情"环保行动，并向郪江投放鲢、鳙、鲤、鲫、草鱼等鱼苗10万余尾。

[13]4月1日，农业部渔业环境及水产品质量监督检验测试中心(成都)通过农业部专家组的计量认证和扩项评审。

[14]4月8日，省水产局局长卿足平到成都市温江区观赏鱼基地调研。他要求温江区抓住机遇，发展以观赏鱼产业为主的特色渔业，做好规划，争取纳入本地政府现代农业建设的整体规划中去，提升观赏鱼产业的规模和档次，在新品种的引进、培育、农民技术培训、市场开拓上下功夫，以增加农民收入。

[15]4月8日，自贡市在城区釜溪河段举行鱼类人工增殖放流活动，共放流大规格花白鲢、草鱼、鲤鱼、鲫鱼10万尾。

[16]4月22日，由农业部主办，省水利厅及省水产局等承办的"四川省2008年珍稀特有及经济鱼类增殖放流仪式"在长江宜宾市合江门段举行。这次放流，共筹措资金100多万元，向长江投放国家一级保护水生野生动物达氏鲟1万尾、国家二级保护水生野生动物胭脂鱼1万尾、长江上游特有鱼类12.45万尾及各类经济鱼类近300万尾。省人大农委副主任王书斌、省水利厅副厅长刘俊舫、宜宾市政府副市长王剑明等领导出席仪式并讲话。

[17]4月23日，全省水产工作会议在成都召开。四川省副省长张作哈出席会议并作重要讲话。他指出，推进农业现代化是落实省委九届四次全会关于建设西部经济发展高地重大战略部署的重要举措，发展现代渔业，是推进农业现代化的重要内容。他强调：一是必须加快水产经济发展；二是必须加快水产产业化进程；三是必须加强现代渔业支撑体系建设；四是加强对水产工作的组织领导，加大对水产投入，做好宣传引导，落实各项有效措施，促进水产业又好又快发展。会议由省水利厅厅长冷刚主持，副厅长刘俊舫代表厅党组讲话，强调以科学规划为龙头，以项目为支撑，以创新体制机制为动力，以整合资源为突破口，以改善民生为落脚点，加快水产发展。省水产局局长卿足平作工作报告。会议总结了2007年工作，部署了2008年工作。

[18]4月25日，由德阳市、德阳市旌阳区两级人民政府主办，德阳市、旌阳区两级水利局承办的天然水域人工增殖放流仪式在旌阳区双东镇凯江通江段举行。此次向凯江河投放鲤鱼、鲫鱼、鲢鱼、鳙鱼、武昌鱼、大口鲶、花骨鱼等鱼苗、鱼种200余万尾。

[19]4月29日，"2008年农业部渔业科技入户示范工程"在威远县正式启动。

[20]5月12日，四川省汶川县发生里氏8.0级特大地震，对成都、德阳、绵阳、广元等地渔业生产及基础设施造成重大损失。省水产局召开紧急会议，成立以局长卿足平为组长，分管副局长为副组长，各有关部门负责人为成员的渔业抗震救灾领导小组，迅速应对地震灾害，指挥和部署全省渔业抗震救灾工作。

[21]5月13日，省水产局召开第二次抗震救灾工作会议，就做好灾区和局机关抗震救灾工作进行安排部署，并下发《关于做好渔业抗震救灾工作的紧急通知》。

[22]5月19日，省水产局召开第三次抗震救灾工作会议，传达上级指示精神，通报并部署渔业抗震救灾工作。会议指出：一是加强领导，落实责任，全力以赴

做好抗震救灾工作;二是明确任务,突出重点,全力做好灾情汇报和支援灾区工作;三是振奋精神,服从大局,努力做好本职工作。

[23]5月28日,乐山市水利局在五通桥区、沙湾区、井研县、沐川县、夹江县等5县(区)同步举行2008年鱼类人工增殖放流活动。此次放流品种有胭脂鱼、大口鲢、黄颡鱼、中华倒刺鲃、江团、草鱼、鲫鱼等,共计280余万尾,价值50余万元。省水产局党委书记、副局长陈方元出席放流活动并作了讲话。

[24]5月29日,省水产局局长卿足平向省发改委、财政厅、水利厅领导专题汇报了全省渔业抗震救灾工作情况和灾后恢复重建方案编制及落实情况。与会领导对全省渔业抗震救灾工作给予了充分肯定,并表示将会按照有关政策和要求给予积极支持,促进生产尽快恢复和发展。

[25]5月29日,省水产局召开专题会议,研究落实中央财政下拨的死鱼无害化处理和疫情防治补助金。这次中央财政一次性下拨四川死亡鱼类消毒无害化处理和疫情防治补助资金950万元,专项用于死亡鱼类消毒无害化处理所需的消毒药品、卫生防疫设备和喷雾器等。

[26]5月30日,省水产局召开渔业灾后恢复重建工作座谈会。省水利厅副厅长刘俊舫,省水产局局长卿足平出席座谈会并讲话。省水产局领导及有关部门负责人,成都、德阳、绵阳、广元市水产渔政部门负责人,灾区重点渔业企业负责人参加会议并发言。

[27]6月1日,农业部总经济师、发展计划司司长杨坚率领农业部抗震救灾前线工作组到德阳市调研指导农业抗震救灾工作。

[28]6月6—7日,农业部渔业局副局长陈毅德带队到四川,在省水利厅副厅长刘俊舫、省水产局局长卿足平、副局长何强等领导的陪同下调研渔业抗震救灾和灾后恢复重建工作。

[29]6月20日,“5·12”汶川特大地震灾害情况经反复核实确定:全省水产系统人员伤16人,死亡6人;水产养殖受灾面积3.32万公顷(其中受损鱼池1.1万多公顷,网箱损毁面积21.7公顷),损失成鱼2.75万吨,鱼种2 937吨,生产用房受损22.24万平方米,各级水产站和水生动物防疫检疫站办公设施受损2.12万平方米,渔业直接经济损失14.4亿元。

[30]6月23日,农业部公布第三批全国渔业文明执法窗口单位名单。绵阳市渔政管理站、新津县渔政管理站被农业部命名为“全国渔业文明执法窗口单位”。

[31]6月27日,省水产局在成都召开地震灾害死鱼无害化处理工作座谈会。会议要求,要继续做好死鱼无害化处理工作,对原已进行无害化处理的地方再进行一次拉网式的检查,对发现的隐患和新的死鱼,要及时进行处置;继续加强对渔场、无害化处理现场、鱼池和水体的消毒工作,确保不发生疫情和水域污染;高度重视,确保死鱼无害化处理资金专款专用,强化审计监督,严禁挤占或挪作他用。

[32]7月9日,四川省政府以川府函[2008]174号文批准建立巴中市巴州区恩阳河中华鳖、通江县大通江岩原鲤、南江县焦家河重口裂腹鱼、大英县郪江黄颡鱼、盐亭县梓江鳜鱼、广安市广安区渠江黄颡鱼白甲鱼、武胜县嘉陵江岩原鲤中华倒刺鲃、冕宁县雅砻江鲈鲤长丝裂腹鱼、炉霍县阿拉沟高原冷水性鱼类等9处省级水产种质资源保护区。

[33]7月11日,省水产局召开上半年工作总结暨下半年工作安排布置会议。会议要求,坚持一手抓抗震救灾、一手抓水产经济发展,把灾后恢复重建与发展水产经济紧密结合,精心组织,实施好下半年各项工作,确保大灾之年渔业经济平稳发展。

[34]7月18日,成都谭鱼头首家海外分店在新加坡开业,标志着谭鱼头实施全球营运战略正式启动。

[35]7月20日,大英县举行涪江人工增殖放流活动,共向涪江放流草鱼、鲢鱼、鳙鱼、黄颡鱼等鱼种500余万尾,价值25余万元。

[36]7月21日,南充市西充县、达州市大竹县普降暴雨,平均降雨量分别达到170厘米和145.6厘米,引发河水陡涨、塘库漫堤、山洪暴发、稻田淹没,致使渔业生产大面积受灾。

[37]7月22日,省外专局授予四川都江堰虹口三文鳟产业开发有限公司鲑鳟鱼繁育养殖基地、成都日兴特种水产试验中心鲟鱼良种繁育养殖基地、内江市水产良种场鱼苗培育及高产高效养殖基地为四川省引进国外智力成果示范推广基地。

[38]7月25日,由省水产局和攀枝花市人民政府组织的以“依法保护水生生物、造福子孙后代”为主题的“攀枝花市2008年度水生生物资源养护行动暨天然水域渔业资源增殖放流启动仪式”在二滩水库米易码头举行。共放流鲢、鳙、草、鲤、鲫、南方大口鲶、裂腹鱼等7个品种,总计334.2万尾。

[39]8月1日,平昌县举行鱼类人工增殖放流活动,共投放20万尾价值8万元的鱼种,主要品种有鲤鱼、草鱼、湘云鲫等。

[40]8月22日,万源市2008年度人工增殖放流

活动在肖口河流域和后河流域举行。共放流鲤、鲫、大口鲶、草鱼等鱼苗18余万尾。

[41]9月4日,省水产局派工作组深入到攀枝花市了解"8·30"地震渔业灾情,慰问受灾群众,指导渔业抗震救灾工作。

[42]9月25日,由农业部、国务院三峡办主办,四川省水利厅、宜宾市人民政府、四川省水产局和宜宾市水利局共同承办的以"保护水生动物、建设生态文明"为主题的四川省2008年长江珍稀特有鱼类增殖放流仪式在宜宾市合江门举行。这次放流,共投入资金100万元,向长江放流了国家一级保护水生野生动物达氏鲟1 000尾,国家二级保护水生野生动物胭脂鱼5万尾,长江上游特有鱼类10.8万尾,各类经济鱼类20万尾。

[43]10月13日,省水产局被农业部渔业局表彰为2007—2008年度"全国渔业政务信息工作先进单位",荣获一等奖。

[44]10月21日,省水利厅在成都召开全省水产品质量安全工作会议。省水利厅副厅长刘俊舫出席会议并作重要讲话,省水产局局长卿足平作工作报告。省水产局领导、中层以上干部,全省21个市(州)水利(水务)局分管水产工作的领导、水产渔政局负责人、水产科研院校、渔药渔饲料企业代表等100多人参加了会议。

[45]11月3日,仪陇县举行2008年鱼类人工增殖放流活动。共放流鲢、鳙、草鱼、鲤鱼、鲫鱼种20余万尾。

[46]11月4日,泸县太伏镇永和村3社渔民张国清在长江太伏镇新路口神仙桥码头水域误捕到一条国家一级保护动物中华鲟,全长87厘米,重4.1千克。经县水产渔政部门鉴定登记后放归长江。

[47]11月11日,由全国水产技术推广总站组织举办的全国水产原(良)种场管理制度培训班在成都举行。来自全国52家国家级水产原(良)种场及相关省、市、自治区水产行业主管部门负责同志共85人参加了培训。

[48]11月11日,由农业部渔业局主持的全国水产同行向四川省地震灾区捐赠优质种苗仪式在成都举行。河北、山西、重庆等9省(直辖市)国家级水产良种场向四川地震灾区捐赠金鳟良种、建鲤、团头鲂等优质种苗526万尾,"四大家鱼"原种亲鱼2吨,大口鲶鱼种2吨。

[49]11月13日,农业部渔业局局长李健华带有关部门负责人到四川,对渔业灾后恢复重建工作及渔业基础数据采集分析能力建设情况进行调研。省水利厅党组书记、厅长冷刚,成都市人民政府市长助理周鸿德会见了李健华局长一行。省水利厅党组成员、副厅长刘俊舫,省水产局局长卿足平、副局长何强,成都市水务局局长张学爱等领导陪同调研。农业部渔业局局长李健华在调研中,充分肯定了四川渔业抗震救灾及灾后恢复重建工作取得的成效,对四川渔业在遭受重大灾害的情况下仍然保持持续稳定发展势头给予了高度评价。他要求,省水产局要牵头抓好全省渔业灾后恢复重建规划实施,并加强与农业部渔业局的联系,加强与四川省发改委、财政部门的沟通,积极争取支持;加强对灾区恢复重建工作的指导,帮助解决面临的困难和问题。

[50]11月28日,省水产局在成都召开水产行业改革开放30周年座谈会,总结回顾发展成就和经验启示,分析形势,提出下一步发展思路和工作重点。

[51]12月18日,省水产局组织考核组分别对四川渔业船舶检验局泸县检验站、资中检验站进行了现场考核,标志着四川省县级渔业船舶检验机构认可工作正式启动。

[52]12月28日,到2008年底,"5·12"地震全省渔业灾后恢复重建取得阶段性成果:恢复渔业基础设施1 032处;恢复水产养殖受灾面积2万公顷,占总受灾面积的70%,其中修复池塘0.7万公顷;补放鱼种9 625吨;恢复生产及办公用房10.86万平方米;其余恢复重建项目正在有序组织实施中。

(四川省水产局 仁 青 郑华章)

贵州省渔业

【概况】 2008年,贵州省渔业认真实践科学发展观,围绕建设现代渔业,紧紧抓住养殖生产发展、资源环境养护、水产品质量安全、渔业安全生产等环节,突出重点,扎实工作,强化行业管理,提高服务水平,促进了渔业的持续健康发展。

(1)渔业经济发展情况。2008年,全省淡水养殖面积24 954公顷,水产品产量7.80万吨,比上年增长1.56%。渔业产值105 227.10万元,其中,渔业二、三产业产值6 710.7万元,占渔业产值的6.38%;渔业增加值68 373.50万元。渔业经济规模稳步扩大,产业地位继续加强。

(2)产业发展的主要成就与特点。一是渔业生产稳步发展,产业结构进一步调整。全省水产养殖面积、产量继续增长,特别是库区渔业快速发展,网箱养殖规模不断扩大;养殖生产结构调整优化,冷水鱼和土著鱼类养殖规模进一步扩大,名特优水产品产量增加。水产品加工稳步发展，全省水产品加工总量2 263吨，比上年增长63.2%；休闲渔业特别是特色餐饮、垂钓、观赏鱼养殖等方兴未艾，经营规模扩大，经济效益提高。二是水产养殖管理进一步加强，生态健康养殖稳步推进。规范水产苗种生产管理，全省苗种生产持证率达到95%；养殖证制度建设加快，全省已有72个市（县）完成了养殖水域规划编制，其中41个市（县）的规划已由政府批准发布，分别占全省所辖县（市）的81.8%和46.6%，比上年增长60%和95.2%，全省共发放养殖证1 654本，持证养殖面积9 200公顷；大力推进水产健康养殖行动，创建了3个部级水产健康养殖示范区。三是水产品市场变数加大。上半年，由于养殖成本增加、局部地区生产不足等原因，水产品价格继续保持高位，下半年，受金融危机影响，价格和消费逐步走低。全年水产品市场消费和流通活跃，水产品成交额、成交量继续增长，消费价格指数比上年上升6.97%；乌江水库、万峰湖等地水产品大量运销省外。四是水产品质量安全工作稳步推进。广泛开展水产品质量安全宣传培训，全年共发放宣传资料2万余份，培训农户3 000多人（次）；加强水产苗种源头监管，强化苗种调运管理，严格控制从疫区引进苗种，遵义等地还实行了水产苗种检疫制度；加强水产养殖投入品管理，在水产健康养殖示范区、无公害水产品基地、省级水产良种场全面推行了生产、用药、销售"三项记录"制度；配合农业部水产品药物残留监督抽查，抽检样品90个；贵阳市抽检146个，均无阳性样品；切实加强日常监管，开展专项整治，推动落实质量安全管理制度，督促生产单位制定质量控制措施，严格遵守操作规程，切实把好生产环节质量关；加大执法和处罚力度，对生产经营劣质鱼苗、渔药、饲料，经营变质水产品，使用违禁渔药，药物残留抽检阳性案例的处罚结案率达到100%；继续加强水产病害监控工作。五是水生生物资源养护进一步加强，渔业资源环境保护取得新进展。不断巩固和完善全省禁渔期制度，有22个县（市）将禁渔经费纳入财政支出，投入118万元；深入开展查处非法捕捞统一行动，配合广西、云南在省际大型交界水域进行了联合执法，进一步加强与公安、海事等部门的执法配合；不断加强水生野生动物保护和管理，规范驯养繁殖和经营利用，加强执法检查，全年共办理许可证30个，征收资源保护费27万元；水生生物资源增殖放流蓬勃开展，全省共举办放流活动47次，投入资金309万元，放流各类水产苗种2 100万尾，逐步规范放流管理，实行公证公示，接受各方监督，得到社会各界支持和好评；加强对封河休渔、分段管养等群管模式的指导、监督和协调，河流管养范围继续扩大。开展渔业水域生态环境治理，继续对贵阳市"两湖一库"（红枫湖、百花湖、阿哈水库）饮用水源实施生态治理，共投放鲢鳙鱼563.7万尾，15.4吨，通过几年来投放鲢鳙鱼，改善了水体富营养化状况；加快长江上游珍稀特有鱼类保护区贵州段建设，基本建成了相关市（县）管理处（站），贵州段项目工程量完成70%；开展了水产种质资源保护区划定工作；推进涉渔工程生态补偿，组织和参与了相关涉渔工程环境影响评价，督促水电开发工程业主落实增殖站建设等补救措施。继续推进渔业文明执法，都匀市被评为"全国渔业文明执法窗口单位"；渔政管理继续加强，执法领域不断拓宽。六是渔船检验工作取得新进展，渔业安全生产工作进一步加强。加快推进渔船检验机构队伍建设，全省已建立船检机构34个，取得验船师资格上岗人员达175人；规范渔船登记管理、船员培训和考试发证；渔船检验工作取得实质性进展，已建立机构的地方全面开展并完成检验工作，共检验渔船1 238艘；广泛开展渔业安全生产宣传教育，仅毕节地区就举办现场培训38次，发放资料1.5万份，宣传培训1.69万人（次）；一些地方还组织渔民开展救生安全演练；切实加强渔船安全监管，参与水上交通安全等专项整治，开展渔业行业安全隐患排查、百日督察等专项整治行动，全省共排查渔船3 272艘，排查出一般隐患927项，重大隐患30项，均及时整改和排除；继续加强渔船安全设备配备；各地切实落实安全生产责任和监管措施，确保了渔业安全生产。

改革开放30年来，贵州省渔业已从零星分散的家庭副业，发展成农业农村经济中的一项重要产业，为调整农业结构、增加农民收入、保护资源环境做出了积极贡献。

(3)存在的主要问题。一是2008年初遭受百年不遇的雨雪灾害，渔业受灾严重，经济损失达18 587万元。二是按照第二次全国农业普查结果修正数，全省水产品产量调减41%，远低于实际产量，也在一定程度上影响了产业地位。三是随着渔业管理职能的增强，各项监督管理工作任务繁重，监管面广量大，缺乏专项经费，工作难度较大。四是水产种质资源保护区建设、渔业生态环境监测、水域污染事故调查处理、涉渔工程生态补偿等工作力度还不够。五是渔业机构和队伍建设还需进一步加强，有的地方人才流失，影响了队伍素质。

【重点渔业市(县)基本情况】

贵州省重点渔业市(县)基本情况

市(县)	渔业总产值(万元)	水产品总产量(吨)	其中		养殖面积(公顷)
			捕捞	养殖	
兴义市	16 299	13 698	1 956	11 742	9 057
安龙县	11 830	7 150	1 200	5 950	441
遵义县	11 496. 9	11 224	680	10 544	1 662
黎平县	3 586. 1	2 852	124	2 728	150
息烽县	3 386	4 191	89	4 102	1 559

【大事记】

[1]1 月 4 日,省农业厅厅长黄家培到罗甸县调研渔业生产。

[2]1 月 13—15 日,全省畜牧渔业工作会议在贵阳召开,省农业厅厅长黄家培和副厅长熊文中出席会议并讲话;同期召开了渔业专业会议。

[3]1 月 23 日,省农业厅下达了《关于加强 2008 年全省禁渔期管理工作》的文件,2 月 1 日至 5 月 31 日,在全省江河、湖泊、大中型水库等天然水域全面实行禁渔期制度。

[4]2 月 13—15 日,根据省政府领导批示,省农业厅派出渔业专家组,对黔西南州安龙县、兴义市万峰湖水域网箱养殖鱼类大规模死亡事件进行了调查。

[5]3 月 21 日,贵阳市副市长帅文指示,拟在红枫湖选择试验区,配合投放鲢、鳙鱼,通过种植水生植物进行水体水质修复,取得经验后,在全市水域推广。

[6]4 月 10 日,省渔业局下发《关于进一步加强养殖水域规划编制及养殖证发放工作的通知》,并编制规划编制参考提纲。

[7]4 月 22 日,由农业部主办的 2008 年珍稀水生动物增殖放流活动在全国 8 个省(直辖市)同步举行,贵州省农业厅和贵定县人民政府共同举行贵州分会场大鲵增殖放流仪式。省农业厅厅长黄家培、副厅长万晓流参加了活动。

[8]5 月 6—7 日,全省养殖证制度建设等有关工作会议在贵阳召开,集中研讨 2008 年水产健康养殖行动方案、养殖水域规划及养殖证制度建设、水产健康养殖示范区的创建及有关渔业等工作,布置 2008 年水产品药物残留的抽检和水产养殖业执法专项行动工作。

[9]5 月 23 日,省农业厅在仁怀市茅台镇举行长江上游鱼类国家级自然保护区赤水河增殖放流活动放流中华倒刺鲃 8 万尾。放流活动由贵州省渔业局局长王冲主持,仁怀市市长娄冰致辞,省农业厅副厅长万晓流作重要讲话。

[10]5 月 17 日,六盘水市人民政府第 13 次常务会议研究通过了《六盘水市 2008—2020 年渔业发展规划》。

[11]6 月 10 日,贵州渔业船舶检验局发布《贵州省内河小型渔业船舶检验管理暂行办法》;省渔政渔港监督管理局发布《贵州省内河渔业船舶船员考试发证规则实施办法》。

[12]6 月 17—18 日,省渔业局在罗甸县举办全省渔船检验人员培训会,进行了渔船检验现场示范培训,标志着贵州省渔船检验工作正式开展。

[13]6 月 26—27 日,珠江流域大型交界水域渔业管理协调会在贵阳召开,农业部南海区渔政局助理巡视员刘添荣主持会议并讲话,省农业厅副厅长熊文中到会。

[14]9 月 11 日,浙江大学、贵州大学、遵义市人民政府在湄潭县联合主办了全球重要农业文化遗产“高效稻鱼共生系统”西部示范与推广现场会。国务院西部开发办副主任曹玉书、国家发改委西部开发司司长戴英、农经司副司长肖庆华、浙江大学党委常务副书记陈子辰和贵州大学校长陈叔平出席了会议。国家发改委、科技部有关专家及省、市渔业行政主管部门和湄潭县党政领导参加了会议。

[15]9 月 26 日,省农业厅发布公告(第 3 号),批准建立普安银鲫、桐梓县复兴河裂腹鱼省级水产种质资源保护区。

[16]10 月 17 日,省农业厅印发了《贵州省渔业船舶水上安全突发事件应急预案》。

[17]10 月 17—24 日,省渔业局在贵阳市花溪区举办全省水产养殖业执法和渔业船舶验船师资格培训班,共培训执法人员 150 人,渔船检验人员 179 人。

[18]11 月 5 日,2008 年长江上游鱼类国家级自然保护区赤水河增殖放流活动在贵州省毕节湾滩管理站举行,共放流地方特有鱼类——裂腹鱼鱼种 2 万尾。

放流活动由贵州省渔业局主办，毕节市人民政府承办。

（贵州省渔业局　王　骥　杨湘菊）

云南省渔业

【概况】 2008年，云南省渔业紧紧围绕建设社会主义新农村的总体要求，按照全省渔业工作会议的部署，调整产业结构，优化区域布局，建设优势产业带，引进和扶持龙头企业，实施水产养殖业增长方式转变行动，推广标准化养殖模式，强化渔业管理等，全省渔业保持持续、健康发展的良好势头。

1. 产业发展的主要成就 2008年，是全省渔业发展取得最好成绩的一年，主要得益于一是各级党委、政府高度重视渔业发展，将渔业纳入全省农业农村经济大格局中统筹谋划，为渔业发展提供了广阔的空间。二是得益于各级财政投入、部门预算投入及民间资本投入，使渔业发展保障能力有所增强。三是市场利益驱动。全年水产品价格一直在较高价位运行，鲤鱼、鲢鱼、草鱼、鲫鱼、罗非鱼等品种价格持续。

（1）渔业经济发展良好。2008年全省水产养殖面积达10.4万公顷，稻田养成鱼面积10.4万公顷。水产品总产量39.4万吨，比上年增加6万吨，增长18%。其中养殖产量35.9万吨，比上年增加5.5万吨，增长18%；稻田养鱼产量5.2万吨，同比增加0.4万吨，增长8%。全省水产品人均占有量达8.8千克，增1.4千克，同比增长19%。名特优水产品养殖种类达50余种，产量10.7万吨，占养殖产量的30%。2008年，渔业总产值达65.8亿元，同比增加14.7亿元，增长28.9%。渔业为全省农民人均纯收入增长贡献25元，比上年增加13.6元，翻了一番多。

（2）创汇渔业实现新突破。围绕建设现代渔业的目标，把引进龙头企业，大力发展加工出口，推进渔业产业化经营进程作为工作重中之重。在渔业发展过程中，坚持用工业化的理念谋化渔业，引进多家龙头企业签订合作建设加工厂协议，极大地推进了由传统养殖向现代渔业迈进的进程。目前，已与5家龙龙头企业签署建设罗非鱼加工厂合作协议，逐步由向市场提供鲜活水产品发展到向市场提供加工养殖水产品并实现出口创汇。2008年，水产品加工数量25 000吨，出口9 000吨，出口创汇突破3 000万美元。华宁盘溪水产养殖场鲟鱼子酱出口可行性已通过农业部组织的专家评审。

（3）渔业发展保障机制进一步健全。2008年6月，省政府在曲靖市罗平县召开全省渔业工作现场会议，这是继1984年召开全省渔业工作会议以来省政府第二次召开渔业工作会议。会议提出，今后5年云南省渔业发展，要充分发挥资源、生态、区位、市场、比较效益等优势，不断开创渔业发展新领域和新途径，加快形成健康的养殖业、科学的捕捞业、高效的加工业、繁荣的流通业和兴旺的休闲渔业，使渔业在农业经济中的比重大幅提高，产业素质、效益水平和国际竞争力不断增强。会议上确定省级财政在2007年安排1 000万元渔业发展专项资金的基础上，从2008年开始逐年增加预算投入，重点用于对出口罗非鱼和虹鳟鱼标准化养殖、“吨鱼塘”标准化改造、水生动物防疫以及水产原（良）种繁育体系、水产品质量安全监测体系、稻鱼工程等方面的扶持。除省级财政安排的渔业发展专项资金外，按照“渠道不变、管理不乱、项目统筹、综合平衡”的原则，从2008年起，每年由省发展与改革委员会从农业基本建设预算调整1 000万元、省农业厅从部门预算调整1 000万元、省扶贫办从产业扶贫资金中调整500万元、省农开办从农业综合开发资金中调整500万元投入渔业，重点支持渔业基础设施和龙头企业发展。

（4）渔业制度建设进一步完善。经过多年的努力，《云南省渔业条例》已通过审查上报省法制办。按全省渔业工作现场会议的要求，编制完成《云南渔业发展规划》，包括区域发展布局规划、水产品加工与渔业产业化提升行动规划、水产技术推广与渔政执法体系建设规划、水生动物防疫与水产品质量安全检测体系建设规划、水产良种繁育体系建设规划、渔业科技提升行动规划、水生动植物自然保护区建设规划、渔业资源增殖放流规划。继续实施和完善“养殖证”制度、水产养殖记录制度、水产苗种生产许可制度、长江禁渔制度、捕捞许可制度等。

2. 产业发展的主要特点与方向

（1）政策环境有利，产业地位提升。近年来，中央高度重视“三农”工作，积极实施优农、惠农、强农政策，为云南省渔业发展提供了有力的保障。农业部在继续保持渔业燃油补贴的基础上，又增加渔用机械补贴，安排20.72万元用于购置渔业机构。为大力培植发展优势特色渔业，农业部已明确表示将加大对云南省罗非鱼和虹鳟鱼产业化发展的支持力度。在国家实施扩大内需促进经济发展的有利条件下，农业部计划支持云南省建设64个县级水生动物防疫站，累计投资达亿元，将有力推动全省水生动物疫病防控工作，水产品质量安全的保障能力进一步增强。并支持建设完善基层水产技术推广体系，加大科技进步、创新与推广力度，促进水产养殖业增长方式快速转变，提高渔业综合生产能力。

(2)渔业产业化和组织化水平均有大幅度提高。2008年,建设5个县罗非鱼出口创汇基地县,为加工厂提供充足原料;8个县建设优质水产品基地,在山区半山区贫困地区建设35个永久性稻田养鱼工程基地县,解决当地群众"吃鱼难"和"增收难"问题。广州鹭业水产有限责任公司在勐海县投资5 000万元,建设年产5亿尾单性罗非鱼苗良种场。云南罗平新海丰食品有限公司与富宁县达成在百色水利枢纽工程剥隘库区建设年加工6万吨罗非鱼的项目投资协议。云南振雄水产有限责任公司利用漫湾梯级电站建设罗非鱼加工厂的项目已达成合作协议。云南小湾生态渔业有限公司计划投资2亿元在小湾库区建设罗非鱼片加工厂和库区渔业资源增殖。潞西市伯林名特优水产品养殖有限公司已确定在潞西建设年加工10 000吨的罗非鱼片加工厂,解决德宏州水产品加工问题。冷水鱼方面,智利已来大理、丽江等地考察,双方已签订在虹鳟鱼养殖、加工、出口的合作协议。全省共建立各类渔业专业合作经济组织52家,会员在100人以上的有33家。

(3)推进渔业科技进步与创新,推进渔业增长方式转变。2008年,全省已核准发放养殖证7 023本,其中:全民448本、集体6 575本,发放养殖面积1.23万公顷。15个县(市)《养殖水域规划》经政府批准。2008年,在6个渔业科技试点县和10个渔业科技培训县,示范推广和培训标准化健康养殖技术。一是池塘高产生态健康养殖技术,主推草鱼、花鲢、白鲢、鲤、鲫、青鱼、团头鲂、鲇鱼、大口胭脂鱼等品种,为市场提供优质无公害水产品。二是稻田养鱼示范工程技术,主推鲤、鲫、花鲢、白鲢及地方土著鱼类、罗非鱼、鲇鱼、罗氏沼虾、中华绒螯蟹等。三是推广电站库区网箱养鱼技术,主推罗非鱼,解决库区失地群众生产生活问题,推进渔业产业化经营进程。四是开展养殖水环境监控、营养与饲料、优质苗种生产、健康养殖、病害防治以及水产食品安全检测等6项关键技术。全省6个渔业科技入户试点县培育了850户渔业科技示范户,辐射带动了4 000户以上;在10个渔业科技培训县,举办渔业科技培训班20期,培训渔业养殖户1 200人(户)次。在科技入户示范县示范推广了3项渔业主推技术和6项渔业关键配套技术。示范区内主要先进实用技术入户率和到位率达90%以上,水产综合生产成本降低10%以上,水产品产量比前3年平均增长10%以上,收入比上年提高10%以上。在九大湖泊更新了1~2艘渔政执法艇(船)。通过养殖捕捞渔民自己的资金投入,在昭通、文山、曲靖、临沧等州市的电站库区,机动捕捞渔船户自己更新和改造了6艘机动渔船。

(4)加强水产品质量安全监管,确保水产品质量安全。收集了国家有关渔业生产和水产品的标准,编制渔业标准规范。推广标准化健康生态养殖技术,加大对无公害水产品认证的申报工作力度。出台《水产苗种管理办法》,实行水产苗种生产许可证制度,从源头抓住水产品质量安全的监管工作。对养殖环节实行质量控制,提高水产品生产过程的质量安全水平。要求优势出口水产品生产基地、优质水产品生产基地和无公害水产品生产示范基地,必须建立完善记录制度。实现从池塘到餐桌的全程质量管理,保证水产品质量安全。抓好水产养殖业专项执法行动和水产品质量抽检工作,严查养殖生产违法用药、苗种无证生产、假冒伪劣等行为。协助浙江省水产品质量检测中心、福建省水产品质量检测中心和农业部水产品质量检测中心(广州)的技术人员到昆明、曲靖、玉溪、大理实施3次水产品产地药物残留抽检任务,共抽检水产品样本64个。浙江中心抽检22个样本,1个样本检出孔雀石绿残留,检测合格率95%。福建中心抽检样本20个,检测合格率100%。

(5)加强水生生物资源养护工作,奠定产业发展基础。按照农业部和中国渔政指挥中心、长江渔业资源管理委员会的统一部署,制定下发了《云南省2008年长江禁渔期制度实施方案》。1月底在丽江召开全省长江禁渔动员会。禁渔工作中,各级政府和相关部门共召开禁渔动员会议73场,通过电视、电台、报纸宣传禁渔期制度和禁渔工作572次,发放宣传单80 152份,张贴农业部和当地政府禁渔通告近10 794份。省、州(市)、县(区)共组织统一检查行动65次,出动执法人员2 420人(次)和执法车船509台(艘)次。接受和查处群众举报案件147起,查获违法捕捞和"三无"船只12艘,查处电、炸、毒鱼案件141起,收缴非法捕捞渔具635台套,取缔非法网具912米,没收违法捕捞和销售渔获物2.1吨,行政处罚95人(次),罚款1.8万元。2008年,各级渔业行政主管部门积极筹措资金641.41万元,共投放各类鱼苗2 927.51万尾。

(6)加强渔政管理,构建平安渔业。指导各地开展"全国渔业文明执法窗口单位"创建活动,抓紧盐津县渔政管理站和梁河县渔政管理站申报窗口单位的材料审核和上报工作。做好渔业文明执法窗口单位检查验收准备,对盐津、梁河两个单位进行了实地考核验收。按时完成渔业船舶事故月报和季报的统计上报。组织开展渔业安全生产隐患排查治理工作和渔业安全生产百日督察专项行动。加强渔业突发事件应急管理,对《云南省渔业船舶水上安全突发事件应急预案》和《云南省水生动物疫病应急预案》作了修改。另外,组织开展了水产养殖业专项执法行动和长江非法捕捞专项整治行动、滇黔桂交界水域查处非法捕捞统一行动。抓好新修订《水污染防治法》的贯彻实施,对九大湖泊水污染防治任务渔业部分的实施情况进行了收集整理。

(7)认真落实惠农政策。2008 年,全省得到渔业购机补贴 207 200 元,购置增氧机 376 台。2008 年下达云南省渔业柴油补贴资金为 142.48 万元,补贴用油量 836 吨,涉及补贴的范围是昭通等 10 个州(市)。到 2008 年 9 月,142.48 万元渔业柴油补贴资金已全部下拨到县(区)。发放到机动渔船 661 艘、渔船户 641 户,补贴资金 135.93 万元;发放到池坝塘养殖水面和发放养殖户补贴资金 4.47 万元;发放到活鱼运输车 15 辆,补贴资金 2.06 万元。

3. 存在的问题 一是资源利用率低,苗种供应不足,水产养殖方式总体上比较粗放,地区发展不平衡,山区半山区吃鱼难的问题仍然存在。二是基础设施较弱,渔业发展支撑体系不健全,水产养殖科技含量低,良种覆盖率低。三是适合加工出口的优势水产品尚未形成规模化养殖,吸引龙头加工企业投资建厂的难度较大,阻碍了渔业产业化经营的过程,千家万户的分散经营与千变万化的大市场不相适应的矛盾依然十分突出。四是渔业投入总量不足,基础设施条件较差,渔业支撑能力不强。五是随着水能资源的不断开发利用,渔业水域生态环境和鱼类资源保护工作面临严峻的挑战。

【重点渔业市(县)基本情况】

云南省重点渔业市(县、区)基本情况

市(县、区)	总人口(万人)	渔业总产值(万元)	水产品总产量(吨)	其中		养殖面积(公顷)
				养殖	捕捞	
罗平县	54.44	28 283	18 305	15 633	2 672	1 220
大理市	62.53	16 156	13 279	5 921	7 358	885
晋宁县	28.32	22 923	11 025	6 700	4 325	735
景洪市	47.68	13 016	10 628	10 436	192	709
思茅区	25.62	10 644	10 090	10 020	70	673
石屏县	29.38	13 096	10 068	10 005	63	671
宜良县	41.84	10 523	8 866	8 336	530	591
麒麟区	69.18	12 339	8 796	8 746	50	586
勐海县	33.09	10 234	8 404	8 236	168	560
嵩明县	34.72	8 910	8 100	8 100		540

【大事记】

[1]1 月 30 日,省政府召开云南省长江禁渔动员大会。省农业厅副厅长张泽军代表省政府发表动员讲话,确定了长江禁渔工作的要求是:以科学发展观统领禁渔工作为基本原则,把宣传动员、监督检查、探索长江渔业管理的长效机制三个重点贯穿于整个禁渔工作的始终,做到认识、汇报、组织、措施、责任、服务六个到位,开创长江禁渔工作的新局面。省渔政执法机构负责人就云南省实施 2008 年长江禁渔期制度作了部署。

[2]2 月 1 日 12 时到 4 月 30 日 12 时,全省按照"政府领导、统一组织、划区分时、分级负责"的原则,在长江(金沙江)干流,主要支流:龙川江、普渡河、牛栏江、横江及高原湖泊展开禁渔工作。除进行渔业资源监测进行的捕捞外,禁止一切捕捞作业。

[3]3 月 28 日—4 月 1 日,农业部副部长牛盾在省农业厅有关领导陪同下,深入迪庆、丽江检查长江禁渔工作,并对全省渔业工作提出意见和要求。

[4]6 月 6 日,云南省副省长孔垂柱主持召开由省发改委、财政厅、水利厅、农业厅、农开办等有关部门负责人参加的专题会议,并于 6 月 13—14 日在曲靖市罗平县召开全省渔业工作现场会议。会议回顾总结了近年来全省渔业工作情况,全面分析了渔业发展形势,研究并部署了今后一个时期加快推进渔业发展的工作。

(云南省农业厅渔业处 鲍 宏)

西藏自治区渔业

【概况】 2008 年,全区各级渔业管理部门深入贯彻落实中央和自治区关于渔业发展的决策部署,坚持走"中国特色、西藏特点"发展路子,按照自治区党委提出的"一产上水平"要求,积极开展特色鱼类驯化养殖,加强渔业资源保护,强化渔政执法队伍建设,确保了全区渔业持续健康发展。全区水产品产量 500 吨,其中捕捞产量 404 吨、养殖产量 96 吨。渔业生产产值 905.8 万元。

【水产养殖】 在加强对现有几个鱼类养殖场技术指导,发展鱼类养殖的同时,开展了黑斑原鮡人工驯化繁殖研究工作,取得了阶段性成果。黑斑原鮡是分布在雅鲁藏布江中游干支流的西藏特有鱼类,具有肉质细嫩,肉味鲜美,肌间刺少等特点。该鱼类在拉萨、林芝、日喀则部分河段有分布,天然水域种群小,生长缓慢。由于人们对其利用强度较大,致使资源衰退较严重。为加强天然水域野生种群保护与利用,自治区积极开展了人工驯化繁殖工作。2008 年 4 月从华中农业大学水产学院聘请对该鱼类有一定研究的专家进藏进行技术指导,从天然水域采集亲鱼,进行人工催产、授精、孵化研究,人工繁育的鱼苗存活了 50 天,为今后进一步开发研究奠定了基础。

【渔业资源保护】 组织有关专业技术人员,对拉萨河、年楚河、尼洋河鱼类资源状况进行了调查,摸清了部分江河水域鱼类资源现状,为进一步加强渔业资源的保护与开发利用奠定了基础。

【渔政执法】 为进一步加强渔业资源保护利用工作,自治区渔业行政主管部门在自治区畜牧总站、7 个地(市)及 41 个县(市、区)农牧局设立了 133 人的兼职渔政检查员队伍,并开展了渔业法律法规及水产基础知识学习培训。对自治区渔政管理队伍建设工作,农业部渔政指挥中心高度重视,专门选派有关专家赴藏指导工作,并为培训班学员授课,促进了自治区渔业执法工作的开展。通过加强渔政执法队伍建设和开展培训,提高了执法人员的执法能力和专业知识,规范了自治区渔政执法工作。

(西藏自治区农牧厅畜牧草原水产处 蔡 斌)

陕 西 省 渔 业

【概况】 2008 年,陕西省渔业局认真学习实践科学发展观,以社会主义新农村建设统领渔业工作全局,积极组织渔业灾害自救和生产恢复工作,重点实施渔业(产品质量、生产、生态)三大安全监管,进一步加快渔业发展方式转变,深化渔业结构调整,合理开发天然水域渔业资源,大力发展生态渔业和健康养殖,提高渔业综合生产能力和水产品质量安全水平,努力推进渔业经济可持续快速发展。

2008 年陕西渔业经济总产值达到 14.195 亿元,比上年增加 9 865 万元,增长 7.47%。渔民人均纯收入 3 178.72 元,劳均纯收入 4 630.54 元。

冰雪灾害和地震灾害给全省渔业造成较大损失。灾害损失共计 4 472 万元。其中水产品总量损失1 804 吨,价值 2 068 万元;渔业设施损失 2 403.7 万元。

【渔业结构调整】 全面引导、积极支持优质高效渔业发展,全省名优水产品养殖保持高速发展势头,生产规模、产出水平、经济效益同步提高,成为陕西渔业健康快速发展的重要支撑。都市休闲渔业一枝独秀,发展速度迅猛,经济效益和社会效益明显,为陕西渔业的发展增添了活力。大水面渔业资源开发、生态渔业、集约化水产养殖齐头并举,流水养鱼、网箱养鱼、稻田养鱼成为农民致富的重要途径。商品鱼基地建设继续向纵深发展,管理体制不断创新,生产经营水平不断提高,生产规模和产出能力持续扩大,成为促进区域社会经济发展、促进社会主义新农村建设的重要举措。

开发利用秦巴山区冷水资源,组织指导西安市长安县、宝鸡市陇县冷水鱼养殖示范基地的规范化管理等项目,全省冷水性鱼类养殖面积达 2.7 万平方米。进一步完善渔业水域养殖证核发工作,促进无公害水产品产地认定和产品认证工作,完成 30 个无公害水产品产地认定,全省无公害水产养殖面积达 700 多公顷,上报农业部 75 个无公害水产品申请产品认证,为扩大无公害水产品规模奠定了基础。全省大力发展休闲游钓渔业,增加休闲游钓服务设施和项目,积极引导开发观赏鱼养殖,培育一批观赏鱼养殖示范场户,开辟新的养殖增收领域,渔业一、二、三产稳步协调发展。开发利用秦巴山区冷水资源,大力发展鳟、鲑等名特优新水产品养殖,促进了渔业产业结构调整步伐,渔业养殖品牌效应及产品档次有效提升。加强渔业资源养护和水域生态环境建设,加快了国家、省、市级水生野生动物保护区建设步伐,渔业资源衰退和生态环境恶化趋势有效遏制,渔业资源及种群数量得到恢复性增长。红碱淖渔业湿地保护区、陇县细鳞鲑自然保护区、黄河中上游鲤鱼良种场改造等渔业骨干建设项目获农业部、环境保护部批准立项。

【渔业基地建设】 全年共落实中央和省级基建项目、财政专项等资金3 000万元,已到位资金2 600万元,同比增长96%。2008年,全省渔业系统省级渔业财政预算达到650万元,实现了历史性突破。编报完成2009年农业部财政专项补助项目11个,编报完成2008—2009年度26个渔业基建项目投资计划上报农业部。

按照省政府要求,编制完成《2008—2012年陕西省农民增收渔业专项规划》并上报省政府,计划5年投资3.82亿元,重点在汉中、渭南、西安等区域建设特色明显、优势突出的无公害水产品养殖基地,使湖泊、水库、池塘及冷水鱼类养殖综合生产能力有效提升。

编制完成红碱淖渔业湿地保护区等3个建设项目,上报农业部并已批准立项,正实施项目建设;争取农业部支持,落实渔政执法快艇4艘投入基层使用;斑点叉尾鮰、团头鲂、鲟鱼等3个水产良种改造项目进入农业部项目库,其中的斑点叉尾鮰、团头鲂良种场项目已批准立项实施建设;落实到位资金2 528万元,渔业发展资金取得了历史性突破。储备完成6个渔业重点项目,组织完成华阴市黄河鲤鱼原种场等5个项目初步设计批复,组织开展了近3年渔业在建项目监督检查、自查和抽查工作。

组织做好灾害救援及重建工作,2008年初冰冻雪灾发生后,及时对全省渔业灾情进行了统计上报。编制完成陕西省渔业灾后重建规划,上报农业部,规划投入资金2 980万元。

【种苗生产】 全省渔业养殖单位认真落实《水产苗种管理办法》,加强苗种生产的全过程管理。技术部门从怀卵亲体选育、苗种孵化到育成等进行监督管理,确保优良苗种投放市场,并对苗种生产单位和个人严格条件,要求有固定的生产场地,有充足水源,水质符合渔业用水标准,生产条件和设施符合水产苗种生产技术规程,并配备专门的检验人员,加强水产苗种病害的防治工作和水产苗种的产地检疫。全省共生产水花7.44亿尾。省渔业局通过对水产苗种生产的专项整治,进一步推动全省的水产养殖继续稳定、协调、有序的健康发展。

【渔政执法】 2008年,陕西渔政执法工作进入了新的历程。以《陕西省实施〈中华人民共和国渔业法〉办法》为依托,陕西渔业执法机构进一步完善,执法手段进一步加强,执法队伍进一步壮大,在保护渔业资源、拯救濒危物种、维护渔业生产秩序、保障渔业生产持续健康发展等方面发挥了重要作用。

全省先后有10市46个县(区)成立了渔政监督管理站,渔业执法人员达到1 432人。西安等8个市的渔政监督管理单位已纳入公务员管理,形成了较为完善的渔政管理体系。全省查处各种违法案件3 116件,共执行案件总值26.087 7万元。其中罚款14.856万元,索赔1.5万元,挽回经济损失234.37万元,结案率达100%。

根据《农业部办公厅关于开展2008年水产养殖专项执法行动的通知》和《农业部办公厅关于印发渔业和农机行业安全生产百日督察专项行动方案的通知》精神,省渔业局组织开展以规范养殖生产、打击违法渔业生产行为,狠抓薄弱环节、督促渔业生产经营单位落实安全生产主体责任、遏制渔业船舶重特大事故发生,解决影响渔业安全生产的突出矛盾和问题为目标的水产养殖专项执法及渔业行业安全生产百日督察专项行动。先后派出督察组,分赴各地检查指导专项行动。这一行动对全省渔业安全生产起到了强大的推动作用。渔业生产实现了全年无重大事故。

积极整顿全省水生野生动物驯养繁殖及经营利用,组织完成14个大鲵驯养繁殖场审查换证及年检工作,新批准建设大鲵驯养繁殖场11个,审核发放经营利用特许证2个;加大渔业资源保护修复力度,促使陇县秦岭细鳞鲑省级自然保护区晋升国家级通过环境保护部审查评估;打击并处理电、炸、毒鱼案件321起,处理水域污染等渔事纠纷52起,处理非法捕捉和经营利用水生野生动物等渔事违法行为83起;省渔政指挥中心配合公安部门对宁陕大鲵偷盗案件进行了物种和价值鉴定工作,有效维护了正常的渔业生产和流通秩序。

【水产品质量安全】 为进一步加强对水产品质量安全工作的领导,确保水产品质量安全工作的顺利开展,省水利厅制定了《陕西省水产品质量安全工作方案》,成立水产品质量安全工作领导小组,加强水产品质量安全的监管,签订目标责任书,明确责任,层层落实。渔业局把"迎奥运,切实提高水产品质量安全水平,确保消费者安全",当做全省渔业工作的重点来抓,先后组织工作人员多次深入各生产企业、养殖场进行水产品质量安全工作的宣传,举办农(渔)民水产养殖适用技术培训班、水产养殖用药技术培训班,讲授推广无公害养殖技术、科学用药知识,免费赠送《渔民必读》、《水产品药物残留监控200问》、《水产养殖技术操作规范》等宣传资料3 000多份。召开渔业水域环境监测公报发布会,媒体分别对水产品质量安全与渔业水域环境监测情况进行全面的报道和宣传,进一步增强了广大消费者的安全意识和社会监管意识,有力地推动了水产品质量安全工作的开展。渔业局严把水产品质量安全关,认真做好水产品药物残留检测与监控工作。按照农业部水产品药物残留检测与监控工作的统一部署和本省水产品质量安全监管工作计划,积极组织相关工作人员协助做好年度水产品药物残留监控的抽样工作,确保样品的数量和质量,建立、健全水产品质量安全例行监测制度。全年共接受农业部水产品质检中心检测 5 批(次),抽检样品 14 个,总合格率为 100%(本省自检合格率为 97%)。

积极推动,加快无公害水产品产地认定和产品认证工作。通过无公害水产品产地认定和产品认证,进一步推进企业内部养殖规范的实施,大力倡导质量品牌建设,努力提高产业化、规范化生产。根据《产品质量法》和《无公害农产品管理办法》的要求,完成了《陕西省无公害水产品产地认定与产品认证一体化实施方案》。积极创造条件,稳步推进,从养殖用水、苗种、饲料、药物使用到产品净化,层层把关,环环相扣,加强养殖鱼类的检验检疫和产地标识,确保养殖质量符合无公害产品要求。

为贯彻落实《农业部关于继续推进发展现代农业重点行动的意见》,按照《2008 年水产健康养殖推进行动实施方案》的有关要求,组织推荐了省水产总站等 6 家单位进入农业部第三批水产健康养殖示范场建设。

标准化生产示范和无公害基地建设逐步形成。在全省确定了以秦岭冷水鱼和关中地热水养殖罗非鱼为重点的规模化养殖,相继建立石头河虹鳟鱼、长安罗非鱼和华阴黄河鲤等标准化健康养殖示范场,初步形成了以点带面,以区域带动全局的标准化生产示范区和无公害养殖基地。

【大事记】

[1]3 月 7 日,全省水产养殖业污染源普查布置会在西安召开。刘兴连局长出席会议并发言,会议就污染源普查的重点及任务作了安排部署。各地市的 45 名代表参加了会议。

[2]5 月 12—13 日,全省水生野生动物保护工作座谈会在西安市召开。会议对 2008 年水生野生动物保护工作重点进行了安排部署,研讨了大鲵、秦岭细鳞鲑等水生野生动物增殖放流、驯养繁殖和经营利用等事宜。西安、宝鸡、商洛等 5 市作了大会交流发言。

[3]5 月 16 日,全省水产技术推广工作会议在西安市召开。会议回顾总结了 2007 年度全省渔业技术推广工作,表彰了 2007 年度全省水产技术推广工作先进集体和先进工作者,对 2008 年全省渔业技术推广工作进行了安排部署。省水利厅副巡视员左占清出席会议并作了重要讲话,省渔业管理局局长刘兴连作了总结讲话。全省 10 市站站长及重点渔业县 50 多人参加了会议。

[4]6 月 24 日,西安市渔政监督管理站荣获农业部第三批“全国渔业文明执法窗口单位”称号。

[5]6 月 27 日,省水利厅、省渔业管理局、西安市水务局联合组织,省渔政指挥中心、西安市渔政监督管理站、西安市鱼苗繁育场承办的鱼苗放流活动在西安市灞河举行,80 万尾鱼苗放归自然。

[6]8 月 3 日,省渔业管理局组织各市水利局分管渔业工作的局长、水产(渔政)站站长、厅直水产单位行政一把手及总工程师等 40 多人召开座谈会,共同讨论研究《2008—2012 年特色产业(渔业)发展规划》。

[7]8 月 11—13 日,由农业部水生野生动植物保护办公室、长江渔业资源管理委员会办公室、国家濒危水生野生动物物种科学委员会有关领导和专家一行 12 人来陕,赴汉中市主持召开了汉水大鲵开发有限公司大鲵经营利用专家论证会。专家组通过听取汇报、问题质询、讨论评议后认为:汉水大鲵开发有限公司大鲵驯养繁殖生产基本形成规模,繁殖技术基本成熟稳定,基本具备规模化持续生产子代大鲵产品的能力,可以按法定程序申请在国内经营利用。

[8]9 月 23 日,全国渔业政务信息与宣传工作会议在西安市召开,农业部渔业局局长李健华出席会议并作了重要讲话。

[9]9 月 27 日,由陕西省渔业管理局主办,宁陕县人民政府、宁陕县水利局、宁陕县渔政站承办的 2008 年大鲵增殖放流活动启动仪式在宁陕县隆重举行,500 尾大鲵回归大自然。公证人员进行了全程监督。省水利厅纪检组组长廉泾南、省渔业管理局局长刘兴连、省渔政指挥中心主任管薇出席了活动。

[10]9 月 28 日,由陕西省水利厅、汉中市人民政府主办,汉中市水生野生动物保护与发展协会、陕西汉水大鲵发展有限公司、陕西省胥水生物开发有限公司、汉中天成生物工程有限公司承办的 2008 中国汉中珍稀水生生物增殖放流活动在汉中市隆重举行,共 300 尾大鲵在城固胥水河放流回归自然。公证人员进行了全程监督。省水利厅纪检组组长廉泾南、省渔业管理局局长刘兴连、省渔政指挥中心主任管薇出席了活动。

[11]10 月 24—25 日,全国水生野生动物经营利用管理工作会在西安召开。农业部渔政指挥中心副主任李彦亮出席会议并作重要讲话,省水利厅副巡视员左占清,省渔业管理局局长刘兴连、省渔政指挥中心主任管薇出席会议。

[12]11 月 11 日,2009 年陕西省水生动物防疫站

项目编制座谈会在西安召开。省渔业局副局长管薇出席会议并讲话，全省10市和省水产总站负责人及相关技术人员参加了座谈会。会议上集中编制了2009年省级、市级水生动物防疫站建设项目可行性研究报告，并上报农业部。

[13]11月29日，中科院院士及农业部渔政指挥中心专家组成的专家组来陕，对陇县秦岭细鳞鲑省级自然保护区晋升国家级进行实地考察。

[14]12月4日，陕西省陇县秦岭细鳞鲑省级自然保护区晋升国家级顺利通过环境保护部评估，成为西部省第一个国家级水生野生动物自然保护区。

[15]12月7日，陕西省渔业生态环境状况及水产养殖病害防治状况新闻发布会在西安召开。省水利厅副巡视员左占清出席会议，省人大农工委、法工委，省发改委，省编制办公室，省法制局等部门以及陕西电视台、陕西日报、华商报等媒体记者参加了新闻发布会并做了现场采访和报道。

[16]12月15—16日，全省渔业行政执法骨干人员培训班在西安举办。来自全省各地的150名新增渔业行政执法人员参加了培训。省水利厅副巡视员左占清出席会议并讲话，渔业管理局局长刘兴连出席会议。

（陕西省渔业管理局　张东江）

甘肃省渔业

【概况】 2008年，全省渔业在农业部渔业局和省农牧厅的正确领导下，坚持以市场为导向，以结构调整为主线，以科技兴渔为支撑，以项目建设为载体，加快基础设施建设，强化渔业资源环境保护及渔业法制化管理，大力发展鲑鳟渔业、水库塘坝渔业和休闲渔业，克服了冰冻和地震灾害对渔业造成的不利影响，全省渔业经济保持了良好发展势头。2008年全省水产品产量达1.177万吨，比2007年增长2.4%。

【渔业管理】 一是加强行业管理。2008年初省农牧厅与渔业处签订了重点工作目标管理责任书，与各市(州)渔业主管部门签订了目标管理责任书，将全年的生产指标和工作任务进行了量化分解。二是印发了《甘肃省渔业安全生产隐患排查治理工作实施方案》，对渔业安全生产管理做了全面的安排部署。三是举办了全省高效渔业养殖培训班、渔业行政执法岗前培训班和渔业船舶管理培训班，提高了从业者的业务能力和执法水平。四是制定下发全省2008年渔政执法工作重点和水产养殖业专项执法行动实施方案。五是根据黄河渔业资源管理委员会统一安排，开展了黄河甘肃段渔业资源专题调研工作。协助农业部渔业局、渔政指挥中心、黄渤海区渔政局在兰州举办了3次全国性会议。

【水产养殖】 一是养殖结构调整取得了新成效。大宗水产品价格持续走高，市场需求旺盛。以鲑鳟鱼为主的冷水鱼养殖前景看好，鲑鳟鱼产量达1 515吨，比2007年增长6%。二是名特优品种引进推广有了新进展。全省苗种引进和自繁形势好于往年，比2007年增加了1 000万尾，增长20%。三是水库塘坝渔业发展有了新突破。文县、金塔县利用水库资源招商引资，吸引投资1 000万元，养殖鲟鱼10万多尾，使鲟鱼养殖进入规模化养殖阶段。四是渔业健康养殖水平有了新提高。全省3个水产养殖场被农业部列为健康养殖示范点，通过示范带动，推广了先进实用技术，提高了健康养殖水平。

【渔政管理】 一是做好全省渔业行政执法人员执法证件换发的前期准备工作，收集整理全省渔政执法人员信息、着装照片等，争取年底前完成换证工作。二是起草印发了全省推广应用中国渔政管理指挥系统实施方案，做好实施前的准备工作。三是积极做好渔业文明执法窗口单位创建工作。农业部渔业局组织人员对永靖县渔政站开展渔业文明执法窗口创建活动进行考核验收，并被农业部渔业局确定为第三批渔业文明执法窗口单位。四是开展刘家峡水库渔政工作调研。近两年，刘家峡水库偷捕、滥炸鱼等不法行为急剧上升，群体事件时有发生，为了维护水库的正常管理秩序，多次到现场进行调查处理，并向省政府等有关部门汇报情况，共同维护刘家峡水库的正常渔业生产秩序。

【渔业资源保护】 一是渔业资源养护工作有了新局面。根据农业部渔业局关于下达2008年渔业资源增殖项目任务的通知精神，制定了全省渔业资源增殖放流工作方案，确定7个市县放流652万尾鱼苗，并召开会议进行了安排部署。全省共组织8次大规模的渔业增殖放流活动，全面完成了放流任务。二是规范了水生野生动物驯养繁殖和经营利用行为，开展了渔业行政许可工作。检查督促符合经营利用水生野生动物条件的单位和个人办理《经营利用许可证》、《运输证》、《捕捉证》、《驯养繁殖证》。三是加大水产种质资源保护力度。重点对天水、甘南等地开展水产种质资源保护区的划定工作。对申报的省级水产种质资源保护区的材料，组织专家进行了考察和评审，批准成立了5个省级水产种质资源保护区，并推荐上报农业部渔业局，晋升国家级水产种质资源保护区。四是继续抓好全省自然水域禁渔工作。全省渔政人员，采取各种措施，查处非法捕捞行为，先后在黄河刘家峡段、兰州段、洮河流域开展了多次大规模的联合执法，没收各类非法捕捞作业的网具100多件，没收非法捕捞的鱼类全部放生。按照情节轻重，教育和处罚了非法捕捞人员。

【渔业科技】 一是加强了渔业科技入户工作，要求科技人员到基层与示范户“零距离”接触，面对面指导。通过宣传培训，使科学健康养殖、科学规范用药、科学防治病害的理念深入人心，提高了养殖户的鱼病防治技术水平，提高水产品质量，保证了水产食品安全，增强了水产品的市场竞争力。二是为养殖户提供咨询服务，在第一时间及时解答养殖户在实际生产中遇到的各种疑难问题。省农牧厅于2008年3月开通了“12316”服务热线，由水产界资深专家轮流坐堂，为养殖户进行热线服务，解答技术疑难，取得了很好的效果。

【水产品质量安全】 一是开展水产养殖业专项执法行动。为了贯彻落实《2008年水产健康养殖推进行动实施方案》和《农业部办公厅关于开展2008年水产养殖业专项执法行动的通知》精神，省渔业行政主管部门加强组织领导，由省渔政管理总站牵头，各市（州）渔政管理机构配合，对水产健康养殖示范场、标准化养殖示范场、无公害水产养殖基地、水产原（良）种场和苗种场及其他集约化水产养殖企业开展了以养殖证、苗种生产许可证持证情况和养殖生产记录、用药记录和销售记录情况以及养殖过程兽药使用情况的执法监督检查，严厉查处了违法行为。二是开展了水产品质量安全执法专项行动，在主要渔业养殖生产区和各大水产品批发市场，广泛宣传《农产品质量安全法》、《兽药管理条例》等法律和规章及农业部的有关文件精神要求，采取现场检查和药物残留监测相结合的方式进行检查，督促批发市场加强进场水产品质量安全管理。五一、元旦、春节期间，省农牧厅联合工商等部门对兰州市大型水产品市场的水产品质量安全进行了专项执法检查，确保了水产品质量安全。各市（县）根据统一安排和部署，也在各自的职责范围内开展了水产品质量安全专项整治活动，效果显著。三是兰州、天水等大中型城市开展了以检查产地检疫证、产地质检报告和产地进货发票为主要内容的索证索票工作，并对水产市场经营户调查建档，增强了经营户的质量安全意识，为落实水产品质量安全追溯制度奠定了基础。四是根据农业部办公厅关于开展水产品药物残留监督抽查的通知精神，配合宁夏渔业水域环境及水产品质量检测中心对兰州、白银等地养殖场（户）进行了水产品药物残留抽检取样。在全国第三次水产品药物残留监督抽查中，配合上海市水产品质检中心，对临夏、兰州等地养殖场（户）进行了水产品药物残留抽检取样，抽检合格率达100%。

【重点渔业市（县）基本情况】

甘肃省渔业重点市（州）基本情况

市（州）	水产品总产值（万元）	水产品总产量（吨）	其中		养殖面积（公顷）
			捕捞	养殖	
张掖市	2 451	1 550	64	1 486	1 249
酒泉市	1 308.93	1 430		1 430	1 499
白银市	994.27	1 410	1	1 409	120
临夏州	2 025.3	1 296	316	980	6 344
兰州市	1 883.26	1 240		1 240	135
天水市	1 502.8	960		960	112
陇南市	1 159	920		920	1 951
平凉市	1 347	910	285	625	100
金昌市	1 957.5	755		755	407
定西市	567.21	600	23	577	55

【大事记】

[1]3月6—8日，农业部黄河流域渔业资源管理委员会办公室曲修杰处长一行2人到甘南州实地考察黄河上游特有鱼类国家级水产种质资源保护区功能区划划分情况。

[2]4月22—23日，全省渔业高效养殖技术培训班在兰州举办，80多人参加了培训。

[3]4月25日，甘肃水产学会在兰州召开第六届

年会暨第七届换届选举会议。会议选举产生了第七届理事会、常务理事会。并邀请有关专家做了水产养殖技术创新、科学研究、渔政管理等方面的学术报告。

[4]5月16—17日,全省渔政人员岗前培训班在兰州举办,100多名渔政人员参加了培训。

[5]5月18日,黄河甘肃段渔业资源增殖放流活动在兰州举行。农业部黄渤海区渔政局副局长王守民,中国水产科学研究院院长张合成,全国水产技术推广总站站长魏宝振,以及省人大农业委员会、省政协农业委员会、省农牧厅、宁夏回族自治区渔业局、兰州市农牧局等部门的代表参加了放流仪式。

[6]7月14—17日,全国渔业船舶检验人员上岗资格培训班在兰州市举办,70多人参加了培训。

[7]7月18日,农业部渔业船舶检验局在兰州召开了内陆地区验船师图纸审查培训教材提纲审定会。农业部渔业船舶检验局李小芬巡视员到会讲话。来自湖北、浙江、江西、山东、福建、河北及甘肃的领导和专家参加了会议。

[8]8月18日,甘肃省编办批准成立甘肃省刘家峡(国家级)水产种质资源保护管理局,加挂在甘肃省渔业技术推广总站,增加全额事业编制5名。

[9]8月26—27日,全国水产养殖业发展战略研讨会在兰州召开。农业部渔业局局长李建华、副局长陈毅德,中国水产科学院黄海研究所院士雷霁霖,中国水产科学院院长张合成,上海海洋大学校长潘迎捷,中科院水生所、水科院珠江所、渔机所、东海所,江苏省海洋与渔业局、湖北省水产局、甘肃省渔业局等单位负责人出席研讨会。会议总结水产养殖业发展的成就与经验,全面分析发展面临的新情况、新问题,进一步明确今后水产养殖发展的战略思路、重点、布局和政策措施。

[10]10月17日,受农业部渔业局委托,全国水产原种和良种审定委员会秘书处组织有关专家对甘肃省水产研究所鲑鳟鱼引种育种中心申报国家级资格进行了现场验收。一致同意该场通过国家级资格验收。

(甘肃省渔业局 陈 静 周 健)

青海省渔业

【概况】 2008年,青海省渔业工作在农业部渔业局和省农牧厅党委的正确领导下,全面贯彻全国渔业专业会议精神和全青海省农牧业工作会议精神,加强生态建设和渔业资源保护工作,加快渔业生态基础设施建设,调整养殖结构,大力发展大水面冷水鱼增养殖,努力开创高原特色渔业。2008年水产品产量2 080吨。养殖面积46 400公顷。实现渔业总产值1 669万元,增加值385万元。

【冷水鱼繁育】 2008年,从俄罗斯引进高白鲑发眼卵740万粒在黑泉水库冷水鱼繁育车间进行孵化培育。由于俄方延误运输时间,发眼卵在运输途中已破膜,造成鱼苗大量死亡。至4月初共孵出高白鲑鱼苗215尾,通过培育至6月初分别投放至李家峡、黑泉、盘道、大水、苏只水库等水域共124万尾。10月中份经监测,黑泉水库当年投放的高白鲑鱼苗长至93克,长势良好。当年组织技术人员经讨论研究,撰写完成"高白鲑人工繁育及放流捕捞技术操作规程",为今后更有效地开展高白鲑人工繁育及增殖放流工作提供规范、科学的指导性文本。并通过与引大济湟工程综合开发中心签订合作协议,加强了对黑泉水库种源基地的建设与管理,协议中约定在2009—2011年期间黑泉水库全库实行禁捕,并每年投放50万尾以上的高白鲑鱼苗,以稳定高白鲑鱼产量,保证种源的供给量。

【鱼类增殖站运行】 受黄河上游水电开发公司建设公司委托,承担了黄河上游苏只、积石峡鱼类增殖站的运行管理工作。自2007年11月两增殖站正式运行以来,陆续开展了土著经济鱼类花斑裸鲤、黄河裸裂尻等黄河土著鱼类的人工驯养、繁育及其渔业环境监测工作。经2008年越冬管理,黄河裸裂尻鱼种、花斑裸鲤亲鱼成活率达到80%以上,2008年4月底拉网检查,大部分花斑裸鲤亲鱼已达到性成熟。并先后共向两增殖站放养花斑裸鲤、黄河裸裂尻亲鱼3 400千克,并及时采取鱼病防治措施。通过人工驯化养殖,已开始摄食人工配合饲料,证明野生花斑裸鲤等土著鱼类驯化养殖已经取得成功,为下年人工繁育打下基础。同时,引进齐口裂腹鱼、花斑裸鲤亲鱼600余尾,在苏只鱼类增殖站流水池进行驯化养殖;从四川引进黄河鲤受精卵20万粒,培育出鱼苗100余尾,证明黄河鲤人工繁殖试验取得成功。

【基层水产养殖服务】 2008年,积极为基层养殖协助联系饲料、药品等渔需物资,并热情解答各种养殖技术问题,给渔民送去水产技术养殖培训书籍,发放鱼病防治手册。为乐都示范养殖户从饲料、网具给予扶持;为贵德冷水鱼养殖民营企业给予技术性指导和服务;为湟源虹鳟鱼养殖户无偿进行鱼病防治指导和服务;给平安县水产站配发电脑,扶持基层单位体系建设;组织召开李家峡库区渔业综合开发座谈会,从技术指导、苗种补助、人员培训等方面加强对沿黄库区渔业发展的扶持工作，并编写李家峡综合开发可研报告。

【观光渔业】 西宁、海东、海南等地区观光渔业蓬勃发展。截至2008年底，养殖户以发展到100余户。绝大多数群众性的养殖鱼塘，进行集养殖、垂钓、休闲、观光、餐饮为一体的综合开发。传统单一的养殖模式，正转向极具发展前景的休闲观光渔业，已成为青海省农牧经济发展的新亮点。养殖户综合经营收入比单纯养殖增加了4倍，取得了良好的经济、生态和社会效益。水产技术推广部门通过推广和引导，增加了休闲渔业的适宜品种，提高了群众养殖经营水平。

【渔业管理】 为了进一步加强渔业资源环境保护，按照全省封湖育鱼工作会议的安排部署，制定了切实可行的实施方案，进一步完善了“分片承包制”和“承诺制”，做到了责任明确，任务具体，措施有力。环湖各州(县)根据各自的实际情况，发布了县乡封湖育鱼通告，制定了详细的工作方案，层层签订目标责任书，形成了一级抓一级、层层抓落实的联动工作机制，确保了封湖育鱼工作的扎实有效开展。全省渔政部门严格依照相关法律法规，进一步加大监管力度，全省共查处各类涉渔案件93起，其中刑事案件5起；查处非法经营湟鱼餐馆29家，没收鱼网1 865盘，销毁皮筏子14只，暂扣车辆21辆，没收湟鱼15.7吨。特别是在几起重大案件的侦破过程中，行政拘留24人，刑事处罚8人，有效遏制了捕捞贩销湟鱼的违法行为。封湖育鱼工作取得阶段性成效，青海湖裸鲤资源有了一定程度的恢复。据科学测算，至2008年8月青海湖裸鲤可捕捞资源量达到24 340吨，比2002年增加了21 747吨。

【渔业投入和基础设施建设】 2008年共安排项目资金1 179万元。其中：农业部批复实施的基础设施建设项目327万元，农业部财政专项项目87万元，国家发改委产业化示范项目450万元，省财政专项项目315万元。从项目的完成情况看，各实施单位高度重视，工作扎实有序，确保了项目任务和技术措施的落实。

【渔业资源和环境保护】

(1)增殖放流。2008年5—7月，在青海湖裸鲤产卵期间，采集受精卵1 100万粒，共培育鱼苗720万尾，6—8月，在沙柳河成功放流了720万尾青海湖裸鲤鱼苗，超额完成了年初下达的700万尾的任务。同时，根据农业部渔业局有关文件精神和要求，组织开展2008年黄河流域渔业资源增殖放流活动。5月初至9月底，分4次陆续向黄河上游李家峡水库投放鲤、鲫、草鱼等鱼苗125万尾及鱼种5 000千克(规格100～200克)。

(2)重点渔业水域环境监测。一是开展全国渔业生态环境监测青海区工作。从2008年4月至8月对承担的黄河水系龙羊峡至积石峡段重要鱼类洄游通道，黄河上游(河南县境内)特有鱼类国家级水产种质资源保护区及长江水系玛柯河段川陕哲罗鲑产卵繁殖场等3处区域常规监测。二是开展其他重点水域监测。2月开展了青海湖布哈河、沙柳河、151景区、洱海等水域监测；5月和9月开展了李家峡水库的监测；10月开展了澜沧江水域的扎曲、巴曲、香曲河，长江通天河干流、隆宝湖、结古河等重要渔业水域监测工作。

(3)水利水电工程水生生物监测及环境影响评价。一是受青海省环境科学研究委托，继续开展黄河拉西瓦水电站工程、积石峡水电站工程的水化、水生生物监测。二是受省水利水电研究设计院委托，开展大通河石头峡水电站工程水生生物监测工作。三是受黄河水资源保护科学研究所委托，开展“引大济湟调水总干渠工程水生生态监测”及“引大济湟调水总干渠工程水生生态环境影响评价”工作，该项目期限为2008年至2009年，项目范围为大通河和宝库河，2008年度工作任务已基本完成。通过开展水利水电工程水生生物监测及环境影响评价工作，科学分析了水电站工程对河道鱼类和渔业资源的影响，提出在水生生物和渔业资源方面减免不利影响的措施与对策，提出了主要经济鱼类资源保护和恢复措施，为工程规划设计部门和主管部门决策提供科学依据。

(4)根据全国水产养殖业污染源排污系数测算项目的要求，在3—7月分别对南门峡虹鳟鱼繁育中心及李家峡虹鳟鱼繁育中心开展水产养殖业产排污系数测算工作，对其进水口、养殖区、排水口的水质、饲料、鱼类进行了3次普查。

(5)分子生物学相关实验研究。一是在2007年提取到土著鱼类DNA的基础上，继续开展黄河裸裂尻等土著鱼类DNA的提取工作。现已提取到16种鱼类、30个种群的300多个鱼类样本的DNA，目前正在开展相关功能基因的克隆和后期实验研究工作。二是依据分子实验室关于开展青藏高原极端环境下特有鱼类功能基因的研究工作的长期发展目标，以裸鲤属的花斑裸鲤和青海海湖裸鲤为先期研究对象，通过RNA提取、mRNA分离提取和cDNA的合成等工作，现已获得花斑裸鲤和青海海湖裸鲤的完整cDNA序列，并且在此基础上开展了生长素基因的克隆和生长素基因在大肠菌中的表达筛选工作，为下一步开展特有鱼类功能基因的研究工作奠定了基础。

【大事记】

[1]2月26日，青海省质量技术监督局给省渔业环境监测站颁发了《资质认定计量认证证书》。

[2]3月26日，组织召开了全省封湖育鱼工作会议。会议总结了2007年的工作，安排部署了2008年工作，并签订了封湖育鱼工作目标责任书。同时，表彰了2007年在封湖育鱼工作中涌现出的先进单位和个人。

[3]3月27—29日，农业部船检局巡视员李小芬一行4人对海西州渔政站渔政执法窗口文明单位进行考核。

[4]6月13日，青海渔政63004渔政执法船在青海湖渔场码头正式起航。

[5]6月26—28日，2008·青海湖渔业资源保护论坛在西宁召开。

[6]6月28日至8月30日，在刚察县沙柳河、泉吉河进行了第7次青海湖裸鲤人工放流活动，放流大规格鱼种720万尾。

[7]7月7—9日，农牧厅副厅长祁生援一行6人赴甘肃省刘家峡水库和青海省李家峡、苏只、积石峡等沿黄水库考察调研冷水鱼养殖情况。

[8]7月23—24日，长江渔业工作会议在西宁召开，长江流域青海段纳入长江渔业资源管理委员会管理。

[9]9月17日，青海省副省长邓本太在农牧厅领导的陪同下前往省渔政管理总站检查指导工作。

[10]9月19—26日，分3次共向李家峡水库投放鲤、鲫、草鱼等鱼种4 800千克。

[11]10月6—24日，德国海德堡大学马德博士和魏斯尔博士来青海省合作开展渔业湿地保护技术研究及玛柯河水生生物多样性研究项目。

(青海省水产局 钟 强 朱安福)

宁夏回族自治区渔业情况

【概况】 2008年，宁夏渔业坚持科学发展，以市场为导向，以产业增效、农民增收和可持续发展为目标，认真贯彻落实国家、自治区关于农业农村经济工作的一系列方针政策及措施，克服了年初低温雨雪冰冻灾害，积极应对国际金融危机带来的冲击，全面推进现代渔业建设，渔业经济继续保持持续、快速发展的良好势头。宁夏渔业发展的主要特点：

(1)产业规模不断扩大，渔业在大农业中的地位更加突出。2008年，宁夏水产养殖面积、水产品产量继续保持两位数增长。其中，水产养殖面积达到28.2千公顷，比上年增长19%，是1978年的11.6倍；水产品产量8.5万吨，比上年增长10.4%，是1978年的298倍；渔业经济总产值14亿元，比上年增长15.7%，在农林牧渔业总产值中的比重由1978年的0.5%提高到9%，接近全国平均水平；从渔农民人均纯收入5 500元，高于全区农民人均纯收入1 800元。经过30年发展，宁夏渔业实现了从无到有、由小到大的历史性跨越，渔业生产水平、水产品供求关系实现了历史性转变。渔业的发展，成功解决了"吃鱼难"问题，丰富了城乡居民的"菜篮子"，为优化农业产业结构、保障区域水产品市场供给和食物安全做出了重大贡献，渔业已经由改革开放前的一个"副业"发展成为农村经济中一个不可替代的区域性特色优势产业。

(2)渔业功能不断拓展，渔业发展空间更加广阔。自治区党委、政府以新的理念和思路破解渔业发展难题，充分发挥渔业在农业农村经济发展、生态保护、观光休闲、文化传承的综合优势，把"适水产业"作为现代渔业发展的重要突破口，强力推进。2008年，全区新增"适水产业"面积4.53千公顷，水禽集约化养殖80万只，水生植物规模化种植670公顷，新建休闲观光渔业场点50个，全区休闲观光渔业场点达到156家，渔业开始由单纯的生产型产业向生态型产业、旅游文化型产业延伸和拓展。30年渔业发展，不仅使一些低洼盐碱地得到开发，一些退化萎缩的湖泊湿地得到恢复，而且对于涵养水源、净化水质、调蓄洪水、美化环境、调节气候发挥了重要作用，对于适应人们高层次、个性化的文化旅游需求，实现更高水平的小康目标做出了积极贡献。

(3)健康养殖全面推进，水产品质量安全监管更加有力。渔业改革开放30年，是宁夏着力推进"短缺型"渔业向数量型渔业和质量型渔业转变的30年。近年来，随着人民生活水平的提高，水产品质量安全得到宁夏各级政府的高度重视和全社会空前关注，水产品质量安全管理得到空前的加强。2008年，面对我国农产品质量安全出现的各种挑战和严峻形势，宁夏各级渔业部门积极应对，不断加大工作力度，全区水产品质量安全水平不断提高。一是水产健康养殖示范场创建工作深入开展。在巩固提高灌区10个水产健康养殖示范场(区)的基础上，又创建了国有简泉农场等7个水产健康养殖示范场，全区农业部水产健康养殖示范场达到17个，面积12.2千公顷，占全区养殖面积的

43.6%,辐射带动作用进一步增强。二是渔业水域环境治理和检疫检测工作扎实推进。2008 年,全区共检测水样 159 批次、饲料 102 批(次)、水产品 81 批(次);检疫各类苗种 8 亿尾,检疫商品鱼 327 批(次)、1.44 万吨,是多年来抽检频率最高、范围最大、数量最多的一年。三是全面开展水产品药物残留专项整治。2008 年,宁夏重点加强和规范渔业投入品管理,特别是对主要养殖品种中硝基呋喃类代谢物、孔雀石绿、氯霉素等药物残留检测和使用管理。2008 年 11 月,农业部委托河南省渔业监测中心抽检宁夏 28 个水产品样品,普通禁用药物检测合格率 100%,硝基呋喃类代谢物检测合格率 100%。到 2008 年,全区通过无公害水产品产地认定面积 14.8 千公顷,65 个养殖产品通过无公害水产品产品认证,17 个渔业产品通过绿色食品认证。

(4)渔业科技水平不断提高,科技对产业的支撑和引领作用更加明显。改革开放以来,宁夏坚持"科技兴渔"战略,大面积、大范围实施了"渔业丰收计划",促进了一大批渔业新科技、新成果走向千家万户,从整体上推动了全区渔业生产水平的提高。近年来,宁夏坚定不移地推行渔业科技进步,先后组织实施了"863"渔业科技攻关项目、"无公害水产养殖技术大面积推广"项目、渔业科技入户工程、新型农民培训工程,在新品种应用、黄河鲶人工繁殖、暴发性鱼病预测预报与防治、养殖水域环境治理、生态渔业等领域取得了重要进展。全区各市、县(区)水产技术推广部门,活化推广机制,创新服务方式,组织广大基层技术人员常年深入一线,进村入户,包场点、包池塘,开展全程技术服务和技术承包,确保了全区渔业技术入户率和到位率,促进渔业发展方式实现重大转变。2008 年,全区各类名优水产养殖面积达到 12 千公顷,落实"无公害水产养殖技术大面积推广"面积 7.93 千公顷,培育渔业科技示范户 1 441 户,带动养殖户 3 000 户,培训技术人员、从渔农民 1.2 万人(次)。

(5)基础建设不断加强,渔业支撑保障体系更加完善。改革开放以来,特别是近年来,国家及自治区不断加大对渔业的投入,加强渔业基础设施和支撑保障建设,渔业质量安全体系、水产原(良)种体系、渔政执法体系更加完善。截至 2008 年,农业部第一期规划的自治区"三检"中心以及贺兰、永宁、平罗、吴忠、中卫、灵武、中宁、青铜峡等 8 个县级水生动物疫病防治站基本建设完成。第二期规划的银川市、石嘴山市、吴忠市、中卫市等地市级水生动物防疫站和自治区水生动物疫病监控中心已完成项目申报工作,一个分工明确、功能互补、相对完善的渔业病害预测预报、水域环境监测和质量检测网络体系开始在全区形成。同时,先后建设完成了一批自治区及市县级水产原(良)种场。为灌区各市(县)配备了渔政执法车 14 辆、渔政执法快艇 10 艘。全区水产良种生产能力、渔政现代化装备水平明显提高。

(6)渔业生态保护取得新进展,可持续发展理念更加深入。从 2003 年起,宁夏每年 5 月 1 日至 7 月 31 日在黄河宁夏段及其附属水域实行休渔制度,黄河宁夏段长期以来存在的酷渔滥捕行为得到有效遏止,鱼类种质资源开始恢复。从 2006 年起,宁夏开始建立和推行渔业资源增殖放流制度。到 2008 年,全区共向黄河及沙湖、星海湖、阅海湖等重点湖泊水域累计投放各类经济鱼类近 1.5 亿尾,有效恢复了黄河及附属水域鱼类资源,也为宁夏渔业资源的科学化、规范化和法制化管理积累了经验,奠定了基础。黄河卫宁段兰州鲶国家级水产种质资源保护区、黄河青石段大鼻吻𬶋国家级水产种质资源保护区获农业部批准,启动了沙湖湿地自然保护区建设项目。宁夏渔业向"资源节约、环境友好"的可持续发展迈出了实质性步伐。

【基本经验】

(1)构建了产业的政策机制。2008 年,宁夏继续把发展特色产业作为推进现代农业的重要抓手,摆在更加突出的位置,出台了《推进特色优势产业促进农业产业化发展的若干政策意见》。渔业作为宁夏确定的六大优势特色产业之一,支持力度明显加大,自治区及各级财政投入资金超过 1 000 万元,其中农机补贴政策首次延伸到渔业,极大地调动了各方面的积极性、主动性和创造性。在产业发展中,始终坚持"引导不强制、服务不包办、到位不越位"的原则,以农民为产业发展主体,尊重群众的首创精神,鼓励各地依托当地土地信用合作社,积极探索和建立养殖水面流转制度,促进渔业规模化生产,支持集体、农民联合以股份合作形式,统一规划组织开发、经营,按股分红,充分调动群众的热情和积极性。

(2)形成了产业大县带动模式。青铜峡、平罗、贺兰等作为自治区确定的淡水鱼产业大县,在发展渔业经济尤其是"适水产业"开发中,把部门的倡导上升为政府的决策,把行业的重点提升到全县的重点,把"适水产业"建设同新农村建设、生态移民、河道改造、荒芜盐碱地改造等工程结合起来,工作有力度,机制有创新,投入有着落,发展有突破,发挥了对全区渔业发展的引领、示范和带动作用。2008 年,5 个产业大县新增"适水产业"面积超过 3.85 千公顷,占全区新增养殖面积的80%以上,产业集中度明显提高。

(3)搭建了"招商引资"平台。宁夏各地通过政策引导、优化环境、强化服务,多渠道招商引资,先后吸引内蒙古、江苏、北京、天津等一大批外地企业和客商纷纷参与"适水产业"基地建设及水产品流通服务,突破了区域界限、所有制界限和行业界限。2008年,宁夏共吸引和驱动区内、外及社会和企业投资1.5亿元,进一步增强了产业发展的活力。

(4)坚持科学规划、因地制宜。在深入调查研究的基础上,宁夏紧密结合宜渔资源、水资源、养殖传统、市场消费及区位特点现状,认真分析产业发展的优势、劣势及制约因素,准确把握产业发展方向。提出"现代渔业先导区"、"'适水产业'开发区"、"生态渔业建设区"的科学区划,研究制定科学、可行、操作性强的《宁夏渔业产业发展规划》(2008—2012年),进一步明确发展重点、目标、布局和措施。

(5)重视生态保护与产业协调发展。按照科学发展观的要求,牢固树立"保护生态环境就是保护生产力,改善生态环境就是发展生产力"的思想,宁夏制定了《宁夏盐碱地治理与生态渔业建设规划(2008—2012)》,在保护中开发,在开发中保护,切实走"资源节约,环境友好"的渔业可持续发展之路。特别强调要对现有的湖泊湿地,科学评估承载能力,合理搭配增养殖品种,严格控制种养密度,不断探索、完善和丰富"以渔养水"、"以渔保水"生态渔业模式,增强渔业可持续发展能力,提高渔业可持续发展水平。

【存在的主要问题】

(1)渔业基础薄弱、技术储备不足,支撑不强,技术普及和到位率不高。旧池塘普遍老化,部分淤积严重,鱼类病害频发,部分养殖池塘渔业生产能力下降。

(2)渔业科技发展水平与快速扩张的产业规模还不相适应,科技成果的储备及有效供给不足,许多严重制约生产发展的技术问题还没有从根本上得到解决。水生生物资源衰退的总体趋势尚未得到根本扭转,一些湖泊湿地水域荒漠化、富营养化的状况还未得到应有的重视和警惕。渔业经济与资源环境的协调发展模式还没有完全建立。

(3)水产品加工尚处于探索和起步阶段,产业化形式单一,产业链条短,市场容量小,产品增值能力低。

(4)水产品质量安全监管任务依然艰巨。受养殖效益和利益驱动,从渔农民水产品质量安全意识总体上还不强,个别地方、个别养殖场点的水产品禁用药超标问题仍然存在。因此,要实现对苗种繁育、养殖生产、投入品使用等全程监管,全面推进水产健康养殖的任务依然艰巨。

(5)渔政执法工作经费紧缺,装备落后,检测设备缺乏,执法手段、执法装备水平严重滞后于新时期渔政管理的实际需求,调查取证及检验检测等执法工作难以有效开展。

【重点渔业市(县)基本情况】

宁夏回族自治区重点渔业市(县、区)基本情况

市(县、区)	总人口(万人)	水产品总产量(吨)	其中		养殖面积(公顷)
			捕捞	养殖	
贺兰县	18.7	22 310	41	22 269	5 400
平罗县	28.6	14 278	73	14 205	6 057
青铜峡市	26.39	9 585	26	9 559	3 250
永宁县	20.9	7 840	5	7 535	966
大武口区	24.5	5 670		5 670	2 835
金凤区	19.4	5 532		5 532	2 134
中卫市城区	35.81	5 100		5 100	1 133
兴庆区	47.08	4 347		4 347	1 517
灵武市	23.2	2 379		2 379	609
中宁县	29.9	1 915	15	1 900	1 444

【大事记】

[1]1月11日,宁夏农业工作会议渔业专业会议在银川召开。会议传达了全国渔业工作会议和渔政工作会议精神,表彰了2007年度宁夏渔业工作先进单位和先进个人;全面总结了2007年宁夏渔业工作,研究部署了2008年及今后一个时期宁夏渔业工作重

点。自治区农牧厅副厅长黄全福出席会议并做了重要讲话。

[2]1月20日,自治区农牧厅渔业局针对连续降雪、降温给渔业生产带来不利影响的实际情况,发出紧急通知,要求各地高度重视,加强指导,认真采取有力措施,切实做好降雪低温期间的管理、水产品质量管理以及培训等工作,防范事故发生。

[3]1月29日,自治区农牧厅发布2008年第3号公告:截至2008年1月20日,宁夏灵汉实业公司、宁夏月海湿地旅游开发有限公司和宁夏沙湖旅游股份有限公司三家企业的17个水产品取得中国绿色食品发展中心绿色水产品认证,并有效使用绿色食品标志证书。

[4]2月15日,自治区农牧厅在石嘴山召开灌区雪灾后渔业生产管理工作会议。自治区农牧厅党组成员、副厅长黄全福出席会议并作了重要讲话。农牧厅渔业局局长康进喜主持会议,灌区各市、县(区)农牧(业)局主管领导、水产中心主任参加了会议。会议听取了各地关于受灾及灾后自救情况的汇报,查看了石嘴山市星海湖、大武口区隆湖渔业生态园区,现场观摩了石嘴山市水产技术服务中心与有关单位联合研制的扫雪机演示。

[5]2月18日,自治区党委副书记于革胜视察自治区水产技术推广站和农业技术推广总站工作,并与农业专家、渔业专家、技术干部座谈。

[6]4月9日,自治区农牧厅在渔业养殖管理工作全面开展之时,印发通知,要求各地高度重视,切实抓好春放生产,大力推进健康养殖,认真开展黄河休渔,确保全年渔业各项目标圆满完成。

[7]4月25日,宁夏召开全区水产技术推广工作会议。会议传达了全国水产技术推广工作会议、全国水生动物防疫及水产养殖动植物病情监测工作会议精神,全面总结了2007年度全区水产技术推广工作,安排部署了2008年度全区水产技术推广工作,签订了《2008年水产技术推广工作目标责任书》。自治区农牧厅党组书记、厅长赵永彪出席会议并做重要讲话。

[8]6月10—13日,自治区农牧厅渔业局举办中国渔政管理指挥系统推广应用市、县级操作人员培训班。

[9]6月,银川市农牧局举办了全市水产技术岗位练兵和技能大比武活动。活动分初赛和决赛两个阶段,初赛阶段主要进行理论知识笔答;决赛阶段为入围选手现场技能操作比赛。6月24日,现场决赛在贺兰县光明垂钓园进行。来自银川市直、兴庆区、金凤区、西夏区、贺兰县、永宁县和灵武市7支代表队的21名参赛选手,参加了水化学试验操作、鱼体解剖、饲料鉴别、水生植物鉴别、浮游生物鉴别以及撒网等环节的比赛。兴庆区农林牧业局、银川市水产技术推广服务中心、贺兰农牧局分获一、二等奖。

[10]12月,宁夏宏坤实业有限公司养殖场、宁夏广勤综合养殖有限公司养殖场、宁夏绿方水产良种繁育有限公司养殖场、石嘴山市星海湖产业有限公司养殖场、宁夏沙湖旅游股份有限公司养殖场、宁夏国有简泉农场、吴忠市金银滩镇何凤林渔场等7家养殖场被评为农业部第三批水产健康养殖示范场。

[11]12月26日,自治区农牧厅渔业局在银川召开纪念宁夏渔业改革开放30周年座谈会。自治区农牧厅党组成员、副厅长黄全福,自治区渔业系统部分老专家,银川市、石嘴山市、吴忠市、中卫市、兴庆区、金凤区、贺兰县、平罗县、青铜峡市等市、县(区)农牧局主管渔业的领导、水产中心负责人,自治区农垦局农业处负责人,国有前进农场主管渔业领导,部分水产养殖企业负责人,自治区水产站、水产研究所干部参加了座谈会。自治区农牧厅渔业局局长康进喜作了主题报告。座谈会总结了改革开放30年来宁夏渔业发展的成就与经验,探讨了进一步深化改革、扩大开放、促进宁夏现代渔业发展的思路和措施。

(宁夏回族自治区农牧厅渔业局　康进喜　刘　巍)

新疆维吾尔自治区渔业

【概况】 2008年,新疆渔业在宏观政策好、市场拉动力大的有利条件下,继续保持了稳定、持续、健康的发展态势,渔业已成为推动农村经济发展、促进农民增收的一个优势产业。2008年,水产品总产量93 386吨,比增4 376吨,增长4.9%。其中养殖产量81 553吨,捕捞产量11 833吨。养殖面积73 917公顷,同比减少315公顷,下降0.4%。生产鱼苗14.9亿尾,投放鱼种13 568吨。渔业灾害造成水产品损失3 575吨,直接经济损失达3 270万元。渔业经济总产值10.96亿元,比增1.66亿元,增长18.2%。其中渔业产值9.87亿元,水产品加工、渔用饲料等产值0.3亿元,渔业流通和休闲渔业0.79亿元。渔业人均纯收入7 500元,比增681元,增长10%。水产品人均占有量4.5千克。

【水产品质量安全管理】

(1) 进一步做好无公害水产品产地认定和产品认

证工作。2008年,新疆通过无公害产地认定面积458公顷,48个产品通过认证。乌鲁木齐县东沟虹鳟鱼养殖试验场通过国家有机食品生产基地认定。

(2) 积极开展创建水产健康养殖示范场活动。2008年,又有7个单位荣获"国家级水产健康养殖示范场"称号,面积254公顷,8个单位荣获"自治区级健康养殖示范场"称号,面积387公顷。开展各层次健康养殖技术培训12期,培训800人(次)。通过创建活动的开展,水产养殖业规范管理程度进一步提高,监管机制逐步完善。

(3) 大力开展渔业科技入户活动。努力发挥渔业科技的支撑保障力度,促使健康养殖技术得以应用,2008年培育科技示范户50户,带动辐射养殖面积660多公顷。

(4) 大力加强水产苗种管理。2008年4月下旬,联合兵团水产局赴主要苗种生产场进行检查。一是检查苗种场是否依法取得水产苗种生产许可证,二是重点检查在生产苗种过程中是否存在违法违规用药行为。全疆有28家苗种场办理了苗种生产许可证,占苗种场总数的60%。

(5) 水产污染源普查工作顺利完成。对全疆14个地、州(市)池塘养鱼和人工投喂的坑塘情况进行了详细的调查,调查面积15 352.23公顷。

【强化渔业行政监管】 各级渔业行政主管部门强化渔政执法人员对相关法规的学习,不断提高各级渔政人员业务素质及执法水平,共举办执法培训班6期,培训人员260人(次)。严格执行禁渔区(期)制度,根据《新疆维吾尔自治区实施(渔业法)办法》、《伊犁河、额尔齐斯河渔业资源管理条例》,在博斯腾湖、乌伦古湖、伊犁河、额尔齐斯河严格执行禁渔区(期)制度,强化禁渔期间的监督管理,组织不定期的执法检查。依法规范天然水域承包、租赁及对天然水域投放新物种的监督管理。2008年处理天然水域渔政案件130余起,其中立案78起,刑事处罚案件1起。加强对《农产品质量安全法》、《水产养殖质量安全管理规定》的宣传工作,使广大渔业生产者在生产中自觉遵守相关规定。同时组成水产养殖业专项执法行动小组,行程上万公里,对全疆各地执法情况进行督促检查,共检查《现场检查记录表》100余份,检测水产品21个品种共65个样品,抽取渔用饲料样品16份,检查渔药经销点28处,水产企业渔药储存点5个。检查结果显示全疆地产水产品药物残留均符合有关标准,没有发现药物残留超标和违禁用药现象。主要新闻媒体参与行动并做了及时报道。依法规范水生野生动物特许利用,依法对自治区境内重点经营利用水生野生动物的地(市)开展许可制度,在重大节日之前组织渔业行政执法人员对市场、酒店、流通环节进行联合执法检查。办理野生动物特许利用证70余家,处理违反水生野生动物管理案件96起。

【增殖放流】 继续开展渔业资源增殖放流行动,大规模增殖放流均在秋季进行,共放流各类鱼苗4 066万尾,投入资金1 430.9万元。国家一级保护水生野生动物新疆扁吻鱼经新疆科技人员的努力,人工繁殖的数量、培育苗种的规格好于2007年,2008年共培育苗种20万尾。

【休闲渔业】 休闲渔业的发展为渔业经济的发展带来了活力,带来了明显的经济效益。养殖单位和养殖户开展以生产、游钓、餐饮为一体的休闲渔业的步伐加快,特别是乌鲁木齐市、昌吉州、石河子市等实现利润1 000多万元。

【科技与推广】 新疆渔业科技推广工作以优势资源的养护及合理开发,名、特、优品种的人工繁殖技术研究、渔业科技成果转化、适用技术推广普及、大型水利工程的环评等为重点开展工作。2008年,承担"白斑狗鱼苗种培育"、"南美白对虾工厂化养殖技术示范"、"伊犁裂腹鱼驯养和人工繁育技术研究"、"新疆渔业绿色养殖技术研究及示范"等各种项目16项,其中14个项目通过评审、验收。"扁吻鱼保护生态学研究"项目获得自治区科技进步三等奖。这些项目的顺利开展,为渔业增长方式的转变奠定了良好的基础。

【存在的主要问题】 一是渔业生产仍难以实现与市场的有效连接,特别是缺乏好的产业化发展项目,使生产企业介入市场较慢,生产与销售以及深加工产业链发展迟缓,制约了渔业生产的发展;二是池塘和基础设施老化仍是制约全区渔业发展的主要问题,使得渔业生态环境难以得到改善;三是投入严重不足,使得一些渔业科技推广项目难以实施;四是水产推广体系不健全,人员断层现象严重,水生动物疫病防疫、水产品质量监管职能与队伍状况不相适应,渔业水域环境和水产品质量安全监测体系不健全。

【重点渔业市(县)基本情况】

新疆维吾尔自治区重点渔业市(县、区)基本情况

市(县、区)	渔业总产值(万元)	水产品总产量(吨)	其中		养殖面积(公顷)
			养殖	捕捞	
博湖县	8 117	8 525	3 269		2 130
昌吉市	8 624	8 510	8 510	5 256	945
伊宁县	7 516	7 192	7 192		463
福海县	6 728	4 100	2 532		8 736
呼图壁县	3 187	3 220	3 220	1 568	510
乌鲁木齐县	3 795	3 080	3 080		325
伊宁市	3 762	3 025	3 025		310
莎车县	2 904	2 420	2 395		3 213
阿克苏市	2 649	2 408	2 230	25	430
米东区	2 951	2 270	2 270	178	305
拜城县	2 365	2 150	2 150		262

【大事记】

[1]3 月 1—2 日,召开自治区水产工作会议,自治区党委农办、自治区政府农牧处、自治区发展和改革委员会、财政厅、农业厅、科技厅、畜牧厅兽药处等涉农部门的有关领导及各地、州(市)水利局主管水产工作的领导 100 余人参加了会议。自治区人民政府副主席钱智、主席助理王世江到会并做了重要讲话。

[2]6 月,阿勒泰地区渔政管理中心站被农业部评为第三批“全国渔业文明执法窗口单位”。

[3]6 月 4—6 日,自治区水产局在乌鲁木齐市举办了一期水产品质量安全管理培训班,有 80 多人参加了培训。

[4]8 月 6—25 日,由自治区水产局、自治区渔政总站、兵团水利局与各地渔业行政主管部门组成联合检查组,对本辖区进行水产品质量安全管理、水产品药物残留监控、渔业水域环境检测、水生动物防疫检疫等方面的联合检查。

[5]8 月 27 日至 9 月 1 日,农业部副部长牛盾一行 4 人来新疆考察调研内陆渔业发展情况。听取当地渔民、技术人员及渔政执法部门的汇报,对当地冷水渔业、特色渔业、休闲渔业的发展给予了高度评价,并对探索加强与中亚国家渔业合作以及渔业援疆工作提出了具体要求。

[6]9 月 9 日,向扁吻鱼原栖息地水域克孜尔水库投放扁吻鱼苗种 20 万尾,平均体长 10.75 厘米。

[7]9 月 24—25 日,自治区水产局联合新疆生产建设兵团水产局在伊宁市召开了水产养殖现场会。全疆各地水产养殖负责人、专家、企业负责人、养殖户约 130 人出席了现场会。会上 14 个单位的代表作了典型发言,并实地参观了 3 处不同类型的养殖现场。

[8]10 月 27—28 日,自治区水产局组织召开了全疆水生动物疫病防疫座谈会。各地、州(市)水产负责人到会。

(新疆维吾尔自治区水产局　杨小蕾)

大连市渔业

【概况】 2008 年,全市渔业系统坚持科学发展观,加快现代渔业建设步伐,以市场为导向,以保障水产品有效供给和“三大安全”为核心,以体制创新和科技进步为动力,实施产业结构调整,推动产业优化升级,采取内涵挖掘与外延扩张并举策略,加强标准管理,突出生态健康生产,稳步扩大水产品精深加工,引导流通及休闲产业建设,促进全市渔业经济各产业持续协调较快增长。全年完成水产品产量 223 万吨,同比增长 1.4%;实现渔业产值 204 亿元,增长 15%;渔业社会总产值 422 亿元,增长 12.7%;完成渔业经济增加值 208.1 亿元,增长 15.4%;出口贸易额 13.5 亿美元,增长 12.5%;渔民人均纯收入增加 1 000 元,达到 13 800 元,比上年增长 7.8%。

【海洋渔业】

(1)2008 年,大连市渔业资源修复养护力度不断加大,促进近海捕捞良性发展。积极修复近岸渔业资源生息环境,建造金州区杏树屯街道黑岛、长海县小长山乡两处人工鱼礁示范区。调整放苗品种、增加增殖放流规模,投入资金 598 万元,先后放流对虾、海蜇、三疣梭子蟹等苗种 4.85 亿尾(个)。继续落实捕捞渔民转产转业政策,完成 244 艘报废渔船验收,发放补贴资金 1 700 余万元。全年完成海洋捕捞产量 75.4 万吨,比上年下降 12.4%,实现产值 53.8 亿元,比上年下降

0.4%；完成远洋捕捞产量6.9万吨，比上年下降21.7%；实现产值6.6亿元，比上年增长8%。

（2）捕捞渔民减船转产。2008年4月，按农业部批复的渔船报废计划，由捕捞、渔政、船检和渔监4个部门组成的验收组，深入沿海现场对报废渔船进行验收。历时2个月，验收报废渔船244艘，其中就地拆解154艘，沉海造礁90艘。国家补贴资金为853.14万元，大连各级财政也配套了相等资金，共1 700万元。已由各地渔业主管部门发给减船转产渔民。按照农业部文件要求，经测算，将7 637万元柴油补贴，及时发给163艘远洋渔船所属远洋渔业企业和船东，使他们真正享受到国家对远洋渔业的扶持政策。

（3）海洋牧场项目建设。大连市海洋牧场示范区项目获得国家批准，实施地点为金州区杏树屯黑岛和长海县小长山乡复兴村附近海域，国家提供项目扶持资金400万元。为确保项目内容按要求扎实进行，制定了《大连市海洋牧场示范区项目实施方案》，成立了项目领导小组，组织专家对项目进行了科学论证。招标选择人工鱼礁建造单位，对人工鱼礁建造工程实行全过程监督和定期验收。

（4）捕捞渔船节能减排。市政府发布《大连市2008年新农村建设18件实事》中，确定“积极引导、推广渔船节能降耗，年内力争1 000艘渔船采用柴油节油添加剂技术”的工作目标。根据大连市机动渔船的实际分布情况，将1 000艘渔船的节能减排指标按比例分配到10个县（市、区），并在2月18日召开动员会。2月29日，下发《关于切实做好捕捞机动渔船节能减排工作的通知》。2008年，全市采用柴油节油添加剂技术的捕捞渔船已达1 988艘，其中使用“波化亚”的渔船1 488艘、“迪拉克”500艘，另外，还在208艘中小功率渔船试验安装了“远通”牌燃油节能器，实施节能措施渔船共2 196艘，已超额完成市政府确定的2008年渔船节能减排目标。

【海水增养殖】 2008年，海水健康养殖发展步伐不断加快，渔业效益稳步提高。继续实施产业结构调整，全年新增优势品种养殖面积2万公顷。收获海参、鲍鱼等海珍品产量比上年增长25%，产值占海水养殖产值的45%，比上年提高5个百分点。新增49家市级水产健康养殖示范场，总数达到79家，其中部级示范场41家。继续强化苗种生产规范管理及水产原（良）种体系建设，新增国家级魁蚶良种场1个、省级良种场5个。全年引进新品种、新技术9项，成功率达到80%以上，开辟了新的生产领域和经济增长点。全年完成养殖产量140万吨，实现产值126亿元，分别比上年增长5%、11.9%。苗种产值24亿元，比上年增长21.7%。

【优势品种产业带开发】 在南部海域被清理养殖面积1 333公顷的情况下，水产养殖业仍能保持较好增长态势。全年开发水产十大优势品种增养殖面积2万公顷。其中，海水池塘养殖面积增加3 333公顷，浮筏面积667公顷，深水网箱增加10万立方米，浅海滩涂增加2 667公顷，深水底播增殖1.3万公顷，水产品产量增加6万多吨。为提高养殖产业效益奠定了基础。

【水产健康养殖】

（1）为深入贯彻农业部水产健康养殖推进行动文件精神，结合省政府印发的《关于加快推进全省水产健康养殖示范区建设的实施意见》工作部署，印发了《大连市推进水产健康养殖示范场建设实施方案》。截至年底，全市市级水产健康养殖示范场（区）79家，其中部级41家，省级39家。通过这些示范场（区）的建设及辐射带动，把渔业精品养殖与生态健康养殖有机结合起来，实现了区域化布局、规模化开发、集约化生产、产业化经营的现代渔业目标。

（2）“两证”制度管理。《辽宁省水产苗种生产许可证》发放工作全面展开，全市新（换）发 水产苗种生产许可证198本，265家育苗企业取得生产许可。全市发放《养殖证》151本，至年末，累计发放1 350本，确认面积近9万公顷。通过“两证”发放，进一步规范了全市水产养殖业管理。

（3）水产原（良）种场建设。新建并获得国家批准1个国家级魁蚶良种场：大连长海三合海产养殖发展有限公司。新建并获得批准5个省级良种场：大连大峘水产养殖有限公司（海参良种场）、大连金跎水产食品有限公司（魁蚶良种场）、大连得洋水产有限公司（大菱鲆良种场）、瓦房店市信达海产品养殖有限公司（海参良种场）、大连永新鲟鱼开发有限公司（鲟鱼良种场）。这批良种场的建立，对进一步规范苗种生产，引导养殖业户开展健康养殖生产起到良好作用。

（4）新品种引进与新技术推广。全市引进新品种、新技术9项，其中大西洋深水扇贝（长海县）、加拿大海湾扇贝（瓦房店市）、达氏鳇（普兰店市）、中国对虾“黄海1号”（金州区）、日本抗风浪金属网箱集约化养殖技术（大连天正实业有限公司）等，引进成功率达到80%以上。虾夷扇贝海区采苗技术、海参反季节养殖技术、池塘编制网造礁海参养殖技术等实用技术推广面积3 333公顷。这些项目的引进与推广，为全市水产养殖业开辟了新的生产领域，形成新的经济增长点，促进渔业产业不断升级。

【水产品加工】 2008年，大连市水产加工企业574个，比上年降低0.3%,年加工能力145万吨,比上年降低7%。当年,渔业园区产业积聚效应不断增强,渔业工业效益大幅增长。新改扩建加工项目100个,其中投资500万元以上、加工能力500吨以上项目30个,新增产值亿元以上的加工企业10个。基本形成规模的龙王塘、棉花岛、皮口等六大加工园区,产业聚集合力效应逐步释放,其水产品加工产值已占全市总量50%左右。克服了外需下滑、人民币升值、国际贸易多重设障等不利因素影响。全年完成水产品加工量113万吨,实现产值114亿元,分别比上年增长10%和17.9%。

(大连市海洋与渔业局　王　宏　陈连宝)

青岛市渔业

【概况】 全市渔业综合素质不断提升,完成水产品产量105.7万吨(按照国家统计局新统计口径),比上年下降1.6%;实现水产品产值95亿元,同比增长3.3%。渔业经济总产值达320亿元,同比增长3.2%。渔民人均纯收入11 700元,增长16%。水产品健康养殖不断扩大,海参、对虾等海珍品养殖持续增长,全市海参养殖面积达到0.32万公顷,产量6 000吨,分别增长9.4%和4.5%;鲍鱼养殖0.1万公顷,产量1 400吨;对虾养殖突破0.66万公顷,产量2万吨。高标准池塘养殖发展到2 600多公顷,工厂化养殖面积达到60万立方米。

【浒苔灾害处置】 2008年6月,青岛近海遭遇历史罕见的浒苔自然灾害,使即将到来的奥帆赛面临极为严峻的形势。青岛市海洋与渔业系统组织渔船、渔民成立清理船队开展海上浒苔清理打捞。整个浒苔灾害处置中,由1 500多艘渔船、8 000多名渔民组成的海上清理团队连续作业68天,累计出动船只7.85万多艘(次)、作业人员29.5万人(次),打捞浒苔40多万吨,成功夺取抗击海上浒苔灾害的胜利,确保帆船比赛如期顺利举行。全市海洋与渔业系统有4个集体、2名同志受到国家表彰,3个集体、8名同志受到省委、省政府表彰,12个集体、31名同志受到市委、市政府表彰。其中,青岛市海洋与渔业局被党中央、国务院授予“北京奥运会残奥会先进集体”称号。

【现代渔业】 坚持高效、生态、安全理念,加快养殖增长方式转变,大力推进规模化、标准化健康养殖。市政府召开全市渔业生产暨平安渔业现场会议,对现代渔业发展规划,转变渔业增长方式进行部署、提出要求。集中力量加大渔业健康示范基地建设,新认定农业部水产健康养殖示范基地6家,总数达到16处。积极扩大水产品加工出口,应对国内外环境影响水产品出口难题,继续进行精深加工项目探索,重点培育了海星综合利用、网箱养殖鲈鱼加工、蟹类贝类调理深加工等项目。组织参加第六届中国国际农产品交易会、中国国际渔业博览会、省十大渔业品牌推介会和青岛国际农产品交易会,积极扩大优势产品推介,着力推进对外贸易合作。全年完成水产品出口创汇13.28亿美元,继续位居全国龙头位置。大力建设品牌渔业,全市省级以上水产名牌达到10个,绿色水产品8个,有机水产品23个。加快发展渔民专业合作组织,引导新办渔业专业合作社6家,全市发展到30余家,渔民组织化水平不断提高。不断完善全市水产种苗繁育体系,全市省级以上水产良种场总数达到11家,全年完成各类育苗生产150亿尾(粒),进一步提高了渔业良种覆盖率。休闲渔业发展水平不断提高,争创省级休闲渔业示范点4处,成为渔业新的增长点。

【水产品质量安全管理】 完善青岛市水产品质量检验中心建设,加快了市水产品质量检测站建设,建立健全水产品质量安全监管网络。通过开展水产品安全专项整治百日会战行动,组织水产品安全保障应急供应处置演练,实行水产品产地证明管理制度,进一步规范全市水产品养殖生产秩序。全市已建立国家级健康养殖示范区10处。渔业标准化生产加快推进,全市无公害水产品基地已达86个,同比增长23%;无公害水产品58个,同比增长29%,面积达到0.866万公顷。认真开展水产品质量和养殖水质抽检,全年完成养殖水产品和苗种质量抽检523批(次)、水质抽检300批(次),实现对全市“四类基地”养殖水产品全面监管,对4家奥运食品直供企业和备份企业产品进行全程质量监控,全市水产品质量安全合格率98%以上。水产品质量安全专项整治成效显著,6个100%的目标全部实现。

【渔业资源修复】 大力实施渔业资源修复工程,编制青岛市渔业增殖放流规划,在胶州湾、古镇口湾、崂山湾等重点海湾,加大日本对虾、海蜇、三疣梭子蟹、牙鲆等优势水产苗种放流力度。通过邀请人大代表、政协委员和新闻媒体参加放流,进一步增强社会的渔业生态保护意识。全市投资569万元,共放流各类增殖苗种4.3亿尾(粒),比上年分别增长22.6%和36.7%。回捕放流增殖资源3 852吨,比上年增长20%。积极抓好人工鱼礁建设,完成《青岛市人工鱼礁和海洋牧场规划》。即墨市的大管岛鱼礁区、胶南市的斋堂岛鱼礁区、崂山区的王哥庄鱼礁区、黄岛区的石岭子礁鱼礁区建设进展顺利,共完成投放礁体19万空立方米、礁船36艘。

【渔业科技推广】 成功选育繁育斑节对虾、紫扇贝、条石鲷、杂交扇贝、海马等水产良种，加快示范推广刺参工厂化接力式养殖、杂交扇贝筏式养殖、工厂循环水养殖、网栏养虾技术等先进养殖技术。认真实施渔民科技培训计划，加快渔业科技成果向企业、渔区转化，全年共发放水产养殖技术指导材料3万余套，举办技术培训班10期，对700名渔业劳动力进行实用技术集中培训，有力提高渔民素质。深入实施渔业科技入户工程，全市示范户发展到240户，主导品种示范面积3 700多公顷，养殖效益普遍提高。继续加强养殖病害防治工作，积极开展水产养殖病害测报和诊治，加快完善水生动物疫病防治体系，疫病防控能力有新的提高。

【渔业资源养护管理】 启动编制《青岛市养殖水域滩涂规划》和区（市）养殖水域滩涂规划，组织开展渔业资源与环境调查，做到合理利用水域滩涂资源，切实保障渔民权益。继续实施海洋捕捞渔民转产转业工程，认真落实伏季休渔、捕捞许可等渔业资源管理制度，着力推进渔业与生态协调发展。严格执行渔船准造、检验、登记、流转、报废管理制度，全年审验渔船5 332艘、功率达14.6万千瓦。认真执行专属经济区巡航执法及35°线管理任务，做好渔船入渔中韩协定水域的申报和管理工作。积极筹备建立青岛市水生野生动物救治中心，加强开展水生野生动物保护工作。认真落实惠渔政策，全年争取市级以上支渔资金2.55亿元，其中，争取国家渔业燃油补贴资金1.39亿元并及时足额完成发放，促进渔民减负增收。

【渔业安全生产管理】 大力推进“平安渔业”建设工程，扩大和规范渔船编队管理，全市渔业生产船舶编队达到57个、1 407条渔船，29千瓦以上渔船基本实现编队生产。组织开展渔业安全生产大检查和专项治理，查处各类安全隐患，确保隐患整改率实现100%。加快海上安全生产保障能力建设，建成气胀式救生筏检修站，完成2.7万件气胀式救生衣配备。建设海洋渔业CDMA移动通信网，有力提高安全救助保障水平。积极落实政策性渔业保险制度，争取到国家渔船保险补贴试点，落实国家、省、市三级政策性补贴334万元，不断扩大渔业互助保障覆盖面，全年渔民人身入保率达到70%以上，人均投保额度6万元，为渔民灾后救济和恢复生产提供保障。渔业互保工作被评为全省先进。统筹渔港建设，积米崖中心渔港竣工，沙子口中心渔港开工建设，红岛中心渔港和东营、薛家岛一级渔港的设计已获农业部批复。5个渔港建设共争取国家投资1.17亿元。

【渔业行政执法】 按照“依法管海、依法护渔”要求，推进依法行政，严格行政执法。重视抓好法制宣传教育，开展了“普法进渔村”活动和涉海法律知识竞赛活动，不断增强渔民群众依法生产自觉性。组织实施“护渔2008”专项执法行动，加大非法渔具监督管理，严查违规捕捞案件。全年查处违规渔船420多艘（次）。深入开展水产品质量安全执法，对314家水产养殖企业、苗种生产单位进行了检查，对4家违规单位做出行政处罚。进一步加强执法能力建设，全市新配10艘海洋指挥艇和6艘海洋监测船，完成100吨级渔政执法船建设招标。持续开展海洋与渔业执法专项实务培训，建立行政处罚自由裁量基准制度，完善执法绩效评估、考核、奖惩机制，全面增强行政执法能力。

【重点渔业市（县）基本情况】

青岛市重点渔业市（县、区）基本情况

市（县）	总人口（万人）	渔业总产值（万元）	水产品产量（吨）	其中			养殖面积（公顷）	
				海洋捕捞	海水养殖	内陆养殖	海水	内陆
青岛市	838.67	3 109 826	1 057 438	258 979	755 843	42 616	35 954	16 192
市北区	47.83	2 306 000						
黄岛区	54.80	55 108	32 009	5 321	26 568	120	3 194	115
崂山区	22.39	91 979	60 030	36 206	23 794	30	1 558	50
城阳区	49.00	1 782 654	258 372	53 953	202 330	2 089	7 883	1 775
胶州市	79.22	129 494	120 030	30 094	81 066	8 870	3 790	2 380
即墨市	111.19	251 746	280 034	73 398	205 045	1 591	9 997	970
平度市	136.53	14 285	11 010			11 010		3 800
胶南市	82.70	532 907	285 092	60 007	217 040	8 045	9 532	2 380
莱西市	72.83	21 053	10 861			10 861		4 722

【大事记】

[1]1月25日,青岛市海洋与渔业局召开2007年度局机关总结大会暨迎新春联欢会。回顾总结2007年工作,安排部署2008年工作任务。

[2]1月31日,青岛市海洋与渔业局和山东边防总队海警第二支队举行军民共建签约仪式,代表双方单位签订了军民共建协议。

[3]2008年6月,农业部正式批准城阳区的红岛中心渔港项目,项目总投资4 975万元,其中中央投资2 900万元,地方投资2 075万元。

[4]6月18日,全市海洋与渔业系统奥帆赛服务保障誓师大会召开,市海洋与渔业局党委书记、局长黄聿颂讲话,就奥帆赛服务保障工作做出总体部署和明确要求,对全市海洋与渔业系统全面推进奥帆赛筹办决战阶段各项任务,高质量、高标准、严要求地做好奥帆赛、残奥帆赛的服务保障工作提出要求。

[5]6—8月,青岛近海遭遇历史罕见的浒苔自然灾害,青岛组织1 500多艘渔船、8 000多名渔民组成的海上清理团队连续作业68天,累计出动船只7.85万多艘(次)、作业人员29.5万人(次),打捞浒苔40多万吨。

[6]8月22日,青岛市在崂山区沙子口国家中心渔港举行"抗浒苔保奥帆"打捞渔船返航仪式。省委常委、市委书记阎启俊,市委副书记、市长夏耕向参与浒苔清理的人员赠送了纪念品。返航仪式由市政府副市长张元福主持,夏耕市长代表市委、市政府作了讲话。市浒苔处置工作应急指挥部成员及有关部门、区市领导和近400名渔民代表参加仪式。

[7]9月8日,青岛市政府在即墨市召开全市渔业生产暨"平安渔业"建设工作会议,研究部署现代渔业发展和渔业安全生产工作。

[8]9月28日,青岛市在沙子口渔港举行青岛沙子口国家中心渔港建设工程开工典礼。

[9]9月29日,青岛市海洋与渔业局在北京奥运会、残奥会总结表彰大会上被党中央、国务院表彰为"北京奥运会残奥会先进集体"。

[10]10月8日,新型双翼攻兜网与三纲上延式拦网的研制及其在清理浒苔中的应用科技成果鉴定会在城阳举行。

[11]10月23日,全市海洋与渔业系统抗浒苔保奥帆总结表彰大会在市会议中心召开。

(青岛市海洋与渔业局 孙云潭 于 晓)

宁波市渔业

【概况】 2008年宁波市坚持以科学发展观为指导,以"强基础、促发展,求创新、上台阶"为主线,坚持大力提升现代渔业发展水平,以渔业增效、渔民增收和渔业可持续发展为目标,深化渔业结构调整,扎实推进平安渔区和社会主义新渔村建设,确保全市渔业生产持续、平稳、健康发展,全市渔业经济继续保持良好的发展态势。

2008年全市水产品总产量93.87万吨,比上年减少0.62万吨,同比减少0.66%。渔业经济总产出211.93亿元,比上年增加19.84亿元,同比增长10.33%,其中渔业总产值85.63亿元,比上年增加3.25亿元,增长3.95%;养殖水域总面积61 904公顷,比上年减少5 583公顷,同比减少8.27%;渔村渔民人均纯收入16 294元,比上年增加4 196元,增长34.68%。

(1)海洋捕捞产量产值稳中有升。2008年,柴油价格继续上扬,捕捞成本大幅度增加。从全年海洋捕捞生产情况来看,下半年生产形势明显好于上半年。上半年由于渔用柴油价格继续上扬,渔业资源衰退,捕捞产量下滑,大批捕捞渔船出现停港休渔现象。至8月份产量较上年同期减少约4.9%,平均单产减少约7.2%。10月份生产形势逐渐好转,产量节节上升。2008年国内海洋捕捞产量563 205吨,比上年增加9 631吨,同比增长1.74%。国内海洋捕捞产量微增的同时,海洋捕捞产值增长喜人。国内海洋捕捞产值354 056万元,比上年增加13 921万元,同比增长6.37%。主要原因是捕捞产品的价格保持较高水平,捕捞渔获物售价好于上年。2008年,宁波市有7家远洋渔业公司派29艘远洋渔船在外作业。全市实现远洋渔业产量29 990吨、产值20 146万元,分别比上年增长29.4%和47.04%。主要是因为2008年西北太平洋产量稳定,东南太平洋产量丰收,鱿鱼价格相比上年有一定幅度上升,鱿钓捕捞企业没有出现前两年普遍亏损的情况,乌拉圭项目产量销售都比较稳定。

(2)海、淡水养殖减产不减收。随着宁波市社会经济快速发展,城市化进程加快,土地资源日趋紧张,因工业、城镇建设用地的需要,浅海、滩涂、鱼塘被征用现象日趋严重。2008年全市海水养殖总面积36 428公顷,比上年减少3 934公顷,同比减少9.75%。海、淡水养殖产量均较上年有较大幅度减产,全市海水养殖产量26.66万吨,比上年减少4.41%。一是因为2008年初雪灾冰冻影响,苗种冻死减产,造成上半年苗种短缺，一定程度影响了放苗；二是由于气候、病害等原因造成南美白对虾等主要品种减产。由于鱼价明显高于上年，养殖产品平均上涨3~4元/千克，使养殖业减产不减收，产值基本与上年持平。

(3)养殖池塘标准化建设进一步推进。近几年宁波市积极推进池塘标准化建设，改善养殖生产环境、完善基础配套设施、提高生产效益和质量安全，成效显著，得到渔民普遍认可，池塘标准化建设项目真正发挥了示范带动作用。2008年市财政分两批安排专项资金1 500万元，共确定35个项目列入2008年度市水产养殖池塘标准化示范建设项目计划，建设规模1 000多公顷。已有23个项目，760多公顷通过竣工验收。为进一步提高资金使用效益，激励建设高标准池塘，对《宁波市水产养殖池塘标准化示范建设项目和资金管理办法》中的资金补助标准进行了调整，提高水泥护坡补助资金并适当向南部3个县倾斜，地方配套资金要求南部3个县不低于市级补助标准的70%，其他县(市、区)不低于100%。2006年至今，全市共开展养殖池塘标准化示范建设项目105个，面积近2 600公顷，已有88个项目顺利通过竣工验收，渔民也已拿到相应的市(县)两级政府补助资金，剩余17个项目正在紧张施工中。

(4)高效节能健康养殖得到推广。2008年在全市范围内重点推广南美白对虾多茬高效模式健康大棚养殖及底充氧技术，全市已创建10家农业部水产健康养殖示范场，推广大棚养殖300公顷、底充氧技术660多公顷，在800艘渔船上安装了节能装置。可控温养殖技术、虾鳖高效生态养殖、封闭式循环水虾贝综合等技术也在各地得到较好的示范或推广。其中余姚市摸索、总结出混养套养结合型、水产水生共生型、渔业畜牧轮作型、生产生活休闲型、品牌市场提升型等一系列生态渔业模式，推广生态鳖多种套养面积5 000公顷，开展鱼—鸭—植物轮作试点33公顷，成效明显。到2008年底全市共发展渔业专业合作经济组织138个，其中本年度新增14个。启新水产、齐心活鲜两水产专业合作社被评为省示范性农民专业合作社。

(5)休闲观赏渔业成为发展新亮点。随着人们生活水平的提高，城镇居民已经从过去吃得好向玩得好转变，大大促进了各地渔家乐的发展。近年来，在政府相关部门的扶持下，宁波市休闲观赏渔业发展迅速，已成为渔业发展中的一个新亮点。2008年全市休闲渔业已发展到115家，比上年新增3家，总投资27 401万元，其中涉渔设施投资11 261万元，分别比上年增长13.41%和17.76%。2008年全市休闲渔业总产值17 075万元，比上年增长25.51%，实现税后利润6 542万元，比上年增长55.5%；接待游客人数224.26万人(次)，比上年增长34.97%。为加快推进专业休闲渔场建设，召开休闲渔场管理工作座谈会，8月份正式批复确定象山县首批休闲渔业船舶作业区域。目前，石浦海岛休闲渔业有限公司2艘休闲渔船已正式投入运营，重点推出4条旅游景区航线，运营状况良好。

同时，2008年全市观赏鱼养殖企业不断开发名优品种。如鄞州区郭斌养鲤场又投入130万元，从日本引进大正三色、昭和三色、红白等优良品种25尾，提高了观赏鱼档次。2008年6月中央电视台专门派摄制组到鄞州区拍摄“锦鲤养殖技术”推广片。上年全市申报7家省级渔家乐特色经营点(户)，均通过审核予以命名公布，2008年又申报了4家省级休闲渔业示范基地。

(6)水产加工业继续保持快速发展势头。通过前几年的结构调整和技术改造，宁波市水产加工业精深加工品的比例有了较大提高。2008年全市水产加工企业334家，全年完成水产加工品总量47.9万吨，同比增长8.40%，水产品加工产值712 737万元，同比增长21.17%。全市产值上千万元的水产品加工企业40余家，其中产值上亿元的4家，已形成产业结构日趋合理，产品种类比较齐全，区域特色明显，国内国际市场并重的总体格局。

2008年全市水产品出口总量158 793吨，出口创汇总额42 356万美元，同比分别增长14.77%和25.66%。2008年上半年出口量和创汇额，分别增长42.22%和150.49%。2008年下半年，国际金融危机初显，水产品出口出现增长乏力症状，尤其在10月份后，随着金融风暴的不断加剧，水产品出口呈明显回落状。至12月底，水产品出口总量增幅从上半年的30.24%回落到14.77%；创汇增幅从30.95%下降到25.66%。

(7)科技研究和应用水平得到提高。2008年“疣梭子蟹人工育苗、养殖与加工技术研究”等多项科技成果分别获浙江省科学技术奖一等奖、宁波市科学技术奖一等奖、宁波市农业使用技术推广二等奖各1项。渔业科技入户示范工程得到继续推进，共推广养殖池塘底充式增氧、养殖水质调控、大棚设施养殖、海水网箱无公害标准化养殖等4项技术，建设示范户100户，核心示范户50户，带动辐射户600户，示范面积比上年增长10%，辐射带动面积较上年增长10%。其中核心示范面积300多公顷，示范户养殖产量增长5%以上，产值增长5%以上。渔业科技入户将一批先进实用渔业生产技术直接传送到养殖户手中，提高广大渔民的生产技能和经营水平，有效促进渔业科技成果快速转化和推广应用,积极推进了“渔民增收、渔业增效”。2008 年以来,全市加快了渔业标准化示范区建设工作。共申报国家级水产标准化示范园区 2 家,省级水产标准化示范园区 4 家,新建市级水产标准化示范园区 6 家。

(8)生产安全和水产品质量安全管理得到深化。2008 年,宁波市积极探索信息技术在渔业安全生产中的应用,在国内率先开展“渔业安全救助信息系统”建设。全市 3 285 艘渔船安装了 AIS 避碰系统,2 867 艘渔船安装了远程身份识别卡,安装卫星信息系统 358 套,以及卫星电话等,共 6 000 多台(套),为渔船安全生产保驾护航,保障渔民群众生命财产安全提供了科技支撑。全年累计隐患排查渔业船舶 4 938 艘,排查出一般隐患 848 项,已整改 848 项,整改率 100 %。开展渔业安全执法大检查 15 次,日常安全执法检查 620 次,检查渔船 2 600 艘(次)。开展大轮习惯航线巡航 25 航次,接警处置渔业安全突发事件 46 起,成功救助 21 起,巡航海域安全情况相对平稳。

2008 年全市新认定无公害水产养殖基地 40 家,新认证无公害水产品 28 个,目前全市无公害产地覆盖率达到 20% 以上,推广无公害标识 500 多万枚。全年利用水产养殖鱼病远程会诊平台开展快速问诊服务 5 次,赴养殖现场指导讲解 167 场(次),发送短信 125 400条(次),

(9)宁波市渔业经济发展虽取得了一些成绩,但也存在不少困难和问题。主要表现在:一是渔业水域进一步缩小,渔民权益受损。近海渔场日趋拥挤,资源压力加大。同时用海工程建设和大型项目的新建扩建,海洋污染不断加大,造成大量的区域性“失水”和功能性“失水”,大批产卵场和索饵场被严重破坏,渔业水域环境受到污染,渔民权益受损,直接影响整个渔业产业的可持续发展和渔村稳定。二是捕捞成本大幅度提高。柴油价格持续高位运作。2008 年全年柴油平均价格约为 6 350 元/吨,比上年增加 817 元,上涨 14.77%。海洋捕捞业是高投入高风险的产业,其中柴油一般占生产成本的 50% 以上,有些作业方式高达 75%。柴油上涨直接导致生产成本大幅度上升,渔民出海捕捞前需要投入的资金多达几十万元,渔民增收难的现实尚未得到根本改变。三是水产品质量安全管理任务依然艰巨。由于水产养殖执法刚刚起步,管理多头、人手不足、监测设备缺乏和以散户为主的粗放分散式生产经营体制等与对水产品质量要求越来越高的矛盾进一步显现,水产品质量安全管理工作十分艰难。

【重点渔业市(县)基本情况】

宁波市重点渔业市(县、区)基本情况

市(区、县)	渔业总产值(万元)	水产品总产量(吨)	养殖面积(公顷)	
			海水	内陆
象山县	428 850	568 610	10 908	2 768
宁海县	128 354	130 698	15 177	1 943
奉化县	88 300	98 910	2 450	1 860
慈溪市	89 391	42 263	5 322	6 001
余姚市	55 179	28 090	123	5 560
鄞州区	36 285	27 089	1 282	5 090

【大事记】

[1]3 月,全市第一家可控温南美白对虾养殖大棚在象山新桥建成并投放第一批虾苗。该基地采用了可控温养殖技术,通过锅炉加温将池塘内水温控制在南美白对虾生长最适宜的 23℃以上,将放苗和鲜虾上市时间提前 50 天左右,避免了产品集中上市的弊病,并将一年单茬养殖提高到三茬以上,经济效益显著增加。

[2]8 月 28 日,全国首个渔文化研究团体“宁波渔文化促进会”正式成立。渔文化促进会重点收集、发掘、整理渔文化历史资料及现存表现形式,每季编印出版《渔文化》杂志、组织开展课题研究;并积极指导渔文化文艺作品创作,举办渔文化研究活动等。

[3]10 月,象山县挂牌设立“象山县渔业准入登记处”,在全国率先开展渔业从业人员准入登记试点工作。凡辖区内所有渔业船舶从业人员必须办理从业登记,且经过专业(基础)培训,取得四小证或专业(基础)训练合格证后方能被雇于渔业船舶出海作业。未经培训者,由渔业准入登记处联合培训机构组织开展培训考试,由渔港监督机构发证。

[4]10 月 20 日,鄞州区姜山镇一渔民在捕捞作业

时捕获一只海龟。经渔政人员现场鉴定此龟为国家二级保护水生野生动物玳瑁,该玳瑁长约30厘米,宽20厘米,重4千克,右前蹼上有伤。渔政人员将其送至宁波市水生野生动物救护中心暂时寄养,待其康复后放归大海。

[5]12月,宁波市渔业应急救助基地建设项目可行性研究报告获市发改委批准。这是该市首次建设渔业应急救助基地,也是全省首家渔业应急救助基地。该基地选址在北仑区白峰镇大、小方门山之间,项目建设总投资1 700余万元,分3年实施,包括1个透水性高桩梁式平台,2个500吨级码头泊位及相关通讯监控配套设施设备。

(宁波市海洋与渔业局　殷建军)

厦门市渔业

【概况】 2008年,厦门市海洋与渔业局全面贯彻落实党的十七大精神和中央关于"三农"工作的各项部署,以科学发展观为指导,进一步优化产业结构,坚持走都市渔业的发展道路。积极推进水产健康养殖,切实提高水产品质量安全水平。重点发展种苗业、高附加值的加工业,积极推动物流业和休闲渔业的发展;继续扶持渔业产业化龙头企业;加强水产品质量安全体系的建设;加强对台渔业的交流和合作;确保渔业生产安全,又好又快推进渔业的可持续发展,促进渔业增效和渔民增收。2008年,水产品总产量3.95万吨,与2007年基本持平。渔业产值5.71亿元(不包括苗种产值3亿元),比上年4.74亿元增长20.46%。渔业人口34 212人,渔业劳力22 970人,全年渔民人均纯收入为6 836元,比2007年6 495元增加收入341元,增长5.3%。

【海洋捕捞】 2008年海洋捕捞0.73万吨,比上年0.54万吨增长35.07%;全市在册生产渔船22 86艘,比2007年的2 898艘减少612艘,减少21.1%。捕捞产量增长的原因:一是采用捕捞新技术取得成效。改传统诱鱼光源为高效的金属卤化物灯光。7艘灯围渔船产量4 973吨,占全市1 410艘捕捞渔船产量的68.28%。二是渔业资源量有所恢复。由于近年来各级政府高度重视伏季休渔和人工增殖放流工作,每年至少休渔2个月,并且投放了大量鱼虾苗。厦门本港及舟山渔场和东山渔场资源量有所增加。三是海上运输便利,渔船作业天数增加,致使捕捞产量增加。

【水产品加工与综合利用】 2008年全市水产品加工产量7.57万吨,比上年增长5.73%,产值10.49亿元,比上年减少9.80%。水产品出口总量31 500吨、8 250万美元,分别比上年增长63.89%、11.49%。厦门2家水产品批发市场总交易量9.84万吨、交易额32.85亿元,分别比上年增长23%、17%;生产净化贝2 917吨。新建的一批水产加工厂于2008年陆续投产取得成效,如:"源水"公司设计年生产能力3万吨的水产综合加工厂、"海诺"公司设计年生产能力万吨以上的水产品精深加工厂、新阳洲工贸公司扩建紫菜深加工车间、水产集团公司2万吨级冷库等。

【实施"放心水产品工程"】 重视抓好全市水产品质量安全监管机制的建设,明确各区和局属职能部门的责任分工。主要从6个方面开展工作。一是抓养殖生产制度的建设,要求出口原料生产基地等养殖企业建立生产日志制度,做好渔药、饵料等投入品的记录。二是成立牛蛙养殖专业合作社,把分散的渔民有机地组织起来,引导渔业生产逐步走向制度化、规范化。三是开展渔业水质和产品质量的监测,针对产地、批发市场等进行水产品药物残留和贝类有毒有害物质检测,按照渔业水质标准对全市渔业水域环境进行监测。四是抓苗种专项整治和执法检查,对违规使用渔药等投入品的行为给予查处。五是继续推动贝类净化上市工程。六是加强水产品批发市场监管。根据季节特点,抓好河豚鱼、织纹螺有毒鱼贝类的监管。七是启动质量安全追溯制度。对水产品质量安全例行监测和监督检查中药物残留超标的,商相关部门依法查处。2008年第四季度农业部例行监测抽样70个批(次)药物残留合格率达到100%。

【渔业科技培训推广】 一是开展健康养殖培训。结合育苗工职业技能鉴定和苗种场专项整治,加强关于苗种质量安全相关法律法规、对虾健康育苗技术、对虾育苗期常见病害的防治技术、渔药科学使用技术等质量安全技术培训,共举办培训班5期,参训人员400多人,水产健康养殖技术得到广泛推广。二是树立品牌意识,重视培育苗种繁育示范企业。引导企业从亲体到苗种的全过程质量控制的标准化、品牌化的生产经营方式。海沧厦兴龙苗种场苗种质量好,优质优价,供不应求。三是继续创建健康养殖示范,进一步推广水产健康养殖技术。2008年在翔安区大嶝镇建立一个健康养殖示范场——厦门培阳水产养殖有限公司鲍鱼工厂化健康养殖示范场,健康养殖模式辐射带动周边养殖户100户以上,养殖单产、经济效益明显提高。四是开展南美白对虾引种与选育项目。与省水产研究所合作，改良南美白对虾种质，提高对虾苗种质量。

【落实惠民政策】 一是严格按规定、标准、程序发放燃油补贴。完成年度燃油补贴金额 1 803 万元，受惠渔船 2 106 艘。二是开展渔工保险。充分做好渔船和渔工保险的宣传发动工作，全市有近 2 000 个渔民参加渔工保险，省、市财政分别按照保费的 20% 和 10% 的比例对参保渔民给予补助。

【渔业安全生产】 一是开展"百日安全"督促检查专项行动。按照部署，及时发文落实"百日安全"督促检查工作，并由分管领导亲自带队到各区和直属单位检查，彻查、整改安全隐患。二是推进渔业安全应急指挥系统建设。全年推广定位手机 1 826 部，超额完成任务。该系统终端建设项目于 5 月份通过验收；系统投入运行后，成功实现了 4 起海上渔民应急救助。三是落实渔业防台风安全工作。推动落实以市政府名义印发《高崎渔港防台风应急预案》，明确了武警、海事等相关部门的职责；落实六中东渡校区 6 000 平方米场地作为 3 000 人应急撤离场所以及运输、物资储备等各项保障措施；做好全年历次台风的防抗工作。四是加强应急能力建设。首先是在高崎渔港组织开展安全逃生救助演练，其次是认真参加海事部门组织的厦金航道救助演练，使系统应急处置能力得到进一步提高。五是按照上级要求做好渔政指挥系统开通前的各项准备工作，尤其是渔船数据库的核实、录入等，为系统的开通做好前期工作。

（厦门市海洋与渔业局 许金练 郑 斌 张曼琦）

深圳市渔业

【概况】 深圳市渔业工作坚持质量效益和生态效益协调发展的方针，不断加大渔业资源和生态环境保护及修复力度，积极推进无公害水产品基地建设，强化水产品质量安全监管工作，制定并出台了扶持远洋渔业发展的政策规定。2008 年，全市渔业经济总产值 67 546万元，水产品总产量 38 468 吨，其中养殖产量 8 586吨，海洋捕捞产量 29 882 吨，渔民人均纯收入 8 762元。

（1）积极推进水产品基地建设。按照市政府五大食品工程建设及基地建设的要求，2008 年是农产品基地建设的最后一年，时间紧，任务重。2008 年建设了第五批、第六批水产品生产基地 58 个，共认定无公害养殖面积 9 746 公顷。至 2008 年 12 月底共认定了六批水产品生产基地共 108 个，总面积 1.5 万公顷，基地年产量 27 万吨，2008 年基地产品回运深圳销售 10.3 万吨，约占全市水产品年销售量的 45%。

（2）强化水产品质量安全监管工作。针对水产品质量管理实际情况，制定了《2008 年深圳市水产品质量安全专项整治方案》，明确整治目标，细化整治内容，加大抽检力度，强化监管工作，确保水产品质量消费安全。2008 年对全市的水产品批发市场、配送中心、农贸市场、超市和养殖基地进行全面抽检，共检测水产品 5 826 份，氯霉素、孔雀石绿、己烯雌酚、环丙沙星、恩诺沙星、土霉素等药物残留合格率为 98.59%，达到市政府药物残留检出率低于 2% 以下的要求。同时，高度重视 3、4 月份水产品药物残留超标率有所上升的问题，先后多次进行现场调研，查找原因，研究对策，通过加强售前抽检和台账记录管理等措施，提高水产品药物残留检测合格率。同时积极开展水产品质量安全执法检查工作，共组织出动 200 多人（次），检查种苗场、养殖场、水产品批发市场 90 多家，对生产记录不全的 13 个生产单位发出《整改通知书》。

（3）积极开展救灾复产工作。2008 年初我国南方大部分地区出现持续低温的极端天气，给渔业生产造成了较大的影响。据不完全统计全市渔业经济损失达 1 867.8 万元，市外基地经济损失达 4 332.3 万元。按照农业部和广东省海洋与渔业局的紧急通知要求，及时传达冻害预警信息，掌握灾情动态。充分发挥技术推广站的技术支撑作用，举办海水养殖救灾复产技术培训班，开展抗灾救灾关键实用技术培训，指导水产品生产者开展复产自救，制定复产计划。同时做好病害防治和监测工作，将灾害造成的损失降到最低限度。

（4）强化渔业资源保护和修复。2008 年，共放流虾苗 1 310 万尾，鱼苗 115 万尾，鲍鱼苗 25 万粒，贝苗 35 万粒。其中社会热心人士捐赠虾苗 160 万尾，鱼苗 7 万尾。将增殖放流由政府包办逐步转为"政府引导，市民参与"的群众活动，提高了市民保护渔业资源与生态环境的意识。积极推进鹅公湾人工鱼礁区建设工作，鹅公湾人工礁区是市治污保洁工程之一，现已完成项目概算的批复，进行试点区鱼礁建设。同时启动东冲—西冲人工鱼礁区前期工作，组织东冲—西冲人工鱼礁建设方案专家研讨会，修改完善了礁区的可行性研究报告、环评报告，并对礁区使用海域进行了规划，已通过专家的论证，将向市发展改革局申报立项。

（5）积极落实渔船柴油补助政策。2008 年国家继续实行对捕捞渔船和养殖机动船给予涨价补助。为了把惠及广大渔民群众的补助资金及时发放到渔民手中，做到公平、公正，透明，成立了渔用柴油补贴工作领导小组和渔用柴油补贴渔船审核组。积极与财政局沟通制定补助方案,与渔政支队、各区渔政大队认真核算渔船数量、功率,并在报纸、深圳农业信息网、渔港码头进行公示,力争做到准确、及时。全市符合补助条件的近海捕捞渔船、养殖船和渔业辅助船共 1 240 艘,总功率 30 363 千瓦,补贴资金为 2 551. 76 万元;远洋渔船柴油补助款 1 476 万元。

(6)渔政管理。一是强化和规范伏季休渔管理。全市 282 艘渔船(其中流动渔船 247 艘,本港渔船 35 艘)按要求安全、顺利地实施休渔。休渔期间,渔政支队共出动渔政执法船艇巡航检查 158 艘(次)、出动人员 790 人(次),检查各类船只 680 艘(次)。二是大力开展专项执法。在"护渔 2008"渔业专项执法行动中,检查了 19 个渔港,检查渔船 1 600 多艘(次),开展海上巡查 450 多次,检查渔船 4 000 多艘。重点对渔船持证情况、安全设备配备情况进行了检查,对违规渔船进行严厉查处。共查处渔船违规案件 732 宗,罚款 56. 66 万元,销毁"三无"渔船 169 艘。进一步加大对种苗生产、水产品质量的执法监管,全年共出动渔政执法人员 200 多人(次),执法车辆 30 多辆(次),检查种苗场、养殖场、水产品批发市场 90 多家,对生产记录不全的 13 个生产单位发出《整改通知书》。三是进一步规范水生野生保护动物的经营利用管理工作。全年共受理水生野生动物经营利用许可证年审 16 宗、新办 4 宗,驯养繁殖许可证年审 5 宗;查获无证经营利用水生野生保护动物案 36 宗,结案 33 宗,罚款 2. 77 万元,其中通过市民举报查获 10 宗;设立水生野生动物救护网络,放生查获的活体珊瑚 50 件、花鳗鲡 7 条和一只重约 150 多千克的罕见大海龟,查处力度为历年之最。四是切实抓好渔业安全管理。重点对全市渔港、养殖区、捕捞场所开展全方位的百日安全隐患大排查,逐项排查安全隐患,对存在安全隐患的逐一登记建档,责令立即整改,对无法立即实施整改的发出书面限期整改通知书并跟踪落实。出动执法人员 1 650 人(次),派出执法船(艇)256 次,检查场所 350 个,发现并排除安全隐患 24 个。举办船员技能培训班 16 期,培训渔民 989 人。共 1 177 人参保 1 591 份,投保保费 22. 574 万元。严格船检工作,全年检验渔船 1 238 艘。海难救助船只 13 艘,救助人员 42 人。

(7)港澳流动渔民管理。2008 年,广大流动渔民为深圳市渔业经济发展做出了积极贡献,取得了良好的经济效益和社会效益。2008 年在深圳注册的港澳流动渔船为 1 047 艘,人口 3 636 人,渔船总数较上年下降了 2%。流动渔民在深圳市交售渔货 3. 3 万吨,同比增长 13. 9%。全年缴交渔业资源增殖费、渔港建设费 86. 8 万元,依法纳税 3 000 多万元;雇请渔工 17 610人(次),为全市水产品加工、流通环节提供了 3 000个就业岗位。协助流动渔民处理海事纠纷 5 宗,挽回经济损失 47 万多元,对流动渔民拨出困难补助 1 万元。处理流动渔民工伤保险 45 宗,及时将 60. 7 万多元工伤保险金送到渔民手中。对依法休渔的渔船给予补助 42. 15 万元。

【重点渔业市(县)基本情况】

深圳市重点渔业区基本情况

重点渔业区	总人口(万人)	渔业总产值(万元)	水产品总产量(吨)	其中			养殖面积(公顷)	
				海洋捕捞	海水养殖	内陆捕捞	内陆	海水
龙岗区	432. 5	10 895. 43	6 932	3 591	2 683	0	81. 47	769. 1
宝安区	344	10 103	5 552	668	4 253	0	360	1 256
南山区	97. 2	4 082	10 803	6 000	4 750	0	40	20

【大事记】

[1]1 月中下旬,深圳出现了罕见低温,给渔业生产造成了较大的影响,渔业经济损失达 1 867. 8 万元,市外基地经济损失达 4 332. 3 万元,全市抗灾复产工作随即全面展开。

[2]3—4 月,举办全市水产污染源普查启动暨培训会议,参加会议及培训的人员约 150 人。培训结束后,水产污染源普查清查工作全面启动。

[3]4 月 14 日,深圳市农林渔业局与 12 家企业 15 个水产品生产基地签订第五批水产品基地建设协议。

[4]5 月 30 日,深圳市渔政支队举行 600 总吨级海监船建造合同签订仪式。

[5]8 月 13 日,深圳市农林渔业局与 20 家企业 43 个水产品生产基地签订第五批水产品基地建设协议。

[6]12 月 17 日,全国首座开放型人工鱼礁——深圳旭联鹅公湾人工鱼礁区加快建设步伐,二期礁体在南澳鹅公湾投放,并于 7 天内完成 300 个礁体的投放计划。

[7]6 月 6 日,广东休渔放生节暨深圳市渔业资源增殖放流活动在龙岗区南澳街道办事处杨梅坑举行。

[8]7 月 18 日,国际海洋日暨深圳渔业资源增殖放流活动在大梅沙举行。

[9]12 月 3 日,深圳全市海洋工作会议在深圳市民中心召开。市长许宗衡等主要领导出席了会议并做了重要讲话。会上正式出台了《深圳市关于加快海洋产业发展建设海洋强市的若干意见》、《深圳市扶持远洋渔业发展若干规定》和《深圳市远洋渔业发展基地空间布局初步规划方案》等 3 个文件。

(深圳市农林渔业局　甘伟明　袁振江)

新疆生产建设兵团渔业

【概况】 2008 年,兵团渔业围绕"抓住水产品质量安全一条主线,发挥鱼类资源、水域环境、市场空间三个优势,突出特色鱼类、休闲渔业两个特色、实现渔业增效、职工增收一个目标"的发展思路,实现了持续、稳定发展。2008 年兵团养殖水面 3.37 万公顷;水产品总量 2.24 万吨;产值 2.26 亿元;人均水产品占有量 8.5 千克;职均收入 1.42 万元;繁育各类鱼苗 8.8 亿余尾,生产各类鱼种 2 600 余吨。

(1)渔业投入。在农业部的大力支持下,2008 年争取中央的预算内资金 386 万元,完成了兵团河鲈水产良种场、农八师大泉沟"四大家鱼"良种场的基础设施建设。兵团白斑狗鱼良种场,农一、八、十师 3 个水生动物疫病站正在建设中。同时,还下达了农一师塔水处、农三师前进水库管理处、农八师安集海水库管理处渔政执法快艇的投资计划。这些项目的实施使兵团渔业支撑保障体系建设得到进一步加强。

(2)水产养殖。2008 年,兵团养殖面积 3.37 万公顷,较上年增长 1.4%,养殖产量 2.10 吨,较上年增长 1.54%。为提高养殖效益,满足人们对各类水产品的需求,在大力发展常规鱼类品种养殖的基础上,积极推进名特优新鱼类养殖,使兵团的水产新品种养殖工作取得了较好的成绩。农二、六、七、八、十二师依托乌鲁木齐、石河子、库尔勒市场大力发展名优品种养殖,罗非鱼、团头鲂、斑点叉尾鮰、加州鲈、黄腊丁、淡水白鲳、大口鲶、革胡子鲶、乌鳢、南美白对虾等水产品已批量稳定上市;农一、三、七、八、十师利用其水库、坑塘等大水面进行了河蟹、大银鱼、池沼公鱼、青虾的投放和移植,已连续几年保持稳产。新疆土著鱼类白斑狗鱼、河鲈、丁鲅、高体雅罗鱼养殖取得了新的突破,其中的丁鲅由于肉质鲜美、生长迅速、池塘养殖技术成熟,被选定为兵团农业产业化生产的主推技术和主导品种,也成为国家在西部地区推广的优良品种。兵团已经养殖的水产品种类达 30 多种,形成了多品种、小批量、均衡上市的良好格局。

(3)水产健康养殖。按照农业部《关于组织推荐第三批农业部水产健康养殖示范场的通知》要求,制定了《新疆生产建设兵团 2008 年水产健康养殖推进行动实施方案》,在农八师石河子总场渔场被评为农业部"水产健康养殖示范场"的基础上,水产基层组织健全、生产达规范的农八师石河子北泉镇渔场、玛纳斯河水库管理处渔场参加了第三批农业部"水产健康养殖示范场"的创建活动。通过这 3 个渔场的创建活动,以点带面,强化基层管理,提高职工素质,发挥示范场的辐射带动作用,推动兵团水产健康养殖行动的发展。

(4)养殖证制度建设。水域滩涂养殖证制度实施 5 年来,共发放养殖证 222 本,发证面积 1 万多公顷。年审 137 本,变更 84 本。2008 年农二、十二师已启动养殖证发放,农七、八、九师养殖证发放率达到了应发证水面的 95% 以上,年审、变更、注销、补办等流转工作已正常开展。

(5)水产品质量监管。为认真贯彻落实党中央、国务院关于产品质量和食品安全工作各项决策和部署,解决当前水产品质量安全方面存在的突出问题,与自治区水产局、自治区渔政管理总站、乌鲁木齐市农牧局、乌鲁木齐市渔政管理总站、昌吉州水利局、农八师水利局、新疆水产品质量检测中心的渔政检查人员 30 余人联合组成检查小组,对乌鲁木齐市、昌吉州、农六、农八、十二师进行水产养殖业执法检查及水产品质量安全执法检查。主要检查养殖证制度实施情况、水产养殖安全管理、水产品质量安全、渔业水质监测管理、渔用饲料安全。重点检查大型养殖企业、城郊商品鱼基地、水库养殖生产单位、大型农贸市场和水产品批发市场等。共抽取鲤鱼、草鱼、鲫鱼、鳜鱼、多宝鱼、罗非鱼、虹鳟鱼、南美白对虾等近 10 个品种的 36 个活鱼及饲料样品,4 个养殖用水水样。由兵团农业局总畜牧师苗启华带队,由畜牧、水产、园艺、兽药监察所组成检查组对农六、八、十二师的农产品质量安全自查情况进行了督促检查,现场抽取了河鲈、鲫鱼、草鱼、白鲢、鲤鱼 10 个鱼样。两次检查抽取的养殖鱼类、饲料样品,养殖用水水样,经新疆农垦科学院农产品质量检测中心检测,出具的检测报告表明:除 2 个水样不合格外,其他样品全部合格。通过检查,增强了养殖从业人员的环保和质量安全意识,加强了水产品市场的监管,对水产品质量安全的提高起到了积极的推动作用。

(6)水产品认证。无公害水产品产地、产品认证稳步推进。在已有 6 家较大规模渔场已取得有机、绿色、无公害水产品认证的基础上,2008 年又有农二师 24 团渔场、塔里木河水库管理处、农四师 64 团、70 团渔场、农八师玛管处、农十二师五一农场渔场、兵团水产技术推广总站基地、石河子大学实验场进行了无公害水产品的认证。随着此项工作的开展,形成了池塘养殖进行无公害水产品认证,水库大水面养殖创品牌、进行有机水产品认证的格局,提升了品牌意识。

(7)渔政管理。按照农业部《关于开展渔业文明执法窗口单位创建活动的通知》要求,继续将农八师石河子总场渔政站作为试点单位,开展了渔业文明执法窗口单位创建活动。通过"内强素质,外树形象",加强渔政队伍建设,提高渔政人员的政治业务素质,规范渔业行政执法行为,提高兵团渔业行政执法水平。为了解决养殖户在养殖过程中资金短缺的实际困难,农八师石河子总场渔政站继续与信用社通过协商,办理以渔业水域滩涂养殖使用证为抵押的小额低息贷款共 6 批 92 户 300 多万元,为渔业职工解决了生产流动资金。兵团渔政部门按照有关法律法规,协调处理侵占、破坏、污染养殖水域的渔事纠纷 10 起,征用池塘的相关补偿、拆迁纠纷 6 起。

(8)组建水产技术推广体系。贯彻落实国务院《关于深化改革加强基层农业技术推广体系建设的意见》有突破性进展。兵团机构编制委员会下发了《关于做好兵团农业科研事业单位机构编制核定工作的通知》,明确组建兵、师两级水产技术推广体系。在兵团本级机构设置中,保留兵团水产技术推广总站(兵团渔业病害防治检测中心),其经费形式调整为全额拨款,单位规格不变;在师一级机构设置中,农一、二、三、四、五、六、七、八、九、十、十三师农业技术推广站挂水产技术推广站的牌子,农十二、十四师将农业技术推广站(师种子管理站、水产技术推广站)合并到农业科学研究所并挂牌,为副团级全额拨款单位。水产技术推广体系机构的组建完善,对加强兵团渔业管理,稳定水产专业技术队伍,促进新技术推广应用具有重要意义。

【重点渔业市(县)基本情况】

新疆生产建设兵团重点渔业师基本情况

师	总人口(万人)	渔业产值(万元)	水产品总产量(吨)	其中		养殖面积(公顷)
				捕捞	养殖	
农一师	29.1	4 443	3 142	139	3 003	8 520
农二师	19.9	2 461	2 579	428	2 151	172
农四师	22.4	3 041	3 402	206	3 196	564
农八师	58.4	3 006	4 010		4 010	2 571
农十师	7.6	3 838	2 818	642	2 176	8 739

【大事记】

[1]8 月 31 日,农业部副部长牛盾、渔业局副局长陈毅德率调研组到兵团农八师石河子市调研指导渔业工作。

[2]5 月 30 日,兵团机构编制委员会下发了《关于做好兵团农业科研事业单位机构编制核定工作的通知》(兵编发[2008]30 号),组建兵、师两级水产技术推广体系。

(新疆生产建设兵团水利局　刘屹超　王雪梅)

全国渔业重点事业单位

农业部渔政指挥中心

【概况】 2008年，农业部渔政指挥中心按照2007年全国渔政工作会议确定的总体工作部署，围绕农业部和渔业局的工作重点，全面履行渔政管理职责。加强水生生物资源和生态环境养护管理；继续组织开展200海里专属经济区渔政巡航和护渔专项行动，维护国家海洋权益；保护广大渔民的合法权益，努力推进渔政队伍建设；构建"平安渔业"、提升渔业安全生产水平，圆满完成了各项任务。

【涉外渔业管理】 加大专属经济区渔政巡航执法力度，提高巡航效率，维护协定水域的作业秩序和国家海洋权益。巡航工作以实施中韩、中日、中越渔业协定、伏季休渔和重点敏感海域监管为重点。全年巡航299航次，航行3 171天。登临检查国内渔船6 182艘(次)，登临检查外籍渔船61艘(次)，查处国内渔船1 169艘(次)。

稳步推进北部湾渔业联合监管工作，渔政、海警部门联合开展了2次大规模监管行动，共出动10艘渔政船、海警艇。通过联合监管，北部湾渔业形势总体稳定，在中越北部湾共同渔区过渡性安排结束前，该水域未发生严重渔业违规事件。以农业、外交、公安、总参等四部名义给国务院上报了《关于北部湾渔业海上联合监管情况的报告》。积极配合外交部做好建立西沙海域联合监管机制的筹备工作。继续组织开展2008年西沙海域护渔行动。全年共组织渔政船巡航40个航次，巡航时间630天。巡航中共观察记录越南渔船421艘次，登临检查、处罚外籍渔船23艘，驱赶渔船313艘，维护了国家的海洋权益。

积极推进涉外渔业联合执法工作。在2008年中美渔业联合执法中查获了2艘大型流网渔船，初步遏制了北太平洋非法流网作业的势头。在发生"9·25"涉韩暴力抗拒检查事件之后，中方渔政部门迅速行动，对涉案渔船进行扣押调查，并及时调整工作部署加强监管。指导三个海区渔政局开展中韩渔政执法公务员互换乘船执法、中越北部湾共同渔区联合检查和北太平洋公海渔政巡航。参加了中美、中韩、中日渔业执法工作会谈。

妥善处理涉外渔业事件，维护周边稳定和渔民的切身利益。2008年南海和朝韩水域的涉外渔业事件十分突出，为此专门下发了《农业部办公厅关于加强南沙涉外渔业管理工作的紧急通知》和《农业部办公厅关于进一步加强涉外渔业管理工作的紧急通知》。为加强渔船管理、减少涉外渔业事件发生，主动协调外交部门，并积极配合使领馆开展领事保护和法律援助，稳步推进涉韩渔业担保工作，最大限度维护我渔民利益。

【渔业资源养护和生态环境保护】

(1)积极组织重大渔业执法行动。组织实施"护渔2008"海洋渔业执法和长江春禁执法行动。2008年是农业部组织实施"护渔"系列执法行动的第3年，各海区渔政局和沿海各地渔政渔港监督管理机构根据农业部部署，调动各级渔业执法力量，较好地完成了各项工作，取得了明显成效。海上执法行动声势大、重点突出、成效明显。针对北纬35度线和台浅渔场等重点水域开展一系列执法行动，查处了一批违反伏季休渔制度及其他非法捕捞活动的渔船。港口执法检查得到进一步的重视和加强，联合边防、公安、工商等部门，积极推进"海上查、港口堵、市场管、仓库控"的休渔管理新模式，发现并查处了一批违反渔船管理规定的行为，进一步规范了渔船的管理。

联合国家工商行政管理总局于4月10日至10月31日，在东海区开展以取缔制造、销售和使用电脉冲渔具为主要内容的专项整治行动。此次行动共查获违法使用电脉冲拖虾渔船17艘(次)，没收电脉冲渔具16套；查获并没收在售电脉冲渔具10组；渔民主动上缴电脉冲渔具300余套。

(2)加大珍稀水生野生动物增殖放流和保护区建设力度。在湖南、广东、湖北、陕西、贵州、安徽、重庆、四川等地同步组织开展主题为“保护水生动物、建设生态文明”的2008年珍稀水生动物增殖放流活动;农业部副部长牛盾出席了张家界大鲵国家级自然保护区主会场放流活动。2008年,全国共放流大鲵、中华鲟、胭脂鱼、大头鲤、青海裸鲤等珍稀濒危水生动物1 000多万尾(只)。在辽宁大连斑海豹国家级自然保护区举行斑海豹放生活动。向国务院申报了2个国家级自然保护区,新建2个地方级自然保护区。

【专项执法】 为推进水产健康养殖,规范养殖生产秩序,提高水产品质量安全水平,保障水产品助奥行动顺利实施,组织开展了2008年水产养殖专项执法行动。一是对天津市和山东省开展的水产养殖专项执法行动进行督察,二是对在农业部2008年第一次水产品药物残留监督抽查中的案件进行督察,结案率达到94.3%。为配合各地开展养殖执法培训工作,组织编写了《水产养殖执法培训教材》,并举办了两期水产养殖执法师资培训班,累计培训107人。

【渔业生产安全】

(1)加强渔业应急管理,协调处理海上渔事纠纷。一是逐步完善渔业应急管理法规和相关制度。启动《中华人民共和国渔业海上交通事故调查处理规则》修订工作,完成《渔业船舶水上安全突发事件应急预案培训大纲》的编写,配合制订《渔业应对台风等极端天气事件工作制度(试行)》。二是渔业应急管理工作不断加强。针对台风防御中的薄弱环节,确定了“提前准备、靠前指导、及时反馈”的指导思想,重点在完善工作机制、明确工作职责方面改进。积极主动加强与部内有关司(局)和有关部门的沟通协调,在应对2008年12个热带风暴过程中,农业部共派出9个渔业防台风工作组,赴防台风一线协调工作。渔业局、指挥中心领导共同谋划、现场指挥,防御台风应急处置工作得到明显加强。三是海难救助工作取得明显成效。全年共协调各级渔政渔港监督管理机构参与救助渔业海难事故337起,调度、派遣渔业行政执法船艇和渔船894艘(次),救助渔船348艘,救助渔民1 546人,挽回经济损失10 134万元。全年共处理较大级以上渔业船舶水上安全突发事件32起。编写《农业部值班信息》38期、《渔政指挥中心值班情况专报》82期,报送《每日要情》13条。四是渔业海事调查处理工作进一步深化。成立了农业部渔业海事处理专家组,并制订了《农业部渔业海事调查处理专家组工作规则》。积极宣传推广渔业海事仲裁工作,进一步拓宽渔业海事纠纷处理渠道。

(2)加强渔业安全通信网建设,提高渔业安全生产保障能力。指导、督促各地积极开展海洋渔业安全通信网建设,确保网络正常运转。组织制订全国海洋渔业安全通信网岸台值班制度,加强岸台管理。为辽宁、河北等8地共计3 200艘海洋机动渔船新型船载渔用对讲机提供了设备补贴,对渔业船舶船位监测系统进行了升级改造。通过这些措施,全国海洋渔业安全通信网岸台管理得到进一步加强。2008年全国海洋渔业安全通信网岸台共发布气象、航行警告等2.5万次,接收报警信号1 000余次,参与救助遇险和海难事故210余次,救助渔船130余艘、渔民近700人,为构建平安渔业发挥了重要保障作用。

【渔政队伍建设】

(1)推进渔政执法队伍纳入或参照公务员法管理,加强制度建设和作风建设。为进一步贯彻落实全国渔政工作会议精神,结合渔业文明执法窗口单位创建活动,把推动渔政队伍纳入公务员或参照公务员法管理作为重点。2008年,除个别省外,全国省级渔政机构已全部纳入参照公务员法管理,部分省基层单位也已纳入参公管理。继续开展渔业文明执法窗口单位创建活动,2008年又有41个基层渔政单位被评为渔业文明执法窗口单位。通过创建活动,逐步规范基层渔政机构名称,促进执法人员依法行政能力的提高。

为规范渔政执法行为,组织起草制订《渔业行政执法督察规定》。受理群众来信、来电举报案件10件并全部结案,及时纠正了渔政人员不依法办事或执法不及时、不到位、不规范的问题。

加大渔业行政执法培训力度,共组织3期培训班,参训人员170多人。继续委托中央农业干部教育培训中心开展渔政人员大专学历教育培训。

(2)加强渔政基础设施和信息化建设,提升渔政管理水平。中国渔政管理指挥系统正式启动,已有8个软件应用于渔业管理。目前,系统共拥有有效数据17万余条,初步实现了对渔船捕捞许可证和船网工具指标、水域滩涂养殖证书、外国渔船捕捞许可证书、渔业行政执法证件、水生野生动物证件的统一动态管理。进一步规范了相关渔业管理程序和管理行为,提高了基础数据统计的准确性和及时性,有效提高了各级渔政部门工作效率,推动各级渔政部门管理信息化建设。

进一步完善《渔政基础设施建设规划》。完成了2005、2006年渔政执法快艇项目验收及163艘渔政执法快艇的招标采购工作。在征求各省渔政主管部门意见的基础上,对渔政制服标识进行了调整。

(农业部渔政指挥中心　易　林　陈　杨)

农业部渔业船舶检验局

【渔船检验法规建设】　按照“保证科学性、增强实用性、提高操作性、强化严肃性”的总体要求以及《渔业船舶检验立法规划》的总体规划，着力推进渔业船舶检验法规建设的各项工作。

(1)稳步推进小型渔船检验管理制度改革。一是改革小型渔船登船检验制度，确立了检验声明制度，强化了船舶安全管理。在营运检验中，船舶所有人在申报检验时，应当提交船舶安全技术状况声明书，声明船舶的安全技术状况。验船机构可以根据管理的具体情况确定是否需要登船检验，改变了过去必须登船的规定。该制度有利于船舶安全管理，有利于安全责任制的落实。该制度已经农业部领导批准发布。二是调整了小型渔船检验立法权限。明确了小型渔船配套技术要求由各省级渔业船舶检验机构研究制定，报农业部渔业船舶检验局批准。对内河规则以外的小型渔船的检验规定，由各省级渔业船舶检验机构自行制定。

(2)研究完善渔业船舶检验技术支撑体系。一是发布了《渔业船舶法定检验规则修改通报》(2008)。结合近年来船舶技术和检验规则发展的实际情况，完成了《渔业船舶法定检验规则修改通报》修改、发布工作，通过此次规则修改，将使《2000 规则》更加科学、准确和规范，特别是解决了不少实际应用中发现的问题，增强了实用性和可操作性。二是颁布实施了《玻璃纤维增强塑料渔业船舶建造规范(2008)》，并召开了宣传贯彻会。玻璃钢渔船规范的颁布实施对进一步推动玻璃钢渔船技术进步，提高我国玻璃钢渔船的建造质量，整体提升我国渔业船舶建造技术水平，推动渔业船舶玻璃钢代木的进程，推广节能型玻璃钢渔业船舶的建造，确保玻璃钢渔业船舶安全航行作业的技术条件等具有重要意义。三是颁布了《内河小型渔业船舶法定检验规则》，审定了《沿海小型渔业船舶法定检验规则》。这两部规则创新了小型渔业船舶的检验管理理念，提出了现场检验与审查船舶所有人“船舶安全技术状况声明书”相结合的检验管理模式。强化了小型渔业船舶船东的安全意识和安全责任，明确了地方验船机构制定配套检验管理办法，有利于各省渔业船舶检验局加强对本地区小型渔业船舶检验管理的研究和探索。

【机构管理与队伍建设】

(1)机构管理。一是稳步推进渔船检验机构建设。按照全国省、市、县三级渔船检验机构建设工作任务，2008 年指导完成了广西、吉林、贵州和福建等地所属的市、县级机构的共 62 个新机构建立工作。全国已经认可和业务核定的机构共 771 个，其中省级机构 29 个、分局 38 个、计划单列和市处 148 个、检验站 556 个。二是开展全国渔业船舶检验系统“检验标兵单位”和“优秀验船师”评选和表彰活动。进一步加强全国渔业船舶检验机构和队伍的思想、作风建设，造就一支依法行政、严格检验、热情服务、勤政廉洁的高素质渔业船舶检验队伍。共评选出 31 个“检验标兵单位”和 38 名“优秀验船师”，并在全国渔业船舶检验工作会上进行了表彰。三是科学合理调整业务范围。继续巩固浙江籍赴北太平洋作业鱿钓渔船及渔业辅助船检验与发证试点工作。经农业部领导同意，在试点的基础上扩大试点范围，委托辽宁和河北渔业船舶检验局分别负责辽宁籍和河北籍赴北太平洋作业鱿钓渔船及渔业辅助船检验与发证工作。2008 年北太平洋鱿鱼钓船渔业项目批准 277 艘，试点范围已占北太平洋鱿鱼钓船总数的 73%。

(2)验船师队伍建设。根据《“十一五”期间渔业船舶验船师队伍建设规划》的总体安排，验船师培训工作全面展开。截至 2008 年 11 月底，共组织全国各类培训班 8 期，培训人数 654 人。一是开展渔业船舶检验人员上岗资格培训考试。分别在江苏、山东、甘肃和贵州等地举办了 4 期验船人员上岗资格培训，有 449 人参加培训，441 人通过考试。二是继续推进验船师专业资格考试制度工作。在上海海洋大学和浙江组织举办了两期针对从事船长大于 24 米海洋渔船图样及技术文件审查培训考试，有 180 名验船师参加培训。目前已举办 3 期审图培训班，具备图纸审查资格验船师共 219 人。三是继续开展学历提升教育。根据“十一五”期间验船师队伍建设规划，为培养渔业船舶检验专业复合型人才，委托上海海洋大学举办第二期渔业船舶检验研究生课程班，共有 6 个省的 24 名验船师参加了学习。四是开展培训教材编写工作。根据目前内河渔业船舶检验工作开展的需要，结合验船师管理和队伍建设情况，组织编写了内河《船舶图纸及技术文件审查》培训教材。

(3)积极稳妥推进注册验船师制度的实施。一是开展调研和征求意见。由人力资源社会保障部专业技术人员管理司牵头、农业部人力资源中心和渔业船舶检验局组成工作组，就注册验船师制度在农业行业的开展情况以及研究制定《注册验船师(渔业船舶类)资格考试认定办法》工作开展调研。了解各级验船师对注册验船师执业范围的划分，广泛征求对注册验船师资格考试认定的意见。二是研究起草《注册验船师资格考试认定办法》。经与人力资源社会保障部研究讨论,目前已完成《注册验船师资格考试认定办法(征求意见稿)》。三是积极筹备成立全国注册验船师资格考试办公室,研究注册验船师资格考试认定、资格考试、考试大纲编写、继续教育、注册管理等工作。同时研究成立全国注册验船师资格(渔业船舶类)考试专家委员会,研究注册验船师资格考试大纲编写工作。

(4)开展渔业船舶检验监督管理系统研发工作。渔业船舶检验系统已纳入渔政管理指挥系统建设。为此,成立了系统建设领导小组和工作小组。完成了初期的需求调研工作。研究起草了加快推进和完善渔业船舶检验信息化建设工作意见,提出了渔业船舶检验监督管理系统建设具体方案。

【远洋渔船检验管理】

(1)远洋渔船检验计划管理取得成效。2008 年加大了改革和完善远洋渔船检验管理工作力度,将远洋渔船检验工作重心放在了境外检验工作上,重点解决在境外长期生产作业、未按时申报检验的远洋渔船检验管理问题。根据农业部领导的指示与要求,加强了工作调研,理顺了工作思路、明确了工作目标。重点推动计划管理、强化监督管理,有效解决了诸如境外检验不及时、不到位等企业反响强烈的问题。2008 年,经农业部批准和确认从事远洋渔业作业的渔船 1 522 艘,除 236 艘外国籍中资渔船外,应检远洋渔船总数为 1 286 艘。2008 年完成远洋渔船法定检验 1 195 艘,受检率达到 92.9%。

2008 年派往包括加蓬、斐济和塞内加尔 3 个短期检验点在内的出国检验团组 30 个,派出验船师 61 人(次),前往 20 多个国家和地区,累计工作天数 588 天,境外检验 589 艘,占检验总量 49.3%。其中境外检验点检验 255 艘,占境外工作量 43.3%。

完成远洋渔船公证检验 384 艘,其中,出口渔船检验 187 艘,进口渔船检验 24 艘,其他公证检验 173 艘。

(2)境外检验管理工作不断加强。为切实落实农业部领导对境外短期检验点"加强制度建设、抓好指导和监管工作"的批示,针对境外短期检验点工作情况,积极探索境外短期检验点工作新思路,在调研的基础上,形成了《远洋渔业船舶境外检验若干规定》。2008 年 11 月召开了境外短期检验点工作座谈会,研究了下一步加强境外短期检验点管理的意见。

(3)加强检验业务指导,强化履责能力建设。加强对远洋渔船检验工作和内陆渔船检验管理工作的指导、监督,对大型拖网及金枪鱼钓船、北太平洋鱿鱼钓船和赴印度尼西亚海域作业单拖船等现场检验进行跟踪检查和指导,及时掌握船舶检验动态,为研究和完善检验工作中出现的新情况、新问题提供了第一手资料,也为远洋渔船检验计划工作的有效落实打下了坚实基础。对内陆渔船检验管理情况进行分析和总结,提出了加强内陆地区渔船检验管理工作的总体思路和方案。举办了有 61 名验船人员参加的内陆渔船检验现场交流会,重点对现场检验进行了示范教学演示、实际操作和现场答疑。

结合南海区渔政局 2 500 吨载机渔政船和南海水产研究所渔业资源与环境科学考察船两艘船舶的建造检验工作,组织检验业务学习交流,为各省中青年骨干远洋验船师提供学习和交流的机会。10 月份组织沿海各省的 45 名中青年骨干验船师召开了检验现场交流会,促进了远洋验船师业务能力的提升。

【船用产品检验】

(1)工作规章和制度日趋完善,工作基础不断夯实。一是开展了对渔船用柴油机型谱管理课题的研究。在对有关柴油机制造企业型谱审核试点的基础上,研究制定了《渔船用柴油机型谱审核(送审稿)》(验船师须知)。二是起草并组织专家审核了《Y、YJ型气胀式救生筏检验技术要求补充规定(讨论稿)》、《渔用气胀式救生筏和渔用简易气胀式救生筏备品属具配备及其检验要求(讨论稿)》等文件,分别从管理和检验技术两个层面对气胀式救生筏检验管理进行了规范。三是完成了产品检验验船师培训教材的编写和统稿工作。

(2)加强监督管理,提高产品检验管理水平。一是开展了渔船用柴油机型谱管理工作。以《渔船用柴油机型谱检验管理规定》为切入点,加强了渔船用柴油机型谱检验管理,各省对柴油机制造企业申报的柴油机型谱进行了审核。二是开展了气胀式救生筏质量专项检查工作。对取得认可的 8 家制造企业生产的渔用简易气胀式救生筏进行了集中质量抽查,其检测结果以农业部办公厅名义进行了通报,并研究提出了改进渔用气胀式救生筏检验管理意见,促进了渔用气胀式救生筏质量进一步提高,强化了气胀式救生筏的质量安全监管和筏站管理。

(3)开展了《渔船柴油机调研与推荐节能机型》项目工作。会同渔机所有关专家,对我国渔业船舶柴油机的种类、分布和使用情况及其能耗情况进行了调研,在对我国目前渔船柴油机节能政策和技术路线分析的基础上,筛选节能型渔业船舶柴油机,并制定了节能型渔船柴油机推广目录,组织专家进行了审核。

(4)强化对全国产品检验业务工作的指导。对各省产品检验机构提出了分解考核目标，加强了工作指导。截至2008年11月底，已经核发产品检验证书1 715份，其中421份证书为境外产品。完成了177家企业船用产品检验认可工作。

【企业资质管理】 2008年按渔业船舶质量安全监管工作前移的要求，加大对渔船设计单位、修造企业认可监督管理，确保企业具备设计、修造的基本条件，保证船舶质量。拟定和完善了《渔业船舶设计单位资质认定管理规定》和《渔业船舶设计单位现场考核条件》，严格现场检查和技术人员能力的考核；对申请渔船修造和提高修造档次的企业，严格参照《船舶生产企业生产条件基本要求及评价方法》标准进行审核，依靠贯彻标准和提高考核门槛，促进企业上水平、上档次。同时对群众反映的违规造船问题及时进行调查处理，规范市场行为。截至2008年底，全国渔业船舶生产企业已达1 305家，有些企业已进入中等船舶生产企业的行列；对国家投资的2 500吨渔政船和资源调查船项目，组织全国渔船检验技术力量进行图纸审查工作，严把技术关；渔业船舶设计图纸校核软件经过认真调研、科学论证和按规定程序进行招标选择，现已进入编制阶段。

【渔船标准化】 为充分发挥渔船标准工作引领渔船科技发展和技术进步的作用，切实加强渔船标准工作的管理，为渔船标准化技术委员会各项工作的开展创造条件，增加投入，使渔船标准化工作步入正常运转阶段。2008年渔船标准化委员会按时完成了部标项目制（修）订工作。同时全面完成了历年标准项目制订遗留工作的清理。渔船标准化队伍建设得到恢复和加强。渔船标委会经过争取，首次承担了国标委“渔船标准体系建设研究”项目。在节能型渔船研发方面，紧密结合市场需求，按照应用广、投入低、节能效果好、经济安全的总体要求，组织开展了玻璃钢渔船标准船型开发工作。现有两个基本船型的设计工作已基本完成，为下一步推广创造了有利条件。

第三届渔船检验技术委员会成立两年来，在全体委员的努力和各委员单位的支持下，全面贯彻落实科学发展观和第三届技术委员会第一次会议精神，紧密围绕渔业船舶检验及其监督管理工作中心，深入开展渔业船舶检验法规和渔船技术研究，开拓创新，推动渔业船舶检验技术发展与进步，顺利完成了第三届技术委员会第一次大会和专题工作会议确定的各项工作。一是专题讨论研究了《小型渔船检验管理制度专题研究报告》，审定了内河及沿海小型渔业船舶法定检验规则、渔业船舶法定检验规则修改通报和《玻璃纤维增强塑料渔业船舶建造规范2008》。二是扎实推进各项渔船技术专题研究工作，包括：确定了小型渔船的稳性衡量办法，开展了“老旧渔业船舶安全技术评估方法”、“渔业船舶无线电通信系统”专题研究工作和木质海洋渔船载重线勘划研究，组织开展了渔船技术论文征集交流评优活动。

【国际交流与合作】

（1）积极参加国际海事组织相关会议。2008年参加了国际海事组织稳性、载重线和渔船安全分委会第51次会议（IMO SLF 51）及小型渔船安全通信组会议、国际海事组织海上安全委员会第84、85届会议（MSC84、MSC85）等有关会议，了解和追踪了国际海事组织技术法规的制订情况和发展趋势。借助国际技术法规指导和提升了我国技术法规建设，加强了与国际海事组织的联系，提升了开展国际技术法规交流与合作的能力。

（2）组织内地与香港海事处第三次定期会议。2008年，与香港海事处举行第三次定期会议，双方就2006年1月建立定期会议机制以来，在渔业船舶检验政策法规、专业技术业务、香港渔船委托检验等方面开展了富有成效的交流。双方就继续推进香港渔船委托检验工作，进一步加强双方在技术法规、图纸审查、检验业务等方面的交流与合作交换了意见。

【中国渔船渔机渔具行业协会】 2008年，中国渔船渔机渔具行业协会主要开展了以下工作：

（1）筛选节能产品，推广节能技术。渔船节能减排是当前渔船、渔机行业的中心工作，受农业部委托，协会对目前市场上众多的柴油机燃油添加剂产品，组成专家组，按试验大纲要求，进行了科学、权威、公正的柴油机台架试验，得出了具有权威性的试验结果。北京新世纪朗天科技发展有限公司的“玻化亚”牌燃油添加剂其节油效果最为明显。

（2）为促进我国玻璃钢休闲渔船及休闲渔业的发展，协会积极参与，并在广东省渔业船舶检验局、广州市南沙区人民政府等有关单位共同关心和支持下，由东莞市兴洋船舶制造有限公司承建的我国首对玻璃钢休闲渔船，9月底在广东南沙海域顺利下水。标志着我国玻璃钢休闲渔船实现了零的突破，同时也进一步拓宽了渔民转产转业之路。

（3）进行产业调研，关注行业发展。由于受自然灾害及宏观经济的不良影响，渔船、渔机、渔具行业尤其是渔网具制造业面临生存和发展的严峻考验。协会就相关产业如何充分认识挑战与机遇并存、企业如何走出困境等内容,进行了专题调研。考察了相关产业的重点企业,参观生产现场,组织座谈,了解企业的生产经营状况,与企业负责人分析产业形势,提出建设性建议,共商发展大计,帮助企业调整发展思路,发挥了协会在行业宏观管理方面的作用。

(4)海峡两岸交流,取得喜人成效。为促进海峡两岸在渔船、渔机、渔具领域的技术交流、贸易合作,经过半年多的精心准备,首届海峡两岸渔船渔机渔具产品技术交流活动于 2008 年 10 月 25—26 日在福州举行。180 余人参加了交流展示活动,台湾代表近 20 人。海峡两岸渔船、渔机、渔具方面的专家学者介绍了两岸在远洋渔业的现状及发展、大型金枪鱼围网船和大型拖网渔船的设计建造技术、先进螺旋桨的设计制造技术、休闲渔业的现状和发展趋势、玻璃钢渔船的建造工艺及技术、新型围网、单拖网的捕捞技术、职务船员的培训及劳务输出等方面的情况。两岸代表还就内陆目前建造的新型远洋鱿鱼钓船的技术装备等情况进行了专场研讨交流。会议期间还同时举办了海峡两岸渔船、渔机、渔具产品的技术展示活动。

(5)发挥专业委员会优势,开展专业活动。

渔船专业委员会。为提升我国大型金枪鱼围网船、大型拖网船捕捞装备国产化的水平,加快我国大型金枪鱼围网船、大型拖网船捕捞装备国产化的进程,渔船专业委员会先后组织召开了一系列产品鉴定会、技术交流会、项目协调会。由宁波捷胜海洋开发有限公司研制的新型远洋捕捞用绞纲机通过了协会组织的专家鉴定,经专家组评定,一致认为双速中高压分列式绞纲机其综合技术性能达到了国际同类产品水平。围绕大型金枪鱼围网船、大型拖网船捕捞装备的设计建造技术,协会先后组织邀请了发达国家和地区的有关专家与国内船舶设计、修造的骨干企业进行座谈交流。

渔业机械专业委员会。渔业机械专业委员会组织开展了行业调查,通过调查摸清了行业的发展现状、认清了与先进发达国家和地区存在的差距。在此基础上提出了渔业机械行业的发展方向及具体思路:积极研发能满足我国远洋渔业发展所需的渔机装备、大力研制推广渔船节能新技术新产品、扩大无公害低消耗高品质的渔机产品的市场占有率、进一步完善渔机产品的标准化,满足新形势下渔机行业的发展需要。

绳网具专业委员会。面对当前复杂的宏观经济形势尤其全球性金融风暴对我国经济实体的影响,如何解决绳网具行业目前发展进程中的问题,协会于 11 月中旬在湖南召开了第三届全国绳网具企业厂长(经理)座谈会。会议就如何分析形势、应对挑战、把握机遇、共谋发展等当前绳网具行业大家共同关系的话题进行了广泛的交流、热烈的讨论,与会代表提出了许多富有建设性的建议。

(6)合作举办展会,搭建经贸平台。组织参加相关展会是协会服务会员单位的重要手段。鉴于目前相关展会收费日益增长且专业性并不很理想的情况,协会几次与舟山市政府、经贸委等单位联系并磋商,一致同意由舟山市政府与中国渔船渔机渔具行业协会共同组办每年一届的中国舟山国际船业博览会。博览会将以优惠价格开辟中国渔船渔机渔具行业产品专业展区,以集中展示协会会员单位及产品,增强专业展会效果。

(7)完善基础工作,开展技能鉴定。开展特殊工种的技能培训鉴定是协会的主要职能之一。先后完成了《船舶绳网具操作工国家职业标准》的制订工作及《绳网具操作工技术培训教材》的审定工作。在对主要沿海省份调研论证的基础上,完善了渔船修造业特有工种职业技能鉴定的管理规定等相关准备工作,为下一步开展渔船修造业特殊工种职业技能培训鉴定工作奠定了基础。

(农业部渔业船舶检验局 郑松传)

农业部黄渤海区渔政渔港监督管理局

【渔业宣传培训】 进一步完善黄渤海区渔业信息网,不断加大宣传力度,渔业政务信息报送工作取得了较好成绩;全年共向农业部渔业局网站、《中国渔业报》等媒体报送信息 100 余篇,被评为渔业宣传先进单位。《中韩渔业协定》的宣传培训工作得到进一步重视和加强,积极协助、指导有关部门举办 10 期培训班,共印发《中韩渔业协定水域作业须知》5 000 册。编写中国渔船入渔韩国管辖水域情况简报 8 期,编辑《周边国家渔业信息》6 期。持证船长、船主培训合格率达 100%,涉外入渔水平进一步提高。

【实施《中韩渔业协定》】 《中韩渔业协定》已生效实施 8 周年。作为组织实施单位,全年共办理入渔申请 1 435 份,办理换发许可证申请 80 余份,许可证记载事项变更申请 24 份,许可证记载内容更正申请 5 份,渔获配额量变更申请 2 份(涉及 40 余艘渔船),证件、标志牌、渔捞日志的分配、制作和发放井然有序,确保了渔船顺利及时入渔。2008 年,共向韩国发送入渔信息 123 551 艘(次),汇总整理入渔韩国渔获量季度报告 1 439份;共收到韩国渔船作业日报信息 9 436 条。全年我国实际入渔渔船 1 847 艘，总入渔率为 96%，其中黄渤海区入渔率为 99%，配额完成率达到 93%，比上年同期均有较大幅度增长。

【伏季休渔管理】 2008 年，是国家伏季休渔制度实施的第 14 个年头。4 月 29 日，海区渔政局组织召开黄渤海区伏季休渔管理工作会议，与三省一市渔业主管部门研究讨论了 2008 年的伏休管理工作，对全海区的伏休管理工作做了总体部署。伏季休渔期间，两次派出督导组赴各地进行督察，对举报的违规情况，积极协调相关部门进行了调查、核实和处理。全年共处理各类举报案件 56 起；海上执法重点加强了北纬 35°线以北和渤海两大水域及禁渔线内小拖网、异地靠港渔船、赴朝鲜东海岸作业三类渔船的执法管理。休渔结束后，从秋汛生产情况看，海洋渔业资源有所好转，渔民收入持续增加。

【专属经济区渔政巡航】 为维护海上生产秩序，保护国家海洋渔业权益，组建由 16 艘渔政船组成的巡航船队，开展专属经济区渔政巡航管理。将渤海纳入专属经济区巡航范围，重点加强了《中韩渔业协定》特定禁区和特定禁止水域西侧海域的巡航管理。全年累计巡航 106 航（次），航行 1 082 天，航时 5 357 小时，航程 56 724 海里，消耗柴油 1 465. 3 吨，观察我国渔船 412 艘（次），登临检查我国渔船 1 567 艘（次），处理违规渔船 353 艘（次）。

【北太平洋鱿钓管理】 按照农业部渔政指挥中心的安排部署，派中国渔政 118 船分别于 7 月 21 日至 8 月 21 日、9 月 11 日至 9 月 22 日前往北太平洋，执行渔政巡航任务和押解涉嫌非法流网作业渔船。中国渔政 118 及全体船员克服了航程远、海况复杂和生活单调等困难，累计航行 41 天、航时 832 小时、航程 7 856余海里，消耗柴油 170 吨。处罚北太平洋违规流网作业渔船 2 艘，圆满完成了北太平洋巡航管理任务，树立和维护了我国负责任大国形象。

【"护渔 2008"专项行动】 为指导渔民安全生产，维护海上作业秩序，按照农业部渔政指挥中心的统一部署，认真研究制订实施方案，组织各级渔业主管部门开展了"护渔 2008"专项行动。海上专项执法行动以黄渤海区专属经济区渔政巡航船队为主要力量，重点检查渔船持证生产情况。全年出动渔政船 3 098 艘（次），参与执法人员 37 190 人（次），登临检查渔船 39 337艘，扣港处理渔船 1 988 艘，没收渔船 62 艘；港口专项执法行动主要由省级渔政部门组织进行，海区局负责督察。重点检查渔船持"三证"、渔船标识、安全设施等情况。共检查港口 868 个，查处非法捕捞渔船 796 艘，扣押渔船 268 艘，暂扣证书 344 本，拆除捕鱼设施 54 个，责令整改 2 238 项。

【渔业资源养护】 积极参与海洋、海岸工程建设项目的环境影响评价工作。全年参加 10 余次有关涉海工程项目的环境影响评审工作。渔业资源生态补偿有新突破，对 3 起涉海石油工程补偿及生态修复方案提出的补偿意见和资源修复意见基本得到落实。渤海三湾国家级水产种质资源保护区建设工作有新进展，4 月份派员会同科研专家深入调研，7 月份农业部正式公布了第一批国家级水产种质资源保护区。黄河流域渔业资源管理工作成效显著，黄河上游特有鱼类国家级水产种质资源保护已获农业部批准；"黄河下游生态环境监测评价——小浪底水库调水调沙试验对黄河下游渔业资源影响评价及对策研究"和"黄河上游特有鱼类国家级水产种质资源保护区水生生物资源和水域生态调查监测"两项目顺利完成。

【中韩执法交流】 根据《2007 年度中韩渔业执法工作会谈纪要》及《中韩渔业联合委员会第五届年会会议纪要》精神，5 月 20 日至 24 日，与韩国西海渔业指导事务所互派 3 名公务员，共同开展了中韩两国渔业执法公务员互换乘船交流活动。10 月 21 日至 22 日，与以大韩民国农林水产食品部代表团在辽宁沈阳召开了 2008 年度中韩渔业执法工作会谈，就维护中韩渔业协定水域作业秩序和两国渔业执法交流合作等内容进行了友好讨论。双方认为，开展两国渔业执法交流，对维护协定水域的正常作业秩序及增进相互理解发挥了重要作用。

【渔业安全管理】 通过建立健全《黄渤海区渔业船舶水上安全突发事件应急预案》和《重、特大事故应急处理预案》，落实海区 24 小时值班制度、自然灾害气象信息通报制度、遇险报告制度等措施，进一步明确了值班期间突发事件处理程序，增强了渔业水上突发事件应急救助能力。2008 年，共接到各类渔业海事报告 45 起，直接参与救助 3 起，指导、协调救助 42 起。在参与海难救助的同时，积极组织开展海难事故的调查处理工作，全年共组织调查处理跨海区的渔业海事纠纷 12 起，有效地维护了海事纠纷各方当事人的权益。

【渔业捕捞许可】 积极为三省一市有关渔业生产单位做好功率为 441 千瓦以上渔船审验、换发、更新改造及重新申请补发海洋渔业捕捞许可证工作。全年共审验海洋渔业捕捞许可证20本，换领功率凭证20万千瓦，征收渔业资源费8万元，办理渔船买卖过户手续10余艘。

【渔业基础调研】 黄渤海区渔业政策调研网络顺利运行两年多，圆满完成了对渔用柴油补贴、完善伏季休渔制度、渔民“失海”等问题进行了专题调研，形成了专题报告，针对存在的问题提出了合理化建议。各地通过深入开展调研工作，锻炼了渔业政策法规队伍，涌现出了一批能深入基层搞调研，静下心来研究理论的优秀渔业政策法规工作者，取得了可喜成绩。

（农业部黄渤海区渔政渔港监督管理局　　张纯石）

农业部东海区渔政渔港监督管理局

【专项整治电脉冲渔具作业】 取缔电脉冲渔具作业，是东海区2008年“护渔”专项执法行动和渔政管理的重中之重。一是专项整治行动前，走访实地，摸清情况。二是开展全方位、多层次的宣传发动。三是精心安排，结合“护渔”专项执法行动认真组织督察。四是充分发挥各地主观能动性和创造性，鼓励结合当地实际情况开展具有本地特色的整治工作。五是加强调查研究，探索建立查禁的长效机制。2008年东海区各级渔政执法机构、工商部门共出动渔政执法人员4 004人(次)，工商执法人员153人(次)。共检查拖虾渔船8 584艘(次)，其中港口检查渔船6 582艘(次)，海上检查渔船2 002艘(次)。检查生产企业4家。查处违规使用电脉冲渔船28艘(次)，没收电脉冲渔具19套，查处违规销售店家3家，没收电脉冲渔具12套。渔民自查自拆电脉冲渔船332艘，主动上缴电脉冲渔具308套。

【伏季休渔管理】 2008年的海洋伏休管理提出了“开好头、稳中间、结好尾”的工作要求。一方面各地进一步执行了伏季休渔动态管理制度，另一方面在总结各地实施该项制度经验的基础上，在东海区范围内又探索实施了伏季休渔渔船首报制度。该制度实行后，不仅在伏休开始时即能掌握休渔渔船状况，同时又能将伏休船名册及时提供给海上执法的渔政船，作为查处违反伏休制度和“克隆船”等违法现象的重要依据。该制度的实施进一步完善了伏休管理措施，提高了伏休管理实效。

【涉外渔业管理】 在海上执法检查方面，继续有效组织实施专属经济区巡航管理。全年共完成专属经济区巡航任务134航次，巡航天数1 163天，航时7 512小时，航程90 067海里，观察外国船舶4艘(次)，观察我国渔船3 288艘(次)，登临检查我国渔船2 579艘(次)，现场处理373艘(次)，立案待处544艘(次)。在加强管理方面，进一步探索性地强化了涉外渔业管理各项措施。一是在江苏、浙江温岭开展中日暂定措施水域作业渔船标识试点工作，不仅加强了对入渔渔船的宣传和管理，还树立了我国负责任政府形象，取得了良好的社会和国际影响。二是积极调处涉外渔事纠纷和渔业案件，维护我国渔民的合法权益。三是重点引导渔民自治自律，发挥好中介组织在涉外渔业管理中的积极作用。

【渔政巡航管理】 东海区局中国渔政202船于2008年7月16日至8月15日第七次赴北太平洋执行渔政巡航管理任务，历时31天，航程6 114海里，巡航范围主要为以北纬39°45′、东经153°至北纬41°30′、东经165°为轴线的北太平洋公海海域，圆满完成了北太平洋公海渔政巡航任务。同时，根据农业部渔政指挥中心的统一部署，在有关省级渔政执法机构的配合下，东海区局成功查处的“10·9”北太平洋公海非法流网重大案件，案值达942.38万元。“10·9”专案也是从行政处罚、行政复议，直至行政诉讼，程序最为完整的一个案件，得到了农业部渔政指挥中心的肯定和表扬。该案件的成功结案，为今后渔政执法查处大案、要案积累了实践经验，也标志着我国渔政办案水平上了一个新台阶。

【渔业安全管理】 2008年，东海区局进一步加大了渔业安全管理的力度。一是督促各省市继续积极开展渔业安全防控体系建设工作。各地都结合实际制定了切实可行的实施计划，并将渔业安全防控体系建设作为评价渔业安全管理工作的重要指标，纳入渔业安全管理考核范畴，从而有效促进了渔业安全管理工作的规范化和标准化建设。二是积极开展渔船身份识别、渔船防碰撞、渔港安全监控等渔船信息服务系统的试点推广工作，以科技手段保平安、促和谐。三是深入拓展渔业安全管理广度与深度。积极配合农业部渔业局开展“百日安全督察”，组织开展渔业防汛抗台风工作。按照“护渔”执法行动的要求，组织开展东海区渔业安全生产管理大检查。重点检查渔业主管部门安全管理制度建立和安全监管责任落实情况、渔港码头安全设施配套、渔船救生消防等安全设备的有效配置、渔业船员参加培训和持证上岗等情况。对检查中发现的问题和事故隐患登记建档，及时督促整改。

【渔业应急保障】 为保障东海区渔业应急值班通信网络通畅，提高东海区渔业应急值班工作质量，加强了对东海区渔业安全通信网和应急值班网的管理。通过对省、市、县三级百余家渔业部门和机构值守情况的抽查，促进了各地值守工作情况的改善，保障了网络通信畅通，应急突发事件处置工作质量和效率也有了较大提高。在加强渔业安全通信网和应急值班网管理，确保通信畅通的同时，在海上发生险情时，积极组织开展海难救助，全力挽救渔民生命财产。2008年共接报渔业船舶水上安全突发事件74起，涉险渔船51艘(次)，涉险渔民488人(次)。组织调度渔政船、渔船参与救助145艘(次)，成功救助渔船15艘(次)、渔民289人(次)安全脱险。此外，还按照农业部渔业局、渔政指挥中心要求，认真做好中国渔政管理指挥系统的推广应用工作，保障了系统的正常运行。

【渔业捕捞许可管理】 2008年，继续严格按照《捕捞许可管理规定》的要求，认真做好大型渔船买卖、更新、改造等渔业捕捞许可管理工作。一是严格把关，切实做好东海区渔船功率凭证的管理工作。做好功率凭证动态管理，按规定程序向有关地方拨付和回收因换发、重新申请、补发捕捞许可证的功率凭证。二是认真做好转产转业核减渔船功率凭证回收、审核和销毁工作。完成了东海区2007年度转产转业核减的533艘(16 922千瓦)渔船功率凭证的审核、核对工作，并经核准后销毁。三是严格捕捞许可制度，认真做好捕捞许可管理相关工作。先后完成了东海区大功率渔船年审、帆张网作业及“特许渔船”专项捕捞许可证的发放工作。

【渔业资源、环境监测与保护】 2008年，进一步加强了渔业资源、环境监测与保护工作。一是贯彻落实科学管理、科学决策的理念，积极筹建东海区渔业资源、环境专家委员会，为东海区海洋渔业管理提供决策服务。2008年筹建了由上海海洋大学、浙江海洋学院、东海水产研究所、江苏省、浙江省海洋水产研究所、上海市、福建省水产研究所等单位14位专家组成的东海区渔业资源环境专家委员会，同时明确了专家委员会的职责及运行办法。二是组织开展了《东海区渔业污染事故调处应急预案》培训工作，提高各级渔业主管部门对污染事故的应急处置能力。通过培训和研讨，进一步强化了对渔业污染事故应急调处的认识，提升了针对污染事故的应急调处能力。此外，继续做好海洋与长江流域国家级水产种质资源保护区申报工作。其中东海带鱼水产种质资源保护区已通过评审并由农业部发布；积极参与重大涉渔工程环评工作，加强了对各地参与涉渔工程环境影响评价的指导，努力维护渔业权益。

【生态修复工程】 2008年，继续精心组织，严格、规范、有序开展生态修复。全年共分21批，完成了大黄鱼、黑鲷、三疣梭子蟹、日本对虾、海蜇、缢蛏等6个品种共计1.9亿多尾(只)的放流数量，苗种质量、成活率较往年显著提高，确保了增殖放流的经济、生态和社会效益。此外，还结合中国“航海日”纪念活动，与上海市团市委共同发起了“生态修复暨使者行动”。历经大型互动知识巡展、生态修复使者招募选拔、放流苗种公众认购和海上现场放流实践活动等阶段，取得了圆满成功。活动选出生态修复使者62人，120多位市民、6家企业单位共认购放流苗种1 700多万尾，折合金额达78.76万元，多家新闻媒体进行了专题报道。通过引导社会公众共同参与生态修复行动，进一步扩大了放流的规模效应和社会影响。由东海区局承担的生态修复工程作为洋山工程科技创新项目之一已获得上海市科技进步奖。

【长江渔业管理与生态环境保护】 为进一步加强长江渔业管理，推动流域协调持续发展，一是着力夯实长江渔业委员会工作机制建设。新增青海省农牧厅为长渔委委员单位，长渔委管理架构更趋完整、统一。二是切实巩固长江禁渔期管理工作。禁渔期间，先后组织开展了巡江检查、重点抽查等各种形式的检查。特别是4月1日在湖北武汉举行了2008年长江禁渔期同步执法行动启动仪式，同时调用海区局、湖北、江苏、上海渔政船分长江上、中、下游三段开展了大规模的同步执法行动，扩大了禁渔工作宣传的社会影响。三是从严查处长江非法捕捞作业。重点对非法捕捞发生较多、群众反响强烈的地方集中督察和调研，有效查处了各地的非法捕捞行为，维护了长江流域正常的渔业生产秩序。四是努力扩大长渔委与国际组织的交流与合作。分别与世界自然基金会、美国大自然保护协会签署了今后5年合作框架协议，为双方长期深入合作，共同促进长江流域水生生物资源及其生态环境的保护奠定了良好的基础。

【渔业理论研究与执法制度建设】 渔业理论研究方面，在组织完成农业部渔业局下达和自定的5个研究课题的同时，东海区局与浙江省海洋与渔业局、舟山市人民政府在舟山市共同成功举办了由近50家单位、近120多位领导、专家出席的首届东海渔业论坛。来自东海区各地渔业管理部门及国内外科研院校的10位领导和专家围绕海洋渔业管理主题作了专题报告。此次论坛的举办,范围广、层次高、规模大,为展示东海区渔业管理理论研究成果、促进工作实践经验交流、加强今后渔业管理理论研究搭建了舞台,拓展了空间。执法制度建设方面,实施了《东海区重大渔业违法案件通报暂行办法》和《东海区渔业违法案件移送办法(试行)》,进一步加强了东海区各级渔业行政执法机构间的协作与配合,提高了执法效率和水平,推进了渔业行政执法协作办案工作制度的贯彻实施。

【渔政干部培训】 2008年,主要在渔政干部培训机构的合法化和培训内容的多样化上下工夫。一是加快推进渔政干部培训机构建设。在农业部劳动人事司、渔业局、渔政指挥中心的支持和农业部干部管理学院及东海区局的共同努力下,农业部渔政干部上海培训中心正式更名为农业部干部管理学院渔政分院,为今后纳入农业部整体正规培训,拓展培训业务,提高培训水平奠定了良好的基础。二是结合农业部渔政指挥中心的"十一五"渔政干部培训规划,制定了渔政分院发展规划,重点就健全培训体制机制、完善各项培训管理制度、加强培训需求的调研、科学规划培训的类型对象及内容等方面进行了谋划。三是进一步改进教学内容,更加注重突出和强化针对性和实践性。全年先后举办了多期培训班,培训学员300余人。

【渔业信息与宣传】 在信息上报程序上,坚持"六大平台"同步报道的做法,信息工作的质量进一步提高,发布的时效性越来越强,被农业部渔业局评为2007—2008年渔业政务信息工作先进单位,荣获二等奖。此外,还先后协助农业部、渔业局及各地基层单位完成制作了多部宣传资料片。特别是11月中旬摄制的《增殖水生生物资源,促进国家生态建设》、"10·9"北太平洋流网专案等专题片,得到了全国人大以及农业部领导的好评。

【渔政队伍建设】 在队伍建设方面,注重围绕各项主题活动,强化全局干部职工的思想政治素质、业务能力,提高工作质量与效率。一是进一步深化、推进"学习型、创新型、和谐型"机关创建活动。以端正学风、培育氛围为重点,创建学习型机关;以转变作风,开拓创新为抓手,创建创新型机关;以提高素质,改善环境为目标,创建和谐型机关;二是开展了"东海区局精神"表述语征集、讨论活动,最终确定了"依法行政、求真务实、团结进取、服务渔业"的"东海区局精神",为弘扬东海渔政精神、营造良好的机关文化氛围奠定了基础;三是积极开展"讲党性、重品行、作表率"主题活动。全局党员干部积极参与,努力践行政治上的坚定性、品德上的纯洁性、行为上的先进性;四是重点深入开展学习实践科学发展观活动。按照中央、农业部的总体部署要求,在全局党员干部范围内开展了学习实践科学发展观活动。五是结合工作实际,积极开展各类培训,着力提高干部职工履行职责、服务渔业的能力。全年共计230人(次)参加培训,其中党校理论培训39人(次),任职培训21人(次),业务培训88人(次),干部在线学习82人。

(农业部东海区渔政渔港监督管理局　朱浩强)

农业部南海区渔政渔港监督管理局

【南沙守礁与渔业管理】

(1)出色完成守礁和执法管理任务。继续发扬南沙精神,克服困难,完成了2008年南沙守礁(美济礁)任务。全年南沙守礁7个航(次),430天,发现空情6批12架(次),海情116艘(次),其中外籍渔船43艘(次);检查各类渔船38艘(次),驱赶外国渔船8艘(次);救助调险渔船4艘(次),救助伤病渔民9人(次),协助国内渔船抢修机器故障11次。特别是不惜代价将在南沙作业的伤、病渔民3人护送回三亚治疗,为救助渔民生命赢得了宝贵时间。在守礁期间,渔政人员充分利用执法检查渔船的时机,向渔民宣传相关法律法规,教育渔民爱国守法生产,增强生产安全意识。

在抓好南沙守礁执法的同时,组织实施专属经济区巡航。截至10月底,南海区渔政船共执行专属经济区巡航任务72艘(次),巡航(值班)1 071天,航时7 574小时,航程76 405海里,观察渔船7 192艘(次),其中国内渔船6 633艘(次)、国外渔船559艘(次),登临检查渔船2 196艘(次),其中国内渔船2 135艘(次)、国外渔船61艘(次),查处国内渔船443艘,驱赶外国渔船135艘,救助遇险遇难船只21艘,涉及人员175人。

(2)加强管理,积极引导渔船赴西南中沙生产。结合渔业生产结构调整,积极引导鼓励渔船到西南中沙生产,减少近海资源压力,开发外海资源。进一步加强南沙渔业生产管理,严格执行南沙渔业生产管理规定,做好与各地渔业主管部门及其渔政渔港监督部门的沟通协调,落实责任制,充分发挥各地南沙渔业安全生产机构的作用,利用船位监控平台跟踪管理,落实渔船跟帮编队生产制度，坚定南沙生产信心。举办南沙生产培训班，培训基层管理人员、南沙生产渔船船主（船长）、渔民600多人，提高其防范和应急处理涉外事件的能力。进一步规范南沙专项许可证和渔业补贴的审核发放，对到南沙生产的渔船全部实行年审。全年为731艘生产渔船发放南沙专项捕捞许可证，其中广东173艘、广西156艘、海南274艘、港澳流动渔船128艘。

（3）及时有效处理南沙渔业涉外突发紧急情况。由于南海周边国家争夺我南沙主权权益的纷争日益复杂激烈，周边各国非法管控海域的范围不断扩大并频繁袭扰我国渔船，且呈武力手段逐步升级态势，我国渔船渔民在南沙传统疆界线内被外国袭击抓扣事件明显增多。南海渔政局积极采取措施加强南沙渔业涉外安全管理工作，充分发挥各地南沙渔业安全生产机构的作用，利用船位监控平台跟踪管理，落实渔船跟帮编队生产制度，提高警惕防范被无理抓扣。发生涉外事件后，立即上报国家有关部门并及时进行处置。

【北部湾协定水域渔业监管】

（1）加强北部湾协定水域捕捞许可管理。根据中越渔委会第五届年会筹备会双方达成的共识，2008—2009年度共同渔区各方进入对方一侧水域渔船的作业规模维持上年度不变。针对6月30日北部湾过渡性安排水域期满、共同渔区以北水域将按照专属经济区管理的情况，广泛收集整理材料，基本掌握了过渡性水域渔业资源、渔业生产、渔民生活等资料。正在组织制定入渔方案和应对策略，为入渔越南谈判、共同渔区生产指标分配以及北部湾渔业策略调整等提供依据。

（2）实施中越北部湾共同渔区渔业联合检查。一是积极加强对外执法合作。5月25日至27日，中国渔政、越南海警代表两国政府在北部湾组织实施2008年中越北部湾共同渔区渔业联合检查。中越双方4艘船艇在北部湾分界线南端集合，组成编队由南向北在北部湾共同渔区内开展联合巡逻，沿途对两国作业渔船进行登临检查，掌握两国渔船遵守双边协定等情况。二是中国渔政、边防海警北部湾渔业联合开展监管行动。在继续完善北部湾渔业海上联合监管机制的基础上，根据《农业部办公厅、公安部办公厅关于开展2008年北部湾渔政海警联合监管行动的通知》精神，与海警北部湾指挥部于7月和9月组织实施了第八、第九次北部湾渔政、海警联合监管行动。监督、检查协定水域特别是过渡性安排水域和小型缓冲区的中越渔船，维护过渡期满后海上正常的渔业生产秩序。

（3）开展日常监管值班，加强护渔巡航。在海况允许的情况下，每天安排1艘渔政船在海上巡航或港内值班。针对北部湾外国武装渔船袭击、抢劫我国渔船事件有所上升的趋势，统一部署，加强渔政船海上伴随渔船护渔行动，有效阻止外国武装渔船对我国渔船的抢劫行为。

【维护台湾浅滩渔场稳定】 农业部办公厅下发了《关于做好近期海上渔业非常规突发事件工作的通知》。南海渔政局高度重视，及时召开紧急会议，成立领导小组，部署应对海上渔业非常规突发事件工作。组织实施“3·10”特别行动，研究制定了应对海上渔业非常规突发事件实施方案，要求广东、广西、海南三地加强对涉台水域渔民的教育、宣传和指导，加大台浅渔场巡航力度，维护台浅渔场渔业生产秩序。分别于3月和5月在台浅海域开展了2次行动，掌握海上动态并正确引导渔民，防范渔事纠纷，确保台浅海域的稳定。

【南海伏季休渔】 2008年是南海实施伏季休渔制度的第十个年头，为确保安全度休，南海区渔政局召开年度南海休渔工作会议，研究部署落实休渔工作。制定港口和海上检查方案，印发《通告》，派出粤东、粤西、广西、海南、流渔等5个督察组分赴各地，检查休渔各项措施落实情况。同时了解休渔管理中存在的问题并听取基层的意见和建议，综合分析总结十年来伏季休渔的成功经验和存在问题，撰写休渔督察报告，上报《关于南海休渔渔民面临突出问题的报告》供上级决策参考。休渔期间加强重点敏感海域监管，派出渔政船4艘（次），重点加强台湾浅滩闽粤交界水域海上执法管理，坚决打击偷捕、临时改变生产方式等违反休渔规定生产行为，共登临检查9艘作业渔船。

【渔业资源与生态环境保护】

（1）渔业资源增殖放流。2008年是北部湾过渡性安排水域结束之年，我国几千艘渔船退出过渡性安排水域，进一步加大了资源的压力。为此，积极组织北部湾渔业资源增殖放流的活动。农业部副部长牛盾、广西壮族自治区副主席陈章良以及越南驻南宁总领事馆领事等领导和嘉宾出席仪式，放流规模达到3 128.2万尾（粒）。

（2）积极介入环境影响评价和生态补偿工作并取得突破。全年共审核海洋工程建设项目环境评价报告书9份，受邀参加建设项目专家评审会议10次。积极组织协调渔业资源补偿措施的落实，力争建立渔业生态环境有效修复机制。基本落实的生态补偿重大项目有防城港钢铁、亚洲内环光缆、亚美海底光缆系统、涠洲岛油田开发工程等,涉渔项目补偿金额达4 000多万元。

(3)继续开展资源监测调查。在开展常规监测工作的同时,组织开展西中沙中上层渔业资源调查,掌握种类结构、资源季节变动、渔船经营效益、生态环境现状、产卵场分布等情况,编写《中西沙渔业资源监测报告(初稿)》;开展中越北部湾共同渔区渔业资源联合调查,已进入第二阶段(2008—2010),中越双方每年各承担两个航次的海上调查任务。组织有关科研人员开展海上调查,获取了大量水域环境、生物资源方面的调查数据;编写了《北部湾共同渔区渔业资源联合调查报告(第一阶段)》。

(4)开展2008年南沙保护海龟行动。为继续严厉打击非法捕捉、利用和经营海龟等违法行为,切实保护南沙海域生态环境,9月19日至12月20日,会同海南省海洋与渔业厅等在海南省琼海市组织开展"珍爱海龟、保护海洋——2008年南沙保护海龟专项行动"。

【珠江流域渔业管理】

(1)深入开展珠江流域禁渔期制度调查研究,拟定《珠江流域水生生物资源养护行动规划》。结合《中国水生生物资源养护行动纲要》和流域渔业资源管理现状,重点开展实施流域统一禁渔期制度的调查研究工作,形成《珠江流域实施统一禁渔期制度综合调查报告》,论述珠江流域实施统一禁渔期制度的必要性和可行性,制定禁渔时间、禁渔范围、作业方式等。为加强全流域渔业管理,积极征求珠江流域各地渔业行政主管部门和有关专家意见,在完善相关内容的基础上,力争《珠江流域水生生物资源养护行动规划》早日出台。

(2)开展珠江流域水工工程建设影响评估项目。目前珠江流域各种水上工程近14 000座,数量巨大的水坝截断江河,使珠江流域生态环境发生剧变,水生生物资源生存空间受到隔离和洄游中断等威胁,种群结构和数量已经发生明显的变化。根据农业部渔业局下达的任务,继续开展珠江流域水上工程建设对渔业生态环境影响评价项目研究,初步了解了水工工程对渔业资源与生态环境的影响状况,提出了修复流域生态环境、养护水生生物资源的可行性措施。

(3)加强珠江流域大型交界水域渔业协调管理工作,组织实施珠江流域渔业资源监测。2008年,组织召开了龙滩、万峰湖等大型交界水域渔业管理协调会,对跨越滇、黔、桂三地的天生桥一级电站库区和跨越滇、桂两地的百色水利枢纽库区的渔业规划、资源养护及管理工作进行了协调,要求管理部门团结协作,全面权衡,有所作为。成立了珠江流域渔业资源监测项目领导小组,制定了项目实施方案。截至11月,项目已按实施方案完成调查取样、渔捞日志登记等有关监测工作。其他漂浮性鱼花调查和分析鉴定工作正在进行中。

(4)继续组织开展珠江流域查处非法捕捞统一行动。进一步查处和打击珠江流域非法捕捞。全年共印发宣传资料7 000份、悬挂宣传横幅16幅、张贴宣传画1 000张,出动执法人员773人(次)、船艇87艘(次)、车辆136辆(次),检查渔船1 368艘,查获违法违规行为渔船232艘。

【渔业安全监管】 召开渔业安全工作会议,及时传达贯彻国务院办公厅《关于加强渔业安全生产工作的通知》,制定和部署渔业安全生产管理工作方案。加强休渔期间和渔船异地防台风管理,有效防御了第1号、12号、14号台风等袭击和破坏。组织力量救助渔民生命财产,指导做好灾后恢复工作。积极参加海难救助,全年救助遇险遇难船只21艘,人员175人。

进一步加强渔业安全通信网的建设,采取有效措施确保海洋渔业安全通信网正常运行。通过南沙渔船船位监测系统监测平台向海上渔船、渔政船发布危险天气预报等信息,随时掌握渔船船位信息,为渔业安全提供了有力保障。

【渔业信息与宣传】 高度重视政务信息与宣传工作,重点办好《南海与珠江渔业》杂志、"南海渔业网"和《渔政简报》,贴近基层、贴近实际、贴近群众、贴近生活,促进渔政工作,提升队伍形象。2008年共出版《南海与珠江渔业》4期、《渔政简报》19期、《总队简讯》12期,报送网站信息130条。

(南海区渔政渔港监督管理局 朱英荣 黄作平)

中国水产科学研究院

【概况】 2008年,中国水产科学研究院(以下简称水科院)迎来建院30周年。全院在农业部的正确领导下,深入贯彻落实科学发展观,按照"坚持产业导向,突出自主创新,加强推广应用,促进和谐发展"的发展方针,紧紧围绕农业部党组的中心工作,扎实开展院所重点工作,突出抓好重大应急任务。全院发展呈现支撑有效、发展加快、保障有力、管理加强的良好态势,各项工作取得了显著的成绩。

【科研项目与成果产出】 2008年，新上各类科研项目(课题)617项，较2007年增长16%；总合同经费3.54亿元，较2007年增长65%，创建院以来新高。在国家“863”、科技支撑、科技基础条件平台、自然科学基金、行业科研专项以及产业技术体系建设等重大科技计划的争取方面均取得了重要的进展。在2008年启动的5个水产产业技术体系中，水科院有3位专家受聘为首席科学家，承担11个功能研究室岗位和33个科学家岗位及部分试验站建设工作，在水产产业技术体系建设中发挥了主力军作用。

全院共有19个项目(课题)通过了成果鉴定，有39项成果获得各级科技奖励，其中获国家级奖励1项、省(部)级奖励20项。“北太平洋鱿鱼资源开发利用及其渔情信息应用服务系统”获2008年度国家科技进步二等奖，是水科院连续第四年获得国家级奖励。申报松浦镜鲤、中国对虾“黄海2号”、青虾“太湖1号”等3个新品种，并通过原(良)种审定。申报专利137项，获专利授权58项。发表学术论文1 052篇，其中SCI和EI收录期刊论文95篇，国内核心期刊发表论文576篇。出版各类专著16部。

【科技支撑与公益服务】 全院按照农业部关于农业科技工作要面向生产第一线，为广大生产者提供技术服务的要求，大力开展渔业科技入户和新型渔民培训，共派出科技人员500多人(次)，举办技术讲座和培训活动230多场(次)，培训渔民25 000多人(次)；建立23个示范乡(镇)、122个示范村，遴选711个示范户，科技示范水面达1 700多公顷。在应对冰冻雨雪灾害和汶川大地震及青岛沿海浒苔暴发事件等突发灾害工作中，组织科技力量快速提出抗灾技术措施，取得了良好效果；在灾后重建工作中，协助四川、甘肃和陕西等灾区编制灾后重建规划，组织科技特派团对口帮扶四川省彭州市，为灾区渔业生产恢复和渔区稳定发展发挥了重要支撑作用，树立了良好形象。唐启升院士代表科学处置浒苔专家委员会受到了胡锦涛总书记的亲切接见。

面向全国积极开展全方位的科技合作，与国内10多个地方政府及10多家水产龙头企业签署了科技合作协议。与大连獐子岛集团共同设立并启动了渔业科技奖励基金，面向社会奖励获得中国水产科学研究院科技进步奖的成果。举办2008年全国渔业科技协作网会议，吸引了全国60多家渔业科研、教学单位和企业的广泛参与，有效地实现了科技资源共享与优势互补，推动了渔业科技创新整体水平的提高。

组织多个学科科技人员积极开展专题调研，跟踪行业热点难点，在水产品质量安全、健康养殖、生态环境、节能减排、粮食安全等方面形成了10多份专题报告，积极为渔业发展谏言献策。配合主管部门在全国范围开展水产品质量检测工作，在保障奥运水产品安全供应工作中，全院各级质检中心全方位配合开展工作，水科院质量与标准研究中心荣获农业部“助奥行动先进集体”称号。积极参与FAO水产养殖认证指南编制工作，为我国在国际水产养殖认证领域争取到了话语权。在应对三聚氰胺事件中，及时组织专家进行了水产品质量安全隐患的技术分析，对水产品质量安全隐患进行排查，形成了专题报告提交政府部门参考。全院环保技术队伍在国内重要渔业水域生态环境状况的监测、评估、污染渔业事故分析鉴定方面发挥了重要作用，牵头编制《中国渔业生态环境状况公报》。承担的全国污染源普查工作中水产养殖排污系数测算研究工作取得了显著进展。积极配合主管部门开展了大量的渔业工程建设的研究和规划工作。举办2008中国渔业经济专家论坛，发布《中国水产科技发展报告》以及《淡水池塘养殖生态修复技术手册》，产生了良好的社会影响。

【财政支持与基建投入】 全院新增基建项目立项批复总投资7 378万元，落实基建投资9 350万元，比2007年增长37%。南海所海洋科学调查船、长江所武汉研究中心等一批重大基建项目进展顺利。组织编制全院《2009—2012年修购专项规划》，2009年部门预算获得修购专项资金6 820万元，为强化全院科研条件建设打下了良好基础。

【学术交流与国际合作】 全院共派出62个团组、128人(次)出国开展学术交流和科技合作，接待572名外国专家来访考察交流；签订9个科技合作协议，在研国际合作项目14个，其中新上项目7个，新增经费584多万元。在争取国家技术援外项目上取得新的突破，共实施了6个技术援外项目，其中新上项目3个。水科院亚太地区综合养鱼研究和培训中心(IFFC)连续30年开展国际渔业培训，为88个国家和地区培养了1 200多名高级水产人才，为传播我国渔业技术，推动世界水产养殖发展做出了突出贡献。中非渔业合作项目受到好评。援助古巴科技合作项目进展良好，胡锦涛主席访问古巴时亲切接见了水科院专家。

主办的水产科技论坛已发展成为渔业科技领域国际知名的学术交流品牌，2008年水产科技论坛，同时作为中国工程院第77场工程科技论坛，规模和影响均再创新高，不仅扩大了水科院在国内外学术界的影响，也为我国渔业全面走上国际舞台发挥了重要作用。与联合国粮农组织等联合举办的 FAO 水产养殖认证指南专家研讨会（中国）、主办的鱼类数据库联合会第九届年会均产生了重要的影响。

主办的 12 种科技期刊的办刊水平逐年提高。其中，《中国水产科学》影响持续上升，继续居我国水产类核心期刊首位，并荣获“2007 年中国百种杰出学术期刊”和“2008 年度中国精品科技期刊”奖；《海洋渔业》的影响快速上升，居我国水产类学术期刊第 2 名。《中国渔业经济》和《渔业现代化》两个刊物首次入选中文核心期刊行列。

【人才队伍建设】 全院有 7 名领导干部提拔到局级（副局级）岗位。积极探索选拔培养后备干部和青年业务骨干的工作机制，实施了设置所长助理、科室主任助理和学科秘书等实际举措，使一批优秀青年业务骨干走上重要岗位，加快培养锻炼。

全院以领军人才培养为基础，探索创新团队建设取得成效，有 50 多人（次）获得各级各类科技荣誉。其中，赵法箴院士荣获“中华农业英才奖”，孔杰研究员入选“新世纪百千万人才工程”国家级人选；一批优秀科研团队获得表彰，其中，唐启升院士领衔的“东、黄海生态系统动力学及生物资源可持续利用”项目研究团队获科技部“973 计划优秀团队”称号；王清印研究员领衔的“对虾育种与健康养殖创新团队”和孙效文研究员领衔的“水产生物育种新技术创新团队”获“神农中华农业科技奖优秀创新团队”称号。全院新增博士后科研工作站 1 个、硕士研究生导师 20 人，在读博士、硕士研究生总数达 640 人，研究生教育规模进一步壮大。

【黄海水产研究所】

（1）科研项目与成果。共主持、承担各类科研课题 320 项，其中“973”计划项目 7 项，“863”计划项目 32 项，“十一五”国家科技支撑计划项目 19 项，国家自然科学基金项目 31 项，科技部基础条件平台专项、科技基础性工作专项和社会公益研究专项资金项目 8 项，“948”引进计划项目 6 项，农业部公益性行业科研专项 7 项，中央级公益性科研院所基本科研业务费专项资金项目 67 项，标准制（修）订项目 46 项，国际合作项目 5 项。在研课题累计到位经费近 8 000 万元。新上各类项目（课题）145 项，其中，国家级科技计划 36 项、省部级 43 项、基本科研业务费 26 项、青岛市 14 项、其他项目和横向课题有 26 项。在青岛海域浒苔灾害应急处理中开展和承担了多项科研任务，其中，科技部资助的国家科技支撑计划项目“浒苔大规模暴发应急处置关键技术研究与应用”获得项目支持经费 1 385 万元。

共获得各级科技奖励 9 项，其中，山东省科学技术奖励一等奖 1 项；国家海洋局创新成果一等奖 1 项；青岛市科技进步一等奖 1 项、二等奖 1 项、三等奖 1 项；神农中华农业科技奖三等奖 2 项，神农中华农业科技奖优秀团队奖 1 项；水科院科技进步一等奖 1 项。发表各类学术论文 250 篇，其中 SCI 收录 28 篇，EI 收录 6 篇，国内核心期刊论文 155 篇。出版专著 2 部。

（2）对外合作和学术交流。参加国际学术交流及会议 13 次，主办或承办国际学术会议 5 次、国内学术会议 10 次。共接待国内来访人员 56 批 513 人（次）；有 13 批 73 人（次）来自 20 多个国家、地区和国际组织的专家学者来所视察、访问和学术交流。

（3）成果转化与科技服务。配合主管部门推进现代渔业产业基地群建设，与辽宁、天津、河北、山东、浙江等地方政府和渔业主管部门以及渔业龙头企业签订科技合作协议 20 多项，科技成果转化效益明显。与中国水产学会联合举办了“2008 水产科技周”。协助主管部门完成奥运期间水产品质量检测工作和应急处置青岛沿海浒苔暴发事件，黄海所被授予“青岛奥帆赛残奥帆赛突出贡献单位”和“青岛市南区奥帆赛残奥帆赛综合保障工作先进集体”称号。全年科技成果转化和科技开发工作全年可实现产值 1 550 多万元，“四技”服务收入 56 万元，横向课题收入 300 多万元。

（4）人才队伍建设。获科技部“‘973’计划优秀团队”称号，获批山东省泰山学者岗位 1 项，1 人获中华农业英才奖，1 人入选 2007 年“新世纪百千万人才工程”国家级人选，1 人入选泰山学者特聘教授；1 人获山东省第四届“巾帼发明家”称号；1 人获“青岛市突出贡献人才奖”，1 人获“青岛市专业技术拔尖人才奖”。共招收博士、硕士应届毕业生 16 名。进所实习的研究生有 196 人，新招收博士后 7 名，联合研究生规模已达 200 人以上。

（5）科研条件建设。在建基本建设项目 7 项，经费 5 937 万元；在建修缮购置项目 14 项，经费 4 910 万元。其中，本年度获批的基本建设项目 2 项，共 1 130 万元；修购项目 4 项，共 1 005 万元；已通过验收项目 5 项，经费 1 545 万元。

【东海水产研究所】 2008 年是东海水产研究所建所 50 周年。全所以科学发展观为指导，立足科研，加强管理，科技创新和成果转化取得可喜的成绩，各项工作取得了新的进展。

(1)科研项目与成果。共主持、承担各类科研项目203项,在研课题累计经费9 186.69万元,年度到位经费3 822.38万元。新上项目104项,其中,国家科技支撑计划项目2项,“863”计划项目2项,国家自然科学基金2项,科技基础条件平台专项2项,基本科研业务费26项,国家和部级其他项目8项,标准制(修)订项目7项,省级计划项目8项。获得科技奖励8项,其中,国家科技进步二等奖1项,上海市科技进步二等奖1项,海洋创新成果二等奖2项,水科院科技进步一等奖2项、二等奖2项。发表学术论文167篇,其中SCI收录6篇,EI收录3篇,国内核心期刊发表论文108篇。申请发明专利50项、授权8项,申请实用新型专利33项、授权19项。

(2)学术交流与合作。承办中国工程院第77场工程科技论坛暨2008,水产科技论坛。组织举办大型学术报告会11次,组织召开第5次中日韩大型水母研讨会。接待来所访问交流的国外专家61人(次),国内专家72人(次);派出128人(次)参加国内外学术会议。

(3)人才队伍建设。1人获“院功勋科学家”称号,13人获“院突出贡献奖”。新招收应届毕业生23人,本年度共有3人获博士学位。与各高等院校、研究所联合培养在读研究生79人,其中与上海海洋大学联合培养在读研究生56人。2008年,被上海市学位委员会批准为“上海研究生联合培养基地”。

(4)科研条件建设。共有7个项目投入建设或正在申报。分别是:水生生物生态学实验室建设项目、鱼类行为与生理实验室建设项目、农业部贝类产品质量安全监督检验中心建设项目、科学调查船建设项目、福鼎养殖试验基地建设项目、科技部科技条件专项项目、海南养殖试验基地建设项目。在建项目进展顺利,为改善全所科研条件提供了保障。

【南海水产研究所】

(1)科研项目与成果。新上科研项目119项,其中主持71项,参加48项。新上项目合同经费2 484.7万元,到位经费2 144.6万元。承担各类科研项目313项,在研项目合同经费累计达1.07亿元,到位经费3 325.8万元。通过结题、验收、鉴定的项目216项,其中69个项目通过验收,5个项目通过成果鉴定。获得各类科技奖励5项,其中,广东省农业技术推广一等奖1项,水科院科技进步一等奖1项,神农中华农业科技奖三等奖1项。发表学术论文247篇,其中SCI收录12篇,EI收录4篇,国内核心期刊发表论文103篇。出版专著3部。申请专利14项,获得专利授权7项。

(2)科技支撑与科技开发。全力配合主管部门开展渔业科技抗灾复产工作,被授予广东省“2008年渔业抗灾复产工作先进集体”称号。支撑政府维护我国北部湾渔业权益,完成“中越北部湾共同渔区渔业资源联合调查”项目。开展珍稀濒危水生野生动植物保护管理和生态建设工作。发挥质检中心职能,完成七大类9项水产品质检任务,检测样品数2 312个,检测样本7 172个。完成无公害水产品产地认证18个,产品认证32个。新上标准项目45项,参与制(修)订国际CAC水产品质量标准3项,制定并获发布实施的标准38项。组织科技入户专家行系列活动,派出专家170多人(次),举办培训、咨询活动16场,培训农渔民3 500多人(次),扶持渔业示范户300多户。举办渔民技能培训班20期,培训转产转业渔民2 000多名。转让技术专利让8项,直接获益23万元。新上“四技服务”项目32个,合同总经费达600多万元,到位经费372万元;全年共实施项目42个,到位经费492.7万元,年度经费创历年新高。

(3)人才队伍建设。有4人获“院功勋科学家”称号,15人获“院突出贡献奖”。3人晋升研究员,7人晋升副研究员。在职人员攻读博士、硕士学位5人。选派3名年青科技骨干进博士后流动站深造,选派2名科技干部到水科院和基层政府部门挂职锻炼。新遴选博士生导师1人,硕士生导师8人,全所研究生导师达42人(次)。新招硕士研究生38人,本年度毕业的研究生17人,毕业论文优秀率达29.4%。全所现有培养研究生104人。

(4)科研条件建设。按计划完成招标的仪器设备金额1 610万元,购置仪器设备72台套。海洋科学调查船已完成船体建造工程总进度的80%,完成工程总量的65%,全年完成投资预算3 815万元,预计于2009年9月交付使用。

【黑龙江水产研究所】

(1)科研项目与成果。在研项目课题98项,项目总经费4 915万元,年度到位经费1 500万元。新上项目27项,新上项目总经费1 710万元。获得科技奖励4项,其中,“哲罗鱼规模化繁育技术研究”同时荣获2008年黑龙江省科技进步一等奖和黑龙江省农业科技进步一等奖;另获水科院科技进步二等奖2项。发表学术发表论文105篇,其中SCI和EI收录12篇、国内核心期刊发表55篇,出版专著3部。申请专利12项,获专利授权4项。

(2)成果转化与科技服务。承担农业科技成果转化资金项目2项,项目进展良好。编制《冷水鱼养殖减灾复产技术要点》,为四川汶川地震灾区渔业恢复提供技术及苗种支持;选派专家参加地震灾区恢复重建科技特派团,对口帮扶四川彭州恢复渔业生产。与天津市天祥水产有限责任公司合作共建天津市淡水养殖科技创新与成果转化基地。

(3)学术交流。在国际交流方面,除派员参加出国考察和学术交流外,还邀请美国、俄罗斯、日本等国家的7位专家到所进行学术交流。在国内交流方面,共有50余人(次)参加各类学术会议,提交学术论文38篇,做学术报告16人(次);组织举办了中国水产学会鲑鱼专业委员会的2008年年会暨学术研讨会。

(4)人才队伍建设。1人获"院功勋科学家"称号,6人获"院突出贡献奖"。制定黑龙江所选派科技人员出国进修实施办法,加大人才培养力度,选派4名青年科技人员分赴美国、英国、俄罗斯等国学习。在职人员攻读博士学位8人,硕士学位9人。申报博士后科研工作站获得批准。联合培养研究生队伍进一步壮大,全年共招收研究生25人,毕业研究生14人。

【长江水产研究所】 2008年是长江水产研究所建所50周年。全所以科学发展观为指导,深入贯彻"科研兴所"战略,努力建设和谐研究所,各项工作取得新的进步。

(1)科研项目与成果。新上科研项目65项,其中,国家级科技计划3项,省(部)级计划项目12项,地方课题1项,横向及其他课题49项。主持、承担课题共133项,总数较2007年增长49%。在研课题合同总经费5 072.07万元,较2007年增长15%;年度到位经费2 320.5万元,较2007年增长25%。项目结题和验收11项。获科技奖励3项,其中,湖北省科技进步二等奖1项;荆州市科技进步二等奖2项。发表学术论文、著作73篇(部)。获得专利授权3项,新申请专利2项。

(2)成果转化与科技服务。积极参与地方政府"水产壮大工程"的实施,与浙江永强农业技术发展有限公司等10多家企业开展了大鲵、甲鱼、鲟鱼、黄颡鱼、大口鲇等品种繁育技术合作,加快了成果的转化和产业化。新承担科技部农业科技成果转化资金项目1项。深入开展中华鲟等濒危水生动物的保护工作,与北京海洋馆、香港海洋公园等科企联合开展相关研究。积极开展渔业科技减灾、科技入户活动,组织4个专家组40余人(次)赴湖北、湖南、江西等地参加科技救灾复产活动,发放《淡水鱼虾健康养殖》等技术图书700余册。

(3)学术交流。组团参加金沙江下游生态流国际研讨会、第八届全国环境与生态水力学学术研讨会、第七届世界华人鱼虾营养学术研讨会等学术会议,提交论文、报告50余篇。选派10余人出国参加第五届世界渔业大会、澜沧江-湄公河流域水电开发与渔业可持续发展大会等国际学术交流活动。接待荷兰、美国、德国、新加坡等国专家22人来所开展学术交流与合作。

(4)人才队伍建设。制定长江所人才培养、培训管理办法,加大科技人员的继续教育,现有30多人在职攻读博士或硕士学位。6人获"院突出贡献奖",1人获荆州市"五一"劳动奖章,1人被评为荆州市"优秀工会主席",2人被中国老科协评为"优秀老科技工作者"。

【珠江水产研究所】

(1)科研项目与成果。共主持、承担项目155项,其中,国家级科技计划项目17项、省(部)级项目78项、地方其他项目22项,横向项目38项。新上项目46项,新增项目合同经费3 298.6万元,到位经费2 080.2万元,在研课题经费总额达6 062.4万元。通过项目验收、鉴定18项。获科技奖励5项,其中,广东省科技进步三等奖1项,广东省农业技术推广奖二等奖1项;水科院科技进步一等奖1项、三等奖2项。发表学术论文149篇,其中SCI和EI收录9篇,国内核心期刊发表论文68篇。

(2)科技服务与科技产业。全力配合主管部门开展渔业科技抗灾复产工作,被授予广东省"2008年渔业抗灾复产工作先进集体"称号。组织编写的《池塘养鱼抗寒应急措施及管理办法》,成为第一个在中国农业信息网上发布的水产抗灾救灾实用技术。作为主要技术依托单位,积极推进泛珠三角区域渔业科技合作。签订共建"高要市名特优淡水养殖研究中心"合作协议。以水产种苗、绿色渔药、观赏鱼三个基地为主的科技开发工作,为实现科技成果转化示范提供了平台。预计全年科技开发总销售产值约2 180万元。

(3)人才队伍建设。1人获"院功勋科学家"称号,5人获"院突出贡献奖";1人获广东省"五一劳动奖章"称号。组织开展中层管理干部竞聘,35岁以下年轻人占到最后遴选人员的50%以上。与上海海洋大学、广东海洋大学、大连水产学院和西北农林科技大学等高校进行研究生联合培养,现有博士、硕士研究生导师14人,在读研究生47人。

(4)科研条件建设。在建基建项目进展良好,共6项。分别是:水产动物疫苗中试基地、高要水产种质工程基地建设、热带亚热带鱼类遗传育种中心项目、珠江流域水生动物疫病重点实验室建设项目、农业部淡水种质种苗质量安全监督检验中心建设项目和水生实验动物维修改造实验池改造项目。

【淡水渔业研究中心】 2008 年是淡水渔业研究中心暨亚太地区综合养鱼研究和培训中心成立 30 周年。中心在科技创新、成果转化、国际培训与国内教育、人才队伍与领导班子建设、科研条件建设等各方面都取得了新的成绩。

(1)科研项目与成果。共主持和承担各类科研项目 162 项,在研课题合同总经费 6 325.27 万元,年度到位经费 1 893.76 万元。其中,新上项目 37 项,新上项目合同总经费 1 021.55 万元,新上项目年度到位经费 547.39 万元。牵头承担了国家大宗淡水鱼类和罗非鱼两大现代产业技术体系建设项目。共完成科研项目 28 项,其中通过项目验收 7 项,通过成果鉴定 15 项。获得科技奖励 2 项,其中,江苏省科技进步三等奖 1 项,无锡市滨湖区科技进步二等奖 1 项。申报国家发明专利 18 项,获得专利授权 3 项。发表学术论文 103 篇,其中 SCI 和 EI 收录 9 篇,国内核心期刊发表论文 60 篇;出版专著 5 部。

(2)成果转化与科技服务。共承担各类科技开发项目 47 项,到位经费 63.95 万元。新承担科技部农业成果转化基金项目 1 项,经费 70 万元。积极派出专家参与科技救灾和灾后重建工作,承办水科院渔业灾后重建恢复工作会议,为主管部门组织编制的《南方地区雨雪冰冻灾后重建实用技术手册》提供了 5 项水产实用技术。积极开展科技入户活动,举办培训班 36 次,培训渔民近 6 000 人(次)。与广西水产所共同举办"向广西低温雨雪冰冻灾区赠送罗非鱼良种暨科技咨询"活动,赠送"夏奥 1 号"罗非鱼良种亲本 2 000 余组。

(3)国际培训与国内教育。承办我国援外人力资源开发培训项目"水产养殖技术培训班"、"渔业发展与管理官员研修班"以及商务部援外专家项目的派出工作。派出 25 人(次)出国开展合作研究和学术交流,接待国外学者和代表团来访和学术交流、培训 154 人(次)。国内教育工作取得新成绩,完成了全日制水产养殖学专业本科毕业生工作,学生就业率达 97%。

(4)人才队伍建设。1 人获"院功勋科学家"称号,3 人获"院突出贡献奖";1 人获无锡市"优秀青年科技工作者"称号。本年度中心在职人员获得博士学位 1 名,硕士学位 4 名。在职人员攻读博士学位 3 位,攻读硕士学位 18 位。有 3 人晋升研究员,2 人晋升副研究员,5 人晋升助理研究员。新引进博士、硕士 7 名。通过竞聘上岗,有 13 人进入中层干部领导岗位,其中,有 4 位青年业务骨干进入研究室助理的岗位。

【渔业机械仪器研究所】 按照"科研出成果,推广出效益,项目保质量"的工作要求,全所各项工作有序、稳步推进,总体上完成了年初制定的工作计划。

(1)科研项目与成果。共主持、承担各类项目(课题)108 项,其中,国家级和省(部)级课题 17 项,包括"863"计划 5 项、支撑计划 5 项、行业专项 1 项、"948"计划 3 项以及相关的技术推广项目 91 项。项目合同总经费 3 455 万元,年度到位经费 2 104 万元,其中,科研经费 714 万元,技术成果推广项目经费 1 390 万元。通过项目验收 1 项,成果鉴定 2 项,项目结题 5 项。申报发明专利 8 项,获得专利授权 2 项。发表学术论文 23 篇,其中核心期刊发表论文 18 篇。

(2)科技支撑。承担配备渔船救生筏的检验工作、救生衣产品生产许可证的抽样检验工作、饲料粉碎机产品的生产许可证评审和检测工作。承担"渔业耗能与节能分类调查"和"渔船柴油机调研与推荐节能机型"项目,编写了《关于推进我国节能减排技术进步的专题报告》。承担上海市中华鲟保护区管理处放流设备的研制、安装和现场保障工作,为第 20 次上海市市长国际企业家咨询会议的户外活动——中华鲟放流提供了技术保障。派出 3 位专家参加科技部等组织的青岛海域浒苔灾害应急处置专家委员会工作,负责围捞组专家的组织工作。

(3)人才队伍建设。高海况打捞设备课题组被解放军总装备部司令部授予"先进集体"称号,2 人获"先进个人"称号;1 人获上海市杨浦区"新长征突击手"称号。进一步加强业务骨干的培训与培养,现有职工在读硕士 5 人,在读博士 1 人,10 多人(次)参加了各种业务培训。共派员 18 人(次),参加国内外学术交流 4 次,提交论文 10 多篇。3 人晋升研究员。在与美国国家工程院院士王兆凯教授继续合作的基础上,新聘请中国海洋大学薛长湖教授为客座研究员。

(4)科研条件建设。完成了 2006 年"渔机所科学办公楼修缮"等 4 个修购项目的验收工作,涉及经费达 800 万元。调整了 2007 年修购项目的实施方案,目前 1 个项目基本完工,另 3 个项目正在执行,涉及经费 450 万元。2008 年的"科研辅楼维修"等 3 个项目已通过评审,现正有 1 项在执行,涉及经费 360 万元。

【渔业工程研究所】

(1)科研工作。共有在研课题 8 项,分别为:渔业科学数据共享平台建设;渔船信息动态管理及数据库建设研究课题;中国渔政管理指挥系统项目建设;渔港避风模式与减灾对策研究;渔港动态数据库建设;渔港避风锚地调查;渔港建设项目后评估;渔港投资建设成效宣传。其中,有4项为新上项目。

(2)技术支撑。受委托组织国家级渔港项目初步设计的评审19项,核定建设总投资近10亿元;组织农业综合开发项目的评审100多项;选派专家参加农业部渔港项目的评审;组织编写《2006—2008年度渔业工程学科发展报告》。参加国家对外援助项目的考察。

(3)咨询设计。共承接各类咨询、工程设计项目30多项,合同金额500多万元,为全所公益性科研工作的开展提供了必要保障。

(4)人才队伍建设。加大人才培养,鼓励职工继续深造,有4人攻读硕士学位,其中1人已获得硕士学位。有1人晋升研究员。现有副高级以上技术职务人员16人,其中研究员4人。新引进硕士研究生2人,本科生1人。

(5)全所科研基础条件得到进一步改善。大型仪器购置财政专项——宽幅数码工程扫描系统已购置完成并投入使用,其他科研用设备已购置完成。

(中国水产科学研究院　曲善庆　林连升)

全国水产技术推广总站

【推广体系】 截至2008年底,全国水产技术推广机构13 217个,其中水产独立机构4 132个,综合机构9 085个;全国水产技术推广机构实有人员数为36 887人,其中省级1 197人,地(市)级3 458人,县级15 046人,区域站1 062人,乡镇站16 124人。实有人员中学历本科以上有5 665人,大专为12 430人,中专为10 308人;全国水产技术推广机构中技术人员为26 542人,其中高级技术职称1 976人,中级技术职称8 576人,初级技术职称为14 879人。全国水产技术推广机构行政性事业单位有90个,全额拨款事业性单位有8 895个,差额拨款事业性单位有2 809个,自收自支事业性单位有1 423个。

【体系改革与建设】 2008年,广东、广西、福建、内蒙古、黑龙江等出台了的基层农技体系改革实施方案,出台实施方案的省份共达到28个。为促进各地体系改革工作,全国水产技术推广总站组织了对山东、辽宁、广东、广西等10多个地区的基层水产技术推广体系改革督导调研。2008年全国水产技术推广总站组织实施了"推广体系运行机制创新试点和综合推广模式示范联合行动实施方案",并联合广西、浙江、湖南等11个地区的11个县推广余杭区的创新成果。到2008年底广东全省已有92个县(市、区)制订了改革实施方案,占应建站县的89%,86个县已将改革实施方案上报政府审批,其中13个县已基本完成改革任务。宁波市基本完成了水产技术推广机构的设置、定编和岗位聘任工作。

【技术示范】 组织实施了"渔业主导品种和主推技术推广联合行动",着力示范推广健康养殖技术,取得了很有成效。江西大力实施草鱼免疫防疫试点工作,建立核心区12个,面积1 466公顷,通过核心区和辐射区带动1.55万养殖户进行草鱼免疫防疫。江苏省主推养殖品种河蟹和罗氏沼虾,2008年河蟹养殖面积达到2万公顷、产值100亿元,罗氏沼虾养殖面积1 300多公顷、产值15亿元,为渔民增收做出了突出贡献。全国水产技术推广总站倡导推广的微孔增氧技术,在全国推广的规模达到了1.17公顷。2008年全国水产技术推广机构技术指导覆盖养殖面积达376万公顷,受益农户达254万户。

【水产苗种】 组织实施了"水产养殖良种化推进联合行动",各级推广部门精心组织良种选育、繁育技术示范推广,推动水产苗种产业化进程。浙江省制订了水产养殖良种化推进行动实施方案,省政府每年拿出1 500万元,支持全省水产良种工程的实施。河北省大力推广中国对虾"黄海1号",全省对虾良种覆盖率达50%。天津市推广乌克兰鳞鲤,示范推广面积达2 260多公顷。全国水产技术推广总站在水产育种组织模式创新上也取得了新突破,联合黄海水产研究所、江苏省淡水水产研究所以及江西、安徽、湖北、四川省推广部门,组织开展了斑点叉尾鮰联合育种,加大了多性状复合育种技术推广示范力度,2008年培育出斑点叉尾鮰68个家系,有力地促进了水产良种选育技术水平的提升。

【科技入户】 2008年14个省18个县实施农业部渔业科技入户示范工程,共建成了示范乡(镇)166个、示范村1 350个,确立技术指导员390人、科技示范户7 407个、示范水面1.86万多公顷。通过技术指导带动科技示范户,示范户带动养殖户的模式,渔业科技入户示范面积已达16万多公顷,累计培训81 973人(次),免费发放各类养殖技术资料266 949份,科技示范户平均增收14.6%。带动24个省200多个县开展省级示范试点,省级示范户达6.5万户,示范面积达2.4万公顷,辐射带动养殖户达73万户,辐射带动面积达80万公顷。

【用药指导】 与中国水产学会联合在四川、湖北、广东、江苏、浙江、福建、山东等7省组织开展了水产养殖规范用药科普下乡系列宣传活动。组织各类技术培训、讲座及现场咨询会320余场,发放技术资料6.7万多册,专家指导组接待咨询1万余人(次),受益渔民32万多人。同时,福建省鳗鱼养殖用药配送制、四川省养殖投入品审核推荐制、广东省结合执业渔医制度试点的处方制、湖北省的渔药市场准入制的试行,均取得良好效果。

【病害防治】 进一步加强了对3 000多个基层监测点的建设和指导,对100多个养殖品种的200多种病害进行有效监测。同时,浙江、江苏和广东三省开展了水产养殖病情的精准监测,进一步提高了监测的科学性和准确性。浙江、安徽、辽宁、深圳等地通过网站、病情通报、月报、农民信箱等多种途径进行疫情预警预报。广西为11个县站配备水产养殖病害远程诊断系统,建立了广西水产技术推广鱼病会诊网,初步建立了养殖病害远程诊断平台。安徽、江西、湖北、重庆、四川、贵州等地还开展了斑点叉尾鮰暴发性疾病流行病学调查。

【防疫检疫】 各地水产技术推广部门和病害防治部门充分利用全国实施水生动物防疫体系建设规划的有利时机,积极组织做好基层水生动物防疫站建设,拓展和强化了相关公益性职能。北京、天津等17个地区完成了鲤春病毒血症、对虾白斑综合征等重大水生动物疫病的专项监测工作。吉林省站2008年开展了扶余松花江段和图们江密峰江段的增殖放流苗种的检疫。宁夏回族自治区站在继续完善出境苗种检疫制度的同时,将商品鱼检疫列入水产养殖病害预测预报网络监测范围,规范和强化了出境商品鱼检疫制度。

【质量监控】 通过组织实施"水产品质量安全技术服务联合行动"和"配合养殖业执法联合行动",各地水产技术推广部门积极参与水产品质量安全技术服务工作,为水产品质量安全水平提高提供技术服务支撑。北京市水产技术推广站对全市重点养殖基地和市场的水产品进行了定期和不定期抽检。浙江省全年抽检水产品2 200多批(次)、水质检测275批(次)、贝类及其他生物体108批(次)、无公害农产品96个、产地61个。北京、上海、天津、河北等地水产技术推广站作为2008年北京奥运会水产品保障技术支持单位,发挥了技术支撑作用。山西省站开展了水产苗种专项整治行动,加强了苗种生产的督导和监管。厦门市站结合水产育苗工职业技能鉴定和苗种专项整治行动,开展了苗种检疫服务。全国水产技术推广总站积极配合农业部"苗种药物残留整治行动",组织对对虾、罗非鱼、斑点叉尾鮰、海藻等苗种质量安全状况进行调研,提出了相关对策,促进了苗种生产的规范化和苗种质量的不断提高。

【技术培训】 全国水产技术推广机构共举办渔民技术培训37 670期,培训渔农民273万人,全国水产技术推广机构人员参加业务培训57 317人(次),自身学历再教育7 921人(次)。各地推广机构利用多种资源优势开展多类型培训活动,江苏省制定了《江苏省基层农技推广人员培训工程规划》,省财政分3年投入200万元开展水产推广系统人员培训工作。辽宁省组织开展了市县推广人员参加的水产健康养殖技术师资培训班,这些学员回去后结合本地实际组织了形式多样的水产健康养殖技术培训班。内蒙古通过开展推广人员自身再教育、业务培训、学历教育培训,使1 500多名基层推广人员更新了知识。四川省各级水产技术推广机构与相关企业密切合作,在全省范围巡回开展无公害水产养殖技术、现代水产养殖技术培训,累计培训渔民18万余人(次),发放技术资料近40万册。上海市完成了三套新型渔民培训教材的编撰和出版,为基层渔民培训提供了统一教材。广西全年组织无公害水产养殖技术培训班20期,累计培训基层养殖渔民2 000多人(次)、养殖污染源普查员1 786人(次)。为配合落实《水产养殖执法联合行动的实施方案》,全国水产技术推广总站与中国渔政指挥中心组织编审了《水产养殖执法实务》培训教材,举办了南、北两片区的水产养殖执法师资培训班,培训师资107人。贵州、广东、天津等地已开展了水产养殖执法人员培训。

【国际交流】 围绕渔业中心工作不断调整对外合作交流工作重点和策略。与美国大豆协会合作从单纯小网箱养殖试验扩展到海水养殖、病害防治技术、水产品质量安全等多方面的合作。中欧世贸项目"中国产养殖情况调研"实施顺利。与亚太水产养殖中心网(NACA)合作实施的"减少海水鱼类养殖对低值鱼、野杂鱼作为饲料的依赖"项目,加强了与亚太地区各国在健康养殖方面的合作。

【信息服务】 全国水产技术推广机构拥有信息网站676个,提供手机信息服务用户341 783户,电话热线91 788条,提供技术资料6 693 727份。以全国水产技术推广总站全国水产技术推广网和《中国水产》杂志为龙头，各地推广机构网站的报刊为基础的信息网络不断强化。“农民信箱”、“渔技110”等服务新形式，已成为广大渔民获取技术的窗口和增收致富的好帮手。

【防灾救灾】 2008年，低温雨雪冰冻灾害发生后，广东、江西、湖南、湖北、安徽、四川、广西等受灾地区的水产技术推广部门共派出技术人员1.5万人(次)，深入抗灾救灾一线，为渔民抗灾自救和灾后尽快恢复生产提供面对面的服务。汶川地震发生后，全国水产技术推广总站配合农业部渔业局编制了死鱼无害化处理挂图及技术资料并及时发送灾区；将《中国水产》杂志创刊50周年庆典活动经费10万元捐献给灾区。四川、甘肃、陕西等省站把死鱼无害化处理作为渔业震后工作的重点，有效防止了次生灾害和环境污染。福建省罗源湾发生网箱养殖鱼类大面积死亡后，全国水产技术推广总站在第一时间组织专家会同省、市、县三级技术人员赶赴现场开展调研指导。广西、江苏、青岛等地对养殖牡蛎大面积死亡现象、坛紫菜烂苗病、青岛浒苔事件等，都在第一时间派出技术人员赶赴现场指导渔民开展防控工作。

【示范基地】 全国水产技术推广总站充分利用示范基地，组织开展了斑点叉尾鮰保种育种示范、鳄龟健康养殖技术示范、条斑星鲽亲鱼及苗种培育试验示范。全国水产技术推广机构试验示范基地总数为6 032个，养殖面积23.2万公顷，育苗水体1 070万立方米水体。各地水产技术推广部门示范基地在推进水产健康养殖，保障水产品质量安全，促进渔民增收等方面发挥了重要作用。

（全国水产技术推广总站 张梅兰 钱银龙）

社　会　团　体

中国水产学会

【渔业贸易研究】 一是为 WTO 渔业补贴谈判准备相关材料，翻译渔业补贴谈判议题，并派人参加了在日内瓦的谈判，提交关于 WTO 协调非优惠原产地规则的意见。二是学会作为农业部渔业局对外贸易跟踪研究专家组的日常工作机构，根据渔业国际贸易的热点和重点问题，确定 2008 年度渔业国际贸易跟踪研究专家研究课题，并组织有关专家开展研究工作。编辑出版了《贝类国际贸易研究》一书。

【渔业统计】 一是根据第二次全国农业普查的结果，协助渔业局做好全国 2006 年主要渔业统计数据调整工作；二是积极做好 2007 年报数据的汇总工作，编制《2007 年中国渔业统计年鉴》；三是积极做好渔业统计指标改革的准备工作；四是开展渔业统计抽样调查试点工作，分别在广东、江西和湖北开展海水养殖、淡水养殖和淡水捕捞抽样调查工作；五是做好渔业统计日常工作，按时汇总分析各地报送的统计数据，并及时编报。

【水产品市场信息】 一是认真完成水产品市场信息采集、报送的日常工作。做到每周收集水产品市场价格信息，每月收集水产品市场成交额、成交量情况，进行水产品市场运行情况分析，向渔业局、市场信息司提供全国水产品市场运行情况分析报告。在年初抗击冰雪灾害期间做到随要随报。二是对水产品价格信息定点市场的信息员进行了系统培训。针对信息员在采集信息、传递信息实践中遇到的问题及新形势下政府决策对市场信息工作提出的新要求，及时举办信息员培训班，对定点市场信息员进行培训，帮助信息员熟悉业务工作，提高工作效率，规范信息采集、汇总及报送工作，使信息采集报送及时准确，合乎要求。三是编印《2007 年水产品进出贸易统计年鉴》，提供给各有关单位作决策参考。

【安全用药科普下乡】 为了配合水产健康养殖推进行动的深入开展，大力推广健康养殖技术，普及和推广水产养殖安全用药知识，指导广大水产养殖者科学、规范使用国家标准渔药，进一步提高我国水产养殖产品的质量安全水平，与全国水产技术推广总站联合组织开展“走进渔村，关爱渔民，关心渔业——健康养殖安全用药”科普下乡系列宣传活动。2008 年，宣传活动范围在原四个省（湖北、四川、广东、江苏）的基础上又增加了山东、浙江和福建三个省。这一活动深受渔民欢迎，取得了很好的效果。活动期间共举办讲座或现场咨询活动 300 多场（次），发放各种技术资料 67 000 多册，受益群众（渔民）32 000 多人。

【学术会议与活动】

（1）中国水产学会学术大会。11 月，2008 年中国水产学会学术大会在云南省昆明市召开，来自全国各地的专家、学者及企事业代表 600 多人参加了大会，参会人数超过历届学术大会，盛况空前。本次大会共收到学术论文 360 篇，会议期间安排会上宣读论文 232 篇，论文学术水平比历届大会有了较大提高。中科院水生所曹文宣院士、中国海洋大学董双林教授和水科院黄海水产研究所陈松林研究员分别做了大会学术报告。大会设立了水产健康养殖，疫病防控与水产品质量安全，水产种质资源与良种选育，水产动物营养与饲料，渔业资源环境、经济与管理，水产品加工、渔业装备与工程六个专题，每个专题都邀请两位该领域的知名专家做专题报告。会议期间还对 2007 年学术大会获奖论文进行了表彰。

（2）全国水产青年学术年会。2008 年 8 月，由学会主办、浙江海洋学院承办的第九届全国水产青年学术年会在浙江舟山市举行，共有 376 名水产青年科技工作者参加，收到学术论文 194 篇。大会以大会主题报告、专题报告和交流讨论等多种形式进行了深层次、全方位学术探讨。每年一次的青年年会，为活跃在科研一线的中青年水产专家搭建一个展示成果，交流经验的平台。

(3)防灾减灾论坛。9月18—19日，中国科协2008防灾减灾论坛在河南郑州举行。本次论坛共收录论文173篇，参加论坛的代表近200人。中国水产学会作为协办单位之一，组织专家对雪灾和汶川地震对水产业的影响和对策进行了调研和分析，并且提出了对策和建议。在论坛上，与会专家学者针对2008年南方低温雨雪冰冻灾害和汶川地震灾害，通过跨学科、跨行业、跨地域的学术研讨，深入分析自然灾害形成的原因和机理，客观探讨了对自然灾害的应对能力，从科学角度上研讨防御和减轻自然灾害的对策措施，为决策部门提供科学依据。

(4)组织召开了中国科协第189次青年科学家论坛暨首届环境营养学青年科学家论坛。9月22日论坛在北京举行，这是首次采用小型论坛的形式深入探讨一个热点领域的学术问题，在形式上也实现了重大的突破和创新。

(5)世界对虾大会。由FAO、农业部、广东省政府共同主办，中国水产学会和广东省海洋与渔业局联合承办的世界对虾大会11月初在广州召开。来自25个国家350多名学者、官员、企业家，相互交流，共同探讨新世纪世界对虾养殖与加工贸易等产业的发展方向，为促进世界对虾产业的健康发展献计献策。

(6)第七届世界华人鱼虾营养学术大会。9月由中国水产学会水产动物营养与饲料专业委员会主办、中农科院饲料所承办的第七届世界华人鱼虾营养学术大会在北京举行。来自世界各地的800余名代表参加了此次盛会。世界华人鱼虾营养学术大会已成为全球华人水产动物营养学术界和企业界的最大盛会，是展示鱼虾营养与饲料各领域研究成果规模最大、最为成熟的交流平台之一，受到全球业界的普遍关注。

(7)2008海峡两岸渔业经济合作与发展论坛。6月，学会与福州市联合组织召开了"2008海峡两岸渔业经济合作与发展论坛"。大会邀请了中国工程院院士、中国水产科学研究院黄海水产研究所研究员雷霁霖等7位专家作了主题演讲。海峡两岸的专家、学者、企业家围绕"两岸渔业合作与发展"这一主题进行了深入探讨。来自海峡两岸有关科研教育单位的专家学者和企业代表近200人参加了会议。在论坛上还举行了海峡两岸渔业项目成果对接会暨签约仪式。来自海峡两岸的11位专家推介了一系列最新研究成果，其中12项成果签约。中国水产学会与福州市政府签订了科技合作协议。

(8)国际休闲渔业论坛和人工鱼礁国际研讨会。11月学会与厦门市人民政府联合举办国际休闲渔业论坛和人工鱼礁国际研讨会。有近10个国家和地区的200多位代表与会。研讨会探讨了新时期都市渔业发展的新趋势、新亮点及近海渔业资源增殖保护的新方法新途径。

(9)组织开展"中国水产品质量安全问题现状与对策"调研咨询。该项目从2008年6月份开始启动，到2009年5月份结束。目前项目研究进展顺利，已完成国外水产品质量监管法律法规研究，养殖水产品质量追溯研究等方面的工作，其余工作正在按计划进行。

(10)组织编写中国科协《2008预防与控制生物灾害》水产部分。中国水产学会作为4个牵头学会之一，2008年的"预防与控制生物灾害"调研咨询项目也已经全面启动，组织了8位院士、专家正在对2008年水产领域的生物灾害情况进行调研和整理，撰写水产分报告。

(11)组织开展"水产学科发展"研究。这是学会第二次承接学科发展研究项目。按照中国科协的要求，组织36位专家水产界的权威专家组成专家组，对9个分支学科领域进行了深入的研究和讨论。

(12)组织开展"2008年全国科普日"活动。围绕中国科协制定的生态环境保护主题，在中国科协的指导下，联合了6家水产有关单位分别在科普主会场与分会场开展了主题为观赏鱼文化欣赏、水生野生动物保护两个展览活动。在为期8天的展览中，两个会场共接待了5 000多名参观者。9月21日，习近平等中央领导同志亲临会场。中国水产学会因在全国科普日活动中表现优异，受到中国科协表彰。

(13)科普作品编纂。为了配合农业部渔业局水产健康养殖推进行动的开展，倡导"健康养殖、生态防病"的理念，与海洋出版社合作组织、出版《水产健康养殖新技术丛书》、《水产养殖病害防治丛书》、《水产健康养殖问答丛书》，重点介绍优良新品种的养殖技术和主导品种养殖的新技术、新模式、新方法；介绍主导品种病害防治知识，以及养殖规模较大、效益较好的大宗品种(包括特种水产养殖品种)养殖过程关键技术。这三套系列丛书的出版将对推广和普及渔业健康养殖，提高农(渔)民的科技水平，促进水产养殖产业的可持续发展将起到重要作用。

【实用技术培训】 中国水产学会与福建省水产学会联合于2008年4月10—13日在福州市举办名优水产品健康养殖与病害防治培训班。来自12个省的50多名渔业工作人员参加了培训。培训班上，中国水产学会还向学员赠送了有关水产养殖的法律、法规资料和水产养殖病害防治手册等共200多册，为学员把学到的理论用于指导实践,为渔民服务提供了简明又实用的资料。

【为科技工作者服务】 中国水产学会是水产科技工作者之家。为会员服好务为广大水产科技工作者服好务是责无旁贷的义务和责任。在服务会员方面转变思想观念、提升质量、增加硬件、改善软件,尽量做到让广大会员展示有舞台,交流有渠道,诉求有途径。一是建立网站。为会员搭建交流平台,为会员提供信息服务,反映会员诉求,帮助会员解决学术信息、技术信息和法规信息来源渠道不畅问题。二是加大培训基层会员的力度,提高一线会员生产技能和科技素质,更新他们的知识,提升技术水平。三是组织不同专业学科的资深会员和专家深入生产一线搞调研,帮助渔民解决生产中的技术难题,发挥会员的聪明才智,在社会实践中体现会员自身价值和服务社会的本领。四是帮助会员解决工作生活中的问题。五是办好两个大会(青年学术年会和学会学术大会),为会员创造一个交流经验,启迪思想,促进合作的大舞台。

【分支机构活动】 2008 年,中国水产学会所属的 16 个分支机构紧紧围绕渔业产业发展中心工作,根据本专业领域的技术特点和学科优势,着力探讨解决影响和制约渔业科学发展的主要技术问题。各分支机构全年共组织参加国内外学术交流活动 16 次,提交论文达 800 多篇,参加交流人数达 2 000 多人(次)。海水养殖分会召开了专业委员会年会,并且出版了《海水养殖研究新进展》和《英汉海洋生物词典》;渔业工程专业委员会、渔业信息专业委员会分别召开了专业会议;水产动物营养与饲料专业委员会组织召开了第七届世界华人鱼虾营养研讨会。渔业资源与环境分会、水产捕捞分会、水产品加工和综合利用分会、渔业装备技术专业委员会、鲑鱼类专业委员会、渔业工程专业委员会和科普工作委员会结合各自专业特点,积极组织专家和技术骨干,为产业的健康发展献计献策,帮助解决生产和管理工作中的技术问题。举办各种技术培训班,推广先进生产技术、普及科学知识,提高农(渔)民科学素质,为产业的健康发展做出贡献。

【秘书处建设】 中国水产学会秘书处职工人数不多,但长期以来由于体制、机制、经济及工作职能等方面原因,职工队伍不稳定,思想波动大。为解决这些问题,一方面根据农业部党组的部署和机关党委的要求组织职工开展学习,更新观念,提高认识;另一方面,结合实际组织职工开展“有为才有位,有位才有为”的大讨论,解决思想问题。同时查问题,摆不足,探讨解决办法。通过讨论查找,最后大家形成了共识:一是围绕中心,服务大局,利用学会的智力和人才优势,为产业健康持续发展做好技术支撑工作;二是把学会作为一个品牌来经营,打造大平台,让广大会员展示有舞台,交流有渠道,诉求有途径;让学会有凝聚力,有影响力,有创造力;只有把学会的工作做好了,才有自身的发展。目前职工的工作热情高涨,参与谋划发展的积极性也提高了,团结协作的意识加强了,精神面貌发生了根本性的转变。

(中国水产学会 赵文武)

中国渔业协会

【概况】 2008 年,中国渔业协会围绕纪念改革开放 30 年和现代渔业建设,开展了组织编写渔业 30 年大事记、评选领军人物、举办发展论坛等系列活动。同时,联合会员单位力量,共同抗击严重低温冰冻和特大地震等天灾对渔业的危害;结合安全供应北京奥运会食品,促进质量管理,保障水产品安全生产与消费。2008 年也是本会继续成长、发展的过程。在民政部对行业协会的综合评估中,本会各项指标符合要求,达标通过。

【组织建设】

(1)加强集体领导。2008 年 7 月 7 日,中国渔业协会会长会议在广东饶平召开。会议听取了秘书处汇报,研究了工作重点,提出了中国渔业改革开放 30 年的系列纪念活动,积极筹备并如期举办了渔业发展论坛等项任务。

根据《国务院办公厅关于加快推进行业协会商会改革和发展的若干意见》(国办发[2007]36 号文),审议并通过了新修订《中国渔业协会分支机构管理办法》,强调以服务会员为宗旨,并在业务范围和管理办法等方面做了较大的调整和完善。

(2)调整领导班子。为了更好地发挥企业家的主体作用,更有利于政府、协会、企业保持一致,对协会的领导层进行了调整,重点增加渔业企业家在领导班子中的名额。

(3)积极发展会员。把发展会员,做好会员服务,作为协会工作中的重中之重。协会作为政府与企业之间的桥梁,主动向政府有关部门反映行业发展现状与会员的诉求,努力为企业争取更多的政策与扶持。

(4)加强分支机构建设。通过国家社团主管部门批准,2008 年新成立了中国渔业协会水族分会和中国渔业协会河豚鱼分会。同时,还积极为成立龟鳖产业分会、海事分会等机构的筹建工作做准备。

(5)通过了民政部组织的综合评估。本次评估，包括基础条件、内部治理、工作绩效、社会评价四个方面，并分组考察了中国渔业协会的内部管理、会员发展、财务状况等。协会秘书处积极配合，并得到了政府有关部门、业务主管单位和会员单位的支持。通过考察，中国渔业协会得到了社会的肯定，顺利通过了评估。

【编写中国渔业改革30年大事记】 本书的编写，聆听了改革开放初期就在农牧渔业部水产主管部门担任过主要领导职务的孟宪德、涂逢俊等老领导的意见，并邀请农业部原总经济师卓友瞻，水科院原书记、院长潘荣和等老领导、老专家，组成了认真负责的审稿、改稿专家组。

经过反复推敲、遴选、增删、合并，对“大事记”选题前后易稿10余次，由最初的81个选题最后留下了30个题目。务求每篇文章涉及的时间、地点、事实、数据、原因、结果，以及事件发生的单位和主要当事人，必须真实、准确、可靠，不得虚构。参加撰稿的有关专家学者共30位，最后录用文稿30篇。每篇文章大致包括事件的背景、经过及在渔业改革开放中产生的作用和影响。最终以《与时俱进—中国渔业改革30年大事记》为题，印发问世。

【举办渔业发展和纪念改革开放30年论坛】 2008(舟山)中国现代渔业发展暨渔业改革开放30年论坛，于2008年10月28日至30日在舟山隆重举行。由农业部渔业局、中国渔业协会、浙江省海洋与渔业局、舟山市人民政府，以及《中华儿女》报刊社联合主办。本届论坛以学习实践科学发展观为指导思想，深入贯彻落实党的“三农”(农业、农村、农民)大政方针和党的十七届三中全会精神，为加速社会主义新农村、新渔村建设探讨新思路。论坛主题为纪念渔业改革开放30年暨现代渔业发展。论坛由农业部渔业局局长李健华主持。农业部原副部长、中国渔业协会会长齐景发致开幕词。农业部副部长牛盾出席论坛并做主旨报告，浙江省政协副主席黄旭明出席并讲话。舟山市人民政府周国辉市长致词。上海海洋大学校长潘迎捷教授主持了主题演讲。中国农业大学校长柯炳生、中国农业发展集团董事长刘身利、中共中央党校辛鸣教授等著名企业家和资深专家、学者出席了论坛并做了精彩演讲。

【评选“当代中国渔业企业领军人物”】 为表彰和宣传优秀渔业企业家，中国渔业协会与《中华儿女》报刊社共同开展了“当代中国渔业企业领军人物”评选活动。本次评选，强调了领军人物在改革开放大潮中所体现出来先锋作用、在同行业中的影响力，以及为经济发展和社会进步做出的重要贡献。评选中，坚持“公正、公平、公开”的原则，采用企业自荐和各地渔业行业协会及渔业相关部门推荐相结合。根据推选情况，组织同行企业家以及老领导、老专家等权威人士进行初审，提出候选人，组织公示。公示期结束后，评审组进行综合评定，最终评选出30位企业领军人物和2家企业领导团体。表彰会由常务副会长兼秘书长林毅、《中华儿女》报刊社李而亮社长主持。牛盾副部长、齐景发会长、黄旭明副主席、李健华局长等，为当选的“当代中国渔业企业领军人物”颁发了奖状、奖杯。

【加强信息服务平台建设】

(1)进行了网页改版。为加强中国渔业协会网站的建设，进行了栏目调整，设计了新的版面，增加了新的链接。

(2)继续编印本会会刊《渔业文摘》。为贯彻政府有关渔业发展的方针政策，为实施理事会制订的各项工作任务，为配合会员单位提出的服务要求，全年共编印《渔业文摘》4期，约30万字。

(3)继续完成中国渔政指挥中心委托编印的《周边国家与地区渔业动态》。全年共编印12期，发表文章191篇。

【对外交流与合作】

(1)2月10—12日，统一组织我国水产企业出席了第十一届德国不莱梅国际渔业展览会。同时参加了举办方组织的水产专题研讨会，并访问了德国渔业有关机构。

(2)2月17—23日，应朝鲜对外经济协助局邀请，常务副会长林毅前往考察海胆、扇贝、海带、海参产业，以寻求双方合作项目。

(3)2月26日，联合中国渔业互保协会、上海海洋大学，共同主办中日韩三国渔船海上事故处理研讨会。就建立和完善三国间海上事故赔偿保障机制，促进及时有效处理三国渔船间海上事故，维护协定水域安全生产等问题进行了探讨。

(4)7月23—25日，组织有关企业出席第十届日本东京国际海产品及技术博览会。并访问了日本水产会等机构。

(5)10月30日，中日民间渔业协议会在浙江舟山召开。本会副会长、东海区渔政局李富荣局长就《中日民间渔业安全作业协定书》执行情况作了专题介绍。中日双方还就有关问题进行了交流与探讨。

(6)10 月 31 日,中韩渔船海上事故处理协议会在浙江舟山召开。磋商了中韩两国间部分遗留海事案件及中韩共同水域作业安全问题。东海区渔政局、中国渔政浙江省总队等单位派员参加了会议。

(7)10 月 30 日,组织来自国外的特色水产企业及知名品牌参加舟山渔博会。11 月上旬,组织有关国外企业及机构参加 2008 中国(厦门)国际休闲渔业博览会暨高层论坛。

(8)11 月 12 日,应韩国水产会邀请,赴韩参加渔业发展策略及东北亚 WTO/FTA 贸易自由化国际研讨会。会后,中韩两会就"浙普渔 18395"与"泰光号"、"浙普渔 71216"与"世光号"两起遗留案件进行了磋商,并达成共识。

(9)12 月 17 日,与日本水产会在上海召开中日渔船海上事故处理协议会,并就中日两会遗留海事案件进行了磋商。中国渔政指挥中心、东海渔政局等单位派员参加了本次会议。

【发挥分会功能 促进行业发展】

(1)远洋渔业分会。针对我国远洋渔业发展历程中的诸多坎坷与困难,远洋渔业分会紧紧围绕保稳定、促发展、求统一的主导思路,从应对海上生产危机,到缓解市场困境,再到呼吁国家政策支持等,开展了全面系统的行业协调服务。一是促进国家关于远洋渔业扶持政策的落实。并向政府提交了《贯彻落实十七届三中全会精神,促进远洋渔业发展的建议》。二是开展金枪鱼渔场研究,并及时出台了《全球海洋环境变化和金枪鱼渔场变异分析》,转发企业参考。三是做好行业规范化、自律化和组织化工作,进一步增强协会凝聚力。四是利用行业力量处理应急事件,如协助应对,妥善处理索马里海盗扣压我国渔船事件。五是坚持推动大洋性渔业和过洋性渔业"两个轮子一起转"的工作指导思路,协调推进远洋渔业产品市场开拓工作。六是努力抓好各项日常基础工作。

(2)鳗业工作委员会。2008 年,针对主要依靠日本市场的中国鳗业出现的全行业亏损的形势,鳗工委围绕"抓质量安全、促市场开拓"主题开展工作。一是深入调研,提出加强鳗苗资源管理的建议,得到了农业部渔业局的重视及各有关地方渔业主管部门支持。同时,研究分析欧洲鳗列入国际濒危野生动植物物种国际贸易公约后可能对我国鳗业产生的影响,并协助渔业局起草了《关于免征欧洲鳗鲡及其产品资源保护费和进出口管理费的函》。二是支持健康养殖技术,组织开展了鳗苗人工开口饵料和人工配合饲料研发和推广,开展鳗鱼新型健康养殖技术研究与推广。三是开拓国内外鳗鱼消费市场。四是利用"中国鳗鱼网"和"中国鳗讯"发布信息。组织翻译并印发相关资料和印制《鳗鲡病害诊治图谱》,开展技术信息咨询服务。

(3)河蟹分会。一是树立河蟹产业先进典型,提升河蟹产业层次。分会于 5 月中旬在安徽省明光市举办了全国河蟹健康养殖观摩交流会,并参观了安徽省永言公司围栏网河蟹养殖基地。同时,分会通过调研、考察和评审,分别授予江苏省兴化市"中国河蟹养殖第一县(市)",湖北省洪湖市滨湖办事处为"中国河蟹第一乡(镇)"称号。二是整合行业资源平台,推进产业整体发展。在辽宁盘锦市举办金秋河蟹展洽会暨第九届蟹王争霸赛,在湖北大力发展河蟹养殖业,在安徽支持明光、安庆等市的河蟹养殖配套关键技术研究成果顺利通过省科技厅的鉴定,在江苏抽检的河蟹样品总体合格率 100%、药物残留检出合格率 100%,在太湖全面压缩围网养殖面积以改善生态环境,在山东微山县南四湖展开人工放流优质蟹苗。三是脚踏实地,稳步推进,加强分会自身建设。继续办好《中国河蟹简报》,全年召开分会理事会 3 次,积极完成中国渔业协会交给的其他任务。

(4)鮰鱼分会。一是组织部分会员企业参加、参观了美国波士顿国际渔业展览会。二是在成都市举办了第六届斑点叉尾鮰产业研讨会,邀请专家围绕热点问题作相关报告。三是针对病虫害,在武汉召开了斑点叉尾鮰暴发性疾病流行病学调查研讨会。三是组织会员参加了第十三届中国国际渔业博览会,采取多种形式推进会员与业界、商界进行联系和合作。四是分会重视绿色商标的注册以及相关标准体系的制订,目前已注册"中国水库网箱养殖斑点叉尾鮰"和"中国池塘养殖斑点叉尾鮰"两个绿色品牌。五是搭建信息平台。分会成立以来,已编辑发行会刊《中国鮰鱼产业资讯》24 期,该刊是我国第一个鮰鱼专业刊物。同时,还建立了我国第一家鮰鱼专业网站。

(5)河豚鱼分会。河豚鱼分会成立大会,于 2008 年 3 月 28 日在北京召开。分会成立后,于 2008 年 5 月 29 日在大连召开了第一次会长工作会议,确定了以下工作:向农业部和卫生部递交《关于国内河豚鱼养殖及卫生监督管理工作的建议》;组建中国渔业协会河豚鱼分会专家组;建立河豚鱼分会网站、编印分会会刊。同年 8 月 28 日在江苏海安召开第二次会长会。会议总结了分会前期工作,提出了下一阶段的任务和措施。

(6)专家工作委员会。一是受中国渔业协会委托,协助完成《中国渔业改革开放 30 年大事记》编写。

这是一本为纪念我国渔业改革开放30年，总结渔业30年来的成就与经验而编写的大事记。二是为中国渔业协会命名的渔业特色企业或地区，提供专家咨询和技术保障。三是积极配合协会领导深入实际进行调查研究。

(7)海事工作委员会。中国渔业协会海事工作委员会第一次会议，于2008年10月30日在浙江舟山召开。与会代表认为，利用本协会的优势，协助渔业行政主管部门做好相关的工作，为渔业安全生产提供所需的服务，是十分必要的。中国渔业协会常务副会长林毅主持了会议并总结，他认为海事工作委员会应从法规建设、培训、信息服务、交流考察等4个方面开展工作。同时提出，要在适当时机成立中国渔业协会海事分会。

(中国渔业协会 林 毅 郭继娥)

中国渔业互保协会

【概况】 2008年，中国渔业互保协会紧紧围绕全国渔业工作大局，开拓创新、大胆实践、扎实工作，较好地完成了协会第三次全国会员代表大会和三届三次理事会议确定的各项工作目标，渔业互助保险事业呈现出了快速健康发展的良好态势。2008年全行业共承保渔民71万人、渔船5.5万艘，收取互保费共计5.06亿元，同比分别增长42%、44%和53%。互保费收入，沿海各省份大部分保持良好的发展势头，浙江省超过1.9亿元，山东省超过8 000万元，辽宁省、福建省、宁波市均超过4 000万元。

【基础工作】

(1)开展深入学习实践科学发展观活动。按照农业部党组和渔业机关党委的要求，协会于9月下旬正式启动学习实践科学发展观活动。成立了领导小组，制定了《中共中国渔业互保协会党支部关于深入学习实践科学发展观活动的工作方案》，以深入学习实践科学发展观，推动渔业互助保险工作更好服务于渔业经济发展大局为指导思想，精心组织，明确责任，确保人员、时间，内容和效果的落实。同时，把学习实践活动与实际工作结合起来，推动各项工作的开展。

(2)加强政策研究。一是组织领导班子和全体职工深入学习《农业部关于进一步做好渔业互助保险工作的通知》精神，开展调查研究、查摆问题、研究对策。出台了《关于贯彻落实〈农业部关于进一步做好渔业互助保险工作的通知〉的指导性意见》，对秘书处和各级互保机构提出明确要求。二是经过协会的努力工作，2009年中央1号文件明确提出“加快发展政策性农业保险，扩大试点范围、增加险种，鼓励在农村发展互助合作保险”。三是全力完成中国渔政指挥中心委托的《渔业船舶水上生产安全事故与自然灾害事故的区分标准研究》和中国水产科学研究院委托的《渔区和谐社会建设中的渔业保险问题研究》课题研究报告，为管理部门决策提供重要依据。四是积极参加各类涉及安全生产和渔业经济方面的论坛和研讨会，发表了一批高质量的论文，受到业界的广泛关注。

(3)强化业务培训。为满足渔业互保事业发展的需要，协会根据各级机构的需求，进一步加强了业务培训的力度。一是集中力量对《渔业互保知识问答》进行了全面修订，于9月份正式出版，成为进行业务培训的系统教材。二是根据海南共保体、福建共保体的不同特点，分别编写了包括承保、理赔、统计和财务操作等在内的培训教材。三是分别组织福建省、海南省各级机构工作人员在京举办了业务培训班；在南海区开展了南沙涉外互保业务培训班。四是聘请农业保险问题专家庹国柱教授等业内人士对协会员工进行培训教育。五是出台政策鼓励员工参加在职学历教育，已有7人取得在职研究生学历，另有6人正在参加在职研究生课程学习。

(4)完善制度建设。制度建设是协会发展的生命线，一直以来得到协会各届领导的高度重视。三届理事会、秘书处更是投入大量精力，进行专门梳理。针对理事会、监事会领导由兼职转为专职、加强领导班子建设的情况，新修订了《理事长会议和理事长办公会工作规则》(审议稿)、《监事会工作规则》(已印发)；秘书处在现有规章制度的基础上，结合协会发展实际，经过一年的工作，已经修订出各项管理制度27项，主要包括决策、财务、人力资源、文秘档案、业务开展、后勤保障和会议制度等几个方面，从而使工作有方向，有标准，有依据，不断提高工作效率和工作的准确率。

【业务工作】

(1)2008年中央财政渔业互助保险保费补贴试点项目取得实效。在农业部领导的关心下，在渔业局、财务司和政策法规司等司局的帮助下，农业部于2008年首次启动政策性渔业保险试点工作，并被列为2008年农业部为农民办实事之一。补贴险种确定为渔船全损互保和渔民人身平安互保，中央财政补贴比例为25%，补贴金额为1 000万元。截至2008年12月31日，各试点地区累计承保渔船12 700艘、渔民21 221人，共收取互保费5 868.38万元，为渔民船东提供风险保障48亿元，落实补贴资金1 117.83万元，其中辽宁、山东、江苏、浙江、福建和海南均超额完成下达补贴资金，总计超额165.15万元。

（2）海南政策性渔业保险业务发展势头良好。2007年7月，“渔船全损保险、渔民人身意外伤害保险”被纳入海南省政策性农业保险试点险种，渔业互保协会成为试点险种主承保人，省财政分别给予渔民30%和渔船20%的保费补贴。2008年是海南共保体工作正式启动后的第一年，为开好头、打好基础，协会高度重视，多次调查研究，制定落实措施；并积极与海南省财政厅、海洋与渔业厅、保监局和各家商业保险公司做好沟通协调工作，得到了他们的大力支持，工作进展顺利。全年入保渔民4.67万人、入保渔船4 956艘，互保费收入超过历年总和达1 641万元。

（3）重新建立福建省渔业互保机构，积极开展政策性渔业保险合作。在2007年福州市渔业互保重新启动后，2008年协会在福建省海洋与渔业局的支持下，按农业部要求更是加大了工作力度，先后两次恢复和组建福建省基层互保机构41家，进行了业务操作实务培训。同时，针对福建省政府指定福建人保作为开展政策性渔业保险试点承担单位的实际情况，积极协调各级互保机构与人保公司通力合作，按照“政府引导、市场运作”的原则，扎实推进政策性渔业保险和渔业互助保险的同步发展。全年共入保渔民12万人、入保渔船5 855艘，收取保费4 600万元，超过以往13年互保费总和。

（4）开启中国水产养殖保险破冰之旅。2008年6月20日，筹备达两年之久的《中国渔业互保协会与大连獐子岛渔业集团股份有限公司海水增养殖产品保险协议》和《中国渔业互保协会与英国RSA保险集团、韦莱保险经纪有限公司渔业海水增养殖产品再保险协议》签约仪式在北京钓鱼台国宾馆举行。农业部总经济师杨坚出席签约仪式并做重要讲话，渔业局局长李健华、产业政策与法规司副司长黄延信出席签约仪式。此次协议的签署，成为中国水产养殖业发展史和中国农业保险发展史上一次重要的里程碑，标志着协会的业务范围迈入了一个新的领域，标志着渔业互助保险的品牌得到了国内知名上市企业的认可和国际保险巨头的承认，标志着中国水产养殖保险市场尤其是多年来一块坚冰的海水养殖保险市场的正式启动。

（5）代理涉韩渔船交付担保金工作稳步推进。2003年末，协会与韩国水协中央会作为双方政府指定窗口签署了《中韩关于扣留渔船担保金交付合作协议书》，但工作开展很不理想。为迅速打开局面，协会在部渔业局和指挥中心的大力支持下，于2007年11月在韩国木浦设立办事机构开始试点运作，并和韩国地方海上警察厅等部门组织了多次互访，关系得到进一步密切和加强，至2008年11月16日，累计已为136艘我国被扣渔船交付了担保金，同比增长202%，成效显著。2008年12月29日，协会设立“驻韩代表处”的申请得到韩方正式批复，开创了农业社团在境外设立办事机构的先河。

（6）渔业行政、执法和科研人员综合保障计划取得显著成效。在各级渔业行政主管部门的积极推动下，在各有关单位的大力支持下，通过协会的广泛宣传、深入动员，目前全国已有19个省（自治区、直辖市）的350余家渔业单位参保，参保人数过万人。“综合保障计划”逐渐成为渔业保障制度中的重要制度之一，在解决渔业工作人员后顾之忧，减轻单位压力等方面起到了重要的作用。

（7）修改完善理赔业务政策，最大限度让利于民。一是为规范渔业互保理赔业务，向渔民提供“准确、快速、公平、合理”的理赔服务，协会修订了《理赔工作规则》。二是为明确各级互保机构处理海洋灾害事故的职责和工作程序，及时、有效的做好理赔服务，帮助受灾会员减少经济损失。协会依据《中华人民共和国突发事件应对法》、《渔业船舶水上安全突发事件应急预案》制定了《海洋灾害紧急预案》（讨论稿），以指导各级互保机构参与的大范围互保标遭受风暴潮、台风、海啸等海洋灾害致损事故的应急处置工作。三是制定了《小额船险赔案快速理赔方案》，拟先期在辽宁省开展试点。

（8）做好14号台风“黑格比”的调查工作。9月24日6时45分，2008年第14号强台风“黑格比”在广东省茂名市电白县陈村镇沿海登陆，登陆时中心最大风力有15级(48米/秒)。参保互保渔船受损沉没257艘，涉及金额1 100万元；死亡渔民5人，失踪1人，涉及金额30余万元。人船合计近1 200万元。其中，广东省受损渔船218艘，涉及金额600余万元；死亡4人，失踪1人，涉及金额25万元。海南省沉没渔船22艘，受损渔船4艘，涉及金额196万元。广西沉没渔船11艘，受损2艘，涉及金额412万元；死亡1人，涉及金额5万元。台风登陆后，协会立即启动灾害理赔紧急预案，与省级互保机构联合组成理赔调查小组，前往重点受灾地区进行勘验调查、配合救助、现场理赔，受到当地政府和渔民群众的一致好评。

【存在的问题和体会】 虽然协会工作取得了一定成绩，但总体上来说还存在一些问题。一是目前管理体制不能完全适应事业发展需要，存在弊端；二是协会法律地位有待进一步明确，可持续发展能力欠缺；三是渔业未被纳入财政部政策性农业保险补贴范围，阻碍了业务的快速发展；四是协会目前理事会决策、监事会监督、秘书处执行的内部管理机制已经初步形成，但是还需要继续磨合；五是队伍建设还需要进一步加强；六是事业发展方向不够清晰，研究不够深入。

回顾一年来的工作情况，有几点深切的体会：一是国家出台发展农业保险和支农惠农的一系列政策措施为渔业互保发展提供了良好的外部环境；二是农业部领导和相关司（局）的重视和支持为渔业互保发展提供了有力的行政支撑；三是中央财政保费补贴政策的出台，为坚定渔业互保行业信心、调动渔民入保积极性和促进地方财政补贴政策出台发挥了积极作用；四是全国协会和地方协会的统一运作为渔业互保发展提供了和谐的内部环境。

（中国渔业互保协会　杨　斌）

中国水产流通与加工协会

【水产品质量安全预警】　2008年7月20日至9月20日，在奥运会和残奥会期间，受农业部渔业局的委托与指导，承担了水产品安全质量通报的任务。在此期间监测了国内主要的网站、食品网站和主流新闻媒体20多家；美国的FDA网站、新闻周刊、纽约时报，日本的厚生省网站、产经新闻，欧洲的EUROFISH，INTRAFISH网站等其他重要媒体，及时反映有关中国食品质量安全方面的报道，特别是水产品方面的新闻。奥运会结束后，继续监督各新闻媒体关于水产品质量安全方面的报道，及时收集有关信息向渔业局汇报。8月份，又及时向会员通报了美国农业部接管FDA叉尾鮰进口监管的业务，预警下一步我国应关注的要点：一是catfish的定义，如果是专指叉尾鮰，那就是仅针对中国的管理措施，因为世界养殖叉尾鮰的国家就是美国、中国和巴西，只有中国出口叉尾鮰；二是风险评估的等效性问题，如果与美国农业部进口肉类的评估等效，出口难度就会进一步提高；三是相应管理规定出台前后，对我出口叉尾鮰的连续性是否有影响，因为管理部门之间移交是否会出现政策连续性问题，是否会因为要美国国会通过法律期间叉尾鮰出口中断现象。

【水产品标准的制定】　1月份，协会就目前市场畅销的对虾新加工产品——熟对虾制品，制定了《中国水产流通与加工协会冻熟对虾制品标准》。6月份，针对市场上鱼糜制品添加量参差不齐的混乱现象，又开始启动《中国水产流通与加工协会海水鱼丸的标准》。在标准制定过程中，邀请大型加工厂技术人员参与，确保标准的可行性与可操作性，邀请专家来执笔，确保标准和国家制定的相关标准接轨。目前，水产品市场流通的许多水产品，由于缺乏全国统一的标准，包装说明与产品不符、窜级普遍、缺斤短两等商业欺诈现象一直存在，个别产品也不标注保质期，乱用添加剂现象依然存在。鉴于这种情况，为了保护消费者利益，保护规范生产企业的合法权益，有必要加快流通水产品行业标准的制（修）定。

【开拓国外水产品市场】　受农业部市场司和渔业局的委托，2008年2月24—26日，组织中国渔业企业代表团参加了美国波士顿国际海产品展览会。受美国对进口我国5种水产品实行自动扣留政策的影响，加上美国次贷危机影响了美国的消费和购买力。2008年我国的企业参展数量减少，只有55家，比上年参展企业数量减少十余个。参展的水产品分为15大类的48多个产品。协会20多个会员单位参展了本届展览会。协会搭建的中国主展区引人注目，得到了展会主办者和参展企业的普遍好评。

4月22—24日，协会组织的渔业代表团来自9个企业35人前往布鲁塞尔参加了第十六届欧洲国际水产品展览会。参展企业现场洽谈热烈，虾类及冻鱼片等水产品仍是我参展企业贸易洽谈的主打品种。

6月2—10日，组织了10个企业26位代表参加了第五届俄罗斯国际水产展览会，该展会是了解俄罗斯及东欧地区水产品贸易、寻求客户、建立合作、进入市场的重要渠道。我国水产企业对这个新兴的市场产生了浓厚的兴趣，有11家我国企业参展。主要展示了南美白对虾、罗非鱼、鮰鱼、小龙虾等有竞争力的产品，吸引了很多俄罗斯客户来我国企业展位参观洽谈。在展会期间，我企业现场签订的合同仅罗非鱼产品100吨，贸易额30多万美元。会后，代表团还专门考察了莫斯科的4个不同档次的有代表性的食品市场，更全面地了解了当地水产品流通与消费的现状。

7月23—25日，协会参加了第十届东京国际海产品及技术博览会，租用展位10个。由于受日本经济不景气的影响，展会与上年相比，无论是展览规模还是参展国家数量等方面都呈下降趋势。展会主办方对统一组织企业参展非常重视，特邀请协会副会长吴厚刚先生出席了开幕式及剪彩仪式。在展会期间，我国代表团于25日参观了东京筑地水产品批发市场，观看了筑地水产品市场的现场拍卖方式，亲身感受了日本一级批发、二级批发以及三级批发的分销过程。代表团对日本市场保证产品质量及稳定产品价格方面有效的管理机制表现出浓厚兴趣。

2008 年参与的国内水产品展览会有：①第三届威海国际水产博览会，该展会是推广地方特色水产品的一个很好平台。②支持了福建省水产加工与流通协会举办了第三届中国厦门国际渔业展会，福建省大型的水产企业展示了福建的水产品加工业所取的成绩。③支持了上海水产行业协会举办上海国际水产博览会；该展览在全国的影响力越来越大，日本、韩国、希腊、加拿大和挪威参展商看中了上海这个大的水产品消费市场，均派企业参展。④支持了舟山水产流通与加工协会在舟山举办的舟山群岛第二届中国国际渔业博览会，该展会以塑造舟山地区的特色和优势水产品为特点，突出区域内的水产精品为特色。

协会承办的第六届中国国际农产品交易会水产展区的组展工作，为了突出改革开放 30 周年农业所取得的成就，农业部领导非常重视本届展会的组织工作，多次布置和监督整个展会的进展和组展的情况。通过协会秘书处的努力，出色地完成组委会布置的任务，水产展区的参展企业，展区的占地面积均超过历届，展位装修得最精美，展会上获最佳组织奖，优秀奖以及企业获得的金奖、银奖，水产参展单位获奖情况排在第一位，水产展区的组织工作得到组委会的表扬。

【国内水产品的流通】 2008 年 6 月 27 日，10 月 17 日，协会分别在上海、北京举办了两次主题为“吃优质水产品、享受健康生活”水产品推介会。活动旨在帮助水产企业开拓国内市场，选择上海、北京是因为两大城市的水产品消费数量、消费潜力巨大。两次活动均与中国烹饪协会合作，采用推荐企业代表现场产品介绍、厨师现场烹饪表演、专家现场点评、业界人士现场品尝、全部过程现场直播的形式，推广各种产品的吃法。每次活动邀请的代表来自：新闻媒体，饭店、酒店厨师，超市、批发市场采购商、经销商，行业的相关人士，以及推介产品单位的代表。

上海推介了 5 种水产品，分别为：罗非鱼、大黄鱼、脆肉鲩、银鱼、丁香鱼。北京推介了 8 种水产品，分别为：中华鳖、武昌鱼、小龙虾、脆肉鲩、大黄鱼、清江鮰鱼、银鱼、大闸蟹。

【国际渔业合作与交流】 2008 年先后接待了美国阿拉斯加海产协会、美国罗非鱼协会、越南商务部贸易局，越南水产品加工出口协会、挪威三文鱼协会及有关企业等相关团体，并进行了友好交流。

2 月份，我国代表团赴波特兰拜会了美国西海岸海产品协会和美国第三大海产集团——太平洋海产公司。该公司对中国水产品有着非常浓厚的兴趣，当场就提出采购罗非鱼片和鮰鱼片的购货要求，并提出希望在中国寻找合作伙伴建立可追溯水产养殖场的意愿。出席拜会的还有州政府、市政府主管渔业的官员，他们都很关心中国出口水产品的质量控制，以及中国雪灾对水产品供应的影响。我方代表团成员也就美国的渔业管理问题进行了广泛的交流，双方交流的气氛非常融洽。

10 月份，协会组织了 17 人的代表团，赴埃及出席了第八届国际罗非鱼会议。我国虽然是罗非鱼生产大国，但对罗非鱼原产地——尼罗河，以及会议上广泛探讨的内容，表现出浓厚的兴趣。

11 月份，派团考察了欧洲最先进的水产品拍卖市场，重点是荷兰的电子交易市场。我国水产品批发市场的管理者认为，这将是发展的趋势，优点是大量节约物流成本，节省时间，节约仓储费用等等。考察期间，与欧洲的电子交易商签订了合作协议。

【推进品牌建设】 2008 年协会还推荐了浙江千岛湖渔业有限公司的“淳”牌鳙鱼头，福建百洋海味食品有限公司的“百洋”牌海水鱼丸为中国驰名商标。两个企业的产品在国内同类产品中，市场占有率，产品品质均得到业内的认可，这对该企业产品更好走向国内外市场有着积极的作用。

【行业自律】 2008 年 6 月 25 日，协会在浙江淳安召开全国水产品市场建设发展研讨会。来自各地的 80 多位代表参加了此次会议。会议就水产品市场改造、市场价格体系建设等问题安排了大会主题报告。各知名企业代表就品牌效应、流通渠道与营销策略等问题作了大会发言。各大水产品批发市场负责人就市场改造、水产批发市场定位、市场的特点以及发展方向以及电子化改造等问题交流了经验，会议引起了多家传统水产品批发市场的极大兴趣。

6 月 28 日，会同上海水产行业协会，在上海召开了海峡两岸水产业发展论坛，台湾代表 10 多人，大陆代表 60 多人出席了会议。两岸代表就双方的渔业合作，优势互补进行了广泛交流。特别是水产市场的进一步开放、在物流方面的合作、建立两岸共同市场等，代表们进行了充分的探讨。

8 月 4 日在海口召开了全国罗非鱼出口协调会。因年初受雨雪冰冻天气影响，罗非鱼大幅减产，加工出口原料短缺，直接导致国际市场罗非鱼价格大幅上扬。养殖渔民，加工厂效益很好，罗非鱼整个产业链重现良性发展。为探讨如何维持罗非鱼产业的良好态势，会议引起了各有关单位的密切关注。协会邀请了海南、广东、广西20余家罗非鱼加工、养殖、苗种、饲料等骨干企业的高层管理者参加了会议,地方的渔业主管部门的领导均出席会议。会议期间,协会秘书处根据6、7月份在罗非鱼主产区(广东高要、茂名、海南文昌、广西南宁等)就罗非鱼生产成本构成的调查情况,做了关于调整罗非鱼原料收购价和出厂指导价的汇报,供与会全体代表讨论。大家本着保证渔民收入,保护行业健康发展的宗旨,共同制定了目前形势下罗非鱼最低原料收购价和出厂指导价。为企业出口价格自律提供依据。

10月,协会组织了30多位行业协会的代表、会员单位在长沙召开了全国水产行业协会座谈会。会议交流了各地行业协会服务会员,开展协会工作的经验。探讨了新形势下,协会应发挥的功能和作用,以及协会之间应如何开展合作。

11月,召开了全国贝类产业发展研讨会。会议进一步探讨了我国贝类产品质量安全控制体系,为保证我国贝类的质量安全,促进贝类恢复出口欧盟提出措施。会议安排了来自不同领域的专家,做了十个专题讲座。讨论了中国水产流通与加工协会《贝类质量安全操作规范》(试行),迈出了贝类产品质量安全控制体系管理的第一步。

12月,协会海口召开第五届国际罗非鱼产业发展论坛,会议得到广东、海南、福建以及广西水产流通与加工协会的大力支持。会议针对罗非鱼养殖、食品质量安全控制、加工出口、国际贸易等方面做专题讲座。会议还邀请国际专家、国外采购商参会。

【会员服务工作】 《中国水产贸易》作为协会的会刊,发布了大量的信息,刊载了许多具有参考价值的水产品贸易文章。

3月,接到会员单位舟山海洋渔业公司因北京市场检出鱿鱼丝甲醛超标,要求尽快协助处理的请求,协会立即查找农业部、卫生部、国家质检总局的有关标准和规定,在确定并非人为所致,确属自身分解所产生的事实的情况下,立即派人前往北京工商管理局相关部门协调、说明此事,很快就明确不予处罚,可恢复上架。为此该公司专门给协会发来感谢函。

5月,海南、浙江等水产品出口水产企业向协会反映有关出口水产品包装新规定对水产品出口的影响。主要是针对《关于要求对出口水产品内外包装加印目的国的紧急通知》,各企业认为此项新要求执行起来十分困难,会给出口企业带来重大影响和损失。协会立即致函国家质检总局,说明情况,解释理由,国家质检总局很理解当前水产出口企业所处的困境,立即作出暂缓执行的决定。

【协会组织建设】

(1)上届理事会通过的关于筹备组建银鱼分会工作,4月18日在江苏常州召开了银鱼分会成立大会。

(2)6月,根据分会管理办法,经秘书处广泛征求意见,对市场分会的会长、副会长进行了适当调整,并对下一步工作进行了部署。

(3)11月,在四届三次理事会上,进行了副会长单位的调整以及理事、常务理事的增补。

【委办工作】 2008年,按照农业部渔业局要求,完成了委办的各项工作。

(1)2月,雪灾期间,派员陪同渔业局领导,亲临灾区,调查水产品供应、价格变动以及流通环节的保障等问题。

(2)2月,根据温家宝总理关于给予水产养殖业支持的函的批示,派员配合渔业局市场处,到青岛就来信反映的问题及建议进行调研。针对来信反映的大菱鲆、牙鲆问题,深入现场,找到当事人,了解具体情况,形成意见上报渔业局。

(3)3月,全国水产品贸易发展研讨会在福州举办,受渔业局委托,完成主要出口品种对虾、罗非鱼、贝类、鮰鱼出口现状及形势分析作为会议的基本材料,参与部领导报告的起草。完成会议上邀请企业代表的推荐,并通知他们做好实情汇报的准备。

(4)完成发改委征求农业部关于初级加工水产品涵盖的内容,征求企业的意见后,及时将意见反馈到渔业局,对部分内容进行调整。

(5)完成了税务总局关于优惠所得税征求农业部意见的函,在征求重点企业的意见的基础上,将意见及时上报渔业局。

(6)根据温家宝总理对中华全国工商联合会水产商会来信中的批示,对我国大型出口会员单位,就银行贷款利率上浮、人民币升值、劳动力成本上涨、税收等问题对大型加工出口企业的影响进行了广泛的调研,为加大对外向型农业龙头企业的扶持力度的政策建议提供了依据。

(7)完成中国水产科学研究院委托的关于罗非鱼质量安全和标准体系调查任务,走访海南,广东、广西罗非鱼企业近30家,发函调查的企业70多家,回收问卷近50份。发现了许多现行标准的缺陷,多数标准急需制(修)订。

(中国水产流通与加工协会 崔 和)

法律　法规　文献

农业部关于加强2008年长江禁渔期管理工作的通知

（2008年1月17日）

上海、江苏、安徽、江西、湖北、湖南、重庆、四川、贵州、云南省（直辖市）渔业主管厅（局、委），长江渔业资源管理委员会：

长江禁渔期制度是依据《渔业法》并经国务院确定的一项重要渔业资源保护制度。该制度实行六年来，在沿江各级人民政府的组织领导和有关部门的支持配合下，各级渔业行政主管部门及渔政机构认真履行职责，为保护长江渔业资源，促进渔业可持续发展发挥了重要作用。当前，长江渔业资源保护形势依然严峻，水生生态安全面临严重威胁。为贯彻落实《中国水生生物资源养护行动纲要》（以下简称《纲要》），进一步巩固长江禁渔期制度，切实做好2008年长江禁渔期管理工作，现将有关事项通知如下：

一、加强组织领导，坚定执行长江禁渔期制度

沿江各级渔业行政主管部门要将实施长江禁渔期制度作为建设生态文明和落实《纲要》的一项重要任务，进一步提高对实施长江禁渔期制度重要性的认识；要以当前国家推进社会主义新农村建设和加大对“三农”投入为契机，积极争取各级政府的重视和有关部门的支持，把长江禁渔期管理工作纳入政府工作安排，建立和完善地方政府领导、渔业行政主管部门主导、有关部门密切配合的禁渔管理长效机制。

二、完善监督管理，确保禁渔秩序稳定

沿江各级渔业行政主管部门和渔政机构要始终保持饱满的工作热情，创新工作方式方法，保证长江禁渔期制度的顺利实施；要根据本地实际，重点加强对群众反映强烈的地区和省、市、县际交界水域的监督检查，依法查处各类违规行为；要结合禁渔期制度的实施，组织开展查处非法渔业活动的专项治理行动，坚决取缔电捕鱼、迷魂阵等有害渔具渔法。长江渔业资源管理委员会要会同长江下游相关省市加强对长江刀鲚、凤鲚的捕捞限额专项管理，在资源调查评估的基础上，合理安排捕捞渔船数量和捕捞时间，保护长江刀鲚、凤鲚资源，维护长江下游的禁渔秩序。

三、增殖渔业资源，促进渔民增收和水域生态修复

开展渔业资源增殖放流是主动修复水生生物资源和水域生态的有效措施，也是贯彻落实《纲要》和为渔民办实事的重要举措。各地要积极开展资源增殖放流活动，科学制定2008年增殖放流方案，增加资金投入，扩大增殖规模，规范增殖管理，做好增殖效果评价，使广大渔民能够真正得到实惠。要加强长江渔业资源调查监测和禁渔效果评价，为完善长江禁渔期制度提供科学依据。

四、关心帮助渔民，增进渔区社会和谐

渔民的生产生活问题事关渔区社会的和谐稳定，事关长江禁渔期制度的顺利执行。各级渔业行政主管部门要继续争取当地政府的重视和支持，配合地方政府和相关部门解决渔民在禁渔期间的生产生活困难；要主动与民政部门沟通，争取将受禁渔期影响 的渔民纳入低保范围，保障渔民基本生活需要；要积极争取财政支持，增加禁渔补助经费，将禁渔补助经费列入当地财政预算；要主动联系劳动和社会保障部门，加强渔民专业技能培训，建立健全服务体系，提供相关的技术和信息服务，切实提高渔民的转产就业能力。

五、强化队伍建设，提高执法管理水平

各级渔业行政主管部门要以实施长江禁渔期制度为契机，强化渔业行政执法队伍建设；要贯彻国务院《全面推进依法行政实施纲要》精神，自觉遵守“渔业

行政执法六条禁令”,增强服务渔业、服务渔民意识,在禁渔管理过程中做到严格执法、公正执法、文明执法;要充分调动和发挥一线渔政管理人员的积极性,通过加强业务培训,实施管理目标责任制、建立禁渔绩效评估体系,提高广大基层渔政人员的综合业务素质和执法水平;要加强与公安、海事等部门的联合执法,适时开展不同地区间交叉执法,增强执法能力,提高执法效率。

六、广泛宣传动员,营造良好禁渔环境

各级渔业行政主管部门要充分发挥各种新闻媒体的作用,组织有关新闻媒体深入渔区、码头、渔船和水产品市场,采取多种方式,向社会各界尤其是广大渔民群众宣传长江禁渔期制度。要着力宣传长江禁渔对促进生态文明建设、保障生态安全的意义,对促进水生生物资源可持续利用、维系水域生态平衡的作用。宣传内容要突出时代特色、讲求实效,要用具体翔实的事例说明长江禁渔在保护水生生物资源和生态环境,服务地方经济社会发展等方面发挥的重要作用,为禁渔工作营造良好的社会氛围。

各级渔业行政主管部门要密切关注禁渔期间出现的新情况和新问题,对于水上工程建设、水域污染及水域生态灾害等损害渔业资源和水生生态的情况要给予高度重视,认真开展调查研究,广泛听取基层干部和渔民群众意见,积极寻求解决问题的途径和方法。禁渔期结束后,请各地对长江禁渔期制度实施情况进行认真总结,并于8月底前报农业部渔业局。

农业部办公厅关于切实抓好水产养殖灾后重建恢复生产工作的紧急通知

(2008年2月15日)

有关省、自治区、直辖市渔业主管厅(局):

2008年1月10日以来,我国西北东部和南方大部地区出现长时间持续的低温雨雪冰冻天气,给长江中下游地区和广东、广西等19个省、自治区、直辖市的水产养殖业造成不同程度的灾害。截至2月12日,全国19个省、自治区、直辖市受灾养殖面积(包括设施渔业等)97万公顷,损失水产品87万吨,直接经济损失68亿元。其中,倒塌生产用房57万平方米,损毁温室大棚和苗种孵化车间836万平方米、网箱592万平方米,死亡亲本340万组、鱼种42万吨和成鱼45万吨。此次灾害的重灾区是我国内陆水产养殖主产区,也是苗种繁育和鱼种供应的主要区域。灾害对上述地区、乃至全国的渔业生产均有一定的影响,特别是亲本和鱼种的大量死亡将会影响今年的鱼虾苗繁殖、大规格鱼种的供应以及5—8月份的商品鱼上市供给和罗非鱼、斑点叉尾鮰等出口原料供应。目前正是灾后重建恢复生产的关键时期,为推进灾后恢复生产工作有条不紊地开展,实现全年养殖生产发展目标,保障主要水产品有效供给和渔(农)民增收,现就做好水产养殖灾后恢复生产工作紧急通知如下:

一、尽快制定恢复生产工作方案

各级渔业主管部门要组织有关专家科学评估核实本地灾情,根据不同地区、不同养殖品种、不同受灾程度和养殖渔(农)民的不同需求,制定适合本地实际的恢复生产工作方案。恢复重建工作,要早谋划、早部署、早启动,统筹人力、物力、财力,尽快恢复重要基础设施,尽快恢复生产,把灾害造成的损失减少到最低程度,确保大灾之年“不减产、不减收”,确保渔业经济平稳运行。

二、抓紧重建和修复生产基础设施

各级渔业主管部门要积极争取各级政府和有关部门的支持,积极落实各项支持政策,争取增加抗灾救灾和生产恢复资金,帮助受灾养殖场(户)解决重建和修复基础设施的资金等问题。指导养殖场(户)抓紧关键环节生产设施的抢修恢复,在繁殖生产季节之前恢复重建原(良)种场和苗种场生产设施,恢复良种生产和苗种供应能力。尽快修复因灾损毁的池塘、温室大棚和网箱等渔业生产基础设施,保证正常养殖的需要。在年底前全部完成损毁的生产用房的重建修复工程。在重建和修复的基础设施中,要立足当前、着眼长远,按照健康养殖的要求,提高建设标准。结合池塘修复,加大标准化池塘改造力度。中央财政也将加大水产养殖基础设施重建修复的支持力度。

三、抓紧种苗培育和调运

及时清点留存的亲本和苗种数量,核实亲本和鱼种缺口情况,积极组织做好种苗调配工作。本着就近调剂供应的原则,减少运输环节成本,避免长途运输造成的死亡。积极组织各级水产原(良)种场扩大生产规模,做好亲本和苗种的培育。指导苗种繁殖场加强对现有亲本的培育,扩大繁殖能力,确保鱼苗供应。特别要保证山区和边远地区的苗种供应。受灾鱼种死亡量大、调剂难以满足需求的地区,要鼓励有条件的苗种

繁殖场开展早繁工作,提早繁殖,采取大棚暂养技术,快速培育苗种。

四、积极做好恢复生产技术服务工作

充分发挥水产技术推广部门、科研机构、行业协会和专业合作社等组织机构的作用,进场入户查看分析灾情,开展技术服务工作。针对不同养殖品种、养殖方式,因地制宜地指导养殖户做好恢复生产工作,帮助受灾养殖户解决恢复生产所面临的技术难题。具体技术要点详见《农业部办公厅关于深入做好渔业科技救灾工作的通知》(农办渔〔2008〕6 号)。

五、加强病害监测和防控

继续组织好健康养殖推进行动,从源头控制疫病发生和产品质量安全。加强水生动物疫病监测,特别是做好大宗养殖品种的常规性、多发性疫病的监测工作,加强疫病预防预警工作。要做好水生动物防疫物质储备,提高防控重大水生动物疫病暴发的能力。要组织做好水产苗种的检疫工作,加大跨区域苗种调运的检疫力度,防止水生动物重大疫病大范围流行。

六、加强组织领导和监督管理

各级渔业主管部门要高度重视长时间持续低温雨雪冰冻给水产养殖生产带来的严重影响,针对灾后恢复生产可能发生的供种严重不足、养殖病害暴发等问题,切实加强组织领导,加大执法监管力度。要联合有关部门,重点加强对苗种、饲料、渔药等生产物资市场监管,严厉打击乘机哄抬物价、销售假冒伪劣产品的行为。教育养殖户遵守国家法律法规,禁止使用孔雀石绿等禁用药物,保障产品质量安全。

农业部办公厅关于深入做好渔业科技救灾工作的通知

(2008 年 2 月 15 日)

各省、自治区、直辖市渔业主管厅(局),中国水产科学研究院,全国水产技术推广总站,中国水产学会:

2008 年南方地区发生的罕见低温雨雪冰冻灾害,给人民群众的生命财产和工农业生产等造成了重大损失,渔业生产也遭受了严重影响。在重大灾害面前,广大水产科研、推广人员积极响应号召,主动深入灾区,采取各种措施,及时开展科技服务,为渔业防灾减灾做出了应有贡献。当前正是灾后恢复生产的关键时期,各级渔业主管部门和科研推广机构要增强责任感和紧迫感,强化大局意识,按照中央的统一部署和农业部的总体安排,积极行动起来,深入基层、进村入户,扎实做好渔业科技救灾工作,帮助广大群众尽快恢复渔业生产,最大限度减少灾害损失,力争今年渔业生产有个好收成,农渔民收入不受大的影响。现就有关事项通知如下:

一、把握当前灾后重建的严峻形势

据初步统计,截至目前,水产养殖受灾面积 97 万公顷,损失水产品 87 万吨,直接经济损失 68 亿元。其中损失较重的主要是苗种、亲本和一些温热带养殖品种,部分地区温室大棚垮塌,育苗等基础设施损毁。由于此次受灾严重的长江中下游地区和广东、广西等地是我国水产养殖主产区,也是苗种繁育、亲鱼和鱼种越冬的主要区域,因此,对上述地区乃至全国的养殖生产都将产生不利影响,特别是大量亲本和鱼种的死亡将直接影响全年早繁、供种以及罗非鱼等大规格商品鱼的供给。目前面临的主要问题,既有恢复生产所需资金及劳动力不足、良种繁育体系严重受损、苗种供应难度大的问题,也有发生水生动物疫病的潜在风险,广大渔民群众对灾后恢复生产、减少损失的科技需求十分迫切。这些情况表明,灾后渔业生产任务十分繁重,对此要有清醒的认识,要予以高度重视。

二、切实组织好渔业科技救灾工作

近日,农业部已组织专家制定了渔业灾后重建相关的技术指导要点(见附件 1、2)。各地区、各单位要从实际出发,努力提高渔业科技救灾的针对性、及时性和有效性。要区别不同品种及其养殖方式,不同区域的不同灾情和潜在的疫情风险,尽快调研分析需要重点解决的主要技术问题,提出具体的指导措施,制定详细的工作计划和方案,动员和组织科研、推广人员,深入基层特别是边远受灾地区,指导养殖户灾后恢复生产。一是要尽快组织专家组和技术小分队进村入户,通过培训、示范、咨询,发放实用技术资料等措施,现场直接解决各类技术问题;二是充分利用广播、电视、互联网等传播手段,以科技入户、科技直通车、农技 110、农民信箱、手机信息和“明白纸”等形式传授技术要领;三是充分利用各级水产良种场、苗种场做好恢复生产亲本调配、苗种生产供应等相关服务工作;四是各级推广机构要认真做好灾区水产养殖疫病测报工作,指导科学防病、依法用药,要特别加强对水霉病和小瓜虫病等灾后主要病害防治技术指导,杜绝使用孔雀石绿等违禁药物;五是各级渔业科技入户专家组和技术指导员要及时调整工作计划,明确春季行动的服务重点,采取分片、分户包干等方式,到各联系点开展技术指导服务。

三、立足当前、着眼长远,统筹做好渔业科技推广工作

为贯彻落实好中央领导同志关于"要千方百计保渔业生产和供应"的指示精神,各级渔业主管部门和科研推广机构要立足当前灾后重建这一紧迫任务,深入细致做好渔业科技救灾和科技服务工作;同时要着眼长远,针对此次灾害所暴露出来的突出问题和薄弱环节,围绕"两确保、两促进"目标,按照全国一盘棋思想,统筹安排、科学调配,充分发挥全国水产科技协作网络和推广体系的作用,相互支持配合,全力做好今后渔业科技推广工作。要加快推进国家渔业科技创新体系建设,尽快启动对虾、罗非鱼等现代产业技术体系建设。着力做好国家科技支撑计划、行业科研专项以及"948"引进计划等渔业项目的组织实施工作,重点攻克渔业重大科学技术难题和制约瓶颈。要结合科技救灾,大力推进渔业科技入户工作。通过实施水产高效健康养殖科技示范活动,引导和鼓励广大科技人员深入基层,切实解决渔业生产中的实际问题,加快科技成果转化和推广应用,促进渔业生产持续健康发展,保障水产品安全有效供给,保持市场稳定。

(附件略。——编辑部注)

农业部办公厅关于印发《2008年水产健康养殖推进行动实施方案》的通知

(2008年2月25日)

2008年水产健康养殖推进行动实施方案

为贯彻落实全国农业工作会议精神和工作部署,根据《农业部关于实施发展现代农业重点行动的意见》,结合当前我国现代渔业发展的形势和任务,2008年继续实施水产健康养殖推进行动。

一、指导思想

深入贯彻落实科学发展观,坚持走中国特色渔业现代化道路,以实现渔业经济又好又快发展为目标,进一步转变发展理念、完善法律和政策体系、加强基础设施建设、推行水产健康养殖、强化养殖业执法和质量安全监管,努力构建资源节约、环境友好、质量安全的现代水产养殖业。

二、行动目标

2008年通过组织实施"水产健康养殖推进行动",力争实现以下目标:一是水产养殖业规范管理程度进一步提高,养殖权制度得到巩固和完善。养殖水域滩涂规划、养殖权和苗种生产许可制度建设加快,全国沿海县和内陆主产县县级养殖水域滩涂养殖规划的编制和颁布基本完成,水域滩涂养殖证发证率达到90%以上。二是水产健康养殖技术进一步得到广泛推广。创建农业部水产健康养殖示范场200个以上,部省共建渔业科技入户示范县达200个以上,培育4万个以上的渔业科技示范户,辐射带动周边养殖户达80万户以上。三是养殖水产品质量安全水平进一步提高,监管机制逐步完善。养殖产品药物残留国家监督抽查样品数量达3 700个以上,药物残留检测总体合格率保持在95%以上,确保药物残留阳性样品结案率达到100%。同时,各地养殖生产基础设施和条件进一步改善,水产良种繁育和水生动物防疫等支撑体系进一步加强,水产养殖业执法工作取得新突破。

三、主要内容和实施步骤

为实现上述目标,从以下几方面采取行动:

(一)加快推进养殖水域滩涂规划和养殖权制度建设

主要内容:加快各级养殖水域滩涂规划的制定和报批工作,全面完成各沿海县和内陆主产县县级以上养殖水域滩涂规划编制和公布工作。各地进一步加快养殖证核发工作,规划养殖水面滩涂养殖证发证率要达到90%以上,全面启用全国养殖证管理信息系统,及时统计养殖证核发信息,已登记发证的信息年底前全部录入新系统。继续组织创建30个养殖水域滩涂规划示范县,并实施养殖水域滩涂规划的备案制度,各级养殖水域滩涂规划颁布后应当报农业部渔业局备案。

实施步骤:4月农业部公布30个养殖水域滩涂规划示范县名单,提出年度工作任务要求。4月至8月由有关省级渔业行政主管部门组织对示范县的工作进行督促检查,11月底前各示范县提交示范工作总结经省级渔业行政主管部门审核后报农业部。3

月至5月各地组织开展市、县两级养殖证管理信息系统使用人员的培训，确保11月底前完成养殖证数据录入工作。3月农业部下发实施养殖水域滩涂规划备案制度的通知，各省级渔业行政主管部门汇总省、市、县三级规划颁布情况，向农业部渔业局报送备案材料。2月至3月农业部组织水域滩涂养殖权登记发证管理办法的起草工作，3月底形成草案上报，争取年内颁布实施。

（二）巩固和深化水产健康养殖示范场创建工作

主要内容：农业部继续开展水产健康养殖示范场创建活动，在全国创建农业部水产健康养殖示范场200个以上，研究制定水产健康养殖示范场创建标准，完善考核、验收和管理机制，实施示范场的动态管理，组织跨省级交叉检查和验收，并上网接受社会监督，发现不合格示范场取消其称号。各省级渔业行政主管部门要从严筛选申报，对申报单位加强指导和培训，支持和督促其生产条件的改造和管理制度的完善，提高健康养殖水平，发挥典型示范作用，同时对已挂牌的示范场要加强跟踪指导和督察，保持示范场的创建质量和示范作用。各地要结合本地实际，开展省级水产健康养殖示范场创建工作，分层次树立示范典型，带动水产健康养殖整体水平的提升。农业部将扩大农机购置补贴范围，启动水产养殖用“增氧机、投饵机和清淤机”等渔机购置补贴项目，各省级渔业行政主管部门要配合当地农机主管部门做好机具选型等相关工作。

实施步骤：3月农业部下发做好第三批农业部水产健康示范场创建工作的通知，公布申报基本标准和工作要求。4月底前，各省级渔业行政主管部门选择确定第三批农业部水产健康示范场申报单位名单并报农业部备案，5月至10月各地对第三批农业部水产健康养殖示范场申报单位的创建工作进行指导和检查，并对第一、二批农业部水产健康养殖示范场（区）的示范工作进行复查，发现不合格单位上报农业部取消其称号。10月至11月农业部将组织各地对示范场进行交叉检查和验收，12月初发文公布第三批农业部水产健康示范场名单。3月至10月农业部组织研究制定《水产健康养殖示范场管理办法》，争取年内公布实施。农业部已于2007年12月下发了农机具选型的通知，1月至2月各地按照要求完成机具选型和补贴目录制定等准备工作，3月至12月配合农机主管部门实施补贴项目。

（三）深入开展渔业科技入户活动

主要内容：部省共建渔业科技入户示范县200个以上，培育渔业科技示范户4万个以上，示范户先进实用技术的入户率和到位率达到90%以上，示范户水产品产量和收入比前3年提高10%以上，辐射带动周边养殖户80万户以上。重点示范推广8个渔业主导品种和6项渔业主推技术。重点围绕对虾、河蟹、海淡水鱼类等开展高效健康养殖科技示范活动，在对虾、河蟹（梭子蟹）优势产区和海淡水鱼类主养区，建立50个万亩（667公顷）高效健康养殖科技示范区，亩均节本增效15%以上，优先推荐示范区内养殖场和大户参加农业部水产健康养殖示范场创建活动。重点推广水产养殖水质调控技术、海水池塘健康养殖技术、淡水池塘健康养殖技术、网箱无公害养殖技术、盐碱地生态养殖技术和海水工厂化健康养殖技术等6项主推技术。

实施步骤：1月至2月为第一阶段（筹备阶段）：确定示范县、组建专家组、遴选示范户、确定技术指导单位和技术指导员，落实万亩示范区和联系人，建立各省科技入户示范信息网络。筛选发布推介主导品种和主推技术、制定科技入户工程实施方案、编制技术指导方案和举行启动仪式。在深入调查研究的基础上，制定各示范县水产养殖科技入户技术指导方案和万亩健康高效科技养殖示范方案。3月至10月为第二阶段（入户指导阶段）：开展渔业科技入户三大行动（春季行动、夏季行动和秋季行动）以及高效健康养殖科技示范活动。11月至12月为第三阶段（总结阶段）：进行项目总结、抽检和验收，撰写验收总结报告，各级专家组实施绩效评估，总结典型经验，并制定2009年工作方案。

（四）大力加强苗种管理和水产原（良）种体系建设

主要内容：以我国主要养殖品种、出口优势品种为主要对象，农业部继续组织实施水产原（良）种工程建设项目和渔业种质资源保护项目，进一步完善水产原（良）种场、遗传育种中心的运行机制和管理制度，制定和完善水产苗种生产许可和引进管理等方面的规章制度，建立并公布一批水产种质资源保护区。各省级渔业行政主管部门组织水产原良（种）场工程项目的申报和建设，指导已建成的水产原（良）种场和遗传育种中心，加大重要水产养殖品种的种质资源保护和良种选育工作力度，努力在我国建成一个主导品种突出、区域布局合理、运行机制顺畅、管理科学规范的水产原（良）种保护和选育体系。

实施步骤：3月下达国家级水产原（良）种场工程项目投资指南，8月底前完成批复，11月底前下达投资计划。4月下达渔业种质资源保护和水产原（良）种保种、选育项目计划，6月至10月组织项目实施，11月至

12月项目总结。3月底完成《水产原(良)种场管理办法》的起草工作。7月至11月建立并公布一批水产种质资源保护区。

(五)扎实推进水生动物防疫工作

主要内容:加强重大水生动物疫病监控,各有关省、自治区、直辖市开展重大水生动物疫病专项监测和流行病学调查。农业部继续组织在江苏、福建、江西和广东等省开展渔业执业兽医试点,并将试点范围扩大至北京、天津和山东等地,同时在江西、广东等省继续开展草鱼出血病免疫预防试点,在江苏、浙江等省启动水产养殖动植物病情精准监测试点,在江苏省启动水生动物及其产品检疫试点,推进渔业执业兽医和用药处方制度的建立,加快水生动物疫情应急反应能力的提高。农业部还将组织开展编制《水生动物防疫体系建设二期规划》的起草和论证,组织编写执业兽医资格考试相关材料,加强水生动物防疫法律法规知识培训。

实施步骤:3月初由农业部下发鲤春病毒病(SVC)等重大水生动物疫病专项监测和斑点叉尾鮰暴发性流行性疫病流行病学调查工作方案,提出年度工作任务要求。3月至11月各有关省级渔业行政主管部门组织完成疫病抽样和流行病学调查任务,11月底上报总结材料,12月总结监测和调查情况。2月至11月各有关省级渔业行政主管部门组织开展草鱼免疫试点、渔业执业兽医试点工作、水生动物及其产品检疫试点,12月初报送总结材料。1月至2月农业部组织开展水生动物防疫体系建设二期规划的起草和论证工作,3月至12月根据发改委的意见进行调整修改。5月至7月组织一次全国水生动物防疫法律法规知识培训活动。

(六)加大水产品药物残留监测和质量安全监管力度

主要内容:为巩固水产品药物残留专项整治行动成果,保障水产品安全有效供给,启动水产品安全供给奥运保障计划。改进抽检方法,加大水产养殖环节药物残留检测力度,组织3次水产品中硝基呋喃代谢物、孔雀石绿、甲基睾丸酮、氯霉素等禁用药物残留的监督抽查,抽检样品数量增加到3 700个以上,同比增长40%。加强检测机构能力比对,提高抽样和检测水平。下发《关于水产品质量安全监督抽查工作规范》,指导地方规范开展水产品质量安全监督抽查并加强对阳性样品生产单位的查处。落实"黑名单"制度,强化责任追究。继续进行水产品质量安全追溯制度试点,同时在广东、浙江省和大连市启动水产品质量安全执法示范县创建。加强贝类卫生质量安全控制,继续组织开展贝类养殖水域划型和产品质量安全监测工作,对2007年发现的三类海域及其他污染物超标严重的海域实施重点监测,探索建立预警机制和临时性关闭制度,并组织开展安全食用贝类宣传活动。

实施步骤:3月组织召开农业部关于控制水产品药物残留、确保出口稳定发展座谈会,研究提高水产品质量安全水平、促进水产品出口的政策措施。组织各地在5月、7月和10月集中3次对养殖环节的产品进行药物残留检测,并适时组织对部分检测机构进行飞行检查和技术指导。5月农业部下发《关于水产品质量安全监督抽查工作规范》,6月组织编写、印发《水产品质量安全执法案例汇编》,指导地方开展水产品质量安全监管和执法。3月至10月在广东省继续进行水产品质量安全追溯建设试点,同时在广东、浙江省和大连市启动水产品质量安全执法示范县创建,11月至12月进行工作总结。5月至11月农业部组织开展贝类养殖水域划型和产品质量安全监测,编制《贝类安全管理知识手册》和《贝类营养及安全食用手册》,9月组团赴美进行贝类卫生监控技术和管理培训。3月至10月农业部组织成立贝类安全知识讲授专家组,分区域对基层抽样、检测及行政人员开展培训,规范贝类监控及划型工作流程,5月至11月由中国渔业协会牵头在节日发放《贝类营养及安全食用手册》,并展贝类安全食用方面的宣传。

(七)全面开展水产养殖业专项执法行动

主要内容:农业部将组织开展2008年水产养殖业专项执法行动,完善行动的实施方案,明确各级渔业行政主管部门及其渔政监督管理机构的职责和任务,突出抓好养殖证、苗种生产许可证和养殖过程中的药品使用的执法检查,取缔无证生产和查处违法用药行为。各级渔业行政主管部门加强执法人员和养殖生产者水产养殖法律法规宣传培训,提高执法人员的执法能力,增强养殖生产者的守法意识,加强各部门的协同配合,逐步建立渔业行政主管部门统一领导,以渔政机构为主,技术推广、水生动物防疫检测机构、环境监测机构协作配合的水产养殖业执法工作机制。农业部将制定下发水产养殖专项执法行动方案,加强渔政执法培训工作,并在苗种繁育季节和病害多发季分别组织多个督察组对各地水产养殖业专项执法行动的情况进行督察。

实施步骤:1月至3月农业部研究制定并下发《2008年水产养殖业专项执法行动方案》,7月举办2期省级水产养殖执法师资培训班。4月至11月各省级渔业行政主管部门制定本级执法行动方案,并组织本辖区内各级渔业行政主管部门及渔政管理、水产推广等有关机构对养殖证、苗种生产许可证和养殖用药等进行执法检查。农业部将分别于5月、9月组织人员对各地执法行动情况进行督导和抽查。11月底各地报送专项执法行动工作总结。

四、工作要求

(一)提高思想认识,转变发展方式。各级渔业行政主管部门要充分认识推进水产健康养殖的重要意义,继续深入贯彻落实科学发展观,坚持走中国特色的渔业发展道路,在总结和巩固2006、2007两年推进行动成果的基础上,高度重视此项工作,进一步创新发展思路、突出重点工作、采取有效措施,大力推进水产健康养殖发展,把各项工作任务落实好、完成好,促进我国水产养殖业又好又快发展,加快我国渔业发展方式转变。

(二)强化组织领导,增加支持力度。各级渔业行政主管部门要按照职责分工,加强对推进行动各项工作任务的指导和监督,结合本地实际制定切实可行的实施方案,将推进行动纳入年度重点工作,积极完成推进行动的各项任务。在工作中,要落实中央的支渔惠渔政策,积极争取当地政府政策和资金支持,大力推动池塘标准化改造等基础设施改造项目,支持和鼓励渔业专业合作社的发展,加大政策引导力度,为水产健康养殖发展创造良好的社会条件。

(三)加大宣传培训,扩大示范辐射。各级渔业行政主管部门要进一步加强水产健康养殖的宣传推广工作,继续依靠水产技术推广、科研和教学等机构的力量,加强健康养殖技术的培训和服务,提高养殖生产者水产健康养殖相关技术的普及程度。同时,不断提高农业部和省级水产健康养殖示范场的建设水平,坚持科技与生产紧密结合,提升示范场的生态和社会效益,突出水产健康养殖示范场的示范带动作用,扩大健康养殖示范的辐射范围,带动本地区水产健康养殖整体技术水平的提升。

(四)坚持依法行政,提高管理能力。各级渔业行政主管部门要进一步加强执政能力建设,加强对法律和政策的研究,逐步完善管理制度,提高服务渔民的意识。要高度重视水产养殖业执法工作,依法履行法律赋予渔业行政主管部门及其所属渔政监督管理机构的职责,理顺体制机制,加强渔政执法队伍建设,尽快建立养殖执法管理的长效机制。各级水产技术推广、水生动物防疫、渔业环境监测和水产品质量检测等相关机构要加强能力建设,积极为执法管理工作提供有力的技术保障,全面提高执法管理水平。

中华人民共和国农业部令
第13号

《渔业航标管理办法》已经2008年4月3日农业部第4次常务会议审议通过,现予发布,自2008年6月1日起施行。

部长　孙政才

2008年4月10日

渔业航标管理办法

第一条　为了加强渔业航标的管理和保护,保障船舶航行与作业安全,根据《中华人民共和国海上交通安全法》、《中华人民共和国航标条例》等法律法规,制定本办法。

第二条　渔业航标的规划、设置、维护和管理,适用本办法。

本办法所称渔业航标,是指在渔港、进出港航道和渔业水域主要供渔业船舶定位、导航或者用于其他专用目的的助航设施,包括视觉渔业航标、无线电导航设施和音响渔业航标。

第三条　农业部主管全国渔业航标管理和保护工作。

国家渔政渔港监督管理机构具体负责全国渔业航标的管理和保护工作。地方渔政渔港监督管理机构负责本行政区域内渔业航标的管理和保护工作。

农业部、国家渔政渔港监督管理机构和地方渔政渔港监督管理机构统称渔业航标管理机关。

第四条　渔业航标管理机关应当加强渔业航标管理人员的业务培训工作,不断提高管理水平。

第五条　国家渔政渔港监督管理机构负责组织编制、修订和调整全国渔业航标总体规划,报农业部批准。

地方渔业航标管理机关根据需要编制本地渔业航标规划,经省级渔业航标管理机关批准后报国家渔政渔港监督管理机构备案。

地方渔业航标规划应当符合全国渔业航标总体规划的要求。

第六条　渔港水域的渔业航标规划与建设,应当纳入渔港总体规划并与渔港建设同步进行,保证按期投入使用。

第七条　渔业航标由所在地渔业航标管理机关依照规划设置。

因航行安全确需对设置的渔业航标进行调整,已列入全国渔业航标总体规划的，应当报农业部批准；未列入全国渔业航标总体规划的，应当报省级渔业航标管理机关批准。

第八条 经渔业航标管理机关同意，专业单位可以在渔港水域和其他渔业水域设置自用的专用航标。撤除、移动位置或变更专用航标其他状况的，设置单位应当报渔业航标管理机关批准。

设置专用航标，专业单位应当向所在地渔业航标管理机关提出申请，并提交下列书面材料：

1. 专业单位法人营业执照复印件；
2. 航标的设置方案及可行性报告；
3. 航标种类、灯质和设置地点；
4. 标体设计和位置图；
5. 经费预算及来源；
6. 渔业航标管理机关要求的其他材料。

撤除、移动位置或变更专用航标其他状况的，专业单位应当向所在地渔业航标管理机关提供变更原因的说明材料及原专用航标批准设置文件的复印件。

第九条 渔业航标管理机关应当自受理申请之日起20日内做出是否批准的决定。不予批准的，书面通知当事人并说明理由。

第十条 渔业航标管理机关应当加强对专业单位设置、变更专用航标的指导和监督，并及时将专用航标的设置和变更情况报省级渔业航标管理机关备案。

第十一条 渔业航标管理机关设置的渔业航标和专业单位设置的专用航标，应当符合国家有关规定和技术标准。

第十二条 渔业航标管理机关应当及时向有关部门通报渔业航标的设置、撤除或位置移动及其他变更情况。

第十三条 渔业航标管理机关应当建立渔业航标管理档案，内容包括渔业航标设置、改造、维护与管理情况及有关批准文件、技术资料、图纸、维修项目和航行通告等。

第十四条 渔业航标管理机关应当制定渔业航标维护保养计划，定期对渔业航标进行维护保养。

专业单位设置的专用航标，由设置单位负责维护保养。

第十五条 渔业航标初次使用、停用、发生故障或功能改变，所在地渔业航标管理机关应当及时发布航行通告，同时上报省级渔业航标管理机关，以保障船舶航行安全。

第十六条 任何单位或个人发现渔业航标损坏、失常、移位、漂失的，应当及时向所在地渔业航标管理机关报告。

第十七条 任何单位和个人不得在渔业航标附近设置影响渔业航标工作效能的灯光或者其他装置。

第十八条 在视觉渔业航标的通视方向或者无线电导航设施的发射方向，不得构筑影响渔业航标正常工作效能的建筑物、构筑物，不得种植影响渔业航标正常工作效能的植物。

第十九条 因航道改变、被遮挡、背景等原因影响渔业航标导航功能的，渔业航标管理机关应当及时清除影响，必要时应当撤销另设，以保证其正常导航功能。

第二十条 船舶航行、作业或停泊时，应当与渔业航标保持安全距离，避免对渔业航标造成损害。

船舶触碰渔业航标，应当立即向所在地渔业航标管理机关报告。必要时，船舶所有人或经营人应当及时设置临时性渔业助航标志。

第二十一条 进行渔港建设或其他施工作业，需移动或者拆迁渔业航标的，应当经渔业航标管理机关同意，并采取替补措施后，方可移动或拆迁。移动、拆迁费用由工程建设单位承担。

依照前款规定移动或者拆迁渔业航标的，施工单位应当向渔业航标管理机关提交下列书面资料：

1. 施工单位法人营业执照复印件；
2. 渔业航标移动或者拆迁方案及可行性报告；
3. 移动或者拆迁位置图；
4. 临时性渔业助航标志设置方案；
5. 渔业航标管理机关要求的其他材料。

渔业航标管理机关应当自受理申请之日起20日内做出是否批准的决定，并及时将渔业航标的移动、拆迁和重建情况报省级渔业航标管理机关备案。

第二十二条 在渔港及其航道和其他渔业水域因沉船、沉物导致航行障碍，碍航物所有人或经营人应当立即将碍航物的名称、形状、尺寸、位置、深度等情况准确报告所在地渔业航标管理机关，并设置规定的临时标志或者采取其他应急措施。

碍航物所有人或经营人未采取前款规定措施的，渔业航标管理机关发现后应当立即设置临时标志或者采取其他应急措施，所需费用由碍航物所有人或经营人承担。

第二十三条 禁止下列危害和损坏渔业航标的行为：

（一）盗窃、哄抢或者以其他方式非法侵占渔业航标及其器材；

（二）非法移动、攀登或者涂抹渔业航标；

（三）向渔业航标射击或者投掷物品；

（四）在渔业航标上攀架物品，拴系牲畜、船只、渔业捕捞器具、爆炸物品等；

（五）损坏渔业航标的其他行为。

第二十四条　禁止破坏渔业航标辅助设施的行为。

前款所称渔业航标辅助设施，是指为渔业航标及其管理人员提供能源、水和其他所需物资而设置的各类设施。

第二十五条　禁止下列影响渔业航标工作效能的行为：

（一）在渔业航标周围20米内或者在埋有渔业航标地下管道、线路的地面钻孔、挖坑、采掘土石、堆放物品或者进行明火作业；

（二）在渔业航标周围150米内进行爆破作业；

（三）在渔业航标周围500米内烧荒；

（四）在无线电导航设施附近设置、使用影响导航设施工作效能的高频电磁辐射装置、设备；

（五）在渔业航标架空线路上附挂其他电力、通信线路；

（六）在渔业航标周围抛锚、拖锚、捕鱼或者养殖水生生物；

（七）影响渔业航标工作效能的其他行为。

第二十六条　对有下列行为之一的单位和个人，由渔业航标管理机关给予奖励：

（一）检举、控告危害渔业航标的行为，对破案有功的；

（二）及时制止危害渔业航标的行为，防止事故发生或者减少损失的；

（三）捞获水上漂流渔业航标，主动送交渔业航标管理机关的。

第二十七条　违反本办法第二十二条第一款的规定，不履行报告义务的，由渔业航标管理机关给予警告，可并处2 000元以下的罚款。

其他违反本办法规定的行为，由渔业航标管理机关依照《中华人民共和国航标条例》等法律法规的有关规定进行处罚。

第二十八条　本办法自2008年6月1日起施行。

农业部　国家安全监管总局关于近期多起较大以上渔船事故的通报

（2008年4月15日）

沿海各省、自治区、直辖市渔业主管厅（局），安全生产监督管理局，各海区渔政渔港监督管理局：

2008年4月以来，我国东部海域连续发生多起较大以上渔船水上安全事故，造成了重大生命财产损失。现通报如下：

4月5日8时40分，浙江省舟山市渔船“浙普渔34368”在东经124度25分、北纬30度10分海域被韩国籍货轮撞沉，船上共7人，其中2人被肇事船救起，其余5人失踪。

4月7日8时45分，山东省青岛市渔船“鲁胶渔0597”在东经126度03分、北纬31度30分海域被韩国籍货轮撞沉，船上共8人，其中2人被肇事船救起，其余6人失踪。

4月9日，浙江省台州市渔船“浙三渔0020”在东经122度09分、北纬33度19分海域失去联系，15人失踪。

4月11日6时，浙江省舟山市渔船“浙岱渔11524”在东经123度02分、北纬32度海域被巴拿马籍货轮撞沉，船上共14人，其中4人被肇事货轮救起，其余10人失踪。

4月11日21时30分，山东省荣成市渔船“鲁荣渔2177”在东经125度39分、北纬28度59分海域被韩国籍货轮撞沉，肇事船逃逸。船上共18人，5人被附近渔船救起（其中3人后因伤势过重死亡），其余13人失踪。

以上事故的发生虽然与4月上旬我国东海海域天气恶劣有关，但也反映出渔业安全工作特别是应对海上恶劣天气的预警预报预防工作还存在薄弱环节，部分渔民的安全防范意识还不强，海洋捕捞业抵御风险的能力仍然较低。国务院领导对此高度重视，多次做出重要批示。为落实国务院领导的批示精神，深刻吸取教训，举一反三，避免和减少渔业安全生产事故特别是重大事故发生，特提出以下要求：

一、继续配合做好当前渔船事故的应急处置工作

各有关海区渔政渔港监督管理局和各级渔业行政主管部门要继续加强与各地海上搜救机构的协作，继续组织渔政船并联系事发海域附近的渔船参与搜救行动，最大限度挽回渔民的生命财产损失。各地要进一步加强和完善24小时应急值班和领导带班制度，保证与海上渔船的联系畅通；严格执行生产安全事故报告制度，在接到渔船水上事故报告后，要积极配合海上专业救助力量组织开展应急救援行动。

二、切实做好事故调查和善后处理工作

各地渔业和安监部门对已发生的渔船事故，要根据职责分工做好相关工作。对渔船与商船发生的碰撞事故，要积极配合海事部门做好事故的调查处理，尽快判明责任，及时进行理赔。同时，积极配合地方政府做好事故遇难渔民和被抓扣渔民家属的安抚及善后处理工作，确保社会安定。

三、进一步强化渔船隐患排查和监督检查

各地要认真开展"国家安全生产隐患排查治理年"活动，抓紧落实《渔业行业 2008 年安全生产隐患排查治理工作实施意见》，有针对性地对重点环节进行检查，特别是对笼捕、渔运船等生产作业危险较大的渔船要登船逐一检查，查隐患、查漏洞、查死角、查整改。同时，切实加强监督检查，对因隐患排查治理工作不力而引发渔船事故的法人和责任人，依法予以查处，严肃追究责任。近期，农业部和国家安全监管总局将组织联合督察组，对事故多发地区开展重点督察。

四、要认真研究构建"平安渔业"的根本之策

各地要针对近期渔业船舶较大以上水上安全事故频发的严峻形势，认真分析深层次原因，研究防范的根本之策；进一步明确渔业企业安全生产第一责任人的职责与要求，加大渔业企业安全生产与其他各项工作综合评价和监管工作力度；不断加强渔业安全应急能力和安全基础设施建设，重点开展以防风、防火、防雾、安全避让和合理装载等为主要内容的安全培训和宣传教育活动，推进渔业安全技术进步，完善渔业安全风险保障机制，努力构建"平安渔业"。

农业部关于贯彻实施《中华人民共和国水污染防治法》全面加强渔业生态环境保护工作的通知

(2008 年 4 月 29 日)

新修订的《中华人民共和国水污染防治法》(第 87 号主席令，以下简称《水污染防治法》)将自 2008 年 6 月 1 日起施行。为切实做好《水污染防治法》贯彻实施工作，进一步加强渔业生态环境保护，促进我国渔业持续健康发展，现将有关事项通知如下：

一、提高思想认识，切实增强渔业生态环境保护观念

水域是渔业发展的自然基础，水域环境是决定渔业发展质量的一个重要因素。多年来，各级渔业部门坚持科学发展观，依据法律赋予的职责，加强渔业生态环境保护，查处渔业污染事故，取得了一定成效。但是，随着经济社会的快速发展，不断增加的工农业污染、生活废水排放导致水域生态环境持续恶化，重特大渔业水域污染事故频繁发生，给水生生物资源、渔业生态环境和水产养殖生产造成较大损失。切实加强水域生态环境保护已成为一项重要而紧迫的任务。

《水污染防治法》除保留并完善了关于渔业主管部门负责调查处理渔业污染事故并行使处罚权的规定外，又将渔业主管部门增列为依法对有关水污染防治工作实施监督管理的职能部门，进一步强化了渔业主管部门在渔业水域环境保护、渔业船舶污染防治、污染事故调查处理等方面的职责。这对于推动水产健康养殖、加强渔业生态环境保护、促进我国渔业可持续发展具有重要意义。各级渔业行政主管部门要进一步提高认识，统一思想，切实增强渔业生态环境保护观念，按照党的十七大建设生态文明的要求，深入贯彻落实科学发展观，认真履行法律职责，积极发展资源节约型、环境友好型渔业，为建设全面小康社会做出有益的贡献。

二、采取有效措施，加强渔业水域环境保护管理

《水污染防治法》规定，县级以上人民政府可以对重要渔业水体划定保护区，并采取措施保护水质环境。在重要渔业水体的保护区内，不得新建排污口。新建、改建、扩建直接或者间接向水体排放污染物的建设项目和其他水上设施，应当依法进行环境影响评价。涉及渔业水域的，环境保护主管部门在审批环境影响评价文件时，应当征求渔业主管部门的意见。

各级渔业行政主管部门要按照《水污染防治法》和《中国水生生物资源养护行动纲要》的要求，进一步加强渔业水域环境保护管理工作。要积极加强与环境保护等相关部门的沟通协调，完善工程建设项目环境影响评价制度，参与并配合开展对有关工程建设项目环境影响评价文件的审核。对影响较大的工程建设项目，要在组织专家进行科学论证的基础上，提出意见及相关的补偿和修复措施，并督促落实。要组织开展对

在渔业水域新建、改建、扩建和已建排污口项目的监督检查，督促落实相关环境影响评价要求，确保重要渔业水体的保护区不受污染。要积极开展水生生物产卵场、索饵场、越冬场和洄游通道等重要渔业水体基本情况的调查监测，科学划定水产种质资源保护区等重要渔业水体，并及时向社会公布，具备条件的地方应报请同级人民政府批准发布。要进一步加强渔业生态环境监测体系建设，加大对排污口、水上工程建设项目和重要渔业水体等重点区域的监测力度，有效监视监控重要渔业水域环境状况。

三、逐步加强规范，推动渔业船舶水污染防治工作

《水污染防治法》将船舶污染作为水污染防治的一个重要方面单独作了规定，并根据有关部门职责分工，明确规定由渔业部门负责渔业船舶的水污染防治工作。

各级渔业行政主管部门要按照《水污染防治法》要求，结合渔业船舶造检航管理工作，健全相关管理制度、规范标准，做好渔业船舶水污染防治工作。要指导和督促渔业船舶所有人，严格按照渔业船舶法定检验规则要求，配备相应的滤油设备、油污水舱或柜和垃圾贮集器，严禁将油污水和垃圾直接排放到水中。要组织所属的渔政渔港监督、渔业船舶检验机构，加大监督检查力度，重点加强渔港水域环境保护，对渔港油污水接收处理单位实行监督管理；对在渔港水域内从事渔业船舶水上拆解活动的，按照《行政许可法》要求，实施行政许可和监督检查。对渔业船舶造成水污染事故的，要依法积极开展调查处理和实施行政处罚；其他船舶造成水污染事故给渔业造成损害的，要积极参与和配合海事管理机构进行调查处理。

四、推广健康养殖，促进养殖水域生态环境保护

为了构建资源节约、环境友好的水产养殖业，减少和避免因养殖规模、密度过大造成局部养殖水域水质恶化、出现污染的现象，《水污染防治法》与现行《渔业法》相衔接，对水产养殖生产提出了保护水域生态环境的要求。

渔业主管部门要根据有关法律的规定，结合水污染防治的总体要求，科学规划和控制水域的养殖容量，依法加强监督管理，引导养殖生产者保护养殖水域环境。要积极推进养殖证制度。尚未发布养殖水域滩涂规划的地方要结合国家对水域的统一规划，加快养殖水域滩涂规划编制工作，及时向社会公告，依法确定水域滩涂的养殖功能。要加快推进水产健康养殖。在养殖水域滩涂规划的基础上，积极做好水产养殖发展规划，突出科学布局、控制养殖容量，推广生态健康养殖理念、养殖方式和生产管理技术。要积极引导养殖生产者使用全价颗粒饲料，推广科学的给饲技术，限制冰鲜小杂鱼直接投喂，减少自身污染。要加强养殖水域生态环境监测力度，定期发布水质监测预警预报信息。要充分发挥水产养殖的生态功能，尤其是在治理湖泊富营养化方面的积极作用。

五、强化监督检查，依法调查处理渔业污染事故

《水污染防治法》保留并完善了关于渔业主管部门负责调查处理渔业污染事故并行使处罚权的规定，同时赋予渔业部门对渔业船舶造成水污染事故的调查处理权和行政处罚权。并授权渔业部门可以根据当事人的请求，对因水污染引起的损害赔偿责任和赔偿金额的纠纷进行调解处理。为加强弱势群体的保护，《水污染防治法》同时规定，因水污染引起的损害赔偿诉讼，由排污者就法律规定的免责事由及其行为与损害结果之间不存在因果关系承担举证责任。这对于受到污染损害而又难以寻找污染者进行索赔的渔业生产者是非常重要的法律保护措施之一。

各级渔业行政主管部门要依法加强渔业污染事故的调查处理，严格执行《渔业水域污染事故调查处理程序规定》和《渔业水域污染事故信息报告及应急处理工作规范》等相关规定，建立完善突发性水域污染事故调查处理快速反应机制，积极应对和妥善处理渔业污染事故。要切实提高应急处理能力，加强污染水域生态应急监测和水产品质量安全检测，及时采取有效措施减少污染损害，确保食品安全。要进一步强化渔业污染事故调查鉴定资质管理，科学评估水生生物资源生态及渔业生产损失，提出补偿和修复方案。对企事业单位违反《水污染防治法》规定，造成渔业污染事故的，要依法积极开展调查处理和实施行政处罚。在事故处理中，要充分运用水污染损害赔偿诉讼中由排污方承担举证责任的规定，引导和帮助渔民维护合法权益；对于污染造成天然渔业资源及生态损失的，要积极代表国家提出赔偿或补偿损失要求，并督促落实资金和相关补救措施。对当事人请求进行污染事故损害赔偿责任和赔偿金额纠纷调解处理的，要依法妥善予以调解。

六、加强组织领导，不断提高渔业生态环境保护水平

《水污染防治法》在赋予渔业主管部门更多职责的同时，也对渔业生态环境保护工作提出了更高要求。各级渔业行政主管部门及其所属的渔政渔港监督管理机构务必要高度重视，加强组织领导，切实做好《水污染防治法》的贯彻实施工作，认真履行法律赋予的职责。要以此为契机，按照科学发展观的要求，全面加强渔业生态环境保护工作，努力把全国渔业生态环境保护工作提高到一个新的水平，为促进我国渔业又好又快发展奠定坚实的基础。

各省、自治区、直辖市及计划单列市渔业行政主管部门要结合本地实际，制定本地区本单位的贯彻实施计划。要按照《水污染防治法》的规定，组织对现行有关渔业生态环境保护的法规、规章及其他规范性文件进行清理和修订。切实做好《水污染防治法》的学习、宣传和培训工作，采取各种形式，组织本单位干部、职工开展学习培训，向广大渔民群众深入宣传《水污染防治法》。特别是让渔民了解和掌握有关保护水域生态环境的要求以及污染事故损害赔偿的法律规定，依法从事渔业生产，并自觉运用法律维护自身的合法权益。各级渔业行政主管部门要主动向同级人民政府汇报，并与环保、海事等部门主动沟通配合，加强工作协调。要组织所属的渔政渔港监督、渔业船舶检验、渔业环境监测等机构开展统一行动，密切配合，切实做好贯彻实施的各项工作。

各地在贯彻实施过程中，要加强调查研究、组织协调、检查落实工作。有关贯彻实施情况和实施过程中遇到的新情况、新问题请及时报农业部。

农业部关于做好2008年海洋伏季休渔管理工作的通知

（2008年5月22日）

沿海各省、自治区、直辖市及计划单列市渔业主管厅（局），各海区渔政渔港监督管理局，中国水产科学研究院：

海洋伏季休渔制度是我国依据《渔业法》建立的重要渔业资源养护管理制度。当前，我国海洋渔船多、捕捞强度大的状况并未根本改变，渔业资源保护与利用的矛盾仍十分突出，党中央明确了保护和合理利用渔业资源的任务要求，国务院印发的《中国水生生物资源养护行动纲要》强调要坚持并不断完善禁渔区和禁渔期制度。沿海各级渔业行政主管部门要在各级人民政府的组织领导和有关部门的支持配合下，坚持不懈地执行好海洋伏季休渔制度，强化休渔期间管理，为养护海洋生物资源、促进渔业可持续发展做出新的贡献。2008年海洋伏季休渔即将开始，为做好海洋伏季休渔管理工作，现就有关事项通知如下：

一、沿海各级渔业行政主管部门及渔政渔港监督管理机构要以科学发展观为指导，深入贯彻落实《中国水生生物资源养护行动纲要》，进一步提高对实施海洋伏季休渔制度重要性的认识。在当地人民政府的领导下，根据国家海洋伏季休渔的时间、范围和作业类型等相关规定（见附件），结合本地实际，制定切实可行的实施方案，保证各项休渔管理措施落实到位，积极协助当地人民政府妥善安排休渔期间渔民的生产生活，确保渔区社会稳定。

二、要严格按照《渔业法》、《渔业捕捞许可管理规定》等法律法规规定，采取有力措施，加强休渔期间港口监管和海上检查工作。重点加强对北纬35度和北纬26度30分附近海域、闽粤交界海域及其他省际交界海域等的海上现场执法管理，依法查处电毒炸鱼等各类违规行为。按照《农业部国家工商行政管理总局关于开展电脉冲捕捞作业专项整治行动的通知》要求，在东海区着重查处电脉冲捕捞作业违法行为。各级渔政监督管理部门要设立并向社会公布休渔管理举报电话，充分发挥群众监督的作用，动员社会力量，共同维护休渔秩序。

三、要结合"平安渔业"构建工作，严格按照国家有关安全生产的各项管理规定，认真抓好休渔期间渔港渔船的防火、防盗、防台风工作。在当地人民政府的领导下，落实安全责任制，密切配合安监、公安、气象等部门，定期开展渔业安全检查，坚决消除各种事故隐患，切实保障广大渔民的生命财产安全。

四、要充分利用各种宣传媒介和途径，进一步加大宣传教育力度，组织专门力量到港、上船、进村、入户，向广大基层干部和渔民群众普及相关法律知识，宣传休渔的意义和作用，不断增强其保护资源环境意识和遵守休渔有关规定的自觉性，为休渔工作营造良好的社会氛围。

五、要针对当前休渔管理工作中突出的矛盾和问题，认真开展调查研究，听取基层干部和渔民群众意见。

请沿海各省、自治区、直辖市渔业行政主管部门，在休渔结束后将本年休渔执行情况工作总结及今后改进和完善休渔工作的意见建议及时报农业部渔业局。

（附件略。——编辑部注）

农业部关于印发《中国水产学会范蠡科学技术奖奖励办法(试行)》的通知

(2008年9月22日)

各省、自治区、直辖市及计划单列市、新疆生产建设兵团渔业主管厅(局),部属渔业事业单位:

为充分调动广大渔业科技工作者的积极性和创造性,鼓励渔业科学技术创新,推动渔业现代化建设,奖励在我国渔业科学技术进步和产业发展中贡献突出的科学技术成果,经科技部、国家科学技术奖励工作办公室批准(国科奖社证字第0167号),设立中国水产学会范蠡科学技术奖。现将《中国水产学会范蠡科学技术奖奖励办法(试行)》印发给你们,请认真组织做好奖励申报和推荐工作。

中国水产学会范蠡科学技术奖奖励办法(试行)

第一章 总 则

第一条 中国水产学会范蠡科学技术奖(简称范蠡科技奖)是经科技部和国家科学技术奖励工作办公室批准的面向全国渔业行业的综合性科学技术奖。主要奖励在渔业科技进步和产业发展中贡献突出的科技成果。其目的是贯彻尊重知识、尊重人才的方针,鼓励科学技术创新,充分调动广大渔业科技工作者的积极性和创造性,加速渔业科技事业发展和渔业现代化建设。

第二条 为了做好范蠡科技奖奖励工作,根据《中华人民共和国科技进步法》、《国家科学技术奖励条例》和《社会力量设立科技奖管理办法》,结合渔业行业的实际情况,特制定本办法。

第三条 范蠡科技奖行政管理归口农业部渔业局,中国水产学会负责奖励评审工作。

第二章 组 织 机 构

第四条 范蠡科技奖奖励委员会是该奖的领导机构,主要职责是:管理和指导奖励工作,制定和修订奖励办法,筹措奖励资金,领导评审委员会和奖励工作办公室,审查批准评审结果并授奖。主任委员由中国水产学会理事长担任,副主任委员由农业部渔业局局长和中国水产学会秘书长担任,委员由渔业行业有关单位的领导和专家担任,委员人选由中国水产学会秘书处提名,由中国水产学会常务理事会批准聘任。

第五条 范蠡科技奖评审委员会是该奖的评审机构,主要职责是按照公平、公正、公开原则,对申报项目进行评审。奖励委员会优选水产各相关专业的知名专家建立评审专家库,根据申报奖项的专业特点,从中聘任评审委员会的主任委员、副主任委员和委员。

第六条 范蠡科技奖奖励委员会和评审委员会实行聘任制,奖励委员会每届任期四年,评审委员会每届任期两年。

第七条 范蠡科技奖奖励工作办公室是该奖的日常办事机构,主要职责是组织申报、接受推荐、形式审查、组织评审、异议处理和公布结果等工作。范蠡科技奖奖励工作办公室设在中国水产学会秘书处,办公室主任由中国水产学会秘书长兼任,办公室成员由中国水产学会秘书处提名,奖励委员会审核批准。

第八条 奖励工作办公室的工作人员应坚持廉洁公正、不徇私情、严格保密的工作原则,认真做好各项工作。

第九条 评审工作实行回避制度,申报项目的完成人或与申报项目有利害关系的人员,不得聘为评审专家。

第三章 奖励范围与评审标准

第十条 范蠡科技奖的奖励范围

(一)应用研究及应用基础研究成果

为渔业现代化而研究、提出的新理论、新技术等,经应用,对推动渔业发展与科技进步有重大作用,取得显著的经济效益或社会效益。

(二)技术开发与发明成果

在渔业产业技术进步、重大设备研制和技术改造中,研究开发或发明的新产品、新技术、新工艺、新装备等,经实践证明已在节约资源、节省投资、提高生产安全保障水平、提高产品质量、保护环境等方面做出了创造性贡献且取得了重大经济效益或社会效益。

(三)应用推广先进科学技术成果

在组织应用、推广国内外已有的渔业先进科学技术成果中,结合本地实际、因地制宜,有所创新,并取得重大经济效益或社会效益,或在应用、推广先进科学技术成果过程中,对已有技术集成配套,实现产业化、规模化并取得重大经济效益或社会效益。

(四)其他科学技术成果

在渔业标准、计量、科技信息、科学普及等科学技术基础性工作中，在规划、政策、发展战略、管理等软科学研究中做出了创新性贡献，对渔业乃至国民经济可持续发展提供了技术基础和决策服务，取得了显著社会效益或经济效益。

第十一条 范蠡科技奖奖励数量与等级

（一）范蠡科技奖每两年评审一次，分设一、二等奖，一等奖不超过3项，二等奖不超过5项。奖励委员会向获奖成果颁发奖励证书和奖金。

（二）一等奖获奖成果的主要完成单位不超过7个，主要完成人不超过10名。二等奖获奖成果的主要完成单位不超过5个，主要完成人不超过7名。

（三）奖励委员会从获奖成果中遴选部分优秀成果，推荐申报国家级科技奖励和神农中华农业科技奖。

第十二条 范蠡科技奖的评审标准

（一）应用研究及应用基础研究成果

技术上有重大创新，难度大，总体技术水平和主要技术经济指标达到国际领先或国际先进水平，对加快行业技术进步、提高管理水平和优化产业结构有重大作用，取得了重大的经济效益或社会效益，可评为一等奖。

技术上有较大创新，难度较大，总体技术水平和主要技术经济指标达到国内领先水平，对加快行业技术进步、提高管理水平和优化产业结构有较大促进作用，取得了显著的经济效益或社会效益，可评为二等奖。

（二）技术开发与发明成果

技术上有重大创新或发明，形成了产业的主导技术或关键设备，对产业的技术进步和产业结构优化升级有重要作用，技术难度大，总体技术水平和主要技术经济指标达到国际领先或国际先进水平，取得了重大的经济效益或社会效益，可评为一等奖。

技术上有较大创新，技术难度较大，研究开发的新技术、新产品，总体技术水平和主要技术经济指标达到国内领先水平，促进了传统产业或装备的技术改造，取得了显著的经济效益或社会效益，可评为二等奖。

（三）应用推广先进科学技术成果

在应用、推广国内外已有先进科技成果中，结合本地实际、因地制宜，成果转化程度高、推广规模大，具有很强的示范推动作用，主要技术经济指标和综合性能达到国际领先或国际先进水平，取得了重大的经济效益或社会效益，可评为一等奖。

在应用、推广国内外已有先进科技成果中，结合本地实际、因地制宜，成果的转化程度较高、推广规模较大，有较强的示范推动作用，或对已有科技成果进行中试、后续试验，开发形成了新技术、新产品等，主要技术经济指标和综合性能达到国内领先水平，取得了显著的经济效益或社会效益，可评为二等奖。

（四）其他科学技术成果

学术水平很高，实用价值很大，总体技术水平达到国际领先或国际先进水平，具有很大的推广应用前景，取得或具有重大社会效益或经济效益，对渔业科技进步或渔业经济社会发展具有重大作用，可评为一等奖。

学术水平较高，实用价值较大，总体技术水平达到国内领先水平，具有较大的推广应用前景，取得或具有较大社会效益或经济效益，对渔业科技进步或渔业经济社会发展具有较大作用，可评为二等奖。

第十三条 经济效益和社会效益要求

凡申报范蠡科技奖的科技成果，均应经过一年以上实践应用，并产生了很大的经济效益和社会效益。经济效益系指已取得的直接累计净增经济效益和年平均净增经济效益。包括净增产值，降低工程造价（以审定的预算为基础）和原材料消耗、节约能源，实际创收的利税额，以及提高产品质量、提高劳动生产率等，均应以具体数字说明。如有间接或潜在的经济效益应另外列出，供评审时参考。

社会效益一般是指在保证安全生产、改善劳动条件、消除公共污染、保护环境、减轻自然灾害、有利于生态平衡和促进社会发展等方面取得的效益。

第四章 申报条件与推荐程序

第十四条 范蠡科技奖申报条件

（一）凡符合第三章要求的科技成果，不受地区、部门和行业限制，均可申报。

（二）申报范蠡科技奖的科技成果应按有关规定进行相应的技术评价，且不存在成果权属、完成单位和完成人及其排序等方面的争议。

（三）一个以上单位共同完成的科技成果，由第一完成单位（以技术评价证明为准）按要求进行申报。第一完成单位应在申报前与其他完成单位共同协商，对主要完成单位、主要完成人及其排序等取得一致意见，并在推荐书的主要完成单位栏内加盖各完成单位的公章。

（四）落选成果经补充开发研究后，技术上确有实质性突破或经进一步应用推广取得显著的经济、社会或环境效益，可按原申报渠道再次申报。但连续两次参加评审未获奖的，如要继续申报，需间隔一届后进行。

（五）凡已获得国家级科技奖励的项目或正在向国家申报科技奖励的项目，不得申报范蠡科技奖。

第十五条 申报、推荐科技奖应提交下列材料：

（一）范蠡科技奖推荐书；

（二）技术评价材料，包括各省、自治区、直辖市或国家有关部门出具的鉴定证书；

（三）由省部级认定的查新机构出具的查新检索报告；

（四）成果应用单位出具的成果应用证明；

（五）研究成果、实验报告等技术文件。

第十六条 范蠡科技奖的推荐单位

（一）各省、自治区、直辖市及计划单列市渔业主管厅（局），新疆生产建设兵团水利局，负责本地区、本行业申报项目的统一推荐工作，各省水产学会应积极配合做好此项工作；

（二）农业部直属渔业事业单位，国家有关科研教学单位，中国科协所属的全国性学会，全国性行业协会，可直接向奖励工作办公室推荐申报项目。

第十七条 范蠡科技奖的申报、推荐程序

（一）申报单位将准备齐全的申报项目资料报送到推荐单位；

（二）推荐单位对申报项目进行汇总和形式审查后，组织专家进行预审；

（三）通过预审的申报项目由推荐单位统一推荐到奖励工作办公室；

（四）推荐单位设有科学技术奖励的，可在本单位奖励二等奖以上的成果中择优推荐。

第五章 评审与授奖

第十八条 评审原则和方式

范蠡科技奖按照科学、公正的原则，依据评审标准，采用形式审查、专业组评审、评审委员会评审和奖励委员会审查的方式进行评审。

第十九条 评审程序

（一）奖励工作办公室对申报项目进行形式审查和专业分类。

（二）评审委员会根据申报项目的专业分类情况，成立若干专业评审组，专业评审组成员不少于9人，设组长1名。每个申报项目由3名本专业专家进行初审，提出书面评审意见。专业评审组通过成果介绍、专家评议、综合打分、无记名投票表决程序，经2/3及以上专家赞成的，可评为专业评审组获奖项目。

（三）由11至15名专家组成评审委员会，对各专业评审组获奖项目进行无记名投票表决，评审一、二等奖获奖成果。其中，一等奖须2/3及以上委员赞成，二等奖须1/2及以上委员赞成。未通过专业评审组评审的，评审委员会原则上不再审议。

（四）奖励工作办公室公示获奖项目，接受异议投诉并负责处理。

（五）奖励委员会对无异议的获奖项目进行审查并公告。

第二十条 授奖

奖励委员会对获奖项目进行授奖。

第六章 异议及处理

第二十一条 奖励工作办公室对评审委员会评审通过的项目在中国农业信息网、中国渔业政务网和中国水产学会网站等媒体上向社会公示，公示期为30天。任何单位或个人如有异议均可在公示期内向奖励工作办公室投诉。逾期且无正当理由的，不予受理。单位提出异议的要加盖本单位公章，个人异议要署真实姓名。以匿名方式提出的异议一般不予受理。

第二十二条 异议分为实质性异议和非实质性异议。凡涉及成果的创新性、先进性、实用性和推荐书填写不实等方面的异议为实质性异议；对成果主要完成人、主要完成单位及其排序等方面的异议为非实质性异议。一般不受理成果完成单位和完成人对评审等级的不同意见。

第二十三条 实质性异议由奖励工作办公室分别会同申报单位和异议投诉者协商处理，推荐单位应予以协助。涉及异议的任何一方应积极配合，在规定的时间内核实异议材料，如期做出答复。必要时奖励工作办公室可组织有关专家进行调查，提出处理意见，由评审委员会裁定。非实质性异议由第一完成单位负责协调，提出达成一致的证明材料或处理意见，报评审委员会裁定，如在规定时间内未完成协调，则取消成果获奖资格。

第七章 附 则

第二十四条 对已获奖成果，一经发现有弄虚作假或剽窃他人成果者，经查明属实，将撤销其奖励，收回奖励证书和奖金，并予以公告。

第二十五条 范蠡科技奖接受国内外有关单位赞助和个人捐赠。

第二十六条 本办法自公布之日起施行。

第二十七条 本办法由奖励委员会负责解释。

国务院办公厅关于加强渔业安全生产工作的通知

（2008年10月12日）

各省、自治区、直辖市人民政府，国务院各部委、各

直属机构：

渔业是我国国民经济中的重要行业，是农村经济的优势产业，同时也是高风险行业。加强渔业安全生产工作，对于促进渔业健康发展、保障人民群众生命财产安全、加快社会主义新农村建设具有重要意义。经过多年努力，我国渔业安全生产工作取得较大进展，但是由于渔业作业地点分散，个体生产经营单位众多，受自然环境因素影响大，基础设施和技术装备相对落后等，渔业安全生产形势依然严峻。特别是受水上海上生产运输活动日益活跃以及极端天气事件多发等因素影响，各类渔业安全事故时有发生。为进一步做好渔业安全生产工作，经国务院同意，现就有关事项通知如下：

一、总体要求和工作目标

（一）总体要求。深入贯彻落实科学发展观，坚持“安全第一、预防为主、综合治理”方针，全面落实渔业安全生产责任制，进一步加强安全管理和监督。加大投入力度，完善基础设施，改进技术装备，健全法律法规，不断提高从业人员安全素质和防灾避险能力，努力构建渔业安全生产长效机制，有效遏制渔业安全事故，切实保障人民群众生命财产安全，促进渔业经济安全发展。

（二）工作目标。到“十一五”末，扩建新建一批安全避风、配套完善的渔港，使全国海岸线平均200公里以内有一个一级以上渔港，能够为45%的海洋渔船提供服务；在重点渔港配备港口安全监控设备，建设海洋渔业船舶管理动态监控系统、渔船安全设备检测检验基地和渔业船员培训基地；使重特大渔业船舶事故得到明显控制，事故死亡人数比“十五”末明显下降。到2015年，形成较为完善的渔业安全生产支撑保障体系，渔业安全监管和防灾减灾能力显著增强，从业人员素质有一定程度提高，渔业安全生产状况明显好转。

二、加强渔业安全设施和装备建设

（三）加强渔港安全基础设施建设。按照《国务院办公厅关于印发安全生产“十一五”规划的通知》（国办发［2006］53号）要求，依据土地利用总体规划、海洋功能区划和城乡规划，合理规划渔港建设布局，适当提高建设标准，尽快形成以国家级中心渔港、一级渔港和内陆重点渔港为主体，以地方二、三级渔港为支撑的渔港防灾减灾体系。新建、改扩建渔港要突出避风防灾功能，提高码头、防波堤和护岸建设质量，完善航标、港口监控系统、港口消防和照明设施、抢险救灾船艇等配套设施设备，提高安全保障能力。

（四）大力提高渔船安全质量。严格渔船建造企业资格认可制度，依法取缔不具备渔船生产资质的企业，加强对制造、改装、进口渔船以及船用安全设备的检测检验，强化渔船修造质量的监督管理。加强老旧渔业船舶管理，鼓励、督促企业和渔船船东更新淘汰有安全隐患的老旧渔船和装备，探索推广应用安全系数高、抗风险能力强的先进渔业船舶。禁止无船舶检验证、登记证、捕捞许可证和存在安全隐患的渔船入海作业。

（五）积极推进渔业安全通信网络建设。加快信息技术在渔业安全生产中的应用，完善卫星、短波、超短波、移动电话“四网合一”的安全通信网。加强渔船通信终端设备配备，扩大近海和内陆水域无线电信号覆盖范围。远洋渔船要配备卫星电话，为安全信息播发与接收、紧急遇险报警、搜救指挥提供通信保障。加快大中型渔船船位卫星监控系统建设，实现对作业渔船的动态监控和实时跟踪。

（六）努力改进渔业安全技术装备。研究和鼓励有条件的渔船装备适用的船舶自动识别系统等助航设备，提高渔船防碰撞、防触碰能力。加大渔船自救设施设备配备力度，在按照规定配备救生、消防等安全设施的基础上，推广应用气胀式救生筏等装备，提高渔船抵御风险的能力。

三、加强渔业安全管理与监督

（七）认真落实渔业安全管理制度。各渔业生产经营单位要建立健全安全管理制度，落实岗位责任制，规范生产操作规程。各级渔业部门要严格落实渔业船舶签证制度和渔船、船员持证作业制度；严禁渔船及渔业辅助船擅自改变作业性质、非法载人载货，严禁渔船在恶劣天气条件下冒险作业。要合理规划渔业作业区，尽可能远离商船习惯航道。在商船航道和渔业作业区域交叉航段、作业渔船密集区域，渔船和商船要严格遵守值班瞭望等安全操作规程，采取有效防范措施，防止碰撞事故发生。

（八）强化安全监督检查。地方各级人民政府要进一步明确渔业安全监管机构及职责，充实和加强渔业安全监管队伍，探索在重点渔业乡村建立和推广渔业安全员制度。有关部门要切实履行职责，加强督促检查，严格执法。要以渔业企业、渔港码头、渔船集中停泊点等场所为重点，加大安全隐患排查整改力度。按照事故原因未查清不放过、责任人员未处理不放过、整改措施未落实不放过、有关人员未受到教育不放过的“四不放过”原则，认真做好渔业安全事故调查处理工作。

（九）加强涉外渔业安全管理。渔业企业要严格执行国际渔业条约、双边渔业协定和有关管理规定，依法从事渔业生产活动；渔业执法机构要加强在重点敏感海域的巡航护渔、监管检查工作,禁止渔船违规进入敏感争议水域作业;外交、渔政、海事、公安边防、海洋等部门要加强沟通协调,做好涉外渔业事件的防范处置工作,防止引发渔业安全事故。

(十)强化从业人员安全培训。加强渔业安全生产职业培训,严格执行渔业船员考试发证制度,对职务船员、远洋及涉外渔业船员实行特殊安全强制培训,努力提高渔业从业人员安全素质。建立渔业船员培训基地,加强培训机构管理,规范培训内容,重点加强渔船航行技能、避碰规则、科学装载、养殖排筏安全措施、自救互救技能等方面的培训,逐步建立健全以安全生产和防灾减灾为主要内容的渔民职业安全技能培训体系。

四、提高渔业安全生产应急能力

(十一)加强灾害监测预警。建立和完善灾害监测预警信息共享机制。气象、海洋部门要及时将灾害天气和风暴潮、赤潮、海浪、海啸、海冰等灾害信息通报地方人民政府及渔业部门。渔业、海事部门要通过广播、电视、无线电台、海岸电台、手机短信等各种渠道,及时将灾害气象预警信息传递给渔区、渔业企业和渔民,并同时发布渔船避险路线、避险操作规程、养殖人员撤离注意事项等,为渔民提供充分的气象预警和避险信息服务。

(十二)完善渔业安全应急预案。各级渔业行政主管部门和企业要健全应急预案体系,制订完善渔业安全生产和防灾减灾应急预案,特别要根据本区域自然气候条件等,进一步细化渔船和渔业养殖设施防避台风、风暴潮等灾害的预案,明确具体的防灾避险措施,切实提高预案的科学性、针对性和可操作性。积极开展多种形式的应急演练,提高应急处置实战能力。

(十三)加强渔业救助力量建设。交通运输部门要综合考虑渔业生产特点,合理布局救助力量,充分发挥国家专业海上搜救力量对渔业安全事故的主体救助作用。各级渔业部门要建立完善渔业专业应急救援指挥平台,完善24小时值班制度,落实值班岗位责任制。加强渔政执法船(艇)和渔船的辅助救助能力建设,为执法船(艇)配备必要的救助装备。建立应对突发事件紧急备航制度,组织渔政执法船(艇)和渔船参与海上应急救助行动。积极引导渔船编队生产作业,赴中远海作业船队要指定带队指挥船进行统一指挥管理,加强渔船之间的相互支援和自救互救。

五、强化渔业安全生产的保障措施

(十四)加大资金投入力度。渔区地方人民政府要组织编制与安全生产和防灾减灾规划相衔接的平安渔业建设规划,加大渔港等渔业安全基础设施和水上搜救、预警信息系统建设投入力度。对渔港、安全通信等基础设施的建设维护、渔业安全监管、渔民安全宣教培训、海难救助等项目所需投资和经费,有关部门和地方人民政府要通过基建投资或一般性财政预算大力支持。对老旧渔船更新改造和安全设施配备,有条件的地方要给予政策扶持。引导、鼓励并督促渔业生产经营单位加大安全隐患治理投入,在充分发挥市场机制作用的前提下,积极探索和建立稳定、多元的渔业安全投入机制。

(十五)健全渔业安全生产法律法规和制度。进一步研究完善渔业安全生产、防灾减灾以及渔船、渔港和渔业船员管理等方面的法律法规和规章制度。加快制订事故预防和控制、应急救援和处置等方面的技术标准和渔船、渔机、网具、养殖机械、渔业通信导航及防灾救生等渔业装备安全标准,完善渔业安全生产操作技术规程。各级渔业行政主管部门要加强对渔业安全生产法律法规的执法检查力度,把渔业安全生产逐步纳入法制化、规范化轨道。

(十六)推进渔业安全科技进步。加大渔业安全生产科技研发和先进技术示范推广力度,加快信息技术在渔业安全生产上的应用。鼓励渔业企业和渔政部门与高等院校、科研院所产学研相结合,促进渔业安全生产技术创新和成果转化运用。大力开展渔业安全生产管理理论研究,加强相关学科和专业建设,培养渔业安全科研和管理人才。

(十七)完善渔业安全风险保障机制。要充分发挥保险对分散和降低渔业安全生产风险的作用。鼓励渔船雇主购买船东责任保险,引导和鼓励渔民积极参加保险。

六、加强组织领导

(十八)全面落实责任制。渔区各级人民政府要切实加强对渔业安全生产工作的领导,纳入政府安全生产总体工作部署,制定具体实施意见,及时协调解决出现的问题。认真落实县、乡等基层政府的安全监管责任,实施责任目标逐级考核制度。强化渔业生产经营单位和船东、船长的安全生产主体责任,指导督促渔业企业强化安全管理措施,提高安全生产水平。建立并落实渔业安全生产责任追究制度。

(十九)加强协作联动。农业(渔业)、安全监管部门要建立联合执法工作机制,形成监管合力。交通运输、渔业部门要完善遇险渔船搜救联动机制。有关部门要按照职责分工做好渔船与商船碰撞事故处置工作,地方人民政府要妥善做好渔船事故的善后处理。充分发挥各类协会等中介组织在渔业安全生产教育引导、技术推广等方面的作用。努力形成政府统一领导、安全生产综合监管部门和渔业行政主管部门依法监管、各部门协作配合、渔业生产经营单位全面负责、渔民群众广泛参与的渔业安全生产和防灾减灾格局。

(二十)广泛开展宣传教育。加强宣传教育和舆论引导工作,充分利用各种媒体,采取多种形式,广泛开展渔业安全知识宣传教育。深入开展“平安渔船”、“平安渔村”、“平安渔港”等创建活动,营造全社会特别是渔区干部群众关心、支持并自觉参与渔业安全的良好氛围。

渔业经济统计

一、主要指标及其增减情况

全国水产品产量增减情况

单位:吨

指　　标	2008 年	2007 年	2008 年比 2007 年增减(±)	
			绝对量	幅度(%)
水产品总产量	**48 955 986**	**47 475 202**	**1 480 784**	**3.12**
1. 海水产品	25 982 815	25 508 880	473 935	1.86
海洋捕捞	11 496 270	11 360 329	135 941	1.20
远洋渔业	1 083 309	1 075 151	8 158	0.76
海水养殖	13 403 236	13 073 400	329 836	2.52
2. 淡水产品	22 973 171	21 966 322	1 006 849	4.58
淡水捕捞	2 248 194	2 256 416	-8 222	-0.36
淡水养殖	20 724 977	19 709 906	1 015 071	5.15
海水产品中:鱼类	8 643 430	8 317 315	326 115	3.92
甲壳类	2 887 563	2 976 575	-89 012	-2.99
贝类	10 724 660	10 680 005	44 655	0.42
藻类	1 422 615	1 388 383	34 232	2.47
头足类	637 910	589 149	48 761	8.28
其他类	583 328	482 302	101 026	20.95
淡水产品中:鱼类	19 984 581	19 084 871	899 710	4.71
甲壳类	2 100 650	2 020 724	79 926	3.96
贝类	500 899	504 973	-4 074	-0.81
藻类	6 249	7 477	-1 228	-16.42
其他类	380 792	348 277	32 515	9.34

全国海洋捕捞产量增减情况

单位:吨

指　　标	2008 年	2007 年	2008 年比 2007 年增减(±)	
			绝对量	幅度(%)
海洋捕捞产量	**11 496 270**	**11 360 329**	**135 941**	**1.20**
一、鱼类	7 895 926	7 628 752	267 174	3.50
二、甲壳类	1 945 772	2 057 567	-111 795	-5.43
虾	1 396 991	1 504 313	-107 322	-7.13
其中:毛虾	543 190	608 021	-64 831	-10.66
对虾	89 678	111 095	-21 417	-19.28
鹰爪虾	312 272	344 616	-32 344	-9.39
虾蛄	279 873	306 969	-27 096	-8.83
蟹	548 781	553 254	-4 473	0.81
其中:梭子蟹	350 199	350 616	-417	-0.12
青蟹	64 059	68 588	-4 529	-6.60
蟳	64 927	64 829	98	0.15
三、贝类	643 759	741 628	-97 869	-13.20
四、藻类	36 593	32 847	3 746	11.40
五、头足类	637 910	589 149	48 761	8.28
其中:乌贼	116 587	125 879	-9 292	-7.38
鱿鱼	350 935	340 463	10 472	3.08
章鱼	120 602	117 814	2 788	2.37
六、其他类	336 310	310 386	25 924	8.35
其中:海蜇	236 626	223 868	12 758	5.70

全国海洋捕捞主要鱼类产量增减情况

单位：吨

指标	2008 年	2007 年	2008 年比 2007 年增减(±)	
			绝对量	幅度(%)
海鳗	320 968	297 263	23 705	7.97
鳓鱼	94 183	87 010	7 173	8.24
鳀鱼	658 721	806 108	-147 387	-18.28
沙丁鱼	157 074	168 858	-11 784	-6.98
鲱鱼	26 207	17 682	8 525	48.21
石斑鱼	80 007	80 938	-931	-1.15
鲷	131 330	126 434	4 896	3.87
蓝圆鲹	595 280	570 716	24 564	4.30
白姑鱼	125 645	107 355	18 290	17.04
黄姑鱼	81 322	68 226	13 096	19.20
鮸鱼	34 659	28 323	6 336	22.37
大黄鱼	55 922	64 994	-9 072	-13.96
小黄鱼	354 665	338 706	15 959	4.71
梅童鱼	221 435	211 702	9 733	4.60
方头鱼	40 795	50 169	-9 374	-18.68
玉筋鱼	128 684	139 866	-11 182	-7.99
带鱼	1 192 721	1 070 680	122 041	11.40
金线鱼	311 559	144 209	167 350	116.05
梭鱼	127 133	125 358	1 775	1.42
鲐鱼	592 637	343 764	248 873	72.40
鲅鱼	434 179	452 424	-18 245	-4.03
金枪鱼	37 745	42 324	-4 579	-10.82
鲳鱼	372 042	322 171	49 871	15.48
马面鲀	184 114	176 170	7 944	4.51
竹荚鱼	59 028	55 302	3 726	6.74
鲻鱼	74 758	60 256	14 502	24.07

全国海水养殖产量和面积增减情况(一)

指　　标	2008年		2007年		2008年比2007年增减(±)			
					绝对量		幅度(%)	
	产量(吨)	面积(公顷)	产量(吨)	面积(公顷)	产量(吨)	面积(公顷)	产量	面积
海水养殖	**13 403 236**	**1 578 909**	**13 073 400**	**1 331 478**	**329 836**	**247 431**	**2.52**	**18.58**
一、鱼类	747 504	70 282	688 563	60 733	58 941	9 549	8.56	15.72
其中:鲈鱼	95 747		100 574		-4 827		-4.80	
鲆鱼	78 141		66 549		11 592		17.42	
大黄鱼	65 977		61 844		4 133		6.68	
军曹鱼	23 475		25 855		-2 380		-9.21	
鰤鱼	19 511		11 528		7 983		69.25	
鲷鱼	36 250		54 873		-18 623		-33.94	
美国红鱼	50 947		49 291		1 656		3.36	
河鲀	15 518		14 994		524		3.49	
石斑鱼	45 213		42 854		2 359		5.50	
鲽鱼	8 274		5 382		2 892		53.73	
二、甲壳类	941 791	293 463	919 008	279 648	22 783	13 815	2.48	4.94
虾	725 442	219 458	709 864	213 380	15 578	6 078	2.19	2.85
其中:南美白对虾	520 133	126 224	509 872	112 896	10 261	13 328	2.01	11.81
斑节对虾	60 899	19 330	61 617	17 752	-718	1 578	-1.17	8.89
中国对虾	42 552	25 528	42 257	26 161	295	-633	0.70	-2.42
日本对虾	47 721	33 347	49 957	40 289	-2 236	-6 942	-4.48	-17.23
蟹	216 349	74 005	209 144	66 268	7 205	7 737	3.44	11.68
其中:梭子蟹	83 803	39 325	90 717	37 552	-6 914	1 773	-7.62	4.72
青蟹	113 852	32 648	101 529	25 224	12 323	7 424	12.14	29.43

全国海水养殖产量和面积增减情况(二)

指　标	2008 年		2007 年		2008 年比 2007 年增减(±)			
					绝对量		幅度(%)	
	产量(吨)	面积(公顷)	产量(吨)	面积(公顷)	产量(吨)	面积(公顷)	产量	面积
三、贝类	10 080 901	966 760	9 938 377	791 938	142 524	174 822	1.43	22.08
其中:牡蛎	3 354 382	105 207	3 508 934	90 442	-154 552	14 765	-4.40	16.33
鲍	33 010	6 954	25 324	4 740	7 686	2 214	30.35	46.71
螺	224 967	41 641	258 688	47 837	-33 721	-6 196	-13.04	-12.95
蚶	290 177	71 727	279 510	48 146	10 667	23 581	3.82	48.98
贻贝	479 902	31 537	448 667	29 132	31 235	2 405	6.96	8.26
江珧	11 155	1 231	12 095	1 594	-940	-363	-7.77	-22.77
扇贝	1 137 039	208 153	1 165 311	151 091	-28 272	57 062	-2.43	37.77
蛤	3 058 073	392 924	2 957 346	309 494	100 727	83 430	3.41	26.96
蛏	742 084	61 652	667 058	45 535	75 026	16 117	11.25	35.39
四、藻类	1 386 022	87 175	1 355 536	77 922	30 486	9 253	2.25	11.87
其中:海带	797 751	33 522	775 471	37 862	22 280	-4 340	2.87	-11.46
裙带菜	132 021	5 053	140 227	4 444	-8 206	609	-5.85	13.70
紫菜	81 466	39 150	90 417	27 975	-8 951	11 175	-9.90	39.95
江蓠	114 446	5 541	99 451	3 830	14 995	1 711	15.08	44.67
麒麟菜	6 724	505	8 684	630	-1 960	-125	-22.57	-19.84
石花菜	120	7	100	20	20	-13	20.00	-65.00
羊栖菜	8 748	1 212	13 626	1 508	-4 878	-296	-35.80	-19.63
苔菜	1 254	160	1 055	172	199	-12	18.86	-6.98
五、其他类	247 018	161 229	171 916	121 237	75 102	39 992	43.69	32.99
其中:海参	92 567	112 468	77 517	64 386	15 050	48 082	19.42	74.68
海胆(千克)	3 023 186	7 771	7 428 307	4 248	-4 405 121	3 523	-59.30	82.93
海水珍珠(千克)	15 392	5 427	31 131	5 584	-15 739	-157	-50.56	-2.81
海蜇	47 405	9 650	42 115	8 337	5 290	1 313	12.56	15.75

全国淡水捕捞产量增减情况

单位:吨

指　　标	2008 年	2007 年	2008 年比 2007 年增减(±)	
			绝对量	幅度(%)
淡水捕捞产量	**2 248 194**	**2 256 416**	**-8 222**	**-0.36**
一、鱼类	1 615 339	1 574 051	41 288	2.62
二、甲壳类	329 148	347 074	-17 926	-5.16
虾	282 825	302 955	-20 130	-6.64
蟹	46 323	44 119	2 204	5.00
三、贝类	268 267	298 518	-30 251	-10.13
四、藻类	17	13	4	30.77
五、其他类	35 423	36 760	-1 337	-3.64
其中:丰年虫	639	641	-2	-0.31

全国淡水养殖产量增减情况

单位:吨

指　　标	2008 年	2007 年	2008 年比 2007 年增减(±)	
			绝对量	幅度(%)
淡水养殖产量	**20 724 977**	**19 709 906**	**1 015 071**	**5.15**
一、鱼类	18 369 242	17 510 820	858 422	4.90
二、甲壳类	1 771 502	1 673 650	97 852	5.85
虾	1 253 145	1 179 027	74 118	6.29
其中:罗氏沼虾	127 788	124 520	3 268	2.62
青虾	205 010	192 397	12 613	6.56
克氏原螯虾	364 619	265 479	99 140	37.34
南美白对虾	542 632	555 772	-13 140	-2.36
蟹(河蟹)	518 357	494 623	23 734	4.80
三、贝类	232 632	206 455	26 177	12.68
其中:河蚌	89 392	84 470	4 922	5.83
螺	93 629	84 176	9 453	11.23
蚬	18 980	26 844	-7 864	-29.30
四、藻类(螺旋藻)	6 232	7 464	-1 232	-16.51
五、其他类	345 369	311 517	33 852	10.87
其中:龟	20 028	17 260	2 768	16.04
鳖	204 139	190 469	13 670	7.18
蛙	81 871	77 368	4 503	5.82
珍珠(千克)	4 573 344	5 114 172	-540 828	-10.58
六、观赏鱼(万尾)	329 330	152 790	176 540	115.54

全国淡水养殖主要鱼类产量增减情况

单位:吨

指　标	2008 年	2007 年	2008 年比 2007 年增减(±)	
			绝对量	幅度(%)
青鱼	359 804	331 262	28 542	8.62
草鱼	3 707 146	3 555 963	151 183	4.25
鲢鱼	3 193 270	3 075 578	117 692	3.83
鳙鱼	2 290 228	2 135 371	154 857	7.25
鲤鱼	2 350 691	2 228 585	122 106	5.48
鲫鱼	1 955 500	1 937 121	18 379	0.95
鳊鱼	599 623	576 341	23 282	4.04
泥鳅	153 257	131 353	21 904	16.68
鲶鱼	315 749	315 322	427	0.14
鮰鱼	224 471	204 929	19 542	9.54
黄颡鱼	134 448	114 029	20 419	17.91
鲑鱼	1 829	2 897	-1 068	-36.87
鳟鱼	16 776	14 412	2 364	16.40
河鲀	2 115	1 366	749	54.83
短盖巨脂鲤	77 462	81 528	-4 066	-4.99
长吻鮠	15 347	13 818	1 529	11.07
黄鳝	212 129	196 190	15 939	8.12
鳜鱼	229 269	211 713	17 556	8.29
池沼公鱼	10 962	10 515	447	4.25
银鱼	15 822	16 958	-1 136	-6.70
鲈鱼	166 601	157 487	9 114	5.79
乌鳢	324 131	309 418	14 713	4.76
罗非鱼	1 110 298	1 133 611	-23 313	-2.06
鲟鱼	21 396	21 862	-466	-2.13
鳗鲡	205 325	207 332	-2 007	-0.97

各地区水产品产量及增减情况(一)

单位:吨

地区	2008年							
	总产量	1. 海水产品小计	a. 海洋捕捞	b. 远洋渔业	c. 海水养殖	2. 淡水产品小计	a. 淡水捕捞	b. 淡水养殖
全国总计	**48 955 986**	**25 982 815**	**11 496 270**	**1 083 309**	**13 403 236**	**22 973 171**	**2 248 194**	**20 724 977**
北京	60 761	7 150		7 150		53 611	4 061	49 550
天津	322 500	38 576	18 777	5 717	14 082	283 924	8 710	275 214
河北	966 400	549 250	253 300		295 950	417 150	81 124	336 026
山西	30 700					30 700	890	29 810
内蒙古	98 212					98 212	27 929	70 283
辽宁	3 776 505	3 161 333	1 028 217	112 136	2 020 980	615 172	37 381	577 791
吉林	155 000					155 000	20 130	134 870
黑龙江	355 800					355 800	41 795	314 005
上海	323 400	177 204	20 055	157 149		146 196	3 782	142 414
江苏	4 250 005	1 252 503	566 308	11 781	674 414	2 997 502	321 885	2 675 617
浙江	4 187 900	3 376 004	2 343 219	202 000	830 785	811 896	80 959	730 937
安徽	1 722 849					1 722 849	310 113	1 412 736
福建	5 420 000	4 760 549	1 833 728	149 000	2 777 821	659 451	76 343	583 108
江西	1 903 862					1 903 862	241 354	1 662 508
山东	7 303 005	6 094 723	2 383 213	98 000	3 613 510	1 208 282	129 643	1 078 639
河南	505 760					505 760	29 610	476 150
湖北	3 133 937					3 133 937	302 637	2 831 300
湖南	1 785 899					1 785 899	159 525	1 626 374
广东	6 804 121	3 768 083	1 454 640	83 670	2 229 773	3 036 038	124 895	2 911 143
广西	2 499 838	1 440 596	656 024	8 706	775 866	1 059 242	105 660	953 582
海南	1 394 000	1 108 844	938 789		170 055	285 156	19 874	265 282
重庆	190 600					190 600	9 862	180 738
四川	952 046					952 046	58 122	893 924
贵州	78 000					78 000	11 391	66 609
云南	254 629					254 629	23 697	230 932
西藏	500					500	404	96
陕西	52 200					52 200	4 064	48 136
甘肃	11 770					11 770	759	11 011
青海	1 450					1 450	30	1 420
宁夏	75 137					75 137	182	74 955
新疆	91 200					91 200	11 383	79 817
中农发集团	248 000	248 000		248 000				

各地区水产品产量及增减情况(二)

单位:吨

地　区	2007 年							
	总产量	1. 海水产品小计	a. 海洋捕捞	b. 远洋渔业	c. 海水养殖	2. 淡水产品小计	a. 淡水捕捞	b. 淡水养殖
全国总计	**47 475 202**	**25 508 880**	**11 360 329**	**1 075 151**	**13 073 400**	**21 966 322**	**2 256 416**	**19 709 906**
北　京	60 339	6 130		6 130		54 209		54 209
天　津	311 536	44 400	18 447	11 738	14 215	267 136	8 947	258 189
河　北	906 437	524 303	251 686	1 509	271 108	382 134	74 314	307 820
山　西	29 575					29 575	1 201	28 374
内蒙古	93 565					93 565	29 429	64 136
辽　宁	3 612 708	3 021 559	1 024 408	141 786	1 855 365	591 149	40 620	550 529
吉　林	151 610					151 610	20 521	131 089
黑龙江	342 506					342 506	38 737	303 769
上　海	320 000	155 621	4 407	151 179	35	164 379	4 584	159 795
江　苏	4 089 904	1 199 155	559 296	14 223	625 636	2 890 749	321 608	2 569 141
浙　江	4 151 340	3 376 194	2 327 486	187 434	861 274	775 146	86 127	689 019
安　徽	1 664 533					1 664 533	311 745	1 352 788
福　建	5 319 950	4 664 713	1 837 796	83 164	2 743 753	655 237	78 237	577 000
江　西	1 806 557					1 806 557	222 627	1 583 930
山　东	7 127 665	5 980 743	2 358 908	86 558	3 535 277	1 146 922	114 368	1 032 554
河　南	456 794					456 794	26 548	430 246
湖　北	2 980 434					2 980 434	363 925	2 616 509
湖　南	1 700 888					1 700 888	154 493	1 546 395
广　东	6 643 357	3 731 201	1 403 905	97 676	2 229 620	2 912 156	118 306	2 793 850
广　西	2 460 560	1 433 236	666 876	2 715	763 645	1 027 324	101 262	926 062
海　南	1 322 724	1 080 586	907 114		173 472	242 138	18 070	224 068
重　庆	185 260					185 260	9 834	175 426
四　川	910 526					910 526	62 209	848 317
贵　州	76 798					76 798	11 275	65 523
云　南	236 587					236 587	21 228	215 359
西　藏	528					528	441	87
陕　西	50 323					50 323	3 642	46 681
甘　肃	11 449					11 449	741	10 708
青　海	1 524					1 524	53	1 471
宁　夏	70 439					70 439	153	70 286
新　疆	87 746					87 746	11 171	76 575
中农发集团	291 039	291 039		291 039				

各地区水产品产量及增减情况(三)

单位:吨

地区	2008年比2007年增减(±)							
	总产量	1. 海水产品小计	a. 海洋捕捞	b. 远洋渔业	c. 海水养殖	2. 淡水产品小计	a. 淡水捕捞	b. 淡水养殖
全国总计	**1 480 784**	**473 935**	**135 941**	**8 158**	**329 836**	**1 006 849**	**-8 222**	**1 015 071**
北 京	422	1 020		1 020		-598	4 061	-4 659
天 津	10 964	-5 824	330	-6 021	-133	16 788	-237	17 025
河 北	59 963	24 947	1 614	-1 509	24 842	35 016	6 810	28 206
山 西	1 125					1 125	-311	1 436
内蒙古	4 647					4 647	-1 500	6 147
辽 宁	163 797	139 774	3 809	-29 650	165 615	24 023	-3 239	27 262
吉 林	3 390					3 390	-391	3 781
黑龙江	13 294					13 294	3 058	10 236
上 海	3 400	21 583	15 648	5 970	-35	-18 183	-802	-17 381
江 苏	160 101	53 348	7 012	-2 442	48 778	106 753	277	106 476
浙 江	36 560	-190	15 733	14 566	-30 489	36 750	-5 168	41 918
安 徽	58 316					58 316	-1 632	59 948
福 建	100 050	95 836	-4 068	65 836	34 068	4 214	-1 894	6 108
江 西	97 305					97 305	18 727	78 578
山 东	175 340	113 980	24 305	11 442	78 233	61 360	15 275	46 085
河 南	48 966					48 966	3 062	45 904
湖 北	153 503					153 503	-61 288	214 791
湖 南	85 011					85 011	5 032	79 979
广 东	160 764	36 882	50 735	-14 006	153	123 882	6 589	117 293
广 西	39 278	7 360	-10 852	5 991	12 221	31 918	4 398	27 520
海 南	71 276	28 258	31 675		-3 417	43 018	1 804	41 214
重 庆	5 340					5 340	28	5 312
四 川	41 520					41 520	-4 087	45 607
贵 州	1 202					1 202	116	1 086
云 南	18 042					18 042	2 469	15 573
西 藏	-28					-28	-37	9
陕 西	1 877					1 877	422	1 455
甘 肃	321					321	18	303
青 海	-74					-74	-23	-51
宁 夏	4 698					4 698	29	4 669
新 疆	3 454					3 454	212	3 242
中农发集团	-43 039	-43 039		-43 039				

各地区水产养殖面积增减情况(一)

单位:公顷

地区	2008 年			2007 年			2008 年比 2007 年增减(±)		
	总面积	海水养殖面积	淡水养殖面积	总面积	海水养殖面积	淡水养殖面积	总面积	海水养殖面积	淡水养殖面积
全国总计	**6 549 932**	**1 578 909**	**4 971 023**	**5 745 090**	**1 331 478**	**4 413 612**	**804 842**	**247 431**	**557 411**
北　京	4 785		4 785	5 210		5 210	-425		-425
天　津	40 811	4 369	36 442	36 760	6 840	29 920	4 051	-2 471	6 522
河　北	182 119	109 755	72 364	120 085	92 960	27 125	62 034	16 795	45 239
山　西	14 266		14 266	8 313		8 313	5 953		5 953
内蒙古	100 188		100 188	94 228		94 228	5 960		5 960
辽　宁	565 972	411 556	154 416	407 910	294 800	113 110	158 062	116 756	41 306
吉　林	226 230		226 230	226 230		226 230			
黑龙江	264 134		264 134	244 919		244 919	19 215		19 215
上　海	29 175		29 175	30 263	13	30 250	-1 088	-13	-1 075
江　苏	703 470	160 089	543 381	691 529	148 160	543 369	11 941	11 929	12
浙　江	308 155	96 139	212 016	190 190	56 750	133 440	117 965	39 389	78 576
安　徽	475 212		475 212	435 524		435 524	39 688		39 688
福　建	206 978	120 704	86 274	193 830	110 120	83 710	13 148	10 584	2 564

各地区水产养殖面积增减情况(二)

单位:公顷

地区	2008年			2007年			2008年比2007年增减(±)		
	总面积	海水养殖面积	淡水养殖面积	总面积	海水养殖面积	淡水养殖面积	总面积	海水养殖面积	淡水养殖面积
江 西	365 874		365 874	368 408		368 408	-2 534		-2 534
山 东	662 301	426 217	236 084	589 990	406 170	183 820	72 311	20 047	52 264
河 南	146 640		146 640	90 135		90 135	56 505		56 505
湖 北	583 351		583 351	550 040		550 040	33 311		33 311
湖 南	361 692		361 692	350 480		350 480	11 212		11 212
广 东	544 251	189 717	354 534	489 058	159 295	329 763	55 193	30 422	24 771
广 西	209 394	47 380	162 014	202 520	47 250	155 270	6 874	130	6 744
海 南	42 086	12 983	29 103	27 450	9 120	18 330	14 636	3 863	10 773
重 庆	49 386		49 386	37 140		37 140	12 246		12 246
四 川	169 403		169 403	159 984		159 984	9 419		9 419
贵 州	24 856		24 856	8 520		8 520	16 336		16 336
云 南	37 072		37 072	36 339		36 339	733		733
西 藏	51		51	38		38	13		13
陕 西	113 293		113 293	6 782		6 782	106 511		106 511
甘 肃	12 424		12 424	12 205		12 205	219		219
青 海	4 266		4 266	4 265		4 265	1		1
宁 夏	28 180		28 180	17 050		17 050	11 130		11 130
新 疆	73 917		73 917	109 695		109 695	-35 778		-35 778

全国海洋捕捞分海区、渔具等产量增减情况

单位：吨

指标		2008 年	2007 年	2008 年比 2007 年增减（±）	
				绝对量	幅度（%）
合计		**11 496 270**	**11 360 329**	**135 941**	**1.20**
按捕捞海域分	渤海	1 022 043	994 587	27 456	2.76
	黄海	2 914 073	2 887 797	26 276	0.91
	东海	4 309 490	4 183 807	125 683	3.00
	南海	3 250 664	3 210 594	40 070	1.25
按捕捞渔具分	拖网	5 554 832			
	围网	766 054			
	刺网	2 396 017			
	张网	1 640 169			
	钓具	348 740			
	其他渔具	790 458			

全国各地区远洋渔业增减情况

单位：吨、艘

地区	远洋捕捞产量	运回国内量	境外出售量	远洋渔船	2008 年比 2007 年增减（±）			
					远洋捕捞产量	运回国内量	境外出售量	远洋渔船
全国总计	**1 083 309**	**626 069**	**457 240**	**1 462**	**8 158**	**40 529**	**-30 182**	**34**
北京	7 150	5 999	1 151	3	1 020	252	768	
天津	5 717	4 342	1 375	19	-6 021	-1 339	-4 682	3
河北					-1 509	-1 509		-11
辽宁	112 136	60 573	51 563	230	-29 650	-5 063	-24 587	43
上海	157 149	35 965	121 184	81	5 970	6 536	-566	-8
江苏	11 781	6 701	5 080	34	-2 442	-1 590	-852	-2
浙江	202 000	175 483	26 517	217	14 566	2 318	12 248	-8
福建	149 000	119 471	29 529	165	65 836	54 535	13 450	24
山东	98 000	42 798	55 202	216	11 442	-110	11 552	-62
广东	83 670	42 679	40 991	150	-14 006	-521	-13 485	-13
广西	8 706		8 706	18	5 991		5 991	-2
中农发集团	248 000	132 058	115 942	329	-43 039	-12 980	-30 019	2

全国水产苗种增减情况

指　　标	计量单位	2008 年	2007 年	2008 年比 2007 年增减(±)	
				绝对量	幅度(%)
淡水鱼苗产量	**亿尾**	**6 873**	**7 893**	**-1 020**	**-12.92**
其中:罗非鱼	亿尾	324	142	182	128.01
淡水鱼种产量	吨	2 723 703	2 824 334	-100 631	-3.56
投放鱼种产量	吨	3 021 397	3 347 171	-325 774	-9.73
河蟹育苗量	千克	732 155	617 525	114 630	18.56
扣蟹	千克	35 428 408	41 417 100	-5 988 692	-14.46
稚鳖数量	万只	38 608	41 603	-2 995	-7.20
稚龟数量	万只	3 467	3 219	248	7.71
鳗苗捕捞量	千克	31 732	24 214	7 518	31.05
海水鱼苗产量	**万尾**	**328 804**	**260 806**	**67 998**	**26.07**
其中:大黄鱼	万尾	128 049	63 387	64 662	102.01
鲆鱼	万尾	26 695	21 346	5 349	25.06
虾类育苗量	亿尾	7 752	8 247	-495	-6.00
其中:南美白对虾	亿尾	3 770	4 034	-264	-6.53
贝类育苗量	万粒	126 222 816	111 852 397	14 370 419	12.85
其中:鲍鱼育苗量	万粒	309 301	257 898	51 403	19.93
海带育苗量	亿株	256	255	1	0.20
紫菜育苗量	亿贝壳	28	29	-1	-4.26
海参	亿头	273	512	-239	-46.61

全国水产加工增减情况

指　　标	计量单位	2008 年	2007 年	2008 年比 2007 年增减(±)	
				绝对量	幅度(%)
一、水产加工企业	个	9 971	9 796	175	1.79
水产品加工能力	吨/年	21 974 753	21 240 383	734 370	3.46
其中:规模以上加工企业	个	2 428			
二、水产冷库	座	7 439	6 857	582	8.49
冻结能力	吨/日	430 849	301 620	129 229	42.84
冷藏能力	吨/次	3 356 768	2 979 913	376 855	12.65
制冰能力	吨/日	232 237	171 552	60 685	35.37
三、水产加工品总量	吨	13 677 581	13 378 498	299 083	2.24
淡水加工产品	吨	2 008 122	1 556 854	451 268	28.99
海水加工产品	吨	11 669 459	11 821 644	-152 185	-1.29
(一)水产冷冻品	吨	8 509 581	8 065 739	443 842	5.50
其中:冷冻品	吨	4 262 366	4 163 853	98 513	2.37
冷冻加工品	吨	4 247 215	2 883 178	1 364 037	47.31
(二)鱼糜制品及干腌制品	吨	1 934 979	1 926 009	8 970	0.47
其中:鱼糜制品	吨	819 122	749 424	69 698	9.30
干腌制品	吨	1 115 857	923 235	192 622	20.86
(三)藻类加工品	吨	816 911	662 512	154 399	23.31
(四)罐制品	吨	220 212	182 781	37 431	20.48
(五)水产饲料(鱼粉)	吨	1 479 961	1 881 188	-401 227	-21.33
(六)鱼油制品	吨	92 345	36 439	55 906	153.42
(七)其他水产加工品	吨	623 592	623 830	-238	-0.04
其中:助剂和添加剂	吨	54 338	56 550	-2 212	-3.91
珍珠	千克	390 114	2 303 079	-1 912 965	-83.06
四、用于加工的水产品总量	吨	16 374 277	16 768 659	-394 382	-2.35
其中:淡水产品	吨	3 233 437	2 754 747	478 690	17.38
海水产品	吨	13 140 840			
五、部分水产品年加工量	吨	1 069 191			
其中:对虾	吨	319 472			
克氏原螯虾	吨	130 896			
罗非鱼	吨	470 741			
鳗鱼	吨	81 522			
斑点叉尾鮰	吨	66 560			

各地区水产加工增减情况

单位:吨

指标	2008年		2007年		2008年比2007年增减(±)			
					绝对量		幅度(%)	
	水产加工品总量	其中:淡水加工产品	水产加工品总量	其中:淡水加工产品	水产加工品总量	其中:淡水加工产品	水产加工品总量	其中:淡水加工产品
全国总计	**13 677 581**	**2 008 122**	**13 378 498**	**1 556 854**	**299 083**	**451 268**	**2.24**	**28.99**
北京	2 756	756	4 686	686	-1 930	70	-41.19	10.20
天津	1 588	113	2 115		-527	113	-24.92	
河北	140 968	13 496	168 949	12 102	-27 981	1 394	-16.56	11.52
山西			22	22	-22	-22	-100.00	-100.00
内蒙古	4 965	4 965	4 080	4 080	885	885	21.69	21.69
辽宁	1 585 319	24 441	1 418 723	20 345	166 596	4 096	11.74	20.13
吉林	8 907	8 907	8 958	550	-51	8 357	-0.57	1 519.45
黑龙江	5 066	5 066	2 001	2 001	3 065	3 065	153.17	153.17
上海	19 819	10 566	3 900	1 477	15 919	9 089	408.18	615.37
江苏	722 573	247 595	602 398	124 774	120 175	122 821	19.95	98.43
浙江	2 017 655	124 705	2 040 461	125 872	-22 806	-1 167	-1.12	-0.93
安徽	85 168	85 168	57 411	45 806	27 757	39 362	48.35	85.93
福建	1 971 947	156 587	1 977 807	99 018	-5 860	57 569	-0.30	58.14
江西	198 387	198 387	166 892	141 405	31 495	56 982	18.87	40.30
山东	4 354 929	127 643	4 402 857	69 583	-47 928	58 060	-1.09	83.44
河南	14 337	14 337	13 611	13 611	726	726	5.33	5.33
湖北	447 620	447 620	392 261	392 127	55 359	55 493	14.11	14.15
湖南	56 566	56 566	56 744	56 744	-178	-178	-0.31	-0.31
广东	1 391 565	329 829	1 435 008	337 080	-43 443	-7 251	-3.03	-2.15
广西	165 489	17 196	202 704	33 682	-37 215	-16 486	-18.36	-48.95
海南	448 899	101 121	396 871	59 710	52 028	41 411	13.11	69.35
重庆	180	180	370	370	-190	-190	-51.35	-51.35
四川	4 876	4 876	3 170	3 170	1 706	1 706	53.82	53.82
贵州	1 563	1 563	1 387	1 387	176	176	12.69	12.69
云南	16 507	16 507	6 952	6 952	9 555	9 555	137.44	137.44
西藏								
陕西	6 160	6 160	3 860		2 300	6 160	59.59	
甘肃								
青海	1 000	1 000	1 100	1 100	-100	-100	-9.09	-9.09
宁夏								
新疆	2 772	2 772	3 200	3 200	-428	-428	-13.38	-13.38

全国渔业经济总产值、增加值及增减情况
（按当年价格计算）

单位:万元

指　　标	2008 年		2007 年		2008 年比 2007 年增减(±)	
	产值	增加值	产值	增加值	产值	增加值
渔业经济总量	**103 975 019**	**46 199 730**	**95 391 290**	**41 279 292**	**8 583 729**	**4 920 438**
一、渔业	55 206 412	31 046 249	49 562 267	26 743 699	5 644 145	4 302 550
海洋捕捞	10 928 849	5 867 938	10 451 079	5 432 211	477 770	435 727
海水养殖	12 633 660	7 621 671	11 079 660	6 383 065	1 554 000	1 238 606
淡水捕捞	2 987 874	1 813 489	2 422 937	1 396 429	564 937	417 060
淡水养殖	25 659 259	14 152 856	23 094 894	12 239 376	2 564 365	1 913 480
水产苗种	2 996 770	1 590 294	2 513 698	1 292 619	483 072	297 676
二、渔业工业和建筑业	25 614 418	8 306 913	23 350 486	7 979 035	2 263 932	327 878
水产品加工	19 713 704	6 363 130	18 011 271	6 178 765	1 702 433	184 365
渔用机具制造	1 042 748	309 268	979 735	304 641	63 013	4 627
其中:渔船渔机修造	609 420	171 768	536 155	167 953	73 265	3 815
渔用绳网制造	315 718	105 049	310 190	113 891	5 528	-8 842
渔用饲料	2 675 424	888 914	2 295 551	826 236	379 873	62 678
渔用药物	109 824	32 028	101 660	30 821	8 164	1 207
建筑业	849 669	304 880	662 425	228 703	187 244	76 177
其他	1 223 049	408 694	1 299 843	409 868	-76 794	-1 174
三、渔业流通和服务业	23 154 189	6 846 568	22 478 537	6 556 557	675 652	290 011
水产流通	18 620 899	4 931 948	18 325 630	4 848 795	295 269	83 153
水产(仓储)运输	1 247 578	457 923	1 265 244	447 830	-17 666	10 093
休闲渔业	1 744 831	790 012	1 535 228	706 480	209 603	83 532
其他	1 540 880	666 685	1 352 434	553 453	188 446	113 232

各地区渔业经济总产值及渔业产值增减情况
（按当年价格计算）

单位:万元

指　标	2008 年		2007 年		2008 年比 2007 年增减(±)	
	渔业经济总产值	其中:渔业产值	渔业经济总产值	其中:渔业产值	渔业经济总产值	其中:渔业产值
全国总计	**103 975 019**	**55 206 412**	**95 391 290**	**49 562 267**	**8 583 729**	**5 644 145**
北　京	185 432	115 108	163 555	104 558	21 877	10 550
天　津	462 227	450 227	558 119	369 119	-95 892	81 108
河　北	1 302 227	1 089 981	1 163 555	903 847	138 672	186 134
山　西	51 636	39 159	51 533	37 066	103	2 093
内蒙古	147 586	117 788	114 332	92 380	33 254	25 408
辽　宁	8 004 390	4 196 299	7 246 203	3 810 600	758 187	385 699
吉　林	246 595	175 650	202 854	139 848	43 742	35 802
黑龙江	510 060	412 628	644 928	541 455	-134 868	-128 827
上　海	686 827	591 385	654 785	560 747	32 043	30 638
江　苏	10 607 369	6 800 031	9 325 572	6 020 940	1 281 797	779 091
浙　江	12 738 278	4 422 368	12 475 720	4 451 714	262 558	-29 346
安　徽	3 143 252	2 296 174	2 970 661	2 168 150	172 591	128 024
福　建	10 833 971	5 717 640	10 408 985	4 971 940	424 986	745 700
江　西	5 424 237	2 318 348	4 801 583	2 097 906	622 654	220 442
山　东	18 946 289	7 343 426	16 554 186	6 084 219	2 392 103	1 259 207
河　南	1 238 046	670 048	558 204	62 253	679 842	607 795
湖　北	6 535 087	3 997 122	5 781 208	3 614 338	753 879	382 784
湖　南	1 793 291	1 695 600	1 786 923	1 694 149	6 368	1 451
广　东	13 016 391	6 685 914	12 174 028	6 073 328	842 362	612 586
广　西	2 557 571	2 209 491	2 207 312	1 868 347	350 259	341 144
海　南	1 992 678	1 473 879	2 160 473	1 730 140	-167 795	-256 261
重　庆	370 105	241 351	405 404	284 037	-35 299	-42 686
四　川	2 174 302	1 470 216	1 817 150	1 163 473	357 152	306 743
贵　州	104 867	98 516	150 894	133 966	-46 027	-35 450
云　南	509 420	341 953	650 251	360 836	-140 831	-18 884
西　藏	1 523	906			1 523	906
陕　西	120 009	49 948	133 823	69 481	-13 814	-19 533
甘　肃	15 994	11 949	14 876	10 806	1 118	1 143
青　海	1 669	1 069			1 669	1 069
宁　夏	144 090	73 539	121 206	60 856	22 884	12 682
新　疆	109 598	98 700	92 967	81 766	16 632	16 934

全国机动渔船增减情况

地　区	2008年			2007年			2008年比2007年增减(±)		
	艘	总吨	千瓦	艘	总吨	千瓦	艘	总吨	千瓦
全国总计	**630 619**	**8 284 092**	**19 507 314**	**576 996**	**7 806 935**	**17 648 120**	**53 623**	**477 157**	**1 859 194**
北　京	26	2 309	4 614	26	2 308	4 516		1	98
天　津	1 916	26 057	67 001	737	24 696	48 092	1 179	1 361	18 909
河　北	13 908	265 140	521 931	11 082	178 239	416 604	2 826	86 901	105 327
山　西	134	389	2 404	106	306	1 759	28	83	645
内蒙古	1 139	2 226	14 375	818	1 995	11 944	321	231	2 431
辽　宁	42 886	723 975	1 502 184	42 934	690 921	1 402 845	-48	33 054	99 339
吉　林	3 520	5 349	32 044	2 760	3 436	26 038	760	1 913	6 006
黑龙江	10 980	13 279	97 312	6 423	9 208	60 467	4 557	4 071	36 845
上　海	1 403	112 204	175 093	1 396	115 641	179 861	7	-3 437	-4 768
江　苏	103 322	800 732	2 154 668	95 039	677 711	1 417 745	8 283	123 021	736 923
浙　江	50 204	2 263 461	4 367 023	50 317	2 304 153	4 386 771	-113	-40 692	-19 748
安　徽	29 116	329 150	388 935	23 456	290 783	339 261	5 660	38 367	49 674
福　建	65 680	809 890	2 302 757	63 004	748 517	2 211 799	2 676	61 373	90 958
江　西	30 968	152 623	305 378	29 337	145 567	288 994	1 631	7 056	16 384
山　东	68 812	942 580	2 059 981	68 427	897 876	2 045 318	385	44 704	14 663
河　南	4 848	19 444	79 471	5 004	17 689	73 866	-156	1 755	5 605
湖　北	45 195	105 263	411 471	38 013	87 718	281 175	7 182	17 545	130 296
湖　南	13 044	31 900	89 120	13 032	31 764	88 586	12	136	534
广　东	69 761	815 405	2 400 511	69 733	821 342	2 383 922	28	-5 937	16 589
广　西	28 530	345 709	1 012 851	25 402	296 082	841 540	3 128	49 627	171 311
海　南	25 634	338 683	1 078 170	15 508	278 068	761 366	10 126	60 615	316 804
重　庆	5 582	13 637	40 139	4 822	11 783	32 289	760	1 854	7 850
四　川	7 377	10 290	66 087	6 256	8 720	52 227	1 121	1 570	13 860
贵　州	3 469	8 134	57 700	908	1 676	12 340	2 561	6 458	45 360
云　南	1 018	2 407	19 258	817	2 679	15 581	201	-272	3 677
西　藏	19	15	154				19	15	154
陕　西	806	1 750	5 603	803	1 719	5 603	3	31	
甘　肃	9	22	88	27	182	397	-18	-160	-309
青　海	170	524	5 945	151	382	3 045	19	142	2 900
宁　夏	10	50	945	4	22	380	6	28	565
新　疆	787	2 434	12 882	300	920	5 709	487	1 514	7 173
中农发集团	346	139 061	231 219	354	154 832	248 080	-8	-15 771	-16 861

全国渔业人口与从业人员增减情况

指　标	计量单位	2008年	2007年	2008年比2007年增减(±)	其中:海洋渔业		
					2008年	2007年	2008年比2007年增减(±)
一、渔业乡	个	771	693	78	423	391	32
二、渔业村	个	9 230	8 605	625	3 831	3 663	168
三、渔业户	户	5 317 450	5 223 895	93 555	1 575 086	1 372 540	202 546
四、渔业人口	人	20 961 324	21 115 361	－154 037	5 679 961	5 398 610	281 351
其中:传统渔民	人	7 559 519	7 822 751	－263 232	3 359 374	3 069 273	290 101
五、渔业从业人员	人	14 543 689	13 168 613	1 375 076	3 352 813	3 018 804	334 009
(一)专业从业人员	人	8 474 790	7 553 429	921 361	2 216 594	2 191 748	24 846
其中:女性	人	1 715 819					
其中:1. 捕捞	人	1 820 156	1 784 119	36 037	1 073 879	1 074 398	－519
2. 养殖	人	5 039 559	4 914 981	124 578	816 253	773 312	42 941
3. 其他	人	1 615 075	854 329	760 746	326 462	344 038	－17 576
(二)兼业从业人员	人	4 853 056	5 615 184	－762 128	807 732	827 056	－19 324
其中:女性	人	1 021 181					
(三)临时从业人员	人	1 215 843					
其中:女性	人	387 174					

全国渔民人均纯收入调查核定数增减情况

单位:元

地 区	渔民人均纯收入(调查数据)			渔民人均纯收入(核定数据)		
	2008 年	2007 年	2008 年比 2007 年增减(±)	2008 年	2007 年	2008 年比 2007 年增减(±)
全国总计	**8 219**	**7 480**	**739**	**7 575**	**6 937**	**637**
北 京	23 048	26 031	−2 983	22 511	20 751	1 760
天 津	26 145	26 273	−128	12 780	12 360	420
河 北	5 854	6 895	−1 041	8 100	7 722	378
山 西	31 786	37 555	−5 769	5 111	4 641	470
内蒙古	4 667	5 466	−799	5 985	5 465	520
辽 宁	18 781	11 246	7 535	10 500	9 500	1 000
吉 林	16 673	12 553	4 120	5 286	4 431	855
黑龙江	4 295	5 111	−816	5 400	5 000	400
上 海	18 741	11 739	7 002	12 700	11 239	1 461
江 苏	9 251	10 598	−1 347	9 020	8 170	850
浙 江	9 499	14 387	−4 888	10 938	9 722	1 216
安 徽	11 981	9 500	2 481	7 212	6 979	233
福 建	5 048	7 229	−2 181	7 759	7 230	529
江 西	4 865	5 813	−948	6 394	5 813	581
山 东	6 479	8 246	−1 767	8 816	8 136	680
河 南	5 186	6 184	−998	5 715	5 094	621
湖 北	7 538	8 970	−1 432	6 600	5 900	700
湖 南	4 580	5 280	−700	5 480	4 499	981
广 东	7 928	8 521	−593	8 891	8 560	331
广 西	7 145	8 123	−978	6 974	6 840	134
海 南	16 634	19 801	−3 167	8 170	7 636	534
重 庆	4 782	4 918	−136	4 395	4 917	−522
四 川	4 129	5 131	−1 002	6 364	5 121	1 243
贵 州	9 485	3 846	5 639	1 430	1 253	177
云 南	5 390	6 157	−767	5 014	4 222	792
陕 西	2 294	3 792	−1 498	6 453	4 990	1 463
甘 肃	2 434	2 739	−305	2 918	2 918	
宁 夏	4 869	5 081	−212	5 505	5 025	480
新 疆	16 098	11 666	4 432	7 725	6 819	905

二、国内水产品产量

各地区淡水捕捞产量

（按类别分）

单位：吨

地　区	淡水捕捞产量	1. 鱼类	2. 甲壳类	其　中		3. 贝类	4. 藻类	5. 其他	其中
				虾	蟹				丰年虫
全国总计	**2 248 194**	**1 615 339**	**329 148**	**282 825**	**46 323**	**268 267**	**17**	**35 423**	**639**
北　京	4 061	3 948	113	103	10				
天　津	8 710	5 072	1 792	1 722	70	1 230		616	
河　北	81 124	70 902	6 430	5 315	1 115	2 973		819	11
山　西	890	885	5	5					
内蒙古	27 929	27 035	712	712				182	134
辽　宁	37 381	30 126	5 224	2 156	3 068	152		1 879	
吉　林	20 130	19 704	230	230		196			
黑龙江	41 795	40 701	727	727		367			
上　海	3 782	3 621	110	96	14			51	
江　苏	321 885	185 349	81 680	66 290	15 390	49 690		5 166	
浙　江	80 959	45 493	7 010	5 980	1 030	26 876		1 580	
安　徽	310 113	196 752	60 367	51 679	8 688	42 091		10 903	
福　建	76 343	49 498	5 557	4 133	1 424	20 026	3	1 259	
江　西	241 354	164 016	41 875	40 516	1 359	31 820	4	3 639	
山　东	129 643	111 378	13 627	8 418	5 209	4 336	6	296	
河　南	29 610	21 936	6 624	6 059	565	966		84	
湖　北	302 637	231 026	54 159	52 253	1 906	14 980		2 472	
湖　南	159 525	130 824	16 949	15 080	1 869	9 791		1 961	
广　东	124 895	69 749	7 788	5 570	2 218	46 017		1 341	
广　西	105 660	83 917	7 222	5 979	1 243	13 203		1 318	
海　南	19 874	17 235	709	519	190	1 713	1	216	
重　庆	9 862	8 708	531	441	90	356		267	
四　川	58 122	52 342	4 185	3 583	602	886		709	
贵　州	11 391	9 594	1 455	1 355	100	315		27	
云　南	23 697	19 455	3 830	3 734	96	281	3	128	8
西　藏	404	338						66	66
陕　西	4 064	4 000	41	39	2			23	
甘　肃	759	753	5		5			1	
青　海	30							30	30
宁　夏	182	182							
新　疆	11 383	10 800	191	131	60	2		390	390

各地区淡水养殖产量(一)
(按品种分)

单位:吨

地区	淡水养殖产量	1. 鱼类	其中				
			青鱼	草鱼	鲢鱼	鳙鱼	鲤鱼
全国总计	**20 724 977**	**18 369 242**	**359 804**	**3 707 146**	**3 193 270**	**2 290 228**	**2 350 691**
北京	49 550	49 013	488	8 003	4 603	2 446	11 817
天津	275 214	231 871		20 171	42 771	9 253	92 598
河北	336 026	314 635	480	48 579	60 815	22 254	115 674
山西	29 810	29 643	16	4 945	6 602	2 920	9 382
内蒙古	70 283	68 933		7 381	11 623	7 949	29 009
辽宁	577 791	541 405	1 550	42 518	84 734	51 820	202 356
吉林	134 870	134 404	835	12 632	30 489	27 098	38 825
黑龙江	314 005	309 927		21 794	59 562	25 527	137 290
上海	142 414	81 339	2 012	19 032	19 077	8 695	684
江苏	2 675 617	1 995 471	59 365	340 327	421 565	184 780	125 222
浙江	730 937	485 941	28 434	71 799	109 086	64 432	31 437
安徽	1 412 736	1 158 187	38 652	201 931	251 888	210 644	105 266
福建	583 108	508 177	9 094	106 793	49 945	46 841	41 464
江西	1 662 508	1 529 670	32 831	333 055	205 822	256 725	132 454
山东	1 078 639	1 014 513	8 993	170 646	101 582	121 454	300 364
河南	476 150	462 340	6 660	70 793	111 678	67 604	138 922
湖北	2 831 300	2 533 539	81 650	687 058	559 903	330 150	163 836
湖南	1 626 374	1 569 525	48 550	475 820	354 867	236 619	128 814
广东	2 911 143	2 590 104	25 777	560 262	197 817	315 620	116 899
广西	953 582	934 233	10 124	200 489	176 773	121 452	112 830
海南	265 282	255 376	1 153	8 382	7 339	7 634	5 485
重庆	180 738	180 158	671	37 443	50 438	17 760	20 427
四川	893 924	879 541	957	149 903	209 319	106 574	106 182
贵州	66 609	66 524	105	10 785	6 846	9 605	26 683
云南	230 932	230 534	1 251	53 094	23 433	18 485	65 328
西藏	96	96		22	2		28
陕西	48 136	48 072	140	12 098	10 857	4 567	16 026
甘肃	11 011	10 990	3	2 289	1 647	646	2 284
青海	1 420	1 381		30	20		110
宁夏	74 955	74 438	13	15 740	8 114	3 722	37 963
新疆	79 817	79 262		13 332	14 053	6 952	35 032

各地区淡水养殖产量(二)
(按品种分)

单位:吨

地 区	1. 鱼类(续)						
	其中(续)						
	鲫鱼	鳊鲂	泥鳅	鲶鱼	鮰鱼	黄颡鱼	鲑鱼
全国总计	**1 955 500**	**599 623**	**153 257**	**315 749**	**224 471**	**134 448**	**1 829**
北 京	7 895	4 065		1 046	476	176	305
天 津	56 091	2 515	450	5 505	1	2	8
河 北	30 525	912	247	484	168	30	30
山 西	931	1 753	16	111	8	1	12
内蒙古	8 083	741	564	1 310	2	104	
辽 宁	84 163	9 734	12 439	23 905	229	11 600	22
吉 林	13 613	1 209	1 058	2 643	4	1 035	64
黑龙江	45 689	566	991	2 292	93	2 099	
上 海	22 899	3 662		264	558	15	
江 苏	442 853	150 030	34 346	28 242	28 119	11 554	16
浙 江	64 182	23 797	804	2 896	3 115	2 800	299
安 徽	133 373	70 703	12 126	10 744	19 211	14 533	
福 建	21 963	2 693	672	3 906	3 471	975	
江 西	162 669	51 547	45 035	35 253	25 512	23 314	55
山 东	123 515	11 031	4 825	18 960	1 391	842	5
河 南	35 245	10 437	2 897	6 923	3 433	588	5
湖 北	309 484	121 951	8 517	20 336	40 350	33 140	
湖 南	83 631	56 115	6 497	18 978	19 268	10 928	12
广 东	108 795	38 291	3 414	29 045	17 161	6 446	316
广 西	28 117	1 346	2 097	25 963	9 983	784	
海 南	1 583	900	786	1 771	104		
重 庆	38 643	2 029	1 004	2 304	3 905	1 023	5
四 川	98 964	27 409	13 170	66 458	44 282	11 997	426
贵 州	2 688	422	221	1 953	3 279	377	3
云 南	15 650	1 668	991	1 688	147	69	23
西 藏	6						8
陕 西	2 241	366	27	402	45	14	
甘 肃	945	550	63	928	5	2	203
青 海	180						
宁 夏	5 583	1 650		975	26		
新 疆	5 301	1 531		464	125		12

各地区淡水养殖产量(三)
(按品种分)

单位:吨

地区	1. 鱼类(续)						
	其中(续)						
	鳟鱼	河鲀	短盖巨脂鲤	长吻鮠	黄鳝	鳜鱼	池沼公鱼
全国总计	**16 776**	**2 115**	**77 462**	**15 347**	**212 129**	**229 269**	**10 962**
北　京	2 535		150			272	
天　津							
河　北	1 642		18			5	4 328
山　西	709		2				
内蒙古	40						423
辽　宁	3 055					1 134	2 324
吉　林	211					28	2 050
黑龙江	103					375	21
上　海					39	128	
江　苏	22	1 422	3 195	312	8 394	25 250	
浙　江	121	16	353	38	687	8 198	6
安　徽	14	1	2 800	102	26 824	27 019	138
福　建	11	182	3 032	57	449	1 515	3
江　西	5	9	18 374	319	48 583	29 346	
山　东	1 336		1 328		423	1 595	12
河　南	205		1 199	6	1 512	272	1
湖　北			24	1 160	88 559	16 653	
湖　南	347		3	715	22 573	10 891	
广　东	2 054	276	24 077	5 891	2 026	101 967	1
广　西	95		21 400		1 346	179	
海　南			1 104		397		
重　庆	14		75	535	362	129	25
四　川	1 180		5	5 608	9 495	4 172	
贵　州	67			553	178	31	
云　南	1 297		272	22	245	42	61
西　藏	12						
陕　西	105	209	43	29	37	34	
甘　肃	1 312						
青　海	20						1 021
宁　夏	25						
新　疆	239		8			34	548

各地区淡水养殖产量(四)
(按品种分)

单位:吨

地 区	1. 鱼类(续)						2. 甲壳类
	其中(续)						
	银鱼	鲈鱼	乌鳢	罗非鱼	鲟鱼	鳗鲡	
全国总计	**15 822**	**166 601**	**324 131**	**1 110 298**	**21 396**	**205 325**	**1 771 502**
北 京		55	79	1 617	2 560		225
天 津				848	20		43 062
河 北	610	18	30	17 688	2 144		18 579
山 西	47	20		1 497	671		86
内蒙古	207		1 341	83			575
辽 宁	824	68	3 135	1 749	193		32 106
吉 林	733	38	505	20			466
黑龙江	461	5	66	251			4 057
上 海		276		26	33	342	60 394
江 苏		20 152	35 205	5 220	524	5 220	609 789
浙 江	230	11 428	34 948	1 808	666	3 704	123 659
安 徽	1 167	991	18 794	4 680	103	1 204	186 240
福 建	137	4 392	392	94 795	816	92 798	35 290
江 西	1 275	13 918	41 790	6 653	553	17 499	60 142
山 东	3 118	289	86 250	12 053	1 683		59 721
河 南	932	252	1 163	1 043	326		10 159
湖 北	1 411	1 608	22 024	5 646	3 037		259 171
湖 南	1 133	1 011	25 814	1 902	677		13 592
广 东	884	102 718	44 511	517 816	2 044	83 539	244 337
广 西	557	548	1 987	164 705	64	244	5 209
海 南			129	216 769	17	253	1 231
重 庆	7	169	142	2 907	118	23	227
四 川	1 285	8 377	5 632	3 589	4 458		1 738
贵 州	255		12	1 262	391	5	44
云 南	463	34	57	43 912	206	494	343
西 藏				18			
陕 西	68	76	96	348	34		41
甘 肃	17	4		36	54		19
青 海							39
宁 夏			3	100	3		517
新 疆	1	154	26	1 257	1		444

各地区淡水养殖产量(五)
(按品种分)

单位:吨

地区	2. 甲壳类(续)						3. 贝类	其中
	(1)虾	其中				(2)蟹(河蟹)		河蚌
		罗氏沼虾	青虾	克氏原螯虾	南美白对虾			
全国总计	**1 253 145**	**127 788**	**205 010**	**364 619**	**542 632**	**518 357**	**232 632**	**89 392**
北京	152				62	73		
天津	42 220		298		41 922	842		
河北	13 487		625	30	12 752	5 092	127	
山西	77	6			46	9		
内蒙古	227		102		125	348		
辽宁	1 646				1 561	30 460	13	5
吉林	102		60		42	364		
黑龙江	1 008				35	3 049		
上海	47 482	6 057	932	1	40 457	12 912	218	218
江苏	326 976	71 647	103 819	58 549	91 187	282 813	42 456	15 470
浙江	114 640	9 948	19 008	4 376	80 162	9 019	8 753	2 984
安徽	115 165	1 962	39 130	73 637	319	71 075	45 538	29 510
福建	34 029	938	620	19	31 913	1 261	26 760	4 047
江西	48 937	380	18 448	29 405	704	11 205	37 101	11 012
山东	40 893	2 085	4 099	3 386	30 527	18 828	1 241	444
河南	8 586	533	1 583	5 990	480	1 573	701	67
湖北	198 758	618	9 798	186 371	1 971	60 413	17 331	14 986
湖南	8 980	527	3 299	1 432	170	4 612	23 380	8 986
广东	241 881	31 714	1 955	4	205 871	2 456	20 578	803
广西	4 622	1 218	741	188	1 693	587	3 565	253
海南	1 070				350	161	122	
重庆	206	26	5		175	21	204	8
四川	1 512	53	181	1 229	26	226	4 402	587
贵州	33	1	30	2		11	35	12
云南	257	64	173			86		
西藏								
陕西	39	3	31		3	2		
甘肃						19		
青海	5		5			34		
宁夏						517		
新疆	155	8	68		79	289	107	

各地区淡水养殖产量(六)
(按品种分)

单位:吨

地区	3. 贝类(续) 其中(续) 螺	蚬	4. 藻类(螺旋藻)	5. 其他类	其中 龟	鳖	蛙	珍珠(千克)	6. 观赏鱼(万尾)
全国总计	**93 629**	**18 980**	**6 232**	**345 369**	**20 028**	**204 139**	**81 871**	**4 573 344**	**329 330**
北京				312	30	129			29 770
天津				281		281			25 344
河北	127			2 685		2 621			22 923
山西				81		81			2 465
内蒙古			768	7					58
辽宁				4 267	5		3 290		121 724
吉林									
黑龙江				21			21		
上海				463	36	331		6 090	5 444
江苏	23 097	3 432	365	27 536	1 233	23 452	2 207	618 478	18 309
浙江	5 081	428	17	112 567	8 336	90 445	9 504	1 377 523	12 805
安徽	13 986	2 022		22 771	1 196	7 290	6 599	399 850	1 071
福建	3 701	7 997	1 697	11 184	175	3 430	5 957	37 209	6 232
江西	22 051	4 038	2 713	32 882	2 440	13 384	16 046	851 760	20
山东	797			3 164	10	2 837	14		5 849
河南	625	9	18	2 932	42	2 754	134		12 675
湖北	2 163	182		21 259	1 393	18 497	1 069	300 000	464
湖南	13 693	218		19 877	1 088	6 406	8 954	982 434	434
广东	2 527	468	5	56 119	3 392	23 086	13 884		13 027
广西	2 298	186	80	10 495	404	7 054	1 812		12
海南	122		569	7 984	111	1 114	6 756		29 050
重庆	196			149	4	104	41		1 656
四川	3 035			8 243	133	805	5 531		5 561
贵州	23			6		5	1		878
云南				55		4	51		13 148
西藏									
陕西				23		23			9
甘肃				2		2			
青海									
宁夏									350
新疆	107			4		4			54

各地区淡水养殖产量(一)
(按水域和养殖方式分类)

单位:吨

地 区	淡水养殖产量	按 水 域			
		1. 池塘	2. 湖泊	3. 水库	4. 河沟
全国总计	**20 724 977**	**14 594 472**	**1 456 226**	**2 415 397**	**558 668**
北 京	49 550	43 900	31	297	
天 津	275 214	262 679	6 248	1 193	1 174
河 北	336 026	235 290	12 321	79 284	4 716
山 西	29 810	17 013	954	11 404	380
内蒙古	70 283	43 187	12 753	13 345	656
辽 宁	577 791	448 434		63 549	4 525
吉 林	134 870	61 045	25 871	42 615	
黑龙江	314 005	240 242	23 827	23 861	10 492
上 海	142 414	110 957	245		4 868
江 苏	2 675 617	1 901 360	285 769	76 387	116 184
浙 江	730 937	340 525	8 098	69 811	68 650
安 徽	1 412 736	768 154	337 322	136 426	70 821
福 建	583 108	372 799	4 715	124 816	35 376
江 西	1 662 508	1 021 357	174 195	310 823	58 405
山 东	1 078 639	718 849	83 641	238 937	11 258
河 南	476 150	381 951	7 054	70 757	10 885
湖 北	2 831 300	2 106 501	325 094	159 090	23 202
湖 南	1 626 374	1 198 558	96 546	160 381	23 171
广 东	2 911 143	2 676 525	15 087	160 980	13 672
广 西	953 582	558 855		305 514	21 674
海 南	265 282	192 075	4 797	62 500	41
重 庆	180 738	127 607	3 350	24 237	8 388
四 川	893 924	449 093	783	189 011	62 062
贵 州	66 609	9 737	94	24 555	794
云 南	230 932	149 790	4 149	39 205	1 618
西 藏	96	96			
陕 西	48 136	34 676	860	11 959	62
甘 肃	11 011	8 129		1 954	63
青 海	1 420	39	360	1 021	
宁 夏	74 955	52 309	21 746	752	148
新 疆	79 817	62 740	316	10 733	5 383

各地区淡水养殖产量(二)
(按水域和养殖方式分类)

单位:吨

地 区	按水域(续)		养殖方式中		
	5. 其他	6. 稻田	围栏	网箱	工厂化
全国总计	**530 246**	**1 169 968**	**510 761**	**883 823**	**133 680**
北 京	5 322			220	
天 津	3 920				4 830
河 北	1 783	2 632	6 910	65 226	3 041
山 西	47	12	1	1 050	183
内蒙古		342	601	846	808
辽 宁	17 410	43 873	62	30 094	809
吉 林	5 158	181	520	3 308	153
黑龙江	10 158	5 425		127	
上 海	25 139	1 205			43
江 苏	65 025	230 892	89 923	63 588	11 685
浙 江	38 589	205 264	24 733	10 659	60 832
安 徽	29 043	70 970	210 985	77 377	2 518
福 建	26 901	18 501	93	30 813	23 833
江 西	32 906	64 822	44 318	55 475	8 673
山 东	25 594	360	11 259	157 493	7 661
河 南	3 678	1 825	2 923	50 626	2 391
湖 北	54 880	162 533	75 494	33 216	1 016
湖 南	58 325	89 393	20 993	94 211	485
广 东	41 232	3 647	9 346	9 437	60
广 西	49 454	18 085	9 494	93 301	
海 南	5 869		2 227	1 946	570
重 庆	6 465	10 691	240	6 479	54
四 川	7 055	185 920		77 121	1 714
贵 州	13 051	18 378	100	12 762	169
云 南	1 323	34 847	397	7 449	1 328
西 藏					
陕 西	442	137	132	845	121
甘 肃	832	33		100	
青 海					
宁 夏			10		85
新 疆	645			54	618

沿海各地区海水养殖产量(一)
(按品种分)

单位:吨

地 区	海水养殖产量	1. 鱼类	其中					
			鲈鱼	鲆鱼	大黄鱼	军曹鱼	鲕鱼	鲷鱼
全国总计	**13 403 236**	**747 504**	**95 747**	**78 141**	**65 977**	**23 475**	**19 511**	**36 250**
天 津	14 082	1 592	6	775				25
河 北	295 950	15 638	1 245	3 281				
辽 宁	2 020 980	31 093	1 142	14 508			430	
上 海								
江 苏	674 414	31 198	1 115	2 230				49
浙 江	830 785	35 060	10 456	2	3 317			3 153
福 建	2 777 821	141 949	13 592	2 614	59 580	98	4 582	14 887
山 东	3 613 510	173 681	20 622	54 294	214			2 585
广 东	2 229 773	256 680	38 600	437	2 866	13 304	13 646	8 169
广 西	775 866	23 239	6 606			189		5 191
海 南	170 055	37 374	2 363			9 884	853	2 191

沿海各地区海水养殖产量(二)
(按品种分)

单位:吨

地 区	1. 鱼类(续)				2. 甲壳类	(1)虾	其中	
	其中(续)							
	美国红鱼	河鲀	石斑鱼	鲽鱼			南美白对虾	斑节对虾
全国总计	**50 947**	**15 518**	**45 213**	**8 274**	**941 791**	**725 442**	**520 133**	**60 899**
天 津	20	88	85	150	12 334	12 302	12 230	
河 北	30	4 172			16 846	14 706	6 413	1 388
辽 宁	154	5 236		370	26 114	25 195	9 507	
上 海								
江 苏		204			53 855	33 410	15 510	1 174
浙 江	8 054	19	153	60	94 046	43 225	26 147	737
福 建	9 229	846	10 537	158	74 251	39 029	20 356	5 632
山 东	2 018	4 380	465	7 097	108 170	75 643	40 783	2 818
广 东	26 259	527	20 808	439	306 363	260 088	196 187	34 070
广 西	3 274		2 059		152 202	138 179	111 581	12 834
海 南	1 909	46	11 106		97 610	83 665	81 419	2 246

沿海各地区海水养殖产量(三)
(按品种分)

单位:吨

地区	2. 甲壳类(续)					3. 贝类
	(1)虾(续)		(2)蟹	其中		
	其中(续)					
	中国对虾	日本对虾		梭子蟹	青蟹	
全国总计	**42 552**	**47 721**	**216 349**	**83 803**	**113 852**	**10 080 901**
天津	30	42	32	32		
河北	3 976	2 929	2 140	1 940	200	259 711
辽宁	12 368	2 256	919	852		1 572 050
上海						
江苏	6 912	1 229	20 445	18 243	756	563 426
浙江	3 464	4 201	50 821	24 124	24 729	667 560
福建	3 045	7 098	35 222	11 453	22 082	2 049 522
山东	6 791	23 843	32 527	25 816	217	2 747 401
广东	5 966	5 750	46 275	1 273	38 480	1 606 738
广西		373	14 023		14 023	598 577
海南			13 945	70	13 365	15 916

沿海各地区海水养殖产量(四)
(按品种分)

单位:吨

地区	3. 贝类(续)								
	其中(续)								
	牡蛎	鲍	螺	蚶	贻贝	江珧	扇贝	蛤	蛏
全国总计	**3 354 382**	**33 010**	**224 967**	**290 177**	**479 902**	**11 155**	**1 137 039**	**3 058 073**	**742 084**
天津									
河北	3 467			5 427	1 840		131 122	66 309	
辽宁	143 545	585		55 606	52 687		289 384	658 754	26 892
上海									
江苏	6 182	6	64 468	12 308	20 989			349 405	64 989
浙江	111 229	399	13 753	123 065	68 081		2 203	65 847	247 336
福建	1 419 083	22 395	2 566	35 157	62 713		10 122	265 318	169 578
山东	498 419	5 001	22 316	16 997	152 655		647 161	1 176 170	206 649
广东	825 102	4 038	97 814	35 558	112 663	11 155	56 296	274 670	25 680
广西	345 957		22 110	5 381	8 274		706	192 291	960
海南	1 398	586	1 940	678			45	9 309	

沿海各地区海水养殖产量(五)
(按品种分)

单位:吨

地 区	4. 藻类	其中					
		海带	裙带菜	紫菜	江蓠	麒麟菜	石花菜
全国总计	**1 386 022**	**797 751**	**132 021**	**81 466**	**114 446**	**6 724**	**120**
天 津							
河 北							
辽 宁	246 387	135 577	104 234				
上 海							
江 苏	25 269	3 263		21 927	36		
浙 江	32 929	5 452		18 732	317		
福 建	509 900	419 028	2	34 475	52 992	144	
山 东	502 433	233 148	27 760	4 468	3 980		120
广 东	50 327	1 283	25	1 864	45 296		
广 西							
海 南	18 777				11 825	6 580	

沿海各地区海水养殖产量(六)
(按品种分)

单位:吨

地 区	4. 藻类(续)		5. 其他	其 中			
	其中(续)						
	羊栖菜	苔菜		海参	海胆(千克)	海水珍珠(千克)	海蜇
全国总计	**8 748**	**1 254**	**247 018**	**92 567**	**3 023 186**	**15 392**	**47 405**
天 津			156				
河 北			3 755	1 183			1 827
辽 宁			145 336	29 034	1 682 496		32 177
上 海							
江 苏	43		666	97			569
浙 江	7 451	934	1 190	110			
福 建	1 254		2 199	1 224	38 189		21
山 东		320	81 825	60 689	896 000		9 419
广 东			9 665	230	406 501	7 219	2 995
广 西			1 848			6 522	397
海 南			378			1 651	

沿海各地区海水养殖产量(一)
(按水域和养殖方式分)

单位:吨

地 区	海水养殖产量	按养殖水域			养殖方式中
		1. 海上	2. 滩涂	3. 其他	1. 池塘
全国总计	**13 403 236**	**6 737 688**	**5 166 516**	**1 499 032**	**1 414 221**
天 津	14 082			14 082	12 768
河 北	295 950	197 609	64 905	33 436	32 072
辽 宁	2 020 980	1 142 116	650 604	228 260	84 582
上 海					
江 苏	674 414	88 520	448 843	137 051	160 810
浙 江	830 785	223 133	366 152	241 500	234 962
福 建	2 777 821	1 697 297	900 279	180 245	122 563
山 东	3 613 510	2 262 147	1 221 950	129 413	231 266
广 东	2 229 773	882 762	1 008 938	338 073	291 201
广 西	775 866	207 882	416 561	151 423	130 846
海 南	170 055	36 222	88 284	45 549	113 151

沿海各地区海水养殖产量(二)
(按水域和养殖方式分)

单位:吨

地 区	养殖方式中(续)					
	2. 普通网箱	3. 深水网箱	4. 筏式	5. 吊笼	6. 底播	7. 工厂化
全国总计	**269 937**	**35 673**	**3 823 441**	**444 663**	**2 982 620**	**83 250**
天 津						1 314
河 北			172 568		77 074	5 636
辽 宁	2 863	1 191	630 851	23 358	523 845	22 913
上 海						
江 苏	370		66 297		351 936	3 749
浙 江	24 497	2 766	148 984	889	259 992	21
福 建	110 158	4 522	834 834	10 758	128 453	4 063
山 东	26 542	14 786	1 650 753	328 619	1 134 949	40 081
广 东	87 289	1 691	139 202	81 000	386 144	3 340
广 西	5 949		176 127		111 771	
海 南	12 269	10 717	3 825	39	8 456	2 133

三、水产养殖面积

各地区淡水养殖面积(一)
(按水域和养殖方式分类)

单位:公顷

地 区	淡水养殖面积	按 水 域			
		1. 池塘	2. 湖泊	3. 水库	4. 河沟
全国总计	**4 971 023**	**2 144 715**	**961 335**	**1 549 612**	**202 183**
北 京	4 785	4 443	100	165	
天 津	36 442	29 773	2 018	4 134	517
河 北	72 364	28 539	4 986	36 907	1 092
山 西	14 266	1 650	2 168	10 181	94
内蒙古	100 188	14 663	43 921	38 908	2 696
辽 宁	154 416	40 978		88 187	1 375
吉 林	226 230	25 833	55 270	122 090	
黑龙江	264 134	63 845	97 869	79 271	15 598
上 海	29 175	22 956	283		4 844
江 苏	543 381	346 482	123 920	33 580	27 630
浙 江	212 016	69 116	6 491	92 486	39 265
安 徽	475 212	151 122	208 471	72 950	34 640
福 建	86 274	31 829	988	45 856	5 101
江 西	365 874	129 116	81 898	137 046	14 113
山 东	236 084	107 013	13 583	107 804	5 060
河 南	146 640	68 590	2 349	70 882	4 806
湖 北	583 351	284 043	191 628	93 460	5 701
湖 南	361 692	169 954	85 720	104 219	692
广 东	354 534	264 227	2 457	75 696	2 160
广 西	162 014	74 627		80 555	5 219
海 南	29 103	15 838	223	12 878	1
重 庆	49 386	26 949	5 200	16 218	527
四 川	169 403	93 590	4 100	59 466	12 199
贵 州	24 856	2 712	112	21 072	679
云 南	37 072	14 487	309	22 083	182
西 藏	51	51			
陕 西	113 293	40 241	2 832	66 105	3 170
甘 肃	12 424	834		5 282	6 251
青 海	4 266	67	3 386	813	
宁 夏	28 180	11 100	15 940	1 030	110
新 疆	73 917	10 047	5 113	50 288	8 461

各地区淡水养殖面积(二)
(按水域和养殖方式分类)

单位:公顷

地区	按水域(续)		养殖方式中		
	5. 其他	6. 稻田	围栏(平方米)	网箱(立方米)	工厂化(立方米水体)
全国总计	**113 178**	**1 477 501**	**2 687 007 861**	**222 431 829**	**19 302 030**
北京	77			3 335	
天津					247 410
河北	840	3 046	27 289 481	2 665 044	1 050 300
山西	173	5	5 000	45 690	14 850
内蒙古		1 541	10 750 000	22 100	236 868
辽宁	23 876	76 671	154 000	231 201	467 904
吉林	23 037	367	118 850	29 399	1 300 640
黑龙江	7 551	21 915		26 960	
上海	1 092	1 315			16 220
江苏	11 769	158 339	263 351 700	8 865 700	861 500
浙江	4 658	80 920	3 508 936	11 232 310	3 747 092
安徽	8 029	46 343	1 385 326 709	13 074 906	144 742
福建	2 500	20 921	102 296	1 399 455	7 758 525
江西	3 701	77 318	198 239 559	3 971 106	1 365 831
山东	2 624	300	86 489 581	20 357 015	925 216
河南	13	1 217	70 024 541	1 968 373	141 155
湖北	8 519	147 865	470 320 000	142 813 000	151 000
湖南	1 107	214 462	109 305 533	6 373 879	9 158
广东	9 994	5 413	547 480	398 835	10 719
广西	1 613	44 826	55 546 341	6 569 606	
海南	163		424 435	24 485	515 000
重庆	492	55 863	3 196 800	126 007	3 040
四川	48	316 534		1 352 471	16 059
贵州	281	94 771	603 264	685 112	6 914
云南	11	107 234	715 452	106 388	177 762
西藏					
陕西	945	315	967 903	68 001	46 493
甘肃	57			20 100	
青海					
宁夏			20 000		2 700
新疆	8			1 351	84 932

沿海各地区海水养殖面积(一)
(按品种分)

单位:公顷

地　区	海水养殖面积	1. 鱼类	2. 甲壳类	(1)虾	其中 南美白对虾	斑节对虾	中国对虾	日本对虾
全国总计	**1 578 909**	**70 282**	**293 463**	**219 458**	**126 224**	**19 330**	**25 528**	**33 347**
天　津	4 369	85	4 284	4 247	4 113		27	107
河　北	109 755	6 027	23 613	21 883	7 605	1 245	4 845	7 714
辽　宁	411 556	3 225	17 834	16 407	5 585		6 780	3 406
上　海								
江　苏	160 089	4 625	19 554	8 140	3 157	459	3 657	603
浙　江	96 139	5 367	32 516	16 012	6 333	307	1 492	1 345
福　建	120 704	10 735	19 209	11 687	5 232	2 074	1 472	2 486
山　东	426 217	9 777	81 704	63 681	39 795	3 175	4 620	16 054
广　东	189 717	27 658	67 830	52 735	35 242	9 645	2 635	1 311
广　西	47 380	842	18 591	17 351	13 305	2 110		321
海　南	12 983	1 941	8 328	7 315	5 857	315		

沿海各地区海水养殖面积(二)
(按品种分)

单位:公顷

地　区	2. 甲壳类(续) (2)蟹	其中 梭子蟹	青蟹	3. 贝类	其中 牡蛎	鲍	螺	蚶	贻贝
全国总计	**74 005**	**39 325**	**32 648**	**966 760**	**105 207**	**6 954**	**41 641**	**71 727**	**31 537**
天　津	37	37							
河　北	1 730	1 597	133	77 712	157			8 451	432
辽　宁	1 427	1 193		300 861	10 033	2 020		42 724	1 541
上　海									
江　苏	11 414	10 815	530	116 070	616	150	19 217	1 214	1 006
浙　江	16 504	4 436	11 438	49 391	4 818	50	5 248	10 294	1 846
福　建	7 522	3 119	4 282	64 565	32 871	1 579	439	2 487	1 338
山　东	18 023	17 883	92	246 812	13 756	1 651	8 722	2 919	19 985
广　东	15 095	241	14 348	84 758	27 226	1 446	5 470	3 055	5 239
广　西	1 240		1 240	25 057	15 431		2 451	468	150
海　南	1 013	4	585	1 534	299	58	94	115	

沿海各地区海水养殖面积(三)
(按品种分)

单位:公顷

地 区	3. 贝类(续)				4. 藻类	其 中			
	其中(续)								
	江珧	扇贝	蛤	蛏		海带	裙带菜	紫菜	江蓠
全国总计	**1 231**	**208 153**	**392 924**	**61 652**	**87 175**	**33 522**	**5 053**	**39 150**	**5 541**
天 津									
河 北		41 389	27 283						
辽 宁		99 357	117 292	6 723	9 076	4 582	4 386		
上 海									
江 苏			80 291	10 953	19 505	795		18 670	2
浙 江		306	6 788	17 802	8 445	391		6 835	88
福 建		468	12 157	11 265	25 820	10 754	1	12 002	2 541
山 东		62 050	121 917	13 036	19 967	16 953	663	1 313	26
广 东	1 231	4 462	20 427	1 775	3 335	47	3	330	2 370
广 西		117	6 171	98					
海 南		4	598		1 027				514

沿海各地区海水养殖面积(四)
(按品种分)

单位:公顷

地 区	4. 藻类(续)				5. 其他	其 中			
	其中(续)								
	麒麟菜	石花菜	羊栖菜	苔菜		海参	海胆	海水珍珠	海蜇
全国总计	**505**	**7**	**1 212**	**160**	**161 229**	**112 468**	**7 771**	**5 427**	**9 650**
天 津									
河 北					2 403	1 581			684
辽 宁					80 560	69 377	4 900		6 130
上 海									
江 苏			38		335	180			155
浙 江			930	152	420	34			
福 建	22		244		375	191	10		1
山 东		7		8	67 957	41 077	40		2 458
广 东					6 136	28	2 821	2 664	155
广 西					2 890			2 660	67
海 南	483				153			103	

沿海各地区海水养殖面积(一)
(按水域和养殖方式分类)

单位:公顷

地区	海水养殖面积	按养殖水域			养殖方式中	
		1. 海上	2. 滩涂	3. 其他	池塘	普通网箱(平方米)
全国总计	**1 578 909**	**694 668**	**641 429**	**242 812**	**350 829**	**18 989 719**
天　津	4 369			4 369	4 369	
河　北	109 755	52 581	38 230	18 944	28 694	
辽　宁	411 556	262 090	105 079	44 387	40 758	730 809
江　苏	160 089	15 920	125 829	18 340	33 393	9 500
浙　江	96 139	16 292	45 846	34 001	30 080	1 852 596
福　建	120 704	51 543	48 111	21 050	16 133	10 552 340
山　东	426 217	222 089	178 245	25 883	115 973	608 235
广　东	189 717	59 128	71 212	59 377	57 059	4 085 702
广　西	47 380	12 447	20 839	14 094	16 322	106 300
海　南	12 983	2 578	8 038	2 367	8 048	1 044 237

沿海各地区海水养殖面积(二)
(按水域和养殖方式分类)

单位:公顷

地区	养殖方式中(续)				
	深水网箱(立方米水体)	筏式	吊笼	底播	工厂化(立方米水体)
全国总计	**2 942 056**	**1 042 119**	**45 307**	**573 812**	**9 744 375**
天　津					227 080
河　北		39 522		37 190	826 573
辽　宁	104 720	50 853	2 271	227 337	1 480 207
江　苏		20 471		87 488	235 500
浙　江	773 677	6 533	218	21 492	14 865
福　建	692 537	816 194	328	9 165	1 402 049
山　东	885 240	95 254	36 708	154 546	4 816 159
广　东	432 332	7 346	5 513	30 014	410 542
广　西		5 616		5 863	
海　南	53 550	330	269	717	331 400

四、养殖单产

各地区淡水养殖单产水平(一)

单位:千克/公顷

地 区	按 水 域				
	池塘湖泊水库河沟平均单产	1. 池塘	2. 湖泊	3. 水库	4. 河沟
全国总计	**3 916**	**6 805**	**1 515**	**1 559**	**2 763**
北 京	9 394	9 881	310	1 800	
天 津	7 445	8 823	3 096	289	2 271
河 北	4 636	8 245	2 471	2 148	4 319
山 西	2 111	10 311	440	1 120	4 043
内蒙古	698	2 945	290	343	243
辽 宁	3 957	10 943		721	3 291
吉 林	637	2 363	468	349	
黑龙江	1 163	3 763	243	301	673
上 海	4 133	4 833	866		1 005
江 苏	4 476	5 488	2 306	2 275	4 205
浙 江	2 349	4 927	1 248	755	1 748
安 徽	2 810	5 083	1 618	1 870	2 044
福 建	6 419	11 713	4 772	2 722	6 935
江 西	4 321	7 910	2 127	2 268	4 138
山 东	4 509	6 717	6 158	2 216	2 225
河 南	3 210	5 569	3 003	998	2 265
湖 北	4 547	7 416	1 696	1 702	4 070
湖 南	4 101	7 052	1 126	1 539	33 484
广 东	8 319	10 130	6 140	2 127	6 330
广 西	5 524	7 489		3 793	4 153
海 南	8 964	12 127	21 511	4 853	41 000
重 庆	3 346	4 735	644	1 494	15 917
四 川	4 139	4 799	191	3 178	5 087
贵 州	1 432	3 590	839	1 165	1 169
云 南	5 255	10 340	13 427	1 775	8 890
西 藏	1 882	1 882			
陕 西	423	862	304	181	20
甘 肃	820	9 747		370	10
青 海	333	582	106	1 256	
宁 夏	2 660	4 713	1 364	730	1 345
新 疆	1 071	6 245	62	213	636

各地区淡水养殖单产水平(二)

单位:千克/公顷

地　区	按水域分(续)		养殖方式中		
	5. 其他	6. 稻田养成鱼	1. 围栏（千克/平方米）	2. 网箱（千克/平方米）	3. 工厂化（千克/立方米水体）
全国总计	**4 685**	**792**	**0.19**	**3.97**	**6.93**
北　京	69 117			65.97	
天　津					19.52
河　北	2 123	864	0.25	24.47	2.90
山　西	272	2 400	0.20	22.98	12.32
内蒙古		222	0.06	38.28	3.41
辽　宁	729	572	0.40	130.16	1.73
吉　林	224	493	4.38	112.52	0.12
黑龙江	1 345	248		4.71	
上　海	23 021	916			2.65
江　苏	5 525	1 458	0.34	7.17	13.56
浙　江	8 284	2 537	7.05	0.95	16.23
安　徽	3 617	1 531	0.15	5.92	17.40
福　建	10 760	884	0.91	22.02	3.07
江　西	8 891	838	0.22	13.97	6.35
山　东	9 754	1 200	0.13	7.74	8.28
河　南	282 923	1 500	0.04	25.72	16.94
湖　北	6 442	1 099	0.16	0.23	6.73
湖　南	52 687	417	0.19	14.78	52.96
广　东	4 126	674	17.07	23.66	5.60
广　西	30 660	403	0.17	14.20	
海　南	36 006		5.25	79.48	1.11
重　庆	13 140	191	0.08	51.42	17.76
四　川	146 979	587		57.02	106.73
贵　州	46 445	194	0.17	18.63	24.44
云　南	120 273	325	0.55	70.02	7.47
西　藏					
陕　西	468	435	0.14	12.43	2.60
甘　肃	14 596			4.98	
宁　夏			0.50		31.48
新　疆	80 625			39.97	7.28

沿海各地区海水养殖单产水平(一)

单位:千克/公顷

地 区	总体水平	一、鱼类	二、甲壳类	1. 虾类	其中			
					南美白对虾	斑节对虾	中国对虾	日本对虾
全国总计	**8 488.92**	**10 635.78**	**3 209.23**	**3 305.61**	**4 120.71**	**3 150.49**	**1 666.88**	**1 431.04**
天 津	3 223.16	18 729.41	2 879.08	2 896.63	2 973.50		1 111.11	392.52
河 北	2 696.46	2 594.66	713.42	672.03	843.26	1 114.86	820.64	379.70
辽 宁	4 910.58	9 641.24	1 464.28	1 535.63	1 702.24		1 824.19	662.36
上 海								
江 苏	4 212.74	6 745.51	2 754.17	4 104.42	4 912.89	2 557.73	1 890.07	2 038.14
浙 江	8 641.50	6 532.51	2 892.30	2 699.54	4 128.69	2 400.65	2 321.72	3 123.42
福 建	23 013.50	13 223.01	3 865.43	3 339.52	3 890.67	2 715.53	2 068.61	2 855.19
山 东	8 478.10	17 764.24	1 323.93	1 187.84	1 024.83	887.56	1 469.91	1 485.18
广 东	11 753.15	9 280.50	4 516.63	4 931.98	5 566.85	3 532.40	2 264.14	4 385.96
广 西	16 375.39	27 599.76	8 186.86	7 963.75	8 386.40	6 082.46		1 161.99
海 南	13 098.28	19 255.02	11 720.70	11 437.46	13 901.14	7 130.16		

沿海各地区海水养殖单产水平(二)

单位:千克/公顷

地 区	二、甲壳类(续)			三、贝类	其中		
	2. 蟹类	其中			牡蛎	鲍	螺
		梭子蟹	青蟹				
全国总计	**2 923.44**	**2 131.04**	**3 487.26**	**10 427.51**	**31 883.64**	**4 746.91**	**5 402.54**
天 津	864.86	864.86					
河 北	1 236.99	1 214.78	1 503.76	3 341.97	22 082.80		
辽 宁	644.01	714.17		5 225.17	14 307.29	289.60	
上 海							
江 苏	1 791.22	1 686.82	1 426.42	4 854.19	10 035.71	40.00	3 354.74
浙 江	3 079.31	5 438.23	2 162.00	13 515.82	23 086.14	7 980.00	2 620.62
福 建	4 682.53	3 672.01	5 156.94	31 743.55	43 171.28	14 183.03	5 845.10
山 东	1 804.75	1 443.61	2 358.70	11 131.55	36 232.84	3 029.07	2 558.59
广 东	3 065.58	5 282.16	2 681.91	18 956.77	30 305.66	2 792.53	17 881.90
广 西	11 308.87		11 308.87	23 888.61	22 419.61		9 020.81
海 南	13 766.04	17 500.00	22 846.15	10 375.49	4 675.59	10 103.45	20 638.30

沿海各地区海水养殖单产水平(三)

单位:千克/公顷

地　区	三、贝类(续)					
	其中(续)					
	蚶	贻贝	江珧	扇贝	蛤	蛏
全国总计	**4 045.58**	**15 217.11**	**9 061.74**	**5 462.52**	**7 782.86**	**12 036.66**
天　津						
河　北	642.17	4 259.26		3 168.04	2 430.41	
辽　宁	1 301.52	34 190.14		2 912.57	5 616.36	4 000.00
上　海						
江　苏	10 138.39	20 863.82			4 351.73	5 933.44
浙　江	11 955.02	36 880.28		7 199.35	9 700.50	13 893.72
福　建	14 136.31	46 870.70		21 628.21	21 824.30	15 053.53
山　东	5 822.88	7 638.48		10 429.67	9 647.30	15 852.18
广　东	11 639.28	21 504.68	9 061.74	12 616.76	13 446.42	14 467.61
广　西	11 497.86	55 160.00		6 034.19	31 160.43	9 795.92
海　南	5 895.65			11 250.00	15 566.89	

沿海各地区海水养殖单产水平(四)

单位:千克/公顷

地　区	四、藻类	其　中					
		海带	裙带菜	紫菜	江蓠	麒麟菜	石花菜
全国总计	**15 899.31**	**23 797.83**	**26 127.25**	**2 080.87**	**20 654.39**	**13 314.85**	**17 142.86**
天　津							
河　北							
辽　宁	27 147.09	29 589.04	23 765.16				
上　海							
江　苏	1 295.51	4 104.40		1 174.45	18 000.00		
浙　江	3 899.23	13 943.73		2 740.60	3 602.27		
福　建	19 748.26	38 964.85	2 000.00	2 872.44	20 854.78	6 545.45	
山　东	25 163.17	13 752.61	41 870.29	3 402.89	153 076.92		17 142.86
广　东	15 090.55	27 297.87	8 333.33	5 648.48	19 112.24		
广　西							
海　南	18 283.35				23 005.84	13 623.19	

沿海各地区海水养殖单产水平(五)

单位:千克/公顷

地 区	四、藻类(续)		五、其他				
	其中(续)			其 中			
	羊栖菜	苔菜		海参	海胆	海水珍珠	海蜇
全国总计	**7 217.82**	**7 837.50**	**1 532.09**	**823.05**	**389.03**	**2.84**	**4 912.44**
天 津							
河 北			1 562.63	748.26			2 671.05
辽 宁			1 804.07	418.50	343.37		5 249.10
上 海							
江 苏	1 131.58		1 988.06	538.89			3 670.97
浙 江	8 011.83	6 144.74	2 833.33	3 235.29			
福 建	5 139.34		5 864.00	6 408.38	3 818.90		21 000.00
山 东		40 000.00	1 204.07	1 477.44	22 400.00		3 831.98
广 东			1 575.13	8 214.29	144.10	2.71	19 322.58
广 西			639.45			2.45	5 925.37
海 南			2 470.59			16.03	

沿海各地区海水养殖单产水平(六)

单位:千克/公顷

地 区	按 水 域			养殖方式中	
	海上	滩涂	其他	池塘	普通网箱(千克/平方米)
全国总计	**9 699.15**	**8 054.70**	**6 173.63**	**4 031.08**	**14.21**
天 津			3 223.16	2 922.41	
河 北	3 758.18	1 697.75	1 764.99	1 117.72	
辽 宁	4 357.72	6 191.57	5 142.50	2 075.22	3.92
上 海					
江 苏	5 560.30	3 567.09	7 472.79	4 815.68	38.95
浙 江	13 695.86	7 986.56	7 102.73	7 811.24	13.22
福 建	32 929.73	18 712.54	8 562.71	7 597.04	10.44
山 东	10 185.77	6 855.45	4 999.92	1 994.14	43.64
广 东	14 929.68	14 168.09	5 693.67	5 103.51	21.36
广 西	16 701.37	19 989.49	10 743.79	8 016.54	55.96
海 南	14 050.43	10 983.33	19 243.35	14 059.52	11.75

沿海各地区海水养殖单产水平(七)

单位:千克/公顷

地 区	养殖方式中(续)				
	深水网箱(千克/立方米水体)	筏式	吊笼	底播	工厂化(千克/立方米水体)
全国总计	**12.13**	**3 668.91**	**9 814.44**	**5 197.90**	**8.54**
天 津					5.79
河 北		4 366.38		2 072.44	6.82
辽 宁	11.37	12 405.38	10 285.34	2 304.27	15.48
上 海					
江 苏		3 238.58		4 022.68	15.92
浙 江	3.58	22 804.84	4 077.98	12 097.15	1.41
福 建	6.53	1 022.84	32 798.78	14 015.60	2.90
山 东	16.70	17 330.01	8 952.24	7 343.76	8.32
广 东	3.91	18 949.36	14 692.54	12 865.46	8.14
广 西		31 361.65		19 063.79	
海 南	200.13	11 590.91	144.98	11 793.58	6.44

五、水产苗种

各地区水产苗种数量(一)

地　区	淡水鱼苗（亿尾）	其中:罗非鱼（亿尾）	淡水鱼种（吨）	投放鱼种（吨）	河蟹育苗（千克）	扣蟹（千克）
全国总计	**6 873.01**	**323.77**	**2 723 703**	**3 021 397**	**732 155**	**35 428 408**
北　京	5.81	0.14	11 767	11 744		
天　津	24.51	20.00	11 630	27 145	454	113 000
河　北	18.93	1.57	21 616	35 799		6 715
山　西	3.83	0.02	2 563	3 462		3 200
内蒙古	6.33	0.21	9 533	9 648		
辽　宁	78.00	14.00	68 742	64 320	81 500	11 050 356
吉　林	6.60		11 722	13 782		
黑龙江	9.91		35 337	31 518		
上　海	22.00		10 408	21 108	3 400	3 237 000
江　苏	390.13	1.66	288 193	384 285	603 442	13 497 723
浙　江	105.82		46 003	81 950	11 088	91 729
安　徽	242.53	0.67	236 592	268 339	4 162	3 999 822
福　建	21.71	5.81	24 733	25 546		5
江　西	242.37	1.71	199 942	266 209	19 500	178 944
山　东	44.52	13.60	78 255	123 120	2 282	258 577
河　南	58.35	0.99	91 176	95 369		100 494
湖　北	643.00	5.00	661 575	657 238		2 806 593
湖　南	243.27	0.29	280 114	255 993	6 327	15 540
广　东	3 967.00	196.00	274 050	217 006		
广　西	198.93	18.55	90 655	103 605		
海　南	41.12	34.36	4 900	5 940		
重　庆	54.92	1.15	46 091	51 447		
四　川	142.08	1.11	129 522	159 879		10
贵　州	53.85	0.07	9 458	11 663		1 700
云　南	57.17	6.00	35 647	46 004		1 000
西　藏	0.03		12	12		
陕　西	8.70	0.38	8 558	13 451		
甘　肃	161.45	0.08	1 905	1 970		
青　海	0.13			77		66 000
宁　夏	5.11		20 250	20 200		
新　疆	14.90	0.40	12 754	13 568		

各地区水产苗种数量(二)

地　区	稚鳖（万只）	稚龟（万只）	鳗苗捕捞（千克）	海水鱼苗（万尾）	其　中	
					大黄鱼(万尾)	鲆鱼(万尾)
全国总计	**38 608.25**	**3 467.33**	**31 732**	**328 804.30**	**128 049.00**	**26 695.00**
北　京	18.00					
天　津	10.00			772.80		160.00
河　北	1 721.00			9 834.00		607.00
山　西	10.00	25.00				
内蒙古						
辽　宁	1.00	6.00		2 623.00		1 733.00
吉　林						
黑龙江						
上　海	54.90	35.00	656			
江　苏	8 103.41	325.17	12 411	2 284.00		250.00
浙　江	11 702.00	931.00	4 243	4 320.50	3 087.00	
安　徽	1 182.45	170.89	14			
福　建	286.00		12 657	213 523.00	124 220.00	2 203.00
江　西	2 322.00	362.00				
山　东	658.00	62.00	800	26 930.00	342.00	21 442.00
河　南	283.00	16.00				
湖　北	3 610.00	343.00				
湖　南	2 254.04	459.27				
广　东	4 625.00	463.00	755	54 793.00	400.00	300.00
广　西	1 393.39	256.80	196	6.00		
海　南	60.00			13 718.00		
重　庆	105.40	2.00				
四　川	104.00	9.00				
贵　州						
云　南	1.22					
西　藏						
陕　西	103.40	1.20				
甘　肃	0.04					
青　海						
青　海						
新　疆						

各地区水产苗种数量(三)

地 区	虾类育苗(亿尾)	其中:南美白对虾(亿尾)	贝类育苗(万粒)	其中:鲍鱼(万粒)	海带(亿株)	紫菜(亿贝壳)	海参(亿头)
全国总计	**7 752.19**	**3 770.39**	**126 222 816**	**309 301**	**255.57**	**28.06**	**273.35**
北 京							
天 津	125.18	119.95					
河 北	341.66	311.50	300 000				1.30
山 西							
内蒙古							
辽 宁	3 065.00	7.00	11 162 930	12 890	2.00		168.00
吉 林							
黑龙江							
上 海	163.56	145.00					
江 苏	117.23	86.27	886 910			21.56	
浙 江	360.61	198.06	7 867 884	5		1.82	1.00
安 徽	127.63	0.45	130 656				
福 建	2 452.29	2 198.14	81 363 950	173 459	186.57	4.65	
江 西	2.55		4 918				
山 东	185.00	88.00	23 618 474	46 706	67.00	0.01	103.05
河 南	5.12						
湖 北	120.00		76 288				
湖 南							
广 东	215.00	171.00	694 999	69 482		0.02	
广 西	166.88	155.59	93 432	1 624			
海 南	304.43	289.43	22 375	5 135			
重 庆							
四 川							
贵 州							
云 南	0.05						
西 藏							
陕 西							
甘 肃							
青 海							
宁 夏							
新 疆							

六、水产品加工

各地区水产品加工(一)

地　区	一、水产加工企业			二、水产冷库			
	小计（个）	水产加工能力（吨/年）	其中:规模以上加工企业(个)	数量（座）	冻结能力（吨/日）	冷藏能力（吨/次）	制冰能力（吨/日）
全国总计	**9 971**	**21 974 753**	**2 428**	**7 439**	**430 849**	**3 356 768**	**232 237**
北　京	5	5 545		218	59	26 620	128
天　津	14	85 151		13	476	10 045	124
河　北	279	406 320	23	280	5 556	41 511	4 934
山　西							
内蒙古	24	4 955	16	33	344	2 132	246
辽　宁	846	2 214 355	352	651	105 770	575 751	33 582
吉　林	22	27 067		30	1 095	2 530	102
黑龙江	27	4 400		22	339	4 250	66
上　海	33	50 920	8	69	1 020	16 467	362
江　苏	786	1 926 200	180	663	27 232	294 306	11 929
浙　江	2 641	2 265 703	334	1 337	40 941	630 329	29 550
安　徽	92	115 742	47	302	7 109	15 292	1 207
福　建	1 227	1 901 654	427	803	14 160	283 005	14 875
江　西	158	232 259	54	126	1 085	5 232	742
山　东	1 872	6 548 292	662	1 784	159 263	1 103 883	95 913
河　南	35	34 601	6	55	688	3 628	109
湖　北	205	753 000	96	231	43 349	48 277	11 924
湖　南	94	64 539	33	74	4 612	38 680	1 616
广　东	1 164	4 101 152	115	511	13 232	209 202	14 689
广　西	139	317 915	11	50	1 126	19 876	2 665
海　南	237	841 825	49	131	2 838	20 305	7 346
重　庆	3	200		6	15	10	2
四　川	6	28 800	3	5	90	460	13
贵　州	6	610		6	21	320	18
云　南	28	19 218	6	20	194	2 425	45
西　藏							
陕　西	16	22 700		2	35	32	50
甘　肃							
青　海	3	330		1			
宁　夏							
新　疆	9	1 300	6	16	200	2 200	

各地区水产品加工(二)

单位:吨

地　区	三、水产加工品总量	其　中		(一)水产冷冻品		
		淡水加工产品	海水加工产品		冷冻品	冷冻加工品
全国总计	**13 677 581**	**2 008 122**	**11 669 459**	**8 509 581**	**4 262 366**	**4 247 215**
北　京	2 756	756	2 000	2 616	2 362	254
天　津	1 588	113	1 475	1 563	1 530	33
河　北	140 968	13 496	127 472	56 278	18 543	37 735
山　西						
内蒙古	4 965	4 965		3 772	3 372	400
辽　宁	1 585 319	24 441	1 560 878	998 272	285 415	712 857
吉　林	8 907	8 907		745	150	595
黑龙江	5 066	5 066		3 166	3 166	
上　海	19 819	10 566	9 253	18 039	11 744	6 295
江　苏	722 573	247 595	474 978	473 754	269 152	204 602
浙　江	2 017 655	124 705	1 892 950	1 558 854	1 021 616	537 238
安　徽	85 168	85 168		45 087	22 539	22 548
福　建	1 971 947	156 587	1 815 360	718 664	433 649	285 015
江　西	198 387	198 387		49 173	23 287	25 886
山　东	4 354 929	127 643	4 227 286	2 909 687	1 422 862	1 486 825
河　南	14 337	14 337		11 070	5 727	5 343
湖　北	447 620	447 620		184 171	65 436	118 735
湖　南	56 566	56 566		22 299	17 535	4 764
广　东	1 391 565	329 829	1 061 736	904 073	291 184	612 889
广　西	165 489	17 196	148 293	140 122	105 142	34 980
海　南	448 899	101 121	347 778	384 260	244 875	139 385
重　庆	180	180				
四　川	4 876	4 876		4 716	1 250	3 466
贵　州	1 563	1 563		500	500	
云　南	16 507	16 507		15 270	7 970	7 300
西　藏						
陕　西	6 160	6 160		360	360	
甘　肃						
青　海	1 000	1 000		600	600	
宁　夏						
新　疆	2 772	2 772		2 470	2 400	70

各地区水产品加工(三)

单位:吨

地区	三、水产加工品总量(续)						
	(二)鱼糜制品及干腌制品	鱼糜制品	干腌制品	(三)藻类加工品	(四)罐制品	(五)水产饲料(鱼粉)	(六)鱼油制品
全国总计	**1 934 979**	**819 122**	**1 115 857**	**816 911**	**220 212**	**1 479 961**	**92 345**
北京						140	
天津							
河北	13 326	430	12 896		5 660	63 498	30
山西							
内蒙古	66		66	685	399	43	
辽宁	153 342	48 936	104 406	243 409	15 129	80 960	2 110
吉林	8 133		8 133		9		20
黑龙江	1 820		1 820		40		
上海							
江苏	29 131	12 794	16 337	11 981	8 621	185 268	55
浙江	258 741	86 063	172 678	14 947	22 459	134 286	360
安徽	9 242	3 105	6 137		330	29 450	
福建	331 237	173 248	157 989	291 538	27 913	448 689	74 409
江西	100 195	36 112	64 083	1 197	3 748	37 307	
山东	517 073	220 311	296 762	240 750	53 874	331 815	14 860
河南	914	322	592	150	3	200	
湖北	239 989	124 258	115 731		21 874	1 555	1
湖南	29 682	5 582	24 100		1 537	2 759	
广东	200 151	93 238	106 913	4 019	57 747	143 985	500
广西	15 041	13 032	2 009		203	586	
海南	24 979	740	24 239	7 585		13 620	
重庆	71		71				
四川	160		160				
贵州	1 063	935	128				
云南	73	16	57	650	514		
西藏							
陕西						5 800	
甘肃							
青海	400		400				
宁夏							
新疆	150		150		152		

各地区水产品加工(四)

单位:吨

地　区	三、水产加工品总量(续)			四、用于加工的水产品量	其　中	
	(七)其他水产加工品	助剂和添加剂	珍珠(千克)		淡水产品	海水产品
全国总计	**623 592**	**54 338**	**390 114**	**16 374 277**	**3 233 437**	**13 140 840**
北　京				2 921	921	2 000
天　津	25			1 787	175	1 612
河　北	2 176	16		297 563	13 412	284 151
山　西						
内蒙古				7 300	7 300	
辽　宁	92 097	2 000		2 711 023	33 346	2 677 677
吉　林				39 423	1 763	37 660
黑龙江	40			7 936	7 936	
上　海	1 780			20 730	11 204	9 526
江　苏	13 763	150	177 250	1 148 900	409 100	739 800
浙　江	28 008	7 010	1 906	2 438 793	126 780	2 312 013
安　徽	1 059	30	5 022	96 655	96 655	
福　建	79 497	6 255		2 528 546	155 428	2 373 118
江　西	6 767	543	72	320 935	320 935	
山　东	286 870	31 730	3 150	2 991 051	51 625	2 939 426
河　南	2 000	2 000		36 281	36 281	
湖　北	30	25	4 800	798 709	798 709	
湖　南	289		194 700	90 363	90 363	
广　东	81 090	459	3 214	1 816 548	600 950	1 215 598
广　西	9 537	4 120		238 812	45 463	193 349
海　南	18 455			732 442	377 532	354 910
重　庆	109			210	210	
四　川				18 508	18 508	
贵　州				1 965	1 965	
云　南				22 925	22 925	
西　藏						
陕　西						
甘　肃						
青　海				1 000	1 000	
宁　夏						
新　疆				2 951	2 951	

各地区水产品加工(五)

单位:吨

地 区	五、部分水产品年加工量	对虾	克氏原螯虾	罗非鱼	鳗鱼	斑点叉尾鮰
全国总计	**1 069 191**	**319 472**	**130 896**	**470 741**	**81 522**	**66 560**
北 京						
天 津	200	200				
河 北	3 468	2 378		1 090		
山 西						
内蒙古	1 513			1 513		
辽 宁	10 511	10 505		6		
吉 林						
黑龙江						
上 海	9 999	8 724			1 275	
江 苏	81 053	9 847	42 979	1 002	123	27 102
浙 江	91 533	56 766	2 715	111	30 521	1 420
安 徽	31 100		27 380			3 720
福 建	118 145	31 845		63 653	22 137	510
江 西	36 387		15 843	1 443	8 450	10 651
山 东	34 186	28 126		2 120	3 940	
河 南	2 718		2 718			
湖 北	55 699		33 260	5 289		17 150
湖 南	6 390		5 285	5		1 100
广 东	417 162	137 013		271 916	7 176	1 057
广 西	34 829	11 076		23 353		400
海 南	111 822	22 992		80 930	7 900	
重 庆						
四 川	4 136		686			3 450
贵 州	900			900		
云 南	17 440		30	17 410		
西 藏						
陕 西						
甘 肃						
青 海						
宁 夏						
新 疆						

七、总产值和增加值

渔业经济总产值和增加值

单位:万元

指　　标	按当年价格计算	
	产　　值	增加值
合　　计	**103 975 019. 07**	**46 199 729. 93**
一、渔业	55 206 411. 83	31 046 248. 96
其中:海洋捕捞	10 928 849. 43	5 867 938. 07
海水养殖	12 633 659. 52	7 621 670. 66
淡水捕捞	2 987 874. 45	1 813 489. 34
淡水养殖	25 659 258. 84	14 152 856. 44
水产苗种	2 996 769. 59	1 590 294. 45
二、渔业工业和建筑业	25 614 418. 34	8 306 913. 14
其中:水产品加工	19 713 704. 17	6 363 129. 76
渔用机具制造	1 042 748. 14	309 268. 30
其中:渔船渔机修造	609 419. 81	171 768. 10
渔用绳网制造	315 718. 01	105 048. 91
渔用饲料	2 675 423. 52	888 913. 80
渔用药物	109 824. 38	32 027. 72
建筑	849 669. 44	304 879. 76
其他	1 223 048. 69	408 693. 80
三、渔业流通和服务业	23 154 188. 90	6 846 567. 83
其中:水产流通	18 620 898. 92	4 931 947. 96
水产(仓储)运输	1 247 578. 45	457 922. 70
休闲渔业	1 744 831. 12	790 012. 35
其他	1 540 880. 41	666 684. 82

各地区渔业经济总产值(一)

单位:万元

地　　区	合　　计	一、渔业产值(按当年价格计算)			
		小　　计	海洋捕捞	海水养殖	淡水捕捞
全国总计	**103 975 019.07**	**55 206 411.83**	**10 928 849.43**	**12 633 659.52**	**2 987 874.45**
北　京	185 431.74	115 107.55	6 188.00		5 263.58
天　津	462 227.29	450 227.29	51 888.00	44 642.00	9 581.00
河　北	1 302 227.23	1 089 981.32	292 800.00	298 700.00	107 200.00
山　西	51 636.15	39 159.15			745.00
内蒙古	147 586.15	117 788.23			26 723.37
辽　宁	8 004 390.00	4 196 299.00	985 407.00	1 917 866.00	56 007.00
吉　林	246 595.30	175 650.15			24 297.24
黑龙江	510 060.22	412 628.02			75 200.00
上　海	686 827.40	591 384.55	197 878.00		9 105.00
江　苏	10 607 368.68	6 800 031.00	842 048.00	918 568.00	544 795.00
浙　江	12 738 278.00	4 422 368.00	2 104 314.00	870 222.00	124 061.00
安　徽	3 143 252.26	2 296 174.38			406 487.34
福　建	10 833 970.68	5 717 639.95	1 826 302.15	2 550 088.85	129 320.07
江　西	5 424 237.00	2 318 348.00			356 228.00
山　东	18 946 289.00	7 343 426.00	2 087 101.00	3 316 799.00	119 511.00
河　南	1 238 046.00	670 048.00			35 040.00
湖　北	6 535 087.00	3 997 122.00			454 790.00
湖　南	1 793 291.44	1 695 600.00			93 996.00
广　东	13 016 390.84	6 685 913.83	1 194 908.28	1 734 114.67	96 834.24
广　西	2 557 570.98	2 209 490.51	546 528.00	615 715.00	80 596.00
海　南	1 992 678.00	1 473 879.00	793 487.00	366 944.00	24 920.00
重　庆	370 105.31	241 351.01			17 365.30
四　川	2 174 302.23	1 470 215.87			132 266.77
贵　州	104 867.10	98 516.40			12 528.00
云　南	509 420.49	341 952.50			27 606.01
西　藏	1 522.80	905.80			349.00
陕　西	120 009.00	49 948.00			4 100.00
甘　肃	15 993.67	11 948.75			770.52
青　海	1 669.00	1 069.00			90.00
宁　夏	144 089.79	73 538.57			98.01
新　疆	109 598.32	98 700.00			12 000.00

各地区渔业经济总产值(二)

单位:万元

地 区	一、渔业产值(续)		二、渔业工业和建筑业(按当年价格计算)		
	淡水养殖	水产苗种	小 计	水产品加工	渔用机具制造 小计
全国总计	**25 659 258.84**	**2 996 769.59**	**25 614 418.34**	**19 713 704.17**	**1 042 748.14**
北 京	92 590.62	11 065.35	20 644.60	1 909.60	
天 津	332 043.00	12 073.29	870.00	320.00	
河 北	329 000.00	62 281.32	150 136.61	120 560.17	9 863.00
山 西	37 601.00	813.15	1 559.00		50.00
内蒙古	82 722.90	8 341.96	8 592.07	8 521.44	
辽 宁	835 353.00	401 666.00	2 013 944.00	1 620 386.00	100 579.00
吉 林	141 158.90	10 194.01	57 794.06	57 714.06	80.00
黑龙江	300 800.00	36 628.02	30 361.00	12 013.00	28.00
上 海	364 143.00	20 258.55	86 718.00	62 240.00	10 257.00
江 苏	4 352 057.00	142 563.00	1 882 691.99	1 060 521.32	114 812.53
浙 江	1 181 854.00	141 917.00	5 539 441.00	4 883 078.00	190 469.00
安 徽	1 772 421.25	117 265.79	225 095.40	112 637.32	18 827.26
福 建	987 748.93	224 179.95	3 257 096.00	2 492 742.00	100 473.00
江 西	1 759 748.00	202 372.00	691 927.00	580 298.00	4 241.00
山 东	1 335 357.00	484 658.00	6 832 315.00	5 548 396.00	420 061.00
河 南	554 931.00	80 077.00	164 675.00	26 232.00	1 358.00
湖 北	3 245 210.00	297 122.00	858 650.00	707 055.00	9 475.00
湖 南	1 449 000.00	152 604.00	68 585.05	55 276.05	893.00
广 东	3 500 020.31	160 036.33	2 754 642.55	1 841 561.08	39 447.00
广 西	826 927.00	139 724.51	133 288.40	107 467.13	3 736.00
海 南	213 749.00	74 779.00	452 575.00	389 664.00	15 719.00
重 庆	194 115.90	29 869.81	53 016.86	835.00	1 215.35
四 川	1 214 425.74	123 523.36	220 684.91	10 310.00	10.00
贵 州	74 151.20	11 837.20	1 584.00	75.00	99.00
云 南	288 103.30	26 243.19	77 396.40	12 680.00	
西 藏	556.80				
陕 西	42 380.00	3 468.00	7 334.00	282.00	1 055.00
甘 肃	10 332.93	845.30	359.00	330.00	
青 海	979.00		600.00	600.00	
宁 夏	60 278.06	13 162.50	18 841.44		
新 疆	79 500.00	7 200.00	3 000.00		

各地区渔业经济总产值(三)

单位:万元

地区	二、渔业工业和建筑业(按当年价格计算)(续)					
	渔用机具制造(续)		渔用饲料	渔用药物	建筑	其他
	渔船渔机修造	渔用绳网制造				
全国总计	**609 419.81**	**315 718.01**	**2 675 423.52**	**109 824.38**	**849 669.44**	**1 223 048.69**
北京			16 745.00	180.00	1 810.00	
天津			550.00			
河北	5 018.00	1 525.00	19 313.44			400.00
山西	50.00		814.00	675.00	20.00	
内蒙古					70.63	
辽宁	65 432.00	20 251.00	107 800.00	8 456.00	160 454.00	16 269.00
吉林	60.00	20.00				
黑龙江	28.00		12 410.00	5 910.00		
上海	10 257.00					14 221.00
江苏	32 239.86	48 700.61	183 045.10	16 853.76	77 873.16	429 586.12
浙江	108 227.00	60 733.00	258 268.00	2 041.00	81 798.00	123 787.00
安徽	1 671.10	17 156.10	56 406.00	30 903.50	955.35	5 365.97
福建	70 031.00	30 442.00	407 820.00	1 630.00	53 297.00	201 134.00
江西	525.00	3 716.00	81 843.00	1 348.00	17 924.00	6 273.00
山东	275 336.00	106 711.00	103 737.00	3 348.00	348 649.00	408 124.00
河南	42.00	1 316.00	136 349.00	686.00	50.00	
湖北	2 555.00	6 920.00	58 624.00	5 695.00	76 419.00	1 382.00
湖南	326.00	499.00	8 105.67	2 747.43	986.90	576.00
广东	24 873.50	11 180.30	836 334.88	4 471.69	18 892.30	13 935.60
广西	2 067.00	4.00	12 495.77	1 011.00	8 188.50	390.00
海南	9 151.00	5 695.00	43 739.00	968.00	964.00	1 521.00
重庆	465.35	750.00	49 093.91	510.00	1 296.60	66.00
四川	10.00		188 566.91	21 788.00		10.00
贵州		99.00	1 410.00			
云南			64 716.40			
西藏						
陕西	1 055.00		5 395.00	602.00		
甘肃					21.00	8.00
青海						
宁夏			18 841.44			
新疆			3 000.00			

各地区渔业经济总产值(四)

单位:万元

地　区	三、渔业流通和服务业(按当年价格计算)				
	小　计	水产流通	水产(仓储)运输	休闲渔业	其　他
全国总计	**23 154 188.90**	**18 620 898.92**	**1 247 578.45**	**1 744 831.12**	**1 540 880.41**
北　京	49 679.59	14 567.35	1 721.33	33 275.91	115.00
天　津	11 130.00	980.00	1 610.00	720.00	7 820.00
河　北	62 109.30	30 546.00	7 985.00	13 145.30	10 433.00
山　西	10 918.00	9 113.40	393.00	1 346.60	65.00
内蒙古	21 205.85	9 934.33	2 150.52	9 116.00	5.00
辽　宁	1 794 147.00	1 421 467.00	117 155.00	168 664.00	86 861.00
吉　林	13 151.09	6 221.50	260.20	6 548.19	121.20
黑龙江	67 071.20	43 192.00	1 090.00	21 058.20	1 731.00
上　海	8 724.85	5 500.00	60.00	3 164.85	
江　苏	1 924 645.69	1 502 084.77	24 125.22	371 883.09	26 552.61
浙　江	2 776 469.00	2 386 374.00	143 020.00	86 382.00	160 693.00
安　徽	621 982.48	495 165.10	21 754.83	52 006.77	53 055.78
福　建	1 859 234.73	1 509 191.18	164 959.55	26 006.00	159 078.00
江　西	2 413 962.00	2 021 551.00	200 594.00	183 803.00	8 014.00
山　东	4 770 548.00	3 181 090.00	347 803.00	313 426.00	928 229.00
河　南	403 323.00	333 980.00	973.00	66 386.00	1 984.00
湖　北	1 679 315.00	1 412 935.00	59 968.00	199 196.00	7 216.00
湖　南	29 106.39	19 272.22	2 171.86	6 033.44	1 628.87
广　东	3 575 834.46	3 498 933.00	31 118.83	19 992.43	25 790.20
广　西	214 792.07	183 516.47	3 932.11	2 483.82	24 859.67
海　南	66 224.00	39 634.00	12 054.00	2 263.00	12 273.00
重　庆	75 737.44	48 528.98	3 718.12	16 850.42	6 639.92
四　川	483 401.45	282 164.68	77 993.15	109 847.11	13 396.51
贵　州	4 766.70	3 338.40	197.00	1 121.30	110.00
云　南	90 071.59	65 110.78	12 711.00	12 249.81	
西　藏	617.00	237.00		380.00	
陕　西	62 727.00	47 360.00	1 601.00	10 356.00	3 410.00
甘　肃	3 685.92	1 630.80	410.20	1 619.92	25.00
青　海					
宁　夏	51 709.78	43 128.64	6 048.53	2 078.96	453.65
新　疆	7 898.32	4 151.32		3 427.00	320.00

各地区渔业经济增加值(一)

单位:万元

地　区	合　计	一、渔业经济增加值(按当年价格计算)			
		小　计	海洋捕捞	海水养殖	淡水捕捞
全国总计	**46 199 729.93**	**31 046 248.96**	**5 867 938.07**	**7 621 670.66**	**1 813 489.34**
北　京	57 960.23	38 987.23	2 200.00		1 597.36
天　津	221 684.15	215 884.15	24 976.00	21 488.00	4 611.00
河　北	704 080.15	634 945.00	173 100.00	176 600.00	63 400.00
山　西	7 851.31	5 157.93			166.10
内蒙古	59 200.61	47 911.88			11 520.79
辽　宁	3 990 922.00	2 639 120.00	631 739.00	1 231 801.00	34 090.00
吉　林	61 122.28	51 148.48			8 003.63
黑龙江	224 082.07	194 852.41			36 772.80
上　海	157 970.31	136 018.45	45 511.94		2 094.15
江　苏	4 600 981.56	3 776 057.20	467 589.25	510 080.81	302 524.66
浙　江	4 008 781.00	2 404 544.00	1 054 697.00	534 788.00	50 956.00
安　徽	1 589 403.67	1 359 775.24			270 374.08
福　建	5 804 448.49	3 174 842.18	1 022 684.46	1 427 987.27	72 416.07
江　西	2 361 406.00	1 622 844.00			249 360.00
山　东	8 557 181.00	4 472 425.00	1 057 076.00	2 424 278.00	64 477.00
河　南	595 216.00	442 338.00			25 230.00
湖　北	3 314 982.00	2 491 137.00			286 518.00
湖　南	1 165 899.90	1 102 600.00			61 507.00
广　东	4 231 513.01	2 372 238.21	420 342.32	599 521.95	45 986.33
广　西	1 588 476.44	1 494 301.29	372 732.10	419 917.63	54 966.47
海　南	1 242 824.00	1 094 367.00	595 290.00	275 208.00	18 690.00
重　庆	216 333.49	176 759.33			13 544.93
四　川	1 128 613.01	853 542.21			107 875.21
贵　州	68 097.70	64 922.30			8 256.00
云　南	113 964.51	85 190.91			12 314.51
西　藏	754.00	476.00			217.00
陕　西	43 643.60	28 532.00			2 207.00
甘　肃	7 620.61	6 967.31			445.82
青　海	385.00	235.00			15.00
宁　夏	42 499.32	30 150.82			40.18
新　疆	31 832.51	27 978.43			3 312.25

各地区渔业经济增加值(二)

单位:万元

地区	一、渔业经济增加值(续)		二、渔业工业和建筑业(按当年价格计算)		
	淡水养殖	水产苗种	小计	水产品加工	渔用机具制造
					小计
全国总计	**14 152 856.44**	**1 590 294.45**	**8 306 913.14**	**6 363 129.76**	**309 268.30**
北京	32 251.14	2 938.73	4 187.00	415.00	
天津	159 825.00	4 984.15	260.00	150.00	
河北	194 400.00	27 445.00	44 693.07	32 317.12	3 350.00
山西	4 792.07	199.76	432.00		
内蒙古	32 923.47	3 467.62	4 021.55	3 996.31	
辽宁	492 784.00	248 706.00	614 363.00	528 333.00	26 541.00
吉林	39 889.73	3 255.12	6 337.87	6 276.87	61.00
黑龙江	147 091.20	10 988.41	9 108.30	3 603.90	8.40
上海	83 752.89	4 659.47	19 945.14	14 315.20	2 359.11
江苏	2 416 697.25	79 165.23	470 672.99	265 130.33	28 703.13
浙江	708 621.00	55 482.00	1 128 549.00	970 052.00	49 240.00
安徽	1 021 951.90	67 449.26	87 049.81	47 848.29	8 476.70
福建	553 115.20	98 639.18	1 741 141.00	1 346 080.68	43 203.39
江西	1 231 824.00	141 660.00	234 032.00	212 041.00	1 349.00
山东	688 325.00	238 269.00	2 161 596.00	1 715 200.00	113 049.00
河南	377 956.00	39 152.00	45 396.00	12 146.00	636.00
湖北	2 045 782.00	158 837.00	362 353.00	304 066.00	4 484.00
湖南	941 900.00	99 193.00	44 563.06	35 929.43	580.45
广东	1 235 715.81	70 671.80	1 065 352.00	734 199.04	16 570.23
广西	563 964.21	82 720.88	37 755.53	33 916.69	844.72
海南	160 312.00	44 867.00	117 617.00	89 623.00	8 960.00
重庆	151 565.47	11 648.93	14 503.07	160.00	195.67
四川	677 349.64	68 317.36	65 949.78	2 115.00	5.00
贵州	48 865.60	7 800.70	792.00	37.50	49.50
云南	62 836.66	10 039.74	15 384.30	4 917.00	
西藏	259.00				
陕西	24 430.00	1 895.00	2 088.90	98.40	602.00
甘肃	6 151.19	370.30	12.00	12.00	
青海	220.00		150.00	150.00	
宁夏	24 714.01	5 396.63	7 838.04		
新疆	22 591.00	2 075.18	769.73		

各地区渔业经济增加值(三)

单位:万元

地 区	二、渔业工业和建筑业(按当年价格计算)(续)					
	渔用机具制造(续)		渔用饲料	渔用药物	建 筑	其 他
	渔船渔机修造	渔用绳网制造				
全国总计	**171 768.10**	**105 048.91**	**888 913.80**	**32 027.72**	**304 879.76**	**408 693.80**
北 京			3 279.00	72.00	421.00	
天 津			110.00			
河 北	1 611.00	747.00	8 834.95			191.00
山 西			177.00	235.00	20.00	
内蒙古					25.24	
辽 宁	15 312.00	6 242.00	17 964.00	2 164.00	36 104.00	3 257.00
吉 林	50.00	11.00				
黑龙江	8.40		3 723.00	1 773.00		
上 海	2 359.11					3 270.83
江 苏	8 059.97	12 175.15	45 761.27	4 213.44	19 468.29	107 396.53
浙 江	29 313.00	14 815.00	57 076.00	474.00	23 442.00	28 265.00
安 徽	858.57	7 618.13	16 205.69	10 619.45	510.99	3 388.69
福 建	30 113.33	13 090.06	216 144.60	863.90	28 247.41	106 601.02
江 西	160.00	1 189.00	12 358.00	839.00	5 576.00	1 869.00
山 东	66 837.00	36 701.00	33 426.00	941.00	150 349.00	148 631.00
河 南	23.00	613.00	32 398.00	206.00	10.00	
湖 北	935.00	3 549.00	19 916.00	2 539.00	30 689.00	659.00
湖 南	211.90	324.35	5 268.68	1 785.75	624.35	374.40
广 东	9 785.18	4 556.98	300 242.00	1 744.38	8 502.00	4 094.35
广 西	415.72	1.00	2 512.37	402.00	74.75	5.00
海 南	5 033.00	3 246.00	17 496.00	310.00	559.00	669.00
重 庆	74.92	120.74	13 694.57	178.50	256.73	17.60
四 川	5.00		61 345.60	2 479.80		4.38
贵 州		49.50	705.00			
云 南			10 467.30			
西 藏						
陕 西	602.00		1 201.00	187.50		
甘 肃						
青 海						
宁 夏			7 838.04			
新 疆			769.73			

各地区渔业经济增加值(四)

单位:万元

地　区	三、渔业流通和服务业(按当年价格计算)				
	小　计	水产流通	水产(仓储)运输	休闲渔业	其　他
全国总计	**6 846 567.83**	**4 931 947.96**	**457 922.70**	**790 012.35**	**666 684.82**
北　京	14 786.00	1 038.23	7.20	13 688.82	51.75
天　津	5 540.00	490.00	800.00	350.00	3 900.00
河　北	24 442.08	12 482.55	1 565.00	5 660.53	4 734.00
山　西	2 261.38	1 642.15	103.50	512.73	3.00
内蒙古	7 267.18	2 825.17	1 179.93	3 260.08	2.00
辽　宁	737 439.00	570 536.00	46 768.00	73 716.00	46 419.00
吉　林	3 635.93	1 382.31	83.76	2 138.50	31.36
黑龙江	20 121.36	12 957.60	327.00	6 317.46	519.30
上　海	2 006.72	1 265.00	13.80	727.92	
江　苏	354 251.37	150 208.48	4 825.04	185 941.54	13 276.31
浙　江	475 688.00	346 471.00	38 341.00	30 255.00	60 621.00
安　徽	142 578.62	73 183.72	8 384.68	27 247.54	33 762.68
福　建	888 465.31	724 411.77	72 582.20	13 523.12	77 948.22
江　西	504 530.00	376 008.00	56 513.00	70 166.00	1 843.00
山　东	1 923 160.00	1 245 242.00	157 357.00	139 943.00	380 618.00
河　南	107 482.00	80 150.00	369.00	26 221.00	742.00
湖　北	461 492.00	332 003.00	19 448.00	106 885.00	3 156.00
湖　南	18 736.84	12 526.94	1 411.71	3 740.72	1 057.47
广　东	793 922.80	771 689.10	8 818.95	5 079.03	8 335.72
广　西	56 419.62	41 954.85	677.45	1 661.65	12 125.67
海　南	30 840.00	19 421.00	6 389.00	1 471.00	3 559.00
重　庆	25 071.09	13 102.82	1 111.35	6 740.17	4 116.75
四　川	209 121.02	122 084.90	26 831.72	52 994.75	7 209.65
贵　州	2 383.40	1 669.20	98.50	560.70	55.00
云　南	13 389.30	7 417.49	1 298.22	4 673.59	
西　藏	278.00	132.00		146.00	
陕　西	13 022.70	6 486.00	74.00	4 141.70	2 321.00
甘　肃	641.30	221.20	27.50	382.60	10.00
青　海					
宁　夏	4 510.46	940.70	2 516.19	864.85	188.72
新　疆	3 084.35	2 004.78		1 001.35	78.22

八、年末渔船拥有量

各地区机动渔船年末拥有量

地　区	合　　计			其中:海洋渔业		
	艘	总吨	千瓦	艘	总吨	千瓦
全国总计	**630 619**	**8 284 092**	**19 507 314**	**286 983**	**6 733 939**	**15 253 862**
北　京	26	2 309	4 614	3	2 244	2 977
天　津	1 916	26 057	67 001	759	24 284	50 133
河　北	13 908	265 140	521 931	11 382	259 610	479 989
山　西	134	389	2 404			
内蒙古	1 139	2 226	14 375			
辽　宁	42 886	723 975	1 502 184	40 756	715 514	1 481 634
吉　林	3 520	5 349	32 044			
黑龙江	10 980	13 279	97 312			
上　海	1 403	112 204	175 093	608	105 078	156 785
江　苏	103 322	800 732	2 154 668	13 778	281 919	667 633
浙　江	50 204	2 263 461	4 367 023	33 393	2 206 369	4 200 543
安　徽	29 116	329 150	388 935			
福　建	65 680	809 890	2 302 757	61 813	804 511	2 275 281
江　西	30 968	152 623	305 378			
山　东	68 812	942 580	2 059 981	39 502	778 100	1 661 178
河　南	4 848	19 444	79 471			
湖　北	45 195	105 263	411 471			
湖　南	13 044	31 900	89 120			
广　东	69 761	815 405	2 400 511	46 678	773 892	2 166 150
广　西	28 530	345 709	1 012 851	12 367	324 370	802 602
海　南	25 634	338 683	1 078 170	25 598	318 987	1 077 738
重　庆	5 582	13 637	40 139			
四　川	7 377	10 290	66 087			
贵　州	3 469	8 134	57 700			
云　南	1 018	2 407	19 258			
西　藏	19	15	154			
陕　西	806	1 750	5 603			
甘　肃	9	22	88			
青　海	170	524	5 945			
宁　夏	10	50	945			
新　疆	787	2 434	12 882			
中农发集团	346	139 061	231 219	346	139 061	231 219

各地区机动渔船年末拥有量(生产渔船)

地　区	生产渔船			生产渔船中					
				捕捞渔船			养殖渔船		
	艘	总吨	千瓦	艘	总吨	千瓦	艘	总吨	千瓦
全国总计	**597 342**	**7 507 872**	**17 875 162**	**416 520**	**6 713 246**	**15 859 354**	**180 822**	**794 626**	**2 015 808**
北　京	7	2 248	2 999	3	2 244	2 977	4	4	22
天　津	1 846	21 578	55 954	1 433	21 456	51 193	413	122	4 761
河　北	13 768	253 768	503 644	7 704	146 761	345 793	6 064	107 007	157 851
山　西	123	356	1 865	46	148	587	77	208	1 278
内蒙古	1 107	2 142	13 127	1 042	2 029	12 478	65	113	649
辽　宁	41 884	658 164	1 359 462	25 003	594 739	1 154 690	16 881	63 425	204 772
吉　林	3 439	5 123	30 839	2 584	3 698	23 105	855	1 425	7 734
黑龙江	9 946	11 482	80 784	7 432	7 772	58 797	2 514	3 710	21 987
上　海	1 288	98 706	144 875	1 286	98 698	144 855	2	8	20
江　苏	93 279	744 337	2 030 866	56 570	558 169	1 663 776	36 709	186 168	367 090
浙　江	46 868	1 976 690	3 790 150	35 022	1 935 193	3 682 118	11 846	41 497	108 032
安　徽	25 534	243 948	339 133	21 482	195 703	288 474	4 052	48 245	50 659
福　建	62 577	709 348	2 091 869	37 130	655 512	1 858 376	25 447	53 836	233 493
江　西	30 886	151 487	299 109	20 628	110 757	205 927	10 258	40 730	93 182
山　东	68 001	898 321	1 951 134	37 360	747 431	1 533 906	30 641	150 890	417 228
河　南	4 603	17 384	73 991				4 603	17 384	73 991
湖　北	44 408	102 597	401 292	27 859	66 194	285 081	16 549	36 403	116 211
湖　南	11 908	29 153	81 759	11 172	26 548	72 744	736	2 605	9 015
广　东	64 430	761 142	2 199 096	57 808	737 278	2 137 940	6 622	23 864	61 156
广　西	28 142	340 707	996 228	24 646	332 814	943 071	3 496	7 893	53 157
海　南	25 023	326 874	1 040 025	24 673	324 960	1 034 820	350	1 914	5 205
重　庆	5 370	13 162	36 607	5 039	11 346	34 955	331	1 816	1 652
四　川	6 880	9 190	58 685	5 796	7 072	48 938	1 084	2 118	9 747
贵　州	3 076	7 448	49 187	2 423	5 253	38 140	653	2 195	11 047
云　南	872	1 990	14 295	732	1 704	11 276	140	286	3 019
西　藏	19	15	154	19	15	154			
陕　西	788	1 677	4 215	552	1 313	3 125	236	364	1 090
甘　肃									
青　海	170	524	5 945	170	524	5 945			
宁　夏									
新　疆	771	2 347	11 632	577	1 951	9 872	194	396	1 760
中农发集团	329	115 964	206 241	329	115 964	206 241			

九、渔业灾情

各地区渔业灾情造成的数量损失(一)

地 区	一、受灾养殖面积(公顷)						二、水产品损失(吨)		
	小计	台风、洪涝	病害	干旱	污染	其他	小计	台风、洪涝	病害
全国总计	**1 593 649**	**325 393**	**343 899**	**138 374**	**61 866**	**724 117**	**2 055 777**	**705 177**	**430 594**
北 京	2 011		2 000	7		4	720		200
天 津	4 560	2 280		937	1 343		997		857
河 北	4 544	22	1 789	1 214	859	660	5 817	38	2 176
山 西									
内蒙古	8 215		340	6 854	1	1 020	1 217	25	150
辽 宁	11 793	1 027	6 849	1 500	1 399	1 018	68 894	2 137	41 821
吉 林	59 369		14 564	18 330	3 006	23 469	1 853		215
黑龙江	105					105	38		
上 海	1 339	7	1 258		74		2 168	16	1 954
江 苏	264 138	31 010	58 750	1 466	19 537	153 375	124 500	30 677	70 674
浙 江	42 967	11 103	15 056	612	2 844	13 352	51 626	9 436	19 785
安 徽	134 619	24 511	11 786	17 675	10 152	70 495	86 194	24 014	14 371
福 建	35 472	10 688	5 584	1 501	163	17 536	69 673	33 980	20 310
江 西	157 621	8 504	73 737	24 159	2 238	48 983	142 394	13 216	37 254
山 东	19 739	2 271	5 320	2 940	5 033	4 175	148 074	37 785	60 401
河 南	16 087	334	3 303	1 003	462	10 985	8 162	429	2 170
湖 北	252 997	28 551	66 756	31 553	8 967	117 170	181 209	70 732	55 661
湖 南	134 872	18 454	36 913	16 285	299	62 921	138 389	44 992	14 787
广 东	280 481	142 795	23 355	676	1 892	111 763	759 981	360 999	57 477
广 西	79 297	34 635	7 375	1 380	2 690	33 217	136 125	60 730	4 363
海 南	5 497	2 412	995	42	1	2 047	10 669	4 659	406
重 庆	3 732		2 120	252	66	1 294	20 853		17 590
四 川	42 597	4 711	2 612	3 359	383	31 532	61 086	6 176	4 761
贵 州	9 850	206	101	1 001	33	8 509	5 926	834	329
云 南	7 908	1 872	2 758	369	221	2 688	21 556	4 002	2 029
陕 西	1 218					1 218	1 804	300	216
甘 肃	355		1			354	570		10
青 海									
宁 夏	691		167			524	1 707		181
新 疆	11 575		410	5 259	203	5 703	3 575		446

各地区渔业灾情造成的数量损失(二)

地区	二、水产品损失(吨)(续)			三、(台风、洪涝)损毁渔业设施					
	干旱	污染	其他	池塘(公顷)	网箱(鱼排)(箱)	围栏(千米)	沉船(艘)	船损(艘)	堤坝(米)
全国总计	**79 665**	**94 842**	**745 499**	**190 320**	**311 842**	**556 536**	**808**	**5 095**	**814 869**
北京	500		20						
天津		140							
河北	2 524	507	572		50		1		2 000
山西									
内蒙古	757	3	282	11	150				
辽宁	5 250	12 997	6 689	306		12	93	356	9 704
吉林	1 243	88	307						
黑龙江			38						
上海		198					1		
江苏	774	19 763	2 612	2 710	3 333	310 104	50	51	11 005
浙江	1 165	11 515	9 725	3 241	4 202	10	27	117	4 321
安徽	6 986	9 177	31 646	8 420	52 829	57 992	31	219	53 960
福建	524	1 298	13 561	3 885	15 817	1	137	190	6 772
江西	19 995	1 995	69 934	9 341	60 051	127 165	15	432	246 915
山东	3 569	16 467	29 852	967	1 058	173	64	115	26 440
河南	2 606	2 054	903	85	250				3 860
湖北	5 260	7 199	42 357	43 319	69 092	48 543	18	1 773	185 415
湖南	19 155	1 265	58 190	12 585	17 269	12 075	8	233	73 937
广东	742	6 102	334 661	76 941	68 339	67	339	1 517	141 870
广西	646	1 437	68 949	10 126	10 729	13	6	32	22 936
海南	349	129	5 126	301	3 406		9	26	500
重庆	872	212	2 179	711	32	11	2	3	
四川	4 118	601	45 430	8 459	4 063		6	22	17 123
贵州	22	28	4 713	8 139	567				1 686
云南	892	1 255	13 378	497	10		1	9	5 520
陕西	107	323	858	178	45	370			780
甘肃	6		554	98	550				125
青海									
宁夏			1 526						
新疆	1 603	89	1 437						

各地区渔业灾情造成的数量损失(三)

地 区	三、(台风、洪涝)损毁渔业设施(续)							四、人员损失			
	泵站(座)	涵闸(座)	码头(米)	护岸(米)	防波堤(米)	工厂化养殖(座)	苗种繁育场(个)	小计	失踪(人)	死亡(人)	重伤(人)
全国总计	**1 005**	**4 584**	**7 861**	**282 658**	**189 147**	**163**	**902**	**298**	**100**	**136**	**62**
北 京											
天 津					1 500						
河 北						5	26	16	2	9	5
山 西											
内蒙古											
辽 宁		7	210		380		2	96	46	49	1
吉 林											
黑龙江											
上 海								2		2	
江 苏	2	165		22 480	4 210	12	3	4	3	1	
浙 江	1	1	1 378	12 215	4 635	25	21	54	22	30	2
安 徽	183	557		18 820	200	12	47				
福 建	11	26	1 219	1 805	3 638	28	40	18	8	10	
江 西	140	478	1 531	102 643	95 960	35	103	3			3
山 东	2	17	280	80	3 180	14	18	7	7		
河 南		37									
湖 北	207	1 153	604	65 862	15 503	31	69	11		1	10
湖 南	97	140	1 050	24 190	33 686		115				
广 东	278	1 632	1 113	15 128	15 923		189	18	3	9	6
广 西		15		8 100	8 660		71				
海 南				1 050	510		2	27	5	15	7
重 庆								4		4	
四 川	25	243	26	6 460	400		187	22		6	16
贵 州					2		2				
云 南	41	95	450	2 225			2	4	4		
陕 西	6	18		1 500	760			12			12
甘 肃	12			100		1					
青 海											
宁 夏											
新 疆							5				

各地区渔业灾情造成的经济损失(一)

单位:万元

地 区	二、水产品损失					
	小计	台风、洪涝	病害	干旱	污染	其他
全国总计	**2 067 833**	**630 788**	**377 828**	**73 802**	**104 978**	**880 437**
北 京	830		200	600		30
天 津	1 564		1 204		360	
河 北	6 148	248	2 817	2 115	686	282
山 西	47		16	10		21
内蒙古	1 576	36	122	1 016	6	397
辽 宁	69 623	798	53 188	4 650	6 615	4 372
吉 林	2 266		245	1 659	75	287
黑龙江	62					62
上 海	5 001	37	4 507		457	
江 苏	91 414	20 751	40 357	412	26 038	3 856
浙 江	62 140	12 538	23 647	1 114	5 333	19 508
安 徽	77 190	21 230	11 487	5 918	6 930	31 624
福 建	77 608	27 368	22 187	460	2 182	25 411
江 西	123 624	10 679	31 299	15 760	1 810	64 076
山 东	113 119	17 180	13 553	3 244	33 756	45 386
河 南	19 368	260	2 733	2 344	1 852	12 179
湖 北	196 616	54 508	55 617	9 072	8 114	69 305
湖 南	130 782	38 653	10 283	17 169	1 264	63 413
广 东	800 820	353 499	66 992	628	6 639	373 062
广 西	129 466	52 772	5 172	365	1 255	69 901
海 南	15 158	6 462	1 262	456	206	6 772
重 庆	24 338		21 100	843	219	2 176
四 川	92 156	8 641	6 469	3 833	694	72 520
贵 州	6 242	877	202	33	64	5 066
云 南	15 350	4 251	2 581	280	370	7 868
陕 西						
甘 肃	703					703
青 海						
宁 夏	1 354		199			1 155
新 疆	3 270		390	1 822	53	1 005

注:由“一、受灾养殖面积”造成的经济损失未计。

各地区渔业灾情造成的经济损失(二)

单位:万元

地　区	三、(台风、洪涝)损毁渔业设施							
	小计	池塘	网箱(渔排)	围栏	沉船	船损	堤坝	泵站
全国总计	**560 051**	**211 573**	**112 758**	**11 639**	**8 183**	**8 304**	**37 749**	**4 068**
北　京								
天　津	160							
河　北	1 210		10		100		20	
山　西								
内蒙古	155	55	100					
辽　宁	7 685	182	85		1 222	169	1 965	
吉　林								
黑龙江								
上　海	57				57			
江　苏	8 460	1 897	1 197	2 796	93	58	199	61
浙　江	7 022	2 451	216	42	595	344	158	2
安　徽	17 604	5 880	3 121	3 100	58	266	1 189	548
福　建	21 051	6 802	10 125	14	655	386	517	6
江　西	28 170	8 771	1 413	811	35	634	2 886	174
山　东	23 940	1 219	453	7	109	136	815	20
河　南	1 510	87	62				1 315	
湖　北	48 965	18 577	2 610	2 600	26	389	7 205	622
湖　南	26 155	9 980	3 329	1 778	12	115	1 682	353
广　东	243 234	73 852	81 468	415	4 427	4 635	17 037	403
广　西	29 071	20 416	4 421	40	404	435	1 789	
海　南	3 484	484	787		382	707	4	
重　庆	1 532	1 433	56	22	2	19		
四　川	83 299	56 192	2 069		3	9	689	958
贵　州	1 093	134	940				10	
云　南	1 558	1 134	2		3	2	148	51
陕　西	2 472	787	54	14			109	750
甘　肃	2 105	1 243	240				12	120
青　海								
宁　夏								
新　疆	60							

各地区渔业灾情造成的经济损失(三)

单位:万元

地区	三、(台风、洪涝)损毁渔业设施(续)							直接经济损失合计
	涵闸	码头	护岸	防波堤	工厂化养殖	苗种繁育场	其他	
全国总计	**6 488**	**3 163**	**15 417**	**11 949**	**4 536**	**30 412**	**93 811**	**2 627 884**
北京								830
天津				160				1 724
河北					35	1 045		7 358
山西								47
内蒙古								1 730
辽宁	170	110	3 000	41		127	614	77 308
吉林								2 266
黑龙江								62
上海								5 058
江苏	233	2	151	70	245	211	1 246	99 874
浙江	20	444	171	329	1 331	342	577	69 162
安徽	727		225	10	58	1 353	1 069	94 794
福建	89	462	617	361	176	334	507	98 659
江西	386	60	1 035	1 421	1 802	3 476	5 266	151 794
山东	141	258	8	244	404	581	19 545	137 059
河南	46							20 878
湖北	1 856	570	1 080	632	35	3 681	9 082	245 581
湖南	348	36	250	287		1 647	6 338	156 937
广东	2 254	1 140	7 233	8 040		7 004	35 328	1 044 055
广西	1		1 000	90		295	180	158 537
海南			60	37		18	1 005	18 642
重庆								25 870
四川	14	36	440	25		10 184	12 680	175 455
贵州				5		4		7 335
云南	55	45				50	69	16 908
陕西	149		136	198			275	2 472
甘肃			10		450		31	2 808
青海								
宁夏								1 354
新疆						60		3 330

十、渔民家庭收支情况调查

渔民家庭收支情况调查(一)

单位:万元

地 区	一、全年总收入	(一)家庭经营收入	1. 出售水产品	2. 家庭其他经营	(二)工资性收入	1. 渔业	2. 其他行业
全国总计	**189 488.56**	**172 519.37**	**159 293.56**	**13 225.81**	**8 139.58**	**4 032.80**	**4 106.78**
北 京	463.89	443.59	379.71	63.88	13.50		13.50
天 津	4 735.00	4 705.00	4 641.00	64.00			
河 北	2 423.89	2 246.77	2 138.50	108.27	16.28	7.80	8.48
山 西	500.91	489.70	351.30	138.40			
内蒙古	224.00	219.00	200.00	19.00			
辽 宁	19 295.85	17 240.58	15 965.68	1 274.90	1 032.99	846.99	186.00
吉 林	478.69	433.88	405.26	28.62	23.97	15.89	8.08
黑龙江	1 398.77	1 398.77	1 143.64	255.13			
上 海	22 866.82	20 720.32	20 498.07	222.25	1 533.50	543.21	990.29
江 苏	12 682.26	11 183.20	10 624.78	558.42	859.15	189.48	669.67
浙 江	13 474.14	11 481.90	10 646.76	835.14	747.65	285.29	462.36
安 徽	4 816.00	4 463.00	4 060.00	403.00	133.00	44.00	89.00
福 建	11 780.64	9 726.87	9 106.68	620.19	1 039.28	643.60	395.68
江 西	2 876.64	2 718.76	2 432.52	286.24	89.70	30.72	58.98
山 东	23 878.00	22 194.00	21 006.00	1 188.00	829.00	472.00	357.00
河 南	1 071.03	1 044.74	992.77	51.97	21.80		21.80
湖 北	5 849.73	5 538.72	5 128.86	409.86	69.15	25.63	43.52
湖 南	2 066.70	1 838.40	1 681.20	157.20	78.80	25.50	53.30
广 东	32 185.49	31 251.41	27 070.56	4 180.85			
广 西	5 347.36	4 637.70	3 896.01	741.69	113.64	36.58	77.06
海 南	9 820.00	8 520.00	8 460.00	60.00	900.00	860.00	40.00
重 庆	1 228.00	1 186.00	1 094.00	92.00			
四 川	1 327.95	1 244.04	1 113.58	130.46	43.95	3.11	40.84
贵 州	141.57	128.80	123.70	5.10	7.60		7.60
云 南	692.84	521.43	482.08	39.35	3.32	1.00	2.32
西 藏							
陕 西	5 496.50	4 640.00	3 586.00	1 054.00	581.00		581.00
甘 肃	1 709.00	1 652.00	1 428.00	224.00			
青 海							
宁 夏	201.46	199.46	189.57	9.89	0.30		0.30
新 疆	455.43	451.33	447.33	4.00	2.00	2.00	

渔民家庭收支情况调查(二)

单位:万元

地　区	一、全年总收入(续)							
	(三)财产性收入	1. 利息/股息/红利	2. 租金收入	3. 土地或水面转包收入	4. 土地征用补偿	5. 其他财产性收入	(四)转移性收入	1. 家庭非常住人口寄回或带回
全国总计	**1 609.49**	**375.00**	**155.40**	**515.32**	**240.07**	**323.70**	**5 239.36**	**804.29**
北　京	1.95	0.75				1.20	4.85	4.85
天　津	22.00	14.00				8.00	3.00	
河　北	6.74	3.74	0.50		1.00	1.50	143.10	2.00
山　西	0.88	0.20	0.60		0.08		10.03	
内蒙古							2.00	
辽　宁	286.68	49.80	25.24	168.49	3.60	39.55	505.90	36.35
吉　林	14.30			6.20	0.30	7.80	3.14	1.00
黑龙江								
上　海	282.75	44.91	27.41	177.95	20.78	11.70	302.30	6.20
江　苏	91.42	21.22	16.90	5.77	31.97	15.56	440.62	74.74
浙　江	213.45	105.24	33.42	44.75	27.92	2.12	901.14	39.57
安　徽	73.00	13.00	11.00	14.00		35.00	111.00	26.00
福　建	84.11	33.73	12.28	17.59	16.64	3.87	833.46	111.52
江　西	14.12	6.73			7.39		47.31	35.51
山　东	192.00	61.00	12.00	41.00	63.00	15.00	493.00	63.00
河　南	1.66				1.66		2.28	0.50
湖　北	72.65	2.07	5.43	25.52	31.58	8.05	169.21	125.93
湖　南	46.60	5.80	5.10	3.40	22.20	10.10	65.70	37.40
广　东								
广　西	21.85	5.48	1.83	4.36	7.45	2.73	528.83	12.84
海　南							400.00	
重　庆								
四　川	21.25	6.77	3.69	6.29	4.50		18.71	11.68
贵　州	2.12	0.52				1.60	2.78	0.70
云　南	159.86	0.04				159.82	2.00	
西　藏								
陕　西							248.50	214.50
甘　肃								
青　海								
宁　夏							0.50	
新　疆	0.10					0.10		

渔民家庭收支情况调查(三)

单位:万元

地区	一、全年总收入(续)					二、全年总支出		
	(四)转移性收入(续)				(五)其他收入		(一)生产费用支出	1. 家庭经营费用支出
	2. 亲友赠送	3. 救济金/救灾款/抚恤金	4. 生产补贴	5. 其他转移性收入				
全国总计	**99.88**	**299.55**	**3 825.71**	**209.93**	**1 980.76**	**157 856.24**	**124 661.05**	**119 667.28**
北京						338.25	277.16	255.76
天津				3.00	5.00	4 340.00	3 778.00	3 747.00
河北	0.87	27.89	112.34		11.00	2 038.74	1 606.57	1 574.57
山西			10.03		0.30	449.05	418.85	351.85
内蒙古			2.00		3.00	244.00	179.00	179.00
辽宁	22.00	7.29	412.00	28.26	229.70	15 311.40	12 837.96	12 183.08
吉林	0.90		1.06	0.18	3.40	351.48	291.54	277.63
黑龙江						1 078.21	968.41	959.81
上海	9.53		273.37	13.20	27.95	16 361.77	14 736.97	14 465.49
江苏	7.54	6.10	337.54	14.70	107.87	9 612.93	7 856.34	7 616.38
浙江	22.14	9.32	816.41	13.70	130.00	11 188.08	8 731.15	8 371.75
安徽	3.00	9.00	57.00	16.00	36.00	3 553.00	2 558.00	2 398.00
福建	3.56		646.68	71.70	96.92	10 666.85	7 937.17	7 481.01
江西	2.58	2.24	6.98		6.75	2 524.70	1 977.78	1 921.37
山东	12.00	5.00	393.00	20.00	170.00	22 152.00	18 509.00	17 564.00
河南		0.04	1.38	0.36	0.55	951.07	802.48	795.08
湖北	3.25	16.48	8.58	14.97		4 207.28	3 252.95	3 215.02
湖南	7.20	2.30	7.10	11.70	37.20	1 672.80	1 192.70	1 165.00
广东					934.08	30 083.57	20 004.52	18 819.86
广西	1.82	10.23	502.28	1.66	45.34	3 999.07	3 158.53	3 102.97
海南		200.00	200.00			7 940.00	7 100.00	7 100.00
重庆					42.00	994.00	705.00	705.00
四川	3.49		3.54			1 118.68	944.87	942.14
贵州		1.66	0.22	0.20	0.27	87.21	53.16	52.56
云南		2.00			6.23	522.47	462.11	459.30
西藏								
陕西			34.00		27.00	4 227.10	2 930.10	2 596.00
甘肃					57.00	1 223.00	834.00	834.00
青海								
宁夏			0.20	0.30	1.20	197.40	169.40	166.12
新疆					2.00	422.13	387.33	367.53

渔民家庭收支情况调查(四)

单位:万元

地 区	二、全年总支出(续)							
	(一)生产费用支出(续)							
	1. 家庭经营费用支出(续)							
	(1)渔业生产支出	① 燃料及冰费用	② 雇工费用	③ 饲料及苗种费用	④ 其他生产支出	(2)固定资产折旧支出	其中:渔业固定资产折旧	(3)其他家庭经营费用支出
全国总计	**110 489.88**	**20 098.35**	**7 890.45**	**54 357.09**	**28 143.99**	**4 636.32**	**2 556.83**	**4 541.08**
北 京	233.28	22.79	11.10	188.76	10.63	8.95	8.75	13.53
天 津	3 706.00	273.00	76.00	3 326.00	31.00			41.00
河 北	1 479.51	431.15	161.24	730.25	156.87	76.75	67.10	18.31
山 西	230.05	8.20	10.25	185.20	26.40	14.00	10.00	107.80
内蒙古	150.00	15.00	10.00	102.00	23.00	15.00	15.00	14.00
辽 宁	10 590.71	2 202.84	1 860.54	4 997.63	1 529.70	427.56	320.13	1 164.81
吉 林	250.36	16.95	41.03	165.07	27.31	12.69	11.72	14.58
黑龙江	845.07			845.07				114.74
上 海	14 102.81	624.63	542.00	11 715.73	1 220.45	239.75	232.78	122.93
江 苏	6 954.57	877.96	502.64	4 795.52	778.45	379.60	287.38	282.21
浙 江	7 684.66	1 939.47	641.09	2 873.94	2 230.16	251.77	196.11	435.32
安 徽	2 118.00	129.00	281.00	1 412.00	296.00	103.00	90.00	177.00
福 建	6 642.53	3 547.82	834.17	1 456.24	804.30	407.64	299.78	430.84
江 西	1 673.31	69.79	58.93	1 325.37	219.22	61.02	45.48	187.04
山 东	16 599.00	3 044.00	1 447.00	10 731.00	1 377.00	566.00	482.00	399.00
河 南	775.47		0.72	718.90	55.85	2.23	2.13	17.38
湖 北	3 061.98	75.36	173.00	2 585.56	228.06	54.13	50.02	98.91
湖 南	1 101.60	33.20	25.40	999.10	43.90	18.60	13.90	44.80
广 东	17 635.20				17 635.20	1 184.66		
广 西	2 661.06	1 080.78	195.52	1 262.26	122.50	134.12	123.98	307.79
海 南	6 800.00	5 500.00	800.00	500.00		300.00		
重 庆	620.00			620.00		10.00	9.00	75.00
四 川	857.01	21.89	12.83	755.62	66.67	15.05	9.28	70.08
贵 州	51.43	1.03	1.06	43.40	5.94	1.13	1.13	
云 南	368.37	6.76	13.59	322.79	25.23	65.40	6.19	25.53
西 藏								
陕 西	1 944.00	171.00	149.00	1 253.00	371.00	281.00	269.00	371.00
甘 肃	834.00				834.00			
青 海								
宁 夏	160.27	3.43	20.54	132.55	3.75	0.67	0.37	5.18
新 疆	359.63	2.30	21.80	314.13	21.40	5.60	5.60	2.30

渔民家庭收支情况调查(五)

单位:万元

地区	二、全年总支出(续)							
	(一)生产费用支出(续)	(二)税费支出		(三)财产性支出	(四)转移性支出	(五)生活支出		(六)其他支出
	2. 购置生产性固定资产支出		其中:渔业税费支出				其中:食物支出	
全国总计	**4 993.77**	**4 267.08**	**3 589.92**	**948.47**	**1 324.03**	**20 001.45**	**10 680.22**	**6 654.16**
北京	21.40	4.14	4.00	9.20	5.30	35.65	18.21	6.80
天津	31.00	216.00	216.00			310.00	101.00	36.00
河北	32.00	31.37	31.22	35.10	3.50	312.79	164.16	49.41
山西	67.00			15.80		13.00	5.50	1.40
内蒙古						20.00	11.00	45.00
辽宁	654.88	473.62	429.11	111.00	137.54	1 177.16	676.86	574.12
吉林	13.91	0.68	0.68	1.26	0.21	43.37	26.90	14.42
黑龙江	8.60	39.32	33.11			70.48		
上海	271.48	60.31	54.41	28.00	71.10	1 301.93	597.74	163.46
江苏	239.96	203.72	168.83	66.57	48.36	1 275.35	766.48	162.59
浙江	359.40	167.32	154.23	104.45	40.58	1 908.79	1 016.26	235.79
安徽	160.00	128.00	118.00	70.00	90.00	471.00	263.00	236.00
福建	456.16	49.84	43.29	100.83	55.06	2 264.55	1 449.43	259.40
江西	56.41	79.24	76.42		3.53	430.89	288.47	33.26
山东	945.00	581.00	262.00	206.00	112.00	2 277.00	1 092.00	467.00
河南	7.40	31.57	31.57	5.40	0.55	101.79	55.49	9.28
湖北	37.93	163.56	162.41	12.21	21.06	680.11	371.09	77.39
湖南	27.70	27.90	24.60	17.70	19.50	387.90	195.90	27.10
广东	1 184.66	1 706.02	1 561.24		549.51	4 434.94	2 156.62	3 388.58
广西	55.56	16.51	10.06	7.71	11.67	669.95	435.92	134.70
海南						580.00	240.00	260.00
重庆		81.00	60.00			172.00	114.00	36.00
四川	2.73	0.77	0.59	1.50	6.20	161.84	114.06	3.50
贵州	0.60			0.20	2.30	23.10	7.74	8.45
云南	2.81	4.49	3.95	1.74	0.06	43.05	26.74	11.02
西藏								
陕西	334.10	139.50	114.00	123.80	146.00	631.20	383.00	256.50
甘肃		59.00	28.00	30.00		151.00	67.00	149.00
青海								
宁夏	3.28	0.20	0.20			25.21	17.05	2.59
新疆	19.80	2.00	2.00			27.40	18.60	5.40

渔民家庭收支情况调查(六)

单位:万元

地区	三、全年纯收入	其中:渔业纯收入	四、调查户数(户)	其中:养殖户(户)	五、调查户家庭总人数(人)	六、调查户家庭专业从业人员(人)
全国总计	**65 554.20**	**46 689.73**	**14 697**	**10 875**	**56 804**	**32 618**
北 京	203.99	133.68	17	17	58	32
天 津	772.00	719.00	62	57	275	154
河 北	817.95	568.47	236	132	971	543
山 西	149.06	111.25	6	6	35	12
内蒙古	45.00	35.00	17	15	75	48
辽 宁	6 639.15	5 472.72	801	495	2 914	1 655
吉 林	200.38	158.39	23	22	95	48
黑龙江	399.64	265.46	156	156	618	352
上 海	8 341.02	6 651.28	1 005	816	3 549	1 808
江 苏	4 862.16	3 403.48	1 000	777	3 679	2 142
浙 江	4 935.07	2 897.05	830	525	3 050	1 863
安 徽	2 290.00	1 778.00	359	320	1 484	873
福 建	4 249.79	2 764.68	1 200	618	5 477	2 609
江 西	876.03	668.03	304	265	1 373	779
山 东	5 733.00	4 135.00	1 860	1 300	6 382	3 708
河 南	244.38	183.60	80	80	354	207
湖 北	2 471.15	1 880.08	601	601	2 494	1 451
湖 南	873.80	566.60	310	304	1 237	743
广 东	11 659.61	7 874.12	2 124	1 325	9 932	5 471
广 西	2 227.88	1 137.49	350	233	1 592	850
海 南	2 720.00	2 520.00	240	28	1 515	844
重 庆	442.00	405.00	288	228	847	572
四 川	385.04	249.81	162	162	605	365
贵 州	89.01	71.14	16	14	75	40
云 南	229.05	104.57	44	44	194	107
西 藏						
陕 西	2 761.00	1 259.00	1 999	1 832	5 489	3 711
甘 肃	816.00	566.00	584	480	2 325	1 557
青 海						
宁 夏	35.14	28.73	13	13	59	39
新 疆	85.90	82.10	10	10	51	35

渔民收入调查数核定

地 区	渔业人口（人）	渔业专业从业人员（人）	全年纯收入（万元）	渔业纯收入（万元）	人均纯收入（元）
全国总计	**21 115 361**	**7 553 429**	**15 994 157.83**	**11 816 697.98**	**7 575**
北 京	23 893	12 016	53 785.00	35 269.00	22 511
天 津	67 614	23 920	86 413.00	79 495.00	12 780
河 北	295 492	102 666	239 348.52	166 344.18	8 100
山 西	12 010	5 316	6 138.00	3 961.00	5 111
内蒙古	35 782	13 364	21 416.00	16 704.00	5 985
辽 宁	818 830	406 555	859 771.50	708 719.40	10 500
吉 林	93 663	3 608	49 510.00	7 887.40	5 286
黑龙江	228 669	99 789	123 481.00	69 150.00	5 400
上 海	51 759	33 920	65 734.00	46 013.00	12 700
江 苏	1 557 848	763 124	1 405 178.90	983 617.79	9 020
浙 江	1 144 354	516 069	1 251 694.00	734 785.00	10 938
安 徽	931 889	330 818	672 074.00	563 720.00	7 212
福 建	1 729 944	534 609	1 342 321.48	873 242.19	7 759
江 西	1 555 701	500 293	994 715.22	756 876.37	6 394
山 东	1 696 358	659 706	1 495 509.00	1 078 655.00	8 816
河 南	589 192	174 602	336 723.23	252 980.16	5 715
湖 北	1 788 865	803 156	1 180 651.00	903 198.00	6 600
湖 南	1 253 125	373 517	686 713.00	507 653.00	5 480
广 东	2 752 729	896 792	2 447 500.00	2 200 000.00	8 891
广 西	955 604	320 000	666 411.20	476 008.00	6 974
海 南	475 065	199 685	388 128.00	281 233.00	8 170
重 庆	656 854	225 979	288 667.00	163 852.00	4 395
四 川	1 626 092	368 553	1 034 905.00	671 386.00	6 364
贵 州	288 734	34 834	41 279.00	24 935.00	1 430
云 南	372 542	107 868	186 808.17	156 324.16	5 014
西 藏					
陕 西	55 731	17 463	35 962.00	25 634.00	6 453
甘 肃	10 920	3 577	3 187.00	2 510.00	2 918
青 海					
宁 夏	24 684	12 093	13 588.54	11 500.26	5 505
新 疆	21 418	9 537	16 545.07	15 045.07	7 725

领 导 讲 话

农业部副部长牛盾在全国农业工作会议渔业专业会上的讲话

（2008 年 12 月 29 日）

这次会议的主要任务是，全面贯彻党的十七届三中全会、中央农村工作会议和全国农业工作会议精神，深入学习实践科学发展观，总结改革开放 30 年渔业发展取得的成就和经验，谋划今后一段时间渔业发展思路和明年重点工作。李健华同志将对具体工作进行总结和部署。下面，先谈几点意见。

一、回顾历史，科学总结渔业改革开放 30 年成就和经验

30 年来，我国农业农村经济发展取得了巨大成就，可以用五个历史性变化来概括。一是农产品供给形势发生历史性变化：农业生产持续增长，主要农产品产量和人均占有量大幅提高，农业综合生产能力显著增强，依靠自己力量稳定解决了 13 亿人的吃饭问题。2008 年，粮食总产、单产又双双创历史新高。二是农村经济结构发生历史性变化：农林牧渔全面发展，乡镇企业异军突起，农村二、三产业不断壮大，农村经济结构由以农业为主转变为农业与非农产业协调发展。三是农村体制机制发生历史性变化：农民市场主体地位得到确立和巩固，与我国国情、生产力发展要求和市场经济体制相适应的农业宏观调控体系、行政管理体制、法律制度和支持保护政策体系初步形成，农村发展活力不断增强。四是农民生活水平发生历史性变化：从收入长期停滞不前到持续较快增长，从温饱不足到总体小康并向全面小康迈进，农民收入构成发生显著变化，生活质量逐年改善。1978—2007 年，农村居民的恩格尔系数从 67.7% 下降到 43.1%。农村贫困人口由 1978 年的 2.5 亿人减少到 2007 年的 1 479 万人。五是农村面貌发生历史性变化：农村生活条件明显改善，社会事业加速发展，农民素质显著提高，农村社会保持稳定和谐。

在农业和农村改革开放进程中，渔业率先进行了市场化改革，也取得了举世瞩目的成就。渔业综合生产能力显著增强，水产品产量占世界总产量的 1/3 以上，我国成为世界水产品生产大国、出口大国和主要远洋渔业国家；30 年净增渔业劳动力约 1 000 万人，渔民收入增长速度超过同期农民收入增长速度；渔业产值占农林牧渔总产值的比重从 1.6% 上升到 10% 左右，渔业已经从一个小产业发展成为农业和农村经济中非常重要的大产业。改革开放以来的渔业发展取得了辉煌成就，最突出的有三个方面：第一，有效解决了水产品供给问题。改革之初，我国粮食和主要农产品长期短缺，城乡居民“吃鱼难”问题突出。经过 30 年的发展，不但实现了粮食等主要农产品供求平衡，成功解决了“吃鱼难”问题，丰富了城乡居民“菜篮子”，而且使水产品市场保持了长期稳定繁荣。渔业的发展有效解决了水产品供给问题，为保障我国农产品市场供给和食物安全做出了重要贡献。第二，率先开辟了农业市场化道路。回顾我国改革开放的伟大实践，最根本的一条经验就是使生产关系适应不同阶段生产力发展的客观要求。改革开放以来，渔业从实际出发，遵循市场规律，率先实行市场化改革，放开价格，放活经营体制，极大地调动了渔民群众发展生产的积极性，沉睡千年的内陆水域、浅海滩涂、低洼荒地等宜渔资源得到合理的开发利用。水产业由此获得了无穷的发展活力和强大的市场竞争力，迅速壮大了产业规模，扩大了农村劳动力就业，增加了农业效益和农民收入，开创了一条符合我国国情的农业市场化发展道路。第三，科学引领了世界渔业发展方向。纵观人类发展历史，农业生产方式总是从直接利用野生自然资源逐步向人工繁殖种养驯养转变。30 年间，确立并坚持“以养为主”的渔业发展方针，成功地变革了传统的资源开发利用模式，实现了从“以捕为主”到“以养为主”的历史性转变，引领了世界渔业生产方式的发展方向。养殖产量在水产品

总产量中的比重从1978年的26%提高到现在的70%,占世界水产养殖总产量的约70%。与此同时,把养护和合理利用渔业资源放到更加重要的位置,实施了海洋捕捞"零增长"、"负增长"政策,不断加大水生生物资源养护和修复力度,促进了渔业可持续发展。

回顾30年渔业发展历程,有一些重要启示:必须坚持市场化发展方向,通过体制机制创新,提高渔业发展活力;必须坚持"以养为主"方针,不断优化产业结构,拓宽渔业发展空间;必须坚持资源开发利用与养护相结合,更加注重生态环境保护,走可持续发展道路;必须坚持依靠科技进步,加强科技创新和推广应用,提高产业发展能力;必须坚持政策支持保护,不断改善基础设施和生产条件,支撑产业又好又快发展。归根结底,就是要坚持解放思想、实事求是、与时俱进,制定和实施一系列适应渔业发展要求的方针政策,不断改革创新,走中国特色渔业现代化道路。这些成功的经验和做法,要长期坚持并不断完善、创新。

二、提高认识,以三中全会精神谋划新时期渔业发展

党的十七届三中全会作出《关于推进农村改革发展若干重大问题的决定》,总结了30年来农村改革发展取得的重大成果和丰富经验,对当前和今后一个时期农村改革发展做出了重大部署,是指导农村改革发展的纲领性文件。全国渔业系统要深入学习,提高认识,深刻领会,以三中全会精神为指导,统筹谋划新时期渔业发展。

第一,要准确把握《决定》确定的农业农村工作总体思路和战略任务、基本方向与根本要求。《决定》从我国农村经济社会发展的新形势出发,明确提出了当前和今后一个时期推进农村改革发展的指导思想、目标任务和重大原则。准确把握这一总体思路,要着重领会好把建设社会主义新农村作为战略任务、把走中国特色农业现代化道路作为基本方向、把加快形成城乡经济社会发展一体化新格局作为根本要求的战略思想。建设社会主义新农村,涵盖农村改革发展的方方面面,关系全面建设小康社会、全面推进中国特色社会主义事业全局,是农业、农村、农民工作的总抓手,将伴随着我国现代化建设的全过程,必须始终作为战略任务抓紧抓好。走中国特色农业现代化道路,是中国特色社会主义道路的重要组成部分,是确保粮食等主要农产品有效供给、增加农民收入、提高我国农业整体素质和竞争力的根本保障,必须作为基本方向长期坚持。加快形成城乡经济发展一体化新格局,是破解"三农"工作难题的根本举措,是缩小城乡差距、实现城乡共同繁荣的根本途径,必须作为根本要求认真落实。作为农业部门,推进农村改革发展的主要任务,就是要紧紧抓住建设社会主义新农村这个战略任务,始终坚持走中国特色农业现代化道路的基本方向,切实按照城乡经济社会发展一体化的根本要求,加快推进体制机制创新,积极发展现代农业,努力开创农业农村经济工作新局面。

第二,要根据《决定》对加强现代农业建设和农村体制改革的要求,准确把握渔业发展方向和任务。《决定》站在经济社会发展的战略高度,对加强现代农业建设作出了全面部署,明确要集中力量办好几件关系全局、影响长远的大事。要确保国家粮食安全,推进农业结构战略性调整,加快农业科技创新,加强农业基础设施建设,健全农业社会化服务体系,促进农业可持续发展,扩大农业对外开放。在现代农业建设进程中,要"推进水产健康养殖,扶持和壮大远洋渔业"、"加强水生生物资源养护,加大增殖放流力度"。同时,《决定》把改革创新作为推进农村改革发展的重要任务,明确提出要抓紧在农村体制改革关键环节上取得突破,对农村基本经营制度、农村土地管理制度、农业支持保护制度、现代农村金融制度以及城乡经济社会发展一体化制度等方面,提出了具体要求。这些要求,都与渔业有着密不可分的关系,既是现代渔业发展的强大动力和制度保障,又指明了现代渔业的发展方向和工作目标。要认真学习,全面落实,积极推动,努力使现代渔业建设不断取得新成效。

第三,要以三中全会精神为指导,统筹谋划新时期现代渔业发展。要深刻领会、准确把握三中全会的主题,自觉站在全面建设小康社会全局的高度,深刻认识推进现代渔业改革和发展的重要性。自觉增强使命感、紧迫感和忧患意识,在全面把握我国渔业基本国情的基础上,适应农村改革发展新形势,按照统筹城乡发展、建设社会主义新农村、走中国特色农业现代化道路的要求,继续深化改革、扩大开放,站在更高的起点、以更宽的视角、更实的措施来谋划新时期渔业工作。一要在统筹城乡发展和建设社会主义新农村的大格局中谋划渔业工作,深入贯彻"多予少取放活"方针,落实强农惠农政策,促进渔业持续健康发展;二要在保障食物安全战略中谋划水产品安全有效供给,进一步挖掘发展潜力,拓展发展空间,提高水产品产量、质量和效益,保障国家食物安全;三要在国家生态文明建设中谋划水生生物资源养护,完善养护措施,加大投入力度,创新管理方式,建设资源节约、环境友好型渔业;四要在经济全球化的大环境中谋划渔业对外开放,充分利用"两种资源、两个市场",积极稳妥推进渔业"走出去"战略,不断提高渔业国际竞争力;五要在深入学习

实践科学发展观中谋划渔业改革创新，坚持解放思想，创新发展理念，转变发展方式，破解发展难题，完善体制机制，促进渔业持续健康发展。

三、把握形势，在新的起点上全面推进现代渔业建设

当前，我国农村改革发展正处在新的历史起点上，渔业发展面临难得的历史机遇。随着经济社会的发展和人民生活水平的提高，水产品需求将持续增长，渔业发展面临着确保水产品安全有效供给和确保渔民持续增收的双重任务。党的十七届三中全会《决定》对今后渔业改革发展明确了方向，创造了有利的发展环境。中央宏观经济政策调整则为渔业加大投入、改善生产条件提供了机遇。为了有效应对全球金融危机，保持我国国民经济平稳较快发展，中央采取了积极的财政政策和适度宽松的货币政策，综合运用减税、扩大政府投资等多种手段，着力扩大内需。尤其是把加强农业基础建设、改善农村民生、加强生态环境保护作为扩内需保增长的重点。促进农业发展和农民增收的支持力度将进一步加大。这些政策的调整和实施，有利于从各级政府争取更多投入，为改善渔业基础条件提供了难得的机遇。与此同时，渔业发展也面临着严峻挑战。从宏观环境看，世界经济金融形势复杂多变，不稳定不确定因素明显增多，全球经济增长放缓趋势更加明显，国内经济下行压力加大。在这种形势下，农业农村经济所受冲击加重，农产品价格全面回落，农业生产效益持续下滑，保持农业稳定发展、农民持续增收难度加大。另外，外部需求将进一步萎缩，优势农产品出口将面临更大困难，对以出口为主的农产品加工企业可能造成较大影响。上半年，水产品价格出现了一定幅度上涨，但从7月份以来开始走低，月环比降幅约2%，11月份价格环比下降3.7%。水产品出口额虽然保持了适度增长，这里有国际市场价格上涨、人民币汇率上升的因素，但从出口量看，20年来首次出现负增长，1—11月份出口270万吨，同比下降2%。目前，世界金融危机不仅本身尚未见底，而且对实体经济的影响正进一步加深，其严重后果还会进一步显现，渔业发展面临很大的不确定性。从渔业自身看，一些影响渔业发展的老问题也依然存在，水生生物资源衰退和水域生态环境恶化的总体趋势尚未得到根本扭转，水产品质量安全管理难度加大，全球性气候异常变化增多给渔业安全生产带来了新的严峻形势，渔民“失水”、“失海”现象比较突出，等等。

综合来看，当前宏观经济形势非常复杂，存在很多不确定因素，对此要有足够的估计和清醒的认识。当前和今后一个时期，要保持渔业稳定发展，既有挑战又有机遇。要化挑战为机遇，变压力为动力，增进决策预见性，加强措施针对性，提高工作实效性，扎扎实实推进现代渔业建设。要始终高度重视以下几方面问题：

一是确保水产品有效供给。人多地少是我国的基本国情，保障农产品有效供给事关全局。我国人口未来二三十年可能达到16亿以上，而耕地面积不可能再增加甚至还会减少。从国际上看，据联合国粮食计划署统计，2007年全球饥饿人口有9.25亿，2008年很可能达到10亿。因此，必须打破过去狭隘的“粮食”观，从更广阔的范围采取措施来解决这么多人口的“吃饭”问题。渔业是提供优质动植物蛋白的重要产业，具有节地、节粮、饲料蛋白转化率高等优势。目前我国海洋和内陆水域仍有一定开发潜力，渔业发展仍有较大空间，但是也面临着水域被占用、被污染和资源衰退等问题。必须始终高度重视水产品供给问题，把保证水产品有效供给作为渔业部门的首要任务和产业发展的首要目标，优化结构，促进生产，充分发挥水产品在保障食物安全和稳定市场价格等方面的积极作用。

二是保障水产品质量安全。民以食为天，确保民众吃得安全、避免“病从口入”是各级政府职能部门义不容辞的职责。2008年，“三鹿奶粉”事件对整个奶业、畜牧业造成了沉重打击，给“中国制造”的形象产生了很大负面影响，一批干部因此受到处分，教训深刻，发人深省。2008年，水产品虽然没有出现大的质量安全事件，但风险和隐患依然存在。要始终保持高度警惕，把水产品质量安全作为产业发展的生命线，全面推进水产健康养殖，持续加强水产品产地监管和质量安全监测，切实履行法律赋予的职责，严厉打击违法生产行为，不断提高水产品质量安全水平。

三是强化渔业安全生产管理。安全生产责任重于泰山。近年来，台风等极端天气气候事件日益增多，水上交通运输日益活跃，导致渔船碰撞或毁损事故频发，涉外渔业事件时有发生，安全生产形势十分严峻。党中央、国务院历来十分重视安全生产工作，2008年国务院专门印发了《国务院办公厅关于加强渔业安全生产工作的通知》，对渔业安全生产工作进行了全面部署，提出了明确要求。各级渔业主管部门要充分认识渔业安全生产工作重要性，把渔业安全生产作为产业发展的重要保障，切实增强责任感、使命感和紧迫感，认真贯彻落实国办通知精神和要求，将各项措施落到实处，努力提高渔业安全生产水平。

四是加强水生生物资源环境养护。水生生物资源和水域生态环境是渔业发展的物质基础。十七大提出了“建设生态文明”和“加强能源资源节约和生态环境

保护”等要求，党的十七届三中全会决定进一步明确要“加强水生生物资源养护，加大增殖放流力度”。2008年，国家又把生态环境保护作为拉动内需促增长的一个重要方面，要抓住机遇，认真贯彻三中全会要求，把保护水生生物资源环境作为产业发展的重要基础，全面实施《中国水生生物资源养护行动纲要》，坚持并不断完善渔业资源环境保护管理制度，不断加大投入，采取有效措施，加强执法管理，为渔业全面协调可持续发展创造条件。

五是维护渔民合法权益。实现好、维护好渔民的合法权益，不断提高渔民收入水平，是落实科学发展观的必然要求，是推进城乡统筹、改善农村民生的重要方面。维护渔民权益，就是要维护好渔民群众的生存权和发展权，按照科学发展观的要求，完善让渔民平等参与现代化进程、共同分享改革发展成果的体制机制。要把维护渔民合法权益作为渔业部门的重要职责，稳定和完善渔业基本经营制度，建立健全渔业水域滩涂占用补偿制度，推动建立政策性渔业保险制度和渔民社会保障体系，切实减轻渔民负担。积极推进渔民专业合作社和专业协会发展，提高渔民组织化程度，提高其自我服务、自我管理和自我发展能力。

农业部副部长牛盾在现代渔业发展暨渔业改革开放30年论坛上的讲话

（2008年10月29日）

发端于农村的改革开放大业，带来了我国经济社会的沧桑巨变，取得了举世瞩目的伟大成就。伴随这场波澜壮阔的大潮，我国渔业率先走向市场，放开价格，在改革中探索创新，在改革中快速发展，同样取得了骄人的业绩。在改革开放30周年之际，总结回顾过去的成就和经验，分析查找存在的问题，认真思考未来的发展方向，非常有必要。下面，谈几点体会，和大家交流。

一、渔业30年改革发展的重大成就

1. 渔业在农业农村发展和国民经济建设中的作用日益增强 30年间，渔业由改革开放前的一个“副业”迅速发展壮大，成为农业农村经济中的重要产业，为保障农产品供给和国家食物安全、增加农民收入、繁荣农村经济、建设社会主义新农村做出了重要贡献。

（1）渔业总产值快速增长，成为大农业中发展最快的产业之一。2007年全国渔业产值达到4 458亿元，比1978年的22.1亿元增加200倍（未计物价指数）；渔业在大农业总产值中的份额，从1978年的1.6%提高到2007年的9.1%，增加近5倍。虽然农业和农村经济的整体发展速度很快，但是无论纵向比较，还是横向比较，渔业都算是其中发展最快的一个产业之一。

（2）渔业生产稳定发展，有效保障了农产品供给和国家食物安全。2007年全国水产品总产量达到4 747万吨，是1978年的10倍，自1989年起连续19年位居世界首位；水产品人均占有量36千克，水产蛋白消费占我国动物蛋白消费的1/3左右。渔业生产的发展，成功解决了“吃鱼难”问题，丰富了城乡居民“菜篮子”，水产品市场保持了长期稳定繁荣，为保障我国农产品市场供给和食物安全做出了重大贡献。

（3）渔业成为农业产业结构调整的重要途径，有力地推动了社会主义新农村建设。30年来，全国水产养殖面积由282万公顷增加到575万公顷，渔业人口由394万增加到2 100多万，面积翻一番，人口翻两番，渔民人均纯收入6 937元，比1978年的93元增加73倍，大量的农村劳动力从事渔业生产走上了富裕之路，渔业日益成为农村产业结构调整的重要方向。渔业发展还带动了饲料加工、渔船修造、水产品运销及旅游、休闲、餐饮等相关产业的发展，对渔区经济社会发展和建设社会主义新农村发挥了积极作用。

2. 渔业产业素质和综合生产能力全面提高 改革开放以来，中央政府和各级地方政府逐步加大对渔业的投入，加强渔业基础设施和支撑保护体系建设，渔业的产业素质和综合生产能力得到全面提高，促进了渔业持续健康发展。产业支撑体系逐步健全，产业素质快速提升。渔业基础设施和生产条件明显改善。水产原种良种场体系逐步完善，水产选育种能力明显增强。全国水产苗种场从改革开放初期的不足3 000家发展到目前的16 000多家。深水网箱、工厂化养殖已形成规模，水产养殖集约化程度明显提高。渔港基础设施建设不断加强。渔业科技支撑能力也得到大幅提升。建立了一支从基础研究、应用开发到技术推广的学科门类比较齐全的渔业科技创新推广队伍。渔业科技进步贡献率已超过50%，水产养殖业的应用技术处于世界先进水平。产业结构不断优化，综合生产能力全面提高。通过充分开发利用各种宜渔资源，积极挖掘发展潜力，拓展发展空间，形成了湖泊水库、稻田河沟、浅海滩涂等多种国土资源合理开发，池塘、稻田、大水面、集约化等多种养殖模式广泛推广，水生动植物增养殖科学生产，食用、休闲、观赏渔业全面发展的新格局。渔业产业化水平大幅提高，以企业为龙头，产加销、贸工农一体化的产业化组织不断壮大,辐射带动能力不断增强,"一条鱼带动一个产业"深入发展。初步实现了渔业发展的区域化布局,形成以黄渤海、东南沿海出口水产品优势养殖带、长江中下游优势养殖区为主体的出口主导型优势水产品生产"两带一区"的格局。

3. 渔业资源利用方式实现"以养为主"的根本转变 1980年,邓小平同志在研究《关于编制长期规划的意见》时谈到,渔业有个方针问题。究竟是以发展捕捞为主,还是以发展养殖为主呢?看起来应该以养殖为主,把各种水面包括水塘都利用起来。《红旗》杂志专门发表文章探讨"养捕之争"问题。1985年3月11日,中共中央、国务院发出《关于放宽政策、加速发展水产业的指示》,明确了水产工作的指导思想,要求像重视耕地一样重视水域的开发利用,把加速发展水产业作为调整农村产业结构,促进粮食转化的一个战略措施来部署;确立了"以养殖为主,养殖、捕捞、加工并举,因地制宜,各有侧重"的发展方针。此后,我国渔业不断进行结构调整,陆续实行了海洋捕捞"零增长"、"负增长"和海洋捕捞渔民转产转业等政策。从1988年开始,水产养殖产量超过了捕捞产量,到2007年,养殖产品在水产品总产量中的比重已由1978年的26%提高到69%,实现了渔业发展从"以捕为主"到"以养为主"的根本性转变,我国也成为世界主要渔业国家中唯一养殖产量超过捕捞产量的国家。"以养为主"的渔业发展新模式,突破了过分依赖天然渔业资源的旧模式,走出了一条中国特色的渔业发展道路,为世界渔业发展探索了一条新途径。

4. 渔业参与国际事务的能力和地位明显增强 在改革开放政策指引下,渔业充分利用"两种资源",开拓"两个市场",积极实施"走出去"战略,参与国际事务的能力不断提高,作用不断增强,为世界渔业发展做出了积极贡献,奠定了我国作为世界主要渔业大国的地位。

(1)远洋渔业从无到有,从小到大。从1985年派出第一支远洋捕鱼船队远渡西非开始,到2007年,我国远洋渔业已拥有渔船1 496艘,总产量107万吨,总产值84亿元,入渔国从最初的几个西非国家发展到全世界30多个国家以及大西洋、印度洋和太平洋公海,我国已成为世界主要远洋渔业国家。远洋渔业的发展,在维护我国海洋权益、争取公海渔业份额和促进劳动力就业等方面发挥了重要作用。

(2)水产品出口快速增长。1978年我国水产品出口额只有2.6亿美元,2007年达到97.4亿美元,30年增加30多倍。从2002年开始,我国水产品出口额居世界首位。同时,我国还积极投身国际水产品贸易事务,积极参与国际贸易规则的磋商制定,发挥了渔业大国应有的作用。

(3)渔业对外交流合作日益广泛。我国先后与有关国家签署了13个双边政府间渔业合作协定、6个部门间渔业合作协议,加入了8个政府间国际渔业组织,同时还参与了12个多边国际组织有关渔业的活动,在国际渔业事务中的影响力显著增强。近年来,我国还先后与美国、俄罗斯、韩国、越南等国家开展渔业联合执法,有效维护了区域渔业生产秩序,树立了负责任渔业大国形象。

5. 渔业法制建设和"依法治渔、依法兴渔"成效显著 改革开放以来,是我国渔业法制建设发展最快的阶段。通过加强渔业法制建设,建立健全渔业法律和制度体系,维护渔业生产秩序和生产者合法权益,有效地实现了"依法治渔、依法兴渔"。渔业法律体系日渐完备。以1986年《渔业法》颁布实施为标志,渔业法律体系逐步建立,形成了以《渔业法》及其实施细则为基础,相关涉渔法律法规为补充,辅以其他配套法规规章的渔业法律体系。同时,各地也出台了一系列地方性法规、规章,渔业法律体系和管理制度进一步完善,渔业经济活动与管理基本实现了有法可依。

(1)渔政执法队伍逐步壮大。改革开放以来,我国渔政执法队伍建设逐步加强,从海洋到内陆,形成了一支覆盖全国的统一领导、分级管理、初具规模的渔政执法队伍。目前,全国共有渔政执法机构2 700多个,渔政执法人员3万多人,成为我国海洋和内陆水域一支重要行政执法力量。

(2)依法规范和促进渔业发展。以法律形式确立了"以养为主"的发展方针,建立了养殖水域滩涂确权发证、捕捞许可、渔业资源增殖与保护以及执法监督等一系列法律制度,依法规范和促进渔业生产的发展。开展渔业资源增殖放流,加强资源的保护、开发和合理利用,维护渔业生产秩序,保障渔业生产者的合法权益,促进了渔业的持续健康发展。

二、渔业30年改革发展的经验启示

改革开放30年的渔业发展取得了骄人的成就,也留下了许多宝贵的经验和启示:

1. 要始终坚持"以养为主"的发展方针,走中国特色渔业现代化道路 改革开放初期,为解决城乡居民"吃鱼难"问题,同时避免对日渐衰退的海洋渔业资源造成更大压力,国家确立了"以养为主"的渔业发展方针,鼓励群众发展水产养殖业,积极开发利用内陆水域、浅海滩涂、低洼荒地等适宜养殖的资源。随着对水产品需求的增加与资源环境保护的矛盾日益突出,从

1997 年起，又适时调整了新时期渔业发展方针，将大力发展养殖与养护和合理利用渔业资源放到更加重要的位置。实践证明，“以养为主”的发展方针适合我国国情，不是权宜之计，而是要长期坚持的发展方向。

2. 要始终坚持市场化的改革方向，提高现代渔业发展活力 在我国大农业中，渔业是最早引入市场化改革的产业。“两个放开”的改革充分发挥了市场的主导作用，使渔业生产要素按市场规则流动和组合，为渔业经济发展创造了良好的体制环境和激励机制，调动和发挥了渔业生产流通各个环节参与者的积极性和创造性，促进了渔业的快速发展。实践证明，在改革和发展中注重发挥市场配置资源的基础性作用，引导生产要素的合理流动，调动各方面的积极性和创造性，才能更好地实现改革与发展的各项目标，实现渔业持续发展、渔民稳定增收和渔区的和谐安定。

3. 要始终坚持加强支持保护体系，提高渔业发展保障水平 改革开放初期，在解决“吃鱼难”问题中，中央和地方加大对渔业发展的投入，掀起商品鱼基地建设高潮，建设了一批水产养殖基地和水产原(良)种场，为以后渔业的迅猛发展打下了坚实的基础。党的十六大以来，中央提出了“两个趋向”论断和“多予少取放活”方针，进一步加大了对“三农”的支持保护力度，加强了渔业基础设施和支撑保护体系建设，促进了渔业的持续健康发展。实践证明，农业基础产业离不开国家政策的支持，必须深入贯彻“以工哺农、以城带乡”的方针，在发展中不断加强对渔业的支持和保护，健全渔业支持保护体系，才能保持渔业的持续健康发展。

4. 要始终坚持依靠科技进步，提高渔业科技对生产的贡献率 科学技术是第一生产力，渔业发展的巨大成就都是伴随着渔业科技的不断进步而取得的。20 世纪 70 年代的栉孔扇贝人工繁殖技术、80 年代的中国对虾人工育苗技术、90 年代的网箱、工厂化养殖等集约化养殖技术，都推动了水产养殖业的快速发展。进入 21 世纪，随着水产养殖技术的集成创新，海洋抗风浪深水网箱养殖技术试验与推广，生态健康养殖技术的推广，使我国渔业发展进入到生态、安全、高效的新阶段。实践证明，科技进步是渔业生产发展的根本出路，必须加快渔业科技创新步伐，加速渔业科技成果的转化与推广，将经济增长转到依靠科技进步和劳动者素质提高上来。

5. 要始终坚持水生生物资源养护，提高渔业可持续发展水平 我国渔民多、渔船多、资源相对有限，资源开发利用和保护之间的矛盾非常尖锐。这是我国渔业的最大国情。改革开放以来，特别是进入农业发展新阶段以来，渔业在快速发展的同时，始终注重保护渔业资源环境，制定并实施了一系列重大资源养护制度和措施，初步缓解了渔业资源衰退的趋势，使渔业生产者更好地树立起保护资源、保护环境、保持可持续发展的理念。实践证明，只有始终坚持加强水生生物资源养护，不断提高渔业可持续发展水平，才能实现渔业经济、生态和社会效益的统一。

三、深入实践科学发展观，推动现代渔业取得新发展

当前，我国农村改革发展正处在新的历史起点上。党的十七届三中全会通过了《中共中央关于推进农村改革发展若干重大问题的决定》，明确提出了新形势下推进农村改革发展的指导思想、目标任务和重大原则，全面部署了新形势下推进农村改革发展的主要任务。要从全局和战略的高度充分认识全会的重大意义，充分认识新形势下推进农村改革发展的重大意义，迅速把思想和行动统一到全面贯彻落实全会精神上来，统一到深入学习实践科学发展观活动中来，进一步深化渔业改革开放，推动现代渔业又好又快发展。要深刻认识：在新的历史发展阶段，渔业改革发展的机遇和挑战并存。一方面，随着经济社会的发展和人民生活水平的提高，水产品需求将持续增长，渔业发展面临着确保水产品安全有效供给和确保渔民持续增收的双重任务。另一方面，在新形势下渔业发展同样也面临不少尖锐、复杂的矛盾和问题：水生生物资源衰退和水域生态环境恶化的总体趋势尚未得到根本扭转，资源与环境的刚性约束将成为今后长时期制约我国渔业可持续发展的主要因素；国内外市场对水产品质量安全要求越来越高，确保水产品质量安全难度加大；全球性气候异常变化增多给渔业安全生产带来了新的严峻形势，渔业系统应对灾害和突发性事件的能力还需进一步加强；渔民“失水”、“失海”现象比较突出，渔民组织化程度不高，应对市场和自然风险以及维护自身合法权益的能力不强，等等。这些问题有的是老矛盾，有的是新难题，如何在新形势下把握机遇，迎接挑战，解决好这些问题，进一步促进渔业改革发展，需要认真地去思考。要深刻认识：新形势下推进农村改革发展，要把建设社会主义新农村作为战略任务，把走中国特色农业现代化道路作为基本方向，把加快形成城乡经济社会发展一体化新格局作为根本要求。过去 30 年的渔业快速发展，根本原因在于坚持解放思想、实事求是的思想路线，深化改革，扩大开放，制定和实施了一系列适应渔业生产力发展要求的方针政策，走出了一条“以养为主”的中国特色渔业发展道路。实践证明，这是一条符合我国国情的渔业改革和发展道路，是完全

正确的,今后必须长期坚持并不断深化。要在全面把握我国渔业基本国情的基础上,适应农村改革发展新形势,按照统筹城乡发展、建设社会主义新农村、走中国特色农业现代化道路的要求,继续深化改革、扩大开放,从更高的起点、更宽的视角、更实的措施谋划新时期渔业工作。

一是要把解决渔业、渔区、渔民问题放到统筹城乡发展和建设社会主义新农村的大格局中去谋划。当前,我国总体上已经进入以工促农、以城带乡的发展阶段,进入加快改造传统农业、走中国特色农业现代化道路的关键时段,进入着力破除城乡二元结构、形成城乡经济社会发展一体化新格局的重要时期。要坚持工业反哺农业、城市支持农村,创新体制机制,加强农业基础,增加农民收入,保障农民权益,促进农村和谐,充分调动广大农民的积极性、主动性、创造性,推动农村经济社会又好又快发展。渔业、渔区、渔民是"三农"的有机组成部分,只有按照中央的总体部署,始终坚持"三农"政策,在统筹城乡发展和建设社会主义新农村的大格局中去改革完善有利于渔业发展的体制机制,破解渔业发展的难题,才能为渔业的发展创造更加广阔的空间。

二是要把确保水产品安全有效供给放到保障食物安全的大战略中加以高度重视。发展永远是"硬道理"。站在国家食物安全的战略高度,渔业还要继续挖掘潜力,保障食物安全。水产品是动物蛋白的重要来源。从全球角度看,水产品需求将持续增长。据预测,到2030年全球人均水产品消费量将由目前的16千克增加到19~21千克。未来世界发展将面临各种难题,包括粮食危机、能源危机、气候与环境变化等,但其中最直接的还是粮食危机,人不开车可以,但饿肚子绝对不行。据联合国粮食计划署的统计,2007年全球饥饿人口有9.25亿,2008年很可能达到10亿。我国现有13亿多人口,未来二三十年可能达到16亿以上,而我国的耕地面积不可能再增加。因此,必须打破过去狭隘的"粮食"观,从更广阔的范围采取措施来解决这么多人口"吃"的问题。我国有2.8亿公顷大陆架渔场和1 733万公顷内陆水域滩涂,合理利用这些资源,发展渔业生产特别是水产养殖业,是开拓新的农业资源、增加食物总量的重要举措,在未来大粮食安全体系的构建中必将发挥更加重要的作用。

三是要把加强水生生物资源养护作为国家生态文明建设的重要方面去积极推进。党的十七届三中全会要求,要按照建设生态文明的要求,发展节约型农业、循环农业、生态农业,加强生态环境保护,加强水生生物资源养护,加大增殖放流力度。渔业资源环境是自然生态系统的重要组成部分,以水生生态为主体的水域生态系统在维系自然界物质循环、净化环境、维持生态平衡以及保障国家生态安全方面具有无可替代的作用。渔业的产业特点决定渔业在我国生态文明建设及循环经济发展中将大有可为。要按照党的十七届三中全会决定和《中国水生生物资源养护行动纲要》的要求,将水生生物资源养护工作纳入国家生态安全建设总体部署中。创新管理方式,加大投入,推进市场经济体制下资源保护管理机制的形成,进一步加强水生生物资源养护,为建设资源节约、环境友好型渔业奠定基础。

四是要把深化渔业国际合作放到新形势下扩大对外开放的战略中去努力开拓。实施"走出去"、"引进来",是我国对外开放的重要举措,是充分利用国际国内两个市场、两种资源的必然要求。近期发生的世界粮食危机、金融危机充分说明了中国经济不可能脱离世界,加强多边外交和多边管理成为必然。特别是对于我国渔业来说,作为大农业中"走出去"最早、成效最为显著的领域之一,已经越来越多地融入世界渔业发展格局。在开发国际资源、促进国际贸易、保障食物安全、减少贫困等方面发挥了重要作用。随着国际海洋制度和世界经济秩序的演变,渔业要按照新形势下深化改革扩大开放的总体战略,统筹谋划,完善政策,加速推进,进一步巩固和拓展国际资源、市场空间。既要服务于国家的政治外交全局,又要服务于现代渔业建设。在提高国际渔业资源开发利用能力的同时,加强我国参与国际规则和标准制定的话语权,提高渔业的国际竞争力和渔业管理水平。

五是要结合深入学习实践科学发展观活动促进现代渔业发展体制机制的改革创新。过去30年,我国渔业在调整产业结构、转变增长方式、推广健康养殖模式、实行休渔禁渔和放流增殖等各项工作中,已经在积极探索科学发展的路子,已经从"发展"而不仅仅是"增长"的眼光来看问题。而未来发展,要把科学发展观作为理论和方针指导产业发展,把各项工作统一到自觉实践科学发展观中去。当前,我国渔业正处在由传统渔业向现代渔业转变的关键时期,要保持持续健康发展,实现在更高层面的跨越,必须深入贯彻和自觉实践科学发展观,继续深化改革,扩大开放,促进现代渔业发展体制机制的改革创新。继续坚持"以养为主"的发展方针,转变发展方式,拓展发展空间,提高发展质量。努力构建生产安全、质量安全、生态安全和可持续发展的现代渔业产业体系,实现渔业大国向渔业强国的转变。

回顾渔业改革开放30年历程,成就振奋人心,经验弥足珍贵。展望未来,渔业改革发展任务更加艰巨,机遇与挑战并存。要全面贯彻党的十七届三中全会精神,深入贯彻落实科学发展观，更加坚持不懈、奋发有为地做好渔业改革发展各项工作，为实现农村改革发展基本目标任务、全面建设小康社会做出应有的贡献。

农业部总经济师杨坚在全国渔业科技入户经验交流会上的讲话

（2008 年 12 月 17 日）

一、全面总结渔业科技入户工作的成效与经验

1. 渔业科技入户范围逐步扩大，辐射带动作用明显增强 全国渔业科技入户示范县从 2005 年的 5 个省 5 个县扩大到目前的 14 个省 18 个县；示范户达 7 400 多户，辐射带动养殖户达 15 万户；示范面积近 1.9 万公顷，辐射带动面积达 16 万多公顷。在示范县和示范户的带动下，各地开展渔业科技入户工作的积极性不断提高。据统计，四年来中央财政投入渔业科技入户经费约 1 100 万元，带动各省累计投入 8 000 多万元用于支持省级示范县建设，省级示范县数量由 2005 年的 6 个省 15 个县增加到目前的 24 个省 200 多个县，省级示范户达 6.5 万户，辐射带动养殖户达 73 万户，示范面积达 24 万公顷，辐射带动面积达 80 万公顷。

2. 专家与技术指导队伍初步建立，基层水产技术推广体系建设得到加强 通过渔业科技入户工作，培养了一支由部、省专家和县级技术指导员组成的技术工作队伍，仅全国渔业科技示范工程的技术队伍就有 581 人，其中部级专家 7 人、省级专家 75 人、县（市）专家 109 人、技术指导员 390 人。基层水产技术推广体系在渔业科技入户工作中发挥了重要作用，不但强化了职能，创新了机制，还通过培育渔业科技示范户，在一定程度上解决了村级水产技术推广人员缺乏、不能有效满足渔民科技需求的问题，促进了村级水产技术推广网络的建立。

3. 渔业劳动者素质明显提高，增产增收效果显著 通过主体培训和入户指导，养殖示范户从无约束用药到科学用药，从随意记录到规范记录，从对病害束手无策到常见病可以自主、科学防控，从不知道水质调控到重视并开始实行水质调控，实现了健康养殖思想观念的转变和生产实践的跨越。在示范户带动下，广大养殖户对规范化、标准化养殖的认识有所提高，健康养殖和水产品质量安全意识大为增强，科学养殖技术水平明显提高。渔业科技入户对促进渔（农）民增产增收的效果显著。据统计，2005—2007 年，全国渔业科技入户示范县渔业生产增效 27.5 亿元，平均每县节本增效 7 432 万元。

实践证明，渔业科技入户工作的开展，不仅培育了一批渔业科技传播者和懂科技、用科技的渔业从业者，推广应用了多项先进实用生产技术，而且在推广和服务机制上进行了积极有效的探索，突破了技术服务与渔民需求“两张皮”、相脱节的矛盾，实现了科技与渔民的“零距离”对接，促进了水产技术推广工作长效机制的建立和产学研的有机结合，为实现渔业科学发展、渔（农）民持续增收做出了积极贡献。

几年来，各地深入开展渔业科技入户工作，积累了一些经验，值得认真总结，相互借鉴。

1. 加强领导，健全组织机构是推进渔业科技入户工作的基础 为切实加强对渔业科技入户工作的领导，各省和有关单位都成立了工作领导小组，由分管领导任组长，相关行政管理、科研、推广、教学等单位参加，统一领导和组织协调渔业科技入户工作。各地都制定了切合本地实际的实施方案，组建了专家组，确定了技术指导员，公开遴选了科技示范户，将各项责任明确落实到岗、到人，确保各项工作有条不紊开展。

2. 注重培训，提升科技素质是推进渔业科技入户工作的前提 首先是抓好技术指导员培训。针对技术指导员和部分接受能力较强的科技示范户开展主体培训，由部、省专家授课，系统讲授养殖专业理论知识。其次是做好科技示范户和养殖户培训。由部、省和当地专家以及有实践经验的技术指导员授课，围绕某一品种、某一生产阶段的养殖技术进行具体讲解。第三是编好教材。由专家组与当地技术指导员一起研究总结经验，将科技示范户的技术要领和好的做法编成典型材料和实用性很强的教材，下发到示范户，让养殖户看得懂、信得过、用得上，容易推广应用。

3. 因地制宜，选准主导品种和主推技术是推进渔业科技入户工作的关键 在遴选发布的主导品种和主推技术基础上，各地都结合本地实际研究确定了主导品种和主推技术。几年来，重点推广了对虾、河蟹、罗非鱼、大黄鱼、斑点叉尾鮰等主导品种，推广了水质调控、生态健康养殖等主推技术，及时解决了养殖生产中的技术难题。一些地区还围绕主导品种，按照“一条鱼一个产业，一村一品，一县一色”的发展思路，培植主导产业。如江苏高淳、安徽当涂和辽宁盘山的河蟹，广西合浦的对虾，江西万安的斑点叉尾鮰等主导品种形成的“一村一品”养殖基地，发展势头十分喜人。

**4. 创新方式，不断推出新模式是推进渔业科技入

户工作的动力 近几年,各地在实践探索的基础上,不断推出新模式,先后总结并推广了以实施生物修复技术为核心、以"种草、投螺、稀放、混养、控水"为主要内容的"当涂模式",着力推进由大养蟹向养大蟹转变。总结推广了盘山的"大垄双行、早放精养、种养结合、稻蟹双赢"的稻田种养新模式,即:水稻 + 水产 = 粮食安全 + 食品安全 + 生态安全 + 农民增收。还有一些模式,在一些地方得到了较好的推广应用。为了提高渔业科技入户工程的实效性和覆盖面,各地还通过龙头(大企业或行业协会)带动、科技推动和"公司(协会) + 基地 + 农户"的产业化经营模式,将分散的养殖户组织起来,实行优良苗种、生产资料、防病用药等统一供应,统一销售等方式,提高了组织化程度和市场竞争力,产品质量和经济效益明显提高。

5. 整合资源,增加投入是推进科技入户工作有效开展的保障 为了使有限的科技入户经费发挥最大化效益,一些地方将渔业科技入户工程与"新型农民科技培训工程"、"农业科技示范场建设"、"农业标准化综合示范区建设"以及当地的一些科研、技术推广和标准化示范等项目整合起来实施,不仅扩大了项目规模和技术辐射面,而且提高了项目资金效能,提升了各个项目的建设水平,推动了渔业科技入户工作的有效开展。

6. 加强宣传、营造氛围是推进渔业科技入户工作的手段 渔业科技入户工作开展以来,各地利用各种宣传媒体,加大对渔业科技入户工作的宣传,并通过召开渔业科技入户动员会、经验交流会,开展春季、夏季、秋季行动等方式,扩大渔业科技入户工作的社会影响,营造全社会关心和支持渔业科技入户工作的良好氛围,调动了广大渔(农)民学科技、用科技和传播科技的积极性。

虽然渔业科技入户工作取得了一些成效,积累了一些经验,但是也存在不少困难和问题。一是示范范围还不够广,项目资金相对偏少。目前全国渔业科技入户示范县只有18个,平均1个省不足1个,辐射带动能力有限。由于经费不足,每个示范县国家财政拨付只有20万元,每户不到200元,平均每1/15公顷2~3元,与实际工作需要还有很大的差距。二是科技入户专家组协调运转机制有待进一步完善。科技入户构建了"专家组—技术指导员—科技示范户—辐射带动户"的科技成果转化快捷通道,但是专家组分属于科研、教学、推广等不同单位,技术指导员大部分属于基层技术推广机构,不同单位之间如何协调,专家组的工作与原单位工作如何衔接,这些都需要在实践中继续探索、不断规范。三是各地工作开展不平衡。承担全国渔业科技入户示范工程的多数地区这两年工作有起色、有亮点,但也有少数地区重视程度不够,工作缺乏创新,效果不明显。到目前为止,仍有近10个省尚未启动渔业科技入户工作。四是技术队伍素质有待进一步提高。技术指导员主要来自基层水产技术推广机构,直接面向渔民,但由于多数基层水产技术推广机构工作条件有限,技术指导员知识老化问题比较普遍,影响了技术服务工作的开展。

二、充分认识新形势下做好渔业科技入户工作的重要意义

当前,国内外宏观经济形势发生急剧变化,对我国农业农村经济影响巨大。党中央国务院沉着应对、果断决策、加强指导,采取了一系列重大措施。2008年,农业在经受自然灾害频发、重发和国内外经济环境复杂多变的严峻挑战下,预计粮食产量将超过1998年的历史水平,实现连续五年增产,总产和单产水平均突破历史新高。粮食等主要农产品增产对于保障有效供给和稳定上半年的物价水平起到了至关重要的作用。但是必须看到,农业农村经济发展还面临不少困难,渔业也同样如此。站在新的历史起点上,渔业发展面临的机遇前所未有,挑战也前所未有。必须紧紧依靠科技进步和创新,提高单位产出率、资源利用率、劳动生产率,增强可持续发展能力。深入推进渔业科技入户,是促进渔业科技成果转化为现实生产力的重要载体,对于推动渔业科技进步、建设现代渔业有着重要的意义。

1. 深入推进渔业科技入户是走中国特色渔业现代化道路的客观要求 我国农业资源总体短缺,资源对农业约束越来越大,保住1.2亿公顷(18亿亩)耕地底线难度很大,增人减地的趋势不可逆转。在这种大背景下,怎样充分利用海洋和内陆水域资源,增加食品供给、保障食品安全是一个很重要的课题。水产品蛋白供给占了整个动物蛋白供给的1/3,如何通过科学合理地利用水域资源拓展生存和发展空间,是值得研究的重大课题。科学技术是第一生产力,发展现代渔业,根本出路在于科技进步。目前,我国由于千家万户分散的小规模经营方式、渔业劳动力素质偏低等因素制约,渔民获得新技术的渠道不畅、时间较长、成本较高,导致渔业技术成果总体转化率和到位率低,严重制约了科技作用的发挥。渔业科技入户工作开展4年的实践表明,通过选择培育一批科技示范户进行重点扶持,以示范户带动广大渔民,是在渔业生产经营分散的基本国情下,向渔民传授科技知识和生产技能、加快渔业科技成果转化和推广应用的有效途径,有利于推动渔业生产和科技紧密结合,加快现代渔业建设步伐,促进渔业持续健康发展。

2. 深入推进渔业科技入户是促进渔业增效渔民增收的迫切需要 近年来,我国渔业发展取得了举世瞩目的巨大成就,为保障国家食物安全、促进农业增效农民增收、服务全国"三农"工作大局做出了突出贡献。美国生态经济学家布朗先生就把中国的水产养殖和计划生育并列为中国对世界的两大贡献。但是也必须清醒地认识到,渔业发展方式粗放、技术装备落后、水产品质量安全监管任务艰巨等问题仍然突出。国内外经济形势复杂,不确定性因素增多,保障渔业增效、渔民增收难度大。从农产品价格来看,FAO 报告,9 月份粮肉奶油糖 5 大类农产品价格全线回落,全球食品价格指数环比下降了 6.5%;世界银行发布的 28 种农产品价格,10 月份有 23 种价格下降;我国监测的 31 种农产品,除了小麦外,有 30 种下降,到 11 月份,又有 27 个产品继续下降。农产品价格总体水平下降,对农民增收和生产积极性都有很大影响。渔业科技入户工作是应对复杂经济形势的一个很重要的措施和手段,必须继续推进、大力加强,要巩固、完善这一渔民获得先进适用技术的便捷通道,切实把科技成果送到千家万户和塘边船头,帮助广大渔民学好、用好科学技术。

3. 深入推进渔业科技入户是新时期加强渔业科技创新和技术推广能力建设的重要举措 机制不活、投入不足、条件薄弱、手段单一,科研、教育、推广各环节缺乏有机联系,是我国包括水产技术推广体系在内的农技推广体系长期存在的突出问题。要切实扭转这一状况,必须积极探索新的机制和途径,解决科技推广"最后一道坎"和科技转化"最后一公里"的问题。深入推进渔业科技入户,有利于整合资源、加大投入,促进渔业技术人员与渔民群众建立长期稳定的联系,实现科技供给与渔民需求的有机统一;有利于通过典型示范激发广大渔民学科技、用科技的积极性,带动渔民整体科技素质的提高;有利于促进水产技术推广由单纯依赖政府作用向多方协作、优势互补、形成合力转变,形成政府扶持、市场引导、专家负责、技术指导员包户的新机制,全面增强渔业科技创新与推广能力。

三、积极探索进一步推进渔业科技入户工作

1. 紧紧围绕全面推进水产健康养殖这一重大任务,明确工作重点、落实责任分工,使科技入户工作成为水产健康养殖的强力"助推器" 党的十七届三中全会把"推进水产健康养殖"作为推进农业结构战略性调整,积极发展现代农业,提高农业综合生产能力的一个重要方面写入全会决定。这是中央在新的历史阶段对渔业特别是养殖业提出的新的要求。推进水产健康养殖工作,需要完善养殖规划布局和基本经营权制度,改进养殖生产方式,改善养殖水域环境,强化养殖基础设施和支撑体系,加强科技创新和推广应用。涉及范围广、包含内容多,既有政策方面、也有策略方面的问题;既有理念方面、也有技术方面的问题。但无论哪一方面,渔业科技入户都是重要的推动形式和手段,应当而且完全可以在传播健康养殖理念、传授健康养殖技术、传达健康养殖信息等方面发挥重要作用。

农业部将把争取各级财政支持,加快推动养殖池塘标准化改造作为全面推进水产健康养殖的首要措施和主要抓手,夯实健康养殖的物质基础,提高养殖综合生产能力。同时,按照"生产服从于生态"的可持续发展要求,继续开展养殖水域滩涂规划和养殖证确权工作,科学布局养殖规模和方式。加大原(良)种和水生动物防疫等支撑体系的建设力度,增强服务能力,并计划以"健康养殖、科学防病、合法用药"为主题,开展"渔业科技服务年"活动,结合科技入户、科普下乡和创建水产健康养殖示范场等项目的实施,开展形式多样的科技服务活动,提高生产者素质。因此,科技入户工作必须紧跟主题、及早谋划、周密安排、落实责任,使之成为推进水产健康养殖的强大动力。

2. 紧紧跟踪广大渔(农)民的需求,加强服务、提高素质、节本增效,使科技入户工作成为促进渔(农)民增收的有效手段 当前,受全球金融危机加深和世界经济增长放缓的影响,加上我国经济生活中原有深层次矛盾凸显,国内经济平稳运行难度增加,农业农村经济所受冲击加重,农产品价格全面回落,农业生产效益持续下滑。2009 年将是我国农业农村经济发展形势最严峻的一年,是农业稳定发展和农民持续增收难度最大的一年,是农业农村经济工作压力最大的一年。从渔业来讲,虽然还没有出现大的起落,但在市场价格环比、出口贸易增速等方面已经出现严重下滑迹象,有些品种甚至大幅下降。对渔业工作的困难和问题,切不可掉以轻心。

在这种形势下,各级渔业主管部门以及参与科技入户工作的科研、推广、教学等单位的专家,都要把促进渔业增效、渔(农)民增收作为科技入户工作的重要任务和主要考核目标。要进一步加大工作力度,努力提高渔(农)民的科技素质。通过开展宣传培训、技术咨询和示范服务等工作,引导生产者转变生产理念,调整养殖模式,减少病害发生,降低生产成本,提高质量和效益。

3. 确保水产品质量安全,科学指导、妥善处置,使科技入户工作成为确保源头安全的示范样板 农产品质量安全关系人民群众生命健康,这是中央领导关心的重点、干部群众关切的热点、社会舆论关注的焦点。

总的来看，目前我国水产品质量安全状况基本平稳，产地抽检合格率在95%以上，但一些影响质量安全的因素、矛盾和隐患依然存在。水产品在养殖水体、运输途中、餐饮暂养等不同场所，从育苗、养成、防疫到加工、销售等各个环节，都有可能存在使用禁用药品或有毒有害物质的风险隐患。由于水产养殖的量大、面广、分散和现行的分段监管体制，要确保水产品质量安全水平确实难度很大。但是有一点，加强对产地水产品的质量监管是渔业主管部门的重要职责，必须采取一切措施，从源头上保障质量安全。这些年，农业部通过加强法律、制度和标准的建设，加强药物残留专项整治、监督抽检和养殖业执法，水产品质量安全状况有了明显改善。但是，产品的质量安全绝不是靠检出来、罚出来的，关键是源头的生产必须要有保障。可以说，转变发展方式，大力推进水产健康养殖，是从根本上解决水产品质量安全问题的治本之策。因此，要加快与水产健康养殖相关的如苗种、渔药、疫苗、饲料等投入品的研发，加快成果的推广应用。要充分发挥科技入户以点带面、以示范户辐射带动养殖户的作用，让所有的养殖户更多地了解国家有关的法律法规，规范养殖、科学防病、合法用药，确保水产品质量安全。今后在开展遴选发布主导品种和主推技术、推荐投入品、培训养殖用药、指导做好生产记录等科技入户工作时，都应当对示范户及其所带动的养殖户，在确保源头水产品质量安全方面，提出明确具体的要求。

4. 抓住加快推进基层社会化服务体系建设的有利时机，加大改革、创新机制、加强服务、加快建立和完善新型的水产技术推广服务体系 科技入户工作针对的是老问题，开创的是推广新机制，它不同于以往的“科技下乡”和单纯的技术推广。应当按照党的十七届三中全会提出的力争3年内在全国普遍健全覆盖全程、综合配套、便捷高效的社会化服务体系的精神，借助科技入户这一平台，加快建立以基层水产技术推广服务机构为依托、合作经济组织为基础、龙头企业和科技示范户为骨干、其他社会力量为补充的新型水产技术推广服务体系。同时，为增强科技入户工程的针对性、系统性和实效性，有必要整合一切可用资源，向科技入户工作倾斜。如充分用好现有补贴政策和各类项目资金，争取优先用于扶持科技示范户；整合水产科研推广教学各方面力量，推动形成科技大协作的新格局等等。这些年通过一些基础设施和体系项目建设，水产科研、推广、教育等单位的服务手段和能力有所增强，各地都开展了一些科技服务、培训咨询等工作，有些企业、行业协会也参与其中，水产技术推广服务体系不断完善。希望各级渔业主管部门继续加强组织协调工作，加大项目资金和技术力量的整合，完善条件，提高能力，为科技入户工作提供有力保障，为建立新型水产技术推广服务体系创造条件。

2009年是贯彻落实党的十七届三中全会精神的关键一年，也是新中国成立60周年大庆之年，做好渔业科技入户工作，任务艰巨，使命光荣。要通过这次会议总结经验，理清思路，明确目标任务。在今后的工作中，要针对当前存在的突出问题深入研究，特别是要在服务渔（农）民的过程中问计于民，不断从生产实践中、从群众的需求中、从基层的智慧中找到答案，不断开拓解决问题的新途径。农业部渔业局和相关司（局）要加强对渔业科技入户工作的统一领导，加大经费支持，同时尽可能引导相关项目资金向科技示范县倾斜。各示范县要按照农业部统一要求，加强组织领导，把各项进村入户、技术指导、培训服务工作措施抓实抓好。落实各种物化补贴措施，特别要组织好对水产养殖关键环节、关键季节和重点品种的技术指导。当前，要突出抓好新型渔业社会化服务体系建设，尽快健全乡镇或区域性水产技术推广机构，有条件的地方，要逐步建立村级服务站点。部、省、县级专家组要按照职责定位和任务分工，做好具体的技术指导工作，同时加强三方专家组的协调配合，形成快速有效的成果传导链条。各位专家要加强对新技术、新成果的整装集成，以便于技术指导员和养殖渔（农）民学习掌握。有关水产科研推广和教学单位，要为专家提供必要的工作和生活条件，积极支持专家安心做好科技入户技术指导工作。

总结经验　突破创新 切实提高水产品质量安全管理工作水平

——农业部渔业局局长李健华在水产品质量安全管理工作会议上的讲话

（2008年10月10日）

食品安全问题关系人民群众生命健康，党中央、国务院极为重视，中央领导始终高度关注。最近，胡锦涛总书记在全党深入学习实践科学发展观活动动员大会暨省部级主要领导干部专题研讨班开班式上强调指出：“今年以来，一些地方发生重大生产安全事故和食品安全事故给人民群众生命财产造成重大损失。从这些事件中反映出，一些干部缺乏宗旨意识、大局意识、忧患意识、责任意识，作风漂浮、管理松弛、工作不扎实，有的甚至对群众呼声和疾苦置若罔闻，对关系群众生命安全这样的重大问题麻木不仁。对这些事件及其后果的严重性必须充分估计，对其中的惨痛教训必须牢牢记取。”要认真学习、深刻领会总书记的讲话精神和要求，以高度的责任感、紧迫感，扎扎实实、一刻也不放松地抓好水产品质量安全工作。

近年来，各级渔业主管部门按照中央要求和农业部统一部署，采取一系列有力措施，水产品质量安全的意识和管理水平有了明显提高。特别是经过水产品药物残留专项整治和助奥水产品质量安全特殊监管两大行动，目前我国水产品质量安全状况总体平稳，在奥运期间没有发生水产品质量安全事件，实现了助奥工作的既定目标。这与各级渔业主管部门的共同努力，与在座大家的辛勤工作是分不开的。这次会议的主要目的就是总结水产品药物残留专项整治和助奥特殊监管工作经验和做法，研究如何进一步创新工作方法，完善制度、突出重点、突破难点，使水产品质量安全监管工作不断深入、巩固和提高。

一、助奥水产品质量安全特殊监管工作达到了预期目标

2008年水产品质量安全工作的重中之重是确保奥运期间不发生水产品质量安全事件。为此，专门针对年初由于低温雨雪冰冻灾害造成部分地区水产品使用禁药抬头、水产品市场药物残留抽检合格率下降的严峻形势，会同各级渔业主管部门下大决心、狠抓落实，做了大量工作。一是制订奥运期间水产品质量安全特殊监管工作方案，并层层分解任务，将责任落实到岗、到人，定期督导和检查，及时研究解决存在问题。二是加强水产品产地管理和产销衔接，促进养殖场完善各项生产及用药记录制度，重点加强水产品质量抽检。先后安排3次异地监督抽查，抽检样品3 353个，监测范围既包括重点渔业省份，也包括非渔业主产区；监测品种既有主要出口品种，也有不少国内市场大宗产品；监测环节既涉及成鱼养殖，也涉及苗种繁育及部分流通环节；从监测指标看，既加大了对硝基呋喃类、孔雀石绿等重点禁用药物的监测力度，也对兴奋剂、三聚氰胺等危害物质及其隐患进行了摸底调查。可以说，2008年的监测是历年来抽检规模最大、范围最广、检测环节最多的一次。三是建立健全应急机制。四是在总结水产养殖业综合执法工作的基础上，重点加强水产品质量安全执法检查，加大对阳性样品的立案追查和处罚，同时，商请有关主管部门撤销了一批违规使用禁用药的获得无公害产品认证和产地认定的企业。

由于工作力度大、责任落实到位、监管严密扎实，圆满完成了“确保奥运会期间供应奥运水产品不发生任何质量安全事件，确保北京等6个赛区城市水产品市场供应稳定，水产品质量安全放心”的目标任务。奥运期间，没有发生一例水产品质量安全事件。9月29日，党中央、国务院隆重举行北京奥运会、残奥会总结表彰大会，农业部“助奥行动”领导小组办公室荣获“北京奥运会残奥会先进集体”称号。

通过药物残留整治和特殊监管行动，深切地感到，抓好水产品质量安全监管工作，必须做到：一是既要强调政府部门的监管责任，更要把企业作为“产品质量安全第一责任人”的要求落实好；二是既要开展运动式的专项整治和特殊监管，集中力量解决好突出问题和主要矛盾，更要从中总结经验，注重制度完善和能力建设，实现监管工作的常态化、制度化、法制化；三是既要不断完善监督抽查的方式方法和规章制度，更要加强对阳性样品的立案追查；四是既要强调对养殖产品的产地监管，又要研究探索加强产地准出和市场准入的衔接工作；五是既要毫不松懈地做好各项常规工作，又要有高度的敏感性、预见性和前瞻性，工作谋划在前、措施准备在前，不断完善应急机制。

二、认清形势，切实增强责任感和紧迫感

“三鹿奶粉事件”造成的恶劣影响及其相关责任人受到严肃处理，必须从中汲取深刻教训。这一事件充分表明了中央贯彻落实以人为本的科学发展观，维护广大人民群众生命财产安全的坚定决心。正如温总理所讲的，“绝不能以损害人民生命健康来换取企业发展和经济增长，要强化行政问责制，出了问题必须严格追究领导责任”。当前总的来看，虽然水产品质量安全状况基本平稳，但一些影响质量安全的因素、矛盾和隐患仍然存在，有些问题没有得到根本解决。从调研、检测以及各地反映的情况看，主要有以下几个问题：

一是虽经多年整治，但有些禁用药依然屡禁不止，有的地区检出率还相当高。2008年4—5月，农业部渔业局组织有关质检机构对21个地区的在养水产品进行药物残留抽检，综合合格率为95.5%，比2007年降低0.4个百分点。7月份奥运前夕，又组织质检机构对15个签署供奥协议的省、直辖市进行了产地抽检，共抽检900个样品，综合合格率94.1%。9月份开展的第二次监督抽查结果还没有完全统计出来，但截至9月26日，已收到35例阳性报告。总的来看，近3年来水产品质量安全检测合格率一直在95%上下徘

徊;涉外水产品质量安全事件仍时有发生。特别要注意的是,孔雀石绿、硝基呋喃类药物和氯霉素是近几年整治和检测的重点,但现在一些重点地区仍有不少检出,而且检出值很高。这些情况说明,养殖环节使用禁药绝非个别现象,对这几个常见的禁用药物的监督一刻也不能松懈。

二是水产品产地检测与市场检测结果存在明显差异。根据农业部市场司提供的6个赛区城市两次市场水产品质量抽检结果,综合合格率分别为85.7%和87.4%,低于其他农产品的合格率,也均低于赛区城市94.1%的水产品产地监测合格率。对比分析认为,产销地监测之所以存在差异,可能有以下原因:一是尽管调整了产地监督抽查的组织方式,改质检机构本地抽检为异地交叉换检,但仍无法完全避免人为选优抽检的情况。而市场抽检随机性高,相对来讲可能会比较接近实际情况;二是水产品流通、运输、餐饮环节监管比较复杂。据工商总局、卫生部反映,不排除运输、流通、暂养等环节使用禁用药物的可能性。因此,进一步完善产地抽检办法,加强产销等各环节监管工作的协调配合十分必要,必须有一些具体的措施和办法。

三是水产苗种质量安全状况堪忧。近年来多起质量安全事件追溯结果表明,苗种药物残留状况是影响水产品质量安全水平的重要因素或源头。许多基层干部、企业和专家多次建议,不仅要加强对成鱼养殖环节投入品的监管,而且要把监管手段和监测目标延伸到源头,加强对水产苗种质量安全的管理。根据这些意见和建议,组织开展了一次水产苗种的药物残留摸底抽查。虽然由于缺乏专门针对水产苗种的检测方法,质检机构是参照成鱼的检测方法,但原理大致相同。这次抽查的范围包括福建、广东、湖北等9个重点苗种生产省份,共抽检100个水产苗种样品,涉及11个品种的苗种,合格率仅为76%。从初步抽检结果判断,基层和专家反映的问题确实存在,必须引起高度警觉。

四是一些许可、认证制度存在着重发证、轻管理的现象,监管严重不到位。抽检过程中,一些国家级、省级的水产原(良)种场、健康养殖示范场以及获得无公害水产品、无公害产地认定的企业也检出药物残留超标,甚至检出率与普通小型养殖场相差无几。这反映出目前产品认证以及一些国家级、省级原(良)种场审定和名牌产品评比的后续管理存在严重漏洞。

五是影响质量安全的隐患不容忽视。奥运前夕,针对供奥水产品进行了一次兴奋剂摸底检测,主要对糖皮质激素类药物等四大类兴奋剂进行检测,检出率高达17.8%。最近"三鹿奶粉事件"发生后,为了解三聚氰胺对鱼饲料及水产品的可能影响,委托国家水产品质检中心等质检机构参照饲料中三聚氰胺的检测方法,对水产品和鱼饲料中三聚氰胺残留情况进行了内部摸底检测。四家质检中心共抽检86个水产品样品,有13个样品微量检出。36个鱼饲料样品有13个检出三聚氰胺,引起渔业主管部门高度关注,正在抓紧组织专家研究试验三聚氰胺在鱼体内的传导、代谢机理,紧急制定有关水产品三聚氰胺残留检测方法和限量标准。

总之,影响水产品质量安全的主要因素既有生产各环节滥用乱用药物和化合物,也有由于水质污染造成重金属含量超标等问题;有些是主动性的行为,有些则是在生产者不知情的情况下使用的。这些情况有的属于多年屡禁不止的老问题,有的则是由于科研水平和认知程度所限,暂时还是一个未知未解的问题。因此,要有高度的敏感性,要按照最近陈晓华副部长要求的,举一反三,深入分析研究,分别从不同产品、不同环节进行梳理,对可能存在的各种质量安全风险和隐患予以排查。出现以上情况的原因是多方面的。

一是责任意识、大局意识、法律意识没有完全到位。一些地方和单位相关制度不健全,监管责任落实不到位,停留在一般性的发文件、开会以及走过场式的检查上,没有真正拿出一些实招和硬措施;有些地方从局部和地方利益考虑,担心公开检测信息和实施处罚会影响产业发展,对问题企业处罚不力,甚至姑息包庇。这些问题说明,在水产品质量安全工作中,必须进一步转变理念,要更多地从产业长远健康的发展,从广大生产者和消费者的根本利益考虑。特别是要从这次处理"三鹿奶粉事件"汲取经验教训,强化责任、落实责任,要完善制度,创新方式。对于个别缺乏职业道德和诚信,违法违规使用国家明令禁止药物的不法企业,要公开信息、严肃处理,决不能让少数违法行为损害全局利益。

二是有些法律法规亟待进一步完善。如《农产品质量安全法》虽然规定了政府有关部门可以对生产中或市场上的水产品进行质量安全监督抽查,但对从业者拒绝抽检如何处理,却没有相应的罚则。再如《水产苗种管理办法》,没有把生产许可与质量安全状况衔接起来,而且"苗种环节自繁自育除外"的规定,给部分苗种繁育企业拒绝抽检提供了借口。

三是市场准入和可追溯体系没有建立。由于很多城市没有建立市场准入制度,也没有建立有效的索证索票等质量安全追溯制度,因此对产地合格产品准出不能形成制约和推动,市场出售的水产品鱼龙混杂。目前市场上检出的问题产品最多只能追溯到省一级,无法追溯回产地,很难判断究竟哪个环节用药,造成监管困难,无法进行责任追究。这是制度上的一个重大缺陷。因此,不仅要对苗种繁育、投入品、养殖成鱼等环节进行监管,也要在产品进入市场之前再把一道关,设一道槛。总之让各种“来路不明”的水产品没有可乘之机。

四是禁用药的替代药物研发进展不快。由于种质退化、养殖密度过高等原因,导致养殖病害多发频发,而一旦发生病害,在缺乏低毒、高效、安全、经济的新型替代渔药的情况下,为了减少损失,部分养殖户不惜铤而走险。这几年相关研发工作进展缓慢,有些虽然取得了一定的研究成果,但由于各种原因,未能及时申报推广运用。

总之,虽然奥运会期间水产品质量安全方面没有出问题,但并不说明不存在问题。从以上分析的情况看,形势依然严峻。必须时刻保持清醒的头脑,绝不能掉以轻心。10月3日,农业部部长孙政才在听取有关奶农扶持、饲料整治和奶站整顿工作督导汇报会上强调,各级农业部门要深入仔细地审视农产品质量安全状况,查找可能存在的隐患与漏洞,更加认真有效地全面加强农产品质量安全监督。重点要加强农产品质量安全风险评估和预警,切实加强农产品质量安全全程监管,大力实施农业标准化,强化农产品质量安全检验检测体系建设,逐步完善法律法规与配套制度,全面提高农产品质量安全水平。要按照孙部长讲话精神,对这些问题及存在的各种隐患,要逐条研究分析,提出解决的具体措施和办法,并在下一步工作中认真落实。

三、突出重点,抓好2008年第四季度及2009年工作

当前,水产品质量安全管理的重点在养殖产品,主要问题是从苗种繁育、养殖到运输流通各个环节都有可能在投入品中,包括饲料、渔药等添加或直接使用禁限用药物和化合物。此外,无论是开放的天然水域,还是老旧池塘也都有可能受到有毒有害物质的污染。因此,转变水产养殖业发展方式,大力推进水产健康养殖,从根本上解决水产品质量安全问题,才是治本之策。各地要进一步加大水产健康养殖示范场创建力度,继续加强渔业科技入户工作,切实推动养殖基地质量安全制度建设。加快老旧池塘改造是当前推进健康养殖的一项重点工作。浙江、广东、山东等省财政已经予以支持,农业部也正在争取中央财政的支持。关于2008年第四季度和2009年水产品质量安全工作,要求是常规工作要有创新、难点工作要有突破、重点工作要一抓到底。具体有以下几项工作。

1. 进一步完善监督抽查制度 水产品药物残留监督抽查是渔业主管部门依法进行产地监管的重要手段,实践证明这项制度只能强化,不能削弱,只有完善,才能有效,为此要强调两点:

一是必须依法健全水产品产地强制性抽检制度。根据《农产品质量安全法》建立水产品质量安全监测制度,制订并组织实施监测计划,按权限公布抽查结果,这是法律赋予各级渔业主管部门的职责。生产企业、农民专业合作经济组织有义务配合,当然也有权利申请复检。对于这部法律所规定的权利、义务、职责和法律责任等内容,各级渔业主管部门必须加大宣传力度,让管理者、生产者和其他相关人都知晓和理解。在执法过程中,个别养殖者有抵触情绪、拒绝抽检的现象,要尽量多做宣传和解释工作。同时,要按依法行政的要求,在措施和方法上强化针对性和实效性。比如能否参照质检总局处理奶粉事件的方法,同时公布抽检合格和不合格企业名单;能否将强制性抽检与无公害产地认定、产品认证等工作及一些扶持政策结合起来,等等。另外,抽检结果信息运用应当体现“奖惩分明”,对有问题的要立案追查,对合格的应该授权质检机构将检测报告交给被抽检的企业单位,作为证明其本批产品合格的凭证。这次“三鹿奶粉事件”,除了公布问题奶粉商品,也公布合格产品和厂商,就起到了正确的导向效果,这样绝大多数合法生产的企业就会理解、配合、拥护这项制度。

二是必须创新工作方法,增强抽检工作的严肃性。为了增强抽检工作的公开性、严肃性,提高抽样的随机性和结果的可信度,初步考虑从2009年起,对抽检程序和办法作些改革,即试行监督抽查企业名单公示和抽检结果公开制度。每次抽检前按照抽样数量的120%确定拟抽检企业名单,并在《中国渔业报》和中国渔业政府网上以公告形式公布;检测结果出来并经复检无异议后,再在同一媒体上公布“合格”、“不合格”和“拒绝抽检”的企业和产品名单,并转发到各部级定点水产品市场。为做好2009年的改革工作,请各省级渔业主管部门配合,对本辖区范围内的水产养殖场进行一次普查式的摸底,按照出口原料备案场、健康养殖示范场、标准化养殖示范场、无公害养殖基地和普通小型养殖场五大类,分类汇总企业名单,于2008年底前报农业部渔业局。被抽检企业名单将由计算机系统随机选取生成,并由省级渔业主管厅局确认。名单确定后,省级渔业主管厅局负责组织抽样,农业部指定的承检机构负责技术支持。农业部将及时出台《水产品质量安全监督抽查操作规范》。省里组织的产地抽查,建议也参照这一精神,进一步

改革和完善相关制度办法。

对于进一步完善水产品质量安全监督抽查制度，在这里提出了初步想法，请大家对其法律依据、可操作性等问题认真研究讨论，充分发表意见。

2. 重点开展水产苗种专项整治工作 水产苗种药物残留专项摸底抽查结果表明，水产药物残留状况是影响水产品质量安全水平的重要因素之一，加强水产苗种质量安全专项整治势在必行。必须进一步严格和完善水产苗种许可制度。对于条件不具备、所生产苗种不合格、相关质量安全制度未建立、拒绝质量安全抽检或不接受监管的水产苗种场，要依法坚决整顿直至吊销水产苗种生产许可证。同时抓紧制定水产苗种药物残留检测方法标准。有的省已先行一步，比如福建已在全省启动了水产苗种专项整治工作。为了开展2009年水产种苗专项整治活动，农业部渔业局将对相关工作进行部署。将牵头组织渔政指挥中心、水产科学研究院、水产技术推广总站等单位，抓紧提出水产苗种专项整治工作方案。此外，2009年中央财政很可能要大幅增加增殖放流经费，将把水产苗种质量安全状况与增殖放流项目资金安排结合起来，要求所放流的水产苗种全部实行招投标制度，且必须经过检测合格，对此农业部要制定专门的办法。凡禁药检测记录不良的水产苗种场将不得参与投标。今后，水产苗种的抽检也将同产品监督抽查一样，实行事前公示、结果公开制度。

3. 强化水产品质量安全监督执法 在总结水产品药物残留专项整治和养殖业综合执法经验基础上，已有17个省（自治区、直辖市）开展了水产品质量安全执法工作，但也有部分省（自治区、直辖市）存在着执法不严、不了了之等现象。从2008年第四季度起，各地渔业主管厅局及其渔政监督机构要全面介入水产品质量安全执法工作，特别是那些还没有开展过相关工作的省份一定要尽快行动起来。要继续以水产苗种企业生产合法性、养殖企业管理档案建立情况监督检查和违法用药企业查处为重点，深入推进水产品质量安全执法工作。对违法违规企业和行为发现一起，处罚一起，态度要坚决，绝不姑息、手软！对于已经发现有问题的水产品，一律封塘禁售、严禁转移，决不允许流入市场，私自起捕的要依法加重处罚。已经查明属实的违法案件，要增加透明度，向社会公开曝光。要强化对渔政人员的专业培训，完善执法程序，建立执法档案和违法企业"黑名单"制度，切实加大执法力度。

4. 切实加强水产品质量安全相关问题研究 有几个问题希望大家一起研究：

一是关于开展水产品质量安全基础科研工作。2002年《食品动物禁用的药物和其他化合物清单》公布后，由于很多禁用药物的风险评估和药代动力学研究当时没有来得及做，导致一些工作滞后、被动。希望水产科研单位和质检机构的科研人员借鉴欧盟、美国、CAC等国家和机构的通行做法，分轻重缓急，抓紧开展硝基呋喃类药物、孔雀石绿等残留危害的风险评估和在养殖水产品体内的药代动力学研究；针对当前大家关注的三聚氰胺问题，请水产科学研究院牵头组织专家对其在水产品中的传导、代谢机理进行研究，尽快拿出结果；同时，对一些隐患或苗头性问题，要组织专家对其可能暴发的程度，危害的情况，对产业、市场乃至社会可能造成的影响进行深入分析，提出预警和处置建议；要围绕药物残留检测标准、新型渔药及疫苗、快速检测仪器和方法等对水产品质量安全工作具有基础性、关键性影响的问题，抓紧组织攻关，尽快取得突破。现正在开展水产标准化工作调研，了解需求，掌握情况，为农业部2009年将要召开的全国水产标准化工作会议做准备。

二是关于建立禁止生产区域划分制度。划分禁止生产区域并根据监测数据及时调整或关闭养殖场所是《农产品质量安全法》赋予农（渔）业行政主管部门的重要职责。无公害产地认定和贝类养殖区划型等工作的开展，为建立禁止生产区域制度积累了一些经验。《农产品产地安全管理办法》已经出台，产地安全管理即将提上议事日程。2009年，各地渔业主管厅局要继续重点完善贝类生产区域划型制度，生产区域预警机制和临时性关闭措施的实施要取得实质性进展。大连、江苏、浙江、福建、广东等地质量安全工作基础较好的地区要发挥好示范作用。山东、江苏、广东、湖北等无公害产地认定搞得比较早的省份，也可以选择水产品质量安全基础较好的地区开展禁止生产区域划分试点，并研究完善后续管理制度。

三是关于完善水产品质量安全可追溯制度。随着《农产品包装和标识管理办法》、《农产品产地证明管理规定》（试行）等规章和规范性文件的出台，初步具备了一些建立水产品质量安全可追溯制度的条件。多数无公害水产品生产企业、出口原料备案养殖场和健康养殖示范场已经建立的生产和销售记录等生产档案制度，也为实行可追溯制度奠定了重要的基础。希望各级渔业主管部门总结专项整治和助奥特殊监管中各部门密切配合的经验，以建立市场准入为抓手，以产地准出为手段，实现产销对接，选择几个重点品种、重点城市、重点企业作为试点，在实践中逐步探索建立符合实际情况，具有可操作性的水产品质量安全可追溯制度。

另外,农业部将启动包括大宗淡水鱼类、对虾、贝类、罗非鱼、鲆鲽鱼5个现代渔业产业技术体系建设项目,将会有大量系统内外、中央和地方水产科研、教育、推广、企事业单位纳入体系当中的“国家产业技术研究中心”(功能研究室)和“综合试验站”。在不打破现有体制和投资渠道的情况下,每年由中央财政支持一定的经费,对每个品种从育苗、养殖、防病、投入品、设施到加工以及产业经济核算等各环节进行研究、试验,中央财政将稳定支持若干年,直到把产业体系中各项重大问题研究清楚。这对水产科技推广工作是一个难得的机遇,要组织好项目实施,发挥好专家的作用,使产业技术体系项目不仅成为攻克水产养殖重大技术瓶颈的“堡垒”,也成为水产品质量安全应急体系的重要组成部分。

四、希望和要求

一是各地渔业主管厅局要从“三鹿奶粉事件”中吸取教训,引以为戒,不断提高认识,加强组织领导,完善监管制度,落实监管责任,加大投入力度,严肃认真、不折不扣地履行法律赋予的职责。一定要解放思想、转变观念,适应新形势的新要求,要敢于正视问题,不掩盖存在的问题,要在监管的阳光下运行。历史经验告诉我们,只有不怕暴露问题,对出现的问题积极主动去应对、解决,才能及时有效地化解危机,才能避免工作陷于被动。

二是各地渔业主管厅局要加强对水产养殖执法工作的领导,各级渔政机构要注意总结养殖执法的经验和问题,探索建立养殖执法的新模式,要依法严肃查处违法违规生产企业和问题产品,做到立案必查、有案必结。各水产质检机构要严格内部管理,完善检测程序,为执法办案提供科学、准确、可靠的检测数据。

三是水产科学研究院及其各研究所要充分发挥国家队的骨干作用,围绕水产品质量安全的中心任务,加大科研创新,加强技术支撑。水产技术推广总站和地方各级水产技术推广部门要通过改革,提高素质,结合渔业科技入户工作,做好健康养殖技术和安全用药的推广、培训和服务。水产科学研究院和推广总站不仅要成为我们的专家和技术支撑,而且还要帮助收集、掌握有关水产品质量安全信息,从专家角度提出预警和处置建议,为决策提供参考。

四是中国水产流通与加工协会及有关的产品协会要发挥好行业协调和自律作用,告诫会员处理好企业利益和社会责任的关系,要重诚信、讲道德,决不做违法乱纪、见利忘义和“没良心”的事情。

农业部渔业局局长李健华在全国农业工作会议渔业专业会上的讲话

(2008年12月29日)

一、2008年渔业发展情况和主要工作

2008年是极不寻常的一年,我们迎来了改革开放30周年,成功举办了北京奥运会,同时也遭遇了历史罕见的自然灾害和国际金融危机的冲击。在党中央、国务院的正确领导下,全国渔业系统和广大渔民群众积极应对,坚持一手抓抗灾救灾,一手抓发展生产,渔业经济保持了平稳发展。

水产养殖发展较快,捕捞生产总体稳定。受价格、政策等因素影响,养殖渔民生产积极性比较高,保持了水产养殖业稳定发展。特别是南方受低温雨雪冰冻灾害地区,灾后生产恢复比预想的要快要好。1—11月水产养殖产量2 848万吨,同比增长4.6%,养殖业的稳定增产,有效保障了水产品供给。同时,国家进一步加大渔业燃油补贴力度,缓解了油价上涨带来的压力,捕捞业发展比较稳定,1—11月,海洋捕捞产量1 154万吨,与上年持平。远洋渔业在诸多不利因素中稳定发展,产量预计与上年持平,产值比2007年有所增长,大洋性渔船新增31艘,保持了稳定上升势头。

水产品市场供应充足,进出口继续保持增长。总体上看,2008年前11个月水产品批发市场呈现量增价涨的态势,成交量同比增长3.8%,综合平均交易价格同比增长12.6%,全国城乡市场水产品供给充足。受物价总水平上涨等因素影响,上半年水产品价格上升比较明显,下半年逐月回落,预计全年综合价格比上年增长12%左右,是近些年来涨幅最大的一年。水产品进出口贸易在比较困难的形势下,总体比较稳定,2008年前11个月出口额96.1亿美元,同比增长10.1%,全年将突破100亿美元。

全年水产品总产量将达到4 890万吨,同比增长3%,渔民人均纯收入增幅超过8%。在大灾之年和受宏观经济形势复杂多变的影响,还取得这样的成绩确实不易。一年来,全国渔业系统深入贯彻落实科学发展观,较好地完成了各项任务,使现代渔业建设平稳推进。

1. 渔业抗灾救灾和安全生产工作取得显著成效 2008年初南方地区低温雨雪冰冻灾害发生后,灾区各级渔业部门迅速行动,组织企业和群众积极应对,采取

应急防冻、种苗调剂、疫病防控和科技服务等措施，减少冻害损失，灾后生产得到较快恢复。5·12汶川大地震后，灾区渔业部门按照党中央、国务院的部署，在地方党委、政府的领导下积极开展抗震救灾工作。全国渔业系统高度关注灾区抗震救灾和恢复生产工作，纷纷捐款捐物，支持灾区救灾和重建。在地震发生后，农业部渔业局及时启动应急预案，争取落实了渔业救灾资金1 140万元，协助编制完成四川省渔业灾后重建与恢复生产规划，帮助抗震救灾和恢复生产工作。目前国家已批准四川省渔业恢复重建规划总投资10.5亿元。

2008年登陆和影响我国的台风次数多、登陆时间早、影响时间集中、强度大，对东南沿海和部分内陆地区渔业造成严重影响。在防台风抗台风工作中，各级渔业部门高度重视、行动迅速、部署周密，组织工作及时到位，防御措施得力，特别是组织动员渔船回港和养殖人员上岸方面成效显著，最大限度地减少了渔民伤亡和经济损失。农业部渔业局、渔政指挥中心和海区渔政局共派出16个工作组，深入一线协助防台风抗台风工作。为了加强部门协调，农业部与中国气象局签署了合作备忘录，与交通运输部建立了海上搜救联动机制，对灾害预警预报和海上救援工作程序进行了规范。海上渔业抢险救助工作成效明显。前11个月渔业船舶参与海上抢险救助732起，救助渔船759艘，救助渔民3 932人，挽回经济损失2.28亿元。渔港、通讯等安全基础设施建设继续加强，对渔船配备救生设施和政策性渔业保险予以补贴，开展了安全生产百日督察及隐患排查等专项行动，平安渔业建设稳步推进。

2008年10月，国务院办公厅印发了《关于加强渔业安全生产工作的通知》，农业部随后召开了全国渔业安全生产工作会议，按国办的通知要求对渔业安全生产工作进行了全面部署。

2. 水产健康养殖行动和水产品质量安全监管扎实推进 养殖水域滩涂规划编制和养殖证发放工作进度加快，沿海县和内陆养殖重点县的《规划》编制发布率达到60%以上。水产健康养殖示范场创建工作深入开展，有343家创建单位获得部级示范场称号，面积有13万多公顷。养殖池塘标准化改造得到更多地方的重视，浙江、江苏、上海、广东、山东、辽宁、江西、湖北等地都加大了投入，新建或改建高标准鱼池逾6万多公顷。农业部的渔业科技入户示范工程继续深入实施，先后在14省共18个县（区）组织科技入户行动。有关省也在200多个县自行组织开展了科技入户试点，投入近3 000万元，示范面积达24万公顷。全国水产技术推广系统组织实施了水产主导品种和主推技术推广联合行动，重点推广了20个主导品种和20项主推技术。重大水生动物疫病专项监控和养殖病害防治指导工作继续加强，水产原（良）种体系和水生动物防疫体系建设有新的进展，水产原（良）种供种能力和水生动物疫病防控能力进一步提高。

水产品质量安全抽检和监管执法明显加强，无公害水产品认证（产地认定）、贝类产品有毒有害物质监控和养殖海区划型、水产品质量安全标准制（修）订等管理工作稳步推进。扎实开展了助奥水产品质量安全特殊监管，圆满完成了助奥运、保质量、保安全的目标任务。妥善应对涉及水产品质量安全的突发事件，特别是"三鹿奶粉事件"发生后，各级渔业部门高度重视，举一反三，积极应对。总体看，水产品质量安全管理工作力度加大，水平提高，质量安全状况保持稳定，农业部全年开展的产地和市场水产品综合检测合格率达到95.7%。

3. 水生生物资源养护力度明显加大 水生生物资源增殖工作在各级领导的重视下，力度明显加强，社会影响扩大。国务院副总理回良玉对水生生物资源养护工作做出重要批示，全国人大常委会副委员长、民盟中央主席蒋树声就水生生物资源养护工作进行专题调研。农业部将增殖放流作为2008年为农民办理的实事之一，先后与浙江、广西、吉林、湖南等地政府联合举行了大规模的海洋和内陆水域生物资源增殖活动，孙政才部长、牛盾副部长、全国人大有关专门委员会领导以及地方的有关领导同志参加了活动，各地也组织开展了形式多样的增殖放流行动。中央和各地财政投入明显增加，据初步统计，2008年全国投入增殖放流资金3.11亿元，比上年增长17.8%。增殖放流各种鱼类、虾蟹类、贝类等共计197亿尾，放流中华鲟、大鲵、胭脂鱼等水生野生动物1 000万尾（只）。沿海的山东、辽宁、江苏、浙江、福建、广东等省投入增殖资金都在1 000万元以上，内陆的内蒙古、黑龙江、安徽、湖北、湖南、四川、云南、新疆等地也在500万元以上。

保护区建设取得明显进展。2008年农业部审定发布新建63个国家级水产种质资源保护区，使一批水产原种采苗区、重要种质资源集中分布区、洄游通道等水生生物关键栖息地保护功能得到加强。新审定通过2处国家级水生生物自然保护区。海洋伏季休渔和长江禁渔制度平稳实施。渔业生态环境监测和污染事故调查处理以及涉渔工程项目环境影响评价和生态补偿工作继续推进。从生产统计、专项监测和社会调查情况看，多年来坚持的渔业资源养护和生态环境保护管理的累计效应正在逐步显现。

4. 渔政执法工作全面深入推进　以"护渔 2008"为重点的海洋渔政执法行动声势大、重点突出，检查港口及其他渔船停泊点 2 726 个，检查渔船 23 万艘(次)，查处各类违规渔船 5.7 万艘(次)，保障了海洋伏季休渔制度的实施和海上正常作业秩序。专属经济区渔政巡航调动大中型渔政船 55 艘，共登临检查渔船 6 243 艘，比上年同期增长 17.5%，登临检查率明显提高。中韩、中日、中越渔业协定水域管理正常开展，中美、中韩、中越联合巡航执法继续举行。北太公海作业秩序明显好于往年，公海流网非法作业得到有效遏制。联合工商行政管理部门在东海区开展了电脉冲捕捞作业专项整治行动，共检查生产企业 40 多家、拖虾渔船 8 584 艘(次)，依法查处了违规渔船，遏制了电脉冲作业蔓延的势头。各地渔政部门根据农业部的部署，进一步推动水产养殖执法，重点加大对阳性样品的立案追查和处罚力度，对 2008 年第一批水产品药物残留监督抽查中 10 个省份 35 例禁用药物的案件进行督察，已经结案 33 起，结案率达到 94.3%。

在执法能力建设方面，渔政管理指挥系统的推广应用取得明显进展。浙江、山东、广东、江苏、广西等地已录入数据上万条。四川、重庆、辽宁、内蒙古、河南、湖北、湖南、江西、云南、福建、安徽等地积极开展系统推广应用培训，行动迅速。目前，已初步建立起全国集中式数据库，第一批推广应用的 8 个管理软件已全面运行，初步发挥了规范工作程序、改进管理方式的作用，提高了工作效率。渔业文明执法窗口单位创建活动继续深入开展，全年命名了 41 个窗口单位，目前命名"全国渔业文明执法窗口单位"达到 117 个。各地努力推进渔政人员参照公务员管理工作，全国省一级已基本解决渔政机构的参公管理问题。

5. 财政对渔业的补贴、投资大幅增加　2008 年农业部共争取落实渔业投入近 135 亿元，其中，柴油补贴资金达 126.4 亿元，比上年增长 133%，在降低渔业生产成本、减轻渔民负担、保持社会稳定、促进远洋渔业平稳发展等方面发挥了重要作用。中央财政首次安排渔业政策性保险专项经费 1 000 万元，在 7 个省级开展渔业政策性保险试点工作，调动地方投入 8 000 万元，渔民参保积极性和主动性普遍提高。中央财政安排 1.35 亿元沿海渔民减船和转产转业资金，将减船补贴标准由每千瓦 1 000 元提高到 2 500 元，有关省级财政还安排了相应配套资金，渔民减船意愿普遍增强。渔业科研、推广投入也有较大幅度增加，仅农业行业科研专项和现代农业产业技术体系的渔业项目资金就达 1.2 亿元。各级政府也加强了对渔业的投入，如浙江省渔船安全救助信息系统建设工程全面启动，总投资约 3.4 亿元；山东、广东、四川、上海、宁波等地安排专项资金用于平安渔业、渔船节能、标准化养殖、新农村示范和水产良种直补；辽宁省安排财政资金扶持水产健康养殖和精深加工；浙江、广东、福建、大连等地财政都加大渔政渔港项目建设的资金配套力度。

二、应对挑战，统筹推进，全力做好 2009 年渔业工作

为应对当前世界金融危机，中央对宏观经济政策作了重大调整，保增长、扩内需、调结构是经济工作的主题。总体上讲，2008 年渔业发展形势不错，国际国内水产品市场价格比较好，特别是上半年价格高涨、市场需求旺盛，对企业、渔民有很好的激励作用。但是进入下半年，受金融危机的冲击，国际农产品价格大幅下降，市场需求急剧萎缩，水产品也受到很大影响。面对前所未有的严峻挑战，要保持高度的警觉，密切关注水产品价格下降、出口继续下滑将可能给渔业生产、加工、劳动力就业以及渔民增收带来严峻困难。因此，要把困难估计得更充分一点，把应对措施策划得更周密一些。在看到上述困难的同时，也要坚定信心，要看到 2009 年渔业发展积极和有利因素：一是近 20 年来，不管宏观经济形势如何起伏变化，国内水产品生产和市场都一直比较平稳，没有大起大落，说明渔业具有较强的自我调节、自我稳定能力。二是我国渔业目前发展的基本面是好的，没有出现大的问题，发展的素质在不断提高，完全有能力保障水产品供给。三是渔业的财政扶持力度在不断加大和完善。为此，在复杂多变而严峻的国内国际经济形势下，应增强工作的针对性、时效性，抓住机遇，加强基础设施建设，及时调整生产结构，开拓国内国际市场，扎扎实实地做好自身工作，就能够经受住挑战和考验，就能为稳定经济社会大局做出的贡献。

1. 提高发展质量，确保水产品安全有效供给和渔民稳定增收　孙政才部长多次强调，在当前国际国内复杂形势下，促进农业生产、保证农产品供应是农业部门的主要任务。牛盾副部长也特别强调了保障水产品有效供给和质量安全问题。渔业工作要坚持把稳定生产、保障市场供应作为首要任务，切实提高水产品质量安全水平，千方百计促进渔民稳定增收。

一要扎实推进水产健康养殖。继续把水产养殖作为渔业发展的主攻方向，按照大宗产品、名优珍品、出口优势产品和都市渔业 4 个产业分支，区别不同政策，加强分类指导，进一步推进产业化经营和区域化布局，提高规模经营水平，提高抵御市场风险能力。重点推进水产健康养殖，解决水产养殖业发展面临的资源环

境约束、产品质量安全等重大问题。要把养殖池塘标准化改造作为推进健康养殖的重大措施。继续深入开展农业部水产健康养殖示范场创建活动,积极争取中央投资支持,增加示范场数量,提高示范场标准和质量。要做好跟踪督察,真正发挥示范场的示范、辐射和带动作用。继续加强技术推广、原(良)种选育扩繁和水生动物防疫等技术支撑体系建设。农业部明年计划组织"渔业科技服务年"活动,结合科技入户、科学用药科普下乡和创建水产健康养殖示范场等项目的实施,加强技术指导和培训,进一步提高生产者素质。

二要全面强化水产品质量安全监管。在严峻的国际国内经济形势面前,要增强忧患意识、责任意识、大局意识。稳定明年的水产品出口和扩大国内消费,很重要一点,就是要保证质量安全。2008 年 10 月,农业部渔业局专门召开了水产品质量安全监管工作会议,对下一阶段的工作进行了部署,2009 年一季度农业部还将出台《关于全面推进水产健康养殖,切实提高水产品质量安全水平的意见》,进一步明确水产品质量安全的职责任务。2009 年农业部在全国范围内开展农产品质量安全执法年活动,孙部长在全国农业工作会议上特别强调,种植业、渔业和畜牧业的专业会要对此做出具体的、全面的部署。各省级渔业主管厅局要按照农业部的统一部署,切实抓好活动的开展。2008 年要进一步改革和完善监督抽查制度,试行检测结果公开发布。各地要高度重视、积极配合实施好这项制度改革工作。同时要对部分规模化、数量大、出口多的重点养殖品种开展风险排查,了解和掌握存在的主要问题、发生原因、风险程度及可能造成的后果,制订应急预案,做到心中有数。总之,水产品质量安全问题始终要警钟长鸣,决不能掉以轻心。

三要切实提高渔业发展的科技水平。越是经济环境不好,越要注重发挥科技的作用,促进产业升级,提高发展质量和效益。要加强产业技术创新研究和推广应用,有关科研单位和企业要积极组织开发主要养殖鱼类系列化配合饲料,研发实用化水产疫苗,研制能够替代禁用药物的新型渔药,研究完善水产品质量追溯技术。要以水产品质量标准体系建设为重点,完善渔业标准化体系建设,加大标准实施力度。继续推进基层水产技术推广体系建设和改革,按照"覆盖全程、综合配套、便捷高效"的要求,加快建设技术推广、疫病防控和质量监管等基层渔业社会化服务机构。要加快推进渔业节能减排降耗,处理好发展与保护环境的关系,开展湖泊水库生态增养殖和节能型工厂化养殖等技术创新。捕捞业要继续调整作业结构,重点推进渔船节能减排。要争取把渔业节能减排组装一个大项目,争取国家的政策支持。

2. 大力推进水生生物资源养护事业,促进渔业可持续发展 党的十七届三中全会明确要求"加强水生生物资源养护,加大增殖放流力度"。要抓住有利时机,以积极的态度、科学的精神、有效的措施,切实抓紧抓好,把水生生物资源养护从渔业部门的一项工作提升到作为一项公益性的社会事业来积极推动,努力开创水生生物资源养护事业发展新局面。

第一,加大水生生物资源增殖放流力度。2009 年农业部将进一步争取加大投入,财政部非常支持,目前已经基本落实部门预算 7 000 万元,同比增加 1 倍多,转移支付项目也正在积极争取。要积极申报设立全国水生生物资源增殖放流节日,以引导全社会关心和支持这项事业。这项工作农业部党组高度重视,渔业系统和社会各界很支持。2009 年,农业部将继续与几个省级人民政府共同举办增殖放流活动,形成更大的社会影响和开创新的局面。希望各地也积极争取财政支持,组织开展增殖放流行动。同时,要注意加强增殖放流活动的规范管理。农业部将在现有管理制度的基础上,尽快制定颁布《水生生物增殖放流管理规定》,对苗种选择、质量保证、放流活动、监督管理和效果评价等方面进行规范。

第二,进一步强化资源养护管理措施。要调整完善海洋伏季休渔和长江禁渔期制度。农业部最近已就海洋伏季休渔制度调整方案广泛征求意见,计划进一步延长休渔时间,增加休渔作业方式,争取 2009 年实施。长江禁渔期制度由于时间紧,还涉及渔民生产生活安置等问题,要做进一步研究,到 2010 年再作调整完善。最近几年,一些省对海洋牧场建设进行了探索,取得了一定的成效和经验,2009 年农业部计划选择一些条件比较好的海域开展试点,启动建设一批国家级海洋牧场示范区。要继续加强水生生物保护区建设,强化重要水产种质资源和水生野生动物及其产卵场、洄游通道等关键栖息场所的保护,再新建一批国家级水产种质资源保护区。要加强重要渔业水域的生态环境监测,尽快制订工程建设占用水生生物资源生态补偿资金收取和使用办法,督促工程责任单位落实生态补偿项目和措施。

第三,加强和完善渔船渔具管理。要继续严格渔船管理,控制捕捞强度,各地务必根据 2010 年渔船"双控"的要求,对照检查落实情况,采取切实有效措施,确保完成目标任务。目前,新版海洋渔业捕捞许可证换发工作已经启动,这项工作涉及 20 多万艘渔船,政策性强、工作量大,各地要按照换证方案的要求,抓好落实。要结合此次换证工作,认真梳理和妥善解决渔船管理中的突出矛盾和问题，加快推进渔船动态管理，提高渔船管理能力和水平。捕捞许可管理和渔船“双控”制度的改革和完善，是摆在面前的紧迫而艰巨的任务。要结合深入学习实践科学发展观活动，认真总结渔业捕捞许可及渔船“双控”制度实施20多年来的经验教训，解放思想，实事求是，积极推进管理制度和机制创新。农业部渔业局在渔船分类分级管理改革、渔船交易等方面开展了初步研究，考虑到这些问题涉及面广、解决难度大、政策性强，2009年将作为重点题目进行深入研究，条件成熟时将开展试点。希望各地也要高度重视这些问题，积极提出改革思路和建议。2009年还将着手制订渔具准用目录和标准，力争在船、网工具管理上有新举措。

3. 加快推进平安渔业建设，提升渔业防灾减灾能力 开展平安渔业建设，是保障我国渔业持续、稳定、健康发展，维护渔民生命财产安全的重要举措。关于渔业安全生产工作，各级渔业部门要按照《国务院办公厅关于加强渔业安全生产工作的通知》和农业部召开的渔业安全生产工作会议的部署，确保各项安全生产工作任务、措施落到实处。

首先要加强渔业安全基础建设。2009年渔政渔港基本建设资金规模会有较大幅度增加，沿海、内陆渔港和渔政装备建设力度将会明显加大。2009年，中央财政还将继续安排渔港航标及小型公益设施配备、海难救助、政策性渔业保险等项目。各省级渔业主管厅局要按照国务院办公厅关于加强渔业安全生产工作的通知要求，抓住国家扩大内需、加强基础设施建设的机遇，做好项目储备工作，加快已批复的项目建设进度。同时，积极争取地方财政的支持，使渔业安全基础设施有较大改善。

其二是提高灾害和突发事件应急处置能力。对近年来各种极端天气气候事件发生频率增加、渔业安全生产应急工作日趋常态化的情况，各级渔业部门要进一步增强责任感和紧迫感，思想观念和工作方法都要根据新形势的要求进行调整，认真做好防灾减灾和突发事件应对工作。农业部正在修订《渔业水上生产安全事故调查处理规则》、《渔业船舶水上生产安全事故报告和统计规定》和《渔业船舶水上安全突发事件应急预案》。完善防台风工作制度，加强灾害预警信息应用性研究，进一步规范涉外渔业案件处理程序和海上渔事纠纷调处工作程序。各地对台风等重大灾害性天气的防范要做到“提前介入、靠前指挥，重心下移、关口前移”，重点检查督导渔船回港避风、人员安全撤离、养殖设施减灾等防范措施的落实情况，预防和减少重特大灾害事故发生。

三是扎实做好日常安全监管工作。建立渔业安全生产的长效机制，更多地还要依靠渔民自身素质、意识的提高。各地要继续加大宣传和培训力度，2009年准备向基层渔业管理部门和渔民群众发放渔业安全生产宣传片，重点组织开展海洋渔船船长、船东的培训。继续组织开展渔业安全生产监督检查，重点要强化港口检查。初步考虑，2009年准备组织开展文明渔港创建活动，综合考虑渔港环境、安全生产和渔业法律法规执行情况，制订标准，组织开展创建工作。希望各地积极配合，共同推进“平安渔业”建设工作，改变我国渔港管理滞后的状况。

4. 加强渔政执法工作，保障渔业又好又快发展 我国渔政执法队伍建设是与改革开放一起走过来的，为保障渔业持续健康发展做出了重要贡献。2009年要着力抓好下列工作。

坚持将加强渔船规范化管理和维护正常渔业生产秩序作为渔政执法工作的重点。继续抓好专属经济区和协定水域巡航、“护渔行动”、休渔禁渔管理和渔具专项整治。要建立一支精干高效的专属经济区巡航队伍，改革巡航管理组织形式和方法，确保巡航任务执行到位。要整合渔政、船检、港监的力量，明确分工，落实责任，做到港口检查和海上检查有机结合，各省级渔业主管厅局要负起责任，做好统一协调。要加强对涉外作业渔民的宣传教育，同时建立涉外违规作业渔船黑名单制度，尤其对涉外渔业恶性违规案件要严肃查处，对涉案渔船要在证件办理、补贴发放及作业资格申请等方面进行严格限制。要创新管理方式，引入飞机巡航、卫星监测等高科技手段服务渔政执法。渔政管理要破除地方保护主义的狭隘思想，推动渔业行政执法统计工作和协作办案工作的开展。

要全面推进水产养殖业执法管理。2009年的工作重点是水产苗种和养殖投入品监管，尽快使养殖业执法常态化、规范化。要集中力量在全国范围组织开展水产苗种质量安全专项整治，对所有水产苗种场都要进行排查，对于条件不具备、所生产苗种不合格、相关质量安全制度未建立的水产苗种场，要依法处罚直至吊销水产苗种生产许可证。要依法严肃查处生产基地未建立生产记录等生产档案、养殖过程中使用违禁药品和有毒有害化学物质、使用限用药物但未遵守休药期制度、销售不合格水产品等行为。对于监督抽查中发现的不合格产品，要加强产地准出管理，确保案件查处率达到100%，严禁不合格水产品流入市场。

要加强渔政执法队伍建设。增加对渔政管理设施、执法手段的投入，积极推广应用中国渔政管理指挥系统，加强渔政执法人员培训，推进渔政管理装备条件的现代化。推进落实渔政队伍参公管理的有关工作，2009年重点是推动地市级渔政机构的参公管理。初步考虑从2010年起，凡自收自支的渔政机构不能再执法，在整改之前其执法职能由上一级渔政机构承担，请各省级渔业主管部门认真抓好落实。要按照全国渔政工作会议的要求规范渔政机构名称，各省要积极推进，首先在省内规范。要按照国务院《全面推进依法行政实施纲要》的要求，组织制订《渔业行政执法督察规定》和《渔业行政执法证管理办法》，加强渔政队伍内部督察，解决有法不依、执法不严的问题。进一步更新管理理念，在加强执法管理的同时，强化服务观念，提高服务渔业、服务渔民的能力和水平。

5. 努力稳定水产品出口，扶持和壮大远洋渔业 受美国次贷危机等因素影响，2007年下半年开始，我国水产品出口波动加大。2008年3月，农业部专门召开了水产品国际贸易发展工作座谈会，牛盾副部长在会上对做好渔业对外贸易工作做了重要讲话。针对当前复杂多变的局势，要采取切实有效措施，努力稳定水产品出口贸易，避免发生大的波动，这对保持我国渔业的稳定发展意义重大。一是要用好用足国家对出口加工企业的扶持政策。近期，国家相继出台了提高部分水产品出口退税率、初级农产品加工减免增值税、减免企业检验检测费用等政策，希望各地帮助企业落实好，并及时反映企业生产经营中出现的新情况新问题。二是要妥善应对国际贸易争端，特别是防止对我水产品质量安全的不实炒作，树立和维护中国水产品的良好形象。2008年有9家企业通过美国FDA检查，免除自动扣留措施，今后要继续做好工作，争取全面解除。2009年4—5月份，欧盟将对我出口水产品卫生管理体系进行全面考察，这将直接关系到水产品能否继续顺利对欧出口。农业部和国家质检总局、商务部近期将联合向重点沿海出口省政府发函，商请做好准备和接待工作。三是要充分发挥现有的对虾、贝类、罗非鱼、鳗鱼、紫菜等水产品种行业协会作用，加强分品种研究，更有针对性地做好服务和提高自律水平。支持行业协会利用国际上各种展会平台，积极拓展和稳定出口市场。另外，还要积极参与多边和双边贸易谈判，改善水产品出口环境。经济危机虽然对消费需求造成了一定影响，但水产品需求总量估计不会有太大变化。我国是水产品生产大国和贸易大国，有条件也有能力应对挑战，渡过难关。

要落实党的十七届三中全会《决定》要求，扶持和壮大远洋渔业，增强远洋渔业企业综合实力，提高远洋渔业科技创新能力，逐步建立与国际渔业管理体制相适应的管理体制，提升远洋渔业整体水平。积极研究如何完善远洋渔业扶持政策，优先安排重点项目，支持一批骨干企业发展。探索建立产学研结合的远洋渔业研发中心，加强对国际渔业资源、远洋渔业技术与装备、国际渔业管理等相关学科研究，为远洋渔业可持续发展提供科技支撑。改进和加强远洋渔业监管，争取在2011年前对所有远洋渔船实施船位监测。逐步建立国家观察员制度，建立符合国际渔业管理要求的捕捞日志制度。

6. 抓好基础工作，努力争取财政投资和补贴，提升渔业行政能力 结合深入学习实践科学发展观活动，促进体制机制和工作方法创新，提高渔业主管部门的能力建设和科学决策水平，为渔业科学发展打好基础。

创新体制机制，增强渔业基础信息采集分析能力。近些年来，渔业基础信息采集分析滞后，已经成为渔业工作不适应科学发展观要求的重要方面。在学习实践科学发展观活动中，农业部渔业局经过深入调查、研究，提出了加强和改进渔业基础信息采集分析的工作方案。一是依托科研院校建立海洋捕捞动态信息采集网，依托推广系统建立养殖业动态信息采集网，争取用2～3年时间建立起"逐级统计、抽样调查、重点调查、渔情信息采集系统、遥感技术"相结合，行政、推广、科研、协会等各方力量相结合，静态收集和动态分析相结合的渔业基础信息采集分析制度，加强渔情月度信息分析和预测，并支持对统计数据会商校正。二是按照"省部共建、资源共享"的原则，通过省级渔业主管厅局调整并增加部分水产品市场信息采集点，招聘一批熟悉掌握市场行情的市场信息分析员，与省级渔业主管厅局共同建设水产品批发市场信息采集平台，共同使用市场信息资源，强化对水产品市场运行的监测和分析。这项工作是转变行政职能、增强服务效能、提高科学决策水平的重要措施，希望各地各单位给予大力支持。此外，农业部渔业局与中国水产科学研究院正在着手组建渔业发展战略中心。希望各省级渔业主管厅局也一起重视这方面的工作，切实提高行政能力和水平。

在这里，还要再强调一下渔业统计问题。2006年国家进行了第二次全国农业普查，2008年，农业部和国家统计局联合发文，根据普查结果对2006和2007年两年的产量、面积数据进行了调整，并确定了"下核一级"的基本原则。这项工作得到了多数省级渔业主管厅局的理解和支持，但也有的对根据普查结果调整渔业统计数据不理解、不配合。表现在：一是截至目前仍然没有将2006和2007年调整结果逐级下核；二是仍然按照原有口径上报2008年产量数据，导致个别省份产量增幅达到30%、40%，甚至80%，严重脱离实际。农业普查数据是国家法定数据，渔业统计数据调整是经过国家统计局核批的，同样具有法定效力。“下核一级”原则也是国家统计局通常做法，过去渔业统计没有采用这一方法，2008年开始就要对产量数据进行核定。对于个别普查中的问题，应在发展中逐步消化解决，而不是寄希望于马上通过数字调整把调减的产量补回来。在这个问题上，各省级渔业主管厅局一定要统一认识，本着对产业发展负责、对历史负责的态度，实事求是地做好渔业统计工作。

加强支渔惠渔政策研究和落实，争取和扩大公共财政对渔业的支持。近几年，中央和地方财政对渔业的投资、补贴不断增加，对改善渔业基础设施条件、促进现代渔业发展、增加渔民收入、保护渔业资源等各方面发挥了重要支撑作用。但是，总体上看渔业投入总量少、水产养殖业投入比重低。党的十七届三中全会就加强农业基础设施建设、健全农业投入保障制度提出了明确要求，要抓住这轮投资周期，立足全局提出政策建议，设计项目，推动公共财政对渔业投入的持续稳定增长，使渔业基础建设再上台阶，渔业补贴力度进一步加大。目前，农业部已初步落实2009年渔业基础设施建设资金5.57亿元，部门预算2.3亿元，分别比2008年增长34%和48%。当前还正积极争取中央财政在池塘改造、水产原（良）种、水生动物防疫、渔政渔港、远洋渔业、资源保护等方面进一步加大投入。同时，也在着手研究休渔禁渔渔民补贴政策、做大节能减排项目等工作。不仅要积极争取新的财政支持，更要认真做好项目组织落实工作，坚决杜绝“重项目争取、轻项目管理”现象，要加快项目建设进度，加强资金监管，提高资金使用效益，防止腐败现象发生。2009年，成品油价税改革后，渔业柴油补贴政策继续实行，各地要保证柴油补贴政策落实到位。在当前经济形势复杂多变情况下，柴油补贴对保障生产、稳定供给至关重要。前不久各地开展了柴油补贴自查，总体看，这项政策执行情况不错，但也反映出一些突出问题。近期，财政部拟会同农业部出台具体的资金管理办法，力求使这项政策更加完善，与产业政策结合得更好。2008年起，农机补贴把投饵机、增氧机、清淤机等渔业机械包括进来。据掌握的情况，总台数在37 100多台，补贴资金1 506万元，仅占0.4%，其中增氧机占了1 109万元。2009年中央农机购置补贴将大幅度增加，各地渔业部门要及时了解掌握情况，积极配合农机部门为渔民争取更大的实惠，用足用好这项政策。

认真履行职能，把维护渔民合法权益放在更加突出的位置。维护渔民合法权益是渔业部门的重要职责，是学习实践科学发展观的必然要求。2009年要抓好以下工作：一是进一步推进水域滩涂养殖规划编制和养殖证发放工作。各地应加快水域滩涂养殖规划编制和养殖证发放进度，要求在2009年底，沿海县和内陆养殖重点县（市、区）全部完成规划的编制发布工作并报农业部备案，养殖证发证率达到90%以上。二是高度关注公共渔业水域发包、拍卖问题。一些地方擅自将公共渔场、渔业水域进行发包、拍卖和乱收费，严重侵害渔民的利益，损害社会公平。各级渔业主管部门对此要高度关注，及时反映和妥善处理。三是加强对渔民生产生活问题的调查研究，尽快建立健全渔业水域滩涂占用补偿制度，推进建立健全渔民社会保障制度。各地还要积极推进渔民专业合作社和各类专业协会的发展，密切龙头企业与渔户农户的连接，提高渔民的组织化程度。

专 题 论 坛

在新的起点上推进现代渔业建设

农业部渔业局局长　李健华

中国是世界渔业文明史最悠久的国家之一。改革开放的30年，是中国渔业发展最快、成就最为辉煌的时期。30年间，通过不断深化改革和扩大对外开放，坚持"以养殖为主"的发展方针，中国渔业走出了一条具有自己特色的发展道路，经过艰苦奋斗和努力建设，形成了全球最大的水产品生产、加工、贸易体系。渔业已经成为我国农业和农村经济的一个重要产业，对促进农村产业结构优化、增加农民收入、保障国家食物安全发挥了重要作用。

我国渔业30年发展的成就和启示

渔业是农业和农村经济中最早实行市场化改革的产业和领域。在改革开放初期，渔业就突破人民公社和计划经济体制的禁锢，放开生产经营体制和水产品流通体制，实行市场调节，并且从国情出发改变渔业资源开发方式，确立了渔业新的发展方向，产业结构得到重大调整，综合生产能力大幅提升，国际竞争力明显提高，渔业经济实现了跨越式的发展。

1. 在农业农村经济中的地位明显提升，为保障粮食安全做出了重要贡献　30年来，全国水产养殖面积由282.3万公顷增加到574.5万公顷，渔业劳动力由不到300万人增长到1 300多万人，渔业人口由394万增加到2 111万，面积翻一番，渔业劳动力增加1 000多万人，渔业人口翻两番，渔业产值达到4 457.5亿元，占农林牧渔总产值的比重从1978年的1.6%上升到2007年的10%左右，渔民人均纯收入达到6 937元，比1978年增加75倍。渔业的快速发展，为农村劳动力创造了大量就业机会。2007年全国水产品总产量达到4 747万吨，是1978年的10余倍，水产品人均占有量达到36千克，是世界人均水平的1.6倍，水产蛋白消费占我国动物蛋白消费的1/3，水产品成为重要的优质动物蛋白来源。30年间，通过发展生产、搞活流通，不仅较快地解决了城乡居民"吃鱼难"问题，还保持了国内水产品市场的长期稳定繁荣。多年来，城乡市场水产品供给充足，品种丰富、价格平稳，成为保障国家食物安全一个重要产业。

2. 成功实现了"以养殖为主"的转变，改变了中国渔业发展方式　历史上，世界渔业以海洋捕捞业为主。虽然我国水产养殖史有两三千年，也始终处在次要地位，1978年，水产养殖产量只占总产量的26%，海洋捕捞占70%以上。改革开放之初，即把发展水产养殖放在突出的位置，确立了"以养殖为主"的渔业发展方针，改变传统的以捕捞为主的资源开发利用方式，实现了渔业发展从"以捕为主"到"以养为主"的历史性转变，开辟了我国渔业发展的广阔空间。这对合理开发水域资源，增加农村劳动力就业，优化农业结构，保障水产品有效供给，具有重大的意义。从1988年起，我国水产养殖产量首次超过捕捞产量，到2007年，养殖水产品3 278万吨，占总产量的比重高达69%，占世界水产养殖产量约70%，对世界渔业发展产生了重大影响。14年前曾著《谁来养活中国》的美国生态经济学家来斯特·布朗，对中国水产养殖给予了高度评价，认为中国的淡水养殖和计划生育是中国对世界的两大贡献。在这一过程中，对海洋捕捞实行零增长、负增长的目标控制，不断加强渔政管理工作，大力开展资源增殖放流，实施休渔禁渔制度，为中国渔业最终走上可持续发展道路奠定了基础。

3. 渔业基础设施建设加速，现代产业体系日趋完善　30年来，渔业基础设施和生产条件有了较大改善，产业化水平大幅提高，产业形态明显升级，渔业综合生产力水平达到了新的高度。特别是近十年，渔港等基础设施建设明显加快，截至2007年，经农业部公布确认的渔港有1 177个，其中，国家投资建设的中心渔港有47个，一级渔港78个，内陆重点渔港25个。近海安全救助通信网已覆盖全国沿海，全国渔政指挥系统已经投入使用，渔业信息化程度大大提高，注册的渔政执法船艇达 705 艘，巡航执法能力显著提升。水产原种良种体系建设成效明显，目前全国有 16 000 多家原(良)种场，增加了 4 倍多。养殖集约化程度显著提高，工厂化养殖、深水网箱养殖已成规模，优势品种区域布局已经形成。30 年前，水产加工是一个薄弱环节和瓶颈，改革开放以来，在市场推动下迅速发展，到 2007 年，全国有各类水产加工企业近 9 800 家，加工能力达到 2 124 万吨/年。经过 30 年的发展，我国的水产品加工能力和水平已跃居世界前列，是我国水产品国际竞争力提升的一个重要因素。

4. 外向型渔业发展迅猛，参与世界渔业资源开发和市场竞争的能力显著增强 改革开放为中国渔业发展融入世界开创了一个新的时代。30 年前，中国渔业与世界渔业关联度很低，水产品国际贸易只有一年三四千万美元的规模。30 年来，发挥比较优势，外向型渔业得以迅猛发展，水产品出口从 2002 年开始居世界首位，出口额 46.9 亿美元，成为水产品国际贸易的主要国家。到 2007 年，达到 97.4 亿美元，30 年增加了 30 多倍，在国际水产品贸易中占据举足轻重的地位。中国的远洋渔业在改革开放中起步，实现零的突破，到 2007 年发展到远洋渔船 1 500 艘，年捕捞量 100 万吨以上，作业范围有 30 多个国家海域以及大西洋、印度洋和太平洋三大洋公海，形成了全球的销售网络，迈入了世界主要远洋渔业国家之列，成为实施“走出去”战略的重要方面军。

改革开放的 30 年，渔业发展成就举世瞩目。30 年的成功实践，也带来了一些重要的启示：

(1)要坚持从实际出发，通过体制机制创新走中国特色的渔业发展道路。30 年来，我国渔业最大的成功在于较早实行市场化改革，同时确立了“以养殖为主”的正确发展方针，使得发展的激励巨大，且方向明确，使广大群众发展渔业生产的积极性得到充分发挥，使沉睡千年的内陆水域、浅海滩涂、低洼荒地等适宜养殖的资源得到开发利用。在发展过程中，又坚持以市场为导向，引导生产结构优化，促进水产养殖业从小到大，从弱到强，使之在广大农村从一个副业发展成为一个重要产业。在未来的发展中，仍然要通过体制机制的创新，不断破解难题，不断为渔业发展注入动力和活力。

(2)要坚持在市场化改革的同时加强对渔业的政策扶持和保护。改革开放以来，市场机制对渔业发展确实起到了基础性的推动作用，但从中央到地方各级政府对渔业的支持和保护也从未中断。正是通过公共财政不断加大投入，使得渔业的基础设施和生产条件今天有了重大改观，支撑了产业的快速发展。渔业虽然市场化程度高，但其仍属弱质产业，仍具有农业的特质，应当继续加大政策扶持和保护力力度。

(3)要坚持资源开发利用与养护相结合，走可持续发展之路。渔民多、渔船多、资源相对有限是现实国情，资源开发利用和生态保护之间的矛盾是我国渔业发展必须处理好的首要问题。近二三十年，在促进渔业发展的同时，中央和地方先后制定并实施了一系列重大资源养护制度和措施，渔业资源养护和环境修复工作不断加强，初步缓解了我国渔业资源衰退的趋势，取得了一定效果。渔业资源开发利用和保护关系渔业可持续发展，关乎人与自然和谐发展，尽管难度很大，任务艰巨，但必须妥善处理好。

(4)要坚持实施“走出去”战略，开拓渔业发展空间。改革开放提高了我国渔业利用“两种资源”、“两个市场”的能力，拓展了发展空间，在经营观念、管理方式、技术装备等方面逐步与国际接轨，较快提升了产业整体素质。实践充分证明，必须通过“走出去”的发展战略，才能拓展发展空间，并在发展中提高我国渔业的国际竞争力，实现更好更快的发展。

30 年渔业改革发展取得的一切成就，归根结底，在于坚持解放思想、实事求是、与时俱进，制定和实施了一系列适应渔业发展要求的方针政策，不断改革创新，走出了一条适合我国国情的渔业发展道路。这些成功的经验和做法，今后要长期坚持并不断完善、创新。

当前渔业发展面临的挑战和机遇

1. 我国渔业发展中存在的问题 30 年渔业改革发展的成就显著，催人奋进。但是，当前渔业发展仍面临严峻挑战，一些矛盾和问题十分突出，问题可归纳为渔业安全问题和渔民权益问题。

(1)渔业安全问题。包括三个方面或称为三大安全问题：一是渔业生态安全问题。目前我国水生生物资源衰退的趋势尚未有扭转，水域环境恶化还在加剧，捕捞强度过大的问题还没得到根本解决。这不仅严重制约渔业经济发展，也对国家生态安全构成威胁。控制捕捞强度要更为严格，资源养护和环境修复力度要进一步加大，对此必须给予高度重视。二是水产品质量安全问题。在水产品数量问题解决以后，近年来，水产品质量安全事件增多，和其他食品安全问题一样日益引起社会的高度关注，成为影响水产品生产、销售和出口的重要因素。这是我国渔业特别是水产养殖业发展面临的重大挑战。全面推进水产健康养殖，加强水产品质量监测监管体系建设的任务艰巨而紧迫。三是渔业生产安全问题。渔业是高风险产业,受气候等自然条件影响大,渔船水上作业生产安全和渔业防灾减灾任务都十分艰巨。仅2008年登陆和影响我国沿海的台风就达11个,其中,台风“浣熊”、“黑格比”给我国渔业造成了重大损失。此外,由于海洋制度变革以及各国对海洋资源争夺的加剧,近年我国涉外渔业事件增多。这类安全问题常常给渔民生命财产造成重大损失,对维护社会安定和外交大局都有不利影响。

(2)渔民权益维护问题。近些年来,随着工程建设、城市开发、滩涂围垦、海域招标拍卖等现象逐年增多,大量的海域、滩涂被填被占,渔业发展空间不断受到挤压,渔民“失水”、“失海”却得不到合理补偿的现象日益突出,这个问题在许多地方还没有得应有的重视。加之渔民组织化程度低,也制约了渔民应对市场和自然风险以及维护自身合法权益的能力。

渔业安全问题和渔民权益维护等问题,是在我国特定社会经济发展阶段面临的矛盾和问题,有的是历史问题的积累,有的是发展中的新问题,只要给予足够的重视,采取有力措施,应该而且能够在发展中逐步加以解决。

2. 我国渔业改革与发展的机遇 当前,我国农村改革发展正进入新的历史阶段,渔业改革和发展面临新的重大历史机遇:

(1)中央“三农”方针政策为渔业发展提供了有利的宏观环境。进入新世纪,党中央将“三农”工作放到了空前重要的地位,做出了我国总体上已经进入以工促农、以城带乡的发展阶段的重要判断,提出对农业实施“多予少取放活”方针,对“三农”支持保护力度不断加大。不久前闭幕的党的十七届三中全会,将农业、农村、农民问题放在党和国家事业发展全局的高度,对新历史时期农业改革发展做出了重大的战略部署。具体明确了在发展现代农业的进程中,要推进水产健康养殖,扶持和壮大远洋渔业;加强水生生物资源养护,加大增殖放流力度。中央的“三农”政策使渔业发展的环境更优,条件更好,目标更明确。

(2)保障食物安全为渔业发展拓展了广阔的空间。党的十七届三中全会提出,到2020年,现代农业建设取得显著进展,农业综合生产能力明显提高,国家粮食安全和主要农产品供给得到有效保障。随着我国人口增加和生活水平提高,对水产品的需求将持续增长。当前,在世界范围内海洋渔业资源呈衰退趋势,未来水产品消费增长主要依赖养殖产品补充。我国有2.8亿公顷大陆架渔场和173万多公顷内陆水域滩涂,合理利用这些资源,发展渔业生产特别是健康水产养殖业,是开拓新的农业资源,走“水陆并进”道路增加食物总量的重要举措。特别是水产养殖具有饲料转换率高的优势,在未来大粮食安全体系的构建中可以发挥更加重要的作用。

(3)生态文明建设为渔业可持续发展提供了重要契机。党的十七大明确提出要建设生态文明。渔业资源环境是自然生态系统的重要组成部分,以水生生态为主体的水域生态系统在维系自然界物质循环、净化环境、维持生态平衡以及保障国家生态安全方面具有不可替代的作用。这一产业特点决定了渔业在国家生态文明建设及循环经济发展中将大有可为。2006年,国务院颁布《中国水生生物资源养护行动纲要》,将水生生物资源养护工作纳入国家生态安全建设中总体部署,党的十七届三中全会又明确提出,要按照建设生态文明的要求,发展节约型农业、循环农业、生态农业,加强生态环境保护,加强水生生物资源养护,加大增殖放流力度。这将对促进各级政府和渔业部门加快转变观念,创新管理方式,增加财政投入,建设资源节约、环境友好型渔业创造更好的条件。

我国渔业须重点做好的几项工作

我国渔业正处在由传统渔业向现代渔业转变的重要时期。如何巩固改革开放以来已经取得的成就,并在30年快速发展的基础上,确保渔业从现在到2020年以至更长的时间实现又好又快发展,保持水产品有效供给和渔民增收,实现十七届三中全会提出的发展目标,是一项十分艰巨的任务。为此,要以科学发展观为指导,继续深化改革和扩大开放,继续坚持“以养为主”的发展方针,把渔业作为“蓝色农业”予以重视,切实转变发展方式,提高发展质量,全面推进水产健康养殖,加强水生生物资源养护,加大增殖放流力度,扶持和壮大远洋渔业,发挥渔业在提供食物有效供给、保障粮食安全、改善生态环境、增加农民收入、促进新农村建设方面的重要作用,努力构建生态安全、质量安全、生产安全和可持续发展的现代渔业产业体系。未来一个时期,应重点抓好以下几方面:

(1)以发展水产健康养殖为重点,促进渔业新的发展。以健康养殖为主,这是发展的新要求,是发展方式的转变。由于各种条件的变化,今后水产养殖业要走挖潜改造增产为主、适当扩大外延面积为辅的道路。要切实做好水产养殖布局规划,重点引导和推动池塘养殖环境修复,加强科技创新和推广工作,推进生态健康养殖,加强病害监测和防治,严格投入品管理。根据产业发展的阶段性特点,应考虑将水产养殖业分为大众产品生产(主要指供给城乡居民消费的大宗水产品)、名优珍产品生产(如海参、鲍鱼等)、出口优势产品生产和都市渔业(主要是指依托水产养殖而发展的观赏和休闲观光渔业)4个产业分支,以加强对水产养殖业分类指导,进一步推进产业化经营和区域化布局。按照优势水产品区域布局,确定重点发展的主导品种,建设一批高水平的水产养殖出口示范基地或加工出口园区,保持我国水产品的国际竞争力。捕捞业应继续严格控制总量,调整结构,转产转业,推进节能减排降耗。远洋渔业按两个轮子一起转的思路,加大对远洋渔船更新改造的政策扶持,在稳定过洋性渔业的同时,努力开拓大洋性渔业,尽快启动南极生物资源开发,力争早日突破。

(2)大力推进水生生物资源养护和环境修复事业,为渔业全面协调和可持续发展创造条件。全面贯彻十七届三中全会精神,落实《中国水生生物资源养护行动纲要》,以渔业资源保护与增殖、生物多样性与濒危物种保护、水域生态保护与修复为重点,全面推进水生生物资源养护和环境修复事业。要按中央"加大增殖放流力度"的要求,积极争取中央财政支持,扩大放流规模。积极争取设立全国性水生生物资源增殖放流节日,以动员和引导全社会关注和参与这一功在当代、利在千秋的生态建设事业。坚持和完善休渔禁渔制度,大力推进海洋牧场建设。要通过休渔禁渔、增殖放流、建设海洋牧场等措施,为我国捕捞业的生存发展改善条件。要加强水产自然保护区和渔业生态环境监测网络建设,努力提高渔业水域污染事故的反应速度和应急能力,逐步完善涉渔工程建设项目水域生态环境影响评价制度和生态补偿机制。要力争通过以上措施,使我国渔业资源养护和环境修复的能力逐步提高,为建立资源节约型、环境友好型渔业创造条件。

(3)加强应对突发事件能力建设,提高渔业安全发展水平。构建平安渔业是现代渔业建设的重要内容。渔业安全突发事故事件主要包括:渔船水上安全事故、涉外渔业事件和水产品质量安全事件。这类事故事件一般具有突发性和后果的严重性。加强对各种突发事故事件的分类研究,提高应急处置能力,最大限度减少渔业安全事故事件的发生和渔民生命财产的损失,是渔业和谐发展的需要,是维护公共安全和社会稳定的需要,是贯彻落实以人为本的科学发展观的重要任务。按照最近印发的《国务院办公厅关于加强渔业安全生产工作的通知》要求,各级要加大渔港、通信、救助等渔业安全基础设施和装备建设投资,根据极端灾害性天气增多的实际情况,提高建设标准和质量,切实增强渔业防灾减灾能力。针对突出问题和薄弱环节,要加强培训,注重体制机制创新,强化渔业安全的监督和管理,狠抓责任制落实,强化安全生产、涉外事件和水产品质量安全的主体责任,落实责任追究制度,预防减少各类突发性事件的发生,提高应对各种突发性事件的能力。

(4)稳定和完善渔业经营制度,在城乡统筹中维护好广大渔民的根本利益。各级党委政府要像重视农民"失地"那样重视渔民的"失海"、"失水"。渔民是农民的重要组成部分,要按科学发展观,完善让农民、渔民平等参与现代化进程、共同分享改革发展成果的体制机制,实现好、维护好、发展好广大渔民群众的根本利益。我国的《物权法》对渔业捕捞权、养殖权作了法律的规定,当前,要加快制订水域滩涂养殖规划,建立和完善与《物权法》相适应的渔业基本经营制度,积极推进建立与我国国情相适应的捕捞权和养殖权制度,有效维护广大渔民的合法权益。要按照"生活水平不降低、长远生计有保障"的总体要求,尽快建立健全渔业水域滩涂占用补偿制度。积极推进渔民专业合作社和专业协会发展,密切龙头企业与渔户农户的连接,提高渔民组织化程度。在城乡统筹的过程中,要注意把渔民纳入农民的范畴,在低保、政策性保险等方面予以统筹考虑。渔业是个高风险产业,应大力推进政策性渔业保险,增加财政补贴,争取通过几年的努力,让政策性保险的阳光普照所有渔民。随着休渔禁渔制度普遍而长期稳定的实施,应充分考虑广大渔民对保护资源和生态的贡献,在休渔禁渔期间应给参加休渔禁渔的渔民发放最低生活补助,以保护渔民参加休渔禁渔、保护资源的积极性。

(5)继续加大投入,加强公共财政对渔业的支持保护。渔业在农业中最早实行市场化改革,但就渔业整体而言仍是高风险的弱质产业。当前,我国渔业发展所面临的主要问题基本都是公共性和社会性的问题,如化解渔业三大安全问题,维护渔民权益问题,加强渔业基础设施建设,推进水产健康养殖和发展壮大远洋渔业,等等,都需要强化国家的政策扶持,需要加大公共财政的支持。特别是水产养殖,是我国渔业发展的主攻方向,也是未来保障水产品增产的主要来源,但目前各级财政对水产养殖业支持太小,所占资金比例过低。建议在养殖水域环境修复、水产原(良)种体系和病害防治体系建设等方面,大幅提高投资和补贴水平。只有不断加强对渔业的支持和保护,多做打基础、增后劲、管长远的工作,才能保持渔业的持续健康发展,确保我国水产品的安全有效供给,实现渔民、农民的持续增收,在新的起点上继续我国渔业的新发展。

坚持一个理念四个创新 开创渔政管理工作新局面

广东省海洋与渔业局局长 李珠江

近年来，广东渔政队伍和全国渔政系统一样，在各级党委、政府的关怀下，坚持依法行政、文明执法，渔政管理水平有了很大提高。

坚持与时俱进，准确把握当前渔政工作面临的新形势

渔业行政主管部门是在渔业领域执行公共政策，实施公共管理，提供公共服务，创造公共价值的部门。渔政管理作为渔业管理的重要内容，在维护国家渔业权益和渔业生产秩序、保护渔业资源环境、保障渔民生命财产安全方面发挥着重要作用。当前，我国公共部门改革和渔业改革发展正处在关键阶段，法治政府建设稳步推进，现代渔业发展成效显著。在这样的情况下，要推动渔政工作再上新台阶必须要准确把握我国公共部门改革和渔业改革发展的新形势。

1. 法治政府建设的全面推进对渔政管理工作提出了新要求 一方面，近几年来，随着《行政处罚法》、《行政复议法》和《行政许可法》等一系列法律法规的出台和法治政府建设的全面推进，对行政执法的要求更高。另一方面，由于渔船数量多，渔场面积广，渔场执法管理任务十分繁重。同时，各级渔业执法队伍还承担着渔港监督、海洋环境保护、水污染防治、水生野生动物保护以及200海里专属经济区的巡航等职能。另外，伏季休渔制度以及《渔业法》确立的捕捞限额制度、养殖证制度的实施，都需要渔业行政执法提供强有力的保障。为此，如何提高执法人员素质，强化制度建设和作风建设，提高依法行政、文明执法的水平，成为新时期渔政工作的新课题。

2. 渔业经济的快速发展，对渔政管理工作提出了新目标 改革开放以来，我国渔业经济保持了快速发展的势头，水产品产量连续十多年居世界首位。渔业生产不但解决了“吃鱼难”的问题，而且成为农村经济新的增长点。渔业在优化农业产业结构、增加农民收入、繁荣农村经济等方面的作用越来越大。渔业产业结构正在由单一的捕捞、养殖生产向捕捞、养殖、加工、储存、运输、贸易等多环节、多行业发展，休闲渔业等新兴产业也发展快速。同时，捕捞业、养殖业等传统渔业产业内部发生了重大结构性变化。渔业正在由传统渔业向现代渔业转变，渔业的增长方式正在从粗放型经营向集约型经营转变，由数量型渔业向效益和质量型渔业转变。渔政管理必须要适应这种新变化，积极转变职能，增强为现代渔业发展的服务能力和保障能力。

3. 国际海洋新秩序的建立对渔政管理工作提出了新挑战 随着新的国际海洋制度以及有关渔业的国际公约、决议和行动计划的实施，涉外渔业事件不断增多，涉外渔业管理工作的任务越来越重。不仅要加强外国渔船进入我国管辖水域的管理，打击外国渔船的侵渔活动，维护国家海洋权益，而且要加强我国渔船到他国管辖水域作业和公海捕鱼的规范和管理，保障我国和有关国家外交关系的健康发展。涉外渔业事件影响面广，处理难度大，政策性强。如何通过专属经济区巡航，渔业联合执法和对涉外事件的应急处理，认真实施有关协定和协议，最大限度地维护国家的海洋与渔业权益，成为新时期渔政工作面临的一项新的挑战。

4. 渔业安全应急工作对渔政管理工作提出了新任务 渔业是一种风险行业，近几年来，随着全球气候变化和渔业生产的发展，渔业生产安全、水产品质量安全和渔业生态安全的监督管理工作及其引发的应急处理事件日趋增多，渔政队伍在安全和应急管理方面的任务和责任不断加大。

坚持解放思想，科学谋划渔政工作的新思路

科学发展观是关于党和国家事业发展的重大战略思想，是经济社会发展的重要指导方针。落实科学发展观是一项系统工程，不仅涉及经济活动、社会活动和自然界的复杂关系，而且涉及人与经济社会环境、自然环境的相互作用。这就需要采用系统科学的方法来分析、解决问题，从多因素、多方面入手研究经济生活发展和社会形态、自然形态的大系统。做好当前渔政工作也要按照实践科学发展观的要求，坚持以科学管理推动科学发展，运用系统理论，统筹解决渔政基础管理领域、新兴管理领域、难点管理领域、自身管理领域中存在的问题，着力探索促进科学发展的新思路、新途径、新举措。做好当前渔政管理工作就是要做到：树立以科学管理促进科学发展的理念，坚持基础管理领域要提出新思路、新兴管理领域要开创新局面、难点管理领域要拿出新举措、自身管理领域要上新台阶。

1. 基础管理领域要提出新思路 渔船管理、渔港、渔场和渔业船员管理是渔业管理的基础。目前，在基础管理领域还有不到位的现象。因此，必须高度重视和进一步加强基础管理工作，要从基础入手，重点在渔船管理、渔港监督、船员考试发证、渔场执法、休渔管

理、资源环境养护等基础管理工作方面，要有新思路、新方法和新举措，并且取得新成效。

2. 新兴管理领域要开创新局面 随着经济的发展和社会的变革，行政执法队伍的职能会相应有所增加。队伍要适应形势发展的需要，就必须及时调整职能，开拓和适应新的执法管理领域。目前，在渔业养殖、水产品质量安全监督、海洋与渔业保护区管理以及巡航执法等执法新领域方面研究不多、尝试不够、创新力度不足。因此，必须根据形势不断赋予渔政队伍新任务和新职能，解放思想，改革创新，积极在渔业养殖监管、水产品质量安全执法、保护区管理、海洋工程环境执法以及维权巡航等新的执法领域进行探索和实践，努力开创渔业执法工作的新局面。

3. 难点管理领域要拿出新措施 当前我国还处于社会主义发展的初级阶段，由于生产力水平、渔民群众的法制意识以及政府管理能力等客观因素的影响，在各个执法领域不同程度地存在难点和瓶颈问题。因此，必须有攻坚克难的决心和责任心，要正视当前的难点问题，不回避、不畏难、不推诿，在思想上高度重视，在方法上认真研究，扎扎实实，抽丝剥茧，逐步解决。

4. 自身管理领域要上新台阶 人是社会活动的主体，是工作开展的核心，加强队伍建设一直以来就是渔政工作的重要内容。广东渔政队伍经过2000年以来的统一综合执法改革，不断发展壮大。但目前渔政队伍建设依然存在进一步深化改革问题。因此，必须坚持以人为本的原则，继续将强化队伍管理作为一项长期的重要任务来抓，自身管理领域要上新台阶。

坚持科学发展，努力构建渔政管理的新格局

1. 注重工作创新，基础管理逐步规范 一是理顺和整合基础管理制度。针对基础管理的薄弱环节，广东省渔政总队按照解放思想，改革创新的要求，在参照现有法律法规和有关规章的前提下，结合广东省实际，于3月初制定并印发了《广东省渔业船舶证书管理制度》、《广东省渔业船舶黑名单制度》等7项制度，对涉及渔船基础管理有关问题进行了全面规范。制度实施以来收到了良好的成效，在加强渔船基础管理上迈出了坚实的第一步。二是创新渔船管理系统。2008年，广东省渔政总队参照海洋渔船动态化管理模式，将内河渔船的渔船检验和渔船登记管理纳入全省动态化管理系统，建设内陆渔业船舶中央数据库。同时，开发了签证收费管理平台和渔船图片档案两个模块。解决了“船证不对应”，“三证不对应”的问题，并简化了收费管理手续，提高了工作效率。三是拓展港澳流动渔船检验工作。为加强香港流动渔船检验工作，广东省渔政总队成立了专门的检验工作领导小组，并设立办公室负责对检验工作的组织协调，抽调相关支队具备资格的验船人员组成检验工作小组，分别在惠州、珠海、汕尾等地完成了多批次香港流动渔船的检验工作。在开展检验工作的同时，也加强了与香港海事处的技术交流。

2. 注重执法探索，新兴管理得到有效拓展 一是水产品质量安全执法力度不断加强。制订了《广东省2008年水产养殖专项执法行动方案》和《广东省水产品质量安全监控工作规范》，建立了水产品质量安全执法长效工作机制，并依法组织开展了执法行动。水产品质量安全执法的常规化、制度化建设有了明显进步。二是试行海上“大综管”，创新综合管理模式。2008年初，深圳市龙岗大队积极探索创新了“大综管”的海上综合管理新模式。主要内容是：由区政府挂帅，渔政队伍牵头，在渔政大队加挂海上“大综管”工作中心牌子，联合交通、安监、公安、海事等各个职能部门，形成整治联动、纠纷联调、问题联治、平安联创的工作机制，实现海上“大综管”的新格局。这一创新模式正在全省推广实施。三是境外远洋渔船检验基地建设进展顺利。2008年初，广东省渔政总队按照农业部渔船检验局的要求正式启动了境外远洋渔船检验（泰国）基地的筹备建立工作。从2009年起，广东省验船师将正式在境外基地受理远洋渔船的检验工作。

3. 注重真抓实干，难点管理得到逐步突破 一是“三无”渔船和违法行为得到遏制。对于“三无”渔船，特别是从事违规作业生产的“三无”渔船，一经查获，一律予以没收。2008年上半年，广东省各级渔政队伍共没收“三无”渔船87艘，已销毁50艘，待处理37艘，其中大功率渔船8艘（价值约125万元），小功率渔船79艘。继续对电炸毒违法作业行为采取高压态势，通过各种途径加大打击力度，2008年1—5月，全省共查处电鱼案件1 672宗，没收电鱼机1 125部。二是渔船安全监督管理卓有成效。组织开展安全生产百日督察活动，重点排查渔船、渔港安全隐患。同时，各级渔政队伍加强渔民安全培训，协调处理各类海事案件，维护渔民群众的利益。按照《广东省渔业安全生产专项整治规划》，采取积极疏导的手段，指导相关支队开展笼捕渔船、南沙渔船等重点监管对象安全隐患的整治，取得了良好成效。

4. 注重能力建设，自身管理得到全面加强 一是装备建设成果显著。两艘300吨级渔政船和3艘内陆

渔政船建造项目快速推进,已经开始建造;两艘内陆渔政船2008年建成并交付使用;4艘渔港监督艇项目已进入建造招标阶段。落实了省级执法装备专项资金3 000万元,用于加强全省基层队伍执法能力。二是通信指挥平台建设稳步推进。组织制定了船载终端应用技术标准和测试规范,并积极开展珠海、雷州和南澳等地的试点工作,都取得了较好的效果。三是执法基地建设正在有序进行。为加强广东省渔政总队业务领导和指挥协调水平,增强全省性和区域性联合执法和参加维权护渔行动的能力,广东省提出设立粤东、粤中和粤西3个执法基地。其中广东省渔政总队粤东巡航基地已初步建立,目前码头、油库和公务仓建设已基本完成,办公楼建设正在进行。粤西巡航基地正在拟文批复,并争取将码头基建纳入国债项目。

把握渔业发展规律
落实科学发展观
开创渔政管理工作新局面

农业部东海区渔政渔港监督
管理局局长 李富荣

党的十六大以来,以胡锦涛总书记为首的党中央继承和发展党的三代中央领导集体关于发展的重要思想,提出了科学发展观,即坚持以人为本,全面、协调、可持续的发展观。近几年来,科学发展观在实践中发挥了重要指导作用,有力地推动了我国经济社会和各项事业的发展,得到了全党全社会的广泛认同,已经成为凝聚党和人民的思想理论旗帜。党的十七大更是将科学发展观作为我们党的科学理论、重要指导方针和重大战略思想郑重地载入党章,并对深入贯彻落实科学发展观提出了明确要求。

渔政管理作为一项与社会经济发展密切相关的行政管理行为,更是离不开科学发展观的指导,必须深刻领会科学发展观的科学内涵、精神实质和根本要求,增强贯彻落实科学发展观的自觉性和坚定性,力争在贯彻落实科学发展观,促进我国渔业全面、协调、可持续发展上见更大的成效。

以科学发展观指导渔政管理工作

科学发展观就是坚持以人为本,全面、协调、可持续的发展观,其第一要义是发展,核心是以人为本,基本要求是全面协调可持续,根本方法是统筹兼顾。

贯彻落实科学发展观的基本要求是全面、协调、可持续,根本方法是统筹兼顾。全面,就是要在不断完善社会主义市场经济体制,保持经济持续快速协调健康发展的同时,加快政治文明、精神文明的建设,形成物质文明、政治文明、精神文明相互促进、共同发展的格局;协调,就是要统筹城乡协调发展、区域协调发展、经济社会协调发展、国内发展和对外开放;可持续,就是要统筹人与自然和谐发展,处理好经济建设、人口增长与资源利用、生态环境保护的关系,推动整个社会走上生产发展、生活富裕、生态良好的文明发展道路。这样,才能更好地妥善处理当前各方面突出矛盾、协调好各种利益关系,真正实现全面、协调、可持续的发展。

树立和落实科学发展观,必须坚持理论与实际相结合,因地制宜、因时制宜地把科学发展观的要求贯穿于自身工作中去。科学发展观揭示的是发展的普遍规律,对全国各行各业都有重要的指导意义,渔政管理部门同样要结合自己的实际情况来贯彻落实科学发展观,注重解决当前渔业发展中存在的突出矛盾和问题,更好更快地推动渔业事业的发展。

渔业是一项既古老又传统的生产活动。在人类生存发展的历史上,渔猎先于农耕。在渔业漫长的发展过程中,我国先民通过渔业生产经验,逐渐注意到利用自然和保护自然的相互关系,并形成了一种朴素的渔业管理思想。夏朝就有"春三月、山林不登斧斤,以成罩木之长;夏三月,川泽不入网罟,以成鱼鳖之长"的禁令。《左传》、《管子》、《国语》、《礼记》、《吕氏春秋》等著作中都有保护山林水泽、保护生物资源的记载和论述,甚至在渔具渔法、捕捞规格、保护水域生态环境等方面也都多有论述。这些思想的形成,为我国各个时期的渔业管理提供了思想理论基础。

新中国成立后,我国政府高度重视渔政管理工作。特别是自党的十一届三中全会以来,我国的渔政管理进入了一个新的发展时期。1986年《渔业法》的颁布实施,更是从国家法律的层面,奠定了渔政管理工作的法律基础,标志着渔政管理开始走上法制轨道。改革开放近30年来,是我国渔政事业蓬勃发展、队伍建设明显加强、各项工作全面展开的重要时期。当前,渔政管理工作作为渔业管理的一个十分重要的方面,担负着养护水生生物资源、保护渔业水域生态环境、管理渔业船舶和渔港、负责渔业船舶和船用产品检验、维护国家海洋权益和边境水域权益、保障渔业生产秩序和渔业生产安全等重要职责。可以说,渔政管理机构作为保障渔业健康稳定发展不可或缺的职能部门,其地位和作用显得越来越重要。

渔政管理工作面临的问题和误区

我国渔业发展正处于转型期，渔政管理工作面临许多突出的问题，例如：在科学发展观提出前，传统发展观认为，生产力就是人类征服自然、改造自然的能力。就捕捞渔业而言，传统的认识是，渔船功率增大了，机械化程度高了，配备了现代设备，"渔业生产力"就提高了。其结果如何呢？伴随着"渔业生产力"的提高，渔业资源严重衰减。仅近二十年来，一些传统品种在过度捕捞下形不成渔汛了，众多经济鱼种在酷渔滥捕下衰退、甚至灭绝了。在传统发展观的影响下，渔业资源遭到了严重破坏，人与自然之间产生尖锐矛盾，而且这种局面至今还在不断延续。目前，我国数量庞大的生存性渔民难以退出赖以为生的海洋捕捞和一些商业性投机开发捕捞行为的一再涌入，使得超强的海洋捕捞强度无法真正降下来，渔业的基础生产力变得愈来愈脆弱。不少渔民追求眼前利益，使用一些网眼小、选择性差、破坏性强的渔具渔法，使幼鱼虾蟹资源遭到了严重破坏，亲体得不到有效保护，增加了资源恢复的难度。随着国际公约、双边渔业协定的实施，进一步加剧了我国近海渔场的拥挤和资源利用程度，并给安全生产带来新的隐患。

由于近年来涉水工程不断增多、陆源污染物排放得不到有效控制、海水养殖不科学等原因，导致海洋生态环境变化很大，生物的基本生存环境得不到保证。随着污染的加剧，海洋富营养化程度的加重，赤潮次数不断增多，使得一些经济品种产量下降，敌害生物增多，造成了海洋生态隐患和荒漠化现象，对我国海洋生态安全构成了严重威胁。

目前海洋渔业产业和渔民的保障机制还没有完全建立起来，渔民的保障水平还较低。一旦遇到自然灾害和不可抗力的灾祸，大多只能由渔民自己承担，因而直接影响渔区社会和谐和稳定等等。这些问题的存在，直接影响着我国渔业的健康稳定发展，进而影响我国渔区社会的和谐稳定，必须予以高度重视，并着力予以解决。而用传统的方法解决这些问题是难以见效的，这就需要牢固树立科学发展观，创新工作思路，改进工作方法，寻求更为有效的管理手段，切实解决这些长期制约渔业可持续发展的突出矛盾和问题。

渔政管理工作如何贯彻落实科学发展观

1. 要确立以渔民为本的管理思想 科学发展观的核心是坚持以人为本。就渔政管理而言，首先必须确立"以渔民为本"的管理思想，把思想和行动都统一到"以渔民为本"上来；要想方设法努力满足广大渔民群众现实的、适时的需要；要把广大渔民群众的长远利益和根本利益作为一切思考和行动的最终出发点和落脚点。"以渔民为本"，既是一种思维方式，更应成为管理者的行为指针，它是对广大渔民群众主体作用和地位的肯定。我们实施的渔政管理，必须坚持广大渔民群众在渔业发展中的主体作用和地位，努力实现好、维护好、发展好广大渔民群众的根本利益，真正做到"情为渔民所系，权为渔民所用，利为渔民所谋"。政策出台、措施制定，既要尊重科学，又要符合国情，充分考虑渔民群众的承受能力，循序渐进。管理者自身也应切实摆正局部利益和全局利益、部门利益和整体利益、眼前利益和长远利益的关系。既不能对渔民群众的安危冷暖漠不关心，更不能侵害渔民群众正当合法权益。要把渔民群众的合理诉求作为第一信号，把广大渔民群众的满意作为第一目标，把实现广大渔民群众的利益作为第一追求，为让广大渔民群众的日子过得更好、更舒心，精神世界更加充实，生活水平更上一层楼，为最终促进渔区社会的全面发展和进步而努力。

2. 要确立以渔业可持续发展为核心的管理价值取向 我国20多年来经济发展和体制改革中取得的成就和存在的问题表明：社会经济发展的目标，不是单纯追求经济增长，更不是单纯追求GDP的增长，而是在经济发展的基础上实现社会全面进步，实现经济发展和人口、资源、环境相协调，坚持走生产发展、生活富裕、生态良好的文明发展道路，进而增进全体人民的福利。而渔政管理的基本职能，就是保护渔业资源，防止对资源的过度利用，建立一种理性的渔业行为方式和制度，这可以说与可持续发展的理念不谋而合。

要实现渔业可持续发展，首先，要转变渔业经济发展理念，倡导效益渔业。坚持以可持续发展为主题，以结构调整为主线，以渔民增收为目标，科学制定渔业发展规划，促进渔业发展从"数量渔业"向"效益渔业"转变，为全面提高渔业现代化水平奠定基础。其次，要切实保护渔业资源，维护渔业水域生态平衡。可持续发展思想源于环境保护，环境保护是可持续发展的关键和基础。目前我国开始步入新兴工业化发展阶段，前期经济迅速增长的累积效应和以往污染物积累的延迟效应，使得渔业水域环境质量处于低谷状态。必须及时进行政策干预，避免出现由于水域环境质量下降和过度开发利用渔业资源，致使渔业资源存量降低，进一步破坏水域生态平衡的恶性循环。要努力争取从环境中获取的资源量转化为经济增长后，部分经济增长又能够转换为环境资源，以补偿资源消耗量，形成良性发展态势。再其次，要积极实施科技兴渔战略，提高渔业发展的科技含量。

3. 要确立依法管理与强化服务并重的管理理念 首先,要转变渔政管理的执法观念,严格实行依法行政。近年来,"依法兴渔"的观念已逐渐成为各级渔业管理部门的共识,以《渔业法》为基础的渔业法律法规体系建设逐步完善,在渔业资源管理和渔业生产秩序维护等渔业经济活动的各个主要方面,基本上实现了有法可依、有章可循。但在具体渔政管理工作中,还必须真正做到依法管理,严格按照法律法规的规定行使职权。全国人大审议通过并实施的《物权法》中,明确规定渔民使用水域滩涂从事养殖和捕捞的权利为用益物权,在国家民事法律中第一次对保护渔民养殖和捕捞权利做出规定。这些都对渔政管理工作提出了新的更高的要求。其次,在角色上要从"管理者"转变为"服务员"。党的十六届三中全会明确提出,政府职能转变要从"全能型政府"转向"服务型政府"。建设公共服务型政府由此成为新世纪我国政府职能转变的基本目标。渔政管理同样需要重新定位,要以服务渔业、服务渔民、服务渔区为目标,切实转变自身的管理理念。要深刻理解渔政管理的本质,克服"官本位"的意识,树立"民本位"的观念,明确管理者与被管理者的平等关系。要逐步制定完善政务公开、政务咨询、服务承诺等渔政管理制度,使之成为服务渔民的基本制度。要从管理的本质上去改变管理方式和管理手段,创新渔政管理模式。可以通过引导渔民对渔政管理事务的共同参与,培育渔民的法制理念,使得多方力量互动,共同推动渔业产业的发展。

依法管理与强化服务并重,实际上意味着渔政管理部门不仅要切实履行法律赋予的职责,坚持依法行政,同时还要进一步牢固树立服务渔业、服务渔民的观念,自觉增强保护渔民合法权益、维护社会公平正义的意识。

4. 要建立落实科学发展观的考核评价体系 要使科学发展观真正落到实处,关键是要建立落实科学发展观的考核评价体系。一段时间以来,一些干部在"发展"问题上产生了很大的误区,把"发展是硬道理"片面地理解为"经济增长率是硬道理",把经济发展简单化为GDP决定一切。在这种片面发展观的指导下,很多地方,对干部的考核指标,主要以GDP为主,甚至成为领导干部升迁去留的唯一标准。在以经济数据、经济指标论英雄的考核评价体系的引导和驱使下,一些地方、一些部门开始脱离地方、部门实际,为追求一时的增长速度盲目引投资、上项目,大搞"形象工程"、"亮丽工程",给社会经济发展造成了长期的包袱和隐患。正如高考决定着中学生的学习方式,政绩考核也是领导干部从政行为的"指挥棒"。科学发展观的落实,必须要以科学的干部政绩考核评价体系作为制度保障。

渔政管理要落实科学发展观,同样要改革目前的考核评价办法,建立和完善科学的考核评价机制。构建科学的渔政管理考核评价机制,应着重破解几个方面的问题:一是要解决"由谁考"的问题。要探索打破目前"官推官、官评官、官议官"的局限,科学确定评价主体,将与考核对象有较强知情度和关联度的上级、同级、下级,尤其是基层渔区的干部群众等列入考核参评范围,切实保障广大渔民群众的知情权、参与权、选择权和监督权。要将群众公认原则贯穿于考核评价的全过程,扩大渔民群众对渔政管理考核评价的参与程度,把群众意见作为考评的重要尺度。二是要解决"考什么"的问题。要以科学发展观和正确的政绩观为指导,根据形势发展的要求,对德、能、勤、绩、廉等考核内容进行细化、量化,研究制定渔政管理考核评分标准体系,为广大渔政干部树立正确的目标和导向。要从单纯地追求渔业经济增长速度,转变为综合考核渔业经济形势、渔业发展模式、渔业安全水平、渔区社会稳定、渔业资源保护、水域生态环境质量等方面。三是要解决"怎样考"的问题。要探索采用科学的考评方法与手段,进一步丰富评价形式,拓展评价渠道,通过实行民意问卷调查、资料查询、管理服务对象评议等方式,让渔区基层代表直接参与渔政管理的考评,直接评判渔政干部的工作实绩,使干部的组织评价与群众评价相结合,真正做到精确评价、正确识人。在建立完善科学的考核评价机制的同时,还应配套建立完善科学的决策机制、严格的奖惩机制和有效的监督机制,共同促进科学发展观在具体渔政管理工作中的落实。

渔业大事记

1月

7日 中华人民共和国渔政渔港监督管理局下发《关于换发新版渔业行政执法证工作的通知》(国渔督[2008]2号)。

9—11日 全国水产原种和良种审定委员会三届五次会议在南宁召开,崔利锋副局长出席。

14—15日 李健华局长、彭晓华副主任赴黄渤海区局进行工作调研。

15—17日 李健华局长、崔利锋副局长赴东海区局进行工作调研。

17日 农业部下发《关于加强2008年长江禁渔期管理工作的通知》(农渔发[2008]2号)。

17日 以农业部渔业局局长李健华为团长的中国代表团与以日本水产厅次长中前明为团长的日本代表团在上海举行中日渔业联合委员会第九次会议。此前,陈毅德副局长率中方代表团与日方代表团举行了两次筹备会议。

18—20日 危朝安副部长出席水产科学研究院在北京召开的2008年度工作会议并发表重要讲话。李健华局长、陈毅德副局长出席会议。

20日 牛盾副部长出席由《农民日报》、《中国渔业报》和中央有关新闻单位在北京共同举办的"首届全国兴渔富民十大新闻人物"揭晓仪式并讲话。李健华局长、崔利锋副局长出席。

23日 牛盾副部长赴江苏连云港慰问渔民和基层渔政人员并进行调研,李健华局长陪同。

27日 农业部渔业局举行在京部属渔业系统离退休干部新年茶话会。李健华局长发表讲话并向老领导、老同志拜年。

31日 温家宝总理在《雨雪冰冻灾害对渔业生产造成较大影响部分地区水产品供应短缺价格上涨》(中办秘书局《信息综合专报》15期)上批示:"要千方百计保渔业生产和供应,这对稳定市场极为重要"。

2月

1日 为落实中央领导和部领导批示精神,李健华局长紧急主持召开湖北、湖南、广东、广西等12个省级渔业行政主管部门电话会议,共同研究做好低温雨雪冰冻极端天气渔业抗灾救灾和稳定水产品市场工作。

1—3日 陈毅德副局长带队赴四川实地了解低温雨雪冰冻极端天气影响下水产品生产损失和市场情况并指导渔业抗灾救灾工作。

2日 农业部渔业局下发《关于印发〈水产养殖抗灾减灾及恢复生产技术指导措施〉的紧急通知》(农渔养函[2008]7号)。

2—3日 牛盾副部长赴广东考察指导低温雨雪冰冻极端天气渔业抗灾减灾工作。李健华局长陪同。

7日 温家宝总理在国家信访局《来信摘要》第38期上批示:请农业部参阅,并会同有关部门研究提出扶持水产业发展的措施。

12—15日 孙政才部长、危朝安副部长赴湖南、湖北、广西督导低温雨雪冰冻极端天气农业灾后恢复重建工作。李健华局长陪同。

15日 农业部办公厅下发《关于深入做好渔业科技救灾工作的通知》(农办渔[2008]6号)。

15日 农业部办公厅下发《关于切实抓好水产养殖灾后重建恢复生产工作的紧急通知》(农办渔〔2008]7号)。

19日 李健华局长主持召开常务会议研究部署渔业灾后重建恢复生产工作,明确提出将这项工作作为当前头等大事。

20—22日 李健华局长带领工作组赴湖北指导渔业灾后重建恢复生产工作。

21—24日 陈毅德副局长带领工作组赴湖南指导渔业灾后重建恢复生产工作。

22—27日 按照农业部统一部署,崔利锋副局长带领工作组赴安徽督导农业抗灾减灾和春耕生产工作。

25日 农业部办公厅下发《关于印发〈2008年水产

健康养殖推进行动实施方案〉的通知》(农办渔[2008]9号)。

27日 农业部办公厅下发《关于开展2008年水产养殖业专项执法行动的通知》(农办渔[2008]11号)。

28日 《水污染防治法》经全国人大常委会修订通过,自2008年6月1日起实施。修订后的《水污染防治法》进一步加强了渔业生态环境保护,将渔业行政主管部门增列为依法对有关水污染防治工作实施监督管理的职能部门,授权渔业行政主管部门负责渔业船舶的水污染防治工作,依法调查处理渔业船舶造成的水污染事故和企业事业单位造成的渔业污染事故,并可根据当事人的请求对水污染损害赔偿责任和赔偿金额纠纷进行调解。

29日 陈毅德副局长出席中国水产科学研究院在江苏宜兴举行的向受灾渔民赠送《渔民减灾复产实用技术读本》活动,会同科技救灾专家现场解答渔民生产自救中遇到的难题。

3月

1日 农业部《建设项目对海洋生物资源影响评价技术规程》(SC/T 9110—2007)正式发布实施。

3—4日 李健华局长、彭晓华副主任赴南海区渔政渔港监督管理局实地考察调研中国渔政南海总队建设和管理情况,并慰问了一线渔政人员。

4日 农业部渔业局下发《关于组织推荐第三批农业部水产健康养殖示范场的通知》(农渔养函[2008]16号)。

14日 农业部、国家统计局下发《关于根据第二次全国农业普查结果开展渔业统计数据调整工作的通知》(农渔发[2008]006号),对2006年和2007年渔业统计数据进行下调。

14日 崔利锋副局长出席在北京召开的长江渔业资源管理委员会与美国大自然保护协会合作框架签署仪式。

17日 农业部发布第1003号公告:经全国水产原种和良种审定委员会第三届第五次会议审定,萍乡红鲫、异育银鲫"中科3号"、杂交黄金鲫、杂交海带"东方3号"为适宜推广的养殖品种;中华鳖日本品系、漠斑牙鲆为适宜推广的境外引进品种。萍乡红鲫、异育银鲫"中科3号"、杂交黄金鲫、杂交海带"东方3号"、中华鳖日本品系和漠斑牙鲆6个品种应严格控制在人工可控的水体中养殖。

17日 农业部办公厅下发《关于做好渔业统计抽样调查试点工作的通知》(农办渔[2008]13号)。

19日 牛盾副部长在京会见秘鲁随总统代表团来访的渔业部副部长米兰达一行,双方就加强两国渔业科技合作、水产品贸易及在APEC机制下渔业合作的12个优先领域等方面交换了意见。柳正副局长参加会见。

20—21日 柳正副局长赴河北省沧州市黄骅南排河调研渔业船舶柴油补贴情况。

21日 牛盾副部长出席农业部在福州召开的水产品国际贸易发展工作座谈会。李健华局长、陈毅德副局长参加会议。

22日 牛盾副部长出席农业部在福州召开的全国渔业灾后重建情况交流会,并于23日赴福建龙岩考察节能减排健康水产养殖示范项目。李健华局长、陈毅德副局长参加会议。

25日 农业部下发《关于确认2008年度第三批远洋渔业项目的通知》(农渔发[2008]8号),公布了2007年度远洋渔业企业资格和远洋渔业项目年度审核合格项目。

27日 牛盾副部长在北京会见来访的加纳渔业部长阿丝玛女士一行,双方就加强两国渔业合作特别是加强水产养殖合作等问题交换了意见。柳正副局长参加会见。

28日 牛盾副部长出席在云南昆明召开的黄渤海、东海和南海区渔政渔港监督管理局工作会议并发表重要讲话。

4月

3日 农业部办公厅下发《关于加强赴印度尼西亚海域作业渔船管理的通知》(农办渔[2008]15号)。

8日 陈毅德副局长出席在山东济南召开的全国渔业船舶检验工作会并讲话。

9—11日 崔利锋副局长赴湖北省调研水产健康养殖和灾后恢复生产情况。

10日 《渔业航标管理办法》由农业部令第13号公布,自2008年6月1日起施行。

10日 牛盾副部长出席在浙江杭州召开的全国水产技术推广工作会议并发表重要讲话。李健华局长主持会议并作总结。

10日 农业部、国家工商行政管理总局联合下发《关于开展制造、销售、使用电脉冲捕捞渔具专项整治行动的通知》(农业部通告[2008]1号)。

13日 牛盾副部长出席农业部召开的渔船安全生产和涉外渔业管理工作紧急电话会议并提出工作要求。李健华局长通报了近期渔船水上安全事故和涉外渔业事件发生情况,渔政指挥中心居礼副主任参加会议。

14 日 以农业部渔业局副局长柳正为团长的中国代表团与以英国环境、食品与农村事务部海洋与渔业司司长罗德尼·安德森为团长的英国代表团在北京举行中英渔业磋商。双方就两国农渔业部门机构设置和渔业管理状况以及各自为打击非法、不报告、不管制(IUU)渔业活动所采取的措施等进行了交流。

15 日 牛盾副部长出席中国水产科学研究院在北京召开的2008'中国渔业经济专家论坛——走中国特色渔业现代化道路学术研讨会并发表重要讲话。李健华局长出席会议并讲话。

15 日 农业部、国家安全监管总局联合下发《关于近期多起较大以上渔船事故的通报》(农渔发[2008]10号)。

16—17 日 中英海洋渔业可持续发展研讨会在深圳举行。农业部渔业局副局长柳正,英国环境、食品与农村事务部海洋与渔业司司长罗德尼·安德森出席会议并讲话。

16—17 日 陈毅德副局长出席在湖南长沙召开的2008年水产品质量安全监控工作会议并讲话,研究部署2008年水产品质量安全监控和助奥运特殊监管工作。

17—18 日 林美娇副巡视员出席在广东召开的中国渔业协会鳗业工作委员会理事会。

17—19 日 李健华局长出席在江西南昌召开的北部湾渔业海上监管协调小组会议。

17—19 日 柳正副局长赴广东省汕尾市和汕头市调研2007年渔业柴油补贴发放工作情况。

19 日 孙政才部长、尹成杰副部长和牛盾副部长到中国渔政指挥中心值班室现场指挥应对2008年1号台风"浣熊"和渔船安全生产工作,部署下一步应急措施。

19—20 日 崔利锋副局长出席在河南郑州召开的黄河流域渔业资源管理委员会第二次会议。

20 日 李健华局长出席在大连举行的獐子岛渔业集团股份有限公司成立50周年庆典。

22 日 牛盾副部长出席农业部2008年珍稀水生动物增殖放流活动主会场——湖南张家界大鲵放流活动并发表重要讲话。李健华局长、李彦亮副主任参加。广东、湖北等7省(直辖市)同步组织开展增殖放流活动,共放流国家一、二级重点保护水生野生动物20多万尾。

23—25 日 柳正副局长出席中国渔业协会远洋渔业分会在云南昆明召开的2007年度金枪鱼渔业生产经营总结交流大会。

24—28 日 陈毅德副局长带队到广东、海南省开展助奥运农产品质量安全保障行动督察。

25—28 日 孙政才部长、牛盾副部长赴西沙群岛巡航调研渔业生产和渔政管理情况。孙部长要求,广大渔政工作人员大力弘扬中国渔政特别能吃苦、特别能战斗、特别能奉献、特别有作为的南沙精神,为保护渔民利益,维护渔业生产安全稳定,发展海洋渔业经济再立新功。李健华局长陪同调研。

29 日 农业部下发《关于贯彻实施〈中华人民共和国水污染防治法〉全面加强渔业生态环境保护工作的通知》(农渔发[2008]13号)。

30 日 中华人民共和国渔政渔港监督管理局下发《关于开展渔业污染事故调查鉴定资质复审换证工作的通知》(国渔资环[2008]30号)。

5 月

4 日 农业部和环境保护部联合发布2007年度《中国渔业生态环境状况公报》。公报显示,2007年全国发生渔业水域污染事故1 442次,直接经济损失2.98亿元,天然渔业资源经济损失53.9亿元。

6 日 农业部在北京召开水生动植物自然保护区评审委员会会议,农业部副部长、审委会主任委员牛盾出席会议并讲话,农业部渔业局局长、审委会副主任委员李健华主持会议。

6—8 日 柳正副局长出席在北京举行的FAO水产养殖认证指南专家研讨会(中国)。

9 日 环境保护部、国土资源部、水利部、农业部、国家林业局、中国科学院、国家海洋局办公(厅)室联合下发《关于开展国家级自然保护区管理评估工作的通知》(环办[2008]19号)。

12 日 汶川发生8.0级特大地震。农业部渔业局及时与四川省水产局联系,了解渔业系统人员伤亡和渔业受损情况。并向四川、重庆、甘肃、云南和陕西等地渔业主管部门转达了牛盾副部长和渔业局领导的亲切慰问,了解各地渔业受损情况。

12—15 日 牛盾副部长深入湖北省汉南、洪湖、仙桃、钟祥、荆州、天门等地调研水产养殖、加工、销售和科研情况。李健华局长陪同。

13 日 渔业局召开抗震救灾紧急会议。

13—26 日 渔业局每日召开抗震救灾会商会。

14 日 渔业局全体干部职工向灾区捐款16 600元。

15 日 渔业局下发《关于印发〈受地震灾害影响死鱼无害化处理技术指导措施〉的紧急通知》(农渔养函[2008]43号)和《关于做好渔业抗震救灾重建信息报送工作的通知》([2008]农渔(综便)字第8号)。

16日　渔业局抗震救灾和灾后重建应急工作小组成立。

19日　渔业局和在京渔业直属事业、社团单位及三个海区局向灾区捐款100多万元。

19日　渔业局、渔政指挥中心召开全体会议，传达部抗震救灾工作会议精神，研究渔业灾后重建和生产恢复方案。会前全体与会人员向地震遇难同胞表示深切哀悼并默哀三分钟。

19日　农业部下发《关于下达2008年渔业海难救助补助项目资金的通知》（农财发〔2008〕50号）。

19—23日　上海海洋大学李思发教授在韩国釜山举行的世界水产养殖大会上被授予世界水产养殖学会终身成就奖，这是1969年该会授奖以来中国内地水产科技工作者第一次获此殊荣。

20日　农业部办公厅下发《关于调整渔业统计制度部分规定的通知》（农办渔[2008]028号），确定了农业普查之后渔业统计历史数据比较原则，以及2008年常规统计数据报送要求。

20日　渔业局提出渔业灾后生产恢复政策性建议，细化灾后重建方案。

21日　渔业局将渔业系统抗震救灾情况以《关于抗震救灾情况的报告》（农渔请字[2008]第117号）报牛盾副部长。

21—27日　以崔利锋副局长为组长的农业部督察组赴浙江、福建开展渔业安全生产百日督察工作。

22日　农业部下发《关于做好2008年海洋伏季休渔管理工作的通知》（农渔发[2008]16号）。

22日　上海水产大学更名为上海海洋大学。

23日　农业部第一批5 000万元应急救灾资金通过转移支付的方式落实到四川、重庆、陕西和甘肃财政。其中，落实四川、陕西和甘肃3省用于死鱼无害化处理资金1 120万元。

26日　农业部渔业局局长李健华在北京会见阿根廷经济生产部农牧渔业和食品秘书处渔业副秘书长翰拉尔道·尼耶道先生一行。柳正副局长参加会见。

26日　渔业局38名党员交纳“特殊党费”77 600元。

26日　渔业局成立渔业助奥行动领导小组，李健华局长任组长，陈毅德副局长为副组长。

26—28日　渔业局细化补充完善渔业灾后恢复生产和重建方案，向部办公厅、计划司、财务司、市场司、政法司报送渔业灾后恢复生产和重建方案及相关情况。

27—28日　国家质检总局食品安全局联合农业部渔业局成立恢复对欧出口贝类产品谈判专项工作组。

6月

1日　国家标准化管理委员会2008年第6号（总第119号）公告发布《渔业污染事故经济损失计算方法》（GB/T21678－2008）。

3日　牛盾副部长会见来访的乌拉圭外交部副部长巴斯一行，双方就加强两国农业渔业合作等问题交换了意见。柳正副局长参加会见。

3日　崔利锋副局长到部渔船检验局调研，听取了有关渔船检验工作的情况介绍，并就进一步加强渔船管理等工作进行了研究。

3—4日　陈晓华副部长到河北省秦皇岛市和唐山市考察部分供奥、供京水产品生产基地、水产品批发市场和加工企业，并进行了座谈。

3—6日　牛盾副部长赴江苏省扬州市、淮安市和徐州市等地考察高邮湖、洪泽湖等湖区生态养护及水产健康养殖情况。李健华局长陪同。

5日　北京市委常委牛有成、农业部总经济师张玉香、农业部渔业局副局长崔利锋等出席山东省海洋与渔业厅在北京人民大会堂举办的保质量、保安全、助奥运——山东省“十大渔业品牌”推介会。

6日　受牛盾副部长和李健华局长委托，陈毅德副局长到四川省成都市和德阳市等地调研指导渔业抗震救灾和恢复生产工作。

11—12日　陈毅德副局长到河北省检查供奥、供京水产品基地监管工作。

12日　牛盾副部长出席农业部和广西壮族自治区人民政府在北海市共同举办的“增殖海洋生物资源促进渔业持续发展”为主题的北部湾海洋生物资源增殖放流活动。李健华局长、崔利锋副局长陪同。

13日　农业部下发《关于开展2008年海水贝类养殖生产区域划型工作的通知》（农渔发[2008]17号）。

15日　李健华局长出席在山东省荣成市举办的2008年山东省暨威海市渔业资源修复行动增殖放流仪式并讲话，并陪同财政部农业司有关领导考察渔业增殖放流实施成效和海洋牧场项目。

16—19日　柳正副局长赴内蒙古考察呼伦湖、贝尔湖渔业生产、渔政管理和渔民生活等情况。

19日　牛盾副部长给香港渔民庆祝香港回归祖国十一周年暨香港渔民团体联席会议成立十周年联欢大会发去贺信。受牛盾副部长和李健华局长委托，农业部渔政指挥中心副主任李彦亮出席活动并宣读了牛盾副部长的贺信。

20日　农业部总经济师杨坚出席在北京钓鱼台国宾馆举行的《中国渔业互保协会与大连獐子岛渔业集团

股份有限公司海水增养殖产品保险协议》和《中国渔业互保协会与英国RSA保险集团、韦莱保险经纪有限公司渔业海水增养殖产品再保险协议》签约仪式并作重要讲话。李健华局长出席签约仪式。

23日 农业部办公厅下发《关于发放渔业柴油补贴资金有关问题的紧急通知》(农明字[2008]第60号),对补贴资金的发放提出明确要求。

23日 农业部下发《关于公布第三批渔业文明执法窗口单位的通知》(农渔发[2008]18号)。

26日 农业部下发《关于通报2007年全国海洋捕捞渔船"双控"制度实施情况的函》(农渔函[2008]4号)。

27日 孙政才部长、牛盾副部长出席农业部与浙江省人民政府在浙江省舟山市共同举办的主题为"增殖生物资源,养护海洋生态"的东海生物资源增殖放流活动,并检查了舟山市渔港建设和伏季休渔情况,到舟山市樟州渔业村调研,访问渔民家庭。李健华局长、崔利锋副局长出席活动并陪同考察。

28—29日 财务司王鹰司长、发展计划司张天佐巡视员赴浙江杭州调研养殖池塘改造情况,崔利锋副局长陪同调研。

29日 牛盾副部长赴浙江省湖州市调研标准鱼塘建设情况。李健华局长陪同。

30日 柳正副局长会见印度西孟加拉邦渔业代表团。

7月

1日 渔业机关纪念中国共产党建党87周年和改革开放30周年大会在北京召开,李健华局长出席会议并发表讲话,刘美华副巡视员主持。

2日 中华人民共和国渔政渔港监督管理局下发《关于2008年渔业文明执法窗口单位创建活动有关问题的通知》(国渔督[2008]51号)。

3日 交通运输部、农业部联合下发《关于建立海上搜救联动机制的通知》(交搜救发[2008]169号)。

4—6日 财务司王鹰司长赴广东湛江、茂名市和番禺等地调研养殖池塘改造情况,陈毅德副局长陪同调研。

8—9日 牛盾副部长出席在吉林省珲春市举行的图们江生物资源增殖放流活动,并到集安市考察鸭绿江网箱养鱼标准化示范区。李健华局长陪同。

9日 陈毅德副局长赴山东省东营市调研生态渔业发展情况。

9日 柳正副局长出席黑龙江省政府在黑河市举办的主题为"养护水生生物资源,促进和谐社会发展"的中俄边境水域渔业资源增殖放流活动。

10日 国务院办公厅下发《关于印发农业部主要职责内设机构和人员编制规定的通知》(国办发[2008]76号),中华人民共和国渔政渔港监督管理局更名为中华人民共和国渔政局。

11日 2008年中国航海日主会场庆祝活动在600多年前郑和下西洋起锚地江苏太仓举行。辽宁省大连海洋渔业集团公司董事长张毅、上海开创远洋渔业有限公司总经理陈英根等12位同志荣获大会授予的"航海终身贡献奖"。中共中央政治局委员、国务院副总理张德江发来贺信,全国人大常委会副委员长华建敏出席大会。受牛盾副部长委托,崔利锋副局长代表农业部出席大会并为"郑和研究会"揭牌。

14日 孙政才部长在"保质量、保安全、助奥运——农产品质量安全保障行动"中调研了北京市农产品批发市场,在水屯批发市场水产交易大厅详细了解水产品进货渠道和检测情况,要求批发市场一定要严把市场准入关。

14日 柳正副局长在北京会见了由孟加拉国渔业与畜牧部国务秘书拉赫曼率领的代表团。

15日 中华人民共和国渔政局下发《关于加强红珊瑚保护管理工作的通知》(国渔水[2008]56号)。

18日 全国农业厅局长座谈会在北京召开,会议期间召开渔业专业组座谈会,牛盾副部长主持座谈会并发表重要讲话,李健华局长出席会议。

21日 农业部办公厅下发《关于规范金枪鱼渔业渔捞日志的通知》(农办渔[2008]44号)。

23日 农业部办公厅下发《关于公布黄河鄂尔多斯段黄河鲶等40处国家级水产种质资源保护区面积范围和功能分区的通知》(农办渔[2008]47号)。

24日 长江渔业资源管理委员会2008年工作会议在青海省西宁市召开,崔利锋副局长出席会议并讲话,农业部渔政指挥中心李彦亮副主任主持会议。

26日 农业部渔业局在天津举行"保安全、助奥运、送安全知识下乡"活动启动仪式。

27日 2008年第8号台风"凤凰"在我国东南沿海登陆,登陆时最大风速12级,29日上午转为热带风暴。农业部和各地渔业部门积极应对,组织渔船回港避风、渔船船员和养殖排筏人员转移。台风没有造成重大人员伤亡。

30日 崔利锋副局长、张铭羽巡视员分别带领渔业救灾工作组赴福建、浙江调查了解台风"凤凰"对渔业造成的损失情况。

8月

6日 国家安全监管总局、农业部、交通运输部在北京联合召开加强渔业船舶安全管理电视电话会议。国家安全监管总局副局长梁嘉琨、农业部副部长牛盾、交通运输部副部长徐祖远出席会议并作了重要讲话。李健华局长、崔利锋副局长、居礼副主任出席会议。

6日 中越渔委会筹备会在北京召开，牛盾副部长出席会议，李健华局长陪同参加会见。

12日 农业部就设立水生生物资源增殖放流节日分别向全社会、渔业系统、有关大专院校和科研单位广泛征求意见。

12—15日 柳正副局长出席北部湾湾口外海域划界筹备小组第六次会议。

16日 柳正副局长出席在珠海市举行的由广东省海洋与渔业局和农业部南海区渔政局等单位联合主办的"拥抱绿色奥运，呵护蓝色海洋"主题放生活动。

21—23日 崔利锋副局长带队赴广东省珠海、江门等地指导台风"鹦鹉"防御工作。

26—27日 李健华局长、陈毅德副局长出席农业部科技委渔业组在甘肃省兰州市召开的水产养殖业发展战略报告讨论会。

27—29日 中越北部湾渔业联合委员会第五届年会在越南胡志明市召开，以农业部渔业局局长李健华为团长的中国代表团与以越南农业与农村发展部水产资源开发和保护局局长朱进永为团长的越南代表团举行了会谈。此前，以农业部渔业局副局长柳正与以越南农业与农村发展部水产资源开发和保护局副局长黄庭安分率代表团举行了年会的筹备会议，就各项议题充分交换意见。

8月27日至9月1日 牛盾副部长赴新疆考察调研内陆渔业发展情况。陈毅德副局长陪同考察。

8月30日至9月1日 崔利锋副局长出席内蒙古边境水域增殖放流活动并进行调研。

9月

1日 渔业局下发《关于开展内陆专业捕捞渔民生产生活状况调研的通知》（农渔法函[2008]66号）。

4日 中国渔政118船圆满完成2008年北太平洋渔政巡航任务返回。

5日 李健华局长出席在北京召开的渔业柴油补贴资金使用情况自查布置会，要求各地认真做好补贴资金发放三年的总结及自查工作。

5日 农业部办公厅下发《关于开展渔业标准化调研活动的通知》。

8日 农业部办公厅下发《关于启用新版渔业行政执法检查及行政处罚信息管理系统的通知》（农办渔[2008]64号）。

9日 杨坚总经济师赴天津考察渔业工作，柳正副局长陪同。

11日 农业部下发《关于农业部黄渤海区渔政渔港监督管理局（中华人民共和国黄渤海区渔政渔港监督管理局）等单位更名的通知》。

12日 温家宝总理、回良玉副总理、李克强副总理分别对《关于"三河三湖"渔业资源环境保护工作有关情况的报告》（农专报[2008]76号）做出批示。

12日 农业部党组成员、驻部纪检组组长朱保成赴黄渤海区渔政局调研，刘美华副巡视员陪同。

15—18日 中俄渔业合作混合委员会第18次会议在莫斯科举行。以柳正副局长为团长的中方代表团和以俄罗斯联邦渔业署副署长耶夫斯特拉基科夫为团长的俄方代表团参加了会谈。

18日 陈毅德副局长、李彦亮副主任出席在上海召开的农业部管理干部学院渔政分院揭牌仪式并讲话。

22日 农业部下发《关于印发〈中国水产学会范蠡科学技术奖奖励办法（试行）的通知〉》（农渔发[2008]30号）。

22日 农业部渔业局为全国1 299名从事渔业污染事故调查鉴定工作并经培训考核合格的技术人员颁发了《渔业污染事故调查鉴定上岗证》。

23日 李健华局长出席在西安召开的全国渔业政务信息与宣传工作会议并讲话。

23日 柳正副局长出席在烟台召开的欧亚渔业论坛。

24日 农业部办公厅下发《关于加强国庆节期间和今年秋冬季渔业安全生产管理工作的通知》（农办渔[2008]67号）。

25日 陈毅德副局长出席东海区渔政局在浙江杭州召开的中日暂定措施水域作业渔船专项标识工作研讨会。

25日 中国水产科学研究院渔业机械研究所参与的"神七"飞船发射阶段应急返回打捞救援保障任务圆满完成。

26日 张桃林副部长出席在上海召开的由中国工程院主办、中国水产科学研究院协办的2008水产科技论坛并作重要讲话，陈毅德副局长出席开幕式。

27日 李健华局长、柳正副局长、刘美华副巡视员出席在京渔业系统纪念改革开放三十周年座谈会，农业部和渔业局部分离退休领导出席会议。

27日 农业部办公厅下发《关于做好涉嫌抗拒韩方检查逃逸案件调查取证工作和当前加强涉韩渔业管理的通知》（农办渔[2008]68号）。

28—30日 柳正副局长赴福建和浙江省指导防御超强台风"蔷薇"。

10 月

7 日 陈毅德副局长主持召开了渔业局学习实践科学发展观活动报告会。有关专家围绕渔业科学发展的一些关键问题作了专题报告，在京渔业系统近 200 人参加。

8 日 渔业局召开深入学习实践科学发展观活动动员部署大会，传达学习中央领导同志及孙政才部长关于深入学习实践科学发展观活动的重要讲话精神，对局机关开展学习实践活动进行了全面部署。会议宣布成立渔业局学习实践活动领导小组。学习实践科学发展观活动将持续到 2009 年 2 月底。

10 日 李健华局长出席渔业局在吉林省长春市召开的水产品质量安全工作会议并作了题为《总结经验，突破创新，切实提高水产品质量安全管理工作水平》的报告。陈毅德副局长主持会议。

13 日 欧盟向有关外交使团通报了欧洲理事会于 2008 年 9 月 29 日正式通过打击非法捕鱼的法律，规定从 2010 年 1 月 1 日起对进入欧盟市场的海洋捕捞产品实行"合法性"认证，同时，欧盟也将为其船队合法捕捞的海产品出具"合法捕捞证书"。

14 日 国务院办公厅印发《关于加强渔业安全生产工作的通知》(国办发[2008]113 号)。

17 日 牛盾副部长出席在山东省日照市召开的全国渔业安全生产工作会议并作了题为《强化管理 狠抓落实 努力开创渔业安全生产工作新局面》的重要讲话。国务院办公厅、国家安监总局、交通运输部、中国气象局等单位代表出席会议。期间还举行了以"送安全上船保渔民平安"为主题的渔船救生筏及政策性渔业保险补贴发放仪式。

21 日 农业部发布第 1100 号公告，公布修订后的海洋渔业捕捞许可管理有关证书证件和渔船主机功率凭证样式，自 2009 年 1 月 1 日启用。2002 年农业部发布的国内海洋小型渔业船舶捕捞许可管理证书证件、2003 年农业部发布的国内海洋大中型渔业船舶捕捞许可管理证书证件以及 2003 年农业部发布的渔业船网工具指标申请、审批样式和渔船主机功率凭证同时废止。

24 日 农业部办公厅下发《关于实施远洋渔船船位监测工作的通知》(农办渔[2008]74 号)。

28—29 日 中日渔业联合委员会第十次年会第一次筹备会议在北京召开，以农业部渔业局副局长陈毅德为团长的中国代表团与以日本水产厅资源管理部本村裕三部长为团长的日本代表团举行了会谈。

29 日 牛盾副部长出席在浙江省舟山市举行的现代渔业发展暨渔业改革开放三十周年论坛。李健华局长主持论坛，柳正副局长参加。论坛结束后，李健华局长就地开展渔业基础信息采集分析能力建设与制度创新调研实践活动。柳正副局长深入到舟渔公司和远洋渔业分会鱿鱼钓工作组开展调研。

30 日 农业部下发《关于贯彻落实〈国务院办公厅关于加强渔业安全生产工作的通知〉的通知》(农渔发[2008]35 号)。

30 日至 11 月 30 日 李健华局长，柳正、陈毅德、崔利锋副局长，林美娇、刘美华副巡视员分别带队赴四川、浙江、山东、上海、福建、江苏、海南、江西等地进行深入学习实践科学发展观活动调研。

30—31 日 崔利锋副局长率调研组赴海南进行捕捞许可管理制度及资源养护工作专题调研。

31 日 中华人民共和国渔政局发布公告，从 2008 年 11 月 3 日起，由渔业局制作和监制的渔业行政执法证采用"中华人民共和国渔政局"的名称，2008 年 11 月 3 日以前制作的渔业行政执法证在该证有效期内继续有效。

11 月

3 日 牛盾副部长考察中国水产科学研究院黄海水产研究所，办公厅张合成副主任、渔业局陈毅德副局长陪同。

3—6 日 中韩渔业联合委员会第八届年会第一次筹备会议在北京召开，以农业部渔业局副局长崔利锋为团长的中国代表团与以韩国农林水产食品部国际水产官河泳孝为团长的韩国代表团参加了会议。

4 日 陈毅德副局长出席在青岛举办的中国国际渔业博览会暨中国国际水产养殖展览会。

4—6 日 牛盾副部长出席在深圳市召开的农业部港澳流动渔民工作协调小组第五次成员会议。

5 日 国家发展改革委、住房城乡建设部、农业部、交通运输部、国务院扶贫办联合发布《汶川地震灾后恢复重建农村建设专项规划》，提出修复重建水产养殖池塘 1.23 万公顷、特色水产养殖基地 39 个。

6—9 日 牛盾副部长出席在广州市举行的由联合国粮农组织和农业部、广东省人民政府主办的世界对虾大会并致辞。期间，牛盾副部长到广东省珠海、阳江、肇庆市调研渔业安全生产通信指挥系统和现代渔业建设情况。李健华局长、陈毅德副局长参加会议并陪同调研。

7 日 柳正副局长出席在厦门召开的由厦门市人民政府、中国渔业协会等共同主办的首届中国(厦门)国际休闲渔业博览会。

12—18 日 杨坚总经济师赴山东、江苏、福建和海南省就农业部学习实践科学发展观重大问题——“渔业资源养护和生态环境修复问题”进行调研，并就水生生物资源养护工作向全国人大常委会副委员长、民盟中央主席蒋树声和全国人大常委、农业与农村委员会副主任委员、民盟中央副主席索丽生做了专题汇报。崔利锋副局长陪同调研。

14 日 天津远洋渔业公司所属金枪鱼钓渔船“天裕 8 号”在肯尼亚沿海渔场作业时被索马里海盗劫持。

15 日 根据全国人大常委会和国务院办公厅关于开展法律清理工作的安排，渔业局组织对《渔业法》进行了研究，从完善养殖证制度、加强涉渔工程管理、建立渔业生态补偿制度、明确涉外渔业处罚规定、强化渔业执法手段等方面提出了六条修改建议，并对《野生动物保护法》提出了十条修改建议，经国务院同意后报送全国人大常委会审议。

18 日 农业部国家首席兽医师于康震出席在青岛召开的中国水产科学研究院黄海水产研究所庆祝赵法箴、雷霁霖两位院士从事渔业科学研究 50 周年大会。

19 日 牛盾副部长出席交通运输部、农业部 2008 年救援大规模受困渔船渔民桌面演习。

19 日 陈毅德副局长在广州出席水产品质量安全可追溯体系构建项目广东省试点工作阶段性成果汇报会。

20 日 李健华局长和柳正副局长一行到中国水产科学研究院就深入学习实践科学发展观进行调研，并约定共同组建农业部渔业发展战略中心。

24 日 中国水产学会向国务院转呈了唐启升等 13 位院士联名向国务院提出的《设立水生生物增殖放流节日》建议信。

25 日 牛盾副部长赴东海区渔政局和中国水产科学研究院渔业机械仪器研究所、东海水产研究所考察调研，并作了学习实践科学发展观的专题辅导报告。柳正副局长陪同。

27 日 柳正副局长赴南宁出席全国农业国际合作工作会议。

27—29 日 陈毅德副局长先后赴南昌和天津出席泛珠三角区域渔业经济合作论坛和首届中国兽药大会。

12 月

1 日 李健华局长和陈毅德副局长一行到全国水产技术推广总站和农业部渔船检验局就深入学习实践科学发展观进行调研。

1 日 农业部办公厅下发《关于做好新版海洋渔业捕捞许可证书证件换发有关工作的通知》（农办渔［2008］86 号），首次启用全国海洋渔船动态管理系统，应用 2009 版渔船主机功率凭证开展新版海洋渔业捕捞许可证书证件换发工作，并对换证渔船范围、换证时间和有关问题处理等作出了明确部署。

2 日 农业部在北京召开以“增殖水生生物资源、促进渔业科学发展”为主题的水生生物资源增殖放流专题研讨会，农业部牛盾副部长和全国人大农委尹成杰副主任委员出席会议并作重要讲话。

3 日 农业部办公厅下发《关于 2008 年度远洋渔业项目和远洋渔业企业资格年审有关事项的通知》（农办渔［2008］88 号）。

4 日 中韩渔业联合委员会第八届年会在韩国京畿道果川市举行。以农业部渔业局局长李健华为团长的中国代表团与以韩国农林水产食品部水产政策室长裴锺河为团长的韩国代表团举行了会谈。此前两天，崔利锋副局长与韩水产官河泳孝分率代表团举行了年会的第二次筹备会议。

4 日 陈毅德副局长出席在江苏省召开的水产健康养殖业管理工作座谈会。

5 日 牛盾副部长出席在京渔业事业（社团）单位联席会议，李健华局长等局领导出席。

8 日 牛盾副部长、杨坚总经济师出席在烟台举行的黄渤海区渔政局更名揭牌仪式，牛盾副部长发表讲话，李健华局长和农业部部分司局领导出席仪式。

10 日 农业部下发《关于批准成立第四届全国水产原种和良种审定委员会的通知》（农渔发［2008］40 号）。

10 日 中华人民共和国渔政局下发《关于 2009 年实施中韩渔业协定有关问题的通知》（国渔政船［2008］17 号）。

11 日 崔利锋副局长出席在云南省昆明市召开的海洋渔业捕捞许可管理暨换发新版捕捞许可证工作会议并讲话。

15 日 李健华局长出席在北京召开的完善渔业柴油补贴政策研讨会。

16—17 日 柳正副局长出席外交部北部湾湾口外划界会议。

17 日 杨坚总经济师出席在广州召开的全国渔业科技入户工作经验交流会并讲话，陈毅德副局长、林美娇副巡视员同期出席。

17 日 崔利锋副局长出席在福建召开的全国防台风现场会。

19 日 农业部印发《全国出口水产品优势养殖区域发展规划（2008—2015 年）》（农渔发［2008］41 号）。

19 日 农业部办公厅下发《关于下达 2008 年海洋捕捞渔民转产转业项目的通知》（农办渔［2008］093

号），大幅提高渔船报废补助标准。

20 日 柳正副局长会同外交部领事司、领事保护中心有关领导前往天津就“天裕 8 号”被劫持事件与天津市政府和天津市远洋渔业公司共同分析局势，研究解决方案，敦促天津市尽早妥善解决劫持事件。

22 日 农业部发布第 1130 号公告，批准建立 63 处国家级水产种质资源保护区。

29 日 牛盾副部长出席全国农业工作会议渔业专业会并作重要讲话，杨坚总经济师主持会议，李健华局长作工作报告。

30 日 民盟中央蒋树声主席和索丽生副主席联名向胡锦涛总书记和温家宝总理提出《关于加强水生资源保护促进水域生态平衡的建议》。

30 日 护渔 2008 暨专属经济区渔政巡航管理工作总结会议在浙江杭州召开，崔利锋副局长出席会议并讲话，彭晓华副主任作会议主报告。

31 日 张桃林副部长到水产科学研究院调研，参观了渔业地理信息与遥感实验室、数字图书馆，并听取了工作汇报。

31 日 农业部办公厅下发《关于加强我在索马里及其附近海域远洋渔船作业安全的紧急通知》（农办渔[2008]98 号）。

中国渔业改革开放30年纪实

1979年2月，召开改革开放后第一次全国水产工作会议 *贯彻党的十一届三中全会精神实现水产工作着重点转移* 改革开放初期，在经历了“大跃进”和“文化大革命”之后，渔业形势十分严峻。突出表现在：渔业资源遭受严重破坏，渔业总产量停滞不前，并出现下降趋势；水产品数量少，质量差，市场供应十分紧张，人民群众意见很大；水产养殖虽有很大发展潜力，但因计划经济体制的束缚而发展缓慢；集体经济薄弱，社队负债累累（沿海渔业社队欠国家贷款达4.4亿元，平均每个劳力欠240元），1978年全国渔民人均纯收入只有93元，劳均收入也仅269元。

1978年12月召开的党的十一届三中全会，在坚持实践是检验真理的唯一标准的思想路线指引下，否定了“以阶级斗争为纲”的口号和“无产阶级专政下继续革命”的理论，确定了解放思想、实事求是、团结一致向前看的指导方针，作出了把全党工作重点转移到社会主义现代化建设上来的战略决策，拉开了我国改革开放的序幕。

为贯彻落实党的十一届三中全会精神，根据中央关于“调整、改革、整顿、提高”的总方针，端正业务指导思想，国家水产总局于1979年2月，召开了改革开放后第一次全国水产工作会议。肖鹏总局长在会议开始时做工作报告，全面分析了水产工作现状，批判了“文革”期间的一些错误做法。会议期间，适逢国务院颁布《水产资源繁殖保护条例》。会议在总结水产工作经验教训的基础上，根据会上讨论的热点问题，特别是资源保护和水产品市场供应的矛盾问题，强调要从实际出发，按自然规律和经济规律办事，提出水产工作着重点的转移，要从调整入手，贯彻执行“大力保护资源，积极发展养殖，调整近海作业，开辟外海渔场，采用先进技术，加强科学管理，提高产品质量，改善市场供应”的方针。要集中力量，把水产工作着重点转移到大力保护资源、积极发展养殖、提高产品质量三项重点工作上来，并要求各级渔业行政主管部门的领导，必须把人力、物力、财力转移到这方面来，其他各项工作，都要围绕这三项重点统一规划和合理安排。

围绕三项工作重点，会议提出要下决心控制近海捕捞强度，把海洋捕捞生产指标降下来，加速发展外海和远洋渔业，并筹划在1985年前组成一支远洋渔业船队。要加强渔业资源的监管和养护，建立健全海区、省、县各级渔政监督管理机构和海区、省级渔政船队；内陆主要江河湖库也要设置必要的管理机构和渔政船，并规定了各级渔政机构的职能和任务。淡水养殖方面，要集中主要力量，抓好商品鱼基地建设、城郊养鱼和广大农村养鱼三个重点；海水养殖要着重抓好海带、紫菜、贻贝三大老品种（约占海养产量80%）的同时，开展多品种养殖，特别要重点支持发展养虾和优质鱼类养殖，提高鱼虾类在海养中的比重。搞好保鲜加工，提高渔货质量，要从生产第一线抓起，建立从产到销的冷藏流通网，防止水产品腐烂变质，并大力开展低值鱼、小杂鱼加工综合利用，提高其食用价值。

会议还拟定了发展集体渔业经济的十条政策、措施。除要求稳定渔业社队所有制和“按劳分配”政策，实行“三定两奖”（定产量产值、定成本、定劳动工分，超产奖和节约成本奖）的管理制度外，在水产品购销政策方面提出了一些有突破意义的改革探索，规定国家对集体渔业水产品试行派购和议购相结合的政策，派购比例为60%左右，其余部分实行议价收购或由社队自主处理；海水和淡水的水产品收购价格，从1979年春汛起，分别提高20%和30%，并相应扩大品种、规格、鲜度、季节等差价。此外，还强调专业渔业社队（包括国营渔场）的养殖水面、滩涂、土地，以及划给连家渔船渔民生产、生活基地，受国家法律保护，任何单位和个人不得侵犯；渔业社队要以渔为主，多种经营；国家发放的专项长期低息或微息贷款，以及支农资金、事业费，渔业应占有合理的比例；渔业社队因发展生产新增劳力，要按渔民定量相应解决口粮指标；对培育鱼种和工厂化养鱼等所需的饲料粮，要和机械化养猪、养鸡同等对待；供销部门收购养殖的鱼虾，要提供一定数量的饲料和化肥，等等。这些政策措施中，现在看来，虽然力度不大，但对当时长期在“左”的路线和计划经济政策严重束缚下生产、生活的渔民来说，已感受到了一阵春风暖意,是党的“支渔政策”、“惠民政策”的体现了。

4月29日,国务院批转了这次全国水产工作会议情况的报告(国发[1979]119号),国务院的批语指出:“水产是国民经济中不可缺少的一个重要组成部分。我国有辽阔的海洋和内陆水面,水产资源丰富,发展水产事业的条件很好。但是,它的重要性,至今还没有被一些同志所认识。这些年来,水产品产量和质量,都远远不能满足人民生活和社会主义建设的需要。这种状况必须尽快改变过来。各地要切实加强对水产工作的领导,全面地、完整地执行农林牧副渔五业并举的方针。各有关部门也要积极支持渔业生产,努力把水产事业搞上去。”随后,各省(自治区、直辖市)都先后召开了水产工作会议,许多省委第一书记或主管水产的书记和省政府领导都对水产业作了指示,正式批发文件,认真贯彻落实国务院文件精神,加强对水产工作的领导,并出台了许多具体政策措施。

为进一步推动水产业的调整、改革和发展,同年10月,国家水产总局又召开了十八省(自治区、直辖市)水产局长座谈会,检查各地贯彻落实国务院文件的情况和问题,交流经验,并着重讨论了应由水产部门自身解决的一些问题,进一步部署关于保护水产资源、加强渔政管理、加速发展水产养殖、改善水产品保鲜加工和水产供销工作的各项措施。

这一年召开的水产工作会议(10月召开的18个省级水产局长座谈会,实际上是当年2月全国水产工作会议的延续)和国务院两个文件的贯彻落实,在渔业改革发展的伟大历程中,具有十分重要的意义,它吹响了我国渔业治理整顿的号角,实现了水产工作重点的转移,为我国渔业改革开放与发展指明了正确方向。

(卓友瞻)

20世纪80年代初对渔业改革开放的探索

实现两个突破 迎接渔业改革开放新阶段

1978年党中央召开了具有重大历史意义的十一届三中全会,开启了改革开放历史的新纪元。改革开放30年来,在党中央的正确领导下,全国各族人民以一往无前的进取精神和波澜壮阔的创新实践,谱写了中华民族自强不息顽强奋进的壮丽诗篇。改革开放是党在新的历史条件下带领人民进行的伟大革命,目的就是要解放和发展生产力,实现国家现代化,让全国人民富裕起来。

“两个突破”就是改革开放初期的成果。

1. 突破统购统销,放开水产品价格 改革开放前,我国实行的是高度集中的计划经济体制。在这种经济体制下:生产环节,按国家计划安排进行;流通环节,产品由国家通过国营商业渠道统购统销;消费环节,以城市居民为代表的消费者凭票证实行定量供应;价格由国家物价部门统一制定。当时国内对水产品实行统购统销,控制得很严,生产者无权处理自己的产品,价格被限定,销售被限制,派购多、管得死,造成市场不活跃,供不应求,听到最多的就是“吃鱼难”。

早在1981年就在为城乡到处吃鱼难犯愁时,素有淡水养鱼传统的广东传来一件新鲜事。有一个叫陈志雄的农民冲破“左”的框框,大面积承包鱼塘,显著提高了鱼的商品率。这件看似平常的事却在当时引起了巨大的反响和激烈的争论,人们看法不一,虽然围绕着陈志雄承包的鱼塘提出了很多问题,但争论的核心还是发展社会主义商品经济中遇到的“经营体制”问题,针对这种承包经营究竟是不是资本主义经营的讨论顿时掀起了轩然大波,甚至惊动了中央高层领导,引起了国家农委的高度重视,并派出相关人员进行调查研究。可以说,这场关于鱼塘承包问题的讨论,奏响了后面渔业经营体制改革的号角。

国家对“吃鱼难”这个问题十分重视。1982年10月,中共中央、国务院发出《关于批转农牧渔业部〈关于加速发展淡水渔业的报告〉的通知》。批语指出,鱼是各种副食品中最紧缺的,城乡到处吃鱼难。必须在抓紧粮食生产的同时,发展畜牧和水产业,逐步而适度地改变居民的食物构成。希望各级党委和政府要像“重视耕地一样重视水面的利用”。这个批语中,还强调了,国家只对国营渔业生产单位和商品鱼基地的产品实行派购政策,其他社队养鱼和社员家庭养鱼,一般不派购。同时规定了养鱼能手承包较大水面,经过批准,可以吸收3~5个学徒或帮手经营。这个批语,强调了问题的严重性,而且对放开水产品价格和放开经营开了一个口子。

1982年10月在福州召开的全国海水养殖工作会议上,又讨论了如何增加生产和“改进水产供销工作”等问题。农牧渔业部在印发《全国海水养殖工作会议纪要》时,强调了发展海水养殖“要以为市场提供更多的商品为出发点,既要供应国内市场,又要增加出口”等保障市场供给问题。

1982年11月6日时任国务院总理的赵紫阳同志对农牧渔业部水产局《关于湖南省祁东县渔货购销问题的调查报告》批示:“这类鲜活商品,要主要靠市场调节,国营公司也可议购议销。”同年12月农牧渔业部召开全国水产供销工作会议,着重研究有关解放思想,放宽水产品购销政策,搞活流通渠道,安排好水产品市场供应,加快水产供销企业体制改革步伐等问题。

在相继召开全国淡水渔业工作会议和全国海水养殖工作会议的基础上,1983年5月,又召开了全国海洋渔业工作会议。会议期间,万里副总理听取了汇报并作重要讲话。会议再次讨论了水产供销工作的改革问题,提出了调整水产品价格,解决调鱼难问题,实行鱼物挂钩问题等。

为了解决这个"吃鱼难"问题,在召开全国会议贯彻上级精神、深化改革、统一思想的同时,还组织全局上上下下开展调查研究。通过调研,发现广州、上海市场上的水产品供销两旺,就和他们一起总结经验,从广州、上海的经验看,是放开的结果,开始会有些乱,但这只是过渡性的、暂时的,随着市场经济的发展,价值规律的作用会逐步引导它走上有序。在当时的情况下,管与放是十分敏感的话题,经常听到的评论就是"一管就死,一放就乱"。

基于这种情况,在广州召开了全国城市水产品产销工作会议。明确提出放开水产品价格,就是在1984年1月召开的广州会议上提出的,全国各大中城市的农业主管副市长和水产部门负责同志参加了会议。林乎加部长出席会议并作了重要讲话。会上介绍了广州水产市场的经验,并提出了"一保二活三管"的工作方针,这个工作方针的核心是"搞活放开"。大家认为,只有搞"活"才能做到"确保供应"和"有效管理"。我在会上代表水产总局提出要"放手开展议购议销,把市场搞活"。这样可能会出现的困难,比如开始阶段,鱼价会涨得较高,来自各方面的指责也会比较多。对这些问题要沉住气,下决心坚定不移地搞下去。要像广州市的同志们,"硬着头皮顶住,挨骂一两年";当生产者收入增加了,尝到了甜头,积极性提高了,"活价"自然会"促产",水产品就会供应丰富,价格就会自然回落。

广州会议后,全国逐渐放开鱼价。当时,全国农副产品中,淡水鱼是第一个全部放开的,结果也是最理想的。半年后,1984年7月,国务院批转了国家体改委、商业部、农牧渔业部《关于进一步做好农村商品的流通工作的报告》,指出:现在,淡水鱼已全部放开,实行多渠道经营,价格稳中有降。9月,《人民日报》报道:我国淡水鱼养殖产量达到142.8万吨,居世界第一位。1986年1月,《人民日报》报道:"广东省放开水产品价格后,在价值规律的作用下,水产品生产大幅度提高"。曾经困扰我们的"吃鱼难"问题终于得到了解决,同时为今后渔业的改革与发展提供了新的思路。

2. 突破近海捕捞,开启远洋渔业 由于受"大跃进"、"高指标"、"集中力量打歼灭战"等错误思想的影响,20世纪50年代末到70年代初,过度捕捞,使我国近海渔业资源相继遭到严重破坏。面对近海渔业资源严重衰退的严峻形势,1982年10月,农牧渔业部在福州市召开全国海水养殖工作会议。同年11月,农牧渔业部印发《全国海水养殖工作会议纪要》,提出"充分利用浅海滩涂,因地制宜增殖养殖,鱼虾贝藻全面发展,加工运销综合经营"。

1983年5月,农牧渔业部在北京召开全国海洋渔业工作会议。林乎加部长作会议总结,万里副总理听取了会议情况汇报并作了重要指示。同年9月1日,国务院批转了农牧渔业部《关于发展海洋渔业若干问题的报告》的通知。农牧渔业部的报告要求"继续做好调整工作,大力发展海水养殖,保护、增殖近海资源,积极开发外海渔场,抓紧组织远洋渔业",切实搞好保鲜加工,注重提高产品质量,努力改善市场供应。

我国远洋渔业的第一次远征是1985年3月。这件事起源于1981年,赵紫阳总理在一位华侨建议中国发展远洋捕捞的文章中批示,要求水产总局做一下可行性研究。由于当时的思想认识没跟上被搁置下来。1982年,这件事又被提出来。由于远洋渔业的风险及财力的制约,不少同志认为困难还是不小的。在讨论中,大家解放思想,提高认识,加上已经恢复了中国海洋渔业总公司,我们就专门组织力量进行调研。

从国际上看,1982年底已有119个国家和组织的代表在《联合国海洋法公约》上签字,有90个国家宣布了200海里专属经济区,其中很多国家由于经济落后,虽然掌握了本国经济水域的管理权,却不能有效地利用,迫切需要其他国家的合作、支持。由于我国一贯坚持政治上平等,经济上互利的对外援助方针,很受这些国家的欢迎;而且,中国的技术也适合他们的海洋渔业发展需要,所以有不少国家主动向我们提出了渔业合作的要求。

从国内看,由于我国海洋捕捞生产能力远远超过近海资源的再生产能力,捕捞能力明显过剩,也特别需要走出去。

鉴于这种双方的需要和明显可以预期的双赢结果,决心积极推动开发外海和远洋捕捞这项事业。1983年9月国务院批转《农牧渔业部关于发展海洋渔业若干问题的报告》中明确指出:"要突破外海和远洋渔业"。从此,开拓远洋渔业的工作正式启动。

在国务院副总理陈慕华同志的协调下,由农牧渔业部和对外经济贸易部联合组成了由程飞和我等5人的国际渔业合作领导小组,确定了规划方案。此后,农牧渔业部向各驻外有关使馆发出函电,委托他们同驻在国研究开展渔业合作的可行性;并先后派出15个团组对有关国家进行渔业考察,最后确定先在西非开展渔业合作。

为了推进项目的落实,通过王震副总理找到荣毅仁先生,在荣老的帮助下找到一个西非的合作伙伴;与此同时,筹划组建了第一支远洋渔业船队,船队由12

艘生产渔轮和一艘冷藏运输船组成,由中国水产联合总公司副总经理吕洪涛统领。

船队于1985年3月10日从福州市马尾港起航,历时50天,航程1万海里,乘风破浪顺利到达西非海域,并在拉斯帕尔马斯市建立了远洋渔业基地。在中央企业的带动下,各地方渔业部门也热情高涨,积极响应,很快就形成了中央和地方渔业企业竞相发展的大好形势。一年后,即1986年1月胡耀邦总书记在新华社的一篇有关报道上批示:"发展远洋捕捞意义深远","应把发展远洋捕捞看作是一件有战略意义的大事来抓。"从此,我国的远洋渔业逐步走上快速发展的道路。到2007年底合作伙伴已发展到33个国家和地区,拥有渔船1400多艘和从业人员四五万人。

3. 贯彻中共中央、国务院《指示》,迎来渔业快速发展新时期 1985年3月11日,中共中央、国务院发布了《关于放宽政策、加速发展水产业的指示》即中发[1985]5号文件。

早在1980年,时任中共中央总书记的胡耀邦同志批示,渔业方面还有一些关键性的问题似乎还未很好解决。请水产总局作个切实的调查,同有关部门商量一个切实可行的办法。必要时可用中央名义发个指示。1984年2月春节前后,胡耀邦等中央领导同志到各地视察后开会议定,责成农牧渔业部代中央起草一个关于放宽政策、加速发展水产业的文件。为此,农牧渔业部水产局组成文件起草小组。起草工作历时一年多,并经中央书记处两次听取汇报和讨论,最后定稿。这是30多年来中共中央、国务院第一次单独为水产业发出的联合指示。文件中把发展水产业作为调整农村产业结构,促进粮食转化的一个战略部署,确立了水产业的地位。文件分10个部分,要求端正水产工作的指导思想,明确提出"以养殖为主,养殖、捕捞、加工并举,因地制宜,各有侧重"的方针,并对养殖大户承包,以船为单位核算,水产品价格全部放开,实行市场调节等作了明确规定。同时还肯定了远洋渔业的发展方向。

中发[1985]5号文件的发布和贯彻,是新中国渔业发展史上的重大转折,从此我国渔业迎来了快速发展的新时期。

(孟宪德)

1982年10月,中共中央、国务院批转农牧渔业部《关于加速发展淡水渔业的报告》

转变思想,淡水渔业开创新局面

1. 中央领导同志高度关心淡水渔业的发展 由于多方面原因,改革开放以前,我国渔业生产力水平低下,水产品市场严重短缺,"吃鱼难"问题十分突出。与此同时,我国有许多闲置的自然水域资源得不到合理开发,大量的滨湖、滨江、滨海的滩涂、低洼盐碱地得不到充分利用。对此,引起了党中央、国务院的高度关注。

邓小平同志早在1980年编制长远规划会议上就指出,要发展多种副业,发展渔业、养殖业。渔业有个方针问题,究竟应以发展捕捞为主?还是以发展养殖为主?看起来应该以养殖为主。同年5月29日,《人民日报》发表社论《重视和发展淡水渔业》。

1980年6月2日,时任中央书记处书记、国务院副总理赵紫阳听取国家水产总局局长肖鹏的汇报,并提出了要求。其要点如下:一是水产体制同其他事业的体制一样,要着眼于搞活的基础上,提高管理水平。不能像过去那样,一统就死,一放就乱,一乱就收。二是发展淡水养殖事业,主要靠政策、靠科学。要解决责任制的问题,要实行科学养鱼。三是大水库养鱼,可以考虑采取两种办法,一种是统一经营,由水库管理部门统一放鱼苗、放饲料,把水面分给水库周围的公社和有关单位,双方签订合同,实行收入分成。另一种是同水库有关的各个方面组成合股公司,联合经营。

1981年3月2日,时任中共中央总书记胡耀邦在中共中央书记处第八十八次例会讨论发展农村多种经营时,指出:要重视可用的淡水水面,把水塘包给生产队或个人养鱼、种菱角、种莲藕。三五年内,应该争取淡水鱼产量达到四五百万吨。

为贯彻落实中央领导同志的指示,国家水产总局组织人员分赴各地进行调查,同时先后两次邀集各重点省和重点地、县的领导进行座谈。在此基础上报请国务院同意后,由国家农委召开全国淡水渔业工作会议。

2. 召开淡水渔业会议,共商发展淡水渔业大计 经国务院批准,1982年3月10—22日,全国淡水渔业工作会议在北京召开。会议由国家农委主持,国家水产总局、水利电力部具体筹备。参加会议的有各省、自治区、直辖市人民政府,农委主管水产工作的负责人,有水产、水利厅(局)和部分农垦厅(局)的负责人,有重点渔业地、县和有关科研、教育单位的负责人,国务院有关部、委、局和新闻宣传部门也派代表出席会议。这样多的地方负责人,这样多的有关部门的代表,大家聚集一堂,共商淡水渔业的发展大计,这是新中国成立以来第一次最大的淡水渔业盛会。

国家水产总局肖鹏局长在会议开幕时,首先传达了中央领导同志对发展淡水渔业的重要指示,并提出了发展淡水渔业的方针、政策和措施的讨论意见。

国家农委主任张平化在3月20日的大会上阐述

了发展淡水渔业的重要意义，指出：充分利用水域，发展淡水渔业不仅是弄几条鱼吃吃，而且是整个农业发展的一个战略问题。首先是中央提出发展多种经营的重点应该放在山区、水域、滩涂和草原上，而开发水域，特别是搞淡水养殖潜力很大，来得最快，群众的积极性最大。对于在农业上打开新局面是很重要的。其次，农村实行生产责任制以后，群众积极性调动起来，劳动力有剩余了，而利用水域发展淡水渔业，则是安排农村劳动力的一个出路。第三，利用水域发展淡水渔业，也是发展农村经济，增加农民收入的需要。第四，有利于生态平衡，发展综合效益。总之，我们搞农业必须树立大农业观点，把视野从十几亿亩农田扩大到几亿亩水面、22亿亩海域和滩涂，像重视耕地一样重视水面的利用，在规划土地利用的同时规划水面的利用。像三江平原的开发、黄淮海的治理都应该把渔业考虑进去，既发展水产，又发挥综合效益。

水利电力部副部长李伯宁在3月22日会议结束时提出水库渔业的近期目标。3月22日，国家农委副主任李瑞山作了总结讲话，主要强调了加速发展淡水渔业是繁荣农村经济的一项战略任务。要求调动各方面的积极性，动员各方面力量，充分利用各种水面，实行以养为主，养殖、增殖、种植、捕捞相结合。同时强调了要狠抓关键措施，做好各方面的工作。

3. 中共中央、国务院批转农牧渔业部关于加速发展淡水渔业的报告 会议结束后，农牧渔业部遵照中央书记处关于加速发展淡水渔业的指示精神和这次大会讨论的意见，提出了《关于加速发展淡水渔业的报告》（以下简称《报告》），于1982年9月18日报请中央、国务院批转。

《报告》分析了十一届三中全会以来淡水渔业发展的初步成绩及至今仍然是整个农业中的一个薄弱环节的严峻形势，提出了到20世纪80年代末或稍长一点时间，实现全国年产淡水鱼四五百万吨的奋斗目标。同时，围绕实现近期奋斗目标，提出了有关方针政策。

1982年10月17日，中共中央、国务院发出《关于批转农牧渔业部〈关于加速发展淡水渔业的报告〉的通知》（中发[1982]44号）。《通知》指出：当前，鱼是各种副食品中最紧缺的，城乡到处吃鱼难。必须在抓紧粮食生产的同时，发展畜牧和水产业，逐步而适度地改变居民的食物构成。希望各级党委和政府要像重视耕地一样重视水面的利用，力争实现全国年产淡水鱼四五百万吨的目标，缓解吃鱼难的矛盾，并配合农、林、牧、副、工等其他各业的发展，使农民尽快地富裕起来。农牧渔业部在报告中提出：要落实水面使用权，长期使用不变。国家只对国营渔业生产单位和商品鱼基地的产品实行派购政策，其他社队养鱼和社员家庭养鱼，一般不派购。并且首次在农村规定，由养鱼能手承包较大面积的水面，经过批准，可以吸收3~5个学徒或帮手搞小业主式的经营。

10月29日新华社报道了这个通知。10月31日《人民日报》发表社论：《淡水渔业要有个新发展》。

4. 全国淡水渔业工作会议产生了重大影响 在中央领导同志对发展淡水渔业的重要指示下，和全国淡水渔业工作会议精神的传达贯彻，特别是中发[1982]44号文件的下达，极大地引起了各级党政领导对加强淡水渔业工作的重视，也调动了广大农民和各行各业对发展淡水渔业的积极性。不少省、自治区、直辖市还以党委、政府的名义召开会议，颁发决定、文件。其中不仅有淡水渔业发达的南方地区，也有水面较少，起步较晚的北方地区。在各级党政的正确领导下，采取了切实有效的措施，水产战线上全体同志共同努力，使1982年中发44号文件得到了很好的贯彻执行。中央要求实现全国年产淡水鱼四五百万吨的奋斗目标，只用了5年时间就实现了。1982年全国淡水渔业产量为159.75万吨，1987年增加到413.02万吨，1990年达到531.55万吨，吃鱼难问题得到了解决，农民养鱼致了富。

（黄祥祺）

1982年10月，农牧渔业部召开全国海水养殖工作会议 提高认识 加快发展海水养殖业

1. 提高认识，统一思想 1982年9月12日，中共中央总书记胡耀邦同志对浙江省海涂资源开发利用问题的两个调查报告作了重要批示，指出：沿海围垦和养殖问题是个专门问题，直接靠它们生活的，估计有上千万人，间接靠其生活的至少要加一倍。但这个专门问题，我们过去走了弯路（编者注：指在海涂开发利用上“重围轻养”、“重粮轻渔”，不讲科学，造成人力物力很大浪费），因此须要系统地加以总结和指导。如果我们在这方面指导对头了，这上千万人，80年代就可以首先进入“小康之家”。从这个角度上看，这实在是件意义重大之事”。农牧渔业部向沿海各省（自治区、直辖市）发送了胡耀邦同志的重要批示，希望各地抓紧组织力量进行调查研究，认真、系统地总结经验教训，制订开发利用海涂，发展海水养殖的规划，并提出切实可行的措施，为开创海水养殖业的新局面而努力。从1979年2月至1983年7月，《人民日报》、《财贸战线》报等媒体陆续发表了新华社记者述评、评论员文章、社论，如《保护浅海滩涂，反对盲目围海造田》、《保护海洋资源，振兴海洋渔业》、《向浅海滩涂要财富》、《大力

发展水产养殖业》、《到第一线领导渔业》等。1984年2月18日，万里副总理在一次会议上深有感触地指出：过去抓农业有两大失误，忽视了山，忽视了水，今后就要两眼盯住山和水，念好“山海经”，画好“山水画”。在党中央方针政策的指引下，在农牧渔业部直接领导下，从海水养殖业的实际出发，实事求是，帮助大家提高了认识，统一了思想，增强了发展海水养殖的自觉性。

2. 解放思想，放宽政策 为贯彻落实胡耀邦同志关于利用沿海滩涂发展海水养殖的重要批示，1982年10月农牧渔业部在福州市召开了全国海水养殖工作会议，研究加速海水养殖的方针、政策、措施和规划。林乎加部长和肖鹏副部长先后出席会议并作了重要讲话。同年11月25日，农牧渔业部印发的《全国海水养殖会议纪要》指出，“要充分认识发展海水养殖的重大意义和作用”，要“像重视耕地一样重视浅海滩涂的开发利用”。明确提出，发展海水养殖要实行“充分利用浅海滩涂，因地制宜增殖养殖，鱼虾贝藻全面发展，加工运销综合经营”的方针。专题研究海水养殖的全国性会议，在1980年先后召开了3次。继1982年的全国海水养殖工作会议之后，1985年12月在唐山市，召开全国海水养殖会议。肖鹏同志作开幕讲话，林乎加部长作重要讲话，并对在海水养殖方面无所作为的领导进行了批评。这件事对与会代表触动很大，至今我们还记忆犹新。第三次，1990年1月6—11日，在福州市召开全国海水养殖工作座谈会，农业部相重阳副部长到会并讲话，农业部水产司余大奴司长作总结讲话。

正确的方针政策，加上科学技术的不断创新，使我国的海水养殖业，迎来了一个接一个的新的发展高潮。大家把它称为我国海水养殖业发展的“四次浪潮”：

第一次浪潮。20世纪80年代初，海水养殖的品种以海带、紫菜养殖为主（海带、紫菜是50、60年代全人工养殖成功的品种），辅之以滩涂贝类增养殖和贻贝养殖，以此形成了海水养殖业第一次发展浪潮。但总的讲，基础还比较薄弱。年总产量仅为77.75万吨，其中海带、紫菜养殖产量占26.01万吨。

第二次浪潮。20世纪80年代中期，海水养殖业以对虾养殖为龙头，带动了贝类养殖、饲料加工、冷藏、运输等行业的发展。

1980年国家水产总局中国水产养殖公司组建了对虾育苗攻关领导小组。组织了黄海水产研究所、中科院海洋所、山东海洋学院水产系、山东海水养殖研究所、浙江海洋所等单位与中国水产养殖公司所属文登、荣成、乳山、即墨、赣榆水产养殖公司，科研、教学、生产三结合的攻关班子。1982年工厂化育苗成功，为此，1982年6月4日胡耀邦同志在《水产情况》第29期批示：“这才是值得大力表扬的科研方向”。

继工厂化育苗成功，1982年2月在全国对虾养殖会议上，成立了对虾养殖、营养饲料、渔业机械、虾病防治、养殖工程等小组，把全国有关的科技人员和生产单位组织到课题中来，进行密切合作。著名海水养殖专家、黄海水产研究所原所长、攻关领导小组组长刘恬敬，在1985年1月22日提出的《全国对虾养殖科技攻关工作总结报告》中指出，“攻关5年，对虾产量由攻关前不足1 000吨猛增到17 000吨，使我国一举成为世界主要养虾国之一”。1985年攻关结束，成果显著。至1989年全国养殖对虾产量达到19.02万吨。当年全国海水养殖总产量达275.73万吨。

第三次浪潮。进入20世纪90年代，进一步解放思想，把握有利时机，加快改革步伐，全国出现了开发浅海滩涂、内地荒滩、荒水，发展水产养殖业的热潮。80年代末90年代初，海水养殖已从浅海10～20米深向30～40米深水区发展。海带等浮筏养殖材料全面聚乙烯化，水大流大，海带更加高产。同时，出现了产品结构大调整，发展重点转向深受国内外市场欢迎的鱼、虾、蟹、扇贝和其他名贵品种的养殖上。

1991年对虾养殖产量曾达到21.96万吨。由于病毒性白斑病全面暴发，对虾养殖业出现灾难性的滑坡，至1994年产量降至6.38万吨。随后，南美白对虾养殖业获得大的发展，1998年，广东、海南、广西三地白对虾的产量共达到14.30万吨，至2005年，全国对虾养殖产量达到62.41万吨，其中南美白对虾产量占到65.30%。养虾业再次崛起，中国重新成为世界养虾第一大国。

扇贝养殖和牡蛎养殖是海水养殖第三次浪潮的主导养殖对象。扇贝人工育苗早在1974年大连水产专科学校与辽宁金县等单位协作攻关获得成功。20世纪80年代引进的海湾扇贝和虾夷扇贝，起步较慢，90年代开始高速发展，1995年达到91.64万吨，成为海水养殖的支柱产业。

第四次浪潮。进入本世纪以来，我国的海水鱼类繁殖和育苗已向多品种方向发展，名特优品种不断增加。海水鱼养殖出现了前所未有的大好态势，成为继藻、虾、贝类养殖后崛起的第四次浪潮。据不完全统计，我国的海水鱼类养殖品种已达到80余种。2005年近海网箱养殖已达70.42万台（面积达到1 767.86万平方米）。深海网箱已达到3 000台（514.9万立方米）。海水鱼类养殖至2005年已达到79.68万吨。本世纪初，海珍品、海参、海胆、鲍鱼等也得到蓬勃的发展。

（王东石 谢忠明）

1983年9月,国务院批转农牧渔业部《关于发展海洋渔业若干问题的报告》 *研究部署开创海洋渔业新局面的一次重要会议* 为了贯彻党的十一届三中全会精神,转变渔业工作指导思想,开创我国海洋渔业新局面,农牧渔业部于1983年5月召开了全国海洋渔业工作会议。这次会议对海洋渔业,从资源到生产、到市场、到管理、到科技,进行了全方位的研究和部署。会后,国务院批转了农牧渔业部《关于发展海洋渔业若干问题的报告》。它是我国渔业改革开放过程中对指导海洋渔业发展的、具有十分重要意义的会议。

1. 会议背景

(1)近海资源破坏严重 主要经济鱼类资源继续衰退。渤海的小黄鱼、带鱼、鳓鱼、鲷鱼等,已遭到毁灭性破坏,东、黄海的大黄鱼、小黄鱼已多年形不成渔汛。近海资源利用过度的根本原因是捕捞强度失控,渔船大量增加。外海渔业则由于缺乏有力的措施,发展缓慢,远洋渔业尚未起步,成为海洋渔业的薄弱环节。

(2)供求关系紧张 水产品派购难、上调难,城市平价鱼供应更难,供不应求的矛盾日趋尖锐。1982年水产品总产量516万吨中,其中淡水鱼156万吨,虽然质量较好,但面广分散,大部分就地销售;海水养殖50万吨,绝大部分是贝藻类;海洋捕捞310万吨中,低值小杂鱼比重大,优质海水鱼产量只有76万吨,派购占50%,不到40万吨。

(3)渔场纠纷,影响安全生产 由于船多鱼少,加上海洋鱼类多属洄游种群,给资源管理和渔场安排增加了难度,造成了海上渔业资源争夺激烈。在地方和地方之间矛盾多,不仅加大了对有限渔业资源的压力,而且对社会安定和生产安全带来不良影响。

2. 会议简况 由农牧渔业部主持召开的全国海洋渔业工作会议,于1983年5月19—27日在北京召开。孟宪德同志作开幕讲话,林乎加部长作会议总结。万里副总理虽未能出席会议,但在会议期间听取了会议情况汇报并作了重要指示。这次会议的中心议题是,研究海洋渔业如何开创新局面,走出一条有中国特色的海洋渔业发展新路子。会议着重研究了海洋捕捞方面如何保护和合理利用近海渔业资源,发展外海和远洋渔业,以及渔场安排、渔政管理、生产责任制和企业经营管理、水产供销、渔业科技等问题。

万里副总理听取会议情况汇报时说:"会议简报我看了,你们提出的7个问题(指孟宪德同志在全国海洋渔业工作会议上的报告中提出开创海洋渔业新局面的7个问题),我都同意。再加一条,就是要大力发展海水养殖业,并且要作为一个重要方针。"万里同志还围绕加强渔业法制,千方百计保护近海资源;因地制宜,千方百计发展海水、淡水养殖;开辟外海渔场,开发远洋渔业;调整水产品价格,解决调鱼难问题;实行生产责任制不要一刀切等问题,作了重要讲话。

林乎加部长在会议期间召集厅(局)长座谈渔场安排问题,强调保护近海渔业资源要有全局观念,要建立严格的许可证制度,要实行海区管理责任制。林乎加部长在作会议总结时讲了5个问题:关于海洋渔业资源与海洋渔业生产的关系问题;关于大力发展海水养殖问题;水产科研、教育问题;水产供销工作的改革问题;渔政问题。

3. 会上研究的主要问题

(1)保护和合理利用资源 渔业资源是发展渔业生产的基础。从总体看,我国近海捕捞强度已超过资源的再生能力,主要经济鱼类资源量衰减。但具体到各个品种,则有所不同。一般说来,是近海利用过度,外海尚有潜力;底层鱼类资源利用过度,中上层鱼类尚有潜力;主要经济品种利用过度,小宗品种尚有潜力。造成这种利用不平衡的状况,主要是由于沿海劳动力严重过剩,特别是农村经济政策放宽后,沿海农业社队以及农、渔业个体和联户增船添网,向海洋进军,使近海小船迅速增加。

会议认为,对近海资源必须从战略上立足于"保"。要教育各级干部和广大渔民,正确处理眼前利益和长远利益、局部利益和整体利益的关系,使他们认识到加强渔政管理、保护资源,不仅是我们这一代人发展生产的需要,也是为子孙后代造福的大计。当前的关键是要采取断然措施,坚决停止近海渔船的盲目发展。

会议还审议了新修订的《关于东、黄、渤海主要渔场、渔汛生产安排和管理的规定》。

(2)进一步完善渔业生产责任制 十一届三中全会以前,海洋渔业社队大多数以大队为基本核算单位,实行"几定奖赔"的占60%以上。三中全会以后,在农业联产承包责任制的推动下,沿海渔业社队实行"大包干"则迅速上升到68.4%,成为当时海洋集体渔业生产责任制的主要形式。与此同时,广东、福建、浙江等省还出现了"以船核算"和社员集资合作经营或个体经营渔船等新情况。多种形式责任制的出现,取得了明显的经济效果,受到了广大渔民的欢迎。

会议认为,无论是以船核算,还是合作渔船和个体渔船,虽然都是政策所允许的,但必须根据海洋捕捞的特点和各地渔业资源状况,给予正确的引导,加强管理:一是在下放渔船的时候,现有为渔业服务的队办后勤企业一般不宜下放,更不要拆散,可以实行承包,继续办好,并逐步形成更大范围的专业化、社会化的经济联合体。二是各作业单位采取劳动力自愿结合的办法时，需留出适当比例的名额由大队统一安排，避免劳动力弱、技术差或懒惰、调皮的人失去就业门路。三是合股经营的，应以按劳分配为主，股金分红部分应按政府当时的规定，不得超过股金的15%。对雇请帮工的，要引导他们逐步转向联合经营。四要成立救灾互助组织，提取救灾互助基金，或向保险公司投保，以便在发生灾害之后能迅速恢复生产。五要教育渔民正确处理国家、集体、个人三者关系，按质按量完成产品交售任务，缴纳税金和集体提留，严格遵守水产资源繁殖保护法规，自觉维护海上生产秩序。

(3)加强海洋渔业科技工作　会议强调，要抓住捕捞生产的产前、产中和产后生产关键，如保护、增殖和合理利用近海渔业资源，发展外海和远洋渔业，提高产品质量和提高经济效益等方面选定课题，为开创海洋捕捞新局面提供科学依据和技术措施。资源调查研究，要解决资源定性（捕捞对象）、定量（可捕量多少）和定位（渔场位置和洄游路线）问题。对外海渔业资源，既要研究其品种、数量变动规律，又要研究其洄游行动变化规律，努力提高渔情预报的准确性。对远洋渔业资源，要从研究世界海洋渔业资源的情报着手，提出同我国有合作前景的若干国家（或地区）海域的具体情况和试捕方案，力求做到开展国际渔业合作心中有数，减少盲目性，提高针对性。提倡研究所、技术推广站同生产单位签订经济合同，进行技术承包和开展技术咨询服务。还提出了要把改造近海沿岸渔场、人工放流增殖资源，作为提高近海生产力的一个重点课题。要研究解决保护幼鱼、提高捕捞效率、省力、节能等捕捞工具和技术。同时，还提出对深入海上生产第一线科技人员，要适当提高其生活待遇，鼓励他们专心致志地从事海洋科技事业。

(4)加强保鲜加工，提高产品质量　会议提出，水产品保鲜加工，应以提高上市产品质量、增加花色品种、扩大利用途径为主要目标，积极搞好以优质鱼为主要对象的产品保鲜和以低值鱼虾贝藻为主要对象的产品加工和综合利用。要支持渔业社队建造小冷库，供应渔船用冰，大力开展群众性的加工综合利用。这样，既可增加生产者收入，又能把保鲜的基础建立在产地，就地就近加工，从根本上改善渔货的质量。

(5)改革水产品流通工作　会议强调，水产供销工作肩负着支持渔业生产和安排市场的双重责任。要调整水产品收购政策，改进水产品调拨办法。对水产品的分配要统筹安排，一保二活。要积极贯彻国务院领导同志关于水产品“主要以市场调节为主的指示”，开放水产品农贸市场，取消最高限价。最大限度地减少中间环节的费用，吸引产区的生产者和小商贩到城市卖鱼。要加强市场管理，促进生产，繁荣市场。

会议强调加强水产供销体制的改革，可以考虑参照供销合作社的做法，结合渔业的实际，先从渔商联营做起，并逐步发展成渔工商联合企业。企业内部，要实行多种形式的经营承包责任制，调动职工的积极性，提高经济效益。渔工商联合企业要接受国家计划指导，执行国家的购销政策，在经济上要独立核算，兼顾联合各方的利益。

(6)发展远洋渔业　远洋渔业是海洋渔业的重要组成部分。利用现有船只发展远洋渔业，不仅在一定程度上可以解决近海资源不足、渔场安排紧张、劳动力剩余的矛盾，而且可以带动国内渔船、渔机生产的发展，增加一些外汇收入，提供国内市场部分渔货，促进内外交流，提高生产技术和经营管理的水平，可以说是开创海洋渔业新局面的必不可少的一个战略措施。从客观上讲，一些发达国家由于劳务费用昂贵、经济萧条，不少私营企业也提出与我合作的要求，这对我国远洋渔业起步是十分有利的。

远洋渔业起步应本着自力更生、从我国实际情况出发，先易后难、由小到大、由点及面、稳步发展的原则，经营形式要灵活多样，可以合作捕鱼，合资经营，既搞生产，又做生意；也可以提供技术服务，劳务输出；还可以来料加工、补偿贸易。要在统一计划、统一政策的指导下，采取经济手段，责、权、利结合，充分发挥中央、地方和企业的积极性。还要有一个组织，承担对外联系、对内协调，以及信息、情报、技术培训、组织考察等工作。

发展远洋渔业，是一项新兴事业，而且带有一定的风险，上下又缺乏经验。因此，需要国家采取鼓励和扶持的经济政策，给以优惠，创造条件。比如，在起步阶段给予无息贷款或低息贷款；远洋渔业所得外汇用于以渔养渔；进口渔业设备免征关税；出去的船员待遇高于近海，等等。同时需要外交、经贸、财政、商业、海关等有关部门的支持配合，促使这项事业顺利起步。

4. 全国海洋渔业工作会议的意义与影响　会后，国务院于同年9月1日批转了这次会议形成的《关于发展海洋渔业若干问题的报告》（国发［1983］134号）。国务院在批转通知中指出：海洋渔业要开创新局面，走出新路子，必须从指导思想上扭转片面强调捕捞，忽视保护和增殖资源的偏向。要健全渔业法规，加强渔政管理，严格保护、合理利用和积极增殖近海渔业资源，大力发展养殖业，突破外海和远洋渔业，要千方百计提高水产品质量，搞活流通渠道，改善市场供应，尽快解决城乡人民吃鱼难的问题。国务院希望沿海渔区广大干部群众振奋精神，克服困难，增强信心，为开创我国海洋渔业的新局面做出贡献。国务院同时批准了新修订的《关于东、黄、渤海主要渔场、渔汛生产安排和管理的规定》。国务院的批语，为我国海洋渔业，以至整个渔业的发展指明了方向。

这次会议，从海洋渔业和我国国情的实际出发，实事求是，勇于探索和实践，制定了相应的方针政策和措施，为促进我国渔业改革开放，为中发[1985]5号文件的制定及加速我国渔业的发展做了准备。

这次会议，抓住了渔业资源保护和增殖养殖这个根本问题，并明确提出了以法治渔，加强渔业管理的理念与实践，从而为渔业法制体系的建设、依法兴渔打下了基础。

会议强调了要加强水产科技工作，发展水产品加工，做好市场流通，保障水产品质量，提高渔业经济效益，增加渔民收入等诸多方面的方针政策，对后来渔业的快速发展产生了深远影响。

（吴万夫）

1985年3月，中共中央、国务院发出《关于放宽政策、加速发展水产业的指示》 新中国渔业发展史上的重大转折

1. 背景 1985年中共中央、国务院发布中发[1985]5号文件的背景大体有五个方面：

一是十一届三中全会以来，经过真理标准的大辩论，批判“两个凡是”，总结历史的经验教训，拨乱反正，决定把全党的工作重点和全国人民的注意力转移到社会主义现代化建设上来。这是个历史性的伟大转折。全党、全国、各行各业都在小平同志“解放思想，实事求是，团结一致向前看”的号召下，积极探索今后工作的指导方针和发展道路。水产业当然也不例外。

二是广大城乡人民、特别是大中城市居民，在长期短缺经济的生活环境中，随着思想束缚的逐步放开，物质上的需求也日见提高，“吃鱼难”的呼声全国各地、上下左右，一浪高过一浪。各级党政领导，特别是水产主管部门压力极大，千方百计寻找解决的途径。

三是改革开放，缺乏经验，要“摸着石头过河”，特别是对放开产品购销政策、实行市场调节等涉及全局性敏感问题，更需要找一个风险较小、牵涉面有限、一旦出现问题影响也较小的行业试点，取得实践经验，作为突破口。

四是农业的家庭联产承包责任制——“包产到户”已经大胆推行。渔业怎么办？摆在了面前。

五是中央领导高度重视，体察社情，倾听民意，多次批示，最后书记处正式决定，由农牧渔业部党组代拟文件。自1979年底，报纸上公开提出“吃鱼难”问题起和胡耀邦同志第一次就此批示并建议搞一个文件后，三年多的时间里，中央领导同志在各种公开和内部报刊上专门对水产问题做了20多次批示（不包括对水产行政部门正常的文电请示和报告的批示）。批示的内容从一般号召，到指导思想、方针政策、领导体制、科学技术等方方面面。

1984年2月中央书记处会议决定：为端正和完善水产工作的指导思想，责成农牧渔业部代中央起草一个关于放宽政策、加速发展水产业的文件，提交书记处讨论。

2. 文件的起草和发布执行 书记处一声令下，农牧渔业部党组立即行动起来，责成水产分党组成立文件起草小组，通过深入调查，反复研究，易稿17次，经部党组讨论修改，于1984年10月定稿上报书记处。

1984年11月5日，中央书记处开会，听取农牧渔业部党组关于水产工作的汇报，讨论部党组起草的文件代拟稿。会议在中南海勤政殿举行，国务院总理赵紫阳同志主持，出席会议的除书记处成员外，国家计委、商业部、外经贸部等有关部门负责同志也列席了会议。农牧渔业部林乎加、朱荣同志参加，部党组成员、水产分党组书记涂逢俊同志作了汇报和说明。会议基本同意代拟稿提出的十条内容和各项方针、政策、措施，议论比较多的是以下两个问题。一是水产品全部划为三类，一律不派购，价格放开，实行市场调节。有的部门同志认为，既然水产品价格全部放开，那么平价供应渔民的柴油、钢材、木材等生产物资和粮食等生活资料，也应相应改为按议价供应。经过说明现在水产品已经大部分放开，只有一些主要品种还实行派购政策，如果这样就不是放宽政策，而是收紧政策了。赵紫阳同志说：国家对渔用生产物资，包括换购水产品的物资，仍按1984年的基数继续供应。渔民的生活资料一律不变。二是关于发展远洋渔业。有同志说：发展远洋渔业，是否有利用别国资源之嫌；另外远洋渔业成本高，经营是否可行？经我们说明后，会议同意了。最后，赵紫阳同志做结论：原则通过代拟稿，按会议意见修改后颁发。同年12月26日中共中央总书记胡耀邦等同志再次听取汇报，再次讨论了代拟稿。1985年3月11日，中共中央、国务院正式发出《关于放宽政策，加速发展水产业的指示》。

这是中共中央、国务院联合发出的第一个关于水

产工作全面性指示的文件，极大地调动了全国广大渔、农民的生产、经营积极性。在贯彻执行中，我们突出强调在政策上要放开，经营上要搞活，工作上要求实、创新，要认真分析新情况，研究新问题，提出新举措。

3. 五大突破 中发[1985]5号文件，规定了十项政策措施。经过各级党政认真贯彻执行，都对加速水产业的健康发展，起到了良好的作用。其中有些可以说是突破性成果，将长远发挥作用。如：

第一，端正了水产工作的指导思想，明确了水产生产方针，“以养为主”方针真正得到了贯彻执行，取得了显著成效。这次5号文件又明确提出“以养为主，养殖、捕捞、加工并举，因地制宜，各有侧重”的方针，更是极大的促进。前后用了5年的时间，水产总产量翻了一番，人工养殖产量超过了捕捞，基本缓解了大中城市吃鱼难的问题。自此，我国不但成为世界水产品总产量第一的国家，而且是世界上唯一养殖产量超过捕捞的水产大国。

第二，走出去，从无到有，发展了我国自己的远洋渔业。改革开放以来，中央明确发展远洋渔业，并在政策上给以多项优惠扶持。经过船只、人员的充分准备和与友好国家的谈判、签约，几乎就在中央5号文件正式发布的同一天，我国的第一支远洋船队，历时50天，于4月29日凌晨到达西班牙属西非加那利群岛拉斯帕尔马斯港。到2003年，我国的远洋渔业已在世界三大洋与38个国家和地区有渔业协议、合作捕鱼。海外员工5万多，年产水产品近百万吨。

第三，调整购销政策，在农副产品中率先放开价格，一律不派购，实行市场调节。从1956年起，在计划经济体制下，水产品实行了近30年的统一收购和派购政策。这次中央5号文件规定：“水产品全部划为三类产品，一律不派购，价格放开，实行市场调节。”从此“渔民可以就地生产、就地销售，也可以长途运销，不受行政区划限制。”市场放开之后，鱼多了，花色品种多了，质量也好了。水产品的率先放开，实行市场调节，为以后更多的农副产品及其他产品购销体制的改革，实行市场调节，提供了具体而有益的经验。

第四，肯定养殖大户承包和允许雇工，捕捞走向“分散经营、集中服务”，是水产联产承包责任制的新突破。改革开放以来，水产的经营形式已经发生很大变化。水产养殖很快包产到户、到人。文件还明确规定：“面积较大的，可以联产承包，也可以一户牵头承包、邀伙经营或按国家规定请帮工、带学徒经营。”捕捞生产，经过几年实践，它的责任制从“几定奖赔”、“比例分成”、到“包干到船”，到实行“大包干到船，把船网工具折价归船上渔民所有”，目的是调动渔民搞好生产、维护好船网工具和扩大再投资的积极性。

第五，响起了以法治渔、依法兴渔的号角。中央5号文件最后一条，“各级党委和政府要加强对水产工作的领导”中，突出强调“在放开、搞活的同时，要建立健全渔业法规。”

中共中央《关于经济体制改革的决定》指出：“经济体制的改革和国民经济的发展，使越来越多的经济关系和经济活动准则，需要用法律的形式固定下来”。1986年1月20日，六届全国人大常委会第14次会议审议通过了《渔业法》，李先念主席颁布34号主席令，自1986年7月1日起施行。“以法治渔、依法兴渔”的号角由此吹响。

1985年是水产业重要的一年，可以说在中央总的路线、方针、政策指引下，水产业贯彻执行中央5号文件，经历了一个转折，迎来了第一个高潮，开始了一个新的发展时期。

（涂逢俊）

中国水产总公司的组建与第一支远洋渔业船队起航 *我国远洋渔业的起步与发展* 中国水产联合总公司组建于1984年。此前，1982年10月18日，农牧渔业部发出《关于恢复中国海洋渔业总公司的通知》，积极筹备、组织落实西非渔业合作项目的各项准备工作。1984年10月，将中国水产供销总公司、中国水产养殖公司、中国海洋渔业总公司合并为中国水产联合总公司。同年10月24日，国家经济委员会以《关于同意组建“中国水产联合总公司”的复函》批准组建。明确为农牧渔业部归口领导的局级企业，与水产局政企分开。1985年1月16日，农牧渔业部向国家经委报送《中国水产联合总公司章程》，并向国家工商行政管理局提交《请准予中国水产联合总公司办理企业登记的函》，注明该公司是由21个直属企业和130多个联营企业建立起来的经济实体。经营范围中新加国外远洋渔业开发，积极开拓新经营领域，逐步扩大经营范围和品种等内容（1992年10月国家工商行政管理局批准更名为“中国水产总公司”，下均简称“总公司”）。

改革开放以来，原农牧渔业部认真贯彻国务院关于发展海洋渔业的方针，积极开拓远洋渔业。经过重点考察，周密计划，全面协调，终于实现了“零”的突破，迎来了飘扬着五星红旗的我国第一支远洋渔业船队起航。中国水产总公司组建以来，为我国远洋渔业的起步和发展做出了杰出贡献。

（王林堂）

1986年1月,《中华人民共和国渔业法》颁布 颁布《渔业法》加强渔业法制体系建设 改革开放以来,我国加快了渔业法制建设进程。以1986年《中华人民共和国渔业法》(以下简称《渔业法》)颁布实施为标志,渔业法制体系建设进入新阶段,渔业发展走上了"依法治渔、以法兴渔"的轨道。

1. 历史背景 1978年之前,我国渔业立法经历了初步立法时期和立法停滞时期两个历史阶段。新中国成立初期,中央和地方各级人民政府积极恢复和发展渔业生产,国家开始制定颁布了一些渔业法规,如1955年《关于渤海、黄海和东海机轮拖网渔业禁渔区的命令》及1957补充规定、1957年《水产资源繁殖保护暂行条例(草案)》、1962年《渤海区对虾资源繁殖保护试行办法》等。但由于当时对渔业生产和渔业管理客观规律认识上的局限性,渔业立法尚处于初始阶段。1967—1978年,"文革"期间,渔业立法基本处于停顿状态,原有的法律制度也受到破坏。渔业发展受长期以来"重生产、轻管理,重海洋、轻淡水,重捕捞、轻养殖"等错误观念的影响,捕捞管理失控,渔业资源和渔业水域生态环境遭到破坏,给渔业生产的持续发展带来一系列的困难和不利影响。

1978年以后,对渔业发展的认识逐步从"重生产、轻管理"向"依法治渔、加强管理"转变,我国进入逐步加强法制建设的历史新时期。1979年2月,国务院颁布了《水产资源繁殖保护条例》。1979年2月5日至3月1日,全国水产工作会议形成了《关于全国水产工作会议情况的报告》,明确将"加强渔政管理,切实保护资源"作为水产业调整重点工作的首项任务,并指出要尽快制定渔业法。

曾任农牧渔业部副部长的朱荣,受国务院委托作《渔业法》(草案)说明时指出:"为了加强渔业管理,保障国家和渔业者的利益,维护生产秩序,改善渔业水域的生态环境,合理利用水产资源,发展我国渔业生产,制订《渔业法》是十分必要和迫切的。"

党的十一届三中全会以后,党和国家领导人高度重视和关心渔业发展,曾多次指示要尽快制定《渔业法》,做到有法可依,违法必究。党和国家领导人的重视,有力地推动了《渔业法》立法工作的进行。

2.《渔业法》的起草、审议、批准和颁布 早在1979年,中央书记处听取国家水产总局有关工作汇报后,就指示要尽快制定和颁布渔业法。1980年末,国家水产总局组织海区渔业指挥部、重点渔业省及水产科研单位的5名人员与国家水产总局渔政局有关人员共6人,组成《渔业法(草案)》起草小组,国家水产总局副局长丛子明任组长,具体工作由渔政局领导负责。1980年12月15日,《渔业法(草案)》起草小组正式运作。1981年5月4日开始起草《渔业法(草案)》。在起草过程中,反复征求有关部门的意见,其中包括一些法学工作者的意见,同时还参照国外有关渔业法规的文献。在调查研究、协商调解的基础上,经过十余次较大的修改,拟定了《渔业法(征求意见稿)》,于1982年10月至1983年9月由农牧渔业部发至国务院各有关部、委和各省(自治区、直辖市)有关部门及一些有关的科研单位和院校两次征求意见,并再次作了修改。1984年5月,国务院经济法规研究中心邀请有关部委进行了讨论。1984年11月,形成了《渔业法(草案)》送审稿,由农牧渔业部正式报送国务院。

1984年底开始,国务院对《渔业法(草案)》进行审议,并组织有关部委协调,提出意见和修改。1985年3月由姚依林副总理主持国务会议审议通过,6月4日国务院正式向全国人民代表大会常务委员会提请审议《渔业法(草案)》。

1985年7月至1986年1月,在全国人大法律委员会的协助、协调下,农牧渔业部又对《渔业法(草案)》进一步修改、完善。1986年1月20日,《渔业法》经第六届全国人大常委会第十四次会议通过,当日由中华人民共和国主席第三十四号令颁布,自1986年7月1日实施。1987年10月14日国务院批准了《〈中华人民共和国渔业法〉实施细则》,1987年10月20日由农牧渔业部发布。

3.《渔业法》颁布实施的意义 《渔业法》是新中国成立后的第一部渔业法律,是我国渔业法制史上的一座里程碑,其颁布实施对我国渔业发展具有重大意义。

(1)结束了新中国成立以来我国长期缺乏渔业基本法律的历史,为我国渔业发展和渔业管理提供了基础法律依据,标志着我国渔业发展开始进入"以法治渔、以法兴渔"的轨道。

(2)将我国渔业发展的基本方针、政策和制度,特别是1978年以后的新思想、新认识、新观念,以法律的形式固定下来。

(3)确定了我国渔业发展和渔业管理的基本原则和制度,对渔业持续、稳定、健康发展和维护国家渔业权益发挥了重要作用。

(4)为渔业法制建设奠定了基础,标志着我国加强渔业法制建设新时期的到来。

(唐 议)

1988年,我国成为全球主要渔业国唯一养殖超过捕捞的国家 坚持"以养为主"方针 养捕比重发生根本变化

1. "以养为主"方针的形成与产业结构调整的背景 20世纪50年代到70年代中期,由于过度捕捞,我国近海资源出现了衰竭。

1978年,我国水产品总产量中的79.7%来自海洋渔业,而海洋渔业中的捕捞业占据了87.5%。由于海洋捕捞业是当时渔业的支柱产业,海洋渔业资源的衰退对改革开发之初我国的渔业发展来说影响深远。

在资源下降、作为渔业支柱产业的海洋捕捞业缺乏后劲和基础的同时,我国却已长期处于短缺经济的支配之下,水产品的供给也远远满足不了广大城乡居民的需求。1978年,我国水产品人均占有量仅4.83千克。在如此资源与供需双重矛盾的约束之下,如何促进渔业生产的发展、扩大水产品供给是改革开放之初我国必须考虑的问题。

为恢复发展渔业生长,1979年4月,在国务院批转国家水产总局《关于全国水产工作会议情况的报告》(国发[1979]119号)中,提出了"大力保护渔业资源,积极发展养殖,调整近海作业,开辟外海渔场,采用先进技术,加强科学管理,提高产品质量,改善市场供应"的方针。这一方针在1979年9月《中共中央关于加快农业发展若干问题的决定》中又得到了进一步强调。1983年9月1日,国务院在批转农牧渔业部《关于发展海洋渔业若干问题的报告》的通知(国发[1983]134号)中再次指出,海洋渔业要大力发展养殖业。1985年3月11日,中共中央、国务院发出《关于放宽政策,加速发展水产业的指示》(中发[1985]5号)。文件明确指出,中国渔业发展要实行"以养为主,养殖、捕捞、加工并举,因地制宜,各有侧重"的方针。从此,"以养为主"成了我国渔业发展中长期性的指导方针。

2. 政府的引导和调控,着力推进海淡水养殖业的发展 从制度经济学的角度看,中国水产养殖业的改革是一场强制性变迁与诱致性变迁相结合的制度变迁,在制度变迁过程中,政府起到了巨大的引导和调控作用。为了促进水产养殖业的发展,渔业管理等相关部门曾多次召开水产养殖会议,部署改革的推进工作。下面从海水养殖和淡水养殖两方面加以总结。

(1)海水养殖业改革的推进。在上述"积极发展养殖"的方针的指导下,1979年6月,国家水产总局在北京召开对虾、鳗鱼养殖会议。之后,1979年11月,水产总局发出《关于成立中国水产养殖公司的通知》,敦促有关省、县成立水产养殖公司,以促进水产养殖业的发展。1982年10月,农牧渔业部在福建召开全国海水养殖工作会议,以贯彻落实胡耀邦同志关于利用沿海滩涂发展海水养殖的重要批示和中共中央、国务院批转农牧渔业部《关于加速发展淡水渔业的报告》的通知精神,着重研究加速发展海水养殖业的方针、政策、措施和规划。会议提出要进一步解放思想,大胆放宽政策,加快海水养殖业的发展。同年11月农牧渔业部印发的《全国海水养殖工作会议纪要》中又进一步指出,"要像重视耕地一样重视浅海滩涂的利用"。1985年12月,农牧渔业部在河北唐山召开全国海水养殖会议。会议提出,发展海水养殖业,要继续贯彻"充分利用浅海滩涂,因地制宜养殖增殖,鱼虾贝藻全面发展,加工运销综合经营"的生产方针。1987年3月农牧渔业部在大连召开的全国海水养殖会议中,又进一步强调要继续贯彻这一生产方针,并提出"要巩固提高藻类,积极发展贝类,稳步扩大对虾,重点突破鱼、蟹,加速拓展海珍产品"。

除此之外,国家水产总局还组织召开了对虾养殖、贝类养殖等专业工作会议,成立了专家顾问组,制订了相关标准,以指导各产业的发展。比如,为指导对虾工厂化育苗与养殖生产,1981年成立全国对虾科技攻关领导小组,1983年农牧渔业部水产局与水产养殖公司根据已取得的新技术成果,邀集科研、教育、生产单位进行修订,正式颁发《对虾工厂化育苗操作规程》,对顺利推进全国工厂化育苗生产起了很大作用。

(2)淡水养殖业改革的推进。我国具有养殖淡水鱼的传统,但淡水养殖业的大发展是在改革开放后才开始的。1978年时仅有76.2万吨的养殖产量。与发展海水养殖相类似,为加强对淡水养殖业的指导,渔业行政主管部门曾多次召开淡水养殖工作会议和稻田养殖等专业会议,成立了全国大中型水域水产增养殖顾问组等专业指导小组。

1982年3月,在北京召开全国淡水渔业工作会议,提出了"实行以养为主,养殖、增殖、种植、捕捞相结合"指导方针的。

在上述方针指导下,我国一方面加强了商品鱼生产基地的建设,另一方面大力促进稻田养鱼和大中型水域的水产养殖。在商品鱼生产基地建设方面,仅1982年国家就建成投产的商品鱼基地达到3 653公顷。在稻田养鱼方面,1983年8月和1990年10月,农牧渔业部水产局等单位分别在四川温江和重庆召开全国稻田养鱼经验交流现场会。1994年,经国务院同意,农业部向全国农业、水产、水利部门印发了《关于加快稻田养鱼,促进粮食稳定增产和农民增收意见》。在大中型水域养殖方面,早在1986年5月,农牧渔业

部就成立了全国大中型水域水产增养殖顾问组，以指导生产。

在改革与发展过程中，除了积极扩大淡水养殖面积，我国还对水面产权制度进行了改革，以充分调动渔（农）民的积极性。1982年10月，中共中央、国务院批转农牧渔业部《关于加速发展淡水渔业的报告》中提出：要落实水面使用权，长期使用不变。

除了重视制度的创新，我国还非常重视水产科技对淡水养殖业的推动作用。自1979年开始，各地选点建设原种、良种基地。1980—1984年，先后由国家水产总局和农牧渔业部水产局拨出专项资金与地方联合投资共同建成原种、良种场23处，对家鱼、杂交鲤、尼罗罗非鱼、罗氏沼虾和淡水珍珠等分别专场专种，定向系统选育，陆续向各地提供大量良种亲本和苗种。1990年7月，农业部水产司印发了《淡水养殖鱼类苗种生产管理办法（试行）》和《主要养殖鱼类原种、良种生产技术操作规程》。1991年12月12日，成立了全国水产原种、良种审定委员会。1997年开始，又先后批准了南京罗非鱼良种场、广东罗非鱼良种场、浙江嘉兴长江"四大家鱼"原种场等一批国家级原（良）种场。

3. 养殖产量超过捕捞、渔业产业结构发生了根本转变 从海水养殖看，在20世纪50年代取得以海带为代表的藻类养殖突破后，20世纪70年代以来，先后取得了以贻贝、扇贝为代表的贝类养殖、以对虾为代表的甲壳类养殖、以网箱养鱼为代表的鱼类养殖等四次里程碑式的发展，养殖产量从1978年的45万吨增加到了1988年的142.5万吨，到2007年进一步增加到1307.3万吨。从淡水养殖业来看，在改革开放前已经取得突破的常规鱼类养殖的基础上，改革开放后又引进和发展了尼罗罗非鱼、罗氏沼虾等众多品种，并在各地选点建设原种、良种基地，以保证养殖苗种的供应，从而促进了淡水养殖业的发展。1978年时，淡水养殖产量仅76.2万吨，1983年达到142.8万吨，居世界第一位，2007年达到了1 970.9万吨。

海、淡水养殖业的快速发展，使得我国渔业产业结构发生了根本转变。1978年时，我国水产品总产量为465.4万吨，其中捕捞产量为344.2万吨，捕养比为2.84:1。1988年，我国水产品总产量为1 061万吨，其中海淡水养殖量达到532.1万吨，首次超过了捕捞产量，捕养比为0.99:1，使我国成为世界渔业大国中唯一的水产养殖产量超过捕捞产量的国家。2007年全国水产品总量4 747.5万吨，捕养比为0.44:1。

（杨正勇）

1989年7月，国务院发布《中华人民共和国渔港水域交通安全管理条例》 加强渔港监督 提高渔业安全管理水平

1. 渔港监督机构的建立 1979年，我国沿海共有渔业港口707处，其中重点渔港27处，集体渔港309处，由于缺乏有效的安全监督管理，既无管理机构，又无港航法规，只建港，不管港，不养港，以致渔港秩序混乱，海损事故频繁。港口设施被毁、被盗的情况经常发生，港池被污染、围填的现象严重。为改变渔港管理的混乱局面，国家水产总局于1979年12月颁发了《关于设置渔业港口监督机构的通知》（以下简称《通知》），《通知》规定在国家水产总局设置渔港监督管理局，要求沿海各省、自治区、直辖市设渔港监督管理处，由国家水产总局和各省、自治区、直辖市水产局实行双重领导，并要求各地在各渔港设置渔港监督机构。

《通知》规定，渔业港口的监督管理，采取统一领导、分级管理体制。全国性和海区性的重点渔港，暂由各省、自治区、直辖市水产局代表国家水产总局进行监督管理；属于省级渔业港口，由省级水产局行使监督管理权；国营海洋捕捞、供销公司自行使用的渔业港口，暂由各该公司自行管理；渔业公司、渔业大队自行使用的渔港，暂由各该公社、大队管理。

1982年，国家水产总局和农业部、农垦部合并为农牧渔业部，下设"渔政渔港监督管理局"，对外名称为"中华人民共和国渔政渔港监督管理局"。同年12月，农牧渔业部颁发了《关于改换渔港监督机构名称和制发新印章的通知》，规定各地渔港监督机构的名称前均冠以"中华人民共和国"。1983年3月，中华人民共和国渔政渔港监督管理局向全国渔港监督工作人员颁发了"中华人民共和国渔港监督证"和"中国渔监"胸章。

至此，我国的渔港监督队伍已初步建成，成为渔业安全生产监督管理的主力军。

2. 渔港监督机构的发展

（1）加强渔港监督工作法制化建设。1983年全国人大颁布的《海上交通安全法》和1989年国务院颁布的《渔港水域交通安全管理条例》明确了渔港监督机构的法律地位和管理职能，对于渔港监督工作的法制化建设起到了至关重要的作用。

1985年，农牧渔业部颁布了《渔业船舶登记章程》；1989年农业部颁布了《渔业船舶船员考试发证规则》；1990年，农业部颁布了《船舶进出渔港签证办法》；1991年，农业部颁布了《渔业海上交通事故调查处理规则》，此外，农业部和农业部渔政渔港监督管理局还先后就渔船作业避碰、渔船普通船员专业技能训

练、渔港水域环境保护等方面制定了许多法规和规章，这些法规和规章的实施，为渔港监督机构开展从人、船、港三方面实施渔业安全监督管理工作提供了基本法律依据，奠定了良好的执法基础。当前已初步形成以渔港管理为中心的渔港监督与安全管理法律法规体系，为维护渔港依法有序管理，保障渔业安全生产秩序奠定了重要的法治基础。

（2）加强渔港监督的队伍建设和机构改革。为有效提高渔港监督管理水平，渔港监督机构改革与管理队伍建设持续进行，机构逐步充实，队伍新老人员得到整合优化，现代化的渔港监督手段不断充实完备。1986 年，国务院批准渔业行政执法机构成为统一着装的 13 个部门之一。近年来，渔业内部监督管理体制逐渐理顺，一些地区的渔港管理机构与人事改革力度逐步加大，一些先进的管理理念与制度经过试点逐渐推广适用，按照“统一领导、分级管理”的要求，全国渔港行政执法队伍逐步向统一机构设置和名称、实行统一综合执法改革方向发展。根据农业部 1999 年制定的《关于加强渔业统一综合执法工作的通知》，渔港监督与安全管理工作在一些地区纳入了渔业综合执法队伍的基本职能，有力地促进了工作开展，提高了行政执法效率。根据 2006 年农业部《关于推行行政执法责任制的实施意见》要求，各级渔港监督管理部门，逐步建立健全了行政执法责任制相关配套制度，强化了执法责任，明确执法程序和执法标准，进一步规范了行政执法行为。

（3）加强渔港建设与监督执法制度建设。长期以来，渔港监督管理力量的薄弱一直制约执法效能的提高。随着国家经济的发展，中央及各地加大财政投入，有力的促进渔港监督管理力量的建设。渔港建设规划愈趋科学，新型的渔港数量不断增多，渔港安全设施逐步完善。以浙江舟山中心渔港经济区、江苏吕四中心渔港、江苏如东洋口国家中心渔港工程等为代表的国家级先进渔港建设项目相继开展。渔业安全生产基础设施进一步改善，目前我国沿海已建成一级渔港 83 个，渔业航标 508 座，渔业通信岸台 102 个。

（4）高度重视渔业安全管理工作。渔业安全生产受到各级党和政府及海洋渔业行政主管部门及社会各界的高度重视，渔业安全作为工作中心的指导思想逐步树立，渔业安全管理工作已贯穿于整个渔港监督工作中。《渔业船舶水上安全突发事件应急预案》得到制定与实施，建立了 24 小时渔业应急值班制度；加强了渔业安全救助体系建设，建成并启用全国海洋渔业安全通信网，海洋渔业 CDMA 移动通信系统建设工作已在各地全面展开，基本做到了灾害发生后“出得去船，救得起人”，提高了渔业系统对突发性重大事故的应急处置和救援能力。摸索建立了有效的渔业安全监督管理模式和做法，如海上联合检查制度、渔船编队生产制度、开航前检查及安全生产动态报告制度、渔船“黑名单”制度以及渔船安全生产协管员制度等，提高了安全生产事故防范水平。进一步加强对广大渔民的渔业安全生产教育，特别是农业部 2006 年开展 10 万渔民职业安全技能培训和在全国范围内组织开展的“平安渔业”及《安全生产法》宣传及普法教育活动，效果显著，为渔业安全生产营造了良好的舆论环境，为构建“平安渔业”奠定了基础。

（杨建锋）

1990 年 6 月，农业部成立全国水产技术推广总站 建立推广机构 建设水产技术推广体系 为大力推广和普及渔业先进技术，加快“科技兴渔”步伐，根据《中华人民共和国农业技术推广法》和《中华人民共和国渔业法》的要求，1990 年，农业部批准正式成立全国水产技术推广总站，并加快推进水产技术推广体系建设，加强水产技术推广工作。

1. 大力组织推广先进适用技术 多年以来，先后组织实施了淡水池塘高产高效综合养殖技术、对虾健康养殖技术、稻田养鱼新技术、80:20 模式化池塘养殖技术、小体积高密度网箱养殖技术、银鱼移植增殖技术、名特优新品种养殖技术等一大批先进适用技术的推广工作。近年来，随着我国水产养殖增长方式的转变，又组织推广了无公害标准化养殖、优势出口水产品健康养殖等技术；在农业部实施的水产养殖业增长方式转变和渔业科技入户行动中，各级水产技术推广机构都发挥了骨干作用。此外，各级水产技术推广机构还在水产资源增殖放流、水生野生动物保护和渔业水域生态环境监测等方面发挥越来越重要的作用。目前，各级水产技术推广机构每年指导养殖面积在 300 万公顷（含池塘、大水面、稻田等）以上，受益农户近 300 万户。

2. 深入开展水产养殖病害防治和规范用药指导 1999 年以来，以水产技术推广体系为依托，逐步建立了拥有 3 600 多个监测点的“国家—省—地—县—点”五级水产养殖病害测报体系。近几年，在全国 30 个省（自治区、直辖市）完成了对 70 多个水产养殖品种的 100 多种病害的监测，发布了月报、快报和年度分析报告等病情测报信息，基本掌握了重大养殖疾病发病、流行和危害情况，为养殖者采取防治措施提供了依据，为行政部门提供了决策依据。水生动物防疫检疫工作也有新的进展，已建立了 5 000 多人的防疫检疫员队伍。水产养殖用药指导工作有了新突破，大力开展水产养殖规范用药科普下乡系列宣传活动；参与渔药标准的制订，探索建立养殖用药可追溯制度；配合渔医示范试点工作的开展，协助指导和设计建立渔医制度。

3. 加大渔业实用人才和新型渔（农）民的培养 长期以来，各级水产技术推广机构紧密结合生产实际，通过现场示范与咨询、举办讲座等多种形式，开展不同层次和不同类型技术培训，培养了一大批有文化、懂技术、会经营、善管理的新型渔（农）民。据统计，各级水产技术推广部门2007年举办培训班3万多期，培训技术人员、管理人员等15万人（次），培训渔（农）民227万人（次）。特别是配合海洋捕捞渔民转产转业项目的实施，开展了大规模的渔民转产转业培训，2004—2006年共培训捕捞渔民6.3万人，有68%实现了转产后的第一次就业。依托水产技术推广机构的渔业职业技能鉴定体系已初步形成，已拥有鉴定站和工作站49个，培养建立了1 300多人的职业技能鉴定考评员队伍。

4. 不断创新渔业公共信息服务方式 各级水产技术推广机构不断加强渔业公共信息服务功能，以基层为基础、以省级为枢纽、以全国总站为核心的信息网络基本形成。通过编发水产科技简报，设立110热线电话，开通农民信箱、手机短信服务，开办推广专题节目等不断创新服务方式；通过宣传渔业方针政策和法律法规，普及新技术，发送水产养殖病害信息，发布养殖水域环境监测情况，提供水产品市场供求信息，开展灾害预报等不断丰富服务内容。渔业公共信息服务已成为各级推广机构为渔民服务的一项重要职能。

5. 积极引进国外新品种、新技术 扩大国际技术交流，引进国外新品种、新技术和新设备。1993年开始与美国大豆协会合作推广小网箱养鱼技术和80:20养殖模式；从泰国引进海水虾类健康养殖技术推广；从挪威引进水产动物多性状复合育种技术。先后组织引进美国的斑点叉尾鮰新品系、杂交条纹鲈、日本的条斑紫菜、俄罗斯的鲟鱼、高白鲑、凹目鲑等品种；先后组织引进国外先进的增氧机、膨化颗粒饲料加工机组、水产苗种培育用的开口饲料加工机组以及日本的渔用科研仪器设备。1998年开始与日本栽培渔业协会合作就海水鱼虾类的生产性育苗、标识放流技术等开展协作研究。与亚太水产养殖中心网（NACA）等国际渔业技术组织进行合作与交流。

（李可心　黄太寿　钱银龙　朱泽闻）

1994年9月，农业部成立中国渔船船东互保协会

成立船东互保协会 开创渔业互保事业

改革开放之后，20世纪90年代，由农业部牵头，成立了中国渔船船东互保协会（2007年7月改称中国渔业互保协会），将全国范围内从事渔业生产经营的渔船船东、渔民及相关单位和人员组织起来，开展互助共济，共同抵御风险，降低灾害损失，逐步形成具有中国特色的渔业互助保险模式，在中国保险业的发展史上也是具有特殊贡献的典型范例。渔业互助保险事业的发展壮大，对提高渔业的抗灾能力、稳定安定民心、构建平安渔业、推动和谐渔区建设，发挥了积极而重要的作用。这项事业有待于在政策扶持和政府支持下，取得更大突破与进展。

1. 逐渐显现互助共济的力量 1997年，浙江舟山市普陀区发生重大海损事故，协会及时拨付60万元赔偿金，还向普陀区政府捐助了3万元事故处理费；2004年，我国远洋渔船“荣大洋2号”被撞沉没，协会赔付614万元；2005年12月6日，港澳流动渔船“珠香1342船”被风浪打沉，5名渔民死亡（失踪）；协会按保赔率支付赔偿金45万元；2006年，超强台风“桑美”重创浙江苍南等地，协会共赔付渔民、渔船和渔港经济补偿金达1 000万元；2007年3月4日，特大风暴潮袭击辽、鲁部分渔区，协会共为14名死亡（失踪）渔民、53艘全损渔船和其他受损渔船支付赔偿金1 000余万元。

上述理赔案例给出两个信号：一是渔业互保事业在不断发展壮大，互助共济的力量逐步显现；二是假如这些渔船、渔民没有投保，那么损失和打击将是沉重而无法承受的，各地政府也会面临更大的压力。

随着展业规模的扩大和储备金的增加，协会承保能力得到加强，责任范围和险种得以扩大，渔民互保从意外伤害险扩大到附加医疗；渔船互保从全损险扩大到综合险。更重要的是，为了充分体现互保的优越性，协会还尽其所能地承保了经济效益较低、风险较大的29.4千瓦以下的小型木质渔船，部分解除了最需要保险保障的中、小型渔船的后顾之忧；互保费率也大幅度下降，各项险种费率均比初期下降了30%～50%，渔民群众用最低的经济支出得到了最大的风险保障。为了支持渔民赴南沙生产作业，协会开展了渔民和渔船附加南沙生产责任互助保险；在广西北部湾海域划界后，协会开展了渔民和渔船附加北部湾生产责任互助保险；根据渔民需求，协会不断增加新的服务内容：与韩国水协中央会签署协议书，在涉韩作业渔船中开展为被扣留渔船担保服务；在全国渔业系统中开展渔业行政事业执法人员综合保障计划；开展港澳流动渔民渔船互助保险；在浙江、山东、广东开展休闲渔业互助保险；在浙江进行深水网箱、渔港互助保险试点；在辽宁开展海水增养殖产品互助保险等。

14年来，在国家没有资金投入的情况下，协会严格按照保险理念和客观规律办事，业务范围已遍布所

有的沿海省(自治区、直辖市)和内陆主要渔业省(自治区、直辖市),从未出现过偿付危机。截至 2007 年底,累计承保渔民 320 万人(次)、渔船 16 万艘(次),共为 5 339 名死亡(失踪)渔民、19 348 人(次)受伤渔民、1 145 艘全损(沉)渔船、25 402 艘(次)受损渔船支付经济补偿金近 5 亿元,积累风险准备金 1 亿元。

14 年来,渔业互保通过依靠渔港监督和渔船检验机构展业的有效运作模式,把承保和理赔业务与千千万万个体渔民相衔接,组织渔民联合起来,用集体共同的力量达成"一人保大家,大家保一人"的互助共济目的。

2. 强化渔业保险,构建平安渔业的必然选择 14 年来,协会的同志们"身在渔业岗位,心系渔民群众",驾驶着"渔业互助保险"这一面风帆奋力航行。年保费收入突破 5 000 万元,突破 1 个亿元,又突破 3 个亿元,每一次突破都是惊喜,意味着为更多的渔船渔民提供了风险保障。但是,相对于我国渔业大国的地位,相对于 50 多万艘机动渔船、180 万捕捞渔民、1 200 万渔业人口,相对于每年因自然灾害和意外事故造成几百亿的渔业经济损失,协会也恰恰就是"汪洋中的一条船",能够搭救的遇险遇难者数量有限。

渔业保险必须走政府财政补贴和政策支持的路子。随着我国国力的不断增强,支农惠农政策的不断完善,关于建立政策性农业保险制度的呼声日益高涨,并逐步列入各级政府的议事日程。

2004—2007 年连续 4 个中央 1 号文件要求,加快发展多种形式、多种渠道的农业保险。2006 年《国务院关于保险业改革发展的若干意见》提出,探索发展相互制、合作制等多种形式的农业保险组织。2006 年 12 月底,孙政才部长在全国渔业专业会上指出,大力开展"平安渔业"建设,推进政策性渔业保险,切实保障渔民生命财产安全。2007 年 12 月 29 日,《农业部关于进一步做好渔业互助保险工作的通知》要求:在党中央、国务院高度重视政策性农业保险的大背景下,提高全行业对渔业互助保险工作的认识,加强领导、健全体系,做大做强渔业互助保险事业,并使之与政策性渔业保险试点工作有机结合,推进建立政策性渔业保险制度,促进渔区和谐社会建设,为渔业保持又好又快发展服务。

从 2006 年起,农业部与财政部、国务院法制办、中国保监会等部门多次会商,积极探索农业保险试点工作,涉及内容包括:将渔业涵盖在政策性农业保险范畴之内,明确农业互助合作保险组织的法律地位,由中国渔船船东互保协会为国家代办渔业政策性保险业务等等。从 2004 年起,浙江、上海、海南、福建、广东、山东等地政府,以不同形式启动了政策性渔业保险财政补贴试点工作,而且大多选择协会合作为承保人,与协会合作推行政策性保险。

为了进一步发展渔业互保事业,在农业部的直接领导下、在劳动人事部的大力支持下,通过与民政部的多次沟通,经过近一年的努力,协会于 2007 年 7 月经民政部批准更名为"中国渔业互保协会"。更名后,不仅与各地方协会保持了名称上的一致性,更利于进行业务交流,同时,业务范围也从原来的为渔船船东互保业务名正言顺地扩大至水产养殖、渔业设施等渔业全行业,有利于拓展为渔民服务的范围,获得更大的发展空间。

目前,协会秘书处设立综合部、财务部、承保部、理赔部、政策信息部、统计部、团体险部和服务中心 8 个部门;全国沿海和内陆重点省份共设立了 22 个省级办事机构、300 个市(县)级办事机构,其中包括 4 个省、市地方协会(山东省、浙江省、广东省、宁波市)及其市(县)级办事机构。

构建政策性渔业保险制度,不仅是降低渔业生产风险,保障渔民生命财产安全的需要,实际也是转变政府职能,减轻政府灾害救济压力的需要。通过建立政策性渔业保险制度,将目前的风险保障机制由政府包揽,转变为政府引导扶持、社会广泛参与、渔民自助互助等多元化模式,从而改变长期以来政府是渔业风险保障主体,包揽了事故预防、灾难救助、社会救济和灾后复产等等所有"大事小情"的局面。

2008 年,农业部在各地开展政策性渔业保险试点工作的基础上,决定在全国 7 个重点渔业省部分重点渔区开展渔业互助保险中央财政保费补贴试点工作,补贴险种为渔船全损互助保险和渔民人身平安互助保险,补贴比例为 25%,补贴资金总额为 1 000 万元。试点承担单位确定为中国渔业互保协会及有关省级互保机构。该项工作已于 2008 年 5 月 1 日正式启动。

2008 年,将是中国渔业保险史上具有里程碑意义的一年,借政策性渔业保险全国性试点正式启动的东风,中国渔业互保协会即将开始新的航程。

(杨 斌)

1994 年 12 月,中国水产流通与加工协会成立 改革流通体制 建设水产批发市场 在计划经济体制下,统购统销的产品流通和集权配给的消费市场,在很大程度上违反了经济规律,造成国民经济的畸形发展和人民生活物资的严重匮乏。党的十一届三中全会制定了关于加快农业发展的决定,为我国水产流通体制乃至经济体制改革奠定了基础。改革开放

30年来有目共睹的事实也说明,水产批发市场的健康稳定发展,对促进水产品流通、促进渔业经济和相关行业的持续发展、促进社会就业、促进商品市场繁荣、促进社会和谐与社会主义市场经济的发展做出了巨大的贡献。

随着水产品价格的放开和渔业经营体制的放开,有效调动了渔业生产经营者的积极性,不仅水产品生产快速增长、市场繁荣,而且走出去,成为世界水产品生产大国、进出口贸易大国。由此而把水产品流通和加工产业推向了前台。

1. 信息服务网络和民间组织与水产品流通体制改革共同发展 《关于放宽政策、加速发展水产业的指示》(中发[1985]5号)文件出台后,各种信息服务网络和各级民间组织如雨后春笋,出现在全国各地,为我国水产品流通体制改革顺利、健康、稳定发展做出了巨大贡献。

2. 水产商情服务备受关注 1988年1月全国水产商情网络办公室正式成立。该网络是全国性跨行业的水产品产供销合一的信息服务组织。在商情信息网络建设,促进水产品、渔需物资、技术转让等商品流通和国际合作及企业改制等方面发挥了积极的推动作用。与此同时,沿海14个大中城市水产品信息网络、18个省级水产品信息网络等地方性、区域性组织也活跃在大江南北,加快了我国水产品市场信息网络建设。

3. 水产流通与加工协会正式成立 在1985年后期,广东等10多个地区相继成立了水产供销行业协会,并联合倡议由农牧渔业部水产局牵头筹组中国水产供销行业协会。1991年11月,中国水产供销行业协会在广州市召开成立大会。1994年12月11日由中国水产供销行业协会和中国水产品加工行业协会合并,成立中国水产流通与加工协会。

协会自成立以来,举办了多届全国水产品经贸洽谈会,并组织会员企业参加国际渔业博览会,为会员与行业内外相关企业拓展了国内与国际水产品市场。协会还出版刊物;与农业部合作建立了中国水产品价格信息网络;组织专题调查及企业经营管理的培训与研讨;开展技术咨询与技术服务;协助起草《水产品批发市场管理办法》;应对国外贸易壁垒;扩大我国企业和品牌的国际影响和知名度。

(高永强)

1995年7月,我国首次在东、黄海实行伏季全面休渔制度 我国伏季休渔制度的实施与发展 海洋伏季休渔是国家渔业行政主管部门为保护国家海洋主要经济鱼类资源的亲体繁殖和幼体生长,每年夏季禁止拖网、帆张网等作业渔船在黄海、东海、南海部分海域作业的禁渔期制度。禁渔期间,渔船和渔民停止捕捞活动。

1. 海洋伏季休渔制度的历史演革

第一阶段(1979—1984年) 集体渔船休、国营渔轮不休的海洋伏季休渔制度。1979年5月,浙江省革命委员会《关于实施〈水产资源繁殖保护条例〉的补充规定》规定,禁渔区线外7—9月为底拖网作业禁渔期,禁止群众渔业底拖网生产。1980年6月国家水产总局《关于集体拖网渔船伏季休渔和联合检查国营渔轮幼鱼比例的通知》规定,东海区各地集体拖网渔船1980年7—10月实行休渔,外海区集体拖网渔船不得去东海区作业。1981年4月,国家水产总局《东、黄海区水产资源保护的几项暂行规定》规定,黄海区实行7、8月伏季休渔制度。

第二阶段(1985—1994年) 以渔船功率数确定是否休渔和休渔区域的海洋伏季休渔制度。1985年5月,浙江省渔政局批准本省部分250马力群众渔船常年在机轮底拖网禁渔区线外生产的试验。1986年7月,东海区渔政分局批准浙江180千瓦以上群众渔船常年在机轮底拖网禁渔区线外生产的试验。1987年农业部《东、黄、渤海渔场安排规定》规定,1987年起,在北纬24度30分至34度的海域,每年7—10月,180千瓦以下的拖网渔船(不含桁杆拖虾渔船),一律禁止拖网作业,实行伏季休渔;180千瓦以上的拖网渔船可以不执行休渔,但不再享受舟山渔场冬季带鱼生产的权利。1992年农业部《东、黄、渤海渔场安排规定》规定,1992年起,重新规定北纬27度至35度,沿禁渔区线向东平推30海里为东线的以西海域,8—10月禁止底拖网进入生产(不含拖虾船),这一海域以东不实行休渔。

第三阶段(1995年至今) 休船休区的海洋伏季休渔制度。1995年,经国务院同意,农业部《关于修改东、黄、渤海主要渔场渔汛生产安排和管理的规定的通知》规定,自1995年起,对东黄海海域实施伏季休渔制度,东海区休渔范围为北纬27度至北纬35度的海域,每年的7月1日至8月31日禁止拖网和帆张网作业;定置作业休渔每年不得少于2个月,由各地自行规定并报农业部渔业局备案。1998年再经国务院同意,农业部《关于修改东、黄、渤海主要渔场渔汛生产安排和管理的规定的通知》规定,从1998年起,北纬35度以北黄海海域,每年7月1日0时至8月31日24时禁止所有拖网和帆张网作业;北纬35度至北纬26度的东、黄海海域,每年6月16日0时至9月15日24时禁止所有拖网(桁杆拖虾网暂除外)和帆张网作业;北纬

24 度 30 分至北纬 26 度海域，拖网和帆张网作业休渔 2 个月，具体时间由福建省确定。1999 年，农业部《关于在南海实行伏季休渔制度的通知》规定，1999 年起，北纬 12 度以北的南海海域（包括北部湾），每年 6 月 1 日 0 时至 8 月 1 日 24 时禁止所有拖网（包括拖虾、拖贝作业）、围网、掺缯作业。

自 2000 年至 2006 年，农业部根据实际情况对黄渤海、东海和南海海域渔船在休渔区、休渔期和休渔作业类型等方面进行了 5 次适当的调整。截至 2008 年，全国休渔区、休渔期和休渔作业类型形成了以下格局：渤海海域休渔时间为 6 月 16 日 12 时至 9 月 1 日 12 时，休渔作业类型为除网目尺寸 90 毫米以上的单层流刺网和钓钩外的其他所有作业类型；北纬 35 度以北的黄海海域休渔时间为 6 月 16 日 12 时至 9 月 1 日 12 时，休渔作业类型为拖网和帆张网作业；北纬 35 度至 26 度 30 分海域休渔时间为 6 月 1 日 12 时至 8 月 1 日 12 时，休渔作业类型为拖网和帆张网作业，其中桁杆拖虾作业休渔时间为 6 月 1 日 12 时至 8 月 1 日 12 时；北纬 26 度 30 分至 23 度 30 分海域休渔时间为 6 月 1 日 12 时至 8 月 1 日 12 时，休渔作业类型为拖网和帆张网作业；北纬 12 度以北的南海海域（含北部湾）休渔时间为 6 月 1 日 12 时至 8 月 1 日 12 时，休渔作业类型为除刺网、钓业和笼捕外的其他所有作业类型；北纬 22 度 30 分至 23 度 30 分、东经 117 度至 120 度的闽粤交界海域休渔时间为 6 月 1 日 12 时至 8 月 1 日 12 时，除执行东海、南海有关休渔规定外，灯光围网作业同时实行休渔；所有海域的定置作业，休渔时间每年不得少于两个月，具体时间由沿海各省、自治区、直辖市渔业行政主管部门确定，并报农业部和所在海区渔政渔港监督管理局备案。

2. 对海洋伏季休渔制度执行效果分析 自 1995 年休船休区海洋伏季休渔制度实施 14 年来，沿海各级渔业行政主管及其所属的渔政渔港监督管理机构在农业部和各级政府的领导和支持下，确保了海洋伏季休渔管理工作的组织到位、宣传到位、措施到位、服务到位、经费到位，从而实现了“船进港、人上岸、网入库、证集中”的海洋伏季休渔管理目标。每年应休渔船的休渔率达到了 95% 以上。海洋伏季休渔的效果主要表现在以下方面：

一是生态效益明显。总渔获量显著增加，单位努力捕捞量提高；资源增殖效果明显，亲体补充量明显提高；幼生群体得以养护，幼体数量增多，个体增重明显；资源群体结构改善，主要经济鱼类渔获量占总渔获量比例保持稳定和提高；作业方式多样化，促进了资源合理利用；底栖生物生态环境改善。

二是经济效益提高。渔民收益明显提高，单船渔获、单船均值、人均纯收入提高；单位能源渔获量增加，生产成本降低；渔获数量增加，渔获质量提高；促进了海洋渔业经济的可持续发展，促进了海水养殖业发展，渔业产值和渔民收入增加，水产业对国内生产总值和国家外汇储备的贡献率不断提高。

三是社会效益显著。树立了负责任渔业大国的形象，为多边和双边渔业谈判争取了主动；提高了社会各界对资源保护的认识，资源保护的群众基础增强；促进了渔区两个文明建设，丰富了渔区渔民精神文化生活；锻炼了渔业行政执法队伍，提高了管理队伍的威信和地位。

海洋伏季休渔制度是我国海洋渔业管理中贯彻执行较为成功的一项制度，符合科学发展观和国家建设生态文明目标，体现了管理部门科学管理的要求，实现了渔民群众受益的宗旨。但是海洋伏季休渔制度作为海洋渔业管理制度之一，不可能解决海洋渔业管理的所有问题，除了这一制度本身需要在管理实践中进一步完善外，还需要其他各项海洋渔业管理制度的共同作用，才能更好地发挥海洋伏季休渔制度的实施效果，也才能实现海洋生态文明建设的根本目标。

（张建国）

1997 年 1 月，国务院批转农业部《关于进一步加快渔业发展的意见》 确立新时期渔业发展方向 促进渔业再上新台阶

一、文件产生的背景

随着社会经济体制的变革和渔业形势的变化，渔业发展又面临许多新情况、新问题：1985 年中央 5 号文件放宽搞活、促进渔业发展的政策动力，十多年来已得到充分释放，而一些有渔业发展潜力的资源开发，特别是宜渔荒芜水面、荒滩和低洼荒地（简称“三荒”）的开发，又缺乏新的政策引导而进展缓慢；一些“八五”计划以前实行的渔业优惠政策，“九五”期间是否继续执行，还不明确；近海渔业资源的利用仍然过度，而外海、远洋渔业又受国际海洋法公约的生效实施而受诸多制约；水产品连年大幅增长，一些大众产品和低值水产品已出现滞销，而生产成本上升，鱼价平稳，造成效益下滑，也影响渔（农）民养鱼的积极性；沿海、沿江工业化的兴起，又加重了近海和江河湖库的水域污染，给渔业造成严重影响；科技和推广滞后，水产种苗培育和病害防治薄弱，也制约了渔业的发展；渔业法制不健全，执法力量弱，造成管理难度加大；等等。这些渔业改革发展中的问题，需要依靠深化改革、政策指导和强

化管理予以解决。

党的十四届五中全会通过的《中共中央关于制定国民经济和社会发展"九五"计划和2010年远景目标的建议》提出，要"扩大淡水和近海养殖，发展远洋渔业"。李鹏总理在《建议》说明中也指示，"要在重视粮食生产的同时，把发展养殖业放在重要的位置，特别是发展水产和耗粮少的家畜家禽，改善食物结构，缓解对粮食的压力"。针对渔业的新形势、新变化和面临的新问题，农业部党组在听取渔业局总结"八五"、安排"九五"期间渔业工作汇报时，在充分肯定"八五"期间渔业发展成就的同时，认为有必要在新的时期提出进一步加快渔业发展的意见，报国务院审批下达，以指导"九五"渔业的发展。当时，部里主要有三点考虑：一是通过这个文件，从新的角度阐述我国发展渔业的重要意义和潜力，以进一步引起各级党政领导和全社会对渔业的重视与支持；二是由中央对今后一个时期渔业改革与发展提出基本方向和任务，以指导"九五"及今后一个时期的全国渔业工作；三是争取通过这个文件，解决和明确发展渔业的政策问题，为新形势下我国渔业的发展创造有利条件。为此，农业部渔业局通过总结和调研，代部草拟了《关于进一步加快渔业发展的意见》。经过一年多的多次反复研究修改，并在国务院秘书局协调了有关部门的意见后，于1997年1月6日由李鹏总理主持的第134次总理办公会议审议通过，以国发[1997]3号文件正式下达，成为指导我国新时期渔业发展的又一个重要文件。

二、确立新时期我国渔业发展的方针、任务和政策

1. 从新的高度阐述对发展渔业重要意义的认识 《国务院批转农业部关于进一步加快渔业发展意见的通知》中，充分肯定了改革开放以来我国渔业取得的巨大成就，从新的高度阐述了进一步发展渔业的重要意义。《通知》指出："水产品在我国人民的食物结构中已占有重要的地位。我国可用于发展渔业的海洋、滩涂、江河、湖泊、水库和宜渔低洼荒地等非耕地资源的开发潜力很大，外海、远洋渔业也有进一步发展的潜力，加快对宜渔资源的治理和开发利用，积极发展渔业生产，对促进农村经济全面发展，增加食物生产总量，提高城乡人民的营养水平，增加渔民、农民收入、扩大出口创汇，维护国家海洋权益，都具有重要意义。"要求"各级人民政府和有关部门要牢固树立大农业、大粮食的观念，把渔业作为农业中的一个大产业，摆上重要位置，采取有力措施，切实抓好。要像重视耕地一样重视水域的治理和开发利用，在决不放松粮食生产的同时，积极发展淡水和近海养殖，有计划地扩大远洋渔业，加强对近海渔业资源的保护和合理利用。要切实加强对渔业工作的领导，在政策以及技术和资金等方面继续给予积极扶持，推动我国渔业和渔区经济持续、快速、健康发展"。

2. 明确新时期我国渔业发展的方针、任务 文件明确提出，"九五"期间要继续深化改革，扩大开放，实行"加速发展养殖，养护和合理利用近海资源，积极扩大远洋渔业，狠抓加工流通，强化法制管理"的方针，积极推进经济体制和经济增长方式两个根本性转变，调整产业和养殖品种结构，加快科技成果转化，使我国渔业的整体素质和发展水平有显著的提高。这个新时期渔业发展方针，是1985年中央提出的实行"以养为主，养殖、捕捞、加工并举，因地制宜，各有侧重"方针的延续和细化，进一步明确了渔业各业的发展方向，重点突出，针对性、指导性更强，反映了国家对新时期渔业发展的基本要求。

文件提出要积极推进"两个根本性转变"，提高渔业的整体素质和发展水平。这就是一要深化渔业经营体制改革，继续稳定和完善各种渔业经营方式，保护和调动渔业生产者的积极性；二要以市场为导向，依靠科技进步，促进产业结构和品种结构优化，从根本上使我国渔业经济从片面追求数量扩张转到注重质量和效益上来，促进市场需求，增加渔民收入。这是新时期加速渔业发展的重要任务。

3. 新时期渔业发展的重点和基本政策

(1)加大开发力度，推动水产养殖业向深度和广度发展。文件一方面要求发展水产养殖业要把提高单位面积产量作为主攻方向，在稳定大宗品种生产的同时，根据市场需求，积极发展名、特、优、新水产品的养殖；另一方面要求发展水产养殖业要立足于非耕地宜渔资源的综合开发，充分利用"三荒"。文件对开发"三荒"养殖使用权、经营方式、使用权转让和拍卖、减免税收，以及严格限制城郊水产养殖基地的征用等政策，都一一作了明确规定。

(2)控制近海和内陆水域捕捞，养护和合理利用渔业资源。文件要求各级政府将近海渔业管理列入议事日程。要严格执行国家下达的渔船功率控制指标；严格执行捕捞渔船更新、改造的审批和检验制度，加强捕捞许可证管理；严格制止非渔业生产在从事近海和内陆水域捕捞生产，并切实加强对水域污染的治理。

(3)继续发展远洋渔业。明确"九五"期间，国家继续把远洋渔业作为优先发展和重点支持的产业。国家在"八五"期间所确定的扶持远洋渔业发展的优惠政策，继续保留。

（4）大力发展水产品保鲜加工，促进食物结构的优化。强调要适应市场需求，努力提高水产品质量，大力发展适销对路的水产品加工业。重点发展淡水鱼、海水中上层鱼以及贝藻类大宗产品、低值产品的精加工、深加工和综合利用。要在政策上扶持和促进制碘工业以及海藻为主的含碘食品生产的发展，为在20世纪末实现消除碘缺乏病提供物质保证。要加强产品质量监测检验，建立健全水产加工企业产品质量保证体系。

文件还强调要继续坚持和不断完善渔业产销一体化管理体制，加快水产品市场体系建设。各地要重点抓好主产区、主销区和主要集散地的批发市场建设，在资金、用地等方面给予扶持。

（5）健全渔业法规，加强渔业执法工作。要求各级政府要采取切实措施，组织好伏季休渔；集中各部门力量，严厉打击严重破坏渔业资源和生态环境的违法行为；依法加强渔船、渔港水域安全，以及涉外渔业管理，维护渔民的合法权益和国家的海洋渔业权益。要切实加强渔业执法队伍建设，地方各级渔政渔港监督管理机构的工作人员，可依照公务员制度管理。

此外，文件还对深化渔业体制改革，提高渔工贸一体化的产业化经营水平、加强基础设施建设，增强渔业发展后劲、树立科技兴渔观念，依靠科技进步提高渔业整体水平等方面，明确了改革与发展的方向，并加强了政策指导和扶持措施。

（卓友瞻）

1999年2月，"中华人民共和国渔业船舶检验局"名称正式对外启用 *建立渔船检验机构发展渔船检验事业* 我国船舶检验工作始于1927年。1956年成立中华人民共和国船舶登记局。中国历史上第一个专业船舶检验机构诞生。1957年交通部明确"船舶登记局和地方船检部门是国家对船舶执行技术监督和检验的机构"。1957年交通部发出通知，将山东、河北两省渔船技术监督和检查丈量工作移交省水产部门管理。山东、河北水产部门接管渔船技术监督和检验丈量工作，中国渔船检验的第一艘渔船是"山东151"。1958年国务院批准船舶登记局更名为"中华人民共和国船舶检验局"。1963年国务院批准中华人民共和国船舶检验局章程，明确中华人民共和国船舶检验局是国家船舶技术监督机构。1978年国家水产总局成立，下设渔政监督管理局内设安全处，负责渔港监督、渔船检验工作。

1979年交通部、国家水产总局联合发出通知，要求在国内从事渔业生产和为渔业生产服务的各种船舶，由国家水产总局及其下属各级检验机构负责执行监督检验。国家水产总局的船舶检验机构对外名称使用"中华人民共和国船舶检验局渔船分局"。各省、自治区、直辖市水产部门的船舶检验机构对外用"中华人民共和国船舶检验局渔船分局××检验处"的名称，各检验处是渔船分局在各省、自治区、直辖市的执行机构，在渔船集中的主要港口设置检验站，作为检验处的派出机构，对渔船实行监督检验和发证，各检验处受渔船分局和各省、自治区、直辖市水产局的双重领导，业务上归渔船分局领导。在明确了渔船检验工作由水产部门负责后不到一年里，全国沿海各地在原船舶管理站的基础上，相继建立起渔船检验队伍，为渔船检验工作的开展奠定了组织基础。同期的渔船检验工作以44.1千瓦以上渔船的换证检验和群众渔船航行、信号、救生、消防等安全设备配备为重点，全面开展了渔船检验工作。

1982年，全国人大常委会决定，将农业部、农垦部、国家水产总局合署办公，改称农牧渔业部，下设渔政渔港监督管理局，内设船舶检验处，对外执行渔船分局的职权。截至1988年末，在沿海各省、自治区、直辖市已建立11个检验处，并在重点渔港设立了49个检验站。全国渔船检验总数近5万艘。

1990年经人事部批准，农业部设立渔船检验局，对外沿用"中华人民共和国船舶检验局渔船分局"的名称。1995年农业部渔船检验局对外名称改为"中华人民共和国农业部渔船检验局"。1999年中央机构编制委员会批准农业部渔船检验局的对外名称为"中华人民共和国渔船检验局"。1999年国务院批准启用中央刊有国徽的"中华人民共和国渔船检验局"印章。

随着渔船检验及其监督管理工作的改革不断深化和发展，渔船检验机构管理与验船师队伍建设已成为各级政府和渔业行政主管部门的工作重点。一是顺利完成了国家渔船检验机构依照公务员制度管理的转制工作，进一步明确了职能，对促进全国渔船检验及其监督管理工作的稳定与发展奠定了良好的基础，为各级渔船检验机构的改革和定位提供了依据，也为地方渔船检验系统在机构改革中争取纳入公务员制度管理创造了良好的条件。二是根据国际海事组织的有关要求，国家渔船检验工作按照"统一领导、分级负责"和"统一法律法规、统一规章制度、统一对外名称、统一证书证件、统一业务印章"（简称五统一）的原则，对地方各级渔船检验机构实施了机构业务核定制度，促进了检验机构的规范化管理。截至2007年底，全国共有渔船检验机构710个，持有验船师资格证书的验船人员4 683人。

（唐金龙）

2000年5月，农业部成立中国渔政指挥中心 *渔政管理机构的建立与发展* 新中国建立后，渔政管理于20世纪50年代初开始萌芽。1953年农业部水产总局设渔政科，但主要职能是组织生产和为生产提供贷款、防风抗灾等服务，并没有渔业资源保护和渔业执法职能。1956年设立水产部，次年水产部设立渔政司。渔政司具有保护渔业资源、管理渔船和解决重大渔业纠纷等职能。1958—1977年期间，受当时国内特殊政治环境的影响，我国渔政机构建设出现萎缩。1970年水产部被撤销，水产工作并入农林部，原有的行政机构被撤销，渔政管理工作基本停止。在此期间，渔业工作的主要指导思想是增船增产。

作为现代行政执法监督意义上的渔政工作，主要起步于20世纪70年代末，并且伴随着改革开放和渔业经济持续快速发展不断深化和发展。

1. 改革开放以后至1985年，渔政管理机构初建时期 改革开放之后，渔政管理迎来了新的发展机遇。渔业工作重点逐步从组织、指挥、指导生产向加强监督管理转变，渔政管理机构开始建立。

1978年3月，国家水产总局成立，下设渔政渔港监督管理局，主管水产资源繁殖保护、渔航安全、渔船检验和渔业电信；1982年对外加挂"中华人民共和国渔政渔港监督管埋局"的牌子，代表国家行使渔政渔港监督管理权。同年，黄渤海区、东海区和南海区三个海区渔业指挥部，许多省（自治区、直辖市）都先后设立了渔政处管理机构。自此渔政机构体系开始建立。

1979年，《水产资源繁殖保护条例》、《渔政管理暂行条例》、《渔业许可证若干问题暂行规定》相继颁布，渔政机构建设得到进一步发展。1983年国务院批转《关于发展海洋渔业若干问题的报告》的通知中强调指出："要健全渔业法规，加强渔政管理，严格保护、合理利用和积极增殖近海渔业资源"。在此指导思想下，全国上下普遍重视渔业法规和渔政机构的建设，并逐步组建渔业执法队伍。

1983年9月，三个海区渔业指挥部划归农牧渔业部领导，加挂海区渔政分局的牌子，并在沿海若干个重要港口设立渔政管理站。1985年农牧渔业部正式下达文件，海区指挥部的主要职能从生产指挥向管理和服务转变，并逐步强化渔政管理职能，海区渔业指挥船改名为渔政船。

2. 1986—1998年，依法加强渔政管理机构建设时期 1986年《渔业法》颁布实施，明确规定"县级以上人民政府渔业行政主管部门可以在重要渔业水域、渔港设渔政监督管理机构"。《渔业法》为渔政管理奠定了法律基础，渔政管理开始走上法制轨道。

1988年4月9日，农牧渔业部更名为农业部，下设水产局、渔政渔港监督管理局。1989年3月1日，农业部水产局改为水产司；1993年7月30日水产司和渔政渔港监督管理局合署办公；1994年6月28日水产司和渔政渔港监督管理局合并，设立渔业局，对外称"中华人民共和国渔政渔港监督管理局"。

1990年6月，各海区渔政分局更名为海区渔政局，所属渔政船队改为渔政检查大队。1995年6月，各海区渔政局被进一步授予渔港监督和渔业安全管理的职能，更名为"农业部××海区渔政渔港监督管理局"，对外称"中华人民共和国××海区渔政渔港监督管理局"，所属渔政检查大队更名为"中国渔政××海总队"。

《渔业法》颁布实施以后，按照统一领导、分级管理的基本原则，全国大部分省（自治区、直辖市）及其渔业县（市）建立了地方渔政管理机构，沿海和部分内陆省、市、县组建了相应的渔业执法船队（1995年起省级为渔政总队、地市级为渔政支队、县级为渔政大队），全国渔政执法船舶实行统一编号、外观和标识，初步形成了从中央到基层的全国渔政监督管理网络。

3. 1999年以来，渔政管理机构建设新发展 20世纪90年代中期以来，国内外渔业管理形势发生了重大变化。我国渔业资源衰退、环境恶化的趋势仍在继续，资源环境保护与渔业生产的矛盾更加突出；渔船管理面临着众多困难，渔业安全生产形势严峻；水产苗种和养殖水产品质量管理亟待加强。国际方面，《联合国海洋法公约》于1994年生效后，我国先后与日本、韩国、越南在专属经济区制度下签署了渔业协定，周边海洋渔业管理的国际形势发生重大变化，对海洋渔政监督执法提出了新的要求，特别是加强专属经济区渔业管理、维护国家海洋权益任务艰巨。此外，国家法制化建设进程逐步加快，坚持依法行政、文明执法，提高渔政执法能力和水平，为我国渔政管理机构建设提出了更高要求。

1990年7月，农业部发出了《关于加强渔业统一综合执法工作的通知》，要求加强和完善渔业行政执法队伍建设，全面推进"依法治渔、以法兴渔"。

2000年5月7日，为适应新的国际海洋管理制度的实施和国内渔业统一综合执法的需要，经国务院机构编制委员会办公室批准，中国渔政指挥中心（以下简称"指挥中心"）成立，专门负责组织协调全国重大渔业执法行动，特别是跨海域、大流域、跨省区的渔业执法行动，维护国家海洋权益，并指导全国渔政队伍建设工作。

2002年5月1日起，全国渔政执法人员实行统一制服标志、统一执法证件。2004 年农业部印发了《渔业行政执法六条禁令》,规范了渔政人员的执法行为。2005 年起,农业部组织开展渔业文明执法窗口创建活动,要求渔政管理服务渔民,贴近基层。我国渔政机构建设进一步规范化。

2007 年 11 月,经过两年多的努力,中国渔政管理指挥系统正式启用,标志着我国渔政管理现代化建设的重大进步。同年,农业部组织编写的《全国渔政基础设施建设规划》完成,该规划的实施将有力推进我国渔政基础建设。

2007 年 11 月 13—14 日,全国渔政工作会议在北京召开,农业部副部长牛盾作了题为《深入贯彻落实科学发展观,开创我国渔政工作新局面》的重要讲话。会议总结了近 10 年来我国渔政工作取得的成绩和经验,明确了今后一个时期渔政工作的指导思想和主要任务,并对多年来在渔政工作中表现突出的 99 个单位和 198 名个人进行了表彰。

(唐　议)

2002 年 6 月,国务院对沿海渔民转产转业政策作出重要决定 *实行转产转业,海洋渔业结构得到战略性调整* 进入 20 世纪 90 年代后期,持续高速发展的中国沿海捕捞业,面临着新的问题。

1. 沿海捕捞渔船作业水域大大缩小 根据 1994 年生效的《联合国海洋法公约》确立的新的国际海洋法制度,1997 年后中日、中韩、中越双边渔业协定先后签署、生效,使我国的海洋渔业开始由领海外自由捕捞向专属经济区制度过渡。根据上述渔业协定,我国海洋捕捞渔船的作业渔场将明显缩小,大批渔船从外海渔场撤出进入沿海渔场。我国沿海渔民可利用渔场面积相对缩小,可能导致渔业纠纷甚至涉外渔业纠纷增多,维护渔场秩序难度增大,影响沿海捕捞渔民的生产和生活。使大量捕捞渔民面临转产和失业等问题,对我国海洋渔业和沿海经济发展带来严重影响。

根据当时有关部门的预测,三个双边渔业协定生效后,我国将约有 3 万多艘渔船陆续从部分外海传统渔场撤出,有 30 多万海洋捕捞渔民和近百万渔业人口的生产、生活受到不同程度的影响。与海洋捕捞业直接相关的水产品流通、加工、冷藏、运输、渔船网具制造及港口服务等第三产业将会受到连带影响,渔区劳力就业难度增大。

中日、中韩渔业协定生效,仅我国东部沿海各地约有 2.5 万艘渔船从日韩的对马、济州、大小黑山岛等传统作业渔场撤出,每年减少捕捞产量约 120 万吨,直接经济损失超过 60 亿元。其中仅浙江省渔民将损失 30% 的传统捕捞作业渔场面积,另 25% 的传统捕捞作业渔场将受到严格限制,常年在韩方管辖或过渡水域生产的约 1.2 万艘捕捞渔船中,90% 将陆续退出原先作业渔场,仅此一项浙江省一年减少捕捞产量约 45 万吨,产值约 25 亿元。给这些渔民和当地的海洋捕捞业以及渔区经济带来重大影响和严峻的考验。而且,随着中日、中韩相向海域划界工作的逐步开展,其影响程度将进一步扩大。

2. 沿海捕捞渔业经济效益持续下降 由于捕捞设施的过度投入和沿海水域环境越来越严重的污染,导致沿海渔业资源再生能力的不断衰退,生存条件持续恶化,渔获物中经济鱼类比重下降、幼鱼比例上升,使产品销售收入下降,而捕捞生产活动的无效支出增加。加上 1999 年底以来柴油等渔业生产资料价格持续上涨,渔民的捕捞效益继续下降。

3. 捕捞渔民的资金积累有限,捕捞生产中的安全隐患增多 由于沿海捕捞渔业生产效益持续下降,使各地捕捞渔船的设备更新和修缮周期延长。而且为了压缩捕捞能力,各地普遍采取连续几年不造新船的"休克"疗法,使捕捞渔业的实际投资力度减弱,生产渔船的平均船龄持续增长。由于船龄老化,捕捞作业存在较大的安全隐患,航行或捕捞事故增加。据有关统计,仅 2000 年我国沿海捕捞生产渔船发生的沉船事故 588 起。

4. 沿海渔业资源衰退加剧,保护更加困难 我国执行海洋捕捞渔船"双控"指标限制多年,但是在渔业资源的合理开发利用方面,仍有一定的盲目性,使捕捞强度明显超过了渔业可捕资源的补充量,对海洋渔业资源的压力越来越大。而捕捞作业方式和捕捞设施不断改善,实际捕捞强度并没有缩减,对自然资源的损害和枯竭趋势并没有得到改善,使永久性破坏沿海渔业资源的危险性仍在增大。

根据我国沿海捕捞业所面临的上述问题,当务之急是迅速缩减已有的捕捞能力。然而,撤出部分传统渔场的渔船、渔民如何安置?长期依托海洋捕捞业的我国沿海渔业如何"转",过量的原有捕捞生产渔船如何"减"?如此多人的生计问题引起了党中央和国务院领导的高度重视,要求有关部门认真研究,采取切实措施,确保全面顺利实施沿海渔民的转产转业。根据中央领导的批示精神,农业部和外交部、财政部、国家计委等有关部门的领导多次深入沿海渔区调查研究,逐步形成了引导渔民转产转业的基本思路。对海洋渔业所面临的问题,全国政协领导也组织了调研,并专题报告中央。同时,广东、广西、浙江、江苏等地也组织了专题调研,主动向国务院报告了有关情况。根据中央领导同志的批示精神，在多渠道调研和广泛征求各地意见的基础上，农业部和外交部提出了沿海渔区产业结构调整的基本思路和引导渔民转产转业的政策建议，联合向国务院上报了《关于妥善解决中日、中韩、中越渔业协定生效后我国渔业及渔区经济面临若干问题的请示》。

2002年6月19日，国务院领导对两部的请示作了批示，对请示中提出的沿海渔区产业结构调整的基本思路和引导渔民转产转业的政策措施给予了肯定。批示的主要内容包括：一是正确引导，加快沿海渔区产业结构调整。引导海洋捕捞渔民转产转业，因地制宜发展水产养殖，远洋渔业，休闲渔业，水产品加工、流通、运输及其他非渔产业；二是严格控制捕捞强度，加大渔业资源和环境保护力度。进一步完善伏季休渔制度，加强渔业资源监测和评估，开展限额捕捞试点，逐步实行重点品种和海域的限额捕捞制度；三是加强专属经济区渔业执法，维护海上生产秩序和国家渔业权益。加大海上渔政管理和执法力度，防止涉外纠纷发生，保持专属经济区的稳定；四是加强领导，保持渔区经济发展和社会稳定。农业部要指导和协助地方政府制定沿海渔区渔民转产转业规划，并认真组织实施。

批示还明确了中央对渔民转产转业的若干扶持政策：从2002年起三年内，中央财政每年安排2.7亿元转产转业资金，主要用于减船转产补助，增加3 000万元专属经济区渔政执法经费。为保证渔民转产转业和专属经济区渔政执法正常进行，中央财政还将适当加大支持力度，延长支持年限，具体办法由农业部与财政部协商解决。加大转产转业和渔政执法基础设施建设投入，在编制建设规划的基础上按基建程序审批后安排项目投资，资金的来源除农业部投资要向此倾斜外，国家计委可从中央财政新增预算内基建投资中予以适当支持，地方安排配套投入，中央支持的数额在年度计划中确定。海洋捕捞渔民转产从事水产养殖免征农业特产税问题，由各地结合农村税费改革试点自主确定。

（张相国）

2002年8月，农业部、国家质检总局发布施《水产品药物残留专项整治计划》 *开展药物残留专项整治　加强水产品质量安全管理*　由于我国渔药的研究、使用和管理等环节还存在着某些问题，由渔药物残留引起的水产品质量安全问题近年来成为社会公众关注的热点，也成为制约我国水产养殖产业健康发展的瓶颈之一。

为从源头上杜绝由药物残留引发的水产品安全隐患，2002年8月14日，农业部、国家质量监督检验检疫总局联合印发了《水产品药物残留专项整治计划》（以下简称"计划"）。"计划"重点对出口水产品的主要地区、渔药的主要产地和禁用药物的生产、经营、使用开展了整治。整治的主要内容包括：

（1）禁用药物的违法生产、经营和销售；成分不清的渔药及其标签内容的清理。

（2）规范养殖、捕捞生产行为，特别是规范用药记录和逐步建立渔药用药处方制度。

（3）完善水产品加工企业的质量管理制度，加强原材料监控，严格规范加工过程中的生产行为。

这是我国政府针对水产品药物残留状况开展的有史以来最大规模的整治行动，表明了我国政府对保障水产品药物安全的态度和决心。

专项整治的实施极大提升了公众对水产品安全的信心，提高了我国水产品在国际市场上的公信力。

专项整治的实施极大加快了我国水产品药物残留检测技术研究的步伐；一批与国际技术标准相适应的技术标准、规范被制定并颁布，一批快速、灵敏、简便的水产品药物残留检测新技术得到广泛地推广和应用。

专项整治的实施加速了我国水产品药物残留监控技术网络的健全和建立，由养殖企业、技术推广部门、质量监督部门组成的水产品药物残留监控网络初步形成，并运转良好；逐步实现了养殖过程中对药物残留的全程监控。

专项整治的实施培养和锻炼了一批专业的水产品药物残留检测技术力量，成为保障水产品药物安全的中坚力量。

（胡　鲲　杨先乐　朱泽闻）

1997—2004年，我国与日、韩、越三国新的政府间渔业协定先后签订和生效 *建立我国与周边国家海洋渔业新秩序*

1. 背景　中国在东海和黄海与日本和韩国隔海相望，最宽处不到400海里。长期以来，中、日、韩三国渔民长期共同开发利用黄海和东海的渔业资源。三国渔业结构类似，许多主要捕捞品种属洄游性鱼类（如带鱼、小黄鱼、鲐鱼等），常常竞争激烈，渔业矛盾和纠纷时有发生。为维护东海和黄海渔业秩序，中、日、韩三国政府和人民本着相互理解、友好合作、共同利用渔业资源的原则，通过民间或政府间渔业协定的方式妥善处理了发生的有关矛盾。如中日两国根据当时渔业状况，于1955年和1975年分别签订了民间和政府间渔业协定，明确规定441千瓦拖网渔船的限制线、灯光围网渔船的发展规模等。同时，划定了2个休渔区，3个拖网保护区和2个灯光围网保护区等。明确规定将两国领海外的海域作为协定水域,实行船旗国管辖。

北部湾是中越两国所环抱的一个半封闭海湾,面积12万平方千米,湾内最宽处184海里,最窄处为125海里。北部湾是我国四大著名渔场之一,一直是中越两国渔民的传统渔场,两国渔民在各海域自由捕鱼,都有到对方近海捕捞的习惯。两国曾于1957年、1961年、1968年签订过3个渔业协定,都是规定限制各自渔船进入对方12海里内作业;在湾内其他海域双方渔船均可自由作业。

1982年《联合国海洋法公约》确立了专属经济区(EEZ)制度,使世界上90%以上传统开发的渔业资源成为沿海国管辖内的资源。《联合国海洋法公约》1994年正式生效后,标志着公海捕鱼自由时代的结束,海洋渔业进入全面管理时代。越南(1994年)、日本(1995年)、韩国(1995年)和中国(1996年)均先后批准了该公约,都宣布实施200海里EEZ制度,宣布了大陆架。中日、中韩和中越因此都面临领海划界以及在EEZ制度下的渔业管理新问题,需要彼此通过谈判协商解决。

2. 签订新的政府间渔业协定

(1)中日渔业协定。中日两国1995年开始,就大陆架和专属经济区划界进行磋商。但双方在划界问题上的观点分歧太大,短期内无法达成协议。为了维护东海的渔业秩序,两国根据《联合国海洋法公约》的有关规定,在海洋划界完成之前,决定先就渔业安排进行磋商,作为海洋划界前的过渡安排。经过一年多的谈判,中国驻日本国特命全权大使徐敦信和日本国外务大臣小渊惠三代表两国政府于1997年11月11日在日本东京签订了新的中日渔业协定。新的中日渔业协定签署后,双方于1998年上半年完成了协定生效的各自国内法律手续,并于1998年下半年开始就协定生效有关问题进行协商。2000年2月27日,两国政府代表团在北京最终就存在的主要分歧达成协议,中国农业部部长陈耀邦与日本国农林水产大臣玉泽德一郎签署了会谈纪要,约定新中日渔业协定于2000年6月1日生效。

协定根据两国渔船实际情况设立"暂定措施水域"等5个水域,采取不同的管理措施。"暂定措施水域"(北纬27度至30度40分,距两国领海基线52海里外)双方共同管理,本国违规渔船由中、日双方按各自国内法处理;"暂定措施水域"以南(北纬27度以南,东经125度30分以西)水域维持现有的渔业关系;"暂定措施水域"北限(北纬30度40分以北,东经124度45分至127度30分之间)的东海水域简称"中间水域",基本维持现状,双方渔船生产时无须领取对方许可证;但应对本国船数加以控制,并交换渔获量资料;"暂定措施水域"和"中间水域"东西两侧水域,分别由中、日两国管理;日本海、北太平洋日本EEZ内的鱿钓作业水域,中国渔船继续生产须获得日方捕捞许可证。作业船数和渔获量不超过1996年的水平。

设立"中日渔业联合委员会",协商决定水域内的生物资源的养护措施和量的管理措施。此外,新渔业协定还就两国在渔业领域开展合作、海上安全、紧急避难等内容作出规定。

(2)中韩渔业协定。中韩建交之前,双方渔业纠纷主要通过民间渔业组织"中国东黄海渔业协会"和"韩国水产业协调组合中央会"协商解决。中韩两国1992年建交后,1993年开始政府间渔业谈判。两国先后批准了《联合国海洋法公约》,并宣布实施EEZ制度后,产生了中韩海洋划界问题。由于划界原则上的分歧,海洋划界协议难以在短期内达成,而渔业问题是两国在EEZ制度下对双方都非常重要、迫切需要解决的问题。中韩双方经过历时6年近30次谈判,于1998年11月11日两国新的渔业协定开始启动。2000年8月3日,在北京正式签署《中华人民共和国和大韩民国渔业协定》。之后,又经10轮磋商,协定于2001年6月30日正式生效。

中韩渔业协定是继中日渔业协定之后,我国与周边国家签署并生效的第二个双边渔业协定。设立"暂定措施水域"、"过渡水域"和"维持现有渔业活动水域"三类水域是协定的主要内容。在"暂定措施水域"(北纬32度11分至北纬37度之间的黄海水域),双方采取共同的养护和管理措施,违规渔船按本国国内法处理;在"过渡水域"("暂定措施水域"两侧的两国领海外),双方采取适当措施逐步调整并减少本国渔民在对方一侧过渡水域的渔业活动,四年期满后按各自的专属经济区进行管理;在"维持现有渔业活动水域"("暂定措施水域"北限线以北的部分水域及其和"过渡水域"以南的部分水域),维持现有渔业活动,即不将本国有关渔业的法律、法规用于另一方的国民及渔船。同时,协定附件还就向对方渔船颁发入渔许可证、允许对方渔民(船)在本国EEZ内的可捕鱼种、渔获配额、作业区域,到对方EEZ从事渔业活动应遵守有关规定以及海难及其他紧急事故联系等作了具体规定。设立中韩渔业联合委员会,协商决定水域内的生物资源的养护措施和量的管理措施。

(3)中越渔业协定。中越两国(1996和1994年)批准了《联合国海洋公约》后,双方渔民的传统捕鱼权受到冲击。从1996年到2000年,中越双方共举行了7轮政府级谈判、3次政府代表团团长会晤、18轮联合工作组会谈及多轮的专家组会谈。农业部渔业局自2000年开始介入中越划界谈判,在第7轮政府级谈判中,建议立即启动双方渔业谈判,渔业谈判应置于北部湾划界谈判机制之下。经过农业部和外交部有关人员的艰苦谈判,双方于2000年12月就北部湾渔业安排问题和渔业合作协定的全部内容达成一致。2000年12月25日,在两国领导人江泽民主席和陈德良主席出席的签字仪式上,中国农业部部长陈耀邦和越南政府代表谢光玉代表本国政府在北京签订了《中华人民共和国政府和越南社会主义共和国政府北部湾渔业合作协定》(简称《中越北部湾渔业合作协定》)。2001年4月起,中越双方围绕渔业协定中有关剩余问题又先后进行了20轮磋商,最终就所有问题达成协议,并于2004年4月签署了《中越北部湾渔业合作协定补充议定书》。2004年6月30日,《中越北部湾渔业合作协定》和《关于两国在北部湾领海、专属经济区和大陆架的划界协定》同时生效。

渔业协定的核心内容是,中越双方根据北部湾的自然地理特点,渔业资源特性和双方渔业现状等情况,协商设立了有效期12年的"跨界共同渔区"。各方按照分界线对己方一侧海域进行监督,并可进行联合监管。中越北部湾渔业联合委员会每年确定双方在共同渔区内的作业渔船数量。此外,考虑到划界后中方渔船短时间内撤出分界线越方一侧水域存在实际困难,中越双方同意在共同区以北(自北纬20度起算)划出为期4年的"跨界过渡性安排水域",实行过渡性安排。为避免在两国领海相邻地区(北仑河口)作业的小型渔船误入对方水域而引起纠纷,双方还商定在两国领海相邻海区设立"小型渔船缓冲区",对违规小型渔船不扣留、不逮捕、不使用武力。定期进行联合渔业资源调查,开展海上联合检查,分别对分界线已方一侧水域进行执法检查等。

3. 协定的执行与作用 黄海、东海和南海北部湾是中、韩、日、越四国许多渔民赖以生存的传统渔场,四国渔民长期以来共同开发利用上述水域的渔业资源。由于渔业资源、主要捕捞品种以及生产渔场等原因,四国渔民经常集中在某一水域作业或到对方水域生产,渔业纠纷难以避免,引发人员伤亡的事件时有发生,不仅使渔民的利益受损,也影响到我国与周边国家的关系。中日、中韩和中越本着平等互利原则,根据实际渔业情况,先后签署了中日渔业协定,中韩渔业协定和中越北部湾渔业协定,设立"共同渔区"、"暂定措施水域"、"过渡安排水域"或"小型渔船缓冲区"等不同水域,并采取不同管理措施。相关渔业联合委员会每年召开会议,检查协定的执行情况,协商确定来年的捕捞量等。因此可以说,虽然中日渔业合作协定、中韩渔业合作协定、中越北部湾渔业合作协定的生效和实施,短期内对我国沿海渔民和船只的安排造成一定的困难,但从长远角度,对维护中韩、中日和中越渔业协定水域正常的渔业秩序,共同养护和合理利用东海、黄海和南海北部湾的渔业资源,开展渔业领域的合作,实现渔业可持续发展都具有重要意义。

(许柳雄)

2003年1月,农业部发布《2003—2007年优势农产品区域布局规划》 规划区域布局发展优势水产品生产

1. 发布优势水产品区域布局规划的背景 中国农业经过改革开放近30年的发展已进入崭新的阶段。农产品供求关系发生了重大变化,农业的发展必须适应市场需求,调整生产结构,优化生产力布局。加入世界贸易组织,给农业带来了新的发展机遇,也使农业面临着前所未有的严峻挑战。要在国内、国际两个市场的激烈竞争中取得主动权,继续保持农业的稳定发展,最根本、最关键的是要提高农业的国际竞争力。为此,2001年12月,农业部向国务院上报了《加快形成优势产区,积极应对入世挑战》的报告,温家宝副总理对报告做出重要批示:"优化农业区域布局是农业结构战略性调整的一个重要任务,也是应对入世挑战,发挥我国农业比较优势的一项紧迫工作。农业部会同有关部门要抓紧编制规划,研究制定具体产业政策和措施"。2002年至2003年初,为贯彻落实中央农村工作会议精神和国务院领导的指示精神,加快农业区域布局调整,建设优势农产品产业带,促进农产品竞争力增强、农业增效和农民增收,农业部经过深入调查研究,选择了专用小麦、专用玉米、高油大豆、棉花、"双低"油菜、"双高"甘蔗、柑橘、苹果、肉牛肉羊、牛奶、水产品等11种优势农产品,具体规划了35个优势产区,编制了《优势农产品区域布局规划》和11种优势农产品专项规划,《优势水产品区域布局规划》就是这11种优势农产品专项规划之一。

2. 优势水产品区域布局规划 优势水产品区域布局本着瞄准国际市场,兼顾国内市场,以依照国际标准全面提升养殖水产品质量、规格为重点,选择若干重要的优势品种和重点发展区域,从苗种繁育、养殖和加工全过程实行专业化生产、集约化经营、规模化开发、产业化发展,全面实施健康养殖和质量安全控制,提高出口率,扩大国际市场份额的总体思路;以突出优势、配套提高和集中连片为原则,结合水产养殖区域优势的现状,选定鳗鲡、对虾、贝类、罗非鱼、大黄鱼和河蟹

6个优势品种，确定在其后5年内重点建设，完善“两带一区”的总体布局，即东南沿海出口水产品优势养殖带、黄渤海出口水产品优势养殖带和长江中下游优势河蟹养殖区。

（1）东南沿海出口水产品优势养殖带。由出口鳗鲡、对虾、大黄鱼、罗非鱼4个优势养殖区组成，主要集中在浙江、福建、广东、广西、海南沿海一带。

鳗鲡优势区域——福建、广东。是中国鳗鲡养殖、加工和出口的主要基地，有着显著的区域优势。鳗鲡优势区域建设重点是无公害养殖示范基地和加工园区。

对虾优势区域——广东、广西、海南。南海对虾优势区域建设重点是原（良）种繁育体系和标准化养殖示范基地。

大黄鱼优势区域——福建、浙江。福建、浙江海域是大黄鱼重点产区，是捕捞大黄鱼的主要渔场。大黄鱼苗种人工繁育、养殖技术比较成熟，养殖替代捕捞初见成效。大黄鱼优势区域建设重点是原场和深水网箱养殖示范基地，扶持加工龙头企业。

罗非鱼优势区域——广东、广西、海南。属亚热带地区，气候条件非常适合罗非鱼的生长，生长期长，养殖成本相对较低。区域内已有获得国际质量认证的罗非鱼加工出口企业近20家，产品加工增值和出口已有较好的基础。罗非鱼优势区域建设重点是良种繁育基地、养殖示范基地、加工龙头企业。到2007年，区域内良种覆盖率达到90%，出口产品中鲜鱼片和冻鱼片等高附加值加工产品的比重达到40%。

（2）黄渤海出口水产品优势养殖带。黄渤海出口水产品优势养殖带由对虾、贝类两个养殖区组成，主要集中在山东、河北、辽宁三省沿海一带。

对虾优势区域——山东、辽宁、河北。山东、辽宁、河北三省是中国特有的中国对虾主产区，区域内的水产科研院所多，科技力量较强。中国对虾优势区域建设重点是改进原（良）种繁育体系和建立健康养殖示范基地。

贝类优势区域——山东、河北、辽宁。山东、河北、辽宁是中国贝类养殖、加工和出口的主要基地，贝类种质资源丰富，有许多天然的贝类采苗场，广阔的沿海滩涂非常适宜贝类的养殖生长，生产、加工和销售已形成体系，科研技术力量较强，群众有养殖贝类的悠久传统，养殖技术水平普遍较高。贝类优势区域建设重点是改进原（良）种繁育体系、质量保证体系和建立健康养殖示范基地。

（3）长江中下游出口河蟹优势养殖区。主要集中在江苏、安徽、江西省的沿长江中下游一带。该区域人工河蟹养殖已有20多年历史，区域内水草型湖泊众多，自然条件适宜发展河蟹养殖，群众性的养殖水平较高，产品在国际市场享有较高声誉。长江中下游出口河蟹优势养殖区建设重点是原（良）种繁育基地、质量监控体系和健康养殖示范基地。

（孙　琛）

2004年11月，中国渔业协会成立50周年　中国渔业协会50年不平凡经历

2004年12月9日，中国渔业协会在北京举办了隆重而又俭朴的成立50周年纪念活动。

中国渔业协会是我国渔业行业成立最早的协会，是在周总理等中央领导同志的直接领导和关怀下，因执行特定的历史任务而诞生和发展起来的。早在20世纪50年代初，在日本政府的庇护下，大批日本渔轮深入我国东、黄海沿岸渔场，掠夺我国海洋资源，排挤我国渔船，损坏我国渔民的船网工具，在此情况下，我国有关部门扣留了部分日本渔船，两国渔业关系十分紧张。

当时，日本渔业界纷纷要求通过谈判解决渔业纠纷问题，并成立了“日中渔业恳谈会”。1954年10月11日，周总理在会见日本国会议员访华团时表示，中国愿意同日本谈判解决渔业问题，并建议双方成立相关的渔业团体举行谈判。在周总理的倡导下，日本方面由“大日本水产会”、“日本远洋底拖网渔业协会”等7个民间渔业团体联合于当年11月13日成立了“日中渔业协议会”。我国也于当年12月9日经周总理亲自批准成立了“中国渔业协会”，杨煜（时任中央农村工作部处长）任会长、高树颐任副会长、赵安博任顾问。

1955年1月，中日两国民间渔业组织在北京举行了首次会谈，并于4月15日签订了《中华人民共和国渔业协会和日本国日中渔业协议会关于黄海、东海渔业的协定》，同时发表了《联合公报》。这是我国同外国签署的第一个民间渔业协定。

第一次中日民间渔业协定的有效期经过两次延长后，由于日本政府的不友好政策，日本渔轮多次侵入我国军事警戒区，撞毁我国渔船和渔网，至1958年6月期满终止。

1963年，中日关系出现缓和，在日本渔业界的强烈要求下，两国民间渔业团体恢复了谈判，第二次签订了民间渔业协定。此后，在1965年和1970年双方通过协商，对原协定作了补充和修改，并于1970年底补充签订了中日民间关于灯光围网捕鱼的规定。

尽管中日关系时好时坏，但中日民间渔业协定一

直是维系两国渔业友好关系的纽带，中日两国民间渔业组织成为中日渔业对话与交流的重要窗口和渠道，对促进中日两国关系的改善和两国关系正常化做出了贡献。

1972年9月29日，中日两国政府发表《联合声明》，宣告结束两国的不正常状态，建立外交关系。《声明》决定："为进一步发展两国间的关系和扩大人员往来，根据需要并考虑到已有的民间协定，同意进行以贸易、航海、航空、渔业等协定为目的的谈判。"据此，1975年8月15日，两国政府签订了《中华人民共和国和日本国渔业协定》，取代了实施历时20年之久的民间渔业协定。考虑到两国民间渔业团体多年建立起来的友好合作关系，两国政府在《渔业协定》中授权两国渔协就两国渔船的航行和作业安全、维持正常作业秩序等问题举行会谈。通过会谈，签订了《渔业安全作业议定书》，作为两国政府《渔业协定》的组成部分，由两国渔协组织监督执行。《协定》规定设立中日渔业联合委员会（简称渔委会），由双方政府各自任命3名委员组成，双方渔协会长任首席委员（团长），每年开会一次，主要任务是检查协定执行情况，共同评估协定海域的渔业资源状况，并就双方共同关心的问题（包括对协定附件提出修改）交换意见。这种别具特色的"以民带官"模式一直延续了21年，这在世界上是少有的。

改革开放以来，在两国渔业民间团体的推动下，从1984年起，中日两国先后开展了多项渔业经济技术合作项目。此外，两国渔协组织开展劳务合作，并积极建立和实施中、日、韩三国水产养殖和资源专家研讨会制度，为三国间水产科学技术的交流与合作提供了重要渠道。

从20世纪90年代后期至今，是渔协建设和发展的重要时期。随着我国经济政治体制改革的逐步深入，政府渔业主管部门不断加大职能转变的力度，渔协的建设和发展受到更加广泛的关注。

渔协的办事机构在过去相当长的一段时间里，一直作为政府渔业主管部门的内设机构以民间的形式承担政府部门的有关业务工作，其民间组织的性质并未得到真正体现。直到90年代后期，渔协秘书处才从渔业主管部门中分离出来。当时的主要任务还仅限于与日本和韩国民间团体合作，维护海上渔船安全作业秩序，进行中日、中韩之间渔船海上事故的协议、处理工作。直到1999年，农业部决定将中国远洋渔业协会筹备组并入渔协，此后又将筹建中的中国鳗业联合会纳入渔协会，并将一些原属政府管理部门的职能转移到渔协，使渔协的业务范围得到进一步扩展。

1998年10月，国务院颁布了《民间组织管理条例》，根据《条例》规定，一切民间组织，只有在民政部进行注册登记后，才能取得合法地位。此时的渔协，尽管已有40多年的历史，但根据《条例》的规定，同样要履行登记手续。为此，渔协秘书处从1999年开始注册登记的申报工作，但因恰逢国家清理整顿民间组织时期，申报工作迟迟未获受理。在时任国务院副总理温家宝的关心下，2001年5月，渔协补办登记手续的申请获得批准，渔协的分支机构和办事机构也同时得到确认，2002年1月11日，渔协第一次全国会员代表大会在北京召开，会议通过了《中国渔业协会章程》，明确规定："本会是由具有法人资格的渔业企业、事业单位和渔业工作者自愿参加的全国性渔业行业社会团体，是依法登记的非营利性的独立社团法人"。从此，渔协迈向了按市场化原则规范和发展的道路。

当前，渔协的业务领域不断扩展，已成为涵盖捕捞、养殖、近海、远洋等我国渔业行业各个领域的行业自律组织，深得众多渔业企业和广大渔民的信赖，会员队伍不断壮大。在为政府服务方面，承担涉日、涉韩渔船海上事故处理，维护渔船海上安全作业秩序的任务，还为政府渔业主管部门提供咨询服务。先后组织开展了金枪鱼渔业发展规划、鱿鱼钓渔业发展规划、入世后我国远洋渔业面临的主要问题及其对策等项研究，编印《周边渔业动态》等。在发展国际民间渔业交往方面也得到了进一步加强。在与日本国日中渔业协议会、韩国水产会等民间渔业组织保持着密切的联系与合作的同时，2003年，中国渔协正式加入了国际合作社联盟（ICA）渔业委员会，远洋渔业分会加入了国际负责任金枪鱼渔业推进组织（OPRT），并已作为上述国际组织和区域性组织的成员与世界许多国家的渔业组织建立了广泛的联系。

（吴万夫）

2006年2月，国务院发布《中国水生生物资源养护行动纲要》 建设自然保护区 提升水生生物资源养护管理能力

1.《纲要》制定发布的背景

（1）水生生物资源养护的国际趋势。20世纪70年代以来，国际社会非常关注水生生物资源的养护与管理。1972年《人类环境宣言》、1982年《世界自然宪章》、1992年《里约环境与发展宣言》等，都对生物资源养护提出了要求；1995年FAO《负责任渔业行为守则》及其一系列"国际行动计划"将"生态系统的渔业管理"作为新的管理目标；2002年联合国可持续发展世界首脑会议的《执行计划》和《政治宣言》提出，"为实现可持续渔业，于2005年前对捕捞能力进行管理，

2015年前恢复衰退中的渔业资源,使之处于最大可持续产量的水平”。一系列有关的国际条约,包括《联合国海洋法公约》、《濒危野生动植物种国际贸易公约》、《生物多样性公约》、《关于特别是作为水禽栖息地的国际重要湿地公约》等,为水生生物资源养护确立了基本原则,提出了各种管理措施。

(2)我国水生生物资源养护的基础环境。改革开放以来,我国对水域环境、水生生物资源的保护逐步加强,颁布实施了《海洋环境保护法》、《渔业法》、《野生动物保护法》等法律及其配套法规,以及《中国21世纪议程》、《中国生物多样性保护行动计划》、《中国湿地保护行动计划》、《渤海碧海行动计划》等一系列国家行动纲领,并取得一定的成效。

近年来,党和国家对资源、环境保护提出了更高要求。党的“十六大”报告中确立了“可持续发展能力不断增强,生态环境得到改善,资源利用效率显著提高,促进人与自然的和谐,推动整个社会走上生产发展、生活富裕、生态良好的文明发展道路”的全面建设小康社会的目标。这为加强水生生物资源保护,改善水生生态系统指明了方向,为完善有关政策和措施提供了依据。

(3)专家呼吁尽快制订国家行动计划。随着经济社会发展和人口不断增长,受诸多因素的影响,我国资源、环境与经济发展的矛盾依然十分突出,水域污染、过度捕捞、涉水工程建设、水域滩涂围垦等已造成我国水生生物资源严重衰退,水域生态环境不断恶化,部分水域呈现生态荒漠化迹象,外来物种入侵危害也日趋严重。

2002年5月23日,包括12名院士在内的中国水产学会19位专家,联名致信温家宝副总理,提出《尽快制订国家行动计划,切实保护水生生物资源,有效遏制水域生态荒漠化》的建议,得到温家宝副总理的批示。同年10月,农业部部长杜青林批示,要求尽快组织力量,编制水生生物养护行动计划。

2.《纲要》的制定与发布 经过近一年的筹备,农业部于2003年8月组织农业部渔业局、中国水产科学研究院及其部分所属研究所、上海水产大学等有关单位人员,成立了编制专家组,由农业部渔业局具体负责,开展《中国水生生物养护行动计划》的编制工作。

经过两年的精心编制,多次广泛征求意见并修改完善,2005年1月,《中国水生生物资源养护行动纲要》(以下简称《纲要》)在北京通过了专家论证。参加论证的有中国科学院、工程院院士及有关专家11位,以及国家发改委、科技部、环保总局、林业局的代表。2005年12月,农业部经国务院各有关部(委、局)会签后将《纲要》上报国务院,建议以国务院名义发布实施。

2006年2月14日,国务院以国发[2006]9号文件批准印发了《纲要》,要求各地各部门认真贯彻执行。

3.《纲要》的主要内容、意义和作用

(1)《纲要》的主要内容。《纲要》共有六个部分,分别为我国水生生物资源养护现状和存在的主要问题,水生生物资源养护的指导思想、基本原则和预期目标,渔业资源保护与增殖行动,水域生态保护与修复行动,生物多样性与濒危物种保护行动,保障措施。在渔业资源保护与增殖、水域生态保护与修复、生物多样性与濒危物种保护三项重点行动中,包括重点渔业资源保护、渔业资源增殖、负责捕捞管理、濒危物种专项救护、濒危物种驯养繁殖和经营利用管理、外来物种监管、水域污染与生态灾害防治、工程建设资源与生态补偿、水域生态修复、推进科学养殖等12项具体措施。

(2)《纲要》的意义和作用。《纲要》的发布实施,是我国全面贯彻落实科学发展观,切实加强国家生态建设,建设资源节约型和环境友好型社会所采取的一项重大举措,是我国渔业发展的一件大事。《纲要》从加强国家生态建设的战略高度和宏观层面,提出了今后相当一段时期内我国水生生物资源养护的指导思想、基本原则、奋斗目标以及需要开展的重大行动和保障措施,是指导我国水生生物资源养护的纲领性文件和行动指南,具有重要的现实意义和深远的历史意义。

《纲要》深刻分析了我国水生生物资源养护现状、存在的主要问题,总结了多年来的经验教训,在此基础上,汲取借鉴了国外先进管理理念和技术,充分考虑了新时期和市场经济条件下我国国情实际,所提出的水生生物资源养护的指导思想、基本原则、预期目标以及重点行动和保障措施,充分体现了纲领性、前瞻性、指导性和宣示性。《纲要》的发布和实施,使我国水生生物资源养护的方向与目标更加明确,政策与措施更加实际可行,对提升我国水生生物资源养护管理能力、开创水生生物资源养护新局面,将发挥巨大的推动作用。

(唐 议)

2007年9月,农业部发布《中长期渔业科技发展规划(2006—2020年)》 *确定渔业科技发展新目标 推动现代渔业建设进程* 为了贯彻落实《国家中长期科学和技术发展规划纲要(2006—2020年)》和《农业科技发展规划(2006—2020年)》,提升我国渔业科技创新能力和水平,切实发挥科技对现代渔业发展的引领支撑作用,促进渔业持续健康协调发展,按照新形势下现代渔业发展的新要求,农业部历时3年,经过前期战略研究和深入调研,多方面、多形式征求各有关部门的意见，并反复修改完善，编制完成了《中长期渔业科技发展规划(2006—2020 年)》。

《规划》提出的总体目标是：到 2020 年，形成结构完整、运行高效的渔业科技创新体系，渔业科技的整体实力进入世界前列，渔业科技投入得到较快增长，科技成果转化率和科技进步贡献率均达到 63% 以上，实现传统渔业向现代渔业的转变。

《规划》要求中长期渔业科技在水产养殖、水产品加工、渔业环境、水产品质量安全、渔业装备与工程以及渔业信息化等六大领域开展核心技术研究，促进我国渔业持续协调发展。在《规划》的基础上，提出了渔业科技发展的"十一五"规划目标。到 2010 年，构建出渔业科技创新体系基本框架，渔业科技成果转化率达到 50% 以上，渔业科技进步贡献率在现有的基础上提高 5 个百分点，促进渔业集约化、标准化、产业化程度进一步提高。

《规划》从现代渔业发展的全局和战略角度出发，在提出了中长期重点任务的基础上，进一步明确了"十一五"期间重点工作。主攻六大科技创新方向为：水产主导品种培育、重大疫病防控、健康养殖、水产品质量安全控制、水生生物资源合理利用与生态环境保护、渔业节能减排技术。为了促进科技对产业发展的支撑作用，整合四大科研攻关项目，即养殖水产品质量安全保障技术研究与示范、水产品加工关键技术研究与产业化示范、重点水域水生生物资源评估与养护技术研究和渔业节能减排关键技术研究与重大装备开发项目；实施三项科技示范推广工程，即现代产业技术体系研究示范工程、渔业科技入户示范工程、新型渔民科技培训工程。注重开展公益性基础工作，包括渔业资源的监测、渔业生态环境监测、渔业标准研究、渔业管理研究等。并从加强领导和科技投入、加强科技创新体系和推广体系建设以及科技持续发展的机制建设方面给以体制和制度上的保证。积极开展渔业科技的国际交流和合作。

该《规划》由农业部于 2007 年 9 月 26 日发布，下发到各省、自治区、直辖市渔业主管部门，要求结合各地区和各单位的实际，认真贯彻落实。

(周应祺)

2008 年 6 月，中国水产科学研究院成立 30 周年 深化改革 促进水产科技事业快速发展

1978 年 3 月，全国科技大会的召开把水产科研工作推向了新的繁荣。为了增强水产科技实力，加强全国水产科研的协调与管理，形成一个完整的水产科研体系，经国务院领导批准，1978 年开始筹建中国水产科学研究院。1982 年国家水产总局将直属的 9 个研究所统一划归中国水产科学研究院领导。

1. 水产科研机构的改革 1985 年，《中共中央关于科学技术体制改革的决定》标志着包括渔业在内的农业科技体制改革的正式启动。改革分 3 个阶段。

第一阶段(1985—1991 年)。渔业科技发展的指导思想是落实"面向"、"依靠"的方针，主要政策走向是"放活科研机构、放活科技人员"。政策集中在科研方向、拨款制度、科技项目管理、技术市场、组织结构及人事制度等方面。包括中国水产科学研究院在内的科研机构全面实行了所长负责制和事业费经费包干，并在试行事业费差额拨款、实行任期制、聘任制和岗位责任制等方面进行了大胆探索。

第二阶段(1992—1998 年)。改革的方向调整为"面向"、"依靠"、"攀高峰"，主要政策走向是按照"稳住一头、放开一片"的要求，分流科技人才，调整科研结构，强化内部管理制度改革，推进渔业科技经济一体化的发展。包括中国水产科学研究院在内的不少科研机构进行了分类改革，实行了"一院(所)两制"。

第三阶段(1998 年至今)。加强创新体系建设、加速农业科技成果产业化，政策集中在促进农业科研机构转制、建设现代科研院所、提升科技创新能力、优化运行机制、提高渔业产业和企业创新能力等方面。2002 年，中国水产科学研究院被确定为非营利性科研机构。

2. 渔业科研发展成就

(1)支撑渔业生产力快速发展成效显著。以中国水产科学研究院为例，截至 2007 年底，该院共取得各类科研成果 3 000 多项，有近 500 项成果获国家或省(部)级奖励，其中国家奖 51 项，省(部)级奖励 400 多项，全院以占全国水产科研单位 25% 左右的科技人员，取得占全国水产行业 55% 以上的国家和农业部奖励。全国渔业科技系统努力奋斗，取得了一系列突破性成果。对虾工厂化全人工育苗技术的攻克，使我国对虾养殖由原来主要依靠天然苗的小规模半人工养殖，进入到大规模全人工养殖时期，形成了对虾养殖产业，至 2005 年中国的对虾养殖面积已达 23 万多公顷，产量达到 27 万多吨。扇贝人工育苗和养殖技术的突破和海湾扇贝引进成功，带动了扇贝的养殖业的兴起，产量达百万吨以上，使扇贝从海珍品成为大众食品。鳀鱼、马面鲀、远东拟沙丁鱼以及远洋鱿鱼资源探捕技术的开发成功，为我国海洋捕捞业在不同时期提供了新的捕捞对象和作业渔场，促进了海洋捕捞业的持续发展，鳀鱼的累计产量已达 326 万吨，鱿鱼资源成为我国远洋渔业的主要捕捞对象。20 世纪 90 年代尤其是

21世纪以来,大菱鲆的引进和繁育养殖技术的突破极大地带动了我国海水养殖的健康快速发展,形成了我国海水养殖的第四次浪潮。大黄鱼、鲟鱼、鳜鱼、甲鱼、河蟹等一大批水产名优品种的育苗和养殖技术相继取得成功,建鲤培育技术及其推广,优质罗非鱼品种的选育、罗非鱼全雄化生产等技术的突破,对发展优质高效渔业起了重要的促进作用,推动了水产养殖业的繁荣。增氧机的使用,人工配合饲料和无公害渔药(疫苗)的研制和应用使池塘养殖产量大幅度提高。此外,渔业科技支撑行业管理的能力不断增强,科研院所对我国专属经济区和大陆架海洋生物资源及其栖息环境调查与评估工作,达到世界先进水平,所取得的大量资料为我国专属经济区生物资源的可持续利用及中日、中韩和中越渔业谈判和渔业合作协定的签订提供了重要的基础资料。突破了中华鲟保护上一系列技术难题,研究形成了一整套完整有效的中华鲟物种保护技术体系。

(2)科研规模不断扩大,科技创新能力显著提升。以中国水产科学研究院为例,“十五”期间,该院共承担各类研究课题1 035项,科研经费总量达3.2亿元,分别是“九五”项目总数(522项)的1.98倍和经费总量(1.27亿元)的2.5倍多。“十一五”全院科研经费又有较大幅度增长,截至2007年底,全院争取新上各类项目和课题已达958项,总合同经费超过4.6亿元。随着科研规模不断扩大,该院在重点研究领域的学科建设得到长足发展,在水产基础研究和应用基础研究等方面的综合实力明显增强。人才结构不断优化,科研队伍日益壮大。截至2007年底,全院共有在职职工1 992人,其中科技人员1 378人,分别比1978年建院初期增加了近10倍以上,中国工程院院士3人,高级研究人员463人;在职科技人员中,具有博士、硕士学位的396人。科研基础条件不断改善,创新平台层次明显提升。2007年度,该院共获得基建项目立项批复总投资9 717万元,是1978年建院初期的近50倍,大中型仪器设备583台套,总值达1.4亿元。国际科技合作进一步拓展。中国水产科学研究院与世界主要渔业国家和国际组织的合作不断深化和拓展,至2007年底,该院已经与9个国外单位和国际研究机构建立了合作关系,开展水产科技合作的国家、地区和国际组织达到了60多个。连续25年承担国家援外技术培训项目,为80多个国家和地区培训了1 000多名水产专业人才。该院面向海内外举办的“水产科技论坛”年会,为国际渔业科技合作和学术交流搭建了有效平台。

归纳起来,科学技术对渔业经济发展的促进作用主要表现在以下几个方面:

一是有效地拓展了渔业生产领域。科技的进步,提高了对水域资源的开发利用水平,从而使许多从前未被利用或利用率很低的资源得到较为充分的利用。养殖水域从池塘向天然水域、从滩涂向浅海和深海扩展;捕捞业从近海向外海和远洋扩展;低洼盐碱地渔业利用、稻田养鱼、高密度流水养鱼、工厂化养鱼技术方兴未艾,进一步显示了科学技术在开发新的生产领域方面的前景和作用。

二是大幅度提高了水域利用率和劳动生产率。技术水平的提高和应用,极大地提高了生产效率,使养殖的单产水平大幅度上升,淡水养殖平均单产水平比1980年增加了8.1倍,海水养殖平均单产水平比1980年增加了1.5倍。

三是有力地促进了渔业生产方式的变革。随着技术的进步,以单纯依靠自然资源和大量的物质消耗为其主要特征的传统渔业生产方式得到改善,人工控制水平和现代化程度较高的养殖方式得到较大发展,保证了渔业的可持续发展。工厂化养鱼、网箱养鱼、流水养鱼等各种高产、高效的养殖方式得以较为广泛的应用,加工、流通环节中各种低耗、增值技术及产品日益增多,促进了渔业向产业化方向发展。同时,以生物技术、信息技术为主的渔业高新技术取得的成就加快了渔业现代化的步伐。

(中国水产科学研究院　佘远安)

索　引

说　明

一、本索引采用分析索引方法，按汉语拼音顺序排列，同音字按声调排列。
二、"法律法规文献"、"渔业经济统计"、"领导讲话"、"专题论坛"栏目中的具体内容未做索引。"各地渔业"栏目中的条目按正文照列，不参与排序。
三、索引词条后的数字表示内容所在的正文页码。

H

J

L

N

Q

X

Y

Z

图书在版编目（CIP）数据

中国渔业年鉴．2009/农业部渔业局主编．—北京：中国农业出版社，2009.10
ISBN 978－7－109－13613－7

Ⅰ．中...　Ⅱ．农...　Ⅲ．渔业经济－中国－2009－年鉴　Ⅳ．F326.4－54

中国版本图书馆 CIP 数据核字（2009）第 184493 号

中国农业出版社出版
（北京市朝阳区农展馆北路 2 号）
（邮政编码 100125）
责任编辑：丁福辉

中国农业出版社印刷厂印刷　　新华书店北京发行所发行
2009 年 10 月第 1 版　　2009 年 10 月北京第 1 次印刷

开本：787mm×1092mm 1/16　　印张：23　　插页：46
字数：800 千字　　定价：120.00 元

改革开放三十年

中国渔业发展成就展

目录

直挂云帆济沧海

浙江省象山县向现代海洋与渔业强县挺进

——建成全国一流的现代化智能型县级海岸带管理中心。该中心引入外资1285.5万美元，其中投资3791万元建成集海洋环境和渔业资源、水产病害、水产品质量安全检测三合一、兼海洋与渔业指挥、培训功能为一体的县海岸带管理中心。

象山渔业源远流长，先辈们用勤劳、智慧和汗水谱写了一页页动人的篇章，成就了6000年象山渔业历史，确立了全国海洋大县、渔业大县的地位，铸就海纳百川、勇立潮头的象山人精神。象山，第一个喊出“善待海洋就是善待人类自己”的世纪强音；第一个面向世界渔民发出“海洋兴亡，匹夫有责”的倡议；第一个专门保护海洋的民间组织在这里成立；第一个“海洋论坛”专题活动在这里发起；第一个“环太平洋海洋环保志愿者”行动在这里启动；第一个里程碑式的志愿者活动纪念墙在这里揭幕……面对前辈们的心血凝聚、几千年渔文化积淀、象山优越的海洋与渔业资源条件赋予我们的机遇和历史使命，象山海洋与渔业人积极转变理念，坚持以科学发展观统领海洋与渔业工作。按照象山县“十一五”海洋与渔业发展规划的要求，紧紧围绕“桥海兴县”这一战略目标，凝心聚力，创业创新，海洋与渔业经济实现了跨跃式发展，产业基础不断夯实，产业发展转型升级，产业结构深入优化，渔民收入大幅增加，渔业基础设施、安全保障体系建设全面推进，海洋管理工作不断完善并取得突破性进展。2008年实现水产品总量56.9万吨，总产值42.9亿元，列入全国渔业“五强县”，实现从渔业大县向海洋渔业强县的历史跨越，吹响了进军现代海洋与渔业强县前奏曲。

长风破浪会有时，直挂云帆济沧海。21世纪是海洋的世纪，象山最大的特色和优势在于海洋。在改革开放的大潮中，象山海洋与渔业人将发扬“海纳百川、勇立潮头”的象山精神，张满风帆、开足马力，驶向那属于自己美好未来的彼岸……

——建成亚洲最大的“中国水产城”。该交易市场符合HACCP规范和管理要求，集泊位、贸易、运输、冷冻冷藏、加工、渔需物资供应、金融、电讯、服务等功能于一体，占地132.7亩，总建筑面积34874平方米，总投资21000万元，年水产品交易量可达30万吨以上。

——水产品加工园区建设规模全国领先。投入15亿元建成水产品加工园区，面积3平方公里，入园水产加工企业38家。2004年10月，水产品加工园区被农业部命名为“全国第一批农产品加工示范基地”、“中国水产食品加工基地”荣誉称号。2008年园区加工企业产值12亿元，出口创汇1.7亿美元。园区直接吸纳劳动力8000余人，间接解决1万余人的劳动就业。

——“齐心模式”。象山齐心活鲜水产专业合作社成立于2005年5月，共有社员217人，连接捕捞渔船110艘，洋地运销船6艘，活鲜运输车25辆，遍布全国大中城市的销售网点27个。合作社着力整合捕捞、养殖、销售力量，在国内20余个大小城市建立销售窗口，实现小生产与大市场的对接，建立了“渔场—收购—运输—市场”的产业链，形成了“龙头企业＋合作社＋渔民”科学经营模式，建立了一条从渔场到餐桌的活鲜水产品高速通道。2008年，销售总额3.5亿元，实现纯收益684万元，按股金分红及交易额返还410万元，成为水产流通行业龙头。

——拥有两个海洋保护区。从1998年开始，象山积极实施系列海洋生态保护修复工程。韭山列岛省级海洋生态自然保护区于2003年4月经省政府批准建立，以韭山列岛为核心，面积1149.5平方公里，主要保护对象为大黄鱼、曼氏无针乌贼、江豚、繁殖鸟类等海洋生物资源及岛礁生态系统。2008年8月，象山又一个海洋保护区——渔山列岛国家级海洋生态特别保护区经国家海洋局批准建立，保护范围57平方公里。目前保护区积极开展立法、规划编制、大黄鱼人工增殖放流、人工鱼礁等工程。

——建成渔船防避台风专用锚地。2008年8月全面完成拥有2万亩腹地的象山渔船防台避风新锚地建设，投资2300万元。锚地集35座系泊浮筒、2座灯浮(航标)、5座气象监测点、4座视频监控及系统并网、一幢现场指挥所(319平方米)、7座上岸通道以及锚地上岸指示、照明、警报等配套系统于一体，有效解决2000余艘大功率渔船避风锚泊问题。成为国内第一个拥有信息指挥系统、渔民安全转移保障系统、航标气象安全辅助系统于一体的大型避风锚地。

——渔业安全信息化系统全面建设走在全国前列。投入3500余万元全面实施立体防护式海洋渔业船舶安全救助信息系统建设，建成县级监控指挥中心1座，分中心10座，大小视频监控点16个，共在渔船上安装AIS船用终端避碰系统2420套，渔船射频自动识别卡2300个，渔用对讲机200套，船用北斗卫星信息终端1600套。渔业安全信息化系统的全面建设提高了渔业安全设施保障能力，实现了港口和海上情况的实时监控，海洋与渔业安全管理能力全面提升。

——在全国率先推行渔民准入登记。象山于2008年9月率先建立国内首个渔民准入登记处，严格实行渔业行业准入登记制度。准入登记处实行免费技能培训、提供就业推荐、动态掌握渔民(雇工人员)流向等服务管理工作。半年来，登记处免费为7000余名捕捞从业人员开展了下海捕捞生产必须的专业技能培训，就业率达80%;2800余艘渔船的信息登记入库。打此象山渔业安全生产事故明显下降。

——南美白对虾作为象山县“7＋1”龙型产业之一，近几年发展速度迅猛，全县养殖面积1300亩，其中投资600余万元建成了单体面积达500亩新桥石昌南美白对虾全大棚养殖基地，有标准化池塘95只，池塘采用大棚结构，采取底充式增氧和水车式增氧相结合方式，并配备了虾苗培育池、沉淀蓄水池、锅炉等配套设施。基地采取三茬养殖方式，每年3月中旬放第一茬虾苗，待第一茬起捕完后5月底至6月初采取网箱暂养放养第二茬虾苗，8月底放养第三茬虾苗一直养到年底结束。该养殖模式经济效益明显，2008年产值550万元，利润200万元，同比普通池塘养殖，亩产量、亩利润均翻番。

——发起中国渔民“蓝色保护志愿者”行动，对全世界海洋环境和生态保护具划时代的意义。2000年8月23日，21位象山渔民发起了中国渔民“蓝色保护志愿者”行动，成立了我国第一个专事保护海洋的民间组织——中国渔民“蓝色保护志愿者”行动指导委员会，向全国发出“让海洋永葆青春”的倡议。当年，“蓝色保护志愿者”南下厦门、珠海，北上青岛、大连等地，深入城市和渔村开展宣传和征集签名活动，发展了一万多名保护海洋的志愿者。2001年，“蓝色保护志愿者”通过电子邮件和漂流瓶，向联合国和21个濒海国家元首呼吁全世界共同保护海洋，并向全世界渔民发出“蓝色保护志愿者”行动倡议，得到积极响应。

江苏兴化市水产局

中国作协副主席叶辛在泰州市副市长张奎杰陪同下考察兴化大闸蟹养殖基地

江苏省兴化市地处江淮之间里下河地区腹部，境内河湖纵横，水产资源丰富，全市共有水产养殖面积75万亩，养殖水体主要有河沟、湖荡大水面、池塘及生态共作等四大类型。近年来，该市充分发挥资源优势，大力发展鱼虾蟹等特色养殖，已成为全省河蟹、青虾、克氏原螯虾、银鲫重要产区。该市下圩水产养殖场、繁彬水产养殖有限公司成为省级水产良种繁育场，九寿堂生物制品有限公司西郊养殖场、红膏大闸蟹有限公司丁扬养殖场被认定为农业部水产健康养殖示范场。2008年全市淡水产品总产量超过22万吨，渔业现价产值超过38.85亿元，农民人均纯收入中有1150元来自水产业。全市已有16个无公害水产品、13个绿色水产品、11个有机水产品、6个江苏省名牌产品、2个江苏省名牌农产品，已建成高效渔业面积23万亩。

兴化市按照优质、高效、生态的要求，坚持稀放大养、健康养殖、循环增氧、重质适量、生态高效，已形成"节地、节水、节饲、节能、节劳"型"兴化河蟹养殖模式"。2008年，全市河蟹养殖面积61.4万亩，产量4万吨、产值16.77亿元。生态河蟹品牌建设不断加强，全市已培植中庄、楚水、千垛、金沙沟、泓膏、板桥、金香来等10多个河解品牌，其中泓膏、板桥大闸蟹通过有机食品认证，泓膏大闸蟹被评为江苏省名牌产品，金香来、板桥大闸蟹被授予江苏省名牌农产品称号，金香来大闸蟹被中华全国工商联合会农业产业商会认定为"全国农产品及其加工制品进超市推荐精品"。

兴化市2008年大青虾养殖面积50.7万亩，产量3万吨，约占全国青虾产量的10%，产值达10.75亿元。该市推行全程质量监控制度，制订并完善兴化大青虾生产技术操作规程、无公害生产技术标准和绿色食品生产技术规程，逐步形成一套相对完整的兴化大青虾生产技术体系，不断提高青虾综合生产水平。"楚水"、"千垛"、"金沙沟"牌青虾获国家级无公害水产品质量认定，"楚水"牌兴化大青虾获得中国绿色食品中心绿色食品标志许可使用认证，楚水牌青虾、冻青虾等是江苏省名牌产品，"兴化大青虾"集体商标已经国家工商行政管理总局商标局核准注册。

农业部副部长范小建在渔业局局长李健华和江苏省省委常委、副省长黄莉新的陪同下，考察兴化大闸蟹

江苏省常务副省长赵克志在兴化市委书记贾春林等领导的陪同下考察兴化大闸蟹

兴化市委书记贾春林在北京推介兴化大闸蟹

农业部副部长牛盾在江苏省、市、县领导的陪同下，考察兴化大闸蟹

湖北蕲春县水产局

黄冈市副市长蔡德坤(中)调研蕲春水产

湖北省水产局副局长林伟华(左四)、市水产局局长干永忠(右二)等领导调研蕲春水产

县委书记熊长江(中)等领导到赤东湖调研

蕲春县是明代医药学家李时珍故里，是湖北省20个水产大县之一，也是全省水产板块基地建设重点县和渔业科技入户工程示范县。全县水域总面积35.8万亩，实现养殖水面20.5万亩，其中精养水面达10万亩，生产苗种6亿尾，实现水产品总量达8.07万吨，渔业总产值7.7亿元。水产从业人员1.6万人，劳平收入8000～15000元，渔业综合经济质效位居黄冈市榜首，水产业已成为我县农业农村经济中的支柱产业和农民致富奔小康的重要门路，为繁荣农村经济，增加农民收入，改善城乡人民生活，促进社会稳定作出了积极贡献。

渔业基地建设有新进展 按照“基地，文化，社会”三个建设一起抓的思路，围绕蕲南确定核心区，蕲北建设示范片的构想，在水域环境较好，养殖水面较大，渔农素质较高的地区大规模建设高标准，高质量，高规格，高效益的连片板块基地和渔业高产高效示范区。到目前为止，全县三改一建面积达2.5万亩，其中塘堰，湖库改造1.5万亩。高标准建设精养鱼池1万亩，其中已建成1000亩以上的连片渔业板块基地5个，500亩以上的10个，300亩以上的集体渔场20多家，已被省列入板块基地建设示范县(市)。

渔业结构调整有新动作 围绕市场需求，在产业结构调整上大力发展名特优水产养殖。按照区域化布局，专业化生产，市场化运作和产业化发展的新要求，把小龙虾、螃蟹、珍珠、鳜鱼、黄颡鱼、翘嘴鲌，黄鳝、花白鲢等作为发展的主导产品。全力推广种青养鱼，测水养鱼，绿色无公害养殖，80:20养殖等养殖模式。四个产值过亿元的渔业主产区建设已初具规模，全县“一村一品”，一鱼一产业”的养殖格局已全面形成。各特优养殖面积达到10万亩，其中主养和套养名贵鱼类达8万亩。

科技兴渔战略有新突破 一是在全县掀起送科技下乡，科技进村入户活动热潮，采取电视宣传，专家讲座，技术培训，资料介绍等形式，为渔农服务。二是大力发展循环渔业和生态渔业，全面推行鱼猪鱼鸭，鱼稻鱼果配套等养殖模式。三是大力推广和普及绿色无公害水产品养殖技术，注重水产品质量安全。全县已有22处产地通过了无公害水产品认定，面积达到8万亩，有47个产品获得绿色无公害认证，覆盖了全县所有水域。其中“红头湖”牌鲢鱼、鳙鱼、黄颡鱼等3个产品已申报认证为绿色食品，成为黄冈市首家获得绿色食品标识的水产品，打出了蕲春水产的精品名牌，提升了蕲春水产品的知名度和美誉度。到目前为止，全县实现水产大镇6个，水产专业村150个，培植渔业科技示范户360户，开展渔业技术培训50次，发放技术资料3万份。

企业改革改制有新举措 我们围绕增强企业活力增添发展后劲的目标，深化企业内部改革，加快转轨改制步伐。按照省政府对农业“小三场”改革的会议精神，以“三个有利于”为标准，以企业改制，职工改身份为重点，大力推进国有渔场的用工制度，产权制度和经营制度的改革，全面建立符合市场经济要求的运行机制，积极稳妥地推进国有水产企业的改革改制工作。

信中利国际投资有限公司总裁汪潮涌(右四)到赤东湖考察

捞捕场景

蕲春县水产局办公楼

浙江省洞头县海洋与渔业局

党委书记、局长　林汉画

全浮式无公害紫菜养殖基地

苗种培育基地

温州(洞头)中心渔港效果图

洞头县地处浙南沿海、瓯江口外，内连三江、外接东海，是全国14个海岛县(市、区)之一，海洋渔业资源丰富。全县海域内水面积792平方公里，滩涂面积10.1万亩，海岸线绵延曲折，总长约333.5公里，水道纵横港湾多，可布置1万~20万吨级泊位90多个，是温州的深水港区。洞头渔场是仅次于舟山的浙江第二大渔场，面积达4800多平方公里，海洋生物种类繁多，渔业生产历史悠久。

在洞头县委、县政府“科技兴渔”战略的指导下，洞头县海洋与渔业局强化指导服务，夯实各项基础，努力实现全县渔业生产的指导、协调、服务以及执法管理等职能。

2008年全县实现渔业经济总产值7.3亿元，比上一年增长3.9%，占全县生产总产值的24%，渔业经济继续保持平稳发展态势。特色产业优势在进一步加强壮大;洞头是“中国羊栖菜之乡”和“浙江省紫菜养殖基地”，全国羊栖菜人工育苗基地在洞头落户，插杆养殖、全浮式紫菜养殖方式在全县大力推广，并引导发展鼠尾藻、海苔、海带等藻类多元化养殖，走现代渔业科学发展之路;洞头正加快建设“无公害生产养殖基地”、“绿色水产品养殖基地”和“标准化养殖区”，并通过增殖放流、海洋牧场建设等方式来发展可持续生态渔业。突出发展渔港经济，兴港富民;洞头县作为温州市实施“一港三城”新一轮发展战略的重要一环，区位优势显得更为突出。在建的温州(洞头)中心渔港是国家级中心渔港，可容纳6000余艘大小渔船避风，建成后将是浙南地区最大的集渔船避风、交易、加工、服务为一体的中心渔港。

洞头在奋进，百岛已崛起，洞头已进入半岛经济跨越式发展的新时代，洞头渔业经济也处于向海洋经济转型的关键时期。正在加快建设的水产科研基地、水产品交易市场、水产品加工基地、中心渔港等将为洞头渔业经济的发展提供广阔的舞台;海岛旖旎风光、休闲渔业、人工鱼礁等丰富的旅游资源为洞头的发展增添绚烂的一笔。未来的洞头势必开创海洋经济新纪元，实现“海上崛起”。

地址:浙江省洞头县北岙镇县前路15号
邮编:325700
电话:0577-63481553
传真:0577-63471853

广州市番禺区海洋与渔业局

农业部副部长牛盾到番禺区石楼调研

中央农村工作领导小组张冬科、农业部渔业局副局长柳正等领导在广东省海洋与渔业局副局长陈良尧的陪同下，到番禺区考察。

由农业部财务司司长王鹰带领的调研组，在省海洋与渔业局陈良尧副局长的陪同下，到番禺区开展鱼塘标准化整治专题调研。

英姿飒爽的渔政执法队伍

2008年，全区水产养殖面积为12.14万亩。水产品总产量约19.92万吨，同比增长3.8%；产值21.02亿元，同比增长19.7%。基本完成了年初制定的工作目标和上级下达的各项工作任务。

以塘改促生产，优化水产品区域布局 2004年起，番禺区决定节地挖潜，腾龙换鸟，分期投入2.8亿元，对全区12万亩鱼塘中的6万亩连片鱼塘实施标准化改造。到2008年底，市、区两级财政共投入2.6亿元整治约4.75万亩鱼塘，其中广州市财政共投入0.73亿元，番禺区财政投入1.33亿元。

通过改造，扩大了番禺区优质品种的养殖面积，提高了健康养殖水平。南美白对虾、黄鳍鲷、鲻鱼、笋壳、锦鲤等优质品种已初步形成生产规模，并占有一定的市场份额。目前“四大家鱼”所占比例约为40%，罗非鱼约占30%，其它优质品种约占30%。番禺水产养殖品种布局初显成效，“一村一品”或“一镇一品”已具有一定的基础，如石楼的咸淡水鱼类、东涌的南美白对虾、化龙的罗非鱼等已形成比较成熟的产业带。

以港建促村改，大力推进渔港经济建设 番禺区现有渔港2个，即莲花山渔港和低涌小型渔港。莲花山渔港始建于1958年，地处番禺石楼镇东部，是广州地区最大的群众捕捞生产基地，也是广州市最大的水产品供应地之一。2003年被广东省确定为中心渔港培育对象，2004年被农业部纳入全国中心渔港发展规划。低涌渔港地处番禺区石碁镇的南部，2008年，纳入《广州市广州市渔港建设总体规划（2007－2015）》。

近年来，番禺区积极发挥渔港建设对渔区产业结构调整、基础设施完善、渔区经济和社会协调发展的带动作用，探索和尝试建立渔业增效、渔民增收长效机制，推进渔区社会主义新农村建设。一是打造莲花山渔港经济区。经济区总占地面积109.4公顷，总投资约20亿元。分为渔民安置区、水产品交易区、加工物流区、休闲观光区以及饮食风情区等。二是启动莲花山国家级中心渔港以及低涌三类渔港申报工作。目前，渔港经济区项目一期工程——水产品交易市场干货交易区已奠基动工。莲花山中心渔港已上报国家农业部立项，争取2010年动工，2011年完工。

以制度促法治，维护海洋与渔业正常生产秩序 广东省渔政总队番禺大队是广东省直属行政执法机构，现配备执法人员32名，渔政执法船1艘（中国渔政44163）、执法快艇5艘、执法车辆2台。

面对新形势下的新情况和新要求，番禺区渔政大队调整工作思路，一是将重心从海上执法向岸上执法逐步扩展。加大对水产品质量安全、水生野生动物执法人力、物力上的配置，提高执法成效。二是针对违法捕捞者隐蔽性强的特点，分析其活动规律，圈出重点区域，利用夜晚及节假日时间，采取不定时的巡查，提高威慑力。在执法人员卓有成效的努力之下，番禺区渔政大队表现出色，获得各级领导与群众的好评。2004—2006年，连续3年被省渔政总队评为“海洋与渔业执法先进单位”，2008年，荣获全国渔业船舶检验系统“检验标兵单位”荣誉称号和广州市“反走私先进集体”光荣称号。

以政策促和谐，切实提高渔民生活水平 2004年至今，番禺区先后出台并落实了渔民税费“先征后补”、将7.35千瓦以下的海洋捕捞渔船及所有内陆渔船纳入减船补助对象、伏季休渔生活补助、渔用柴油补贴等政策，下达专项补助资金约1.3亿元，其中柴油补贴资金1.02亿元，转产转业渔船补助资金1500万元，两项合计占补助总金额的90%。有效遏制了传统捕捞渔民由于资源减少、油价上升、生活技能单一、生活来源无保障等原因造成的返贫现象。2008年，番禺区政府以区财政解决50%（约1400元／艘），渔民自行出资50%补贴标准，完成对全区490艘60马力以上的渔船强制性配置气胀式救生浮。

鱼塘标准化整治现场

海鸥岛国家级健康养殖示范区

莲花山渔港

四川武胜县水产渔政局

武胜县水产渔政局是县编委批准的科级事业单位，现有职工10人，其中高级工程师2人、工程师4人，有大学本科毕业生3人，大学专科毕业生3人。局内设有办公室、水产站、渔政管理站、水产种质资源保护区管理处、渔业船舶检验站、水生动物防疫检疫站。

主要职能 负责全县水产发展规划，水产技术推广，咨询服务，技术培训，水产病害防治，水产品种质检测，渔药渔饲料质量监测;渔业行政执法检查，渔业许可证件核发管理，渔业资源保护，水生野生动植物环境保护，渔事案件查处，渔业安全生产监管等。

主要业绩 水产业是武胜县发展农村经济的“四大”骨干产业之一，在调整农村产业结构、增加农民收入、发展农村经济起到了十分重要的作用。2008年水产品总量达2.51万吨，其中名优水产品达1.4万吨，实现渔业经济总产值3.31亿元，分别比上年增长8.7%、16%。农村人均水产品34.19千克，人均渔业经济产值450元，居全省前列。嘉陵江武胜县中心至清平河段2008年被批准为国家级水产种质资源保护区。2009年全县水产品产量将达到2.7万吨，实现渔业经济总产值3.7亿元。

江西鄱阳县水产局

局长　王克振

副局长　王全运

总工程师　吴云发

鄱阳县水产局为鄱阳县渔业行政主管部门。办事机构有:行政办公室、技术推广站、渔政股、生产股。工作人员共29人，其中中级职称以上18人。

鄱阳县是全国淡水渔业重点县，中国鄱阳湖淡水鱼之乡，江西省渔业十强县。境内水网纵横，河湖密布，是典型的江南水乡，拥有水域155.5万亩，其中鄱阳湖捕捞水域98.7万亩，四大河流(乐安河、昌江河、潼津河、西河等)水域12.3万亩，内陆可控养殖水面44.5万亩，另外还有低洼农田34万亩，宜渔稻田30万亩。渔业种质资源丰富，拥有鱼类148种，贝类54种，还有甲壳类、爬行类、两栖类等水生动植物资源。2008年渔民48910户，渔业人口195630人，渔业劳动力60904人，渔船5372艘，并发展网箱1.2万只，网栏3.1万亩，网围0.35万亩。水产品总产量13.2万吨,繁殖鱼苗10亿尾，总产值13.9亿元，约占农业总产值的33%。主要养殖品种有河蟹、青虾、小龙虾、鳜鱼、鲈鱼、乌鱼、鮰鱼、甲鱼、银鱼等，主要养殖方式有湖库套养、大水面增殖、池塘精养和网箱养殖。水产企业37家，其中年产值1亿元以上两家，5000万元以上4家，年产值100万元以上水产企业9家。特别是江西省鄱阳湖农业综合开发有限公司2004年出口创汇164万美元，2005年出口创汇900万美元，2008年出口创汇1500万美元，填补了本县直接出口创汇为零的空白。鄱阳渔钩更是扬名海内外，年产渔钩30多亿枚，产值5000余万元，约占全国渔钩市场的3/4。

江西余干县水产局

局长、党总支书记　胡雄英

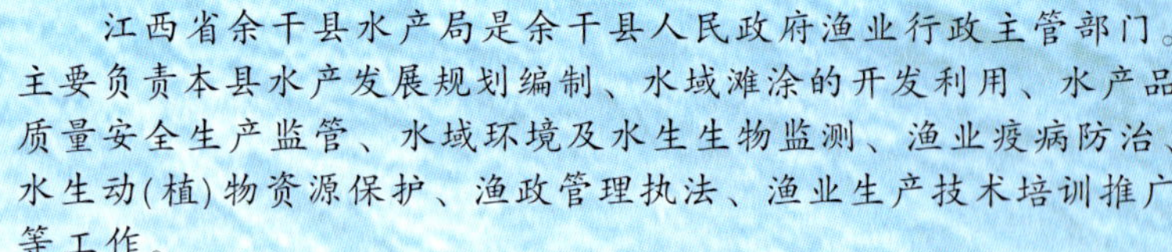

江西省余干县水产局是余干县人民政府渔业行政主管部门。主要负责本县水产发展规划编制、水域滩涂的开发利用、水产品质量安全生产监管、水域环境及水生生物监测、渔业疫病防治、水生动(植)物资源保护、渔政管理执法、渔业生产技术培训推广等工作。

几年来，余干县水产局抢抓改革发展机遇，在县委、县政府的正确领导下，坚持合理、科学开发鄱阳湖水面资源，以渔业增效、农民增收为目标，以调整优化渔业结构为核心，以发展“一条鱼一个产业”、“一乡一品”为主线，以提高渔业科技水平为抓手，深挖潜力，攻坚克难，扬优成势，余干渔业经济实现了逾三十年的稳步持续增长。2008年全县水产养殖面积38.9万亩，产量达到11.2万吨，渔业产值11.9亿元，占全县农业总产值的44%。其中特色水产继续保持了又好又快的发展势头，特种水产品产量4.2万吨，发展壮大乌鱼、黄鳝、虾蟹、鳜鱼四个产值超亿元的特色养殖产业，形成了5个专业乡镇13个专业村，带动农户5000余户。

原农业部副部长范小健在余干县调研特色水产

余干利用鄱阳湖优质水面大力发展无公害、绿色水产品养殖，结合农业部在我县实施的渔业科技入户工程，大力推广健康养殖技术和生态养殖模式，在全县10个乡镇开展了水产生态健康养殖技术普及推广，全县无公害生态健康养殖面积达到15万亩，创建生态健康养殖示范区3个，保证了全县水产品质量良好品质，塑造了“鄱湖”水产品健康绿色品牌。

主攻水产品加工，养殖加工并重。为扶持发展全县水产加工制定了一系列优惠政策，全县拥有规模水产加工企业5家，其中出口企业并获出口欧盟企业1家，省级龙头企业1家，市级龙头企业3家，已建设并运营良好的大型的鄱阳湖水产品综合批发市场，带动了30万农户以及水产品和其他大宗农产品的销售流通，成为江西省重要的水产品物流和信息中心，转运中心。

发放科技入户下乡培训资料

展望未来，在追求产量和产值的同时，注重鄱阳湖生态养殖与绿色环保，大力培植一批实力强，带动力和辐射力广的加工及市场型龙头企业，建设华东地区水产强县。到2020年，基本建成立足鄱阳湖，面向江西省，辐射“长珠闽”的水产品生产和加工基地，全面实行标准化养殖生产，以四大产业——乌鱼、黄鳝、虾蟹、鳜鱼养殖业为支柱，重点建设一个2万亩现代化特色渔业养殖示范区和年加工出口水产品1万吨，销售收入2亿元的鄱阳湖水产品加工基地。

渔民喜获丰收

生态网箱养鳝基地一角

浙江玉环县海洋与渔业局

局长　杨良权

玉环位于浙江省东南沿海黄金海岸线中段，是全国十三个海岛县之一，由玉环本岛、楚门半岛和135个外围岛屿组成，海域面积1901.73平方公里，五倍于陆域面积，海岸线长329.14公里，滩涂面积147.93平方公里，是一个典型的海域大县，陆域小县。玉环也是全国渔业重点县，拥有浙江省三大优良港湾乐清湾和著名的披山渔场，现有纯渔业村(社区、公司)34个，渔业人口7.08万人，渔业劳动力3.66万人。

近年来，玉环县海洋与渔业局在各级政府和有关部门的领导帮助下，大力实施“创业创新、兴海强渔”战略，不断加大渔业资源开发力度，优化渔业产业结构，强化渔业综合管理，使渔业经济取得了长足发展。2008年，全县实现水产品总产量27.11万吨，总产值18.76亿元。先后被评为全省渔业工作先进县(市、区)局，全省渔业安全生产先进单位，被台州市委、市政府评为发展渔业经济工作先进集体、全市安全生产工作先进单位，并先后获得全国渔船船东互保工作先进单位、东海区抢险救助先进集体、全省伏休执法管理工作先进集体、全省捕捞渔民转产转业工作先进单位、全省渔业船舶检验系统工作创新单位、全省渔业互保工作年度先进单位、省渔船海难救助先进单位等荣誉。

海洋捕捞业增效显著　通过捕捞船只更新改造，大功率渔船得到适度发展，渔船保鲜和节油等技术革新深入实施，灯光围网等作业方式进一步优化，海洋捕捞效益不断增加。在全省率先推行渔民养老保险制度，出台《玉环县拆解渔船所涉人员参照执行被征地农民基本生活保障的实施意见》，参加养老保险渔民达3200多名。

水产养殖业快速发展　全县养殖面积8108.2公顷，养殖品种达30余种，呈现鱼、虾、贝、藻多样化格局。养殖模式也从30年前单一的滩涂养殖发展到目前的网箱养殖、筏式养殖、延绳式养殖、围塘养殖、高涂蓄水养殖等10多种。现有养殖网箱6800多只，育苗企业19家，省级渔业龙头企业3家，各类经济合作社27家，无公害水产品基地11个，国家无公害水产品22个，绿色水产品2个，市级水产养殖示范园区11个，荣获“浙江省农业特色水产养殖强县”的称号。

水产加工业日新月异　全县已有水产品加工企业70家，实现加工总量4.8万吨，产值5.81亿元。“定海针”牌冻虾仁、“龙生”牌冷冻鱼糜、“亚达”牌醉仙泥螺和“宏大”牌鲜卤黄花鱼等产品在历届农博会上屡获金奖。海洋生物资源等加工技术有效突破，成为全国重点甲壳素和鱼粉生产基地。

渔业基础设施不断完善　经农业部审定的群众渔港19处，形成了以国家级坎门中心渔港为龙头，鸡山、大麦屿、栈台二级渔港为骨干，灵门等4个三级渔港为基础及11个三级以下群众渔港为补充的渔港体系。率先建设渔业安全救助信息系统，防碰撞终端设备与卫星监控终端设备安装渔船数达800多艘，同时建成海域视频监控系统，实现海域使用全天候监控。

渔业管理日趋规范　加强县域渔业水域的环境保护力度，及时查处渔业违法案件，连续十四年实现伏季休渔“零违规”的目标。在全省率先推行渔业安全生产社会化管理，全面实施捕捞许可制度、水产苗种许可制度和养殖证制度，加强水产品质量安全管理和检测工作，有效维护全县渔业生产的正常秩序。

海带养殖场地　　工厂化养殖场　　养殖鲍鱼

浙江嵊泗县海洋与渔业局

局领导班子成员

嵊泗县，又称嵊泗列岛，位于长江和钱塘江入海的交汇处，是浙江省最北部的一个海岛县，是我国10个重点海洋渔业县之一。全县总人口8万，其中渔业总人口4.5万。嵊泗县海洋与渔业局作为政府组成部门，主管全县海洋与渔业工作。内设5个行政科室，下辖两个派出机构、8个事业部门和1个渔政执法船队，共有在职干部职工135人。

2008年，坚持以科学发展观统领海洋与渔业工作，按照建设海洋经济强县和发展现代渔业两大目标要求，解放思想，创业创新，启动实施了“村镇创强、船只创先、老大创优、养殖创精、体制创新”五大专项行动，在各方面的共同努力下，全县渔业生产继续保持了平稳态势，渔民收入稳步增长，渔区社会更趋和谐稳定。2008年，全县渔业总产量27.38万吨，总产值14.52亿元，渔村人均纯收入11045元。

2008年，该局率先在浙江省贻贝养殖之乡——枸杞岛开展了贝类划型工作，被农业部认定为自然海域贝类生产型一类海域。率先在乡镇村社推行了渔业安全生产社会化管理模式，得到了上级主管部门高度肯定并推广。由于工作较为突出，该局被浙江省海洋与渔业局评为2008年度先进单位。

省市领导参观黄龙乡渔业安全生产监控平台

渔政执法船执行海上巡航任务

嵊泗中心渔港

深水网箱养殖基地

海上牧场——贻贝养殖区

四川省水产局

局长　卿足平

新中国成立后，在党和政府的正确领导下，四川渔业获得了长足发展，取得了辉煌成就。

水产经济持续快速发展。到2008年，全省水产品总产量达到130.34万吨，是1949年8078吨的161.35倍;人均水产品占有量达到14.79公斤，是1949年约0.1公斤的148倍;渔业经济总产值达到217.43亿元，是1949年5200万元的418倍;全省农民人均水产收入达到319.75元;全省水产养殖面积达到21.26万公顷，是1949年2.37万公顷的8.97倍;稻田养鱼面积达到31.6万公顷。

渔业改革硕果累累　一是通过对渔业的社会主义改造，建立了渔业的全民所有制和集体所有制，为四川渔业的发展奠定了根本政治前提和制度基础。二是在党的十一届三中全会后，通过不断深化渔业经济体制改革和对外开放，为渔业的大发展注入了强大的活力。

发展中的江河船型网箱养鱼

多种水产养殖模式蓬勃兴起　新中国成立后，水产养殖获得快速发展，形成了具四川特色的以池塘、水库、稻田养鱼为主的多种养殖模式，养殖品种新中国成立初期的几个品种发展到30多个品种。到2008年，全省水库、池塘、稻田养鱼面积分别达到7.8万公顷、10.04万公顷、31.65万公顷，养殖产量分别达到26.18万吨、57.62万吨、26.23万吨，各项指标成倍、成百倍的增长，已进入我国内陆渔业大省行业。

渔药渔饲料工业和休闲渔业异军突起　渔用饲料、渔药工业、休闲渔业等渔业二、三产业从无到有，从小到大，获得了飞速发展。到2008年，全省渔用饲料产量超过百万吨，产值达到18.86亿元;渔药产值达到2.18亿元;休闲渔业产值达到11亿元;加工产值超过1亿元;流通服务业产值达到48.34亿元。一批以渔用饲料、渔药生产为主的企业应运而生，快速成长，形成国内主要的渔用饲料、渔药生产基地，并确立了在全国的领先地位。

广元市水产良种场

水产科研技术推广捷报频传　全省在高密度流水养鱼、网箱养鱼、规范化稻田养鱼、工厂化养鱼、渔饲料加工、配方、投喂技术、水环境强化控制技术，水产病害防治技术等方面取得了重大成果。先后有47项科研成果获得省、部级奖励，有146项获得地、厅级奖励，渔业科技进步对四川水产业的跨越式发展起到了空前的推动和促进作用。

渔业资源保护不断得到加强　渔业资源保护法律法规不断完善，先后颁布了《四川省<中华人民共和国渔业法>实施办法》、《四川省<中华人民共和国野生动物保护法>实施办法》等一系列渔业保护法规。全省先后建立了1个国家级、4个省级、2个市(州)级、4个县级鱼类自然保护区和9个水产种质资源保护区。自1986年以来，坚持每年2月1日至4月30日实施春季禁渔期制度，大力开展鱼类增殖放流活动，开创了渔业资源保护工作新局面。

渔政执法人员执法检查

水产对外交流合作不断拓展　四川先后派出了500多人(次)专家、管理干部、业务骨干到美国、日本、澳大利亚、俄罗斯等国学习考察先进的水产养殖技术，开展广泛的技术交流和合作。与美国大豆协会、奥本大学建立了长期稳定的合作关系。引进并推广了美国叉尾鮰、澳州鲈鱼等水产优质品种，并形成规模养殖，取得了显著的经济效益。多次派出水产专家、技术人员参与“南南合作”，帮助尼日利亚等非洲国家发展水产事业，赢得了当地人民的赞誉。

深圳市农林渔业局

深圳市农林渔业局(市海洋局)是主管深圳市农业、林业、畜牧业、渔业、海洋综合管理和农业经济发展工作的市政府组成部门。近年来，坚持质量效益和生态效益协调发展的方针，积极探索转变渔业发展方式，全市渔业保持了良好的发展态势。不断加大渔业资源和生态环境保护，积极推进人工鱼礁建设，全市共规划建设4个人工鱼礁区，总面积7.96平方公里，已建设完成2.65平方公里。积极推进无公害水产品基地建设，水产品生产基地共108个，总面积22.7万亩，基地年产量28.7万吨，为保障我市“菜篮子”发挥了重要作用。不断强化水产品质量安全监管工作，水产品合格率达98%以上。制定出台了扶持远洋渔业发展的政策规定，远洋渔业取得长足进步。2008年，深圳市渔业经济总产值67546万元，水产品总产量38468吨，渔民人均纯收入8762元。

局长赖志平出席深圳市海洋工作会议并接受媒体采访

“休渔放生节”在南澳双拥码头隆重举行

深圳市杨梅坑人工鱼礁区水下实拍图片

湖北汉川市水产局

局长　李国荣

汉川市地处江汉平原湖北腹地，汉水下游，现有国土面积1663平方公里，水域面积51.27万亩，渔业资源丰富，渔业生产蓬勃发展。改革开放30年来，汉川渔业发生了翻天覆地的变化，成果辉煌。2008年，渔业产值12.6亿元，渔农人均纯收入7400元，分别是1978年的171.3倍和56.9倍。渔业为农民增收的贡献率达到33.6%，渔业已成为汉川农业经济发展的重要支柱产业。汉川市是国家内陆淡水渔业经济体制综合改革试验区，是国家水产标准化生产和健康养殖示范区，是全省水产“十强”和全国“百强”县(市)。近年来，汉川市水产工作突出“绿色渔业、生态渔业、健康渔业、效益渔业、平安渔业”理念，以渔业增效、渔民增收和社会主义新农村为目标，加大投入力度，现已建成河蟹板块基地、鳜鱼板块基地、网箱养鳝板块基地、黄颡板块基地、小龙虾野生寄养基地和良种繁育基地。大力实施科技兴渔战略，全面推进科技入户和健康生态养殖工程，推广“湖泊养蟹”、“种青养鱼”、“池塘虾蟹鳜生态混养”、“网箱养鳝”、“小龙虾生态养殖”、“立体生态农业”等新技术和新模式。加强渔政管理，实施汉江禁渔制度，建立健全渔业资源养护体系。全力推进水产产业化经营，建有国家级农业产业化重点龙头企业湖北刁汉湖绿色水产股份有限公司和省级水产龙头企业湖北仙女坑渔业股份有限公司。水产品交易市场37个，水产专业合作组织(协会)4个，休闲渔业基地面积1万多公顷，加工企业8家。初步形成了“养殖、加工、销售、休闲”一体化和“基地+渔农+龙头企业+专业合作组织+市场”的生产经营格局。

江汉明珠　湖北汉川

新疆博湖县博斯腾湖管理局

局长　李冰

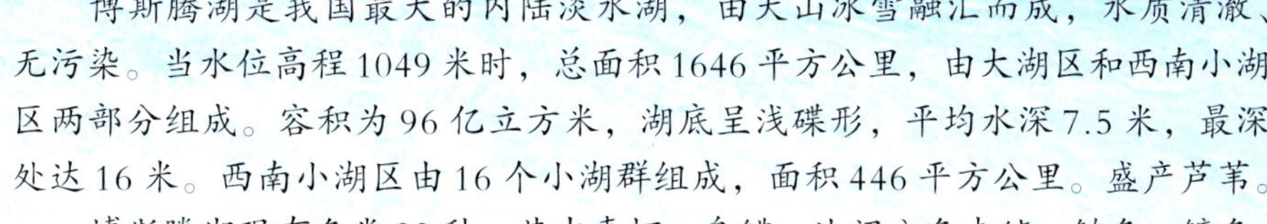

博斯腾湖是我国最大的内陆淡水湖，由天山冰雪融汇而成，水质清澈、无污染。当水位高程1049米时，总面积1646平方公里，由大湖区和西南小湖区两部分组成。容积为96亿立方米，湖底呈浅碟形，平均水深7.5米，最深处达16米。西南小湖区由16个小湖群组成，面积446平方公里。盛产芦苇。

博斯腾湖现有鱼类32种，其中青虾、乌鳢、池沼公鱼赤鲈、鲢鱼、鳙鱼、鲫鱼、草鱼、中华绒螯蟹十种水产品和大湖区150万亩水面被国家有机产品认证中心认证为有机水产品和有机鱼生产水域，目前博斯腾湖大湖是全国最大的有机鱼生产基地。近年来，博湖水产业在自治区水产局的关心指导下，在博湖县委、县人民政府的正确领导下，取得了较快的发展。2008年完成水产品产量8525吨，其中湖区捕捞产量5256吨，养殖产量3269吨，实现产值6472万元。

捕捞作业

执法队

晚霞景观

福建东山县海洋与渔业局

东山位于福建省最南端闽粤交界的沿海突出部。全县由主岛及其周边43个大小岛屿组成，陆域总面积为244平方公里，海域面积为1800平方公里，海岸线总长195公里，开发利用前景广阔。2008年全县水产品总产量28.05万吨，产值25.88亿元，占全县大农业产值90%以上。全县有水产加工企业229家，其中规模企业44家，"新福"和"海魁"两个商标获中国驰名商标。取得欧盟注册的企业有4家，获得HACCP认证的企业有14家。拥有水产冷库78座，年水产品加工能力21.36万吨。

东山岛四面环海，拥有特色鲜明的滨海旅游资源，全县有东山湾、南门湾、马銮湾、金銮湾、乌礁湾、诏安湾、西埔湾等七个海湾及周边43个大小岛屿，形成十大旅游产品:①海岛度假旅游;②海港风情旅游;③海滨观光旅游;④海上观赏旅游;⑤海洋文化旅游;⑥海峡朝圣旅游;⑦海岸绿色旅游;⑧海底珊瑚旅游;⑨海鲜美食旅游;⑩海湾去水旅游。

湖北丹江口市水产局

丹江口市水产局局长张正有在库区向省、市领导汇报水产工作

丹江口市地处鄂西北，位于南水北调中线工程源头，有中国水都之美誉。这里有亚洲最大的人工淡水湖、“亚洲天池”——丹江口水库。全市水域面积77万亩，所辖水库面积52万亩，可养水面38万亩，水质优良，长年保持为国家Ⅰ、Ⅱ类饮用水标准。水生生物资源极其丰富，鱼类有68种，其中经济鱼类39种，主要有:翘嘴鲌鱼、鳡鱼、鳜鱼、银鱼、鮰鱼等名优品种。2008年全市水产品产量达7万多吨，实现渔业产值12.03亿元，渔民人均纯收入5500元。水产业呈现出快速发展态势，水产品数量大、种类多、质量优，倍受消费者青睐。丹江口市已经成为鄂、豫、陕三省交界区域的水产品生产基地和销售集散地，产品销售到武汉、郑州、西安、北京、上海、成都、江浙等地，并出口到日本、韩国、哈萨克斯坦等国家和我国香港、澳门地区。

水产局局长张正有现场向市领导汇报水产品加工企业厂房建设情况

近年来，丹江口市紧紧依托丹江口水库优良的水资源，以打造精品名牌、建设生态渔业为突破口，以市场为导向，以科技为依托，以管理服务为手段，以保护生态环境为核心，切实把传统渔业转变为现代生态渔业。大力开展网箱和库湾栏网养殖，发展山区库区特色渔业，积极探索网箱精养、套箱养殖、库湾混养、种青养殖、池塘高产等五种养殖模式;水产养殖板块基地迅速发展，产业规模化充分显现。以鲌鱼、鳡鱼等为主导产品的名优鱼网箱和鲢、鳙有机鱼滤食性网箱养殖规模大，产量高;丹江口翘嘴鲌鱼地理标志产品保护纳入国家地理标志产品保护目录;首批申报鲢、鳙、银鱼养殖面积10万亩、产量1万吨，获国家有机产品认证，取得中国有机产品认证证书，无公害产品认证22个、产地35万亩，标准化生产全面普及。水产品加工企业四家，加工能力达2万吨。现有2家服务中心、3家协会、22家合作社，中介组织成为渔民的纽带和桥梁。2008年丹江口市被列入湖北省水产特色县，正在向湖北省水产大县强县迈进。丹江口翘嘴鲌鱼获中国国际地理标志产品展览会名优产品奖。丹江口市水产局连续多年被评为地市级文明单位、省先进单位，丹江口市水产局局长张正有荣获全国渔政工作先进个人等多项荣誉。

丹江口市春季禁渔暨增殖放流仪式

国家地理标志保护产品(翘嘴鲌鱼)

环保型网箱

浙江宁海县海洋与渔业局

品牌推介长街蛏子节

观赏鱼养殖

老塘改造

宁海县地处浙江东部沿海，南濒三门湾，北倚象山港，大陆海岸线长166.48公里，海域面积176.83平方公里，其中浅海与滩涂的总面积约有41.84万亩。县辖海域内，共有岛屿44座、礁55座。

宁海县是浙江省海水养殖第一大县和全国海水养殖示范县。2007年，全县共有养殖面积25.37万亩，其中淡水养殖2.67万亩，海水养殖面积22.7万亩。渔业总产值达到12.25亿元，海洋经济连续五年占据着农业经济的半壁江山。至今全县已形成了以蛏子、牡蛎、泥蚶、青蟹、对虾、梭子蟹等为主导产品的水产养殖基地多个，其中26个通过无公害基地认证，面积达5.25万亩，覆盖面达20%以上，16个水产品获得无公害、绿色食品称号。农业部水产健康养殖示范区3个，著名水产品和著名商标5个。

2008年初宁海县被省人民政府列为海水养殖强县，长街、越溪、大佳何、强蛟四个镇被列为海水养殖强镇乡。五个镇乡2001年被浙江省海洋与渔业局命名为“蛏子之乡”“牡蛎之乡”“对虾之乡”“泥螺之乡”“青蟹之乡”。

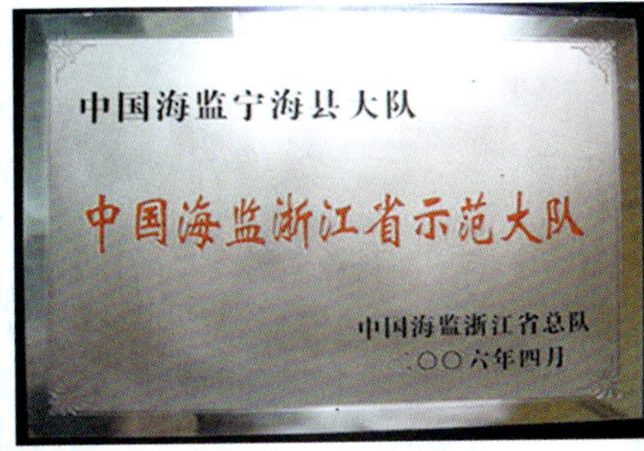

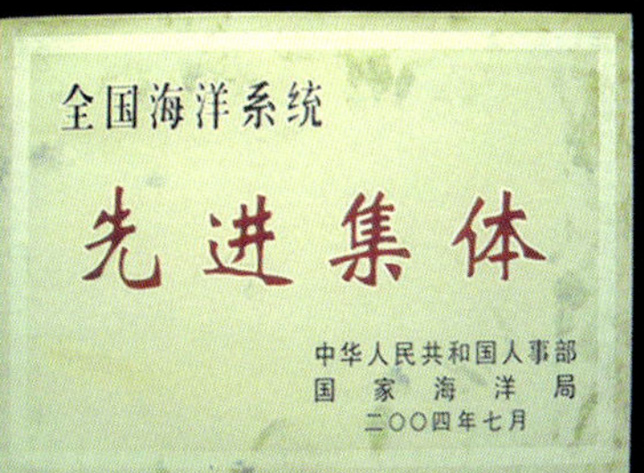

山东荣成市海洋与渔业局

荣成市海洋与渔业局抓住海洋渔业发展战略机遇期，坚持以建设"海上荣成"为目标，以科学发展观为统领，以产业集聚为主线，以自主创新为动力，以优质服务为保障，全力以赴为渔民尽力，为企业尽责，为发展尽职，在实践中创造了成就，在渔民中赢得了声望，也加速推进了海洋渔业经济又好又快发展。到2008年底，全市涉渔企业400多家，固定资产总值402亿元，全年完成水产品产量105万吨，渔业经济总收入410.8亿元，占全市农村经济总收入的46.2%。

捕捞产业雄风不减 通过紧盯中心渔场和渔汛旺季，坚持近海捕捞与大洋渔业并举，全市大洋渔船总数达到200艘，完成远洋捕捞产量6万吨，实现产值6亿元，成为捕捞业增收的新亮点。全年完成捕捞产量48万吨，实现产值36亿元。

养殖产业稳中有进 充分发挥浅海滩涂资源优势，紧跟市场变化走势，积极实施"以养兴渔"战略，广泛开展水产养殖业增长方式转变行动，有力地加快了名优养殖业的发展步伐。全年新增参、鲍、胆、蜇等品种25亿只(头)以上，全年养殖产量达到57万吨，实现产值77.1亿元，同比增长5.8%。其中名优海珍品产值58.5亿元，占养殖业收入比重的76%。

精深加工纵深推进 通过实行园区联动，打造产业集群，加快深度开发与综合利用，全力应对金融危机带来的冲击，使全市水产加工呈现出综合性、高值化、多品种的发展态势。成山集团的海之宝、寻山集团的海带精深加工成为了新的隆起带。2008年加工业实现收入172亿元，同比增长13.2%。

海洋经济异军突起 船舶制造业，加快向更高层次更高水平迈进，实现了快速转型升级，2008年造船产能达到60万载重吨。临港物流经济，呈现强劲活力，2008年港口货物吞吐量1450万吨。滨海旅游业，全力打好自然景观、历史文化、渔家民俗、滨海度假、宗教寻根五张"王牌"，全市滨海旅游由点式开发转向全面提升，2008年共接待中外游客620万人次，实现旅游收入65亿元。

湖北武穴市水产局

发挥资源优势　争创水产强市

"鄂东门户"武穴市地处长江中下游北岸，境内河港湖库星罗棋布，素有"鱼米之乡"美称。全市拥有水面21万亩，宜渔稻田20万亩，气候温和，雨量充沛。境内京九铁路、沪溶高速贯穿而过，交通便捷，发展水产优势得天独厚。

2005年，与时俱进的武穴市委市政府根据水产业发展态式，正式将水产业明确定位为农业四大支柱产业之一，启动重点产业扶持机制，举全市之力推动水产业超常发展。同时，求真务实的水产局党总支一班人不失时机地调整发展战略，提出了"一村一特色、一渔一产业"的发展新思路，用4年时间精心打造"125"工程，开发建成了一个10万亩虾稻连作核心区、两个万亩优质水产品高产高效示范区和5个千亩特色养殖小区，形成了南部沿江特色水产产业带、中部沿湖优质水产品高产高效产业带、北部丘岗立体生态养殖产业带。

截至2008年底，全市养殖水面20.1万亩，其中虾稻连作6万亩，水产品总量高达5.2吨，产值7.2亿元，水产业占大农业的比重实现了三分天下有其一的预期目标，为争创全省水产经济强市打下了坚实的基础。水产业已真正成为武穴市强市富民的朝阳产业。

武穴市城塘湖龙虾基地

武穴市郭应龙网箱养鳝专业村

武黄湖鲜鱼捕捞现场

江苏渔港监督局　江苏渔船检验局

2008年12月18日，江苏省渔业互助保险协会在南京成立。

江苏省海洋渔民职业安全技能比赛在吕四国家中心渔港举行。

江苏渔港监督局、江苏渔船检验局主要承担渔业船舶登记，船员考试发证，渔港水域安全、防污染监督和渔业水上交通事故调查处理，渔业船舶、船用产品法定检验和渔业船舶修造企业行业管理等职能。下设6个处室、4个分局，下辖市县机构67个，拥有博士生研究生1名、硕士研究生9名，高级工程师、高级验船师14人。

近年来，该局被评为全国渔业船舶检验系统检验标兵单位、全国渔业船舶检验机构文明单位、全国渔业海难救助先进集体、全国渔业船舶检验政务信息工作先进单位、全国渔船船东互保工作先进单位、江苏省海洋与渔业局先进单位和党风廉政建设工作先进单位。

2008年，该局认真贯彻落实《国务院办公厅关于加强渔业安全生产工作的通知》，紧扣安全生产"隐患治理年"主线，开展海洋渔船安全生产专项检查，建立10人以上海洋重点安全监管渔船数据库，健全渔船"定人联船"制度，全面排查治理渔业安全事故隐患，保持全省渔业船舶事故起数、死亡(失踪)人数、沉船数、直接经济损失连续五年实现全面下降;成功举办全国首次省级渔民职业安全技能比赛，集中检阅全省渔民职业安全技能培训成果;推动成立江苏省渔业互助保险协会，全省渔业政策性保险工作取得重大突破;开展渔船船用产品质量整治活动，加强防范渔船套牌套证、船舶进出渔港签证、内陆小型渔船管理等工作调研，启动船舶身份识别及渔港监控系统、渔船节能减排等项目研究，极大地提升了全省渔业安全保障能力。

湖北沙洋县水产局

沙洋县水产局是县人民政府直属事业单位渔业主管部门,内设办公室、科技生产股、企业市场股3个职能股室。下属渔政船检港监管理站、长湖渔政船检港监管理站、水产科学研究所(水产技术推广站)。

沙洋县水产局自1988年建局以来，始终坚持以发展为己任，认真贯彻执行国家和省、市渔业发展的方针、政策。近几年，充分发挥资源优势，抢抓机遇，坚持不懈地把水产业作为富民强县的主导产业来抓。以创建水产大县为目标，以项目建设为重点，以结构调整为抓手，强化措施，主攻特色，壮大规模，大力普及推广渔业新技术、新知识、新品种，大力开展招商引资，发展水产品加工业，不断加强渔政管理，严格渔业执法。先后建成15万亩小龙虾、5万亩河蟹、3.5万亩鳜鱼、1.2万平方米斑点叉尾鮰鱼、50万平方米网箱养鳝、1200亩罗非鱼示范养殖和长湖圈20万亩无公害优质高效养殖等七大特色板块基地，湖北楚玉食品有限公司、东湖水产品有限公司等加工龙头企业，沙洋新世纪水产科技有限公司、华中特种水产繁育基地等优质苗种基地，推进了渔业产业化，实现了渔业增效、渔民增收，促进了全县渔业持续、健康、快速发展。

2008年全县水产养殖面积达到31.24万亩，其中精养9.2万亩，实现水产品产量12.21万吨，渔业产值12.42亿元，被评定为湖北省的水产大县,水产业在全县农业经济中的支柱地位越来越突出。

局长　郑希豹

湖北省省长汤涛视察水产企业

办公楼

湖北仙桃市水产局

仙桃市水产局主要职能:负责全市水产科普工作，收集发布水产品市场信息，指导水产品加工和市场流通;负责全市名特优水产品繁育及推广，新品种、新技术、新模式的试验示范;负责全市渔业资源保护及开发利用;负责贯彻执行《渔业法》及相关法律、法规;负责编制全市渔业发展战略中长期规则和年度指导计划，并组织实施。

仙桃市地处江汉平原腹地，是水网湖区，河道纵横交错，发展水产养殖条件得天独厚，是湖北省乃至全国淡水产品的主产区之一。近年来，我市充分发挥资源优势，坚持特色、生态水产业发展战略，把水产业作为全市最大的特色农业来打造，作为农民增收的重要渠道来开辟，积极探索养殖新技术、新模式、水产新品种、加工新工艺、流通新渠道，水产产业得到快速发展，为促进农民增收、渔业增效和推进我市农村经济又快又好地发展发挥极其重要的作用。2008年水产发展面积82万亩，其中精养塘43万亩，鱼莲(藕、虾、蟹)共生19万亩，稻田养蟹5万亩，稻田寄养野生小龙虾15万亩;水产品总量30万吨，其中黄鳝、河蟹、虾、回鱼、甲鱼、黄古、刁子鱼等养殖产量可达10万吨;全市年孵化鱼苗50亿尾，其中名特优鱼苗35亿尾;渔业产值28亿元，农民人均纯收入增400元。水产品年加工能力超过8万吨。

充满生机与活力的水产业，成为全市农业中发展速度最快的产业之一。

农业部副部长牛盾一行在仙桃视察新农村建设情况

省农业厅厅长陈柏槐在仙桃参观黄鳝养殖基地

局长　吴语璋

张沟镇先锋村黄鳝养殖基地

省委书记罗清泉与局长吴语璋亲切交谈

广西北海市水产畜牧兽医局

北海市水产畜牧兽医局是主管全市水产畜牧业工作的政府职能部门。2007年全市水产与畜牧改革合并后，该局设7个科室(党政办公室、监察室、计划财务科、渔政渔港监督管理科、渔业生产管理科、畜牧与饲料科、防疫检疫科)，编制27人。局辖事业单位有12个，主要有:北海市渔政渔港监督支队、北海市水产技术推广站、北海市渔业机械管理站、北海市水产技术学校、北海市水族馆、北海市海水养殖种苗场、北海市海水养殖综合实验场、北海市涠洲海参增殖站、北海市渔业电台、北海市动物卫生监督所、北海市畜牧站、北海市动物疫病预防控制中心。

2008年，全市水产品总产量86.58万吨(按新统计口径，下同)，比增1%，完成全年任务的100%;全市肉类总产量11.09万吨，比增7.6%;全市水产畜牧业总产值达到95亿元，比增11.6%，完成全年任务的100%。整个水产畜牧兽医业经济运行态势良好，形势喜人。

海水刺参工厂化养殖获得成功

池塘养殖罗非鱼喜获丰收

深海抗风浪网箱养殖基地

海水刺参　出口型罗非鱼

广西水产畜牧兽医局

新中国成立以来，尤其是改革开放以来，广西渔业生产得到了迅速发展，吃鱼难成为历史，渔民人均收入大幅度提高，由1978年的154元增长到6974元，增长44.3倍。渔业已形成了养殖、捕捞、加工和资源保护的完整渔业产业体系。2008年，全区渔业战胜了历史罕见的冰冻雨雪灾害，大灾之年仍取得了较好的成绩，全年渔业总产量达到249.98万吨，渔业总产值255.76亿元，同比分别增长1.59%和15.87%。渔业总产量和总产值分别比1978年增长了21倍和521倍，渔业占大农业的比重由1978年的1.15%提高到2008年的8.65%。

优势品种产业开发快速推进 罗非鱼、对虾和海水贝类的养殖和加工形成了一定的生产规模，罗非鱼养殖面积达到29.94万亩、产量16.47万吨、产值14.02亿元;对虾养殖面积26万亩、产量13.82万吨、产值28.87亿元;海水贝类养殖41.29万亩、产量59.86万吨、产值35.92亿元。水产品出口量3.5万吨，出口值1.402亿美元，分别比加入WTO时增长了34.7倍和54.2倍。

水产品质量安全得到进一步提升 严把水产品质量关，年检测产品样品700个以上，检测指标达15项。到2008年共发布实施了地方渔业标准76项，已认定无公害水产品产地209处，认证无公害产品187个，面积达43.5万亩，产量7.7万吨。

水产养殖基础设施建设得到加强 近年来，加大了水产原良种体系建设，全区先后建成了罗非鱼、南美白对虾、斑点叉尾鮰、近江牡蛎、“四大家鱼”、马氏珠母贝等一批主要养殖品种的原、良种场以及水产引育种中心和南美白对虾遗传育种中心。为确保水产养殖业实现健康、持续发展，先后建设了县级水生动物疫病防治站28个，县级疫病测报点57个。

农业部副部长牛盾(左二)考察广西优势特色水产发展情况

梁雨祥局长(右一)到广西壮族自治区水产引育种中心武鸣基地考察调研

卢兆发副局长(右二)到北海考察调研沿海渔业生产情况

大连市金州区海洋与渔业局

党委书记、局长 雷善敏

领导班子成员

一站式服务大厅

大连市金州区位于辽宁半岛南端，东临黄海，西濒渤海，海岸线长161.23公里，可管辖海域面积61290公顷。

金州区海洋与渔业局系金州区海洋与渔业行政主管部门，担负着全区渔业生产的指导、协调、服务以及海洋与渔业执法管理等职能。内设办公室、渔业、市场与加工、海域管理4个科室;下辖渔政管理所、海监大队、渔港监督、船舶检验站、苗种管理站、水产技术推广站、海珍品增殖站7个事业单位。

多年来，在“海上金州”战略方针指引下，局领导班子带领机关工作人员，以开拓创新、务求实效的奋进精神，调整产业布局，强化海洋渔业管理，坚持高标准、高起点上项目。特别是国家级杏树中心渔港，自2005年兴建以来，已累计投资4.2亿元。港内1000吨客货滚装码头2个，1000吨杂货码头2个，快船码头4个，已全部建成，部分设施已投入营运，年可泊船千余艘，渔获吞吐量10万余吨。该港的兴建，成为全区设施渔业一大亮点。

山西省水利厅渔业局

山西省渔政监督管理局、山西省渔船渔港监督检验局

山西省水利厅渔业局(山西省渔政监督管理局、山西省渔船渔港监督检验局)隶属于山西省水利厅，为全省渔业行政管理职能机构，实行“一套人马、三块牌子”的运行管理体制。

改革开放30年来，在国家一系列支渔惠渔政策的扶持下，在各级政府和领导的关心支持下，经过几代渔业工作者的不懈努力，渔业得到快速发展，产业规模不断壮大，产品质量不断提高，综合生产能力不断增强，为促进农民增收和社会主义新农村建设做了积极的贡献。1978年到2008年的30年间，水产品总产量从719吨提高到30700吨，水产养殖面积从12000公顷发展到14266公顷，渔业产值从90万元增长到3.92亿元，水产品交易量从5000多吨猛增到近30万吨，养殖品种由单纯的“四大家鱼”，发展到40多个品种。渔民人均纯收入5111元，连续多年高于全省农民人均纯收入。养殖方式和生产经营格局由单一化向多元化方向发展，观赏鱼养殖、淤地坝养殖、网箱养殖、稻(莲)鱼生态养殖等方兴未艾，形成了国有、集体、个人一齐上的多元化生产格局。省政府相继出台了《山西省实施〈中华人民共和国渔业法〉办法》、《关于加快渔业发展的意见》和《山西省水产品质量安全管理办法》等一系列渔业法律、法规。渔业管理领域也从对一条鱼的管理，延伸到生产、经营、流通、环保等诸多领域。基本建成覆盖全省的水产技术推广体系和渔政执法体系，水产品防疫检测体系建设不断加强，目前，已建成1个省级水产品质量安全检测(鱼病防治、渔业环境监测)机构，成立了3个市级水产品质量安全防疫检测机构。

在喜迎新中国诞辰60周年之际，山西省水利厅渔业局热忱欢迎全国各地的渔业同盟和有识之士积极为山西渔业献计献策，共铸山西渔业新篇章。

质量安全检测中心实验室

观赏鱼养殖

淤地坝养殖

虹鳟鱼养殖

江西万年县水产局

领导班子成员

万年县水产局是江西万年县人民政府渔业行政主管部门(正科级)。内设办公室、渔政管理股、渔业生产股、珍珠管理股四个股室，下属水产技术推广站、珍珠发展办公室、水生动物疫病防治站。

2007年春恢复组建以来，在省、市渔业主管领导的关心帮助下，万年县水产局紧紧围绕县委县政府“建设环鄱阳湖市场导向型经济强县”和“打造鄱湖有机农业第一县”的战略定位，按照建设“生态水产、特色水产、经贸水产、和谐水产”和“渔业增效、渔民增收”的工作目标，坚持以服务渔业为己任，积极当参谋，主动抓服务，发展成绩斐然。该县已发展注册资金50万元以上的水产企业29家，注册资金200万元以上的11家，水产(珍珠)专业合作社9家，2家水产企业被评为省级农业龙头企业，成立全县性珍珠和渔业两个水产行业协会，有3000名“珍珠女”活跃在全国珍珠养殖场。

2008年全县水产品产量达到2.01万吨，总产值达到2.6亿元，分别较两年前增长51.1%和132.1%。2008年在省、市考评中，分别被评为“江西省渔业工作先进县”和“上饶市水产目标管理考核一等奖”。

水产苗种放流活动

武汉市江夏区水产局

武汉市梁子湖水产集团有限公司

领导班子成员

世界自然基金会考察梁子湖

江夏区水域总面积97万亩，占全区版图面积1/3。2008年为整合全区渔业资源，使渔业成为农民增收和区域经济发展支柱型产业，江夏区委、区政府重组了武汉市梁子湖水产集团有限公司，是集渔、工、商、贸、旅游休闲、房地产开发于一体的综合型企业，下辖南北嘴、牛山湖等9个分(子)公司。

在产业发展上，遵循“一个坚持三个原则”，即:坚持科学发展观，立足保护生态、水环境，在保护水资源前提下，合理利用，走可持续发展的原则;立足以“集团经营、经营集团”为载体，实施区域化布局、基地化生产、多元化发展、市场化运作的原则;立足健康养殖，实施品牌创建，打造精品名牌战略，增加效益的原则。2008年实现渔业综合产值12.63亿元，同比增长11.5%，被湖北省政府命名为“水产大区”。南北嘴、牛山湖、鲁湖等3个养殖企业被农业部授予“水产健康养殖示范场”。

全区“三品”认证66个，“梁子”牌梁子湖大河蟹获原产地保护产品和有机食品认证，其商标被评为武汉市和湖北省著名商标称号。产品行销全国，并出口到韩国等7个国家和地区。

集团公司逐步形成了“设施现代化、生产标准化、管理科学化、产销一体化”的发展格局。建立了以梁子湖南北嘴、牛山湖为核心的36万亩河蟹养殖基地;以牛山湖、鲁湖为核心的7.3万亩鳜鱼养殖基地;以鲁湖、上涉湖、汤逊湖为核心的6万亩黄颡鱼养殖基地;以梁子湖南北嘴、汤逊湖为核心的旅游休闲观光渔业基地以及建设中的万吨冷库和冷链物流产业基地。

坚持“在开发中保护，在保护中开发”的发展思路，湖泊实行“禁渔区、禁渔期”等制度，采取“轮养轮休、种草移螺、灌江纳苗、增殖放流、科学投种”等有效措施，湖区资源得到恢复性增长，湖泊水质保持良好，梁子湖更是被世界自然基金会称誉为“水下原始森林”。

地址:武汉市江夏区纸坊街文化路
电话:027-81817696　81815801
网址:www.whlzh.net

河蟹包装间

万亩连片高标准精养渔池

浙江省渔业互保协会

协会成立大会

浙江省副省长茅临生在二次会员代表大会上讲话

秘书长过建富亲手将理赔款送至受灾渔民家属手中

“互保杯”渔民安全知识大奖赛

浙江省渔业互保协会成立于2004年12月26日，是全省范围内渔业组织与个人自愿组成、实行互助共济的非营利性的社会团体组织，下设22个办事处。协会的主要任务是通过组织会员参加互助保险，为会员生命财产提供经济补偿，并向会员提供安全生产服务，提高会员的防灾抗灾能力，维护会员的合法权益，促进渔业生产健康持续发展。

浙江省拥有6500公里的海岸线、3061个岛屿和两倍于陆域的海洋面积。据2006年度统计，全省渔业人口达112万，渔业劳动力为76.8万，下海捕捞渔民为19万，机动渔船5.05万艘，其中海洋捕捞渔船3.6万艘。渔业总产值约占农业的30%左右。

浙江省渔业互保目前已覆盖22个市(县)，包括沿海地区(除宁波市外)的全部18个市(县)、淡水地区4个县(市)，共计127个渔业乡镇、714个渔业村和公司。互保责任种类已覆盖到渔船、捕捞渔民、休闲渔业、渔业基础设施(渔港防浪堤)和水产养殖等渔业产业，为渔业生产风险构筑起强有力的安全保障。

2008年，全省渔业互保费达1.91亿元，较成立初期增加5倍多，全省参保渔船1.4万艘;参保渔民12万余人，人均保额超过16万元;承载风险保额近270亿元。

政策性渔业互助保险是协会业务发展的一根主线，是公共财政对渔民实施政策性补助搭建的一个重要平台。根据“三渔”特点，确立“低保障、广覆盖、多受益”的原则，采用政策引导、财政补贴、协会运作、渔民自愿的方式，积极探索政策性渔业互助保险之路。2005年在全国率先开展政策性渔业互助保险试点，2008年全省22个市县全面铺开，经过四年的努力，初步形成了以政策性渔业互助保险为主导的渔业保险市场格局，四年来，省、市、县三级财政配套资金分别为6339.54万元、231.19万元、1853.18万元。

协会始终坚持做好理赔工作作为互保健康发展的生命线，尤其是在处置突发事件中，渔业互保更是体现了社会稳定器和安全阀的作用。四年来全省共处理理赔案件13035件，累计为受灾渔民赔付1.33亿元，其中渔船赔案5487起，赔付5029.77万元;雇主责任赔付7545起，赔付7738.31万元;其他险赔付3起，赔付517.57万元;未决赔案539起约994.31万元，为渔业安全生产提供了强有力的风险保障。

香港渔民互助社

香港渔民互助社自1946年成立，始终贯彻坚持爱国爱港立场，扩大团结、维护渔民合理权益为宗旨。

1949年祖国解放，国家订立政策关怀港澳流动渔民，至此，渔民社会地位逐渐提升，“渔社”也在香港各渔港建立“基地”，与广东省及各市流动渔民协会沟通合作，宣传爱国教育支持国家经济发展；带领渔民推行连串维护渔民权益工作。

举几例大型权益业绩：为渔船被撞争取合理赔偿；为养鱼区受污向肇事公司交涉获偿；向港府争取建避风塘；为香港渔船被外国扣留打“越境官司”；协商获扩大捕鱼水域；争取香港海事工程受污获津贴；争取内地渔工随船运作；为“伏季休渔”渔民排忧解难等。

香港回归祖国，“渔社”与两地政府关系更加密切，国家农业部和广东省政府领导多次来港参与庆典，并成立协调小组听取意见并解决各方面问题。

“渔社”再接再厉，开拓创新，与时俱进，为祖国富强和香港渔业的持续发展以及社区和谐踏上新里程。

“渔社”永远会长吴锦泉、会长梁伟英、副会长张志荣致送锦旗予广东省政府原副秘书长周炳南。

渔社主席彭华根致送纪念品予农业部原副部长齐景发。

左起：渔社会长梁伟英、主席彭华根、港九渔民联谊会理事长张志泉、香港立法会议员黄容根、原农业部副部长齐景发、渔社常务副主席林根苏、原农业部渔业局局长杨坚。

休渔期，组团访问农业部，会后合照。同行有广东省政府及南海区渔政局等领导。

深圳市海洋与渔业服务中心

增殖放流

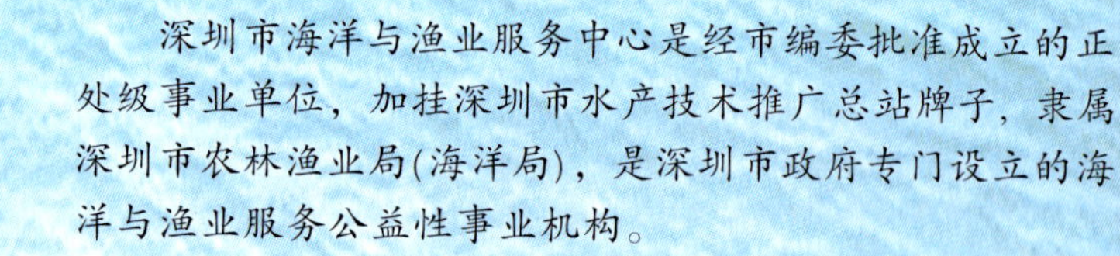

深圳市海洋与渔业服务中心是经市编委批准成立的正处级事业单位，加挂深圳市水产技术推广总站牌子，隶属深圳市农林渔业局(海洋局)，是深圳市政府专门设立的海洋与渔业服务公益性事业机构。

2008年，中心以务实的精神，全面推进各项职能业务的开展。一是以水产养殖病害监控为重点，全面推进水产技术科技推广工作，推行健康养殖。成功引进了生长快、产量高、适应性强的三倍体太平洋牡蛎，实现了该品种在深圳养殖零的突破。引进广东海洋大学研制的海洋弧菌灭活疫苗，进行海水养殖鱼类的注射疫苗预防病害试验。开展水生生物防疫检疫工作，建立了13个水产养殖病害测报点;精心组织水产科技下乡活动，开展职业技能培训，全年举办4期科技下乡活动和1期技能培训，参加培训人数391人(次)，派发技术资料3385多份。二是全面完成本中心承办的市政府目标责任白皮书任务，以人工鱼礁建设和增殖放流为重点，启动珊瑚礁资源和人工鱼礁区的管理工作，发动社会共同参与捐赠苗种，加强全市渔业生态资源保护和修复工作，共放流虾苗1310万尾，海水鱼苗115万尾，九孔鲍鱼苗25万粒。三是推进海洋与渔业信息网络建设，主办中国水产贸易网、中国渔业资讯网，承办中国渔业贸易与信息中心INFOYU网站;中国水产贸易网、INFOYU网站荣获2008年度中国农业网站100强称号。2009年，深圳市海渔中心将紧紧围绕"保障海洋生态安全"和水生生物防疫检疫的目标，加强自身建设，强化服务意识不断提高管理和服务的质量。

科技下乡

鱼礁效果

珊瑚管理

百强网站

地址:深圳市蛇口金世纪南路蛇口渔港海洋渔业大楼10-12楼
电话:0755-26886831
网址:www.fisherycn.com

农业部渔业环境及水产品质量监督检验测试中心

中心主任　贾晓平

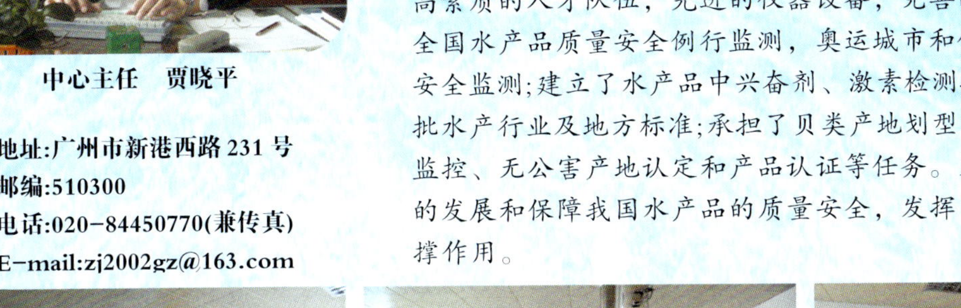

农业部渔业环境及水产品质量监督检验测试中心(广州)挂靠于中国水产科学研究院南海水产研究所，通过了国家计量认证和农业部授权认可，具有第三方公正地位，是法定的检验机构和重要的农业质量技术执法机构，是社会公益性的非营利性技术服务事业单位。中心本着“科学、公正、高效、廉洁、服务”的宗旨，以高素质的人才队伍，先进的仪器设备，完善的实验设施，承担了全国水产品质量安全例行监测，奥运城市和供奥基地水产品质量安全监测;建立了水产品中兴奋剂、激素检测技术方法，制定了一批水产行业及地方标准;承担了贝类产地划型、贝类有毒有害物质监控、无公害产地认定和产品认证等任务。为保障我国渔业行业的发展和保障我国水产品的质量安全，发挥了部级质检机构的支撑作用。

地址:广州市新港西路 231 号
邮编:510300
电话:020-84450770(兼传真)
E-mail:zj2002gz@163.com

液质联用分析仪

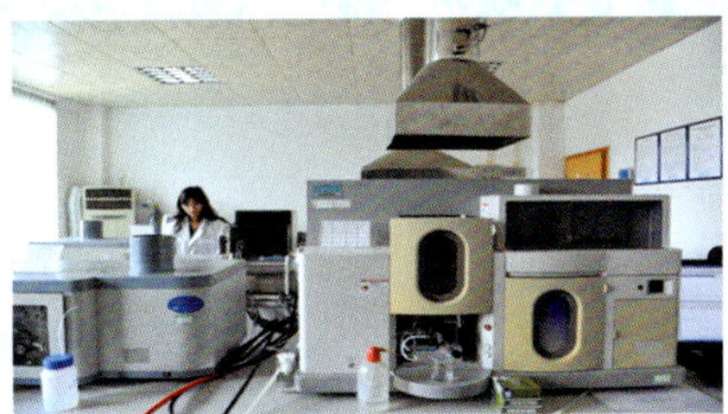

原子吸收分析仪

气质联用分析仪

新疆福海县水产管理局

地处新疆阿勒泰地区的福海县是北疆最大的天然渔业基地和自治区渔业重点县，境内水系有乌伦古河、乌伦古湖、额尔齐斯河、渔业水域总面积 168.8 万亩；乌伦古湖是乌伦古河的尾闾湖，水域面积 150 余万亩，湖内盛产白斑狗鱼、东方欧鳊、贝加尔雅罗鱼、湖拟鲤、额河银鲫、河鲈、梭鲈、丁鲹等 20 余种天然野生名特优冷水性和亚冷水性鱼类，获国家“有机产品”认证；县境内水库、坑塘养殖面积 14.4 万亩；另有 1.9 万亩的芦苇湿地；县精深加工产品均通过 QS 质量安全认证，水产业列为福海县六大支柱产业之一。福海县水产管理局为该县渔业行政主管部门，下设有渔政管理站、水产技术推广站、渔业船舶检验局、水生野生动植物保护办公室、芦苇资源管理办公室，依法履行渔政管理、渔业科技推广示范培训、水产品质量安全管理、渔业船舶登记检验、水生动物防疫检疫等工作职责。

上级水产部门及福海县委、政府对福海水产业给予大力支持，县水产部门紧抓契机，加强渔业资源的保护、增殖、开发和合理利用，实施科技兴渔项目，2006 — 2008 年全县渔业发展投入资金达 2250 余万元；增殖放流大规格鱼种 1700 余吨，向吉力湖投放中华绒螯蟹苗累计 2200 万只。

近年来，县水产管理局荣获多项荣誉称号，2006 年、2007 年渔政站分别获“全国渔业文明执法窗口单位”、“全国渔政工作先进单位”荣誉称号，受到农业部的表彰奖励。

北京延庆县水产服务中心

主任　刘长启

延庆县水资源丰富，Ⅳ级以上河流18条，中小型水库4座，现有养殖水面3000多公顷。随着渔业产业的不断调整，延庆渔业实现了健康协调可持续发展。

渔业产业结构调整有新亮点　围网养蟹、栏网养鱼，网箱养鲟鱼取得明显效益。围绕渔业的生态、生活、生产功能发展绿色渔业、种子渔业、休闲渔业。为实现北京功能定位，推动渔业健康发展做出了应有的贡献。

水产品质量安全体系有新举措　建立养殖户电子档案，与乡镇和养殖户分别签订《渔业安全责任书》、《用药安全保证书》。每年对全县养殖户开展水产品健康养殖培训班两次，对用药记录、生产记录执法检查两次以上。定期开展渔业水质环境、水产品、药残等监测，做好水生动物疫病防控工作。

渔业管理建立新机制　“一库两县”三方联合(官厅水库管理处，河北省怀来县、北京市延庆县)跨省管理官厅水库实现了“五个统一”(统一休渔期、统一增殖数量，统一收费标准，统一网目规格，统一联合执法)。2005—2009年，三方共计投资390万元向官厅水库投入鲢、鳙等滤食性鱼苗3000万尾净化水质，富裕了当地渔民。

通过工作制度化，执法人性化、服务具体化，宣传多样化的机关管理模式，延庆县渔政监督管理站先后被评为“全国渔业文明执法文明窗口单位”和“全国渔政工作先进单位”。

青海省漁業環境監測站

QingHai Provincial Fishery Environmental Monitoring Center

青海省渔业环境监测站(青海省水产技术推广中心)承担着省内湖泊、水库、河流的渔业环境监测，水产新技术、新品种的引进、示范和推广等工作。2008年通过了省级质量体系认证，可开展76项渔业水质、水生生物评价等监测和检测项目。近几年开展了黄河拉西瓦至积石峡段、黑河段，长江通天河段、玛柯河段，澜沧江囊谦段，青海湖流域，以及东部农业区湟水河流域和重点水库的渔业环境监测;对黄河上游、大通河等建设的拉西瓦、苏只、积石峡、大河坝、石头峡等多座大中型水电工程及“引大济湟调水总干渠工程”开展了水生生态监测和水生生态环境影响评价。

在渔业新品种新技术推广方面，开展了以高白鲑为主的冷水鱼大水面增养殖，建有高白鲑良种场等繁育基地，2007年被国家引进国外专家局评审命名为“高白鲑养殖”国家引进国外智力成果示范推广基地。每年可向国内适宜发展高白鲑养殖地区提供高白鲑种苗。

地址:青海西宁市南川西路129号　邮编:810012
电话:0971-6259254　传真:0971-6259254
E-mail:scj0@public.xn.qh.cn

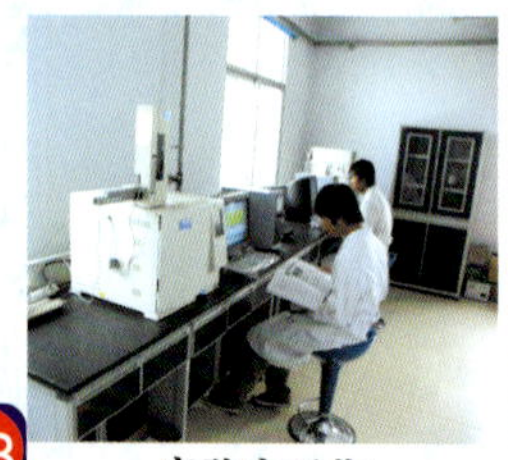

实验室工作

水域监测

黄河流域监测

高白鲑鱼苗

高白鲑

广东省海洋与渔业环境监测中心 广东省渔业质量监督检验中心

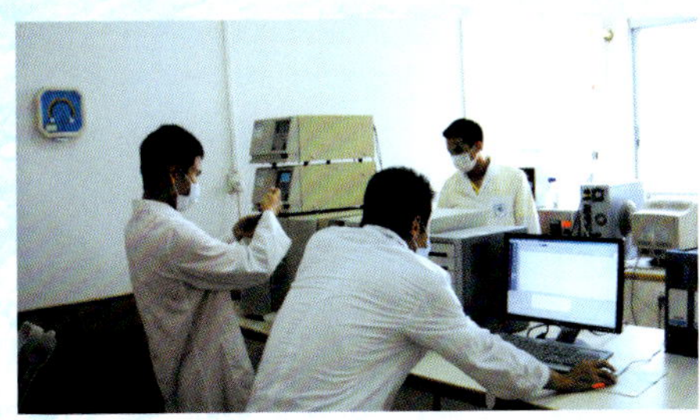
实验室人员开展药物残留检测

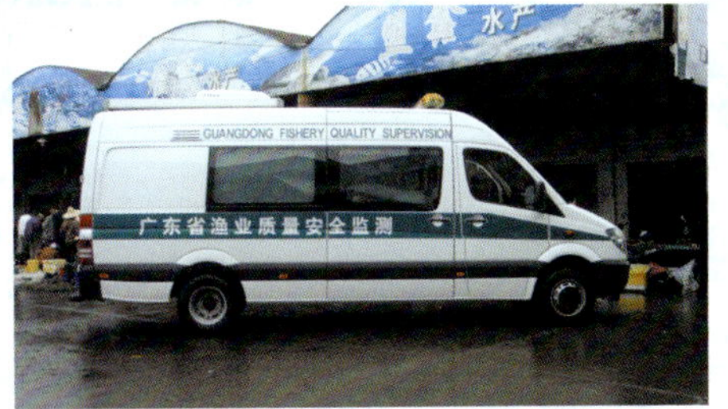

耗资200万元集成各种检测技术的渔业质量安全监测车在现场开展检测

本中心是1998年10月经省编办批准成立的正处级事业单位，在行政上受广东省海洋与渔业局领导，是经审查认可并授权的、法定的、具有第三方公正性地位的省级渔业质量监督检验机构。中心拥有较强的检测能力和高素质的人才队伍，现有工作人员36名，其中高级职称5名，中级工程师12名，博士1名，硕士研究生9名。

本中心具备良好的实验室条件，拥有气相色谱、液相色谱等先进的仪器设备，通过了国家级计量认证，获得国家颁发的甲级《渔业污染事故调查鉴定资格证书》，具备开展水产品监督检测、无公害水产品生产基地认定、渔业资源调查、人工鱼礁本底调查和效果评价、海洋与渔业环境监测、赤潮监测、海域动态监测等方面的能力。

中心成立以来，连续多年承担农业部、广东省下达的各项指令性监测任务；中心积极开展水产品监督检测、无公害水产品产地认定，配合农业部和省局迎接欧盟、美国水产品质量安全检查、开展海洋和渔业污染事故调查等，圆满完成各项任务。除开展日常监测外，本中心积极开展相关研究工作，先后参与编写国家和省级标准、技术规程多篇，并在国内外学术期刊发表多篇学术文章。

陕西省咸阳市渔政监督管理站

宣传渔业法律法规

检查超市水产品质量安全

咸阳市渔政监督管理站成立于1996年，同1973年成立的咸阳市水产工作站、2008年成立的咸阳市水生动物防疫检疫监督管理站一套机构，三块牌子，全额拨款事业单位，参照公务员法管理。

全市13个县(市、区)有10个先后成立了水产工作站，有7个成立了渔政监督管理站，均为一套机构，两块牌子。2008年11月市编办向各县(市、区)编办下发了《关于县(市、区)设立水生动物防疫检疫站及彬县等6县设立渔政监督管理站的通知》(咸编办发[2008]71号)，批准13个县市区设立水生动物防疫检疫站，彬县、武功、永寿、长武、乾县、旬邑6个未成立渔政机构的县设立渔政监督管理站。目前，全市13个县(市、区)已全部成立了水产工作站，已有12个成立了渔政监督管理站，有8个县成立了水生动物防疫检疫站，均为一套机构，三块牌子。除秦都区外，其余12个县(市、区)均为财政全额拨款事业单位。渔业监督管理体系的进一步加强和完善，从根本上解决了长期以来全市渔业监督管理体系不完善、职责不明确、监管不到位等体制方面存在的突出问题。为进一步加强渔业监督管理，确保水产品质量安全，促进全市渔业生产持续健康发展奠定了良好的基础。

江苏省水生动物疫病预防控制中心

江苏省水生动物疫病预防控制中心为直属于江苏省海洋与渔业局的全民事业单位。承担全省水生动物防疫、水生动物及其产品的检疫以及开展水生动物疫病研究、信息采集、疫情扑灭、防治技术推广、防疫检疫人员培训和水质、苗种、饲料、药物检测、渔药临床试验等工作。

中心建有生物安全(BSL-2)实验室、细胞培养室、分子生物学实验室、组织病理室、寄生虫、细菌、病毒室等，配备检测仪器设备100多台(套)。开展水生动物疫病监测、检疫、疫病病原诊断、分离、鉴定等工作，为水生动物防疫工作提供了重要的技术支撑。中心具备按国际认可准则开展检测工作和向社会提供服务的技术能力，获得农业部出具兽药注册相关试验数据资质。

中心实验室

辽宁营口市海洋与渔业行政执法处

处长　赵锡鹏

营口市海洋与渔业行政执法处是2001年由营口市渔政管理处、中华人民共和国营口渔港监督处、中华人民共和国辽宁船舶检验局营口检验处、营口市海洋资源管理办公室四家合并组建成立的海洋渔业综合执法机构(2002年成立中国海监营口市支队)，下辖5个执法大队，现有人员205人。肩负着营口地区96.5公里海岸线，1134平方公里海域，4000多艘机动渔船，12个渔港的海洋环境及渔业资源保护管理以及渔业安全，渔船检验和维护渔业生产秩序的重任。

几年来，在营口市委、市政府的关怀下，在上级有关部门的大力支持和正确领导下，营口市海洋与渔业行政执法处按照"全省第一、全国先进"的目标，坚持高起点迈步，跨越式发展的思路，以"以法治渔、秉公执法、公正严明、服务渔业"为方针，开拓创新，锐意进取，实现了执法职能统一行使，执法人员统一管理，执法力量统一调配，执法经费统一安排的"四个统一";形成了"上下贯通，科学合理，运转协调，灵活高效"的渔业综合执法体系。2001年以来，先后荣获全国渔业文明执法窗口单位、全国渔政管理工作先进单位、全国伏季休渔工作先进单位、全国渔业船舶检验机构文明单位、中华人民共和国渔政渔港监督管理局海难救助先进集体、中国渔船船东互保协会互保工作先进单位、农业部黄渤海区渔政渔港监督管理局中韩入渔管理先进集体、农业部黄渤海区渔政渔港监督管理局渔政管理先进集体、辽宁省渔业行政执法先进集体、辽宁省海蜇管理先进单位、辽宁省海域管理先进单位、辽宁省渔业船舶检验工作先进单位、辽宁省渔港监督管理优秀单位、营口市法制工作先进单位等光荣称号。

广东省水产流通与加工协会

协会召开第七届会员代表大会

本会承办的湛江国际对虾节

广东省水产流通与加工协会是在广东省海洋与渔业局直接指导下，经省民政厅批准成立的行业组织。由省内从事水产品生产、加工、销售的企业以及水产品交易市场，相关的科研机构、院校等单位自愿建立的全省性、行业性、非营利性的社会团体法人。

一、宣传国家有关方针政策和措施，发布大量行业相关信息及市场动态，推介会员企业及其名优产品。

二、建立了广东水产品交易价格采集网络，定期公布广东水产品价格动态。

三、承办或组织会员参加相关国内外展览展销活动，帮助企业开拓国内外市场。

四、制定水产品批发市场及加工行业自律公约并监督执行;参与水产品批发市场行业协调管理，制止违规违约行为和恶性竞争，维护行业和会员的合法权益。

五、参与制定有关行业标准和名牌产品的推荐、评审。

六、加强与国外同行及相关组织的联系，组织会员出国考察，开展国际间贸易交流与合作。

七、开展行业产业情况调查，向政府部门提出促进行业发展的建议。

八、配合国家级协会及有关行政机构开展相关的服务协调工作。

2001年被省民政厅评为首批“广东省省级社会团体先进单位”。多次被农业部渔业局授予中国农产品交易会“最佳组织奖”。

上海奉贤区水产技术推广站

——海南种虾基地

奉贤海南种虾场

基地大门

奉贤区水产养殖业经过多年结构调整和科技创新，已形成了以虾类养殖为特色的水产养殖经营格局，确立了在上海养虾业中的领先地位和我区农业中的一业特强地位，成为了农业增效、农民增收的主导产业。但虾类养殖也面临着较多风险和困难，其中苗种质量问题已成为当前制约养虾业顺利开展的主要因素之一。为此我们本着“调整、改革、整顿、提高”的工作思路，提出了开展“南繁北养”的工作计划，发挥上海的技术、资金、管理等优势，充分利用海南岛得天独厚的地理环境和气候、水质条件，在那里建立起了上海市奉贤区水产技术推广站海南种虾基地，并力求达到上海市水产良种基地建设标准。

该基地位于海南省文昌市翁田镇明月村，交通便利、水质环境优越，占地面积30多亩，拥有亲虾培育池、产卵池、孵化池、育苗池、沉淀池等育苗设施，办公、生活、实验等设施齐全，并引进美国夏威夷种虾培育技术，建设有一整套具有国际先进水平的种虾培育选育系统，目前已完成一期工程，投资700多万元，年生产苗种10亿~20亿尾，正在开展二期工程建设，追加投资500多万元，建成后将达到总育苗水体近1万立方米，最终年生产能力将达到30亿~50亿尾，生产出的优质虾苗将返供上海，满足上海对苗种的需求，同时也将向全国各地逐步推开。

浙江海洋學院

浙江海洋学院位于东海之滨的“千岛之城”舟山市区，毗邻国际大都市上海市、国际港口城市宁波市和“海天佛国”普陀山。学校创建于1958年，1982年经国务院学位委员会批准获得国家首批学士学位授权单位资格，2005年获得硕士学位授权单位资格，现已发展成为一所以海洋为特色，理学、农学、工学、文学、管理学、经济学、教育学等多学科发展的省属高校。学校占地面积1500亩，建筑面积50万平方米，藏书140余万册，教学科研仪器设备资产近9800万元;教职工近1200人，其中专任专师600余人，高级职称教师250余人，具有博士学位教师70余人;全日制在校学生14800余人，其中独立学院学生近6000人，成人教育学生1200余人。以本科教育为主，积极发展研究生教育。设有海洋科学学院等16个二级学院，举办独立学院——浙江海洋学院东海科学技术学院。开设有海洋科学等37个本科专业，海洋生物学、捕捞学等硕士学位点，渔业、食品加工与安全、农村与区域发展等领域农业推广硕士专业学位。建有浙江省海洋水产研究所、农业部渔业环境及水产品质量检测中心等20余家科研组织，开办浙江省远洋渔业培训中心、中国石化销售公司舟山培训中心等6家培训机构。办学半个多世纪以来，学校始终立足海岛，置身于海洋经济建设第一线，强化服务区域海洋经济的理念，在“海纳百川、自强不息”的校训引领下，发扬“艰苦创业、自强不息、开拓务实、敢于争先”的海院精神，以“海”为主轴，以“渔”和“船”为两翼，做好做大“海”字文章，分层次推进科技海洋和人文海洋的协调发展，积淀成海洋办学的鲜明特色。

学校顺应高等教育发展形势，以推进素质教育、培养创新人才为目标，坚持教学工作中心地位，不断深化教育教学改革，教育教学质量稳步提高。近年来，先后通过了浙江省高校文明校园评估、本科教学工作随机性水平评估和国家教育部本科教学工作水平评估、交通运输部航海类专业办学条件验收。加大教学经费投入，加强教学基本建设，强化教学管理，健全教学质量监控体系，优化实践教育环节，努力培养学生成为德、智、体、美全面发展的具有创新意识、实践能力与创业精神的应用型人才。全面实施本科教学质量与教学改革工程，教育工作取得了显著的成绩。教学建设项目列入国家级项目，36个教学建设项目列入省级项目;船舶与海洋工程专业为国家级特色专业建设点，海洋技术、生物科学、海洋渔业科学与技术、电气工程及其自动化和食品科学与工程等5个专业为省级重点专业;学生课外科技和文体活动丰富多彩，在全国、全省电子设计、数学建模等竞赛中多次获得一等奖殊荣;参加社会实践活动形成的系列调查报告集《蓝色报告》得到时任中共浙江省委书记、现任国家副主席习近平的充分肯定;涌现出“浙江骄傲人物”

深水网箱养殖取得重大突破

刘凌云和省级"优秀志愿者"吴东昌等一批先进青年学生代表。毕业生就业追踪调查表明，毕业生深受用人单位欢迎，当年就业率均在95%以上。

学校以学科建设为龙头、科学研究为支撑，推动特色办学，推进产学研一体化，全面提升科研水平与社会服务能力。科研成果获得国家科技进步一、二、三等奖各1项，全国科学大会奖6项，省(部)级奖70余项，发表、出版了一批高水平论著。先后承担了"深海抗风浪网箱的研制"、"岱衢族大黄鱼养殖产业化技术研究"等国家"863"计划5个项目，为地方海洋渔业结构战略性调整、渔民转产转业及深海网箱养殖产业提供了技术支撑;"东海区重要渔业资源调查及名优水产增养殖的关键技术研究与示范"项目列入了国家科技支撑计划;船舶与渔具水动力实验室是浙江省惟一用于船舶模型试验的大型实验室，承担了若干省级重大科技攻关项目，为浙江省船舶工业发展解决了生产与技术问题。学校紧紧抓住海洋开发的有利契机，重点打造海洋生物与养殖工程技术、渔业资源与海洋生态环境、船舶工程与机电配套技术、海洋经济与海洋管理、海洋文化与海洋旅游、现代海洋渔业技术、水产品精深加工技术、海洋化工与石油储运技术、港口工程与海洋运输技术、数字海洋与新兴海洋技术等10个学科领域的优势。现有捕捞学、海洋生物学、行政管理学等3个省级重点学科和浙江省海水增养殖省级重点实验室、浙江省船舶先进制造技术中心等2个省级学科平台。学校积极开展对外交流与合作，拓展交流渠道。与美国、加拿大、日本、俄罗斯、白俄罗斯、挪威等40多个国(境)外高校和科研机构建立了交流合作关系，选派优秀学生留学国外已成为稳定的合作方式，建立了海洋科学国际合作基地。与国内众多的地方政府和有关部门、企事业单位全面合作，加强了科技研发和成果转化力度，为地方经济和社会发展提供了有力的技术支持。

21世纪是海洋世纪，开发海洋，教育先行。学校积极投身浙江省提出的建设海洋经济强省的大潮中，努力为实施"海上浙江"战略作出应有的贡献。浙江海洋学院到2020年的总体发展目标:成为办学特色明显并在国内外具有重要影响的多科性教学研究型海洋大学。

名誉校长、中国科学院院士:冯士筰　党委书记:周达军　校长:苗振清
电话:(0580)2550008/09　传真:2551319　8180632
地址:浙江省舟山市定海区海院路18号　　邮编:316000
网址:www.zjou.edu.cn　　E-mail:zjhyxy@zjou.edu.cn

华中农业大学水产学院简介

华中农业大学水产学院前身为水产系，创建于1970年，是全国农业高校中最早成立的水产系，1993年经农业部批准撤系建院。学院设有淡水渔业系、水生生物系、渔业资源系等3个系和一个实验教学中心，拥有淡水生物多样性保护与利用农业部重点开放实验室、农业动物遗传育种与繁殖教育部重点实验室、农业部水产用兽药临床药效及残留试验单位等科研平台，设立有国家水产博士后科研流动站。

学院学科体系完整，学科优势明显。有1个一级学科博士授权点，5个二级学科博士授权点和硕士授权点，设有水产养殖农业推广硕士专业点及教育专业点，2个本科专业。水产养殖是国家级重点学科，水产一级学科于2004年、2008年连续两次在教育部学位中心学科评估中名列第三名。水产养殖学本科专业被评为湖北省品牌专业并列入国家级特色专业建设。

学院师资力量精干，现有教职工70人，专业教师43人，其中教授9人，副教授19人，在站博士后5人。现有博士生导师6人，硕士生导师28人，享受国务院政府特殊津贴5人，省部级有突出贡献的中青年专家3人，国务院学位委员会学科评议组成员2人，教育部水产学科教学指导委员1人，10多位教师在国内外相关学术机构兼任主任、理事和期刊杂志编委等职务。学院现任党委书记陈胜、院长谢平、常务副院长王卫民、党委副书记涂俊才，副院长杨道兵、副院长魏开建。

目前承担各类科研项目近120项、总研究经费3000余万元。科研成果斐然，获得省部级奖励23项，国家授权专利3项，制定国家、行业标准10项，发表学术论文500余篇，获得校级以上优秀论文奖80余篇；出版专著、教材和科普书籍共30余部，多媒体教材50余部，其中，3部为面向21世纪课程教材，7部为国家规划教材，1部为全国高等农业院校优秀教材，《动物生理学》被评为国家精品课程。仅2008年，学院新增52项科研项目，其中纵向25项，国家自然科学基金项目6项，新增经费1753.88万元，纵向经费1545万元。一年中共发表SCI源刊论文27篇，发表中文核心期刊论文92篇，获得1项省级科技进步奖，获准专利1项。

目前在校博士研究生26人，硕士研究生190人，本科生801人，农业推广硕士30人。近年本科生一次就业率一直保持在95%左右。

经过近40年的建设，学院在人才培养、科学研究、社会服务等方面全面发展，已成为国内外知名的水产科学高层次创新人才培养和水产科研、学术交流中心之一。

原农业部部长陈耀邦考察学院教学实习基地

现任党政班子

水产楼外景

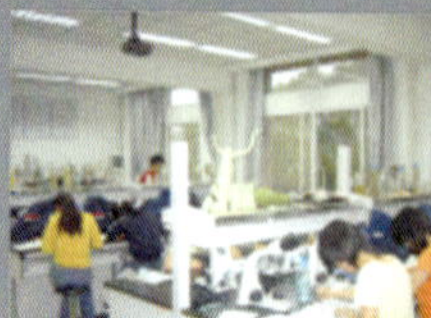

良好的教学科研条件

教学实习基地

谢 平 教 授

王 卫 民 教 授

熊 邦 喜 教 授

谢 从 新 教 授

梁 旭 方 教 授

贵州省水产研究所

肖克将军为本所题字

养殖的鲟鱼

贵州省水产研究所成立于1980年10月，前身是贵州省花溪鱼种场(建于1956年)，位于贵阳市花溪区。现有在职职工65人，其中高级职称4人，中级职称12人，初级技术职称11人。该所以应用技术的研究开发为主，建有设施渔业、养殖技术、品种资源和渔业信息4个研究室，主要研究领域包括:渔业资源环境与监测、水产养殖技术、设施渔业、土著鱼类研究、渔业科技信息等。至2008年12月，共承担各级各类科研项目169项，其中主持科技部项目1项、农业部项目1项，参加部级项目3项。获奖成果共42项，发表论文269篇，参加编著和撰写学术专著13部;获实用新型专利3项，正在申请发明专利2项。

2002年，该所建立了贵州省特种水产工程技术中心，该中心作为贵州省重点中试基地，是进行科技成果转化和科技开发的主要平台。2004年，在贵州省农业和社会发展工程技术中心评比中，被评为优秀工程技术中心。

目前，该所建有2个试验基地，分别位于贵阳市花溪区和黔南州惠水县高镇镇，其中花溪基地占地总面积13.73公顷，池塘养殖水面7.5公顷;高镇基地占地1.73公顷，其中流水鱼池2000平方米，工厂化养殖车间1000平方米。近年来，该所重点在土著名优鱼类、设施渔业及渔业资源环境等方面进行研究，开展了以鲟鱼养殖技术推广应用及产业化发展为重点科技开发，取得了良好的经济、社会和生态效益，并承担国家大宗淡水鱼类产业技术体系贵阳试验站工作。

今后，贵州省水产研究所将为促进贵州渔业科技进步，渔业资源环境保护，渔业经济结构调整及特色渔业的发展发挥更大作用。

地址:贵州省贵阳市花溪区
电话:(0851)3621338　3620496
邮编:550025

惠水基地

花溪基地

中国水产科学研究院

黄海水产研究所

所长　王清印

中国水产科学研究院黄海水产研究所现有在职工344人中，其中中国工程院院士3人，高级专业技术人员105人。现有博士生、硕士生导师49人，客座研究员和访问学者36人。博士后科技工作站在站博士后17人。

2006、2007年被山东省科技厅批准设置“水产种质资源与生物技术”和“海洋渔业资源与生态”泰山学者岗位。2008年“渔业资源与生态环境”团队被授予山东省优秀创新团队称号，并记集体一等功；“对虾育种与健康养殖创新团队”荣获神农中华农业科技奖优秀创新团队称号；唐启升院士领衔的“东、黄海生态系统动力学及生物资源可持续利用”项目研究团队荣获“‘973’计划优秀团队”称号，该团队不仅是382个“973”计划研究团队中的佼佼者，也是我国海洋和渔业领域中唯一获此称号的研究团队。

领导班子成员

2008年有6人晋升为研究员，10人晋升为副研究员。有1人获“中华农业英才奖”；1人入选2007年“新世纪百千万人才工程”国家级人选；1人入选“泰山学者”特聘教授；5人获“青岛市拔尖人才”称号。

全年承担各类科研课题320余项，新上项目145项，新上项目合同总经费累计近6500万元。2008年共获各级科技成果奖励7项次，16项科研项目分别通过了由科技部和农业部组织的中期检查，有4项课题通过了由山东省科技厅组织的鉴定。全年共发表论文248篇，其中核心期刊论文155篇，SCI收录27篇，EI收录6篇，出版专著2部。共申请国家专利46项，有16项发明专利获国家授权。

杨爱国研究员获“山东省科技进步奖”一等奖

两位院士从事渔业科学研究五十周年庆祝大会

王清印研究员获“青岛市突出贡献人才奖”

香山科学会议

中国水产科学研究院
长江水产研究所

团结奋进的领导班子成员

中国水产科学研究院长江水产研究所位于湖北省荆州市。现有在职职工141人，其中科技人员106人,高级职称专家32人。拥有农业部淡水生物多样性保护与利用重点开放实验室、水科院淡水生态与健康养殖重点开放实验室、农业部淡水鱼类种质监督检验测试中心、农业部长江中上游渔业生态环境监测中心、农业部水产种质资源保存与良种选育中心等机构。

建所50年来，立足长江中上游，面向全国，主要开展水产种质资源与遗传育种、濒危水生动物保护、渔业资源与水域生态环境、水产养殖基础生物学与养殖技术、鱼类营养与病害防治、水产品质量标准与检测等领域的应用基础和应用技术研究。在中华鲟、鲥鱼、大鲵等濒危水生动物生物学、资源保护和繁殖等方面的研究达到国内领先水平。共获得各类科研成果奖励150多项，其中国家奖9项、省(部)级奖励70余项。

2008年，长江水产研究所成功举行了建所50周年庆祝活动;本所援古工作人员因援外工作成绩突出在古巴受到胡锦涛总书记接见;由本所主持完成的“淡水池塘养殖生态工程技术研究”获得湖北省科技进步二等奖。

农业部副部长牛盾来所视察

建所50周年庆典

地址:湖北省荆州市江汉路41号　邮编:434000
电话:0716-8125259　传真:0716-8228212
E-mail:yfioffice@yfi.ac.cn

池塘生态工程试点

中国水产科学研究院
淡水渔业研究中心

领导班子成员

淡水渔业研究中心是国家科技创新体系中集科学研究、教育培训、成果转化和信息交流于一体的综合性水产研发机构。现有在职职工180多人，其中科技人员120多人，在科技人员中，研究员18人，副研究员30人，享受政府特殊津贴、突出贡献专家3人，院首席科学家1人，博士生导师4人，硕士生导师13人。中心成立以来，获得国家、省(部)、市级成果奖励114项，其中国家级6项，省(部)级38项。发表学报级论文900多篇，学术专著100余部。申报和获得国家发明专利30余项。

中心设有农业部“淡水鱼类遗传育种和养殖生物学”和中国水产科学研究院“内陆渔业生态环境和资源”两个重点开放实验室。目前，承担着“973”计划、“863”计划、国家自然科学基金、国家科技攻关计划、国家科技基础条件平台专项、国家行业专项、农业部“跨越计划”、“948”引进计划、国际基金以及部、省和院重点科研计划项目100多项。并牵头承担国家大宗淡水鱼类和罗非鱼两大产业技术体系建设。作为中心重要组成部分的亚太地区综合养鱼研究和培训中心，连续30年承担国家援外技术和官员培训，至今已为100多个国家和地区培训了1500多名高级水产技术和管理人才。中心与南京农业大学共同成立的“南京农业大学无锡渔业学院”，现拥有水产养殖学和水生生物学2个博士、硕士学位授权点和1个水产养殖学博士后科研流动站。设在中心的农业部长江下游渔业资源监测站、长江下游渔业生态环境监测中心、长江下游渔业资源环境重点野外科学观测试验站、农业部新渔药临床中心指定单位、饲料和饲料添加剂有效性试验机构等，承担国家的环境、资源监测、渔用药品临床药效、饲料和添加剂有效性试验等方面的公益性任务。中心主办的《科学养鱼》是我国发行量最大的水产杂志之一，中心创办的“中国渔业信息网”是我国建立最早的渔业信息网站。

建　鲤

重点研究领域(学科)

水产养殖基础生物学和遗传育种	渔业重大病害灾变预警与控制
渔业生物多样性保护与种质资源保存	水产养殖容量和健康养殖
渔业水域生态环境监测与保护	水产养殖对象营养学
渔业资源调查评估与管理	渔业信息技术

“夏奥1号”罗非鱼

“太湖1号”青虾

中国水产科学研究院 淡水渔业研究中心

浙江省海洋水产养殖研究所

谢起浪所长出席首届全国海洋科学技术大会

浙江省海洋水产养殖研究所经过50多年的发展，现已由初期较单一的学科，发展为集海水增养殖技术、海洋生物与遗传育种、海洋生物渔业资源与生态修复技术、水产养殖病害及生物技术、海岸带环境及涉海工程的评估及监测评价等五大学科，涵盖三十余个研究方向，形成了优势突出、多学科并进的科研体系。所内机构设有国家级泥蚶原种场、中国水产科学研究院海洋贝类研究室、浙江省近岸水域生物资源开发与保护重点实验室、与北京大学联合建立的海洋生态文明国际联合研究中心、与泰国东方大学联合建立的中泰海洋技术联合实验室、水产增养殖研究室、海洋资源与环境研究室和病害与生物技术研究室等科研部门。

在科技创新体系方面，着力构建科技创新平台，设有乐清清江、洞头胜利岙和龙湾永兴三大科研基地，积极开展海洋与渔业技术推广、咨询、服务及培训和合作教育等社会公益性工作。

建所以来，先后承担各级科研项目200余项，取得了100余项科研成果，获得国家及有关部门奖励60余项。2006年9月，在全国海洋科学技术大会上，我所被国家海洋局、科技部联合授予“全国海洋科技先进集体”荣誉称号。

长期以来，通过定期外派科研人员赴国外进修和引进国外专家等“走出去”和“请进来”的方式，加强国内外学术交流和合作，科研联合攻关和协作取得良好成效，人才队伍建设取得稳步进展。

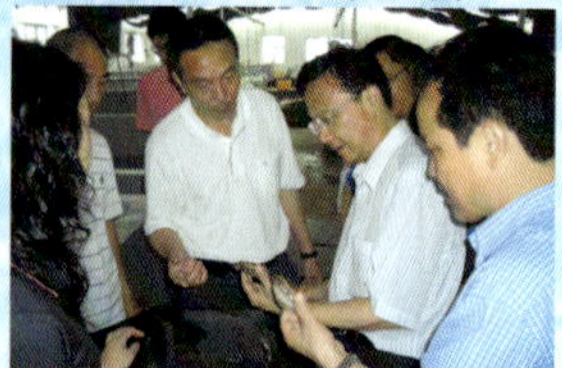
浙江省省委书记赵洪祝视察基地

浙江省海洋与渔业局赵利民局长视察并指导工作

研究所大楼

乐清清江基地

江苏九寿堂生物制品有限公司

总经理　徐开泉

江苏九寿堂生物制品有限公司创建于1997年4月，是一家专业从事水产养殖、速冻加工、开发销售和副产品综合利用一条龙产业化为特点的江苏省高新技术企业、全国农产品加工出口示范企业和国家级农业产业化重点龙头企业。近年来，公司围绕“建设一流龙头企业、促进农民增收致富”的目标，不断加大技改投入，延伸产业链条，先后建成了6条国内先进的冷冻加工流水线，4条生化制品生产线，2座冷藏量1500吨以上的冷库，2座先进的微生物实验大楼。开发出速冻龙虾(仁)系列、速冻南美白对虾系列、速冻春卷系列、速冻红鱼系列、速冻斑点叉尾鮰鱼、速冻罗非鱼、氨基葡萄糖盐酸盐系列、头孢系列等几十个品种，年综合生产能力12000吨。推行“公司+基地+农户”养殖模式，建成了国家级健康养殖示范区，有力的推动了产业化进程，带动了8000多农户增收致富。积极实施品牌战略，公司产品相继通过了QS认证、绿色食品认证、对美HACCP体系认证、欧盟卫生注册通行证和英国BRC认证。产品畅销美国、日本、韩国、澳大利亚、欧盟等国家和地区，对美出口龙虾占全国出口总量的1/3。2008年公司实现产值2亿元，销售1.8亿元，出口创汇1800万美元，利税1500万元。

地址:江苏兴化张郭镇同济路
邮编:225722
电话:0523-83907128
传真:0523-83768098

甘肃省渔业技术推广总站

站长、研究员　李勤慎

甘肃省渔业技术推广总站是隶属甘肃省农牧厅的省级渔业技术推广机构。加挂有甘肃省刘家峡水库渔政管理站、甘肃省水生动物防疫检疫中心和甘肃刘家峡(国家级)水产种质资源保护管理局等三个牌子。现有在职职工92人，其中研究员1人，高级工程师2人，水产工程师10人。拥有养殖试验示范场6个，其中省级良种场4个。池塘1200亩，流水养殖面积7000平方米，网箱养殖面积3000平方米，水库养殖面积16万亩。

总站自成立以来，致力于"渔业增效，渔民增收"的目标，以项目为抓手，牵头实施了多项部列和省列科技推广项目。荣获农业部"丰收计划"三等奖3项；省级科技进步二等奖1项，三等奖1项；省级"丰收计划"二等奖1项。

总站紧紧围绕发展鲑鳟鱼特色产业，率先开展"甘肃金鳟"育种工作，经过历时9年的科技攻关，终于培育出"甘肃金鳟"F3代，2007年经全国原(良)种委员会审定为适宜推广的新品种。该项目2008年荣获省科技进步二等奖，是全省水产界获得的最高奖项。网箱养殖的三文鳟远销北京、上海、广东等地。

总站试验成功的高效渔业技术，正在全省池塘养殖中推广使用。该项技术的核心是：以增氧机、投饵机、发电机为保障，名优水产新品种为基础，高密度颗粒饲料养殖为措施；高单产、高效益为目标的一项适合全省池塘养鱼的新技术。

总站刘家峡基地的荷园休闲渔业，集垂钓、赏荷、划船、餐饮、住宿为一体，年吸引游客上万人(次)，引领全省休闲渔业的发展。

总站站长、研究员李勤慎愿与全国水产同仁一道，真诚合作，为甘肃渔业健康持续发展再立新功！

流水养殖鲑鳟

网箱养鱼

池塘养鱼

获奖证书

甘肃金鳟审定证书

广东海洋大学水产学科

广东海洋大学副校长、博士生导师、水产学科带头人吴灶和教授

广东海洋大学水产学科可追溯到创办于1935年的广东省立高级水产职业学校的渔捞科，经过73年的发展，学科综合实力不断增强。现有水产养殖和渔业资源二个硕士点和一个农业推广专业硕士学位点。水产养殖是广东省重点学科，水产养殖学为国家高等学校特色专业建设点和广东省名牌专业。建有1个省重点实验室、2个农业部实验室(中心)和2个省教育厅重点实验室。拥有一支年龄、学历、职称和专业结构合理的高素质学术队伍。1998年取得硕士学位授予权，2000年起，与中国科学院南海海洋研究所、湖南师范大学、中国海洋大学、汕头大学等单位联合培养博士研究生16名。目前，在校硕士生120名，专业学位硕士生84名，已毕业硕士生142名。

现有教学科研人员45人。其中，博士18人，教授15人，副教授16人，享受国务院政府特殊津贴2人，博士生导师4人，硕士生导师23人，在国内各类学术团体任理事以上职务6人，具有国外研究工作经历9人，广东省高等学校“千、百、十”工程培养对象6人，国家模范(优秀)教师2人，省优秀教师5人。

优质黑珍珠

本学科立足南海、面向全国，辐射东南亚。以南海区水产经济动物为主要研究对象，研究领域涵盖了鱼、虾、贝等水生生物的种质资源与保护、种苗繁育与增养殖、病害控制、环保型饲料，以及海水珍珠培育与加工等方面，形成了“水产经济动物增养殖理论与技术”、“水产经济动物病害控制理论与技术”、“海水珍珠贝生物学与珍珠培育技术”和“渔业资源与生态环境”等四个稳定的、具有鲜明区域特色的研究方向。近五年，承担国家自然科学基金、国家“973”计划、国家“863”计划、国家科技支撑计划等各级课题149项目，总经费2598万元。获得科学技术奖励16项，其中省(部)级以上科学技术奖6项，发表论文413篇。“华南地区对虾产业高效技术”、“海水鱼免疫机理及其弧菌病的免疫防治技术”、“优质海水珍珠的生产技术”等多项成果在华南地区推广应用，为我国南方水产事业的发展做出了重大贡献。

马氏珠母贝优质珍珠

军曹鱼苗

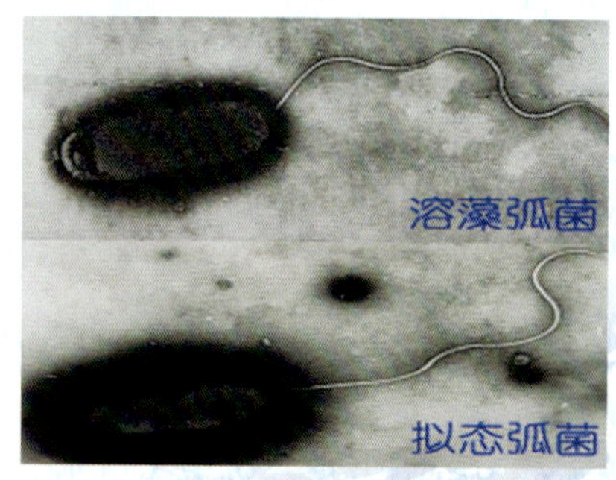

病原弧菌

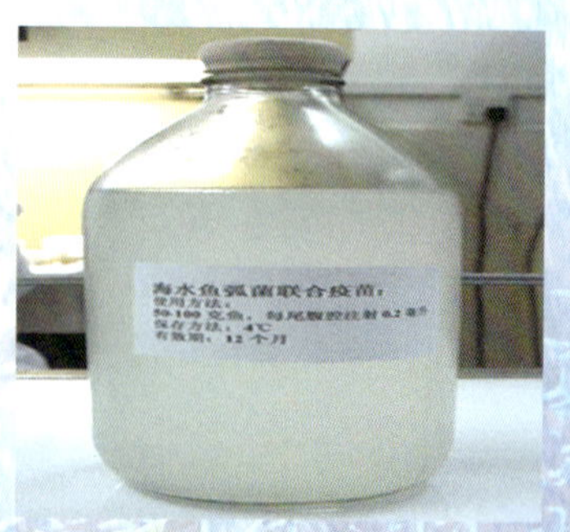

弧菌疫苗

广西水产畜牧学校

学校领导(左起):胡在钜(副校长)
费小林(校长兼书记) 米强(副校长)

广西水产畜牧学校(原广西水产学校)座落于广西南宁市风景优美的南湖之滨，创办于1960年，是以水产养殖、畜牧兽医中职教育为特色的广西壮族自治区级重点职业学校，是自治区文明单位、自治区卫生优秀学校。学校隶属于广西壮族自治区水产畜牧兽医局。

学校开设有水产养殖、畜牧兽医、食品生物工艺、计算机及应用、汽车应用与维修等14个专业。现有中职在校生2510人，联办"3+2"高职生233人，本专科成人学历函授生330人。教职员工130人，其中专任教师102人;在专任教师中，高级职称31人，中级职称55人，"双师型"教师45人。建校48年来为区内外培养培训高素质劳动者40000余人。

学校占地面积243亩，校舍建筑面积50000平方米，教学和实验设施完善，教学仪器设备总价值为810万元，图书馆藏书10万多册，建有广西中职学校中规模较大的体育运动中心。

为全面贯彻落实广西壮族自治区党委、广西壮族自治区人民政府关于全面实施职业教育攻坚的决定，学校坚持以科学发展观为指导，进一步加强基础能力建设，改善办学条件，努力把学校建设成为在校生规模达5000人、办学理念先进、管理科学规范、人才培养水平较高、职业教育特色鲜明、能主动适应广西水产畜牧兽医行业发展需求的自治区级示范性中等职业学校。

实验中心

学生公寓

集美大学

福建省高校水产科学技术与食品安全重点实验室

集美大学福建省高校水产科学技术与食品安全重点实验室是福建省教育厅2006年6月批准筹建的福建省高校重点实验室之一，依托集美大学建设;2008年7月实验室通过了福建省教育厅组织的专家验收。实验室拥有水产养殖学、水生生物学、渔业资源学、食品科学、农产品加工和微生物学等六个学科硕士授权点，以及一个农业推广硕士专业(渔业领域及食品加工与安全两个领域)。目前实验室拥有研究和技术人员43人，其中教授19人、副教授12人、讲师6人;其中博士23人。

现任实验室主任张雅芝教授(中)，副主任王艺磊教授(左)和曹敏杰教授(右)

实验室现有使用面积达3000平方米，拥有价值2000多万元的仪器设备。实验室的主要研究方向包括:(1)水产经济动植物养殖与病害防治的研究;(2)水产经济动植物遗传改良与重要功能基因的研究;(3)水产动物的营养需求与环保型绿色饲料研究;(4)水产食品加工与安全研究。近三年来，实验室承担3项国家“863”计划项目，12项国家自然科学基金项目，100多项省(部)级等各类科研项目，经费总额达3000多万元;在坛紫菜种质资源研究、大黄鱼优质抗逆品种培育、鳗鱼药残控制技术与环保高效配合饲料研究、鲍健康苗种生产及其养殖技术的研究与开发、鲆类病害防治和免疫活性配合饲料的研究以及水产食品加工与安全等方面的研究取得了重要成果，产生了良好的社会、经济和生态效益。

集美大学主楼群之一

实验室将围绕福建省水产养殖业出现的热点和难点问题，结合国际发展前沿，不断凝炼、提升研究方向和创新目标，积极承担国家、部门和地方重大科研任务，发展我国水产科学，将实验室建设成为在国内具有竞争力的水产科学研究基地、水产科学人才培养中心以及与港、澳、台和国际合作与交流的平台。

鲆类环保型生物活性抗病颗粒配合饲料

坛紫菜新品系已在福建沿海推广1万多亩

大黄鱼优质抗逆品种培育基地

江苏省淡水水产研究所

现任领导班子(从左到右):副所长唐伟宁、吴光红，所长书记夏爱军，副书记孙继华，副所长潘建林

江苏省淡水水产研究所前身为江苏省水产科学研究所，始建于1957年。隶属于江苏省海洋与渔业局，是全省综合性渔业研究中心。

全所在职职工111人，其中高级职称26人，中级13人;博士4人，硕士27人。全所共有国家级有突出贡献的中青年专家1名，享受政府特殊津贴专家9名，省级有突出贡献的中青年专家6名。

全所总占地面积约17万平方米，总建筑面积2.5万平方米。目前拥有液－质联用仪、气－质联用仪、等离子体质谱仪等先进仪器设备200多台(套)。所标本库保存的标本数量达246种，其中包括国家一级保护动物白暨豚、中华鲟等名贵豚类、两栖类和鱼类。所图书馆藏有中外文图书2万5千余册，是目前省内最齐全的水产信息资料中心。

所内设有水产种质、育种、养殖、渔业资源环境、水产病害防治、加工渔机与饲料、渔业信息技术等7个专业研究室。省淡水水产引(育)种中心、省水产质量检测中心、省野生水生动物移殖驯化及苗种繁育工程技术中心、省水产种质资源信息数据库、农业部渔业产品质量监督检验测试中心(南京)、江苏省水产学会、江苏省珍珠协会、《水产养殖》编辑部亦设在所内。

农业部副部长张桃林到禄口基地视察

主要开展水产种质资源保护与良种选育、渔业水域生态环境保护与可持续利用、水产疫病灾变规律与预控、水产品质量与安全等公益性研究，以及名优新水产品种的规模化繁育与良种示范推广、渔业公共技术协同攻关咨询与科技中介服务等。近年来，承担国家科技支撑计划、农业部行业公益专项、农业部跨越计划、省(部)级重点项目100多项。

由农业部正式批准的“江苏斑点叉尾鮰遗传育种中心”建设项目，总投资574万元，其中中央补助经费400万元。改扩建培育车间、培育池3500平方米，购置仪器81台(套)。该中心以斑点叉尾鮰种质改良为目标，通过构建我国斑点叉尾鮰遗传育种平台，系统开展我国斑点叉尾鮰种质调查、种质分析、种质保存、多性状复合育种工作，形成较为完整的全国斑点叉尾鮰种质资源保护与利用技术体系和组织体系，为我国斑点叉尾鮰产业发展提供优良品种、技术服务和信息检索。

科研办公大楼

由农业部正式批准成立的“农业部水产品质量安全监督检验中心”(长江中下游)建设项目，总投资2075万元，其中中央补助经费692万元。改造实验室1500平方米，购置仪器设备146台(套)。项目建成后，中心检测参数及检测能力大幅度提升，为长江中下游地区进一步提高水产品质量安全水平、促进区域水产品出口等方面起到积极的作用。

1978年以来，全所共获得各级成果奖励118项(次)，绝大多数成果已经转化或在生产中推广应用，获得了显著的社会、经济和生态效益。

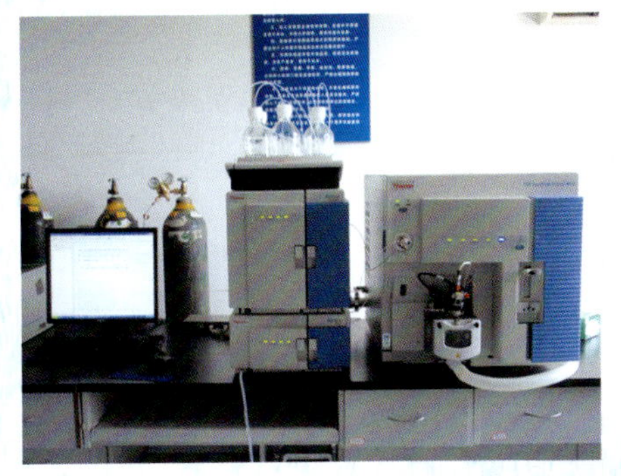

科研仪器

禄口试验基地

湖北省水产科学研究所

所长 汪 亮

办公大楼

湖北省水产科学研究所位于武汉市东湖之滨，创建于1956年，主要从事水产应用和基础技术的研究，并承担水产技术推广、水环境检测、水产品质量以及产地认证、鱼病预测预报和水生动物疫病监测等公益性服务工作。

全所现有职工总数183人，其中在职人员117人。现有专业技术人员82人，其中正高和研究员6人，副高23人，中级职称28人，初级职称25人。在职人员中，获得省中青年突出贡献称号有5人;享受国务院津贴7人、省政府津贴1人。

全所设有4个研究室，主要学科和研究方向是水生动物育种、生态健康养殖、水生动物病害防治、资源与环境保护、水产加工与流通、渔业经济管理等。设有农业部渔业环境及水产品质量监督检验测试中心(武汉)、湖北省渔业病害防治环境监测和质量监测中心、湖北省水产良种工程技术中心、湖北省水产科技成果转化中心、国家大宗淡水鱼类产业技术体系—武汉综合试验站等。挂靠有湖北省水产学会、湖北省渔业协会、湖北省水产加工制品协会和《渔业致富指南》杂志社。

改革开放以来，本所承担国家、省以及地方科研项目100多项，已经取得66项省、部级以上重大科研成果，其中有29项获得国家和省、部级科技奖励.其中一等奖1项，二等奖3项，三等奖25项。“十五”期间，全所取得重大科技成果11项，发表科研论文165篇(SCI收录4篇)，编著出版科技书籍10余部，发表科普专业文章112篇。同时与美国、德国、挪威、捷克、马来西亚、越南和澳大利亚等国开展了技术交流与合作。

20世纪90年代以后，本所先后研究成功并向湖北以及全国推广罗非鱼、斑点叉尾鮰、云斑鮰、大口胭脂鱼、欧洲丁桂、大口鲶、瓦氏黄颡鱼、克氏原螯虾、鳡鱼和泥鳅等近20个品种及配套养殖技术，为湖北水产大省地位的确立奠定了技术基础，为湖北水产行业结构调整、产业化发展做出了贡献。

湖南省水产科学研究所

湖南省水产科学研究所建于1959年12月，隶属湖南省农业厅,位于长沙市开福区双河路728号，是全省唯一从事水产科研的省级专业研究机构。现有科技人员45人，其中具有高级职称的有18人。建有农业部渔业产品质量监督检验测试中心(长沙)和湖南省水产引种育种中心，归口管理国家级湖南鱼类原种场、湖南中华鳖原种场、湖南鳜鱼原种场和湖南省乌龟良种场。拥有长沙、沅江两个试验基地，占地面积1100亩，实验室面积2500平方米，科研仪器设备100余台(套)。

本所长期从事水产科研、良种繁育和技术推广工作，先后完成各级科研项目98个，其中国家重点项目11个，省部级重点项目64个。获省部级以上奖励68项，其中国家科技进步奖4项，国家发明奖1项，有3项成果分别在1985年、1986年和1988年被省政府授予“湖南十大科技成果”，获国家发明专利5项。

本所技术力量雄厚，在鱼类品种开发、特种水产繁养殖、渔业资源与生态环境监测、病害防治等方面具有较强的优势，三大原种场具有年生产1万组“四大家鱼”、龟鳖与鳜鱼原种的生产能力，可长年对外提供上述原种及原种子一代。

地址:长沙市开福区双河路728号 邮编:410153 电话:0731-6676398 传真:0731-6672234

武汉市水产科学研究所

带着农民干、做给农民看、给农民做示范、让农民有钱赚

武汉市水产科学研究所成立于1958年，隶属武汉市农业科学技术研究院。长期以来，主要从事名优淡水鱼类苗种繁育及渔药、鱼病防治技术的研究开发，设立了“肉食性鱼类繁育”、“鱼病及养殖水环境”、“长江名优鱼类繁育”等三个重点学科。并于1995年成立了“鳜鱼繁养中试基地”和“鱼用疫苗鱼病防治中试基地”;2007年成功申报国家级“湖北武汉鲌鱼良种场”。几十年来，共主持、参与市级以上科研开发项目80多项。在鳜鱼等长江土著经济鱼类繁育技术，中草药防治鱼类细菌性、病毒性疾病方面达国内先进水平。

长期以来，本所通过挖掘保护长江珍稀鱼类，形成了一整套繁养技术操作规程，建立起华中地区最大的长江名优经济鱼类苗种繁育基地;同时，积极研究开发各类渔用中草药防治药物50多种，通过了国家GMP认证验收，建立了湖北规模最大的渔药生产基地。每年向华中地区提供各类名特优水产苗种3亿尾，新型渔药2000吨，推广服务面积达50万亩，受惠农户2万余户，促进农民增收4亿元，社会效益和生态效益十分显著。

中国水产科学研究院渔业机械仪器研究所

Fishery Machinery and Instrument Research Institute of Chinese Academy of Fishery Science.

中国水产科学研究院渔业机械仪器研究所创建于1963年5月，归属农业部， 是中国水产科学研究院下属的专业研究所。 主要从事渔业装备与工程及相关学科的应用技术研究和技术成果推广， 是我国唯一的在渔业装备应用基础和集成创新方面开展综合研究与科技攻关的研究机构。

循环水养殖系统

发展定位

◆国家渔业装备与工程技术研发中心

研究方向

●水产养殖工程

●海洋渔业工程

●水产品加工机械

●船舶工程

●饲料加工机械工程

●渔业装备标准化研究与产品质量检测

所内机构

★农业部渔业装备与工程重点开放实验室

★中国水产科学研究院渔业水体净化技术和系统研究重点开放实验室

中华人民共和国农业部

渔业装备与工程重点开放实验室

(2006–2010年度)

Key Laboratory of Fishery Equipment and Engineering

MINISTRY OF AGRICULTURE

THE PEOPLE'S REPUBLIC OF CHINA

★中国水产科学研究院池塘生态工程研究中心

★国家渔业机械仪器质量监督检验中心

★农业部环保机械设备及船用产品质量监督检验测试中心

★农业部渔业机械仪器标准化技术归口办公室

水产品加工设备

高海况打捞设备

地址：上海市杨浦区赤峰路63号　网址：http://www.fmiri.ac.cn　电话：021-65977260　传真：021-65976741

中国水产科学研究院

渔业工程研究所

Fishery Engineering Research Institute
Chinese Academy of Fishery Sciences

所长　王新鸣

地址:北京市永定路南青塔150号
电话:010-68222375
传真:010-68221877
邮编:100141

中国水产科学研究院渔业工程研究所，是我国从事渔业工程技术的专业研究机构。1978年成立于青岛，1997年经农业部批准迁至北京。现有职工34人，其中科技人员32人，高级职称专家16人。

面向全国，现主要开展渔港与渔场工程、设施渔业工程、渔业减灾、渔业信息工程的研究和行业标准规范的编制以及渔业工程的咨询，承担着农业部渔港(渔政船)项目的评审和渔港项目立项计划的核定、全国渔港建设规划的编制以及渔港、原(良)种体系建设、引(育)种中心项目的检查等任务。建所以来，取得研究设计成果140余项，其中获得国家级奖励2项，省(部)级奖励8项。

所属北京大洋碧海渔业规划设计院，具有农林行业(渔业)甲级工程设计资质，为各单位提供渔港、冷冻及加工、工业与民用建筑、水产养殖等渔业工程的设计以及渔业工程项目论证、规划与咨询服务。

中国三峡总公司中华鲟研究所

中国三峡总公司李永安总经理(左一)曹广晶副总经理(右一)为研究所揭牌

中华鲟研究所于1982年经国家水利部批准成立，是葛洲坝水利水电枢纽和三峡工程关于生态环境保护的配套机构。研究所致力于中华鲟及长江其它珍稀特有水生野生动物研究与保护、水利水电生态环境保护科技创新、科普教育等国家鼓励发展的公益事业，是国内专业研究保护中华鲟及长江中上游珍稀特有鱼类的中坚力量。

研究所建所至今，共向长江、珠江等流域放流多种规格的中华鲟500万尾；放流胭脂鱼、史氏鲟等35万尾；放流其它鱼类60万尾。共取得科研成果二十多项，制订了《中华鲟人工繁殖技术规程》和《胭脂鱼人工繁殖技术规程》两套行业标准，出版了《鲟鱼人工养殖技术》、《鲟鱼养殖技术》专著两本，多项成果获省部级奖励，在国内外学术刊物上发表论文数十篇，为保护中华鲟及长江珍稀特有鱼类做出了突出贡献。

金沙江珍稀鱼类增殖保护宜宾基地

2008年9月1日，研究所整体移交中国三峡总公司，由此掀开了飞速发展的新篇章。目前研究所由宜昌黄柏河基地(目前研究所本部所在地)、金沙江珍稀鱼类增殖保护宜宾基地、三峡坝区185基地(长江珍稀鱼类保育中心)等部分组成，并将选址兴建大规模养殖基地、海水养殖基地。研究所承担着中国三峡总公司水电开发中生态环保的重任，对珍稀鱼类的保护范围由宜昌葛洲坝江段扩展到长江中上游，研究保护种类由中华鲟扩展到长江中上游的珍稀特有鱼类。

重庆市水产科学研究所

重庆市农委副主任吴纯（右二）考察铜梁科研基地

首次繁育成功的F1代大鲵

重庆市水产科学研究所紧紧围绕完善五个试验基地、建设两个科研平台、规范一套创新机制、造就一支高素质人才队伍为工作重心，以科技创新、服务水产业发展为己任，不断开创新局面。

完善五个试验基地 继续完善重庆市白甲鱼原种场、铜梁温水现代渔业示范场、三峡库区长吻鮠良种繁育场、重庆市长薄鳅良种繁育场、重庆市鳜鱼良种繁育场等五个试验基地。

建设两个科研平台 利用实验室改造建设水产品工程技术中心和水产品质量监督检验检测中心两个科研平台，可进行水产品质量监督检验检测、鱼类养殖水质监控、微生物学、分子生物学等方面的研究工作。

规范一套创新机制 采用所校企合作模式，积极开展科研合作，将科研成果快速转化为生产力。

造就一支高素质人才队伍 通过引进、招聘和录用的方式，造就了一支由博士、硕士为主的高素质人才队伍，建立和完善了竞争机制，做到人人有课题任务。

统筹城乡，服务水产业发展 为统筹城乡发展，以建立渔业合作社为契机，为重庆市养殖业发展提供技术支撑，开展水产科研、技术推广和技术培训，水产养殖及病害研究和防治，渔业资源的增殖保护及评估，渔需新产品、淡水鱼良种繁殖、引种和新品种研究开发，助农增收。

河北省水产研究所

赵振良所长

河北省水产研究所隶属于河北省农业厅，是河北省惟一从事水产综合性科学研究的省级科研单位。其前身为“河北省海洋水产试验场”，1953年9月正式建立于秦皇岛，至今已有55年的发展历史。其主要任务：承担全省海洋与内陆水域渔业资源的调查与评估；渔业生态环境监测评估；海、淡水养殖基础生物学和遗传育种学的研究；渔业生产中重大养殖病害的监测、预警及控制、防治、减灾技术的研究；渔产品的质量安全标准与监控保证手段的技术研究；开展渔业产物及活性物质制品的开发利用技术的研究；为渔业经济的发展提供技术咨询、技术培训、技术推广和科学知识普及服务等项工作。

自1978年国家实施科技奖励以来，我所共取得国家级科技成果奖8项，省、部级奖39项，国家发明专利3项。其中一些成果填补了国家空白，达到国际领先水平，带动了全国部分省市水产业的规模化、产业化。如“河鲀毒素（TTX）提取方法的研究”、“红鳍东方鲀人工育苗与养殖技术”、“牙鲆全人工繁殖技术”、“河蟹增养殖技术”、“海湾扇贝人工繁殖及养殖技术研究”等。海洋渔业资源调查为渔业管理部门制定渔业法规、繁殖保护规定提供了可靠的数据及理论依据，为渔业生产单位及个人提供了渔场预报，为沿海经济发展和渔民致富，为我国水产事业的发展做出了突出的贡献。

2003年改制成为非营利性科研机构，建立了“开放、流动、竞争、协作”的运行机制，及时调整科研方向。现设渔业资源、海水养殖、淡水养殖、水产病害防治、海洋活性物质提取5个研究室和科研、综合、政务3个职能办公室；辖有国家级红鳍东方鲀良种场、国家级梭鱼良种场、河北省海洋生物资源与生态环境重点实验室、河北省海洋渔业生态环境监测站，具有渔业环境污染事故评估乙级资质，加入了全国渔业环境监测网。

改制以来，在各级领导的支持下，全所职工团结一致、奋力拼搏，再创辉煌。先后承担农业部渔业局、国家海洋局、省各厅局科研项目100余项，其中一些成果达到国内领先或国际先进水平。为渔业经济的科学可持续发展做出了重要贡献。

邮政编码：066000
单位地址：河北省秦皇岛市海港区民族路182号
联系电话：0335-5917032　传真电话：0335-5917031
电子信箱：hbsscyjs@vip.sina.com

浙江省淡水水产研究所

发展中国家渔业技术人员来所开展技术交流

浙江省淡水水产研究所是以承担淡水水产应用和开发研究为主，结合应用基础研究的纯公益性省级研究所。主要从事水产动物病害防治、鱼类营养与饲料、水产新品种开发、育种、渔业环境监测、水产健康养殖及水产资源增殖等领域的研发工作。建所54年来，共完成科研项目469项，获奖科技成果78项，其中国家级9项;省、部级48项;其他21项。在2006年农业部开展的“十五”全国农业科研机构综合科研能力评估中列全国省级水产研究所第一位。近年来，本所加大成果转化为的力度，为浙江省乃至我国渔业生产的发发展作出了重要贡献。“淡水名优鱼类规模化繁育及健康养殖技术开发与示范”项目获2007年度浙江省科学技术奖一等奖;“罗氏沼虾病毒性肌肉白浊病病原的分离鉴定及诊断技术研究”、“翘嘴红鲌配合饲料开发研究”和“养殖水域有益微生物在鱼病防治上应用研究”等10余项等成果，推广应用面积约80余万亩，产生效益35亿元。

近年来，该所加快开放办所的步伐，先后与浙江大学、宁波大学等高校联办硕士点，并与美、英、日、巴西、丹麦等30多个国家建立了的广泛的科技交流与合作。由该所牵头的浙江省渔业科技创新服务平台已全面运行，将全方位地为渔业生产提供技术咨询和技术服务，推动我国高效、生态渔业生产的可持续发展。

地址:浙江省湖州市杭长桥南路999号　邮编:313001　所长:叶金云
电话:0572-2043909　2045189　电子信箱:ziff2006@163.com

浙江省舟山市水产研究所

所长　罗海忠

浙江省舟山市水产研究所是一家从事水产技术研究开发及推广应用的专业研究所。长期以来，本所以科技改革为动力，以市场为导向，力求科研与生产紧密结合，为振兴浙江渔业服务。每年无偿举办各类水产技术业务培训班4～5期，免费提供各类技术咨询和服务，为普及、开发、推广渔业技术作出了积极的贡献。

拥有一个占地面积145亩的朱家尖综合性科研示范基地，内设4000多平方米的水产良种繁育科研中心一座，600多平方米的渔业检验检测中心，60多亩的高标准养殖试验塘;现有专业技术人员20多名，其中具中、高级职称15名，多年来科研成果累累，已具备初级水产品及加工产品、水产种苗、渔用饲料及添加剂、渔药和药物残留等方面的检测能力并能开展水产养殖动物病情预测报和水生动物防疫。为配合全省捕捞渔民转产转业，大力推行海水养殖产业化，本所近几年重点开展了浙江省农业重大科技攻关项目“三疣梭子蟹雌性化及良种繁育技术研究”、“厚壳贻贝人工育苗技术”以及“黑鮸早繁及大规格培育技术研究”等，成绩斐然，大力推进了当地水产养殖产业化的发展。

建所至今，已取得30多项科研成果，其中有近20项科研项目获省、市科技进步奖。近几年，累计对虾育苗20多亿尾，为生产提供优质鱼苗500万尾，推广养殖面积10多万亩，社会总产值达5亿多元。在海水苗种繁育和技术推广方面处于省内先进水平，还首次代表农业部跨出国门赴越南进行技术输出，获得圆满成功。多次被评为省级农村技术培训推广先进集体和省、市先进科研所。

地址:浙江省舟山市定海区城西河路21号　电话:0580-2023823
E-mail:zssc-2005@163.com　网址:www.zsfri.com.cn

朱家尖科研示范基地

天津农学院水产科学系

天津农学院水产科学系成立于1976年，全系现有教职员工40人，其中教授、副教授15人，占专任教师总数44%，具有硕士、博士学位的教师占87%。享受国务院政府特殊津贴专家1人，天津市水产养殖授衔专家1人。

水产科学系目前设有水产养殖学、海洋渔业科学与技术、水族科学与技术3个本科专业。其中水产养殖学为天津市重点学科，也是本校硕士学位授予点，2007年被教育部批准为国家级特色专业。同时还拥有天津市首批市级重点实验室——天津市水产生态及养殖实验室，以及天津市现代渔业技术工程中心。

水产科学系紧密围绕服务沿海都市型现代农业，走“产学研”结合之路，并凸显成效。多年来，先后在天津、北京、河北、辽宁等省市建立了14个产、学、研合作基地。在水产动物增养殖、营养与饲料、疾病防治、遗传育种等领域承担了国家、省部级的科研项目80多项，曾获得国家及省部级科研成果奖30多项，其中国家科技进步二等奖1项，农业部科技进步二等奖1项，丰收奖2项，国家星火科技四等奖1项，天津市科技进步一等奖2项，二等奖17项，三等奖9项，专利9项。

近3年共发表论文150多篇，被EI、SCI、ISTP等收录30多篇。已培养本科毕业生1400多人，向天津市以及全国各省市输送了一批批高质量人才，成为当地的水产技术骨干。

哈尔滨市农业科学院水产研究分院

院领导讲座

哈尔滨市农业科学院水产研究分院原名哈尔滨市水产研究所，成立于1971年，是一所集科研、开发、教学、服务于一体的市级科研机构。2005年并入哈尔滨市农业科学院，主要从事水产新品种的引进繁育、土著鱼类的养殖与繁殖、鱼类疫病防疫、濒危物种救护等。现设有鱼类生理生态研究室、鱼类疫病研究室、鱼类营养研究室、遗传育种研究室以及一个中心、两个良种场、三个基地。多年来，先后承担国家、省市级科研项目30余项，多项获得国家、省市级科技进步奖。现主要产品有:施氏鲟、匙吻鲟、哲罗鱼、细鳞鱼等名优品种。分院在研究开发新品种、新技术以及濒危水生野生动物保护工作中做出了重大贡献。

外国专家到水产分院参观

山东烟台芝罘岛海珍品有限公司

公司党委书记兼董事长、居委会主任胡祗光，本科学历，高级经济师，先后荣获全国“乡镇企业家（董事长经理）”、省级“劳动模范”、“优秀农民企业家”、“先进村委会主任”等殊荣，连续五届当选烟台市人大代表。

烟台芝罘岛海珍品有限公司位于芝罘区芝罘岛中部，与烟台市和烟台经济开发区隔海相望，与烟台港和烟台出口加工区紧密相连，面积为7平方公里，共有1800户，5000多人口。

公司自创办以来，始终以深化海水养殖、旅游和房地产开发为一体，是全方位发展的全国大二型乡镇企业，省级重点龙头企业，市级农业产业化百强龙头企业。拥有固定资产总值达2亿元，年社会总产值3.98亿元，创利税4500万元。职工人均收入9800余元，连续多年名列芝罘区经济十强行列。

公司因地制宜，立足实际，借助海上资源优势，全面实施高产、高效、优质战略。通过产业调整，上规模、建基地、抓科技、增效益、大力发展制约化海珍品养殖，相继建成海参养殖基地3000亩，海水名贵鱼类育养温棚7000立方米水体。下设的“芝罘岛海洋生物科技有限公司”，是正规的海洋生物研发生产公司，坚持走专业化道路，不断引进消化、吸收世界先进水平的现代化技术，依托芝罘岛无公害优良海水资源，不断研发海洋健康产品，产地中的天然刺参，获得山东省十大名牌水产品之一。利用刺参为原料进行深加工，先后研制打造出了“海参肽营养素胶囊”、“海参口服液”、及“海参酒”等系列产品，并进入了全国保健产品之列。该公司符合省GMP保健食品良好生产规范，先后获得了ISO9001-2000质量管理体系认证，和全国工业产品QS质量安全认证，产品自投放市场以来博得了广大消费者的满意。

另外，借助芝罘岛是中国的历史名地，大力开发特色旅游业，除充分发挥自然历史景观外，还先后投资建成了阳主庙、芝罘索道。在芝罘岛入口，一个占地15公顷(其中水面2.5万平米)以秦始皇东巡的大型标志性群雕“始皇射鲨”为中心，集雕塑、灯光、草地、怪石、青树、绿水、亭台楼阁、石屏为一体的大型“芝罘岛人民广场”。充分凸现出芝罘岛的历史渊源，更展示了芝罘岛独特的人文文化。

海参肽

公司从旧村改造入手，大力开发房地产。目前，岛上楼房林立，居民家家户户都乔迁新居，走向了农村城市化道路。

公司发展海洋经济实现了集体化、规模化、产业化和科技化。形成了生产、加工、销售为一体的完整体系。养殖加工的速冻扇贝、牡蛎、海参以及名贵海水鱼，分别销往日本、韩国、美国以及我国香港等市场。

大力发展临海经济，总投资5000余万元的在建万吨级码头及面积20余公顷的仓储基地，可望2009下半年投入运营。年增加收入2500万元，为公司经济长效发展机制打下了坚实基础。

上海开创国际海洋资源股份有限公司

上海开创国际海洋资源股份有限公司是于2008年12月8日经中国证监会(证监许可【2008】1345号、证监许可【2008】1346号)批准，由上海远洋渔业有限公司以其全资子公司上海开创远洋渔业有限公司100%股权与原浙江华立科技股份有限公司进行资产置换实现重大重组后的沪市A股上市公司(证券简称:开创国际，证券代码:600097)。公司法人代表、董事长朱建忠。公司注册资本20259.7901万元，主要从事远洋捕捞，海淡水产品养殖，渔船、渔业机械、船舶设备及配件、绳网及相关产品、日用百货的销售以及仓储服务，信息技术服务，经营进出口业务等。

公司目前的主要业务由公司下属唯一全资子公司——上海开创远洋渔业有限公司负责经营，公司拥有一支大型拖网加工船队、一支金枪鱼围网船队和三家境外投资企业。

在新形势下，上海开创国际海洋资源股份有限公司融合远洋大型拖网及远洋金枪鱼围网两大优势生产性资产于一身，引进和实施现代化企业经营管理理念，依托资本市场，增强综合实力，瞄准国际同业竞争，图求更大的跨越式发展……！

一、 大型远洋拖网加工船队

共有5艘船舶，船队总吨位35443，主机功率27588KW。大型拖网加工船队专业从事竹夹鱼资源捕捞，年捕捞能力约10万吨，产品在非洲、南美洲、欧洲等地占有较高的市场份额。

二、 大型远洋金枪鱼围网船队

共有8艘船舶，船队总吨位11466，主机功率19189KW，常年分布在中西太平洋海域从事金枪鱼资源捕捞生产。年捕捞量约4.5万吨，产品畅销东南亚、欧洲等市场。

三、 境外投资企业

1、 泛太食品(马绍尔群岛)有限公司，经商务部批准成立的全资驻外企业，注册资本800万美元，投资总额997.33万美元，专业从事水产品加工、销售及进出口贸易，是美国巨峰公司的指定金枪鱼鱼柳供货商。

2、泛太渔业(马绍尔群岛)有限公司，经商务部批准成立的全资驻外企业，注册资本200万美元，投资总额6023.4万美元，经营范围是海洋捕捞、水产品加工、销售及相关产品的进出口贸易。

3、文森特(密克罗尼西亚)渔业有限公司，经商务部批准成立的全资驻外企业，注册资本5万美元，投资总额553.43万美元，开展以金枪鱼为主的海洋捕捞、自产产品和企业经营机械设备、零部件、原材料的进出口业务。

外商洽谈会

开富号

捕捞作业

福州宏东远洋渔业有限公司

车间

福州宏东远洋渔业有限公司始创于1999年。历经十余年的努力与拼博，现已发展成拥有宏东渔业、宏东实业、宏东食品、莫桑比克宏与莫渔业发展有限公司等多家子公司的企业集团。公司拥有远洋渔船20余艘，长期致力于发展远洋渔业，积极开发大洋性渔类资源。国内拥有万吨冷库、9000平方米水产品加工厂房。工厂通过美国FDA验证并获得HACCP证书，并已申请在欧盟注册。公司成为集远洋捕捞、冷藏运输、水产品冷藏与加工、进出口贸易于一体的现代化综合企业，先后多次获得福州市“农业产业化龙头企业”称号。

月台冷库

公司现有员工960人，其中大中专以上学历占30%。公司坚持以人为本的科学管理理念，在不断引进人才的同时，加强员工内部培训。随着企业的不断发展壮大，面对全球一体化的挑战，公司坚持企业效益与社会效益协调发展，努力打造民族品牌，争创世界名牌。全力推进“以人为本、科学管理、诚信经营、强化服务、平等信任”的企业文化，以不断创新、追求人类健康生活为己任。我们的目标是:把安全、卫生、营养、健康、绿色的食品奉献给消费者。

公司主要产品有冻原料鱼、冻鲨鱼片、“海思源”旗鱼丸、旗鱼松、鲨鱼软骨素等，是国内外鲨鱼系列产品主要供应商之一，主要出口美国、日本、俄罗斯、澳大利亚、新加坡、泰国、墨西哥、乌拉圭等。欢迎广大国内外客户，来电来函洽谈业务。

联系电话:0591-87628259　83999877

Email: fzhongdong@yahoo.com.cn

地址:福建省福州市保税区8-1-2

水鲨

捕捞船

重庆程文农业开发(集团)有限公司

董事长　程　文

农业部渔业局局长李健华(左二)视察工作

捕鱼现场

鱼肉面、血豆腐套装

重庆程文农业开发(集团)有限公司成立于2002年10月31日，下设重庆长寿湖食品有限公司、重庆长寿东海经济开发有限公司、重庆市美人鱼饮食文化有限公司、重庆程文农业开发集团水产品销售有限公司。集团公司注册资金3000万元，有员工600多人，其中高、中级专业技术人员27人，管理人员12人，是从事生态渔业养殖、科研示范、水产品销售、保鲜加工、生态旅游为一体的有限责任公司。拥有养殖水面7.7万亩，年产绿色水产品2500～3000吨，带动农户3000户10000余人。

公司自成立以来，所生产的“美人鱼坊”牌鲢鱼、鳙鱼、草鱼、鲫鱼、翘嘴红鲌先后被评为“无公害农产品”、“绿色食品”、“有机产品”、“中国名牌农产品”、“消费者满意产品”等。“长寿湖”牌鱼肉面先后被评为“绿色食品”、“最受消费者喜爱产品”、“重庆市长寿区指定旅游商品”，其产品及其制备方法获“发明专利证书”。所在公司被评为“重庆市农业产业化龙头企业30强”、“重庆市农业综合开发重点龙头企业”、“2006-2007年度农业产业化龙头企业”、“2008年度守合同重信用单位”等。其“重庆市长寿湖生态名优鱼类养殖及产业化科技基地建设”项目和“长寿湖牌鱼肉面加工技术的研究”项目荣获科学技术成果证书。

公司还生产“长寿湖”牌血豆腐和调味风干鱼等产品。

热忱欢迎全国乃至世界各地有识之士来长寿湖观光旅游，来公司参观指导，进行贸易和经济技术合作，同展鸿图大业，携手同行，共创明日辉煌。

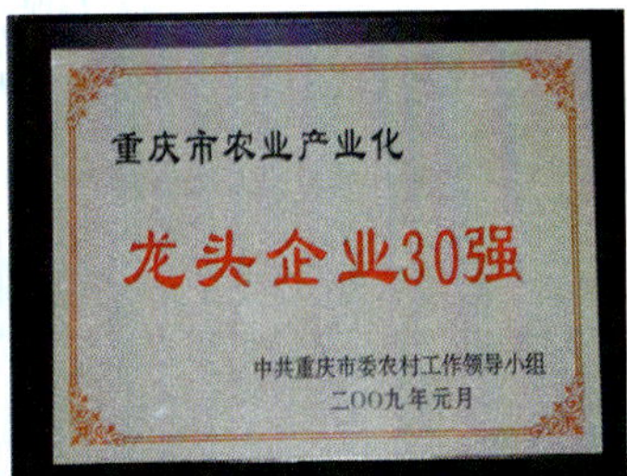
重庆市农业产业化

龙头企业30强

中共重庆市委农村工作领导小组

二00九年元月

科学技术成果

证书

经审查核实 长寿湖牌鱼肉面加工技术的研究

被确认为重庆市科学技术成果，特发此证。

重庆市农业综合开发

重点龙头企业

（二00八年九月 — 二0一0年八月）

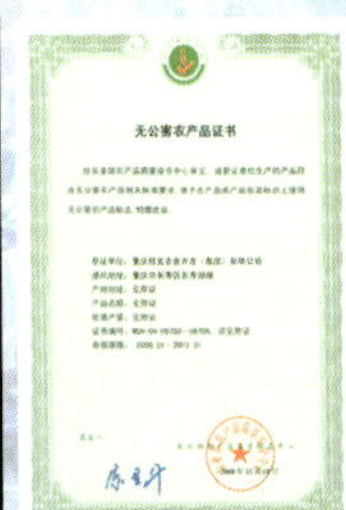
无公害农产品证书

浙江瑞安市华盛水产品加工厂

董事长　陈善平(中)

瑞安市华盛水产品加工厂位于瑞安市经济开发区东南部，座落于东山渔港码头，东靠机场路，南临飞云江。企业占地70多亩，拥有万吨级冷库两座，两个面积8000平方米的封闭式大型加工车间，实验室、污水处理站、员工食堂、活动室、宿舍一应俱全。

企业秉承“人无我有，人有我优”的经营理念，主要从事于水产干制品(虾皮、丁香鱼、虾米、银鱼等)、同时兼作水产冷冻品(冻小黄鱼、冻鲳鱼、冻带鱼等)、水产腌制品(鱼生、虾酱、海蜇等)、水产休闲食品(鱼片、鳗片、虾片等)四大类，一百多种产品。主要以出口为主，主要出口国家为:日本、韩国、美国、意大利、荷兰、英国、德国、法国等。

“华物天成，盛业人为”，企业视人才为根本，大专以上学历的专业人才占总管理人数的80%，占总职工人数的23%。建设了一个团结协作领导班子和监督有力、操作规范的管理队伍，企业重视科技创新，2006年，投资5600万元建造了中国第一艘海上干制品加工船。船上集成三条国际先进的水产品干制品加工生产流水线，从原料到成品只用1小时30分钟时间，有效地保证了产品品质，极大的提高了生产力，有力的推动渔民增收，渔业的增效和渔村的稳定。不仅如此，华盛水产还在北麂岛建有7000多平方米的原料收购和粗加工基地，与北麂、南麂、北龙等海岛乡300多艘渔船、7家水产品初级加工企业建立稳定的产销关系，从辽宁丹东南至广西北海沿海32个货源基地和我们建立长期合作关系。带动广大渔民兄弟共同致富，发挥了龙头企业的应有作用。

企业始终坚持“质量立厂，品牌兴业”理念，按照HACCP质量控制体系和ISO9001-2000国际质量体系标准生产，1997年获得欧盟和美国FDA卫生注册认可。过硬的水产品质量赢得了国内外广大客户的信赖，优质的经营业绩使企业获得了各种荣誉。2003年开始，企业连续三届被农业部、国家计委、经贸委、财政部、外经贸部等联合评为农业产业化国家重点龙头企业和浙江省名牌，2005年被农业部评为全国农产品加工示范单位，2006年企业“大三元”牌虾皮荣获中国名牌农产品称号，2008年，企业被认定为“全国水产加工行业25强企业”，董事长陈善平获“全国兴渔富民十大新闻人物”、“全国渔业领军人物”等称号。

“乘风破浪总有时，直挂云帆济沧海”。乘着改革开放的浩荡东风，华盛将始终本着“创业报国”的初衷，百倍信心、创业创新，为促进渔业增效、渔民增收，为推进和谐社会的建设贡献自己应有的力量！

法人代表:陈善平　地址:浙江省瑞安市经济开发区滨江大道388号　邮编:325200

电话:(0577)65601988　传真:(0577)65601799　网址:www.rahssc.com　E-mail:huashengshuichan@163.com

华盛渔加1号，集成目前最先进的水产干制品加工技术，在海上直接进行收购、加工。

丁香鱼

虾　皮

湖北洪湖市六合水产开发有限公司

董事长　刘东洲

洪湖市六合水产开发有限公司是湖北省一家大规模从事河蟹苗种本地化培育的有限责任制企业。公司创建于2006年3月，同年在江苏射阳建立400亩苗种孵化基地，2007年11月8日在洪湖市工商行政管理局注册登记，注册资本400万元，董事长刘东洲。公司现有员工120人，各类管理人员20人，技术工程师15人，其中具有大专文化12人，硕士生3人。2007年首期投资2000多万元在洪湖螺山镇颜嘴村建立本地化苗种基地，养殖水域面积达6000亩，投放优质蟹苗(大眼幼体)3000公斤，年产扣蟹30万公斤，可供河蟹养殖面积近10万亩，年创收3亿多元。公司创利润达600多万元。

2008年度，根据洪湖市委、市政府指示精神，投资近700万元，承租4000亩低湖田改造，将养殖水域面积扩大到10000亩，自备优质种蟹7500公斤。采取定点、专池、科学的培育方法，年生产优质扣蟹75万公斤，直接减少养殖户从江、浙沿海购苗种成本达2000多万元，保障了本市及周边地区的苗种供应。

为全面贯彻洪湖市水产第一强市和"洪湖清水"大闸蟹品牌战略，公司从2008年开始，计划在三年时间内，将养殖面积扩大到3万亩，其中本地化蟹苗培育基地2万亩，年产优质扣蟹150万公斤;商品蟹养殖示范基地1万亩，年产成蟹50万公斤。进一步深化新型科研项目开发，目前已申报洪湖市低湖田规模化优良河蟹苗种培育项目，配套发展水产品深加工项目，充分利用丰富的水产品边角、下角料等资源提取蛋白质、氨基酸。真正形成苗种孵化、蟹苗培育、成蟹养殖、饲料加工和深加工于一体的新型产业模式。

两年来公司始终坚持"质量第一，蟹农至上"热忱为广大养殖农户服务的宗旨，塑造良好的企业形象。并以灵活的经营方式，合理的取费价格，可靠的产品质量，完善的售后服务，赢得广大养殖户的信赖。2008年公司被荆州市评为农业产业化龙头企业，生产基地成为湖北省万亩苗种本地化培育示范基地。培育的本地化"洪湖六合蟹苗"荣获第五届中国武汉农业博览会农产品金奖。

公司愿一如既往，以优质的苗种质量，可靠的技术保障，完善的售后服务，竭诚与广大养殖户携手合作，以"公司+农户"的发展模式，走共同致富，共同发展的道路，共同开创美好未来。

湖北省省长李鸿忠(右一)在公司董事长刘东洲(左一)陪同下视察六合公司。

农业部副部长牛盾(左一)在公司董事长刘东洲陪同下视察六合公司养殖基地。

农业部渔业局局长李健华(中)、湖北省水产局郑国蓉主任(左一)在公司董事长刘东洲(右一)的陪同下视察六合公司养殖基地。

大眼幼体

扣　蟹

成　蟹

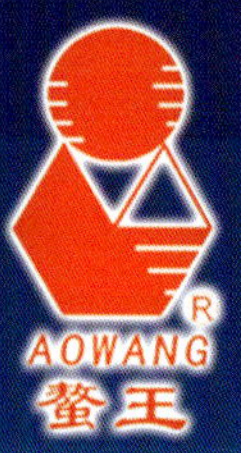

吴江市水产养殖有限公司的前身是国营吴江市水产养殖场，2004年转企改制，是江苏省吴江市境内实现现代公司制度管理的渔业股份制企业，现为苏州市农业优秀企业。江苏省农业重点龙头企业，国家级良种场。

公司拥有无公害水产品生产基地48000亩，绿色食品生产基地8000亩，公司通过有机产品的认证3只、绿色食品认证4只，注册为"鳌王"、"长漾"二个商标，其中"鳌王牌"鲢鳙鱼被评为江苏省名牌产品。公司通过了ISO和HACCP二个体系认证，2008年通过了GAP认证，成为江苏省内唯一的通过良好农业规范认证的企业。

2005年公司利用长漾得天独厚的条件，实施渔业生态科技示范园项目。园区以长漾水域为核心，总面积12320亩，其中外荡大水面12000亩，标准内塘鱼池230亩及建筑面积90亩。共包括5大中心：

水产良种繁育中心
工程技术中心
科普展览中心
生态养殖中心
休闲娱乐中心

长漾渔业生态示范园与上海海洋大学、中国水科院淡水中心、华中农业大学等高校和省水产研究所等单位建立了长期的产学研合作。示范园的建成集生产、科研、旅游观光、休闲餐饮于一体，成为吴江渔业发展的平台和展示吴江渔业的重要窗口。

热忱欢迎各位领导、各方朋友莅临指导！

董事长　王荣泉

长漾（江苏吴江）渔业生态科技示范园

吴江市水产养殖有限公司

Wujiang Aquatic Breeding co.,Ltd.

深圳市深水远洋渔业有限公司

总经理　杨　晖

团结奋进的领导班子成员

深圳市深水远洋渔业有限公司是一家专业从事远洋捕捞、水产品加工、渔需用品采购和供应、进出口贸易等的集渔业、工贸一体远洋企业。公司成立于2001年10月，具有国家农业部批准的远洋渔业企业资格，享受国家各项远洋投资优惠政策。

公司经营以远洋捕捞为主，配套冷藏运输、水产品加工、水产养殖、进出口贸易等，远洋渔业发展已初具规模，拥有拖网捕捞船、拖网捕捞加工船、龙虾笼捕船、金枪鱼延绳钓船、冷藏运输船等各种远洋渔船60余艘。作业海域分布在南太平洋的澳大利亚、新西兰、斐济、所罗门群岛、瓦努阿图，东南亚的印度尼西亚、马来西亚等海域。其捕捞品种主要有带鱼、黄鱼、鲳鱼、鱿鱼、金枪鱼和龙虾、对虾等。大部分运回国内供应深圳乃至全国水产品市场，满足国内市民对水产品日益增长的需求。

公司注重强调企业的诚信思想、成本意识、团队精神，一直遵循“高起点、高标准、严要求”的现代企业管理模式，发展“公司＋基地＋渔船”的现代远洋渔业产业化，积极带动群众渔船，组建远洋船队，建立海外捕捞基地，发展远洋渔业项目，参与国际渔业生产，建成一个国际竞争力强，辐射带动力大，经济效益高的远洋渔业龙头企业，朝着渔、工、贸一体化和产、运、销一条龙的集团化格局迈进。

新亚6号

新亚8号

新亚201号

陕西汉水大鲵开发有限公司

董事长、总经理　梁永金

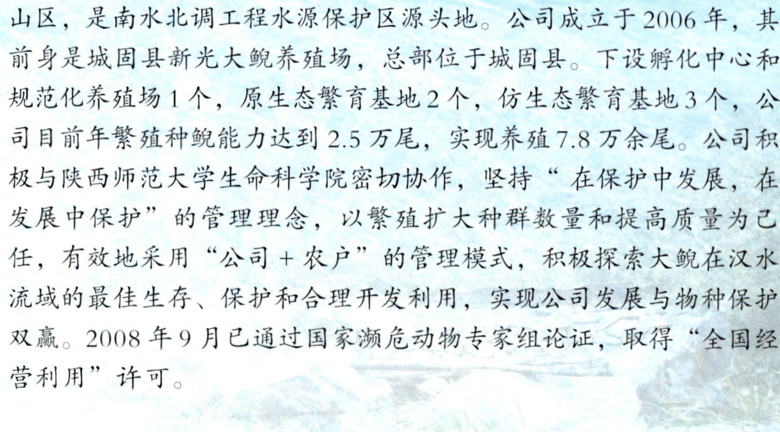

陕西汉水大鲵开发有限公司地处自然生态环境得天独厚的秦巴山区，是南水北调工程水源保护区源头地。公司成立于2006年，其前身是城固县新光大鲵养殖场，总部位于城固县。下设孵化中心和规范化养殖场1个，原生态繁育基地2个，仿生态繁育基地3个，公司目前年繁殖种鲵能力达到2.5万尾，实现养殖7.8万余尾。公司积极与陕西师范大学生命科学院密切协作，坚持“在保护中发展，在发展中保护”的管理理念，以繁殖扩大种群数量和提高质量为己任，有效地采用“公司＋农户”的管理模式，积极探索大鲵在汉水流域的最佳生存、保护和合理开发利用，实现公司发展与物种保护双赢。2008年9月已通过国家濒危动物专家组论证，取得“全国经营利用”许可。

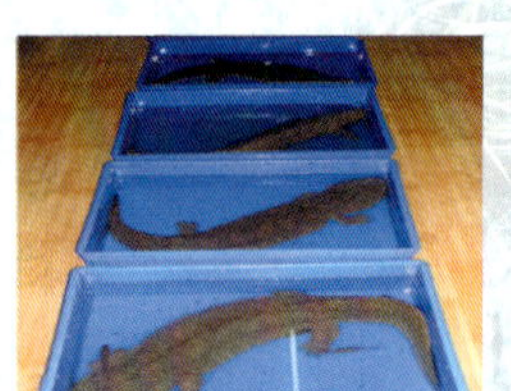

江苏省常州市武进水产养殖场

江苏省常州市武进水产养殖场位于太湖流域渔业产业带，是一家集生产、科技研发、示范推广于一体的现代化渔业企业，始建于1975年10月。场内占地面积2248亩，建有各类高标准现代化养殖池塘1035亩，现有中华绒螯蟹、青虾、黄颡鱼、花鳎、美国鮰鱼、细鳞斜颌鲴、翘嘴红鲌、梭鲈、甲鱼、“四大家鱼”等20余个品种，全场年产水产品总量1250吨，现有固定资产1340万元。2007年，养殖场被命名为“江苏省黄颡鱼良种场”，目前，黄颡鱼良种种苗已批量生产。近年来，养殖场始终以发展“优质、高效、生态、安全”渔业为宗旨，大力倡导生态健康养殖，根据各品种养殖技术操作规程，严把养殖技术关键控制点，重点在生态环境营造、水质调控、苗种饲料药物投放上做文章，全面实行标准化生产，并建立完善的生产台帐。目前，养殖场生产的青鱼、草鱼、青虾、中华绒螯蟹、黄颡鱼、花鳎、翘嘴红鲌7个品种已认定为“鱼跃”牌“无公害农产品”，销往海内外。2008年，养殖场承担了江苏省太湖流域(武进)“池塘水循环利用养殖技术示范工程”项目，实施面积达2000亩，目前已投入运行，确保养殖生产尾水达标排放，促进了生态环境的改善，引领了全区乃至全省的渔业又好又快发展。2008年养殖场被评为“常州市渔业科普示范基地”。

场长　沈全华

养殖场办公大楼

养殖场远景

智能温室大棚

深圳市水湾远洋渔业公司

渔船起网

深圳市水湾远洋渔业有限公司成立于2002年5月，由原深圳市海昌顺远洋渔业有限公司重组而成，注册资本1000万元人民币，经营范围主要是远洋渔业捕捞，水产养殖、冷藏、渔需物资供销、水产品加工、国内商业、物资供销业和经营进出口业务等。

目前公司管理人员12人，船员48人，拥有远洋捕捞渔船6艘，总功率2764千瓦，共738总吨。经过多年的发展，公司的远洋渔业捕捞技术成熟，专业技术队伍稳定，管理体制健全，各项制度完善。主要捕捞的海产品有带鱼、墨鱼、鱿鱼、金线鱼和海鳗等。

近年来，公司积极响应深圳市政府大力发展远洋渔业的方针和政策，不断扩大捕捞船队，并计划在2010年下半年，再新增2艘功率在400千瓦以上的拖网远洋渔船，前往孟加拉或印度开展远洋渔业生产项目。到2012年，公司每年可生产鱼货近万吨，大量优质鱼货回运供应国内市场，丰富深圳和国内市民的食物选择，也将为深圳市的远洋渔业发展做出更大的贡献。

鱼货分类

国外鱼货加工

鱼货成品

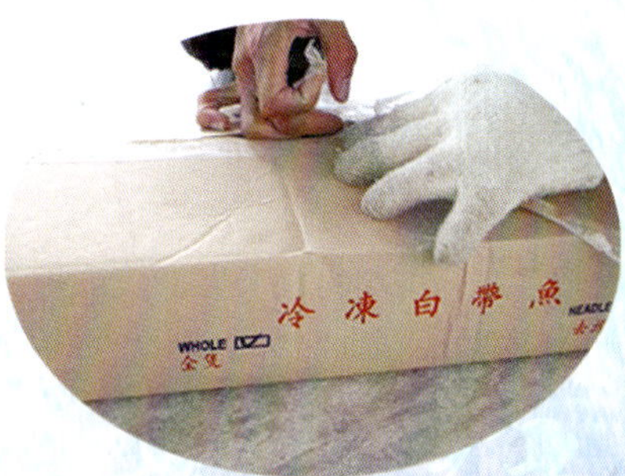

国外基地正在进行鱼货包装

浙江舟山市普陀远洋渔业总公司

总经理　吴布伟

领导班子成员

舟山市普陀远洋渔业总公司座落于国内外著名的沈家门渔港，是根据国务院有关发展远洋渔业的批示精神，为充分发挥普陀的渔业技术和劳务资源优势，积极参与国际渔业经济技术合作，经普陀区人民政府批准，于1995年7月组建的具有法人资格的远洋渔业企业。该公司是普陀区政府直属国有独资企业，注册资金600万元人民币，经营范围主要有远洋渔业捕捞、水产养殖、加工、劳务技术协作、水产品贸易、渔需物资经销等。产品主要经营鱿鱼，兼营秋刀鱼。总公司实行总经理负责制，下设综合管理科、对外业务科、远洋捕捞科和远洋船员培训中心等职能部门。公司具备农业部核发的远洋渔业资格证书和外经贸部批准的进出口经营权，旨在加强普陀区远洋渔业的规范管理和远洋渔民的服务工作，积极促进普陀远洋渔业稳步、健康、有序发展。

公司成立之后，开拓了印尼、西非、东非、朝鲜远洋拖网合作项目以及北太平洋、东南太平洋、西南大西洋鱿钓项目，摩洛哥等国的劳务协作项目以及西北太平洋秋刀鱼舷提网项目。公司拥有远洋渔船26艘，其中自有渔船14艘，总资产2361万元，远洋渔业从业渔民达到2000余人。2007年远洋渔业产量达到1.38万吨，总产值人民币0.82亿元，同比分别增长23.2%和24.6%，2008年总产量1.41万吨，总产值0.92亿元。公司又投资1600多万元，自主打造2艘示范性北太专业经济型鱿钓渔船，以带动一大批远洋企业做大做强。目前，公司被中国远洋渔业协会鱿钓工作组评为副组长单位，被浙江省远洋渔业协会评为副会长单位，公司总经理吴布伟荣获中国渔业协会2008年度“当代中国渔业企业领军人物”奖项。

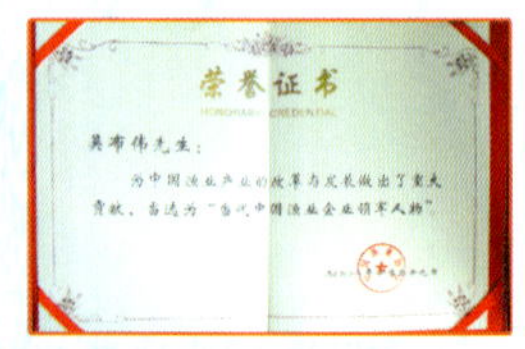

上海泓宝绿色水产科技发展有限公司

泓宝科技董事长、上海海洋大学客座教授　邹国忠

泓宝科技是应用现代微生物技术全心致力于可持续绿色大农业发展、绿色农产品生产和生态环境修复的高新技术企业。公司以现代微生物技术、绿色农业技术、绿色农产品生产技术和生态环境修复技术的科研、开发、应用以及相关产品的生产、销售、服务为产业重点。同时，在城市景观水环境工程、城市渔业设计、水产咨询服务等领域开展工作。下属企业有上海泓宝绿色水产科技发展有限公司、无锡泓宝微生物科技有限公司、上海泓宝生态环境工程有限公司、广东湛江泓宝生物科技发展有限公司、云南泓宝石溪科技发展有限公司、上海博华水产咨询有限公司和无锡绿色水产科学研究所。

公司先后被评为“2004年度上海最具发展潜力科技型五星级企业”、“2006年度长三角最具发展潜力科技型五星级企业”、“中国企业诚信经营示范单位”。公司生产的“泓宝”牌微生态制剂系列产品于2004年被评为“中国著名畅销品牌”，公司于2006年被上海知识产权局评为“上海市专利工作试点企业”，2007年成为全国工商联农业产业商会会员单位。公司自有专利技术创新研发的“活性保水生态复合菌肥—生态菌”于2008年被认定为上海市高新技术成果转化项目。

目前公司已生产“泓宝”牌复合微生菌、中草微生菌、微生物菌肥等三大类，保健、促长、解毒、消毒、肥水、净水、调水等七大系列，共五十余种单菌或复合微生菌产品，其中自有专利产品39项。

“关爱水和生命，造福人类健康”是泓宝科技的核心理念。

“泓宝科技，修复天下，循环经济，和谐发展”是泓宝科技的目标志向。

泓宝科技董事长邹国忠(前排右一)陪同全国政协副主席李贵鲜(前排中)参观世界渔业博览会

地址:上海市军工路300号10号楼2层(上海海洋大学水产科技园)

电话:021-65710077　65711988

传真:021-65710634

网址:www.hbfish.com

E-mail: green@hbfish.com

河南省信阳宏润冷冻加工有限公司

总经理　曹运兵

信阳宏润冷冻加工有限公司，是一家具有自营出口经营权的外向型水产品加工出口企业，河南省农业产业化重点龙头企业。公司位于信阳市平桥区龙江路东段，占地面积70000平方米。公司注册资金2600万元人民币。公司拥有成套先进生产加工设备和全封闭卫生注册达标生产车间，年生产加工能力上万吨。

公司生产厂区建有4000平方米对欧盟、美国出口卫生注册的龙虾、鱼片生产车间和1000平方米对日本、韩国卫生注册的河虾、田螺生产车间。拥有1000吨冷库一座；50吨速冻库三座；每小时一吨的螺旋速冻机两台；小龙虾蒸煮流水线三条；办公区建有2000余平方米的办公楼一栋；生活区建有5000平方米的职工公寓两栋及1500平方米的职工餐厅等。公司员工1600人，管理及各类专业人才120名。公司生产管理科学规范，通过了ISO9000国际质量管理体系认证和HACCP水产品安全卫生控制体系认证，取得了对欧盟、美国、日本、韩国的卫生注册。

公司生产的主要产品有:小龙虾系列产品、河虾系列产品、回鱼片、银鱼、田螺肉及板栗仁等。产品主要出口欧盟、美国、日本、韩国及东南亚地区。

公司下设信阳宏润淡水水产养殖专业合作社，目前已发展分社30个，养殖面积达5万亩。

法人代表曹运兵携公司全体员工欢迎国内外宾客光临指导！

无菌加工车间

龙虾仁无菌生产车间

成都彭州涌泉冷水渔业有限公司

各级领导来公司指导工作。左起：农业部副部长牛盾，四川省水利厅副厅长刘俊舫，四川省水产局局长卿足平，彭州市市长韩轶，彭州涌泉冷水渔业有限公司董事长宋伦祥，彭州市农法局局长张强，国家渔业局局长李建华

成都市市委书记李春城、彭州市市委书记门生等领导亲临冷水渔业公司指导工作

美国大豆协会养殖专家，四川省水产技术推广总站站长漆乾玉来公司开展技术交流

彭州涌泉冷水渔业有限公司于2002年创立。专业从事冷水、亚冷水性鱼类养殖生产与研究。公司位于成都彭州市小鱼洞镇江桥村，距成都市65公里，处在成都至银厂沟的旅游公路旁，交通交通十分便利，坐落在群山之腹，地势开阔，四周植被优美，景色秀丽。

公司已形成生产能力的品种和处于开发研究、技术储备的品种共有18种。已被相关部门确认为无公害水产品生产基地，同时被确定为成都市级农业产业化经营重点龙头企业。生产方式是流水、微流水养殖。年上市商品鱼200吨以上，产品已出口到欧盟。拥有一支从高级工程师到技术员，并长期从事名、特、优、新品种养殖的专业技术队伍。建立健全了一套现代水产企业管理制度。

彭州涌泉冷水渔业有限公司董事长宋伦祥率全体员工，热忱欢迎各级领导莅临指导；欢迎各位同仁光临，共论发展良策；欢迎国内外客商携手合作，互利互惠，共同发展。

江苏靖江市
江心洲生态工程发展有限公司

长江靖江段中华绒螯蟹鳜鱼国家级水产种质资源保护区，地处江苏省长江靖江段江中，靖江市最东端，此处江面宽阔，保护区在江北侧，远离主航道，总面积2400公顷，其中核心区800公顷，实验区1600公顷。保护区处于长江下游与河口段的交会地带，其水文状况受长江径流和潮汐的双重影响，每日水流有2次逆水期，江段上、下两端均有沙洲将江面分叉，自然形成了流态复杂的水域环境，营养盐类丰富，多种河口性鱼类在此繁衍、育肥，部分洄游性鱼类在此栖息、索饵，补充能量。近年来，通过对保护区渔业资源的调查发现，保护区有鱼类123种，虾类7种，且鱼类隶属于15目、27科、79属。其中，鲤形目63种占51.2%，鲈形目19种占15.4%，鲶形目13种占10.6%，鲽形目、鲑形目各5种均占4.1%，颌针鱼目4种各占3.3%，鲱形目3种占2.4%,鲻形目、鲻形目、鳢形目各2种均占1.6%，鳗鲡目、鲟形目、合鳃目、刺鳅目、鲀形目各1种均占0.8%。

江苏高淳长江水系中华绒螯蟹原种场

国家级江苏高淳长江水系中华绒螯蟹原种场地处江苏省高淳县内的固城湖畔。是全国大规模的长江水系中华绒螯蟹原种生产供应基地。年产固城湖螃蟹200吨，选育供应长江水系优质原种亲蟹50多吨，年培育优质幼蟹600万只。

固城湖天然水域面积为4.65万亩，水质清新无污染，湖内水草茂盛，天然饵料丰富，历来有“日出斗金，日落斗银”之美称。湖内鱼、虾、蟹、贝等种类繁多，尤其是固城湖螃蟹具有青背、白肚、金爪、黄毛之特征，且体形肥厚，肉质鲜嫩，享誉海内外。为江苏省无公害农产品，并荣获“中国驰名商标”、“江苏省名牌产品”、“南京名牌产品”等称号。

自1995年建场以来已向山东、河北、上海及我省的连云港、南通等地30多家螃蟹育苗生产单位提供优质原种亲蟹20万公斤。选育的原种亲蟹经农业部渔业产品质量监督检测中心(南京)现场抽样检测，检测结果表明:外形特征与长江水系群体相近，分子遗传特征与长江水系群体相近。

作为国家级河蟹原种场承担了农业部下达的长江水系中华绒螯蟹保种、育种、供种任务和其他多项技术研究项目，并分别荣获2004年南京市科技进步二等奖和2006年市科技进步三等奖，为促进江苏省商品蟹养殖产业化发展起到了十分重要的作用。

地址:江苏省高淳县城湖滨路168号
电话:025-57337804
E-mail:guchenghu168@126.com

湖南澧县
八百里洞庭水产批发市场

澧县八百里洞庭水产批发市场位于湖南省澧县澧阳镇，开业时间为1997年7月，市场原名澧县水产批发市场，占地面积16100平方米，建筑面积14500平方米，市场类型为产地型、集散型的水产品专业批发市场。主要经营范围包括草、鲤、鲫、鳙、鲶、黄古、桂鱼等淡水鱼类，及龟、鳖、鳝、小龙虾等特色淡水产品。

经过多年精心培育，市场已成为湘鄂边界交易量大、销售额高、幅射范围广的淡水产品集散市场。2008年市场的交易总量约为7080万公斤，交易总额近7.4亿元。市场购销网络辐射京、津、黑、吉、辽、蒙、甘、陕、宁、冀、晋、沪、云、黔、渝、川、桂、粤、鄂等20个地区，市场内的水产品加工产品(熏、腌制)还通过本地和益阳外销企业远销韩国、日本及中国港澳地区。市场内现有门面192间，经营业主116户，从业人员达850多人。

为了构建现代化流通体系，确保水产品流通渠道安全，带动湘鄂两省边界及西洞庭地区淡水养殖业的发展步伐，推进水产养殖产业化进程，市场管理单位(澧县市场管理服务中心)于2008年8月启动市场迁建改造升级规划，市场更名为澧县八百里洞庭水产批发市场。新市场占地面积81280平方米(合122亩)，建筑面积91800平方米，设有水产品交易区、加工区、冷冻冷藏区(储量4500吨级，其中低温库2500吨，高温库2000吨)、鱼饲料加工区、网箱活贮区、液态氧供应站、配套商服区等七大功能区，建设投资为1.25亿元。

到2009年6月底止，澧县八百里洞庭水产批发市场已基本完成一期工程建设(包括水产品交易区、水产品加工区、冷冻冷藏区、网箱活贮区、液态氧供应站等五大功能区)，预计近期内可以投入试运营。市场二期工程即将启动，在2010年年底前全面竣工并投入使用。

根据澧县八百里洞庭水产批发市场的建设规模，以及目前澧县及周边地区的水产养殖面积和产量，预计在市场迁建改造升级完成后，市场年水产品交易总量将达到1.25亿～1.3亿公斤，年交易总额超到15个亿。

2008年12月，澧县八百里洞庭水产批发市场为农业部为定点市场。

管理单位:湖南省澧县市场管理服务中心（澧县市场建设开发有限公司）

法人代表:于承津　地址:湖南省澧县澧阳镇　邮编:415500

电话:0736-3255408 3255409 3236206　传真:0736-3250151　邮箱:lxwxj7999@163.com

江苏丹阳市皇塘水产良种场

江苏省长江鳜鱼
四大家鱼繁育基地

丹阳市皇塘水产良种场建于70年代初，80年代开始“四大家鱼”人工繁殖，90年代开始鳜鱼繁育。现有精养及外塘水面1300亩，亲鱼培育池120亩，鱼种池300亩，长江原种“四大家鱼”亲鱼500组，长江鳜鱼亲鱼50组，人繁设备齐全，共有水塔3座，产卵池4 个，孵化环道300立方米，有一次载水可孵化鱼苗2亿尾能力。鱼场现有一幢面积550平方米的办公大楼，新建了档案室、实验室。2003—2004年承担了江苏省“长江鳜鱼苗种规模化繁育与生态养殖”项目，并顺利通过省级验收，其核心技术“长江鳜鱼苗种规模化繁育技术”被鉴定为国内先进水平，两次获得省科技成果三等奖，2006年被评为江苏省水产良种场。2008年下半年取得江苏省海洋与渔业局三项工程“省级水产良种场基建项目”，获得省级资金100万元，2009年开始项目的实施。良种场配套100万元，共投入200万元，主要建设内容为:水泥道路、办公大楼、路灯、绿化、人繁温室、仪器室、餐饮与休闲垂钓一体的高效观光渔业。

2002—2007年从省级良种场引进良种亲本鲢鱼、鳙鱼、草鱼、团头鲂、异育银鲫，繁育用亲鱼年年更新，并引进长江鳜鱼亲鱼，经精心专池培育用于人繁。本场苗种繁育从4月中旬开始，到6月上旬结束。4月中旬繁育异育银鲫，4月下旬大量繁殖“四大家鱼”，鳜鱼繁育从5月5日开始。严格按照苗种繁育操作规程组织生产，严把质量关。2008年共繁育供应“四大家鱼”苗种6.5亿尾，大规格长江鳜鱼苗种60万尾，异育银鲫5000万尾，团头鲂8000万尾。本良种场鱼苗病菌少、成活率高、生长快，销往江苏、安徽、山东等地，市场反映普遍较好。